文化言語学序説

世界観と環境

室山敏昭 著

和泉書院

目　次

Ⅰ．文化言語学の構想

第1章　文化言語学について …………………………………………… 3
　1．文化言語学の課題 …………………………………………………… 3
　2．文化言語学のサブカテゴリー ……………………………………… 5
　3．文化言語学と隣接諸学との相関モデル …………………………… 9
　4．生活語彙論における「意味概念」 ………………………………… 9
　5．文化的意味の内容 …………………………………………………… 10
　6．生活環境の概念 ……………………………………………………… 13
　7．世界像とは …………………………………………………………… 16
　8．個別から普遍へ ……………………………………………………… 17
　9．文化言語学と認知言語学 …………………………………………… 19
第2章　文化言語学覚書 ………………………………………………… 28
　　付記　【狭義の文化的意味・生活的意味について】 ……………… 48
第3章　文化言語学の特色と実践プロセス …………………………… 51
　1．日本方言学と文化言語学 …………………………………………… 51
　2．文化言語学の特色 …………………………………………………… 55
　3．文化言語学の実践プロセス——その1例 ………………………… 60
　4．文化言語学における調査する者と調査される者 ………………… 67
　5．今、方言研究者に求められているもの …………………………… 71
　　付記　【言語的価値と実用的価値】 ………………………………… 75

Ⅱ．文化言語学の理論

第1章　文化言語学の基本的な立場 …………………………………… 87
　1．言語観 ………………………………………………………………… 87

2．文化観 …………………………………………………………91
　　3．対象とする言語事象（要素）…………………………………93
　　4．文化言語学における語の「意味」概念 ………………………94
　　5．空間と時間についての考え方 …………………………………99
　　6．調査とデータについて …………………………………………100
　　7．研究の最終目標 …………………………………………………101
　　8．文化言語学の隣接諸学 …………………………………………102
　　9．研究に有効な語彙カテゴリー …………………………………102
第2章　生活語彙と地域文化 ……………………………………………110
　　はじめに ……………………………………………………………110
　　1．生活語彙と民衆の認識世界 ……………………………………114
　　2．生活語彙と自然環境 ……………………………………………119
　　3．生活語彙と社会環境 ……………………………………………129
　　4．生活語彙における「生活の必要性」の原理 …………………135
　　おわりに ……………………………………………………………141
第3章　生活語彙の比較研究の方法 ……………………………………153
　　はじめに ……………………………………………………………153
　　1．比較する内容 ……………………………………………………155
　　2．比較する対象 ……………………………………………………160
　　3．比較する形態 ……………………………………………………163
　　4．個人語彙と社会語彙 ……………………………………………166
　　5．比較の方法 ………………………………………………………168
　　おわりに ……………………………………………………………170
第4章　方言性向語彙の共時論的研究の枠組み ………………………174
　　1．方言性向語彙の発見とその後の研究の経緯 …………………174
　　2．方言生活語彙の分類枠における性向語彙の位置 ……………179
　　3．方言性向語彙研究の意義 ………………………………………183
　　4．方言性向語彙のシソーラス ……………………………………189
　　5．方言性向語彙に関する共時論的研究の枠組 …………………195

付記　【言語と文化】……………………………………………………201
第5章　「認識言語」と環境……………………………………………………204
　　1．「認識言語」とは…………………………………………………………204
　　2．「認識言語」と「認知意味論」…………………………………………207
　　3．「認識言語」の貯蔵庫……………………………………………………208
　　4．「文化」とは………………………………………………………………210
　　5．「認識言語」の調査法……………………………………………………213
　　6．「認識言語」と環境適応…………………………………………………216
　　　付記　【構造主義における「人間不在」】………………………………222

Ⅲ．文化言語学の実践

第1章　漁民の「風」の世界観―広島県豊田郡豊町大長の場合―……227
　　はじめに…………………………………………………………………………227
　　1．内容の構成…………………………………………………………………229
　　2．老年層漁民の風の世界認識………………………………………………230
　　3．老年層漁民の風の語彙の構造と環境（言語外現実）との関係……247
　　4．風の語彙の地域性…………………………………………………………248
　　5．風の語彙の変容……………………………………………………………250
　　6．風に対する認識の変質……………………………………………………258
　　おわりに…………………………………………………………………………260
第2章　アユノカゼの文化誌―漁民の「風」の世界観―…………………263
　　はじめに…………………………………………………………………………263
　　1．アユノカゼの誕生と歴史…………………………………………………265
　　2．古代における「アユノカゼ」の分布地域………………………………271
　　3．漁業文化としての風名……………………………………………………282
　　4．鳥取県東伯郡泊村を中心とする「性質呼称」の意味体系……………288
　　5．日本文化の多元性の衰微…………………………………………………294
　　おわりに…………………………………………………………………………297
第3章　風の方言から見た漁業社会―風位語彙による考察―……………300

| はじめに……………………………………………………………300
| 1．これまでの研究の歴史…………………………………………302
| 2．赤碕集落の地理的・社会的環境と調査の概要………………304
| 3．赤碕集落における風位語彙の全容……………………………306
| 4．赤碕方言における風位語彙の体系……………………………315
| 5．赤碕方言における風位語彙の量的構造………………………327
| 6．山陰地方における4方言の風位語彙の比較…………………329
| 7．山陰地方における風位語彙の地域性…………………………334
| おわりに……………………………………………………………336
| 第4章　農業語彙の体系の変容と生活史……………………………342
| 1．目的と方法………………………………………………………342
| 2．田の呼称体系……………………………………………………345
| 3．谷の呼称…………………………………………………………353
| 4．屋号語彙…………………………………………………………361
| 5．田・谷の呼称体系と屋号語彙の体系に認められる世代差…370
| 6．古い語彙体系と新しい語彙体系………………………………380
| 7．方言語彙の社会性と個人性……………………………………383
| おわりに……………………………………………………………385
| 第5章　瀬戸内海の一方言社会の生活語彙と環境…………………391
| はじめに……………………………………………………………391
| 1．調査の概要………………………………………………………393
| 2．野島方言における性向語彙の比喩の生成……………………393
| 3．比喩語彙に反映する自然環境・社会環境の特性……………396
| 4．当該方言の性向語彙における程度性の細分化………………399
| 5．当該方言における性向語彙の派生構造と社会的特性………402
| おわりに……………………………………………………………406
| 第6章　漁業社会の「波」の語彙……………………………………411
| はじめに……………………………………………………………411
| 1．姫路方言の「波」の語彙………………………………………412

2．姫路方言の「波」の語彙の記述……………………………415
　　3．他の漁業社会の「波」の語彙……………………………418
　　4．姫路方言の「波」と「風」………………………………421
　　5．漁業生活と「波」の語彙…………………………………422
　　おわりに……………………………………………………………423
第7章　漁業社会の「潮」の語彙と環境……………………………426
　　1．潮……………………………………………………………428
　　2．潮を捉える視点……………………………………………428
　　3．潮の満ち干…………………………………………………429
　　4．網を入れる時間との関係で捉えられる潮………………439
　　5．潮の大きさの変化…………………………………………440
　　6．潮の速さ……………………………………………………445
　　7．地形・海水の層との関係で捉えられる潮流……………445
　　8．潮流の部分…………………………………………………449
　　9．航行との関係で捉えられる潮流…………………………450
　　10．季節の潮……………………………………………………451
第8章　山陰地方の漁業社会の生活語彙―「潮」の語彙を中心として―…452
　　はじめに……………………………………………………………452
　　1．潮流の方位に関する語彙…………………………………453
　　2．潮流の遅速に関する語彙…………………………………457
　　3．潮の干満に関する語彙……………………………………461
　　おわりに……………………………………………………………462
第9章　広島県方言における性向語彙の地域性……………………464
　　はじめに……………………………………………………………464
　　1．共有語彙と特有語彙の認定方法…………………………465
　　2．備後方言と安芸方言の地域差……………………………465
　　3．備後方言と安芸方言の特色………………………………472
　　4．広島県方言の特有語彙……………………………………476
　　おわりに……………………………………………………………478

付記　【(意味システムを骨格とする)語彙システムによる
　　　　　　日本の言語文化の多元性の確認】……………………………480

Ⅳ．文化言語学の周辺

第1章　言葉の機能―そのパースペクティブ―……………………………487
　1．言葉のもつ機能………………………………………………………487
　2．言葉の志向性の世界…………………………………………………492
　3．生活知への旅立ち……………………………………………………507
　4．言葉の機能のパースペクティブ……………………………………516
　　付記1　【語感、ニュアンスと広義の文化的意味】…………………524
　　付記2　【狭義の文化的意味(生活的意味)と語源】…………………527
　　付記3　「認知の制約」と「環境世界の意味づけ」」………………528
第2章　〔書評〕柴田武著『語彙論の方法』……………………………531
付章　広島県方言の性向語彙資料……………………………………………543
　はじめに……………………………………………………………………543
　1．性向語彙の分類体系試案(シソーラス)……………………………546
　2．広島県方言の性向語彙資料…………………………………………548

参考文献…………………………………………………………………………573
あとがき…………………………………………………………………………589

Ⅰ．文化言語学の構想

第1章　文化言語学について

1．文化言語学の課題

　生活語彙の相対性を規定する基軸として、「自然環境の相対性」「生業環境の相対性」「社会環境の相対性」の三者を措定し、生活語彙の意味システムを骨格とする語彙システムに認められる共通特性と相互の差異性に即して、地域文化の相対性、さらに言えば日本文化の地域類型（文化領域）の多元的構造（たとえば、風位語彙のシステムに認められる顕著な南北対立、性向語彙のシステムに認められる東西対立など）を解明すること、これが生活語彙論を基礎論とする「文化言語学」に課せられた最も重要な研究課題となる。

　それは、生活語彙の空間的差異が織り成す史的関係の再構成を最終的な目標とする方言分派系脈論では決して見えてこない、生活史を背景とする日本文化の多元性の実体究明へと向かうものである。従来、日本の言語文化は、「中央──周辺」の構造図式に依拠して、「一言語＝一文化」のように、一元的に捉えられることがいわば常識とされてきた。文化言語学では、この構造図式による一元的把握を否定し、永い歴史を背景とする日本の言語文化の多元性・多様性を、その形成要因をも含めて、先に指摘した「環境」概念を分析軸として、その究明へとアプローチする。それによって、自文化のウチなる多様性・複合性が、「環境」概念を基軸として、徹底的に相対化されることになる。

　今、生活語彙に認められる環境世界の分類体系、カテゴリー化を広い意味での文化と規定すると、地域社会に行われている生活語彙のシステムは、地域文化の総体の史的投影であると解することができる。したがって、生活語彙の意味的カテゴリーとそのシステムの全体像は、地域生活者が経験的基盤に根ざす学習を通して獲得し、内面化している文化表象の最も客観的な全体

像にほかならないことになる。しかも、生活語彙のシステムの全体像は、地域ごとに決して同一ではない。それゆえ、生活語彙の意味システム・語彙システムは、日本文化の多元的な存在類型を解明するための最も科学的な準拠枠になると考えることができるのである。

　日本の農業社会には農業社会独自の、漁業社会には漁業社会独自の生活語彙のシステム（意味の網目）が認められ、それらは互いに差異の体系として存在している。すなわち、農民は農民独自の、漁民は漁民独自の生活語彙のシステムを獲得しており、それによって彼らは彼らが生きる環境世界をカテゴリー化して把握し、また認識しているのである。その一つのプロトタイプとして、農業社会における「田地呼称のシステム」と漁業社会における「海岸地名のシステム」の対立関係をあげることができる。また、漁民が内面化している「風」や「潮」、さらには「魚」などに関する認識世界と農民のそれとの極めて顕著な差異をあげることができる。

　このカテゴリー化された環境世界は、農民や漁民が永い独自の生活史を背景として経験的に構築した世界像そのものであり、地域文化の体系にほかならないものである。したがって、地域文化は、空間軸と時間軸を基軸とする異なる意味と価値を包含する文化システムの多元的な併存として把握されることになる。

　ここで改めて、生活語彙論を基礎論とする「文化言語学」の課題に言及するならば、「文化言語学」は「地域生活者――語彙のシステム（意味のシステム）――生活環境」という存在三世界を結ぶ広いパースペクティブにより、しかも価値の観点をも導入することによって、地域文化の多元性の実体と構造、ひいては日本文化の多元性の実体と構造的特色を究明することを、究極の課題とするものである。

　「人間」と人間が生きる環境の接点に、価値を包含する「意味の網目」を位置づける新しい知の領域である「文化言語学」は、それゆえ「人間環境言語学」と呼ぶこともできる。また、基礎論としての生活語彙論は、常に「生活者の論理」に即して構築されるべきものであるから、「生活文化言語学」と呼称することもできよう。

「文化言語学」は、「(日本) 言語文化史論」「(日本) 社会・文化論」と、相互に最も強固な連繋を形成するものであり、将来的には「認知言語学」をはじめとして、「認識人類学」「環境民俗学」「文化パタン論」「比較文化論」「社会システム論」「文化地理学」などの人文・社会科学を横断する諸科学と緊密にクロスするところまで拡張されることになるであろう。また、「文化言語学」が日本の言語文化特性の実質とその多元的構造の解明を企図するものであるところから、とりわけ「人類言語学」「環境民俗学」「比較・対照言語学」「比較文化論」「認識人類学」などと緊密な相互連携を図りつつ推進される必要性の存することは、改めて指摘するまでもあるまい。

2. 文化言語学のサブカテゴリー

「文化言語学」のサブカテゴリーとしては、当面、次の四つを設定することが考えられる。

(1) 認知文化言語学
(2) 社会文化言語学
(3) 表出文化言語学
(4) 歴史文化言語学

(1)の「認知言語文化学」では、マクロ社会（日本という地域社会）における語彙システム・意味システムの解析を通して、地域生活者が獲得している認識世界や価値観の構造、すなわち世界像を明らかにし、その地域類型（文化領域）の複合的多元性を構造化することが主たる研究目的となる。

今、「風」という自然現象に対する世界像の断片について、山陰地方における農民と漁民の間にいかに顕著な差異が認められるかを、出会いの場面における語り方の実態に即して示してみることにする。

春から初夏にかけて、夕方暗くなってから吹き始める北東からの強風について、鳥取県東伯郡泊村ならびに島根県八束郡美保関町の漁民は、通りすがりに次のような語り方によって、情報の相互確認を行う。

【鳥取県東伯郡泊村】
○ヒサシブリニ　ヨアイガ　フキョールケー　アシタリワ　イオヤ　カイ

ガ　ガイニ　ヨッテ　クッ　デ。タイリョーニ　ナル　ナー。久しぶりにヨアイが吹いているから、明日は魚や貝が（浜近くに）たくさん寄って来るよ。大漁になるねえ。（老年層男性）
○ホンニ　ソガダ　ガヨー。本当にそうだよねえ。（老年層男性）
【島根県八束郡美保関町】
○フサシブリニ　ヨアエガ　フイチョーケン　アシタリワ　イオヤ　カイガ　ジャンコト　ナダエ　ヨッテ　クー　デ。久しぶりにヨアエが吹いているから、明日は魚や貝がたくさん浜近くに寄って来るよ。（老年層男性）
○ホンニ　ソゲダ　ガヨー。本当にそうだよねえ。（老年層男性）

これに対して農民は、つぎのような語り方を行う。

【鳥取県東伯郡泊村】
○ガイナ　カジェダ　ナー。ヨルニ　ナッテモ　ヤミャーヘン　デ。強い風だねえ。夜になってもやみはしないよ。（老年層男性）
○ソガダ　ガヨー。ヒガシノカジェ　カイナー。そうだよねえ。東の風かねえ。（老年層男性）
【島根県八束郡美保関町】
○ガエナ　カジェダ　ネー。ヨルニ　ナッテモ　イッカナ　ヤミャーヘンワネ。強い風だねえ。夜になってもいっこうにやみはしないわね。（老年層男性）
○ホンニ　ソゲダ　ガネー。コチノカジェダラ　カー。本当にそうだよねえ。コチの風だろうか。（老年層男性）

　農民においては、単に「風」の現在状況に対する体験だけが語られ、あくまでも風の強さと方位の確認にとどまる。「ヨアイ」（ヨアエ）という「性質呼称」を所有しない農民は、現に体験している風の〈生活的意味〉に言及することは決してない。それに対し、漁民は、漁撈経験を通して再獲得した〈経験的認知〉を背景とする〈生活的意味〉の価値の内実に明確に言及し、その相互確認を行うのである。わずかこれだけの例によっても、農民と漁民の「風」という自然現象に関する世界像の差異は明白であろう。

また、同じ漁民であっても、山陰地方と瀬戸内海西部域とでは、彼らが現に使用している風の方位呼称は大きく異なる。とりわけ、〈中間方位呼称〉において、その差異が顕著である。今、両者の差異を、鳥取県東伯郡赤碕町赤碕と広島県豊田郡豊町大長の2集落について見てみると、以下の図1に示すとおりである。なお、図1にかかげた方位呼称は、すべて老年層カテゴリーにおいて最も使用頻度の高いものである。

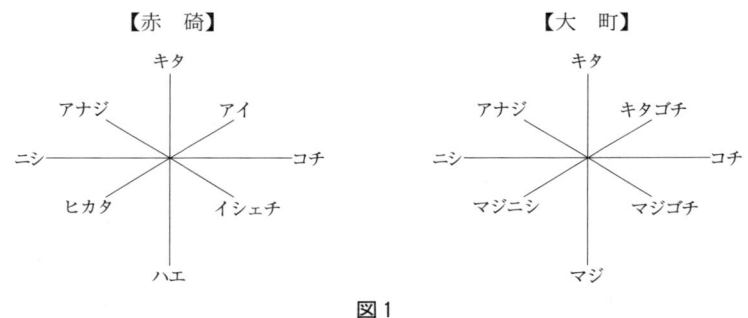

図1

(2)の「社会文化言語学」は、地域社会における生業差を基軸として、さらに年齢差・性差・階層差・個人差・知識差・場面差・人間関係や価値観の違いなど、多くの社会的カテゴリー・クラスを導入して、世界像の内実を微視的に解明することになる。(1)と(2)の研究成果を統合することによって、単にサピア＝ウォーフの仮説の妥当性を日本社会をフィールドとして明確に検証するだけでなく、価値や評価を含む日本文化の多元性を、社会構造との相関において巨細に解明することが可能になるであろう。さらに、(2)に関しては、共通語・外来語などの語彙と伝統方言の語彙とのせめぎあいを、人間関係や状況の多様な振幅に即して分析してみることも興味深い課題とされよう。また、いわゆる「敬語」を「敬語語彙」として捉え、その意味システムを構築することも大切な課題となる。さらには、日本という地域社会における地域共通語の認定と、それに基づく文化領域の確定も興味深い課題であろう。これらの課題については、断片的なきらいはあるものの、すでに多くの研究蓄積がある。

(3)の「表出言語文化学」は、主としてディスコースや語りの交互作用の構造分析と、そこに現れるキーワードや話題の機能分析を目的とするものである（久木田恵「東京方言の談話展開の方法」『国語学』162、1990）。また、マス・メディア文化の影響が地域社会の戦後文化や新たな方言形成にどのような形で波及しているかを、細部にわたって分析することも重要な課題となる。さらには、地域で発行されている新聞や雑誌という文化的構築物に現れる方言語彙の分析も、興味深い課題とされよう。地域に継承されている多くのことわざや言いまわしなどの研究が急がれることは、多く言うまでもあるまい。(2)と(3)は、いわゆる「社会言語学」と緊密に連関するものである。

(4)の「歴史文化言語学」は、語彙システム・意味システムの差異によって分画された「文化領域」相互の史的関係を、地域社会の永い生活史との相関において究明することを目的とするものである。これによって、各文化領域の形成、展開、変容のプロセスが明らかになるはずであり、その形成、展開、変容に関与した決定要因も明かるみに出すことが可能となるであろう。

「歴史文化言語学」はまた、語彙システム・意味システムを基準にとる構造言語地理学の理想的な実践と考えることもできる。理想的な実践と考えるゆえんは、生活史的背景に関する精確な情報を十分に採録し、その結果を史的関係の解釈にいかんなく生かすことを方法の前提として設定しているからである。したがって、「歴史文化言語学」は、日本言語文化史や日本史学、さらには環境民俗学、農・漁村社会学、文化地理学などとの学際的研究が強く望まれるサブカテゴリーということになる。その一つの実践として、筆者の『「ヨコ」社会の構造と意味―方言性向語彙に見る』(2001、和泉書院)をあげることができる。

要するに、「文化言語学」は、歴史の厚みを背景とする、地域言語の文化的・社会的機能を関連づける言語構造（とりわけ語彙システム・意味システム）の多様性究明に焦点をおくものの、それだけに限定されず、言語運用に関する多様な側面をも包含する研究領域として措定されるものである。

3. 文化言語学と隣接諸学との相関モデル

今、「生活語彙論」を基礎論とする「文化言語学」という新しい知の領域を、それと緊密に連関する隣接諸学との関係性に着目して、ラフな構造図式として示すならば、次のようになる。これを今、仮に、〈文化言語学のメタ・ディシプリナリー的モデル〉と呼ぶことにする。

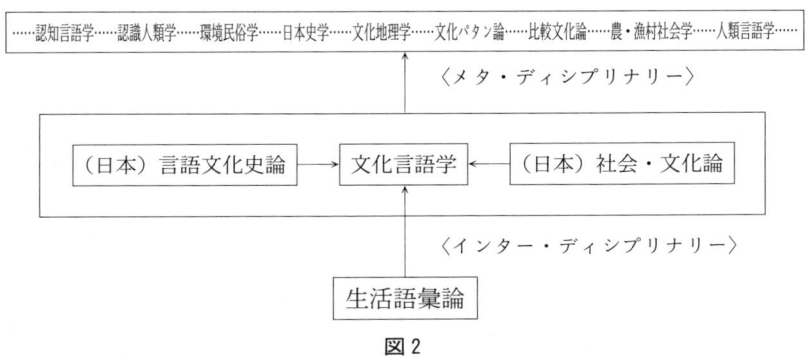

図2

「文化言語学」はその名称が示すとおり、インター・ディシプリナリーを志向する新しい知の領域である。そして、将来は、メタ・ディシプリナリーな総合科学（新しい社会・文化学、柴田武のことばを借りるならば、「地域科学」）の基盤を形成するものになることが予見されるのである。

4. 生活語彙論における「意味概念」

「意味概念」は、「地域生活者——意味の網目——生活環境」という存在三世界を結ぶ広いフレームワークによって把握されなければならない。このような拡がりにおいて把握することにより、意味は必然的に、次に記す四つの課題に関わりを持つことになる。

1. 地域生活者は言語記号を通して、自らが生きる環境世界をどのようなものとして把握しているか？——→［環境世界の認識］
2. 地域生活者が認識している環境世界の特徴は、言語記号の上にどのよ

うな形で反映しているか？──→［環境世界の反映］
3．地域生活者は、自らが生きる環境世界を背景として、どのように言語記号の消費・生産を行っているのか？──→［環境世界の作品化］
4．地域生活者は、自らが生きる環境世界に適合するために、言語記号に獲得された有用な情報をいかに効率よく伝達しているか？──→［環境世界の情報化］

　それでは、生活環境を背景として形成され、継承されてきた「意味の網目」の改編・刷新については、どのように考えたらよいのであろうか。この問題について、現在、筆者は次のように考えている。すなわち、経験はあらかじめ与えられた解釈の枠組に住みこむことから始まったのであり、数限りない改編を経てきた経験の秩序構造も、固有の〈意味の網目の歴史〉をおりのように貯めこんだ〈超越論的制度〉として機能しているわけだから、その刷新は何の前提も持たない〈無からの創造〉として遂行されることは決してあり得ない。〈刷新〉は、常に前提の一種の〈異化〉から始まるものである。

5．文化的意味の内容

　文化的対立関係を意味システムの相対性によって総合的に規定する「文化的意味」は、次に示すように、構造的意味論における意味内容をコアとしつつも、さらに広い意味内容を包含するものである。

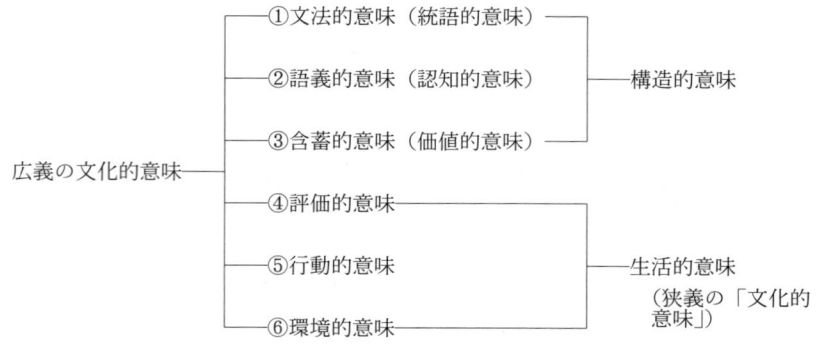

図3

今、「鯛」という語を例にとって、①から⑥までの意味の関係性を簡潔に説明することにしよう。「鯛」の構造的意味は、基本的には国語辞典を見れば確認することが可能なはずである。そこで、たまたま手もとにある国語辞典の中から一冊を任意に選び出し、その中に見える「鯛」の意味記述を引用して示すことにしよう。

　　鯛（名詞）　　［動］海にすむ中形の、平たいさかな。多くはさくら色で、味がよく、めでたいときに使う。（『三省堂国語辞典』第4版、1992）

この記述から、「鯛」という語は①「名詞であること」、②「［動物］という概念カテゴリーに属し、「魚」の一種であるということ」「海にすむ中形の平たい魚で／多くはさくら色／味がよい／という語義的意味をプロトタイプとする認知的意味からなること」、さらには③「めでたいときに使うという含蓄的意味に包含される狭義の文化的意味」などの構造的意味内容の全体として理解することができる。ここでは、「モンダイ・クロダイ・コブダイ・イシダイ・ブダイ・フエフキダイ・ヨノミダイ」などは、決して「さくら色」をしていないなどというクレームはつけないことにする。また、「チヌ」や「ナナシマ」は「鯛」なのか、それとも「鯛」ではないのか、ということも不問に付すことになる。

　しかしながら、たとえば瀬戸内海域の漁民（ただし、老年層カテゴリーに限定される）は、以上の「構造的意味」に加えて、④「魚の中で鯛が最も価値が高い（需要が多く値段も高い）」「網漁で獲った鯛（アミダイ）よりも釣漁で獲った鯛（ツリダイ）の方が生きもよく傷もついていないので高い値段で売れる」というバリュー・システムに基づく評価的意味、また⑤「鯛はタイゴチ（鯛ゴチ）が吹き始める3月下旬から4月中旬頃が漁の最盛期である」「麦の収穫が終わった頃に獲れる鯛（ムギワラ鯛）はすでに産卵を終えていて身が少なく味も落ちるのであまり熱心に漁獲しない」という行動的意味をほぼ共有している。

　さらに、先にも記したように、瀬戸内海域の漁民は「鯛」を網漁でも釣漁でも漁獲し、それぞれ売値に明確な違いがあるため、「アミダイ」「ツリダイ」と呼び分け、両者を弁別するが、山陰沿岸部の漁民はもっぱら網漁で獲

得し、テグスによる一本釣漁は行わないので、両者を全く弁別しない。ここには、⑥「環境（生業環境）の違いに基づく意味の差異性」が明確に認められるのである。

　さて、このような瀬戸内海域の漁民が生活史を背景として経験的に獲得している「評価的意味」「行動的意味」「環境的意味」は、当然のことながら瀬戸内海域の農民は全く所有していない。農民が所有しているのは「構造的意味」（とりわけ「認知的意味」「含蓄的意味に包含される文化的意味」）だけである。したがって、漁民と農民との間には、

　　漁民＝［構造的意味］＋［生活的意味］

　　農民＝［構造的意味］＋　　　φ

という、極めて顕著な対立関係が認められることになる。すなわち、［生活的意味］の所在と不在が、「鯛」という語の広義の文化的意味内容に表象される「漁業文化」と「農業文化」との差異の一端を規定していることになるわけである。

　ところで、「生活的意味」という意味概念は、「生活」という概念が広くも狭くも考えられるところから、一般的には広・狭二様に規定することが可能であろう。すなわち、広義には、

　　生活的意味＝広義の文化的意味

という規定であり、狭義には、

　　生活的意味＝生業的意味（生業環境も含む）

とする規定である。ここでは、「生活的意味」を狭義の意味概念を表すものとして使用しており、「生業経験」や「生業環境」に即して公共的に獲得されている「意味内容」を指す。基本的にはこのように規定されるが、狭義の「生活的意味」は最広義の「文化的意味」に対応する狭義の「文化的意味（生活的意味に包含される）」であるから、「生業環境」以外に、「自然環境」「社会環境」などの環境概念を基軸として形成された「意味特徴」（語義特徴）をも包含するものである。

6．生活環境の概念

〈地域言語と環境〉という場合の〈環境〉には、富永健一も言うように（『社会学講義―ひとと社会の学』1995、中公新書）、基本的には「自然環境」と「社会環境」の二つが含まれる。しかしながら、この二つは決して等価的な対立概念とはなり得ない。なぜなら、「自然環境」、すなわち外部世界は、地域社会の人々が生活語彙のシステムの内に獲得している「意味の網目」によって範疇化し、カテゴリー化することによって、初めて「生きられる自然環境」となるからである。「意味の網目」としてカテゴリー化されていない自然環境は、地域社会の人々の生活にとって、単なる〈空間〉、何ら価値も歴史も含まない単なる〈場所〉に過ぎない。

したがって、「自然環境」と「社会環境」を対置させるのは、いわば研究の便宜のためであって、地域言語との相関という観点からするならば、「自然環境」は「生業環境」も含む、地域生活者が生きる表象化された環境条件ということになる。言い換えれば、地域生活者にとっての自然環境は、基本的には「生業環境」と緊密にクロスするものと認識されており、それゆえ「社会環境」に包摂されることになる。

したがって、どの語彙カテゴリー、意味カテゴリーを対象化しても、「社会環境」の優位性は動かないことになる。――そもそも、地域言語を媒介とした場合、「社会環境」から完全に独立した「自然環境」というものを考えることができるであろうか？――そして、「自然環境」「生業環境」を包摂する「社会環境」は、地域生活者にとって文字どおり〈生きられる環境〉、すなわち〈生活環境〉として統合化されることになる。〈生活環境〉は生活者の生きる場であり、固有の文化の独自性（＝顔）が見える場所であり、無数の生活の物語が埋めこまれた場所性にほかならないものである。

地域言語と環境の関係性について、上に述べてきたことを概括的に図示するならば、次頁の図4のようになる。

14　Ｉ．文化言語学の構想

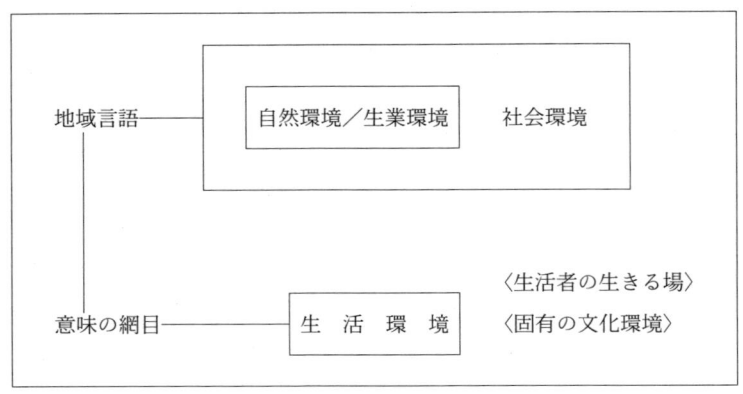

図4

　おそらく、日本人にとって、あるがままの「自然環境」など存在したためしはなく、「生業環境」を介して文化の側に取りこまれているものであろう。したがって、「自然環境」は、日本人にとっては決して克服し、コントロールすべき対象ではなく、文化の中にあって鑑賞され、また生きるための「生業環境」として維持・保全されるべき「風土的空間」である。地域社会においても、すでに希薄になったとは言え、日本人の生活の原風景が今もなお点在している場所性なのである。
　「環境概念」に関連して、今一つ付言しておきたいことがある。筆者はかつて、生活語彙のシステムによって、日本の言語文化の多元性を解析し、説明するための方法モデルとして、拙著（『生活語彙の構造と地域文化―文化言語学序説』1998）の中で「自然環境の相対性」「生業環境の相対性」「社会環境の相対性」という三つの相対軸を設定した。しかしながら、その後の考察において、この三つの相対軸では説明できない現象の存することに気づいたのである。それは、たとえば次のような現象である。
　日本海沿岸部の漁民、とりわけ鳥取・島根両県の漁民は、春から秋にかけて南ないしは南西の方位から吹く弱い風を指して、「ヒカタ」（フカタ、語源は日方か）と呼んでいる。この風は夕方から吹き始め、しかも弱風で日和を約束する風なので、船を沖合へ出すのが容易であって、はるか沖合で行う烏

賊釣漁には最適の風である。山陰地方の漁民は、「ヒカタ」（フカタ）についてほぼ共通して次のように説明する。

　○バンゲニ　ナッテ　フキダス　ヒカタニ　ノッテ　オキー　デッ
　　ダー。ヒカタワ　ミナミカラ　フク　ヨヤー　カジェダケー　ウミモ
　　ナイデ　オキー　デヤスイ。オキカラ　ヒトバンジュー　フネニ　デン
　　キオ　トボイテ　イカツリノ　ショーバイ　シテ　ナー。アクルアサ
　　　ハヤーニ　オキカジェニ　ノッテ　ナダエ　カエッダ　ナー。晩に
　　なって吹き出すヒカタに乗って沖へ出るよ。ヒカタは南から吹く弱い風
　　だから、海も凪いで沖へ出やすい。沖で一晩中船に電気を灯して、烏賊
　　釣漁をしてねえ。翌朝早くオキカジェ（北風）に乗ってナダ（浜・港）
　　へ帰るのだねえ。（老年層男性）〈鳥取県東伯郡赤碕町赤碕〉

　この「ヒカタ」という風位名は、すでに早く『万葉集』（巻七、1231）に見え、『新後撰集』『夫木抄』などにもその名が見えるところから、引き続き使用されていたことが分かる。しかも、「ヒカタ」の分布域を見てみると、「アイ」系の風位名とほぼ重なるのである。したがって、日本海側にあっては、「アユノカゼ」と同様、おそらく弥生時代初期からこの語を海民が使用していたものと推定される。

　ところが、「ヒカタ」という風位名は、太平洋沿岸部（瀬戸内海域も含む）には、「アイ」系の風位名と同様、その分布がほとんど認められず、もっぱら「マジ」（マゼ）という風位名が使用されているのである。この日本海側と太平洋側の顕著な差異性は、「自然環境の相対性」「生業環境の相対性」「社会環境の相対性」という三つの相対軸のいずれによっても説明することができない。なぜなら、『万葉集』以前から、太平洋沿岸部でも海民が漁りや海の道による交易を営んでおり、海民集団が形成する社会が存在していたことが、考古学における多くの知見によってすでに否定できない事実となっているからである。

　この言語文化的差異を説明するためには、日本海側に定着した海民集団と瀬戸内海を経て太平洋側に定着した海民集団が、そもそもどこからやって来たかということを明らかにする必要がある。別の言い方をするならば、「ヒ

カタ」という風位名と「マジ」（古くは、ハエという風位名が瀬戸内海域にも広く行われていたことが、マジとハエとの分布状況から推定される、なお村山七郎によれば、ハエはオーストロネシア系の/barі/に起源を求めることができるという〈『日本語の語源』1974、弘文堂〉）という風位名がどのような系統の言語（南方系、北方系、両者のハイブリッド）に由来するものであるかを解明しなければならないことになる。

したがって、両者の差異は、きわめて永い「歴史環境の相対性」によって説明せざるを得ないことになる。それゆえ、筆者は、先に提示した「自然環境の相対性」「生業環境の相対性」「社会環境の相対性」の三者に加えて、新たに「歴史環境の相対性」という相対軸を提示したいと考えるのである。

7．世界像とは

私たちは全く新たに世界を制作することはできない。私たちは皆、すでに出来上がった世界の中に生まれおち、その世界をわがものとして引き受け、しかる後に、その世界をわずかばかり変容させることができるだけである。N．グッドマンが「われわれの堅固な基礎は実に鈍重なのだ」（菅野盾樹訳『世界制作の方法』1987、みすず書房）というとおりであろう。彼はその理由を習慣の支配に求めているが、これはむしろウィトゲンシュタインやサピアの言う〈世界像〉の堅固さとして捉えられるべきものであろう。私たちは、言うまでもなく〈世界像〉を自ら選ぶことはできない。世界像は私たちが「伝統として受け継いだ背景」（『ウィトゲンシュタイン全集』第9巻、1975、大修館書店）なのである。また、私たちは〈世界像〉を〈像〉として明示的に取り出すこともできない。〈世界像〉はそれぞれの世界のヴァージョンの〈下絵〉としてわずかにかいま見られるだけである。だが、逆に、いかなる世界ヴァージョンも、その〈下絵〉なしには成立することはできない。

高田珠樹（1993）や橋爪大三郎（1996）も言うように、世界像やコスモロジーが、それぞれの社会における固有の文化的伝統のなかで形づくられ、そこに暮らす人々が生きている間に出会う数々の出来事に対して、一定の実践的な解釈を容易にしたことは確かであろう。それは、人々に、自らのおかれ

ている状況と和解することを教え、一見不可思議な不条理に対して、一定の深い納得をもたらすために知的な枠組を提供したことは間違いない。しかし、〈世界像〉やコスモロジーには、もう一つ重要な本質的な働きがあったと考えるべきだろう。

　それは、これらの〈世界像〉とかコスモロジーとか呼ぶものによって、ようやく、その土地の人々の生活世界は、一定の秩序を与えられたということである。生活世界のいろいろな局面について、その社会において行われる解釈や意味づけは、それぞれに意味があり、その成員にとっては行動や思考の重要な手がかりを提供する。さらに、それらを全体として統一的に一定の方向性を与えたり、特定の説明のための構造図式を用意したりするものがあるとすれば、そうしたものがすなわち〈世界像〉であり、コスモロジーであろう。

　その意味で、日本の伝統的な村落社会が継承してきた「性向語彙」の構造と運用──〈過剰価値〉と〈過小価値〉をともに否定することによって、村落社会が願う〈指向価値〉に一元化する「ヨコ」性の原理（平準化・公平化の原理）とそのメカニズム──は、〈労働秩序〉（労働価値）や〈つきあい秩序〉（交際価値）の構成と運用の意味を解釈する唯一の構造図式であり、ひいては彼らが生活世界の中で理想と考えた〈人間像〉という〈世界像〉を統一的に規定するものであると考えることができる。

8．個別から普遍へ

　方言学者は古くから好むと好まざるとにかかわらず、現実世界を意識せざるを得なかった。現実社会の変動と対話する形で、変化してやまない地域言語の研究を対象とするかぎり、科学としての論理性と現実関連性をいかに調和させ、地域文化の表象としての内質をいかに深く描ききるか、誰しも常に頭を悩ましてきた問題である。地域言語の全体性を視野に入れ、しかもそれを、地域に生きる人々の営みが息づく歴史や風土の陰影の細部までも刻印する形で描ききらねばならない。そのためには、地域生活者と地域生活者が生きる環境のただ中で、地域言語の総体ないしは部分を採録し、分析し、事実

に即した解釈を加えなければならない。

　とりわけ、地域生活者の〈世界像〉あるいはコスモロジーを生活史を背景として精密に把握するためには、「地域生活者——語彙システム・意味システム（意味の網目）——生活環境」という存在三世界を結ぶ広いパースペクティブが、研究方法の基盤に設定されなければならない。

　存在三世界のどれ一つを欠いても、研究はいびつなものとなり、生活者が内面化している〈世界像〉を描ききることはできない。したがって、ひとりの研究者が対象化し得るフィールドは狭く限られたものになるが、研究の成果は普遍的な拡がりを獲得することが可能である。なぜなら、日本人の伝統的な〈世界像〉の基本的な構造枠組が地域によって、また人によって全くまちまちなものであることなど、ほとんど考えられないからである。したがって、研究者は個別の作業に従事しながら実は普遍の解明につながるような研究を同時に行っていることになるのである。このことの自覚が、方言学者には常に重要なのである。

　それが構造的研究であれ、社会言語学的研究であれ、はたまた文化言語学的研究や認知言語学的研究であれ、およそ研究方法の別は問わない。

　そして、「個別の作業が普遍の解明につながるような研究」に発展するためには、広いパースペクティブに立つ実証研究を踏まえた理論化、言い換えれば実証研究と理論研究とを的確に架橋することが最も強く要請されるであろう。言語研究の現在状況は、筆者の目には実証研究と理論研究の二極分化のように映る。たとえば、G.レイコフの『認知意味論』（池上嘉彦・河上誓作共訳、1993、紀伊国屋書店）にしても、実証性を軽視した理論研究の展開にすぎないように思われる（人間の外部世界に対する認知の仕方が、身体的側面を介して言語にいかに色濃く反映するものであるかを強調し、それを検証する手法として「カテゴリー化」と「プロトタイプ」理論を提示したことは高く評価されるが、「カテゴリー化」をすでに所与のものとして論が展開されているところに、大きな難点がある。「カテゴリー化」はいかにして果たされるのか、「カテゴリー化」の全体像はどのように描かれるのか、このような論の展開に必須の前提とされる問題がほとんど不問のままとなっている。

また、プロトタイプの普遍性は何によって保障されるかという問題もある）。山梨正明の直話によるまでもなく、それはレイコフの『認知意味論』という大著を丁寧にたどれば（もっともこれが大変な忍耐と時間を要することになるが）、すぐにも分かることである。もっとも、そこに見られるレイコフの深い思弁に基づく独自の言語理論の展開に対しては、浜田敦（1986）が言うように、「言語の文科科学は同時に言語哲学でもなければならない」と考える筆者は、敬意を表することに決してやぶさかではないことを付言しておきたい。

　もっとも、実証研究と理論研究を的確に架橋すると言っても、「的確に」の的確性を客観的に規定することはできない。それは個々の研究者の慎重な判断に任されていると言うよりほか方法がない。

9．文化言語学と認知言語学

　最後に、文化言語学と認知言語学との関係性について、簡単に触れておくことにする。文化言語学は、（生活）経験基盤主義や言語を人間と外部世界との中間に位置づける（認知と文化の間に言語を定位する）という方向性において、認知言語学と重なるところが少なくない。また、意味を人間の外界認識の産物であると考える点でも基本的に一致する。さらには、学際的な総合科学の構築を志向するという点においても、方向性を同じくするものである。

　しかし、文化言語学は、以下に記すようないくつかの点で、認知言語学と明確な差異性を示すものである。言い換えれば、文化言語学の立場から見て、認知言語学には以下に記すような視点が欠落しているか、さもなければ希薄である。

　Ⅰ．マクロ社会における多様な言語共同体への視点（「言語」と「生業環境」「社会環境」との相関性に対する視点）
　Ⅱ．「文化は言語に宿る」という文化概念への視点（文化概念についての明確な規定の欠如）
　Ⅲ．歴史概念の希薄性

Ⅳ. 「百科事典的意味」における「自然環境」「生業環境」をベースとする生活的意味への視点
Ⅴ. 意味的カテゴリーの全体像を構築するための分析・操作方法の視点
Ⅵ. 「自然環境」「生業環境」の差異をベースとするプロトタイプの多様性に対する視点
Ⅶ. 「生活主義」への視点、「経験基盤主義」における生活概念の視点
Ⅷ. 言語は人間の環境認識のための道具であり、同時にその証でもある、という言語観

認知言語学において重要な位置を占める「認知意味論」においては、「意味」概念について、たとえば次のように説明されることが少なくない。

　　認知意味論は、これまでの意味論に対して、意味が概念的なものであることを何ら抵抗なく受け入れる。そして、意味を人間の外界認識の産物であると考える。この考え方によれば、語の意味は、外界の指示物を決定するものというよりも、認識された外界をカテゴリー化したものである、ということになる（松本曜「認知意味論とは何か」、松本曜編『認知意味論』5ページ、2003、大修館書店）。

　この意味論は、確かに「人間」所在の意味論となっているが、「外界認識の産物」であるカテゴリー化について、人間の文化的欲望を基盤とする「生活の必要性」（「生活環境への効果的な適応性」）という価値概念が、全く考慮されていない。その点で、認知意味論における「人間」所在は、いまだ不徹底な段階にとどまるものである、と言わなければならない。「語」の意味に「生活の必要性」に基づく価値概念を包含する「生活的意味」を導入するか否かで、認知言語学における認知意味論と文化言語学における「生活意味論」とは、明確に区別されることになる。

　また、文化言語学も認知言語学も、ともに学際的な研究分野の構築を志向するという点では共通する。だが、文化言語学は民俗学・歴史学・人文地理学・文化人類学・社会学・心理学・生活文化学などとの結びつきの強い学際的な研究分野であるのに対し、認知言語学は心理学・文化人類学・コンピューターサイエンス・文学・哲学などとの結びつきの強い学際的な研究分

野である。

参考文献
1969：L．ヴァイスゲルバー『言語と精神形成』福本喜之助訳、講談社
1978：B．L．ウォーフ『言語・思考・現実』池上嘉彦編訳、弘文堂
1983：藤原与一『方言学原論』三省堂
1983：室山敏昭「全国各地漁業社会の風位語彙資料」(『広島大学文学部紀要』第43巻　特輯号2、広島大学文学部)
1986：浜田敦『国語史の諸問題』和泉書院
1987：南不二男『敬語』岩波新書
1987：室山敏昭『生活語彙の基礎的研究』和泉書院
1990：柴田　武「総記」(日本方言研究会『日本方言研究の歩み　論文編』角川書店)
1990：藤田富士夫『古代の日本海文化―海人文化の伝統と交流』中公新書
1991：井筒俊彦『意識と本質　精神的東洋を索めて』岩波文庫
1991：松井　健『認識人類学論攷』昭和堂
1993：高田珠樹「世界観としての言語」(『岩波講座現代思想4　言語論的転回』岩波書店)
1993：G．レイコフ『認知意味論』(池上嘉彦・河上誓作他訳、紀伊国屋書店)
1996：野林正路『認識言語と意味の領野』名著出版
1996：橋爪大三郎「〈言語〉派社会学」(『岩波講座現代社会学5　知の社会学／言語の社会学』岩波書店)
1998：児玉徳美『言語理論と言語論―ことばに埋め込まれているもの』くろしお出版
1998：千田　稔『王権の海』角川選書
1998：室山敏昭『生活語彙の構造と地域文化―文化言語学序説』和泉書院
2000：関根政実『多文化主義社会の到来』朝日選書
2000：田島毓堂『比較語彙研究の試み　5』(『開発・文化叢書35』名古屋大学大学院国際開発研究科)
2000：山梨正明『認知言語学原理』くろしお出版
2001：青木　保『異文化理解』岩波新書
2001：室山敏昭『「ヨコ」社会の構造と意味―方言性向語彙に見る』和泉書院
2003：辻　幸夫編『認知言語学への招待』大修館書店
2003：松本　曜編『認知意味論』大修館書店

〔補記1〕

　言語と文化の間には、全体にわたってとは言えないまでも、一定の相関性があるのではないかと考えられてきた。人間言語を対象とする言語学の中心領域には、構造・記述言語学や、一つの言語と他の言語との関係性を扱う比較・歴史言語学、類型論、対照言語学などがある。これらに対し、人間言語とそれをとりまいている「言語外現実」（外部世界）との関係を扱う分野の一つとして、「言語人類学」（人類言語学）がある。ここでは、言語と文化との間に認められる相関性の性質を解明し、あわせて言語をとおして文化とそれを担う集団あるいは民族の諸問題にアプローチしようとする。（宮岡伯人『「語」とはなにか―エスキモー語から日本語をみる』2002、三省堂）

　「文化言語学」のスタンスも、基本的には「言語人類学」（人類言語学）と同様である。異なるのは、人間言語が日本語、とりわけ永い歴史を背景とする方言（地域言語）であり、文化を担う集団が日本人、なかでも地域集団（広・狭の多様な言語共同体）を形成する地域生活者であるという点である。言い換えれば、「文化言語学」は母語を対象として、日本なら日本というマクロ社会の内部に認められる言語と文化の相関性の多様なありようを闡明し、日本社会や日本人の諸問題にアプローチしようとするものである。問題関心が基本的に、ウチなるマクロ社会に向かうという点に大きな特色がある、と言ってもよかろう。しかしそれは、決して問題関心がグローバルな世界へと展開することを否定するものではない。

　「言語人類学」は、「言語外現実」のとくに社会的側面と言語との関係を扱う「社会言語学」と、それぞれ固有の問題と方法を持ちながらも、互いに重なる部分が少なくない。この点においても、「文化言語学」は「言語人類学」（人類言語学）と同様である。ただし、取り上げる語彙カテゴリーの種類が多いだけでなく、意味概念が広く、意味分析の方法もより精緻である点が異なる。

〔補記2〕

　生活語彙という大きなまとまりを構成している個々の要素である語は、さまざまな地域社会に生きている人々が、日常の言語活動の中で使用するものである。しかも、地域社会に生きている人々は、一定の生業を持ち、独自の環境の中で日々の暮らしを営んでいる。したがって、生活語彙を構成する個々の語の意味は、地域生活者と地域生活者が生きる環境とをつなぐ広い「環境世界」の中で捉えられなければならないのである。古典的なソシュール言語学では、個々の語の意味は、すべて言語内の完結した構造の中で捉えられ、語の意味とは語相互の関係、ソシュールの用語で言う「差異」によって形成される「価値」として規定される。言語の構造は閉じた形で完結しており、閉じた構造の外部は、いわば考えてはいけない世界なので

ある。
　ソシュールに代表される構造言語学では、すべてが「言語内的世界」に閉じられ、地域生活者とか地域生活者が生きる環境とかは、完全に考慮の外に置かれる。そのため、「鯛」という語の意味（価値）は、あくまでも「鱸」「鯖」「鰈」「河豚」「鰤」など、他のもろもろの魚との差異に求められることになり、同時にさまざまの鯛、すなわち「チダイ」「イシダイ」「モンダイ」「フエフキダイ」「ブダイ」「ヨノミダイ」などに共通して認められる特徴によって規定されることになる。
　共通語の世界においては、確かに、それでよいであろう。後は、構造的意味論や認知意味論、あるいは構成意味論など、有力な意味の理論と方法をいかに犀利に形式化していくかということが問題になるだけである（この点に関しては、生活語彙の場合も同様である。ただ、生活語彙の場合は、後に指摘するように、歴史の厚みを背景として獲得している地域生活者の対象に関する独自の意味づけ・価値づけの分析が重要な位置を占めることになる）。
　しかし、地域社会に行われる生活語彙について考える場合、共通語を基準として「言語内的世界」の構造の中だけに閉じるわけにはいかない。たとえば、昭和40年代までは全国に普通に見られた典型的な農業社会の成員と漁業社会の成員とでは、環境に対する認識と理解の仕方が大きく異なっており、それが今も高年者の世代には確かな形で継承されているのである。今、地域社会を広島県豊田郡安芸津町に定めると、高年層の農民と漁民の間には、「鯛」という魚一つを取り上げてみても、その認識と理解の仕方、すなわち小さな環境認識が全く異なるのである。農民にとっては、「鯛」は高価であっても副食の対象に過ぎず、まためでたい席に出すものであって、それ以上でもなければそれ以下でもない。しかし、漁民にとっての「鯛」は、彼らが日々の暮らしを営んでいくための極めて重要な漁獲対象物である。これを、「鯛」という語に即して言い換えると、農民の「鯛」は「食生活語彙」の中の「副食」というカテゴリーに位置づけられるものであるのに対し、漁民の「鯛」は「漁業語彙」の中の「漁獲対象語彙」の中に位置づけられることになる。これは、両者における「鯛」という小さな「環境世界」が、全く異なったカテゴリーに属していることを意味するものである。
　したがって、「鯛」という、それ自身は、「自然環境」（海）に存在する魚の一種に過ぎない対象に関する農民と漁民の認識世界の違いは、当然、「鯛」に関する意味と語彙に色濃く反映することになる。漁民は、自らの生活の必要性から、実に多くの視点から「鯛」の特徴を弁別し、その弁別特徴を漁民が等しく共有化するために、多くの語彙を生成しているのである。
　それを、以下に示す。

A．漁獲
　①「タイゴチ」（鯛漁が本格化する3月中旬から4月中旬にかけて吹く東風、鯛の一本釣や網漁の最盛期）
　②「ムギワラダイ」（麦の収穫が終わって、麦を束ねるころに群れをなしてやって来るタイ、すでに産卵を終えているので身も痩せ味も落ちるので、ほとんど漁獲しない、「ムギワラダイワ　コジキモ　クワン」〈麦藁鯛は乞食も食わない〉という慣用表現が聞かれる）――安芸津町の漁民（とりわけ女性）はかつて、麦の耕作にも従事していたことが分かる。
　③「タイアミ」（鯛網漁、共同で行うかなり規模の大きい網漁、鯛が群れをなして瀬戸内海にやって来る3月下旬ごろから4月下旬にかけて行う）

B．漁法
　①「ツリダイ」（一本釣で獲った鯛、傷もつかず生きもよいので、高く売れる）
　②「アミダイ」（網で獲った鯛、鱗がはげたり傷がついたりし、生きもよくないので、「ツリダイ」よりも安くなる）

C．鯛の大きさ
　①「コダイ」「チューダイ」「オーダイ」（小鯛・中鯛・大鯛、この順に値段が高くなる）――「コダイ」「チューダイ」「オーダイ」の対立は、二項対立の反復（「コダイ」対「オーダイ」＞「チューダイ」）ではなく、3項対立を表すものである。

D．鯛の生死
　①「イキダイ」「シメダイ」「アガリダイ」（生き鯛・半死半生の鯛・死に鯛、この順に値段が低くなる）――「生死」という両極的反義を形成していないのは、「半死半生」（シメダイ）の状態にある「鯛」が、その程度の違い（「イキ」に近いか「アガリ」に近いか）によって、値段がかなり大きく異なってくるからである。

E．養殖鯛
　①「ヨーショクダイ」（天然の鯛に比べ、色や形、さらに味などが劣る）

　上に示したAは、漁民の「鯛漁」に関する「行動的意味」を表し、BからEまでは漁獲した「鯛」に関する「評価的意味」を表すものである。「鯛」に関するこれらの意味は、漁民だけが獲得している意味であり、漁民独自の「環境世界」の一つの表象をなすものである。その意味で、これらの語彙と意味は、当該社会における漁業文化を構成する一つの「文化項目」に関わる意味特徴を示すものであり、それゆえ狭義の「文化的意味」と呼ぶことができる。なぜこれを狭義の「文化的意味」と呼ぶかというと、当該社会は、漁民集団だけから成る社会ではなく、多くの

農民やそれ以外の職業に従事する人々によって構成される複合的社会だからである。

　以上、見てきたとおり、漁民にとっての「鯛」は、単に海という「自然環境」の中に存在する魚の一種を意味するものではなく、彼らの生活を維持していくために重要な意味を持つ漁獲対象物の一種であり、「海」は彼らにとって漁撈を営むための極めて重要な「生業環境」である。この「自然環境」と「生業環境」との違いは、たとえば農民と漁民とを比較した場合、決定的な意味を持つ。物理的には同じ「海」であっても、「環境」としての意味が全く異なるからである。

　漁民が独自に内面化している「鯛」という語の意味を確定する（ひとり「鯛」という語の意味だけに限られることではない、「漁業語彙」というカテゴリーに属するすべての要素について言えることである）ためには、すでに述べてきたことからも明らかなように、「漁民」──「漁獲対象物としての鯛の意味」──「生業環境としての海」という存在三世界を結ぶ広いパースペクティブが必要とされるのである。したがって、語の意味を言語内部の関係性の中だけに閉じてしまうことはできない。「言語内的世界」と「言語外的世界」（環境）とをつなぐ広い「環境世界」の中で把握しなければ、地域文化の多様な表象の内実を明るみに出すことは不可能である。

　それでは、安芸津町の漁民が「鯛」について、とりわけ細かな分節を施しているのはなぜであろうか。この問題を客観的に検証するためには、安芸津町の漁民の意識に潜入するだけでは不十分である。戦前から戦後昭和40年代にかけての「鯛漁」の漁期・漁具・漁法等に関する民俗学的研究の成果や「鯛」の年間の水揚げ量や収益等に関する漁業経済学の統計的資料、さらには安芸津町の漁民が「鯛漁」を行ってきた漁場の広がりとその内部における網代の確定等に関する人文地理学的研究の成果等を詳しく参照することが必要になる。それによってはじめて、安芸津町の漁民が「タイワ　イオノ　オーサマ」（鯛は魚の大様）と認識していることの意味の全体像が、明確に把握できるものと思われる。

　ちなみに、「タイワ　イオノ　オーサマ」という認識は、瀬戸内海域の漁民にほぼ共通して認められる事実である。「タイ」を魚のプロトタイプとする、漁民に共通の認識の仕方にも、瀬戸内海域の漁業文化の一端がかいま見られると言ってよかろう。なぜなら、これが漁業とは無縁な人々が認識している魚のプロトタイプと異なるというだけでなく、「オーサマ」という価値づけの背景には、瀬戸内海域の漁民が漁獲する魚のヴァリュー・システムが存しているからである。安芸津町の高年層漁民が共有している魚のヴァリュー・システムは、「上の上・上・中・下・下の下」の５段階から成るが、「上の上」に位置づけられる魚は「鯛・鱸・蛸」の三種であり、その中でも「鯛」は、とりわけ高い価値づけがなされている。もっとも、

「上の上」に位置づけられる魚は、瀬戸内海域の漁業社会において一様というわけではない。そこには、過去から主としてどのような魚を漁獲してきたか、どのような魚が高価で求められたかという漁業生活史の違いが反映する。それゆえ、大分県東国東郡姫島村の漁民は、「鯛・河豚・平目・鱸」を「上の上」の価値を持つ魚と認識しており、安芸津町の漁民とは異なりを見せるのである。

〔補記3〕
「地域生活者――生活語彙のシステム――歴史的環境」の存在三世界の関係性を、構造化して示すならば、次頁のような構造図を描くことができる。もとより、この構造図は、素朴な概念モデルを示すものであって、ただちに操作的概念として分析や検証に耐え得るものではない。ただ、生活語彙の調査の密度を高め、生活語彙の構造分析の結果をより広い視線から解釈する（真の解釈に到達する）ためには、このような構造的世界の拡がりが研究者にとって常に前提とされることだけは、確かであろう。

◇平成13年度国語学会中国四国支部大会（於広島大学）で講演した原稿に、一部加筆修正を行ったもの。

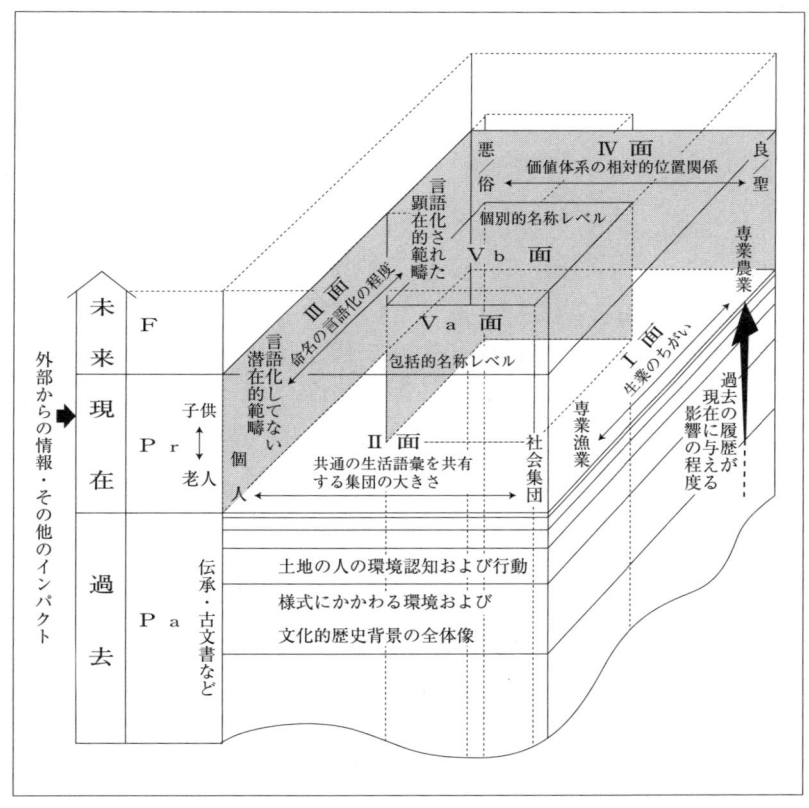

　　　　生活語彙の研究に求められる通時的・共時的な見方の諸関係を示す概念図

伝統的なまとまりをもつ地域社会を「現在」の断面でみても、世代差のある構成員が絶えず外部からの諸影響を受けつつ一つの方言体系を形成維持している。図においてⅠ面は話者の立場のちがい、Ⅱ面は生活語彙が社会的に機能する程度、Ⅲ面は言語的な成熟度、Ⅳ面は話者の持つ価値体系の中における環境の構成要素の総体的な距離関係あるいは必要性の程度の差、Ⅴ面は分類されたものの包摂関係を示す。

第2章　文化言語学覚書

0．ここでは、人間が語彙に獲得しているものの見方、考え方、すなわち世界の分節の仕方（意味システムを骨格とする語彙システムの全像）を、広い意味での文化と規定することにする。また、語彙システムや意味システムに獲得されている外部世界の複雑な分類の仕方（統合と弁別とを同時に可能にする四分法による意味の分類枠）の総体を、広い意味での文化と規定することもできる（野林正路『認識言語と意味の領野』1996、名著出版）。さらにはまた、「個別文化の認識の構造が文化である」「文化は認識そのものであり、文化を個々の事象、出来事の背後に隠れているもの」（松井健『認識人類学論攷』15ページ、1991、昭和堂）と理解することもできる。一つの連続した世界の中に意味の区分を設けて、その言語固有の単位を造る「分節の仕方」（意味の網目）が、言語ごとにいかに異なり多様であるかは、とりわけB.L.ウォーフの著作にゆずることにする（『言語・思考・現実』池上嘉彦訳、1978、弘文堂）。なお、文化を社会との対比関係で見るならば、社会が構造や機能のシステムであるのに対して、文化は意味と価値に傾斜したシステムである、と言うことができよう（清水昭俊「植民地状況と人類学」『岩波講座文化人類学』第12巻、1996）。

1．地域によって異なる自然的・物理的現象の認識の表象としての語彙システム・意味システムの差異（たとえば「露・霧・霞」に関する語彙体系の地域差、「雪」に関する語彙体系の地域差、「地形」や「動植物」に関する語彙体系の地域差など）は、基本的には「自然環境」に根ざす方処性、すなわち「地域方言」の差異として把握し得るものである（拙著『生活語彙の基礎的研究』1987、和泉書院、真田信治『地域言語の言語社会学的研究』1988、和泉書院）。そして、「方言は地域文化の表象である」とする考え方に依拠す

るならば、それは同時に、「地域文化」の差異として規定し得るものである。したがって、自然環境の相対性によってもたらされる語彙システム・意味システムの差異は、基本的には地域文化の差異として語られることになる。

2．これに対して、同一社会における農民集団と漁民集団の間に認められる、たとえば風位語彙や潮の語彙、波の語彙の構造と意味システムの差異（室山、1987）や飼牛語彙や田地呼称、山地呼称の構造と意味システムの差異は、基本的には「生業環境」に根ざす「社会方言」の差異として把握し得るものである。そして、それは地域方言の差異に即して地域文化の差異を規定したのと同様に、「社会文化」の差異として規定し得るものである。したがって、同一社会における社会環境（とりわけ社会集団）の相対性によってもたらされる語彙システム・意味システムの差異は、例外なく社会文化の差異として語られることになる。また、マクロ社会である都市の言語とミクロ社会である集落（字を単位とする）の言語との差異も、社会構造の差異に根ざす「社会言語の差異＝社会文化の差異」として把握されることになる。なぜなら、前者はきわめて複雑な社会構造と機能をベースとするものであるのに対して、後者は比較的単純な社会構造と機能に支えられているからである。

3．さらに、同じ漁民集団であっても、たとえば山陰沿岸部の漁民集団が所有する風位語彙や潮の語彙の語彙システム・意味システムと瀬戸内海域の島嶼部の漁民集団が所有するそれとの間に認められる差異は、社会方言の差異であると同時に、山陰沿岸部と瀬戸内海域島嶼部との空間的、地理的差異でもあるから、地域方言の差異として把握することも当然可能である。しかしながらこの場合、ともに農民集団の存在を前提として考えるならば、両者の差異は自然環境の相対性と社会環境の相対性からなる「複合的差異」として把握しなければならないことになる（拙論「風の方言から見た漁業社会—風位語彙による考察」『水産振興』第422号、2003、東京水産振興会、

本書収録)。すなわち、社会文化と地域文化との「複合的文化」として語らなければならないことになるであろう。これと同様に、同じ農業社会であっても老年層カテゴリーに限定するならば、伝統的に牛の生産基盤を維持してきた地域（たとえば、兵庫県の但馬地方や鳥取県の伯耆地方など）と単に牛を役牛として使用してきた地域（たとえば、広島県や山口県の内陸部など）とでは、牛体部位の価値認識に基づく弁別呼称に関して、極めて大きな精疎の別が認められる（拙著『地方人の発想法―くらしと方言』1980、文化評論出版、同、1987前出、原田文子「広島県北部方言の和牛飼育語彙―牛体語彙の体系の多様性と統一性」『国文学攷』102、1984）。この場合も、漁業社会の存在を前提として考えるならば、地域文化と社会文化との「複合的文化」として見ていかなければならないことになる。農業社会における食生活語彙と漁業社会における食生活語彙との差異についても、また同様のことが言えよう（町博光『農業社会の食生活語彙』1984、同『漁業社会の食生活語彙』1989、ともに渓水社）。高知県沿岸部と瀬戸内海域島嶼部のように、地域を異にする漁業社会における海岸地名語彙や魚名語彙、魚名のバリュー・システムについても、「社会・地域複合的文化」という視点から見ていかなければならないであろう（拙著、1987前出、上野智子『地名語彙の開く世界』2004、和泉書院）。

4． このように考えてくると、日本文化というマクロ文化は、論理的には「地域文化」「社会文化」「地域・社会複合文化」という三つのサブ文化からなる多元的統一体として規定することができるであろう。したがって、日本文化についても、文化人類学が扱う異文化間の場合と同様に、文化多元主義（＝言語多元主義）の手法で語ることが可能になると考えられる（清水、1996前出、青木保『多文化世界』2003、岩波書店）。と言うよりも、むしろ積極的に語るべきではなかろうか（語りのスタイルについてはⅡ．「文化言語学の理論」の第2章およびⅢ．「文化言語学の実践」の各章を参照のこと）。そして、研究の基本的なスタンスは、当然のことながら、広く文化・社会の両概念を包括する「生活環境主義」に立つことになる。

5．これを今一度、「方言」（地域言語）に即して見なおしてみると、三つのサブ文化に対応する形で、「地域方言」「社会方言」「地域・社会複合方言」という3種類の方言概念を設定しなければならないことになる。旧来の「方言」概念は、今日、「地域方言」と「社会方言」の二つに分けて扱われることが一般的であるが（唐須教光「言語と異文化共存」『岩波講座文化人類学』第8巻、1997、小林隆・篠崎晃一編『ガイドブック方言研究』2003、ひつじ書房）（なお柴田武や真田信治はこれらをそれぞれ「地域語」「社会語」と呼んで区別する）、さらにこれに「複合方言（社会・地域）」という存在概念（方言概念）を加えなければならないことになる。言うまでもなく、基本になるのは「地域方言」と「社会方言」であるから、先に挙げた三者の関係性は、次のように構造化して示すことができる。

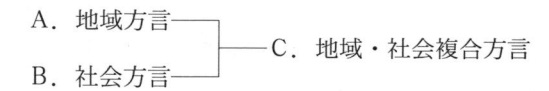

```
A．地域方言 ─┐
             ├── C．地域・社会複合方言
B．社会方言 ─┘
```

これに並行する形で、日本文化のフレームワークも、次のように示すことができるであろう。

```
             ┌─ A．地域文化 ─┐
日本文化 ───┤                ├── C．地域・社会複合文化
             └─ B．社会文化 ─┘
```

さらにこれに、「自然環境」「社会環境」「生活環境」との関係を取り入れて、日本文化の多層性・多元性をまとめるための基準枠を示すと、次のようになるであろう。

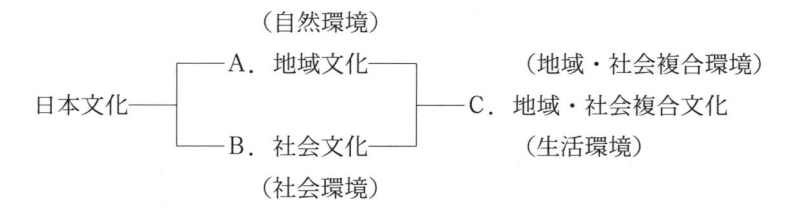

```
                  （自然環境）
             ┌─ A．地域文化 ─┐   （地域・社会複合環境）
日本文化 ───┤                ├── C．地域・社会複合文化
             └─ B．社会文化 ─┘   （生活環境）
                  （社会環境）
```

なお、日本の「自然環境」が、多く「生業環境」を含む半自然環境・半社

会環境（二次的自然環境、「植林」という一語の存在を考えただけで、それは自明であろう）であることを考えると、「社会環境」が「自然環境」に対して優位に立つことは明らかである。特に、生活語彙論の立場から見るときは、そのことが明白である。なぜなら、自然環境は、地域生活者の生業経験を基盤とする価値を含む語彙システムによって分節され、秩序づけられたものだからである。

6．「文化言語学」も「社会言語学」も、先にあげた三つの「方言存在」（方言概念）のすべてを研究対象とするという点では、全く同様である。構造や意味を排除するか、それともしないか、あるいは地域言語を文化という観点から捉えるか、それとも社会的現象として捉えるか、さらには生活史の観点を包含するか、それとも包含しないかによって、両者は鋭く対立することになる。もし、日本における「社会言語学」が構造や意味を取り入れ、さらに歴史をも包含するフランス流の「言語社会学」（鈴木孝夫『日本語と外国語』1990、岩波新書、文化言語学編集委員会『文化言語学　その提言と建設』1992、三省堂、ランゲ『社会言語学の方法』原聖他訳、1996、三元社）としての性格を強めることになれば、「文化言語学」と「社会言語学」との距離は、さほど大きいものにはならないと考えられる。そのためにも、現在の「社会言語学」は、多様な言語現象を統計的な数字に頼って解釈することに絶対的な信頼を寄せる前に、まずアンケート調査の項目そのものに体系性・構造性を取り入れることへの配慮を、慎重かつ積極的に行う必要があるであろう。特に社会を見るとき、生活者の社会的カテゴリー・クラスだけでなく、生活に即した言語行動そのものの意味を、広く「生活環境」を視野に入れて可能なかぎり精確に観察することが肝要であろう。

7．「文化言語学」の下位部門（研究部門）としては、すでに前の章で触れたが、次の四つを設定することが考えられる。
　　1．認知文化言語学
　　2．社会文化言語学

3．表出文化言語学
4．歴史文化言語学

　なお、それぞれのサブカテゴリーの研究目的や課題性について、重複を承知で再度説明することにする。

　1の「認知言語文化学」では、日本というマクロな社会における語彙システム・意味システムの解析を通して、地域生活者が獲得している認識世界や価値観の構造、すなわち世界像（世界観）を明らかにし、その地域類型や多層性を構造化することが、主たる研究目的となる。したがって、対象化する語彙カテゴリー・意味カテゴリーは広範囲に及ぶことになる。2の「社会文化言語学」は、生業差を主軸として、さらに年齢差・性差・階層差・個人差・教養差・価値観の違いなど、多くの社会的カテゴリー・クラスを導入して、世界像の多様性を社会構造との相関において微視的に解明することになる（岩城・室山、1996前出）。1と2の研究成果を統合することによって、サピア＝ウォーフの仮説の有効性を、日本というマクロ社会をフィールドとして明確に検証することが可能となるだけでなく、価値や評価を含む日本文化の多元性・多層性を、地域言語に即して客観的に解明することもまた、可能となるであろう。さらに2に関しては、共通語・外来語の語彙と伝統方言の語彙とのせめぎあいを場面・状況・人間関係などに即して分析してみることも興味深い課題とされよう。また、いわゆる敬語を敬語語彙として捉え、その意味システムを構築することも大切な課題となる（南不二男『敬語』1987、岩波書店）。さらには、全国の各地域における地域共通語の認定と、それに基づく文化圏域の確定も興味深い課題であろう。

　3の「表出言語文化学」は、主としてディスコース（方言談話）や語りの交互作用の構造分析と、そこに現れるキーワードや話題の機能分析を目的とするものである。また、マス・メディア文化の影響が地域社会の言語文化や新たな方言形成にどのような形で波及しているかを細部にわたって分析することも重要な課題となる。さらには、特に地域で発行されている新聞や雑誌という文化的構築物に現れる生活語彙の構造分析も、興味深い課題とされよう（井上逸平「文化の表象としての批判言語学」『芸文研究』第68号、1995、この課

題については、方言研究者の側からの研究成果がほとんど見られない)。地域に伝わる多くのことわざや言いまわし、昔話などの研究が急がれることは、多く言うまでもなかろう（渡辺友左「ことわざと現代社会」、中央大学人文科学研究所「人文研紀要」第28号、1997)。

　4の「歴史文化言語学」は、語彙システム・意味システムの差異によって分画された「社会文化圏」内部の史的関係を、主としてそれぞれの文化圏に特徴的な複数のキーワードや意味的分節枠によって究明することを目的とするものである。これによって、それぞれの「社会文化圏」内部について、さらにミクロな文化圏の形成、展開、変容のプロセスが明らかになるはずである。もとより、その形成、展開、変容に関与した要因の究明も、重要な課題となる。

　「歴史文化言語学」はまた、語彙システム・意味システムを基準にとる構造的言語地理学の理想的な実践と考えることもできる。理想的な実践と考えるゆえんは、生活史的背景に関する精確な情報を十分に採録し、それを史的関係の解釈にいかんなく生かすことを、方法の前提として設定しているからである。したがって、国語史学や日本史学、さらには環境民俗学・農村社会学・漁村社会学・文化地理学などとの学際的研究が強く望まれる「文化言語学」の下位部門ということになる。

　なお、「文化言語学」の下位カテゴリーのうち、1の「認知文化言語学」と2の「社会文化言語学」は、共時論的研究だけでなく通時論的研究にも適用可能な研究部門であると考えられる。また、4の「歴史文化言語学」は、言うまでもなく歴史を含むマクロな高次共時論的研究が適用されてしかるべきものである（藤原与一『方言学原論』1983、三省堂)。

　要するに、「文化言語学」は、歴史の厚みを背景とする、言語の文化的、社会的機能を関連づける言語構造、および言語使用のあらゆる面を包含する学際的な学問領域としての「地域文化学」（地域科学）の基盤に措定される新興パラダイムである。

8．はたして人間の言語というものが、起源的に見て最初から、人間同士が

相互に意志、願望、期待などを伝え合うために発達したものかどうかについては、必ずしも決定的なことは言えないが、少なくとも現代人の社会生活においては、言語の主たる役目は、この伝達行為、コミュニケーションにあると言ってよいと思われる。このことは、現在、ことばを研究する学問である言語学が、伝達言語を対象化して、ことばの使い方を支配する規則やことばを現実の場面でどう使うかなどの法則を求めて、「機能文法論」（M. A. K. ハリデー『機能文法のすすめ』筧壽雄訳、1991、大修館書店）や「語用論」（実用論とも、山梨正明『発話行為』『新英文法選書』12、1986、大修館書店）、さらには「認知意味論」「認知文法論」（中右実『認知意味論の原理』1994、大修館書店、山梨正明『認知文法論』1995、ひつじ書房、同『認知言語学原理』2000、くろしお出版）などの名のもとに、長足の進歩を遂げていることに示されている。

「しかし、ことばは、その一方で、人間が世界を認識する手段であると同時に、その認識結果の証でもある。この面に焦点を当てる研究が、意外なことにこれまでの言語学では比較的少ない」（鈴木、1990前出）。人間の世界認識、すなわち世界像は、民族ごとに、言語ごとに異なる（池上訳、1978前出、田中克彦『言語学とは何か』1994、岩波新書）のであるから、深いレベルでの国際化社会の実現を円滑に進めていくためには、語彙システムや意味システムの解析を行い、世界の民族が生きる時代環境とのミクロな相関において、それぞれの民族が獲得している世界像を明らかにすることを目的とする「認識言語学」「認識人類学」「認知科学」「人類言語学」などを、今後ますます積極的に推進していく必要があるであろう。それを、基本的には、同一文化内部の主として地域言語を対象にとって行う「文化言語学」（人間環境言語学）の推進には、とりわけ大きな意義が存すると考える。なぜなら、世界像を多元的かつ微視的に解明する（たとえば、日本文化を単純に一元的文化と理解するような極めておおまかな文化観を打破するためにも）ことが、今後国際化社会をますます深いレベル、ミクロレベルにおいて円滑に実現していくためには、必要不可欠な課題となってくるからである。言い換えれば、世界のグローバル化が進めば進むほど、

歴史の厚みを背景とする多言語間、自言語内部のミクロな差異が、ますます重要な問題となってくると考えられるからである（青木保『異文化理解』2001、岩波新書）。

9．「文化言語学」は、基本的には言語記号・言語シンボル、とりわけ語彙システム・意味の網目を、「人間（生活者）——言語記号（意味の網目）——環境」という存在三世界を結ぶ広いフレームワークにおいて捉え、人間と環境の接点に「言語記号」（意味の網目）を位置づけて個別文化の独自性と普遍性を解明しようとするスタンスをとるものである（その点で、文化言語学は、認知言語学とクロスするものである）。したがって、「文化言語学」は「人間環境言語学」と呼称することもできる。しかも、「すべての文化現象は言語記号によって表象化されているわけだから」（池上嘉彦『記号論への招待』1984、岩波新書）、人間はつねに言語環境を生きていることになる。言い換えれば、我々はまわりの世界の諸現象を言語として、または言語によって認識するという営みを日々行っているのである。しかもその言語環境は、どの地域社会にあっても地域独自の生活史に彩られているのだから、この事実を重視するならば、「言語環境」は、「生活史的言語環境」と呼称されることになるだろう。我々は、「生活史的言語環境」に生きて、文化的な相互作用の営みに日々深く関与しているのである。

10．「文化言語学」は、〈言語〉も描けば〈人間〉も描く、広義の「構造言語学」（人間の認識世界の解明も含む）と狭義の「社会言語学」（言語の交互作用の研究を中心とするもので、文化も含めば構造も含むアメリカの伝統的な「社会言語学」「人類言語学」ではない）とを統合する新生パラダイムである。そのためには野林正路や宮岡伯人の言う「認識言語」（宮岡は「認識の言語」と呼ぶ）に基づく「文化的意味論」（鈴木、1990前出）の構築が必須の要件とされる。ここで言う「文化的意味論」とは、生活者が内面化している認識世界（世界像）を意味の分節体系に即して、生活史的背景のもとにいかんなく解析し、描出し得る意味論のことである（「文化的

意味」の内実については後に詳しく述べる)。このような意味論を構築するためには、研究者がネイティブの代弁者になり得るような(実際にはほとんど不可能だと考えられるが、志向価値として)土地の生活への深い潜入が必要となる。言い換えれば、研究者が土地の人々と同じ文化的、生活的経験を言語の獲得を通して再獲得しなければならない。単に、研究者が必要とするものだけを知的に収奪してみても、決して経験の共有化は果たされない(室山、1987前出)。

そのためには、フィールドへの徹底した「とけこみ」調査(自然傍受による調査)を行うことを基本的な態度とし、アンケート調査は研究者のための知的収奪としてではなく、ネイティブの正しい代弁者になることを志向した知的確認として行うべきである。それゆえ、仮に、アンケート調査を行うのであれば、ネイティブの生活的論理に立った、重い意味を持つ「アンケート調査」を実施しなければならない。

地域社会の人々と共通の生活基盤に立って、「意味解釈——意味表現」の交互作用を行うことが可能になれば、すなわち「意味の共同化」を経験することができれば、「文化的意味論」を構築する用意は一応整ったことになる。研究者がこの地点に至ることができれば、「知的意味」だけでなく、豊かな「生活的意味」を汲み取り、その全体を生活史的背景のもとにダイナミックに構造化し、一貫した論理で解釈を施すことは、Ⅱの第2章およびⅢの各章で試みたようにさほどの難事ではない。困難を極めるのは、土地の人々との「意味の共同化」を経験するという、そのことである。

11. 「文化言語学」の総合的な実践としては、たとえば次のような課題が考えられる。瀬戸内海域の島嶼部は、大半の集落に農民と漁民とが共存している。そして、同じ集落に居住する農民と漁民は、基本的に同一の自然環境と社会環境、すなわち生活環境を生きていると考えられるにもかかわらず、両者が所有している言語、とりわけ生活語彙には、共通性とともに差異性もまた顕著である。したがって、農民と漁民のそれぞれが所有してい

る生活語彙の意味の網目の共通性と差異性を解明し、彼らの生活史との関わりにおいて分析、考察することによって、瀬戸内海域における農業文化と漁業文化との同質性と異質性を明らかにするという課題である。およそ20の島嶼を対象として取り上げ、主として生業・自然環境・衣食住・対人評価・屋号・副詞などに関する語彙を中心に調査・研究を行う。自然環境・対人評価・副詞に関する語彙の一部は、『瀬戸内海言語図巻』にも含まれているので、それと比較することによって、農民の過去30年間における言語変容（＝文化変容）の一端をも解明することが可能である。また、副詞語彙に関しては、『内海文化研究紀要』第4号（広島大学文学部内海文化研究室、1975）に瀬戸内海域における6地点の体系的調査の結果が詳しく示されているので、過去約30年間における変容の実態と傾向性を明らかにすることができる。瀬戸内海域以外には、たとえば長崎県下の五島列島、熊本県下の天草諸島、沖縄県下の諸属島なども、恰好のフィールドとされよう。

　さらにマクロな観点から見るならば、たとえば日本文化における東西・南北対立をはじめ、多様な文化領域の対立関係を明らかにするために、いくつかの意味的カテゴリーに限定して要地調査を行い、語彙システム・意味システムに即して、日本文化の多元的・複層的な地域類型（文化領域の類型）とそれぞれの特質を解明するという課題が考えられる（ちなみに、大橋勝男は『関東地方域の方言についての方言地理学的研究』第四巻、1992、桜楓社、の「あとがき」の中で、日本海側と太平洋側との言語対立の実相究明が重要であることを強調している）。ただし、この課題を達成するためには、坪井洋文も言うように、「中央──周辺」という構造図式だけに依拠することなく、柔軟に基準を設定することが必要とされるだろう（『民俗再考─多元的世界への視点』1986、日本エディタースクール出版部）。そして、その成果を踏まえて、さらにミクロな調査、分析を実践することができるならば、日本文化の同質性と異質性を総合的かつ客観的に語ることが可能となるであろう。さらに理想を言えば、このような研究を環境民俗学・人文地理学・考古学・歴史学・文化人類学・社会学・比較言語学な

どの隣接諸学と共通の基盤整備を行った上で、学際的な形で実施することである。これは、柴田武が遠い夢として語った「地域科学」（「総記」『日本方言研究の歩み』前出、筆者のことばで言えば「地域文化学」）の構築を果たし、それを大地のことばである生活語彙の精査と構造分析をコアとして、最もマクロな観点から実践しようとする試みである。その最も初歩的な試みの一つとして、拙著『アユノカゼの文化史』（2001、ワン・ライン）をあげることができる。

　総合科学としての「地域科学」である「地域文化学」を積極的に推進していくためには、生活経験基盤主義に立つ「文化言語学」（人間環境言語学）の理論整備を急ぐと同時に、このような学際的、総合的な研究を実施し得る体制づくりを、積極的に推し進める必要があるであろう。たとえば、「日本文化の多元性に関する総合的研究」というテーマについて、人文・社会科学を横断する研究チームを立ち上げ、精緻な調査・研究を実践するといった試みである。

12. 日本文化は旧来、言語学や社会学の立場からは「一国家＝一言語＝一文化」という等式によって、一元的に説明されることが少なくなかった（柴田武『語彙論の方法』1988、三省堂）。しかしながら、共通語の世界を離れ、地域言語を直視するならば、農業社会には農業社会独自の、漁業社会には漁業社会独自の言語環境がある。また、雪国には雪に関する豊かな語彙の世界がある。平沢は新潟県下の「ユキ」（雪）の意味を、「地域的意味」（厳密には、自然環境を背景とする「地域的意味」）という観点から精細な記述、分析を試みている（平沢洋一『日本語語彙の研究』1996、武蔵野書院）。さらには、たびたび大型台風に見舞われる沖縄の人々は、風速30メートル以上の風でなければ「ウーハジー」（大風）と呼ばない、独自の風に関する意味解釈を共有している（柴田、1988、前出）。また、同じ漁業社会であっても、山陰沿岸部の漁民は4メートル以上の波でなければ「ノタ」（大波、京都府丹後半島域では「ヌタ」）とは言わないが、瀬戸内海域の漁民は2メートル以上の波を「オーナミ」（大波）と呼んでいる。ここには、

自然環境を異にする漁業社会の人々の、「波」に対する認識内容（意味付与）の差異が端的に現れているのである。このように、実は「日本文化」なるものは多数体系であり、それはたえず流動的に生成変化しているものである。決して、純粋で単一な文化などではない。

　地域言語が、生活史を背景とする地域文化の表象であることは、すでに多くの人々の認めるところであろう。ところが、日本の方言学者は、不思議なことに、方言は地域文化の表象であることを強調しながらも、まさに方言が地域文化の表象であることを多くの人々が明確に認識できるような研究成果を生み出すことは、平山輝男の『周辺地域方言基礎語彙の研究』（1979、国学院大学言語文化研究所）をはじめとして、藤原与一の『瀬戸内海方言辞典』（1988、東京堂出版）、馬瀬良雄の『信越の秘境　秋山郷のことばと暮らし』（1982、第一法規）、さらには柴田武『語彙論の方法』（前出）、松井健『琉球のニュー・エスノグラフィー』（1989、人文書院）、野林正路『認識言語と意味の領野』（1996、前出）、拙著『生活語彙の基礎的研究』（1987、和泉書院）、同『生活語彙の構造と地域文化―文化言語学序説』（1998、和泉書院）など、ごく一部の例外を除いて、ほとんどなかったと言ってよい。それには理由があって、日本の方言学者は地域言語の精査、記述、分析は行ったが、その営みを通して、地域社会に生きる人々の思考と感性の構造（世界観の構造）を究明しようとする意識は極めて希薄であった。方言学の独自性を潔癖なまでに守ろうとするあまりに、とりわけサピア＝ウォーフに代表される「言語相対主義＝文化相対主義」やその影響を受けて急速な発展を見た言語人類学、認識人類学、あるいは新興パラダイムである環境民族学（環境民俗学）などの研究成果へ、目を向けようとはしなかったのである。

　柴田武が早くから提唱し、実践を重ねた「言語生活研究」は、柴田自身が言うように「米国式の分類で言えば、言語生活研究は、社会言語学のほかに、言語人類学・言語心理学から言語地理学などまでを含む、もっとも広く、もっとも総合的な研究分野」（『社会言語学の課題』54ページ、1978、三省堂）であったが、その後の方言学界には総合性を維持する形では根づか

なかった。これも、「言語生活研究」が包含するホーリズムが、記述方言学（方言のしくみについての体系的研究）、構造主義に立つ方言学の独自性をかたくなに守ろうとする尖端的な潔癖主義に阻まれてしまった結果であると考えることができる。

　こうして、構造主義を拡大して、〈方言〉だけでなく〈人間〉と〈人間が生きる環境〉も語ろうとする動きは、一向に強化されないまま時間が推移したのである。このような思潮が続くなかで、1970年代を境に地域言語は急速に変貌し、たとえ周辺のミクロ社会においても、それを等質の一言語共同体と見なすことが極めて困難な状況を呈するに至った。そのため、アンチ構造主義に立つ「社会言語学」が、〈地域言語〉と〈人間〉〈社会〉との相依関係を明らかにすることを宣言して、方言学界を席捲することになった。しかし、日本の狭義の「社会言語学」は、アメリカの広義の「社会言語学」（人類言語学の流れを引く）とは異なり、構造・意味・文化をいともあっさりと捨象したために、そこで描かれる言語と人間はきれぎれの断片となり、野林も言うように「人間の言語活動を尖端的な小状況下の戦略技法に縮小」（1996、前出）してしまうという結果を招いた。

　そのため、地域という生活環境に生きる人間を、地域言語のラングの拘束性（とりわけ語彙システムの公共的な拘束性）や生活史の所与性をも視野に入れてトータルに描く試みは、いまだほとんどなされていないと言ってよい状況である。これでは、地域文化の全像に迫ることなどとうていかなわない。ここに、今日の方言学の知的貧困がある。

　方言学は、地域言語がまさしく地域文化の表象であることを明示するためにも、今後は、すでに遅きに失した観がなくもないが、歴史の厚みに彩られた生活環境（自然環境・生業環境・社会環境）に生きる〈生活者〉の認識世界も描けば〈言語〉の意味分節の体系も描く「文化言語学」（人間環境言語学）へと自らを拡大するために、研究の射程を大幅に拡張していかなければならないであろう。

13.「文化言語学」は、地域社会における意味の世界を意味的分節体系とし

て捉える静的なスタンス（生活の必要性という価値原理をベースとする以上、静的であると言っても、レヴィ＝ストロース流の構造主義とは明らかに異なる）によって出発するものの、究極的には日本文化の意味的多元性、複層性の相依関係という動的な地平の開拓を志向するものである。そして、そのプロセスにおいて、意味的分節体系の年齢差・性差・職業差・個人差などの社会的カテゴリー・クラスに基づく分析をも包含するものである。このように拡大された、あるいはピアジェの言う動的な構成主義に立つものが、筆者の志向する「文化言語学」にほかならない。しかも、拡大された構成主義は、生活者と生活者が生きる環境を生活史的な厚みによって理解することを基本的なフレームワークとする「生活主義」（生活環境主義）をベースとするものであるから、「文化言語学」は「生活文化言語学」と呼称するのが最も適切であろう。ただし、「生活文化」とは何かという問題については、今後、さらなる議論が必要とされるであろう（石川実・井上忠司編『生活文化を学ぶ人のために』1998、世界思想社）。

14. 「文化言語学」における「文化」概念は、究極的には、言語的（記号的）シンボルが関与するもののすべてを包含する、広義の概念として仮設しておきたい。一般には、非言語的シンボル＝非言語的文化の一例として理解されることが多い「建築」についても、「建築言語」という概念が提示されているからである。「建築は何らかの意味の生産に関わる働きを持っていることから、言語のようなものとして捉えられ、建築言語の概念が用いられる。ここでは、多様な記号現象を生み出す建築を、記号体系として把握し、それを建築言語と呼ぶ。」（門内輝行『建築における表現行為』1982、みすず書房）

　したがって、文化概念は、すべて言語的文化として規定されることになる。言い換えれば、言語的シンボルと無関係な文化は存在しないことになる。しかも、門内も言うように、言語的シンボルは意味をベースとする記号体系でなければ、生産性を発揮することができないのである。

15. 「文化言語学」（人間環境言語学）における「文化的意味」は、服部四郎が提唱し、国広哲弥が推進した、いわゆる「構造的意味論」における「文体的価値」（含蓄的意味）に関与する意味特徴に狭く限定して考えることはとうていできない（ただし、国広哲弥は、『意味論の方法』の中で、意義素を構成する特徴として含蓄的特徴とは別に、文化的特徴を特立していることが注目される）。また、鈴木孝夫が言うように、異言語間の意味のズレを規定する文化的背景に限定して考えることもできない。なぜなら、筆者が考える「文化的意味」は、たとえば「日本文化」のように、同一文化内部における類似性と差異性とを規定する、極めて広義の意味概念だからである。

　このような、文化的対立関係を意味体系の相対性によって総合的に規定する「文化的意味」は、次に示すように、構造的意味論における意味類型を核としつつ、さらに広い内容を包含するもである。

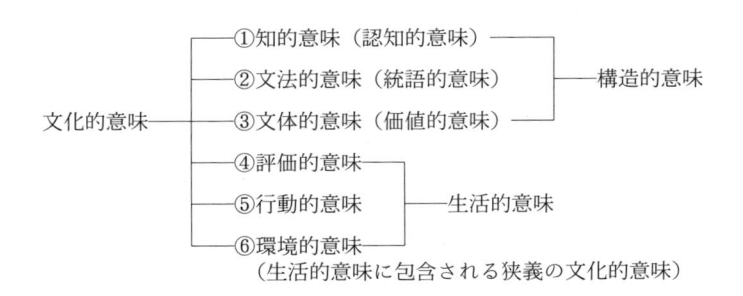

```
                ┌─①知的意味（認知的意味）─┐
                ├─②文法的意味（統語的意味）├─構造的意味
文化的意味 ──┤ ③文体的意味（価値的意味）┘
                ├─④評価的意味─┐
                ├─⑤行動的意味─├─生活的意味
                └─⑥環境的意味─┘
```
（生活的意味に包含される狭義の文化的意味）

今、「鯛」という語を例にとって、①から⑥までの意味の関係を簡潔に説明することにしよう。「鯛」の構造的意味は、基本的には国語辞典を見れば確認することが可能なはずである。そこで、たまたま筆者の手もとにある国語辞典の中から1冊を選び出し、その中に見える「鯛」の意味記述を引用して示すことにする。「鯛（名詞）〔動〕海にすむ中形の、平たいさかな。多くはさくら色で、味がよく、めでたいときに使う。」（『三省堂国語辞典』第4版、1992）。この記述から、「鯛」が名詞であるという文法的意味をはじめとして、〔動物〕という概念カテゴリーに属するものであるとい

うこと、「／海にすむ／中形の／平たい／さかな／、／多くはさくら色／味がよい／」という知的意味の総体、さらには「めでたいときに使う」という、文体的意味に包含される狭義の文化的意味についても理解することができる。

　しかし、瀬戸内海域における漁業社会の人々は、これらの意味に加えて、「鯛が魚の中で最も価値が高い（需要が多く値段も高い）」「網漁で獲った鯛（アミダイ）よりも釣漁で獲った鯛（ツリダイ）の方が価値が高い（高い値で売れる）」というバリュー・システムに基づく評価的意味、また「鯛の網漁はタイゴチ（鯛東風）が吹き始める3月下旬ごろから漁の最盛期に入る」「麦の収穫が終わったころに獲れる鯛（ムギワラダイ）はすでに産卵を終えていて身が少なく味も落ちるのであまり熱心に漁獲しない」という行動的意味をほぼ共有化している。さらに、先にも記したように、瀬戸内海域の漁民は「鯛」を網漁でも釣漁でも漁獲し、それぞれ売値に明確に差があるために、両者を「アミダイ」「ツリダイ」と呼び分けているが、山陰沿岸部の漁民は主として網漁で漁獲し、テグスによる一本釣漁は行わないので、瀬戸内海域のような弁別は全く行わない。ここには、自然・社会複合環境の違いに基づく環境的意味の差異が明確に認められるのである。

　さて、このような瀬戸内海域の漁民が過去の生活史を背景として経験的に獲得している「評価的意味」「行動的意味」「環境的意味」は、当然のことならが瀬戸内海域の農民は全く所有していない。農民が獲得しているのは、「構造的意味」だけである。したがって、漁民と農民との間には、

　　漁民：〔構造的意味〕＋〔生活的意味〕／農民：〔構造的意味〕＋φ

という対立関係が認められることになる。すなわち、〔生活的意味〕の所在と不在が、「鯛」に表象される「漁業文化」と「農業文化」との差異を規定していることになるわけである。

　筆者が考える「文化的意味」は、以上述べてきたことから明らかなように、「日本文化」の内部に見出される多元性・多層性を深層（生活史の投影として把握されるレベル）にあって規定する表象としての意味を持つも

のである。

　なお、「文化的意味」の下位に、広義の「文化的意味」から狭義の「文化的意味」（これには二種のものがある）を特立し、「行動的意味」に随伴する「感情的意味」（平沢洋一の言う「感情的意味」の概念に近い）を生活者を重視して意味類型として独立させるならば、意味概念は下に示すように構造化されることになる。

　構造的意味の中心をなすものは、「意味の意味」に相当する「知的意味」（認知的意味）であり、「生活的意味」の中心をなすものは広義の「環境的意味」（生活的意味）であるから、「文化的意味」のシステムの解析は、「知的意味」と「環境的意味」の二つを核として進めることが重要であろう。

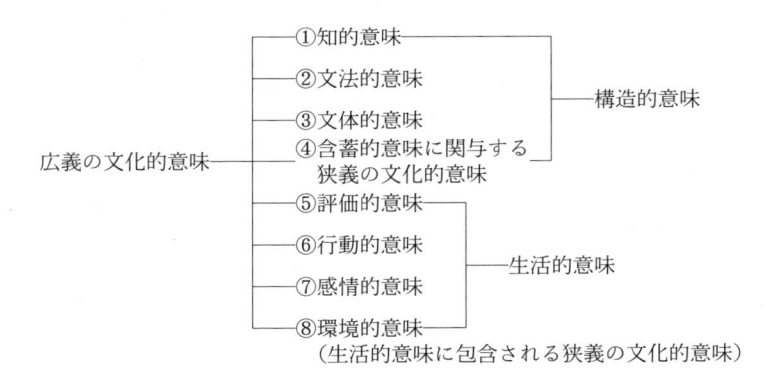

```
                    ┌①知的意味─────────┐
                    │②文法的意味        │
                    │③文体的意味        ├構造的意味
広義の文化的意味────┤④含蓄的意味に関与する│
                    │  狭義の文化的意味   ┘
                    │⑤評価的意味────────┐
                    │⑥行動的意味        │
                    │⑦感情的意味        ├生活的意味
                    └⑧環境的意味────────┘
            （生活的意味に包含される狭義の文化的意味）
```

　なお、上に示した意味概念の一々について、さらに詳しい概念内容の説明が必要であり、また相互のネットワークを、一つの限定された意味分野について、ミクロなレベルで解析しなければならない。いずれも現在の筆者の手に余るので、他日を期したい。特に、「環境的意味」の内実が、「自然環境語彙」「生業語彙」「衣・食・住語彙」「性向語彙」「親族語彙」「屋号語彙」以外にも、どのような生活分野や意味的カテゴリーに適用されることが有効か、「文化言語学」の見地からさらに探究してみたいと考えている。

参考文献

1972：レヴィ＝ストロース『構造人類学』（川田順造他訳、みすず書房）
1974：R. バーリング『言語と文化―言語人類学の視点から』（本名信行他訳、ミネルヴァ書房）
1975：G・ムーナン『意味論とは何か』（福井芳男他訳、大修館書店）
1979：山口節郎「解釈学と社会学」（『思想』659）
1981：丸山圭三郎『ソシュールの思想』岩波書店
1982：国広哲弥『意味論の方法』大修館書店
1983：『コセリウ言語学選集4　ことばと人間』（下宮忠雄他訳、三修社）
1988：柴田　武『語彙論の方法』三省堂
1988：堀井令以知『地域社会の言語文化』（愛知大学総合郷土研究所研究叢書Ⅲ）
1992：大橋勝男『関東地方域の方言についての方言地理学的研究』第四巻、桜楓社
1992：長尾　真『人工知能と人間』岩波新書
1994：池上嘉彦・山中桂一・唐須教光『文化記号論』講談社学術文庫
1995：宇波　彰『記号論の思想』講談社学術文庫
1995：吉村公宏『認知意味論の方法―経験と動機の言語学』人文書院
1996：氏家洋子『文化言語学の視点―「言わない」社会と言葉の力』おうふう
1996：室山敏昭「方言語彙と地域文化」（『広島女子大国文』第13号）
1998：室山敏昭『生活語彙の構造と地域文化―文化言語学序説』和泉書院
2001：　同　　『「ヨコ」社会の構造と意味―方言性向語彙に見る』和泉書院
2002：宮岡伯人『「語」とはなにか―エスキモー語から見る』三省堂
2003：室山敏昭「風の方言から見た漁業社会―風位語彙による考察」（『水産振興』第422号、東京水産振興会）
2004：上野智子『地名語彙の開く世界』和泉書院

〔補記〕

　日本における言語文化の多元性は、基本的には自然環境の相対性と社会環境の相対性によって形成されるものである。そして、価値を含む多元性の内実は、生活環境の原理に即して解釈され、説明されることになる。この際、自然環境と社会環境とが等価的でないことは、本章においてかなり詳しく述べたところである。それでは、多元性と複層性とは、どのように区別して考えるべきであろうか。この点に関して、本章ではほとんど説明を怠っているので、同義的なメタ言語と理解される可能性がある。したがって、以下には、多元性と複層性の差異について、主として「複層性」の側からいくらか具体的な説明を行ってみたい。

　複層性は、意味のシステム・語彙のシステムの共通性に基づいて認定される、た

とえば漁業文化なら漁業文化内部における、自然的・社会的な相対性によって規定される複雑な対立関係を意味するものである。日本海沿岸部における風位語彙の空間的な対立関係、あるいは山陰沿岸部と瀬戸内海域の風位語彙の対立関係のようにマクロな対立関係から、さらにはたとえば同じ鳥取県下における漁業規模の相違による風位語彙の対立関係のようにミクロな対立関係までのすべてを含む概念が「複層性」という概念である。したがって、漁業文化圏内部における地域類型は、「複層性」という概念によって分析されることになる。たとえば、山陰沿岸部の漁業社会にあっては、風位呼称のうち中間風位を次のような呼称で表す。

　　北東──アイノカジェ・アエノカジェ・アイカジェ・アエカジェ・アイ・アエ
　　南東──イシェチ・イシェイチ・エシェチ・エシェエチ
　　南西──ヒカタ・ヤマイダ・ヤマエダ
　　北西──アナジ

　これに対して、瀬戸内海域では、次に示すように「アナジ」を除き、他は東西南北の二風位複合形で表す。

　　北東──キタコチ・キタゴチ
　　南東──マジコチ・マジゴチ・マゼコチ・マゼゴチ
　　南西──マジニシ・マゼニシ
　　北西──アナジ・アナゼ

　これだけをもってしても、山陰沿岸部と瀬戸内海域との差異性はきわめて顕著であることが理解され、マクロな地域類型を認めることができる。また、同じ広島県下にあっても、拙著『生活語彙の基礎的研究』において検証したように、「シオジュン」(潮位)の分節やそれに伴う「シオイキ」(潮速)、「シオガタ」(潮流の方位)の変化に対する関心が、釣漁に従事する漁民の方が網漁に従事する漁民よりも一段と精密になっているのである。ここには、ミクロな社会環境の差異によって規定されるミクロな語彙システムの対立関係が認められるのである。

　このような対立関係を細かく見ていくのが、「複層性」という視点になる。

◇拙著『生活語彙の構造と地域文化─文化言語学序説』(1998、和泉書院)に収録した論文に、かなり大幅に加筆修正を施したもの。

付記 【狭義の文化的意味・生活的意味について】

　ここで、「狭義の文化的意味・生活的意味」について、老年層漁民が所有している「風位語彙」を対象として、具体的に説明しておくことにする。

　広島県豊田郡安芸津町三津の老年層漁民は、東から吹いてくる風を「コチ」と呼び、その性質・状態を前近代からの長い漁撈経験を背景として細かく認知し分け、実に20語もの性質呼称を所有しているのである。

　「コチ」（方位呼称）と「コチ」を語基として造語された20語の性質呼称を、意味の観点（「認知的意味」と「狭義の文化的意味・生活的意味」）から、トップダウンとボトムアップの方法を併用することによって最小意味枠を設定し、また個々の語の位置を決定して、すべての要素の関係性を構造化して示すと、次頁のような構造図を導くことができる。

　次頁の構造図の最も下位に記したものが、三津の老年層漁民から得られた狭義の文化的・生活的意味である。これらの意味内容（意味情報）は、すべて伝統的な漁撈経験を通して三津漁民が独自に獲得したものである。そして、これら多くの意味内容を共有化するために、20語もの性質呼称を造語したわけである。性質呼称の一々に認められる意味内容は、三津の漁民が営んできた漁撈にとって欠くことのできない生活知であり、生活の必要性というカメラアイを通してはじめて、認識し構成し得た風の世界観である。ここに、漁民独自の文化的意味の世界がある。これは、漁業文化の特色の一端を明確に示すものであり、その意味で、筆者は「狭義の文化的意味」（生活的意味）と呼ぶことを提唱してきた。

　さて、上に記述した「生活的意味」（狭義の文化的意味）の内容は、その差異性によって、下記の10類にカテゴリー化することができる。

　Ⅰ．漁の開始時期の判断（①釣漁、②網漁）
　Ⅱ．気温・水温の判断
　Ⅲ．春漁の本格化する時期の判断
　Ⅳ．春漁の最盛期の判断
　Ⅴ．漁具・漁業規模の変更に関する判断

第2章 文化言語学覚書

```
       ┌─カンゴチ（寒ゴチ）        釣漁が始まる、不漁、風が冷たい
       ├─ウメゴチ（梅ゴチ）        釣漁が始まる、不漁、風・海水ともに冷た
       │                           い
       ├─ニガツノヒバリゴチ（二月の雲雀ゴチ）  網漁が始まる、風・海
       ├─ニガツノヘバルゴチ（二月の雲雀ゴチ）  水ともに冷たく、一
       │                           年で最も不漁の時季
  季 節├─ハルゴチ（春ゴチ）        春の漁が本格化する、魚も大きくなるの
       │                           で、漁具や規模を変える、好漁が続く
       ├─サクラゴチ（桜ゴチ）      春の漁の最盛期、魚や魚群も大きくな
       │                           るので、網やその他の漁具を変え、舟
       │                           や人数も増やす、大漁が続く
       ├─ショーブゴチ（菖蒲ゴチ）  鯛がすでに産卵を終えて身も細り、
       │                           味も落ちるので、他の魚を獲る
       └─スンバリゴチ（二月のスンバリゴチ）  一年中で最も漁のないとき、漁
                                   師はこのころを「寒渇春」と言う。雨
                                   は降らないが、冷気が強い。

       ┌─ヨゴチ（夜ゴチ）          夜、強く吹き出すコチ、これが吹くと、夜
  時間帯│                           の漁には出ない
       └─アサゴチ（朝ゴチ）        朝方強く吹くがすぐにおさまる、好漁の風

       ┌─シコミゴチ（雨をしこんだコチ）      釣漁も網漁も沖に出る、不
       │                                     漁の風
  天 候├─シブゴチ（小雨まじりのコチ）        網漁は沖に出るが、釣漁は出な
コチ   │                                     い、不漁の風
       ├─アメゴチ（雨を伴うコチ）            網漁は沖に出るが、釣漁は出ない、
       │                                     シブゴチよりもさらに不漁の風
       └─ズンブリゴチ（風雨ともに強いコチ）  獲った魚を海に捨て、
                                             必死で港へ帰る

       ┌─オーゴチ（強く吹くコチ）  釣漁、網漁ともほとんど沖に出な
  強 弱│                           い、漁には危険な風
       └─コチケ（弱く吹くコチ）    波が立たず、水温も高くなるので、
                                   漁に良い風、漁獲量も多い

       ┌─タイゴチ（鯛が群れをなして来る）   サクラゴチが吹くころ、
       │                                    大勢で鯛網漁を行う、大
  漁獲物│                                    漁になることが多い
       └─サーラゴチ（鰆が群れをなして来る）  鰆網漁を行う、好漁に
                                             なることが多い

       ┌─タカゴチ（高空を吹くコチ）  帆船で漁をするには良い風
  吹く場所
       └─ジゴチ（低空を吹くコチ）    海面を這うように吹くので大波が立
                                     ち、危険な風で不漁
```

Ⅵ. 漁獲量の判断（①大漁、②好漁、③不漁）
Ⅶ. 出漁可能かどうかの判断（①釣漁、②網漁）
Ⅷ. 主要漁獲魚種の判断（①鯛、②鰆）
Ⅸ. 漁撈のしやすさの判断
Ⅹ. 身の危険の判断

　生活語彙の研究にとって、これらの「文化的意味」が欠落した研究は、さほど重要な価値を持たない。なぜなら、地域生活者と地域生活者の環境適応の仕方、独自の環境認識（世界像）などが理解できないからである。言い換えれば、地域文化の表象としての意味と価値を克明に描くことが不可能だからである。

　しかも、先に示した階層構造において、季節・時季に関する分節が最も卓越しており、語彙量も多くなっているのは、生活的意味の外延が10類のうち、ⅠからⅤまでを含み、最も大きくなっているためである。このことから、当該社会の漁民（に限らず、広く瀬戸内海西部域の漁民一般）は、漁撈との関係から、初春から晩春までの時季の細かな推移に、最も強い関心を寄せてきたことが理解されるのである。

　生活語彙の記述・分析には、上に述べたような考え方が常に要請されるのであり、ここには、「人間」と「環境」と「歴史」という三世界が実在している。「記述方言学」には、このような広いパースペクティブとフィールドへの深い潜入が必要とされるのである。「人間不在」の「記述方言学」は「記述方言学」の名に値しない。ましてや、「記述言語学」へも「地域文化学」へも発展し得る可能性の全く見こめない、低次の営みと言わねばならない。

第3章　文化言語学の特色と実践プロセス

1. 日本方言学と文化言語学

　筆者が新たに提唱しようとしている「文化言語学」(環境言語学)は、従来の「日本方言学」とも、また「社会言語学」や「人類言語学」(言語人類学[1]) とも、それぞれ相互に大きく重なり合う関係にあるものである。それにもかかわらず、「文化言語学」という名称を付した新興パラダイムを提唱しようとするところには、当然のことながら、いくつかの理由が存する。
　その最も大きな理由を述べるならば、「方言学」という名称は世界の言語学界にしっかりと根づいているゆえ、この名称をにわかに改変することはできないにしても、今までのように「日本方言学」のパラダイムを内に向けて固く閉ざし、その内部で自足するのではなく、広く隣接諸学との関係性にも目を配りながら、ベーシックな研究目的と視野を大きく拡張してはどうかという筆者なりの強い思いがあるからである。言い換えれば、「日本方言学」をベースとし、隣接諸学との緊密な関係性を構築することによって、「地域科学」「地域文化学」(この場合の「地域」概念は、マクロからミクロまで柔軟に設定することができる)という総合科学(学際領域)を立ち上げることを真剣に考慮することが、今後の「日本方言学」に強く求められているのではなかろうか、という思いである。
　確かに、長い歴史をもつ「日本方言学」は、その研究の著しい進展にともなって、多くの研究領域に細分化され、それぞれの領域において多大の研究成果が蓄積されてきている。今では少し古くなるが、日本方言研究会の編になる『日本方言研究の歩み　文献目録』(1990、角川書店)を見ると、日本というマクロ社会の上に認められる言語の地域性と多様性を、長い歴史を内包する「伝統的な方言」を中心として、記述言語学・構造言語学・言語地

学・社会言語学・比較言語学などの研究手法によって究明することに努め、多大な成果を着実に蓄積してきた歴史を読みとることができる。そこでは、日本のマクロからミクロにわたる地域社会の、主として「伝統的な方言」の上に見られる地域差とその形成過程および形成要因の解明、体系的記述と構造分析、伝統方言の史的再構成、伝統方言と共通語とのせめぎあい、地域社会における言語の多様なヴァリエーションなどが検証されてきた足跡をたどることができる。しかしながら、共通語化の急速な進展にともなって、日本の地域社会から伝統的な方言の多くが衰微、消滅し始めた昭和40年代の後半（ただし、共通語化の速度には地域差があり、瀬戸内海域について言えば、関西では早く進んでいたと見られるのに対し、九州ではかなり遅れたと見られる[2]）から、それまでの方言研究が構造言語学の強い影響を受けて、地域社会[3]やその環境に生きる人間とは切り離された、いわゆる「人間不在」の形で推進されてきたことへの反省も手伝って、伝統的な方言の変容や地域社会における言語の多様な現象を、社会変動・生活様式の大きな変化との相関において解明することを中心的課題とする「社会言語学的研究」（社会方言学）へと大きく傾斜していくことになった。ここには、テレビの急速な普及にともなって共通語化の波が全国の津々浦々にまで及び、もはや伝統的な方言だけを対象としていたのでは、従来の研究成果に新しい知（それまで対象として取り上げられることのなかった伝統的な方言を発見し、それに基づく体系的記述や構造分析を積み重ねること）を加えることはほとんど不可能だとする認識が働いたことも考えられる。

　そして現在、「日本方言学」は「社会方言学」がその主たる潮流を形成することになり、「社会方言学」に対する強い関心と信頼が「日本方言学」のほぼ全体を覆うという状況を呈している。とりわけ、1990年代以降盛んになった方言イメージに関する研究や共通語と伝統的な方言との場面の違いによるコードスイッチング、およびコードスイッチングに際して働く意識に関する研究が、多くの研究者の関心を引くようになった。そのため、体系的記述は極端に影をひそめ、体系や構造に対する知的関心や言語地理学に対する熱意は、一部の例外を除きほとんどそぎ落とされてしまうという結果を招い

たのである。

　しかし、「伝統的な方言」の記述的研究ということに関して付言するならば、真田信治も指摘するように、「徹底的な総合記述という点から見れば、日本語方言を対象とした研究は実は少ない」(『方言の日本地図─ことばの旅』2002、講談社＋α新書)のである[4]。少ないうちの例外的な研究成果を二つだけあげるならば、神部宏泰『隠岐方言の研究』(1978、風間書房)、九州方言学会編『九州方言の基礎的研究』(1969、風間書房)がある。ただ、後者の研究成果には、松田正義が指摘しているように、なお不備が認められるのである(「九州地方の方言研究」、日本方言研究会編『日本方言研究の歩み　論文編』1990、角川書店)。

　以上述べてきたことが、戦後の「日本方言学」の動向に関する極めて目の粗い概観に過ぎないとしても、もはや字義どおりの「方言」を対象とした研究が、従来の研究枠組みや研究手法を踏襲する限りにおいては、その発展的な課題性が極めて希薄化していることは、素直に認めざるを得ないだろう。また、言語と社会、言語と人間との相関性を解明することによって、真に「人間実在」の方言学を構築することを高らかに宣言して出発したはずの日本の「社会方言学」は、意味と体系を排除し、地域言語の断片を対象化したために、今に至るもきれぎれの人間、きれぎれの社会との相依関係しか解明し得ていないというのが、その実情ではなかろうか。

　したがって、「日本方言学」が今後大きく発展するためには、研究目的と研究内容、さらには理論構築などに関して見直しを図り、「地域科学」「地域文化学」という総合科学の基礎学に位置づけるべく、自らを大きく拡張していくことが必須の要件とされなければならない。この点に、筆者が「文化言語学」という新興パラダイムを提唱しようとする一つの理由が存するのである。

　このような筆者の志向は、何もこと新しいものではない。すでに早く、柴田武が「遠い夢」として語っているのである。柴田は、次のように述べている。

　　　最近の学際的研究の一分野に「地域研究 (areal study)」がある。こ

れは、地域を一定にして、そこでいくつかの分野の研究者が共同でする研究と理解している。そこに加わる分野は、民族学（文化人類学）、民俗学、地理学、社会学、形質人類学、心理学、考古学、言語学（＝国語学）などである。共同研究の旗を掲げても、共通の目標に向かって研究しあうというのは、実際にはなかなか困難なことであるが、そのうちでも、言語学・方言学に近いのは、民族学・民俗学・（人文）地理学である。（中略）

　わたし個人の遠い夢は、これらの科学を互いに結びつけた「地域科学」のような学際領域をつくることである。方言学は、地域科学のなかで、大地のことばを対象に研究することになる。（「総記」『日本方言研究の歩み　論文編』18ページ、前出）。

筆者は、「地域科学」（地域文化学）という学際領域に加わる学問分野として、柴田があげているもの以外に、歴史学（日本史学）が必要だと考える。それは、筆者がかつて属していた広島大学文学部内海文化研究施設の共同学術調査に何度か参加した経験に基づくことであり、また拙著『「ヨコ」社会の構造と意味―方言性向語彙に見る』（2001、和泉書院）をまとめる過程において、その必要性を痛感したためでもある。

　それでは、「地域科学」（地域文化学）を構築するために、生活語彙論を基礎論とする「文化言語学」をベースとして、隣接諸学との関係性をどのように整序したらよいのであろうか。現在、筆者は、下に示すようなラフな構造

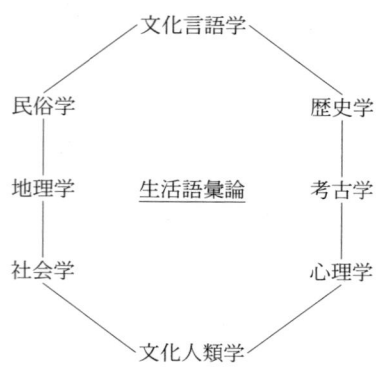

```
            文化言語学
       民俗学        歴史学
       地理学  生活語彙論  考古学
       社会学        心理学
            文化人類学
```

図式を考えている。ただし、この構造図式では、文化言語学と隣接諸学との多次元的なつながりは表示していない。

また、「文化言語学」と旧来の方言学における主要な研究領域・研究方法との関係性を簡略に構造化して示すと、次のようになる。

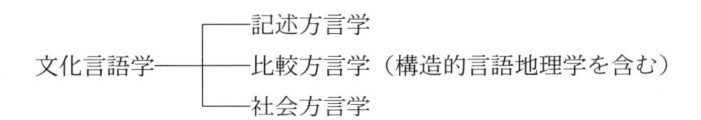

```
              ┌── 記述方言学
文化言語学 ──┼── 比較方言学（構造的言語地理学を含む）
              └── 社会方言学
```

なお、文化言語学内部の下位に位置づけられるサブカテゴリーに関しては、すでに前の章で詳しく説明したところである。

2．文化言語学の特色

従来から、多くの方言研究者によって、「方言は地域文化の表象である」ということが強調されてきた。これは、「言語は文化の表象である」とする広く行われてきた認識を、日本というマクロ社会の特に地域社会に焦点を当てて、そのまま適用した考え方である。しかし、「地域文化」の「文化」という概念に関しては、おそらく方言研究者の間に明確な共通理解・共通認識は得られていないように思われる。と言うよりも、「文化」概念について、今日まで方言研究者は真剣な議論を戦わすことを怠ってきたと言った方がよいかも知れない。そうではあるが、一応、方言以外の地域文化については、「自然環境としての文化」「生業環境としての文化」「社会環境としての文化」の3項目とその下位項目から成り、これら諸項目が相関的に作用しながら機能する有機的・統合的な一つの全体を構成しているもの（「環境」としての文化、精神的文化・物質的文化の別を問わず、すべて生活語彙に表象化された価値を含む「環境」としての文化）、といった程度の理解はほぼ共有化されていると言ってよいだろう。オギュスタン・ベルクのことばを借りるならば、「人間によって意味づけられ、解釈された風土としての文化」（『風土の日本』1992、ちくま学芸文庫）ということになろう。そして、「環境としての文化」が、地域生活者の論理によって独自の価値づけがなされた存在であると

する認識もまた、ほぼ共有されているものと思われる。

　しかし、問題は、「方言は地域文化の表象である」ことを強調してきた肝心の方言研究者が、そのことを隣接諸学に属する研究者や地域社会に暮らす生活者に対して、明確に理解し得るだけの、あるいは明確に理解できる形で多くの研究成果を生産してきたかというと、ごく一部の例外を除いて、いまださほど多くの見るべき実績を生産し得ていないという現在状況そのものにある。ごく一部の例外としては、次に記すような研究成果をあげることができるだろう。天野義広『福井県勝山市の生活語彙』(1974)、柴田武『方言の世界―ことばの生まれるところ』(1978)、室山敏昭『地方人の発想法―くらしと方言』(1980)、町博光『農業社会の食生活語彙』(1982)、馬瀬良雄編『信越の秘境　秋山郷のことばと暮らし』(1982)、野林正路『意味をつむぐ人びと』(1986)、柴田武『語彙論の方法』(1988)、野林正路『認識言語と意味の領野―構成意味論・語彙論の方法』(1996)、室山敏昭『生活語彙の構造と地域文化―文化言語学序説』(1998)、同『「ヨコ」社会の構造と意味―方言性向語彙に見る』(2001) などである。

　ここには、後にも触れるように、おそらく「日本民俗学」や「人類言語学」、さらには「認識人類学」などと研究領域をはっきりと分かち、方言学のディシプリンをかたくなに守ろうとする意識が強く働いたことが考えられる。事実、柳田国男が主導した日本民俗学にあっては、民俗語彙の調査・研究が意欲的に推進され、『綜合日本民俗語彙』全5巻（1955〜56、平凡社）として結実している。そして、この語彙重視の姿勢について、千葉徳爾は、「あるムラの地域社会では使用されている言葉の意味と用法とを正確にとらえて理解することは、住民たちの思考と意向とを知る上で、もっとも有効適切な方法といって差支えないでしょう。」（『民俗学のこころ』1978、弘文堂）と述べているのである。だが、最も大きな要因は、日本の言語学界がサピア＝ウォーフの「言語相対説」やドイツの「観念意味論」などにさほど強い関心を示さず、「構造言語学」「生成文法」「談話分析」「社会言語学」「語用論」「認知言語学」など、主として戦後のアメリカから発信された言語研究の潮流に沿う形で研究が展開されたこと（元ミシガン大学の名柄迪の直話による

と、日本の言語学界がサピア＝ウォーフの「言語相対説」に関心を寄せなかったのは、サピアとウォーフが言語の習得が後天的な環境要因に影響されることを強調しすぎたために、チョムスキーの言語の生得説と鋭く対立する結果を招くことになったからだ、という）と、語彙論・意味論の形式化が、音韻論や文法論に比して大きく遅れたことの２点に求められるだろう。その影響を、日本の方言学界はもろに受けたのである。後者については、「言語外現実」（外部世界・外界）の範疇化やその特色が言語、とりわけ意味システムを骨格とする語彙システムに反映するという認識だけは早くから方言学界にも定着していたが、肝心の語彙システムを意味システムに基づいて構築するための客観的な手法が容易に確立せず、その方法論の開拓と洗練に多くの時間が割かれることになったのである。

ちなみに、意味論の形式化に大きく貢献した研究成果の一部をあげるならば、次のようなものがある。服部四郎「意味」『岩波講座哲学XI　言語』（1968、岩波書店）、国広哲弥『意味の諸相』（1970、三省堂）、宮島達夫『動詞の意味・用法の記述的研究』（1972、秀英出版）、G．ムーナン『意味論とは何か』（福井芳男他訳、1975、大修館書店）、池上嘉彦『意味論』（1975、大修館書店）、ユージン・A・ナイダ『意味の構造―成分分析』（升川潔他訳、1977、大修館書店）、佐藤喜代治編『講座日本語の語彙１　語彙原論』（1982、明治書院）、国広哲弥『意味論の方法』（1982、大修館書店）、野林正路『意味をつむぐ人びと―構成意味論の理論と方法』（1986、海鳴社）などである。

これに加えて、先にも触れたように、日本の方言研究者には、「民俗学」「民俗語彙論」「民俗地理学」「人類言語学」「認識人類学」などと明確に一線を画することによって、「方言学」とりわけ「方言語彙論」の純粋性を潔癖なまでに守ろうとする意識が強く働いたのである。そのため、「方言語彙の地域差」「方言語彙体系の構築」「方言語彙体系の地域差」「方言語彙の変容」「方言語彙における性差・個人差」「方言語彙と共通語語彙の場面によるスイッチング」「方言語彙における意味の地域性」などの究明に研究の最終目標を設定してしまい、地域生活者の存在を前提とする「方言語彙体系（生活語彙体系）」と永い歴史を包含する「言語外現実」（環境世界）との緊密な相

関性の検証といった問題へと、研究の視野を大きく拡張しようとはしなかった。さらに言えば、すでに早く柴田武が指摘しているように、「日本方言学」は隣接諸科学とほとんど交渉を持たない孤立した状況を招くことになっていたのである（「総記」『日本方言研究の歩み　論文編』1990、角川書店）。

　したがって、方言語彙（生活語彙）のシステムに地域社会の環境の特色がどのように、またどの程度に反映しており、その生活史的要因はどこに求められるのかといった観点からのアプローチはほとんど無視されてきたのである。別の言い方をするならば、地域社会における主として老年層カテゴリーがほぼ均質的に内面化していると想定される生活語彙を対象として、自らが生きてきた、生活史を背景とする「環境世界」をどのように分類・分節し、秩序づけられた世界として認識しているのか、またそのような「環境世界」は自分たちの論理によってどのように意味づけられ、価値づけられた世界として把握されているのかといった、まさに生活語彙という「認識言語」に表象化される「秩序づけられた環境世界の認識システム」（世界観としての「言語文化」「地域文化」）の究明へ向けてアプローチを試みることは、ほとんどなされてこなかったのである。言い換えれば、「地域生活者──生活語彙──環境」という存在三世界を結ぶ広いパースペクティブを、研究の基盤に設定しようとする意識は、方言研究者の間に極めて希薄だったのである（ちなみに「認知意味論」においては、意味を人間の外界認識の産物であると考える。筆者が、ここで存在三世界の一つとして措定した「生活語彙」は、まさに地域生活者が外界認識の産物として紡ぎ出した、価値に彩られた意味の総体を指すものである）。

　しかしながら、方言を抜きにしては、地域文化はその存在根拠を根底から失うことになるのであって、方言と方言以外の地域文化との相依、相関関係を視野に入れない方言研究は、本来的に存在し得ないはずある。さらに一般化して言えば、人間の文化だけが極めて高度な発達を遂げ得た背景には、おそらく言語──自らを取りまく環境の一定の認識に基づいた経験の固定化と累積を可能ならしめる精緻な言語──とりわけ、「生活語彙のシステム」の基本的な完成が前提として存していたからだと考えられる（宮岡伯人『「語」

とはなにか』2002、三省堂)。しかも、言語は、集団的な所産であって、文化以外のなにものでもないのである(地域生活者が彼らの論理と価値によって「秩序づけられた環境世界の認識システム」は、自然環境も風景も彼らの「生活史」を背景とするものであり、「生活史」の中で培われた独自の認識と感性によって彩られたものである。したがって、「世界観としての言語文化」は、必然的に「環境政策論」とも結びつくことになる)。こうして、「文化は言語に宿されている」とも「言語は文化の住処である」とも言うことができる。

　以上、述べてきたことが、筆者が従来の「日本方言学」という名称を避け、新たに「文化言語学」という名称を提唱しようとする積極的な理由であり、またその真意でもある。「文化言語学」という名称に即して研究を推進するならば、それは言語学一般にも寄与・貢献し得る普遍性を獲得することも可能ではなかろうかと考える。なぜなら、「社会言語学」がすでにそうであるように、「文化言語学」は言語学の一部門として措定されることになり、「人類言語学」などと同様、よりマクロな比較・対照研究へと発展していく可能性を秘めているからである。

　21世紀の「日本方言学」は、すでに先に指摘したところではあるが、自らを「地域科学」(地域文化学)という総合科学の中に正しく位置づけ、隣接諸学との孤立的状況を解消する方向性を強く指向しなければ、おそらくその存在根拠を失うことになるだろう。その意味で、中井精一が『21世紀の方言学』(日本方言研究会編、2002、国書刊行会)の中で、柴田武の「遠い夢」を引きながら、方言学を他の隣接諸科学から孤立した状況におかないで、学際的研究へと開いていく必要性を説き、とりわけ民俗学との強固な連携を提唱している点が注目される。また、同じ『21世紀の方言学』の中で、篠木れい子が方言学を学際科学として大きく開いていく必要があることを強調し、その方向性を示唆していることにも注目したい。ただし、言うまでもないことではあるが、方言学を拡張することによって、隣接諸科学へどれだけ貢献し得るか、またどこまで双方向的な知的交流が可能であるかということは、常に考えておく必要があるだろう。

なお、最初に指摘したように、戦後に限っても「日本方言学」はすでに膨大な研究成果を蓄積してきている。これらの研究成果を今後の研究の推進にいかに生かしていくかということも、真剣に考えてみるべき時期にきていると言ってよいのではなかろうか。現在は、過去を背負うことなしに存在し得ないのだから、過去の研究データを単に過去のものとして切り捨てるのではなく、過去の膨大な研究データを体系的に整序し、それを現在の方言研究の状況と精細に照合することによって、時間的にも空間的にもよりスケールの大きい研究課題を発見していくことが重要である。たとえば、地域社会の過去から現在までの厚みのある方言データに即して、精緻な構造分析を行い、それによって明らかにし得た事実を、日本語史や日本史、さらには民俗学、言語人類学、文化地理学などの研究成果と突きあわせ、その結果を統合化した上で、深い解釈を加えることによって、地域社会のダイナミックな「言語文化史」を新しく構築していくといったことが、一つの試みとして出現してもよい時期に来ているのではなかろうか（拙著『「ヨコ」社会の構造と意味──方言性向語彙に見る』2001、和泉書院を参照のこと）。

3．文化言語学の実践プロセス──その1例

ついで、文化言語学の理論や方法の特色を、実証面から支える実践プロセス（分析操作）について、漁業社会における「風位語彙」を対象化して、以下、箇条的に記してみることとする（なお、この点については、Ⅱ．「文化言語学の理論」の第2章補記5をも参照のこと）。

Ⅰ．漁業社会の風位語彙[5]は、農業社会などと異なり、

1．方位呼称──キタ（北風）、コチ（東風）、マジ（南風）、ニシ（西風）、……（岡山・広島・山口の各県）

2．性質呼称──アサギタ（早朝強く吹く北風）・アキギタ（中秋のころ吹く北風）アオギタ（晴天に吹く北風）……、カンゴチ（寒中に吹く東風）、ニガツノヒバリゴチ（2月の雲雀が鳴くころ吹く東風）、ハルゴチ（春の彼岸すぎに吹く東風）・サクラゴチ（桜が咲くころ吹く東風）・タイゴチ（鯛が群れをなしてやって来る3月下旬から4月下

旬にかけて吹く東風)・アメゴチ（雨を伴う東風)・オーゴチ（強く吹く東風)……、ヨーマジ（宵の時間帯に吹く南風)・ヨマジ（夜になっても吹きやまない南風)・サクラマジ（桜が散りはじめるころ吹く南風)……、オーニシ（強く吹く西風)・ニシケ（弱く吹く西風)……（岡山・広島・山口の各県)

という意味と機能を異にする風名のまとまりによって構成されている。「方位呼称」は漁民に限らず、農民なども所有する一般的・客観的に規定し得る「物理的現象」(いわば「事物的存在」)を指示するものであるが、「性質呼称」は漁民が長年にわたる漁撈経験の蓄積を通して、風が示す多様な現象に対していかに効果的に適応すればよいかという「関心＝欲望」(漁民独自の風の秩序づけ)によって独自に生成された、いわば「道具的存在」を表すものである。したがって、一々の風名の意味を「生活者」と「環境」を含む広いパースペクティブによって把握し、単に知的意味だけでなく「生活的意味」についても精確に記述することが常に基本とされる。「アメコチ」を例にとれば、単に「雨を伴う東風」という意味だけでなく、「春吹く東風は雨を伴うことが多い（コチワ　アメオ　ヨブ、コチワ　アメ　ツケル)、網漁は可能だが釣漁は山立てができないため不可能、漁獲量が少なく漁のしにくい東風」という漁撈そのものに対応した「生活的意味」を精確に捉えることが重要である。なお、改めて指摘するまでもないことであるが、「性質呼称」は、漁民が彼らのために独自に意味づけした認識世界であり、その認識世界の中で彼らは日々の生活を営んでいるのである。したがって、その認識世界は、漁民独自の風の文化を最も典型的な形で明示するものにほかならないことになる。

　そのことを十分にわきまえた上で、「方位呼称」「性質呼称」のそれぞれについて、

　　　ⅰ．方位の弁別数、ⅱ．語形、ⅲ．語彙量、ⅳ．意味システムを骨格とする語彙システム

を明らかにする。これらの分析軸の中では、ⅳ「意味システムを骨格とする語彙システム」の解明が最も重要である（意味システムを骨格とする語彙シ

ステムの全像を構築するための操作手順については、拙著『生活語彙の構造と地域文化―文化言語学序説』の159〜179ページを参照のこと）。そして、それぞれの特徴について、言語外現実（漁業規模・港と漁場との位置関係・漁期・漁法・主たる漁獲対象魚種など）との緊密な相関性を丹念に検証する。このような分析、検証の作業を、日本というマクロ社会の全体を視野に入れて、40地点について実践する。

Ⅱ．ついで、「方位呼称」「性質呼称」を構成する個々の要素の「意味」（認知的意味＋生活的意味・狭義の文化的意味）の分析を通して、漁民の「風」に対する独自の世界観を明らかにし、40地点における共通の特性と差異の実質を究明する。それによって、語形と意味システムを骨格とする語彙システムに反映する漁民独自の「風の世界観」の地域類型を明かるみに出し、日本の漁業社会における「風」の言語文化圏（言語文化領域）を画定する（筆者の現在までの研究によると、「風位語彙」によって画定される言語文化領域は、大きく、A．「日本海側漁業文化圏」対「太平洋側漁業文化圏」、B．「西日本漁業文化圏」対「東日本漁業文化圏」の２種の対立関係が認められ、Aの対立関係が卓越している。なお、Aの対立関係の内部には、a．「山陰漁業文化圏」対「瀬戸内海域漁業文化圏」といった対立関係が認められる）。それを踏まえて、日本の漁業文化の多元性・多様性の一端を検証する。

さらに、漁民が「性質呼称」によって、風のさまざまな性質をどのように弁別し、どこまで細分化しているかを検証するだけでなく、それぞれの性質をどのように価値づけており、しかもそれぞれの価値の相対的重要度をどのように認識し分けているかという段階まで分析を深めることができれば、同一漁業文化圏内部におけるミクロな差異に基づく類型化を客観的に行うことが可能となる。

なお、以上の分析を円滑に進めるためには、１．語形の原則（語源・造語発想を異にする要素の対立関係に注目する、「アイ」系対「キタコチ」系、「イセチ」系対「オシャナバエ」系、「アナジ」系対「タマカゼ」系など）、２．語彙量の原則（語彙量の多さは漁期規模の大きさ・漁場の広さと相関

し、ある特定の風位に認められる語彙量の多さは、漁民の当該風位に対する関心〈漁撈の有用性に基づく関心〉の強さを反映する）、３．意味分節の原則（ある特定の方位について、意味が細分化されていればいるほど、当該方位に対する関心の度合いが強い）、４．意味枠における相対的優位性の原則（日本の多くの漁業社会においては、①季節、②天候、③風力の三つの意味枠が相対的に卓越している）の四つの作業原則を適用することが有効である（拙著『生活語彙の構造と地域文化―文化言語学序説』の187〜223ページを参照、1998、和泉書院）。

　　《ここまでの作業が、研究の前半を構成する。》

　Ⅲ．風位語彙の構造分析によって画定された「風」の言語文化領域のそれぞれについて、漁村史・漁業社会学・漁業経済学・人文地理学・気象学などにおける既成の研究成果を参照することによって、「自然環境」「生業環境」「社会環境」などの環境的特質を明らかにし、より広義の言語外現実との相関性を解明する。それによって、各々の「漁業文化領域」内部に共通して見られる、漁民の歴史を背景とする認識的、生業的、社会的な適応の仕方を、「環境」概念に即してより厚みのある形で語ることが可能となる。言い換えれば、生活環境の「場」に埋めこまれた多様な物語を厚みのある形で紡ぎ出すことが可能となるのである。

　Ⅳ．ついで、個々の「漁業文化領域」を形成する風名の中から特徴的な事象を複数取り上げ、日本語・日本文学史上の文献に照らして、成立年代を確認する。文献以前に遡ることが想定される場合は、「日本語の系統」に関する研究成果や考古学の研究成果に照らして、おおよその成立時期と事象が属すると推定される「語族」を明らかにする。それによって、日本（この列島）の漁業文化（海民文化）の始原的な多様性・多元性の形成時期とその根源的な要因を明らかにする（この点に関しては、拙著『アユノカゼの文化史―出雲王権と海人文化』2001、ワン・ラインを参照のこと、また本書の第Ⅲ部第2章・第3章を併せて参照されたい）。

　　《ここまでの作業が、研究の後半を構成する。》

V．なお可能ならば、日本の漁業社会に認められる「風」の言語文化の独自性と普遍性を解明するために、世界の言語（とりわけ、東アジア・東南アジア）の「風位語彙」との比較・対照研究を行う。それによってはじめて、日本の言語文化に認められる構造的特性軸の一つを、長い歴史を背景として、しかも客観的な手法によって語ることができる。共通語を対象にするのではなく、長い歴史を投影する伝統方言を対象にすることで、自文化の根源的な特性を語ることが可能になるのである。なぜなら、伝統文化がすでに全体として機能しなくなり、その構成要素もほとんど消滅してしまった集団や民族が多い現代という時代状況にあっては、「跛行的」（『石田栄一郎全集』第1巻、1970、筑摩書房）であるがゆえに、概して構造的統一体として機能し続ける伝統方言が、生活文化史的情報を引き出すほとんど唯一の、あるいは最後の地域文化項目だからである[6]。ただ、ここでひとこと付言しておくならば、「文化言語学」における比較・対照研究は、「通文化的概念」を最初から志向するものではないということである。つまり、一足とびに世界にいくのではなく、身近な地域間相互の比較の蓄積から空間的範囲を広げていき、日本というマクロ社会における言語文化領域の画定とその相互関係の解明、それを踏まえた言語文化の多元性の認定とその意味づけを直接的な目的とするものである、ということである。

従来の「方言語彙」の研究においては、前半の作業（I・II）でもって一応研究が完結することになるだろう。しかし、「文化言語学」においては、後半の作業（III・IV）の結果と詳しく照合し、語彙システムの解析を通して検証される言語的価値が「言語文化的価値」として規定されることになるところまで研究を進めなければならない[7]。この際、特定の事象を取り上げて比較したのでは、そこに研究者の主観が紛れこむ可能性があり、またいわゆる羅列的な比較になってしまう危険性も伴う。「言語文化領域」を確定し、それらの相互比較を客観的に実践するためには、個々の言語文化領域を担っている「生活環境」（自然環境・生業環境・社会環境のすべてを含む）の根本的な原理が理解されていなければならない。別の言葉を用いるならば、個々の言語文化領域の特性を構成する「言語文化特性軸」の束が明らかに

なっていなければならないということである。したがって、重視されるのは常にシステムの構造的特質であって、A事象・B事象・C事象といった個別的な事象の比較ではない。

　これは、生活語彙の比較研究一般においても同様である。ただし、生活語彙の比較研究にあっては、意味システムを構成する意味枠や意味特徴に、共通語や他の方言には全く認められない特徴的なものや、それとは逆に共通語や他の方言には認められるものが、当該方言には欠落しているといった場合が少なくない。その際、単にその事実だけを記述するだけでなく、その要因を歴史を背景とする「環境」に即して、究明する必要がある。たとえば、沖縄方言には、変容動詞のカテゴリーに、「ワンダイン」（薪を割ったり切ったりして揃え整えること、また魚などを切ったりして調理すること）、「サリーン」（木でできた桶などを日に乾かしすぎて、継ぎ目から水が漏る状態になること）、「ヒバリーン」（田が乾上がって裂け目ができ始める、また湯呑み茶碗などにひびが入ること）、「アザリーン」（竹などがバラバラにくだけ、使いものにならないこと）などの特有語彙が認められる。この場合、なぜこのような意味の分節が生成され、特有語彙が認められることになっているかを、伝統的な環境要因に即して正しく解釈し、その独自の「世界観」を明るみに出さなければならない。

　また、島根県下をはじめとして、中国地方の広い範囲において、体の痛みを体の部位や痛みの種類・程度によって細かく表現し分けることが認められる。ちなみに、『島根県方言辞典』（広戸惇・矢富熊一郎編、1963、島根県方言研究会）を見てみると、次のように記述されている。

　　うばる　おばる　(1)膿を持ちながら、口が開かないで腫物が痛む。(2)乳が張って気持ちが悪い。(3)(4)略。
　　おばる　(1)傷がずきずき痛んで化膿する。(2)乳が張って痛む。(3)略。
　　しぶる　(1)腹がゆるやかに痛む。
　　しぼる　(1)腹の通じが悪い。下痢がするけれどもしぶってよく通じない。
　　にがる　(1)腹がゆるやかに痛み鈍痛がある。「腹がニガッテ水泳はでき

そうもない」(2)頭痛が甚だしい。(3)手足や腰が甚だしくだるい。
はしる　ぴりぴり痛む。「歯がハシッテ寝らん」「水泳をして風呂に入ると背中がハシル」

　これらの語彙の存在によって、体の痛みを体の部位や種類・程度によって細かく認知し分け、表現し分ける特異な「言語文化領域」として、中国地方が取り立てられることになる。このような特異な「言語文化領域」は、「社会環境」の特異性として説明されることになるだろうが、しかしなぜこのような特異性が成立したのか、その理由を合理的に説明することは容易ではない。一つの形成要因として、「しぶる」「にがる」「はしる」などの語の意味が、いずれも比喩によって成立した派生義であることが考えられる。たとえば、「しぶる」については、すでに『日葡辞書』に「下腹が痛んで、通じがない。大小便がしぶる」のような記述が見られる。仮に、これらの語の意味が比喩による派生義であるとして、それではなぜこのような派生義が中国地方において成立し、「体の痛み」を表す語彙という独自のカテゴリーを形成し得ているのか。それを明らかにすることができれば、中国地方、とりわけ島根県下に生きてきた人々の「体の痛み」に関する独自の認識世界の成立要因を究めることができ、特異な「言語文化領域」の形成要因やその特性を解明することが可能になるだろう。

　ある特定の地域社会（日本というマクロ社会から一つの集落というミクロ社会にいたるまでさまざまな段階が含まれる）に生きる生活者たちが内面化している「世界観」としての言語、「環境適応」「環境認識」としての言語、すなわち「文化」としての言語、そのシステムと機能と価値を、語彙システムを核とする「認識言語」（伝達言語に対して）によって解明すること、これがいかなる場合にあっても、「文化言語学」の実践基盤となる。そして、その後に、(1)各民族の言語文化の相対化と、(2)各民族の言語文化を客観的に比較するための座標軸（意味体系を骨格とする語彙のシソーラスの構築と言語文化特性軸の認定）の設定が必要とされるだろう。ただし、これが最大の難事となることは、容易に予測されることである。しかし、語彙カテゴリーを限定するならば、バーリンとケイが色彩語を対象として行った研究成果に

見られるように、決して不可能ではない。

なお、「言語文化圏論」に関しては、藤原与一が次のように述べていることを指摘しておきたい。

> 日本語方言分派系脈論は、やがて生活語文化圏の論になっていく。「周辺考」の名の「方言風土学」は、広義の生活語文化圏に包摂されるものである。
>
> もっとも包括的な文化圏論は、「文化風土」学とも言いうるものであろう。(『日本語をあるく』1979、冬樹社)

ただし、藤原の「文化圏論」と筆者が上に述べてきた「言語文化圏論」（言語文化領域論）とは、同列に扱うことができない。なぜなら、前者は「中央──周辺」の構造図式に徹底して依拠するものであるのに対し、後者は基本的に、それのみに依拠することを否定する立場に立つものだからである。たとえば、「漁業語彙」「雪の語彙」「飼牛語彙」「方言比喩による意味の拡張」などによって画定される言語文化圏は、「中央──周辺」という構造図式では全く説明のつかないものである。

4．文化言語学における調査する者と調査される者

調査する者（教示を受ける者）と調査される者（教示する者）との関係は、自己と他者との関係にほかならない。研究する側（自己）は、調査結果を研究誌に報告し、研究者に広く知らせることができる。しかし、調査される側の人びと（他者）は、しばしば調査結果・研究結果を共有することができない立場に置かれることになる。研究者と協力者という個人レベルでの相互理解は深められたとしても、研究者が属する学界という社会と調査された人びとが属する社会との相互理解は極めて困難になってきている。これが、従来の社会方言学、民俗学、人類学、社会学などにおける実情ではなかったか。このようなことから、現在、多くの調査される側の人びとは、今までの調査が知の一方的な搾取であったと捉えるようになってきている。すなわち、調査結果・研究成果が調査される側の方にほとんどといってよいほど還元されてこなかったからである。しかし、文化人類学においては、このよう

な状況に対する反省から、研究成果が調査する者と調査される者との共著として発表される例が見られるようになっている。

　おそらく、従来の調査する者と調査される者との関係性というのは、調査される側の人びとに言わせると、否定的な互酬性であるということになるだろう。自分たちに還元されるものは何もない、一方的に情報を持っていかれたということであろう。

　現在、地域に生きる人びとが強く求めているのは、調査の結果を自分たちにも還元すべきではないか、つまり平衡的な互酬性が必要ではないか、ということに違いない。調査の結果が正確な形で還元されれば、それによって自分たちの言語文化を再認識し、自分たちでは決して明らかにすることのできない、長い生活史に根ざし、しかも一定の価値に彩られた「世界認識のシステム」や「生活の必要性の原理」を彼らは知ることができるのである。たとえそこまでいかなくとも、ここにはこういう言語文化があり、その特色はこういう点にある、あるいは経験的には分かっていても、実際、自分たちが生きている言語環境の中で現に生じている多様な現象の客観的なデータやその意味と解釈を、彼らは自身の目で確認することができるのである。

　それだけにとどまらない。研究者の調査と調査結果・研究成果の提供が一つの契機となって、村おこし・町おこしの一環として、フィールドの若者が結束して土地の古老を訪ね、伝統方言を採録して方言集を作成したり、方言談話の文字化資料を作成することによって、高年者文化と若年者文化との密な交流が再生されることも、決して少なくないのである。それによって、高年者は若者の考え方や価値観のより深い理解が可能となり、若者は自身のアイデンティティの根となる言語文化に深く触れることが可能となる。そのような相互理解の促進に、研究者は今以上に積極的に関わっていく必要があるだろう。

　したがって、今後は、研究者が知の一方的な収奪に終わることを極力戒め、研究成果を調査地の教育委員会にだけ送付してすます、といった安易な態度に走らず、調査された人びとのすべてに研究成果を還元するようにしなければならない。現実問題としては、これは極めて困難なことに違いない

が、そうすることによって実は、研究者の一方的な思いこみや聞き取りの誤り・漏れなどが正されるといったことが可能となるのである。このような知的交流を調査された側の人びとと重ねる必要がある。

　たとえば、広島県安芸地方の漁業社会で、「潮の語彙」について調査し、「潮」の語彙システムを構成する要素である語だけを採録して論文をまとめたとしよう。そして、その論文が、意味の観点から漁民が「潮」をどのようにカテゴリー化しているかを明確に示した上で、それぞれのカテゴリーに属する個々の要素について、「潮」と「漁撈」との関係に詳しく目配りした精確な記述がなされ、それをふまえてそれぞれのカテゴリーの構造が明示されたものとしてまとめられ、生活語彙の記述、分析としては一応完成度の高い論文と研究者から評価されたとしよう。しかし、その論文を調査された人たちに還元すると、すぐにも次のような批判や教示がかえってくるだろう。すなわち、この論文には「潮」のことしか書かれていない、「潮」と「雨」との関係性について何も触れるところがない。それは、調査をしたあなたが、漁民が使用している「言いぐさ」を聞かなかったからだ。私たちは次のような「言いぐさ」によって、漁撈の場面における「潮」と「雨」との関係を熟知しているのだ、と。

　○アメノ　フルノワ　タタイ　ヒシオカ　ミチアガリ。雨の降るのは、満潮か干潮か満ち上がり。（雨の降り出しが満・干の境のころに当たると、本降りなる。満・干の中途に降り出した雨は、本降りとはならない。本降りになると漁をやめて、急いで港に帰る）
　○アキダタイニ　ハルビヨリ。秋満潮に、春干潮。（秋は満潮から雨が降り出し、春は干潮から雨が降り出す。ともに、本降りになる。獲れた魚を海に放り投げて、急いで港に帰る）

　文化言語学の直接的な目的を簡潔に述べるならば、地域社会に生きている人びとの「環境認識（世界観）」とは何か、それはどのようなシステムを成しているのかということを、言語、とりわけ生活語彙の調査、分析を通して正しく理解し、解釈することである。これは、学問そのものの使命である。それを、「主知主義」と「生活主義」とを架橋する、広く深いフィールド

ワークを可能にする「対話主義」によって実現しなければならない。

　しかし、実は、文化言語学には、これより先の部分がある。それは、「世界観はどうあるべきか」という問いである。従来、筆者は、この問いに関しては一切答えないという態度を貫いてきた。「答えない」と言ったのでは不正確で、より正確には「答えられない」と言うべきであろう。調査される側の人から、たとえば次のような問いが発せられた場合、はたして調査者はどう答えたらよいのだろうか。

　〇ムカシャー　ウミモ　イオモ　ミンナ　イキトッタ。イキイキト　カガヤイトッタ。ジャガ　ノー。イマワ　ウミモ　イオモ　ミンナ　ヤンドル。リョーシモ　マタ　ミンナ　ヤンドル。センセー、ワシラー　コレカラ　ドガー　スリャー　エーンジャロー　カ。昔は海も魚もみんな生きていた。生き生きと輝いていた。だがねえ。今は海も魚もみんな病んでいる。漁師もまたみんな病んでいる。先生、私たちはこれからどうすればよいのだろうか。（老年層男性）〈広島県豊田郡大崎上島沖浦〉

　このような、その土地に長く生きてきた漁民の生活知（科学的知識は、物事を個別要素に分析し、それを、科学的因果律という共通言語で組み直しをする知識体系であるが、生活知は生活経験を基盤として、生活の必要性や生活の場の論理で組み立てられる総合的な知識体系である）を背景とする、極めて重い「世界認識」に対して、筆者はただ沈黙し、同じ重い「世界認識」に少しでも近づこうと、ひたすら努めるよりほかなかった。

　文化言語学の実践にあっては、単純に「学問そのものの使命」に自らを閉じることを許さない、このような現場に立ち会うことがしばしばある。そのようなとき、研究者はどのように振る舞ったらよいのだろうか。調査される側の人びとへの研究成果の還元には、実はこのような重い意味を持つ問いに答える義務も課せられているのではなかろうか。

　しかし、その際、ただ一つの答えなどというものはあり得ない。なぜなら、調査する者と調査される者との人間関係や、調査する者のそのフィールド（調査される者の生活の場）に対する理解の深さの違いによって、極めて多様な答えの発されることが容易に想定されるからである。そのような現場

にあって、調査する者が常に心がけておかなければならないことは、調査される者を決して傷つけない、別の言葉を使うならば、調査する者に対する調査される者の信頼を失わない、ということであろう。

5．今、方言研究者に求められているもの

　筆者が1980年代後半から、著書や論文の中で提唱してきた「自言語内部における多元性」「自文化内部における多元性」という考え方は、E. サピアの言語論やドイツ観念意味論、言語人類学、民俗学、認識人類学、社会言語学などの影響を別にすれば、多分、ジル・ドゥズールやモロッコの作家アブデルケビル・ハティビなどの考え方と共通する点が大きいように思われる。彼らの言う多言語性（多文化性）というのは、複数のラング間の外的関係である前に、一つのラングの中に内在する雑種的複数性のことを指している。ハティビは次のように言っている。

　　　二言語主義あるいは多言語主義は、単にあるラングと他のラングとの外的な関係にあるのではない。それらは、あらゆる書くという行為に内在する構造的な要素である。個々の単語には別の語たちが、個々のラングには別のラングたちが滞在している。その意味で、いかなるラングも最終的には、ナショナルな枠組とは無縁である。（渡辺諒訳『異邦人のフィギュール』水声社、1995）

　また、ドゥズールは、多言語性は、複数の独立した民族語の併存の中にあるのではなく、一つの言語（ラング）の統一性そのものが、実は雑種的な多数性を抑圧し、排除する形でしか形成され得ないことを、実に明確に語っている。

　このような視点について、三浦信孝は「外国語を母（国）語に対立させて、他者の言語、外国の言語と捉えるのではなく、自分の言語そのものを外国語と見る文学的感受性につながります」と述べている。（「一にして不可分なジャコバン共和国と多言語主義」、三浦信孝編『多言語主義とは何か』79ページ、1997、藤原書店）。

　しかし、多言語主義（多文化主義）を、「自分の言語そのものを外国語と

見る文学的感受性につなが」るという理解の仕方をするならば、それは一部知識人のイデオロギーのレベルにとどまってしまい、広く民衆の認識として定着することは期待できないであろう。仮に、「文学的感受性」を強調するのであれば、それは何よりも宮沢賢治や北原白秋にはじまる「方言詩」を無視することができないと思われる。すなわち、川崎洋が『日本方言詩集』（1998、思潮社）、『感じる日本語』（2002、思潮社）などの刊行を通して、強く訴えている声にわれわれは立ちどまって耳をすますという行為が求められるであろう。

川崎の『日本方言詩集』の中に、1956年に松江市に生まれ、方言詩人として活躍している新井啓子の「トークンバ　マスェ[8]」という詩が収録されている。

　　　湿度の高い出雲弁に格別な温もりを、柔軟な関西弁に安堵を覚えるのは、生まれや長年の実生活で親しんだ地域語への郷愁だろう。多様な婉曲表現を持つ京都弁をはじめ、方言は各々の特殊な地域環境に密接に関わっている。そして方言が地域の生活と密接であるように、方言詩もまた暮らしの傍らにある。方言詩を書くことは、特有の風土やそこで暮らす人の有りようを生活の言葉によって生々しく具現化することに他ならない。（125ページ）

このような感性と認識を、とりわけ若い方言研究者は新井よりもさらに深く身体化することが、今、切実に求められているのではなかろうか。このよう感性と認識を無視して、方言を切りきざみ、科学的研究を志向してみたところで、方言と人間、方言と社会との関係をトータルにすくいあげることなどとうていかなわないだろう。方言は生活そのものであり、風土であり、人びとの魂と深く関わっていることを、科学者の目で冷静に凝視するという深刻な経験を一度は持たなければならない。

方言に関する社会言語学的な研究成果が、方言と社会との関係性については精緻な手法で深く言及することがあっても、方言と人間との関係性に言及することがなお表層の段階にとどまっているのは、先に指摘した深刻な経験が欠落しているためであろう。

方言を切りきざみ、単にデータとして示したみたところで、そこには方言の息吹きも地域生活者も、地域生活者が暮らす風土としての環境も見えてきはしないのである[9]。

『日本方言詩集』からもう一つ、徳島県生まれの方言詩人である林かよのことばを引用しておきたい。

　　いわく言い難い心情を、根の部分から吐露できるのは、方言よりほかないといっても過言ではあるまい。方言には、気どりや気負いといったものが、ほとんど感じられない。どこかユーモラスで、聞く方も、変に身構えなくてすむ[10]。風土も味わえて楽しい。（中略）

　　土に埋もれ、日の目を見ることのない方言にも、魂をゆさぶる言葉がある。そんな言葉を掘り起こすのは、まさに蓮根や自然薯を掘り出すほど骨の折れる作業だが、その言葉のもつ温もりを、わずかでも伝えることが出来れば、こよなく嬉しい。（165ページ）

最後に、柳田国男以降の民俗学に対して批判を加えた伊藤幹治の以下に記すことばは、現在の日本方言学にもそのまま当てはまるように、筆者には思われることを、付言しておきたい。

　　また、方法論といえば、いまだに重出立証法を取りあげるだけで、柳田が仮設した重出立証法の基礎に、かれのどんな思想が潜んでいたかを、考えてみようとしない現状にたいして、いささか音を上げていたからである。もう一つは、柳田以降の民俗学のなかに、故意に理論化を避けて、素朴な記述主義を固執したり、不当な事実偏重主義を強調したりして、足でかせぐ採集家が、いまなお多く認められるからであった。（「二つの民俗学」『柳田国男研究資料集成』第五巻、1987、日本図書センター）

　注
1)　宮岡伯人は、「言語人類学」の特色を次のように規定している。「言語とそれをとりまいている『環境世界』との関係をあつかう分野の一つに、『言語人類学』がある。そこでは、言語と『文化』との間にありうべき相関性の性質を解明し、併せて、言語を通して文化とそれをになう集団あるいは民族の諸問題に接近をはかろうとする。このような言語人類学は、言語の機能の多様性を反映して、さま

ざまな分野に問題がまたがっている。なかでも『環境世界』の特に社会的な面と言語との関係をあつかう『社会言語学』とは、それぞれ固有の問題と方法をもちながらも、互いに重なる部分が少なくない」(「文化のしくみと言語のはたらき」『言語人類学を学ぶ人のために』1996、世界思想社)。
2) 町博光「瀬戸内海域方言の動態—『瀬戸内海言語図巻』の追跡調査による」(『瀬戸内海に関する研究』2002、福武学術文化振興財団)。
3) ある概念は常に明確でなければならないと単純に信じて、「地域社会」の地理的、社会的範囲を明確にしなければならないと言う人がいたら、それは誤っているということである。なぜなら、「地域社会」の伸縮自在性ということは、科学における概念の不明確性ではなくて、「地域社会」という概念の性格を表しているにすぎないからである。一例をあげると、広島県は、日本という国全体と対比した場合には、一つのミクロな地域社会となる。しかし、東広島市と対比した場合にはマクロな地域社会になる。日本も、世界を最もマクロな社会と考えれば、一つのミクロな地域社会ということになる。このように、「地域社会」という概念は、どのような社会と対比するかによって、マクロにもなればミクロにもなる伸縮自在な概念である。
4) 上野善道もこれと同様の意見を述べている。すなわち、「研究分野ごとに小分けされ、その方言全体をとらえた総合的な研究が少ない」(「記述方言学」、日本方言研究会編『21世紀の方言学』2002、国書刊行会)と。
5) 拙著『生活語彙の基礎的研究』(1987、和泉書院)、同『生活語彙の構造と地域文化—文化言語学序説』(1998、和泉書院)、同『アユノカゼの文化史—出雲王権と海人文化』(2001、ワン・ライン)。
6) 拙著『「ヨコ」社会の構造と意味—方言性向語彙に見る』(2001、和泉書院)。
7) 注4に同じ。
8) 詩の一節を、以下に示す。
　　ショッピング。ほー　やっぱり　買い物（もん）しちょうなった。うちには　来ならんだったわ。よもよも、黒い外人さんだけん　どこに居（お）なっても　すぐわかぁが。あんた達　この人らと会うた者が有ぁかいね。居（や）らんかね。手え挙げてみいだわ。居（お）る居（お）る。そげだわね。小（こぉ）まい町だわね。こげな大きな人はじめは驚（おべ）いたし　恐（おぞ）い気もすうけど　ニコニコ　笑ぁなって　良さ気だが。また来て下さい。大社（たいしゃ）にも　参りに来ない。
9) 篠木れい子は、『21世紀の方言学』の中で、次のように述べている。「生活風景は短期間に変貌し、いずれの地域も大差なきようになった。しかし、そこには、勢いはかつてに及ばぬものの、未だ伝統的方言が息づいている。生活語彙の徹底的研究は、消え去った生活人と生活風景を蘇らせるとともに、私たちの生活世界

の認識のありように迫り、志せば現代人の基層をなす精神文化に迫り得る」と。生活語彙の徹底的研究がどのような地域を対象にとったとしても、文化言語学の実践基盤をなすが、それを可能にする言語感性の力と言語認識の方法を、「現地調査の場」で徹底して練磨することが肝要である。
10) この点に関しては、真田信治が次のように述べていることが注目される。「新しい時代においても、潮流はやはり社会言語学的研究にあると予測するが、そこでは心理的な研究がさらに深化するものと思われる。」(『方言は絶滅するのか―自分のことばを失った日本人』2001、PHP研究所)。

◇今回新たに書き下ろしたもの。

付記 【言語的価値と実用的価値】

　言語的価値については、ソシュールが提示した第二の「恣意性」の概念によって説明することができる。ソシュールの第二の「恣意性」について、丸山圭三郎がその著『ソシュールの思想』(1981、岩波書店)の中で極めて明快に語っている、その内容の一部を以下に引用することにしよう。

> 　　第二の恣意性は、一言語体系内の記号同士の横の関係に見出されるもので、個々の辞項のもつ価値が、その体系内に共存する他の辞項との対立関係からのみ決定されるという恣意性のことである。……ラングは一つの自立的体系であって、その辞項の価値は、言語外現実の中に潜在する価値が反映しているのではない。その区切り方の尺度は、あくまでもその言語社会で恣意的に定められたものであり、自然法則にはのっとっていないのである。(145ページ)

この第二の「恣意性」を、第一の「恣意性」(意味作用の恣意性)との混同を避けるために、今、〈体系内の「価値」の恣意性〉と呼ぶことにする。確かに、「個々の辞項のもつ「価値」はその体系内に共存する他の辞項との対立からのみ決定される」ものに違いなかろう。〈こわがる〉〈おびえる〉〈おそれをいだく〉の3語の類義語の関係について、ソシュールが「このような類義語は、それらの対立によってのみみずからの価値を得る。もし〈こ

わがる〉が存在しなかったとすれば、その内容はみなその競争者たちのもとへいってしまうことだろう。」(『一般言語学講義』第二部・第四章「言語の価値」)と実に明快に説明していることからも、否定のしようがないように思われる(もっとも、この点についても、佐藤信夫は疑義を呈している。詳しくは、佐藤『レトリックの意味論―意味の弾性』1996、講談社学術文庫を参照されたい)。

　しかし、「辞項の価値」は、そのすべてについて「言語外現実の中に潜在する価値が反映しているのではない」と明解に断定することができるだろうか。たとえば、瀬戸内海域の高年層漁民は、「キタ」(北)「コチ」(東)「ニシ」(西)の3方位から吹いてくる風について、それぞれ次のような対立的関係を明確に認識している。

　　　オーギタ（強く吹く北風）◀──▶キタケ（弱く吹く北風）
　　　オーゴチ（強く吹く東風）◀──▶コチケ（弱く吹く東風）
　　　オーニシ（強く吹く西風）◀──▶ニシケ（弱く吹く西風）

そして、左側に並ぶ風名（性質呼称）を彼らの漁撈にとってマイナスの影響を及ぼすものと捉えており、右側に並ぶ風名（性質呼称）をプラスの効用をもたらすものと捉えている。この認識の区別には、まず例外が認められない。瀬戸内海域の高年層漁民は、これらの性質呼称でもって現実の風の差異を明確に名ざすことができ、漁撈の現場で現象の価値の確認を行う。このような確認に関わる価値を、仮に〈実用的価値〉と呼ぶならば、この〈実用的価値〉にも、「言語外現実の中に潜在する価値が反映しているのではない」と明確に断定することが、はたしてできるものであろうか。

　風の強弱は、「強」と「弱」との中間にさまざまな段階が存在し、そのヴァリエーションは物理的には無限の数が想定される。したがって、漁民は、その無限に連続する段階を「オー」（大）と「ケ」（気）の2段階に弁別して、区分しているのである。そして、そのような区分が可能なのは、まさに「オー」対「ケ」の対義関係をすべての漁民が獲得しているからである。ソシュールにしたがって、こまように説明することは確かに可能であり、それなりに説得性をもつものである。

しかし、漁民はなぜこのような弁別を行う必要があったのか、またすべての漁民の共有知とするために、「オー」対「ケ」の対立によって差異化される性質呼称を造語する必要性があったのだろうか。それは、先にも述べたように、「強風」が彼らの漁撈にマイナス価値を付与し、「弱風」がプラス価値を付与するという、経験的認識に基づく生活上の必要性があったからにほかならないであろう。そのような、言語外現実の中に潜在する価値に的中させ得る生活知をも、「言語外現実の中に潜在する価値が反映しているのではない」と断定することができるのだろうか。

　瀬戸内海域の高年層漁民は、決して閉じられた〈記号空間〉の中だけで生きているのではない。彼らは、〈記号空間〉と〈現実空間〉との間を常に往還しているのである。

　確かに、「キタ」「コチ」「ニシ」は、「記号的価値」によって一定の意味を獲得する。しかしながら、「オーゴチ」と「コチケ」の価値は、「記号的価値」だけによって意味を獲得するのではなく、それに言語外現実の中に潜在する価値を顕在化させた〈実用的価値〉がプラスされることによって、はじめて意味の実体化がなされるのではなかろうか。もし、このように考えることがまるで的外れなものではないならば、人間は「言語外現実の中に潜在する価値」を象(かたど)るという営みを、全く行ってこなかったとは言えないということになろう。

　しかし、丸山が『ソシュールの思想』の中でくりかえし主張している、次のような発言は、否定することができないだろう。

　　　この（＝体系による）分節の尺度は、その基盤を言語外現実の中には（たとえ潜在的にも）一切有していない。この意味においてのみ、シーニュは全く恣意的なのである。そうして、この恣意性こそ、自然と文化をへだてる唯一の特質と言えよう。

　確かに、「オー」対「ケ」の対立関係は、物理的な絶対的差異を反映するものではない。あくまでもそれは、「記号的価値」に基づいて形成される相対的な差異に過ぎないものである。しかし、そうではあっても、「オー」対「ケ」の対立関係は、漁民が自らの生活の必要性に基づいて共同主観的に形

成し、漁撈経験を通して学習し、継承してきた生活知であることは否定できないだろう。

〔補記〕 瀬戸内海域の「雨地名」と環境

　従来、「自然環境」と「社会環境」の関係性については、人文地理学・社会学・環境人類学などにおいて詳しく論じられ、また環境倫理学においても盛んな議論がなされてきている。しかし、「自然環境」と「生業環境」との関係性については、一部の例外を除いて、言及されるところが少なかったように思われる。筆者も、前章でごく基本的な考え方を提示したにとどまるので、ここで改めて、この問題に関して筆者の考え方を少し詳しく述べておきたいと思う。

　抽象的な論述になるのを避けるために、以下には、福岡義隆（1999）の論文に提示されている資料を参考にしつつ、「自然環境」と「生業環境」との関係性について、筆者の考えを述べてみることにする。

　福岡は、「瀬戸内地方の気候地名と風位名に関する環境地理学的研究」（室山敏昭・藤原与一編『瀬戸内海圏環境言語学』武蔵野書院）と題する論文の中で、瀬戸内海域を主たるフィールドとして、「雨」およびそれに因む「竜王」「竜」を含む地名（いわゆる「雨」地名）について精査し、その結果を以下に示す二葉の分布図（第1図・第2図）にまとめている。

　福岡は、この分布図に関して、多角的な観点から分析、考察を試み、およそ次のような結論を導いている。

　　降水量の分布と降水地名の分布を比較すると、日本でも最多雨地域である太平洋側には殆ど雨地名は存在しないのに対し、雨の少ない瀬戸内海側に雨地名が高密度に分布している。雨が多量に降ることは、洪水災害を除いては、あまり住民の関心は高くなく、むしろ雨が少ないことの方に関心が高いと言える。
　　（219〜220ページ）

　「雨」を含む地名や、「雨乞い」に因む「竜王」「竜」を含む地名は、一見、降水量が少ないという「自然環境」の特徴に着目した命名（言語化＝文化化）であると理解されがちであろう。しかし、降水量が少ないというのは、単に「降水量が少ないという自然環境」の特徴だけを反映するものではない。それは、人間の生死に関わるということだけでなく、稲作や果樹栽培に必要な「利用降水量」が不足していることを意味するものである。「雨」という気象に対する瀬戸内の人々の関心の高さの背景には、「農業」という生業を円滑に営み、一定の生産量をなんとか維持したいという切実な願望の存していたことが容易に判断されるのである。福岡の詳細

「雨」の文字を含む地名（中国地方）

地名	読み	所在地	5万分の1地形図名
雨内	あまうち	兵庫県相生市	播州赤穂
雨が原	あまがはら	広島県三次市	三次
雨連	あまつら	広島県東城町	庄原
雨坪	あまつぼ	広島県世羅町	府中
雨迫	あまさこ	広島県御調町	府中
雨木	あめき	広島県福山市駅家町	井原
雨が浦鼻		山口県大島町	柳井
雨土地	あまとち	山口県本郷村西黒沢	大竹
雨桑	あまぐわ	山口県大和町	柳井
雨振	あまふり	山口県東和町	久賀
雨乞	あまごえ	山口県日置町	仙崎
喜時雨	きじう	山口県津和野町	津和野
雨滝	あめたき	鳥取県国府町	若桜
根雨	ねう	鳥取県日野町	根雨
根雨原	ねうばら	鳥取県溝口町	根雨
雨川		島根県横田町	多里

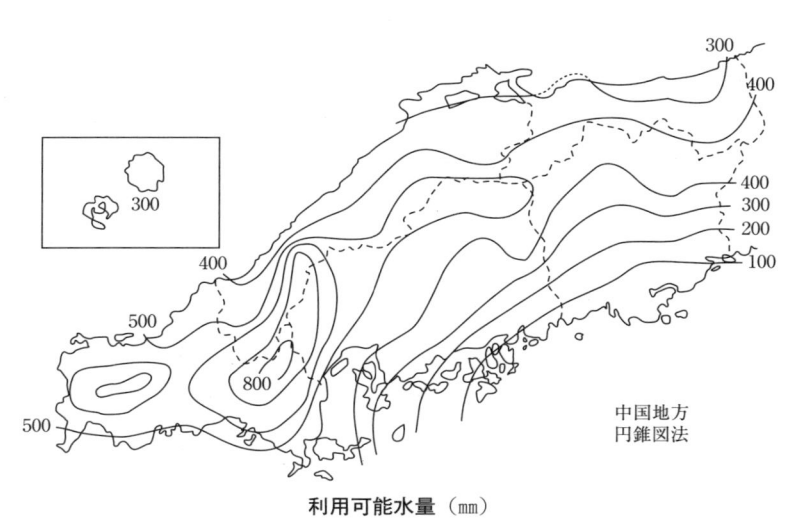

中国地方
円錐図法

利用可能水量（㎜）
（降水量－最大蒸発可能量）5月～9月

80　Ⅰ．文化言語学の構想

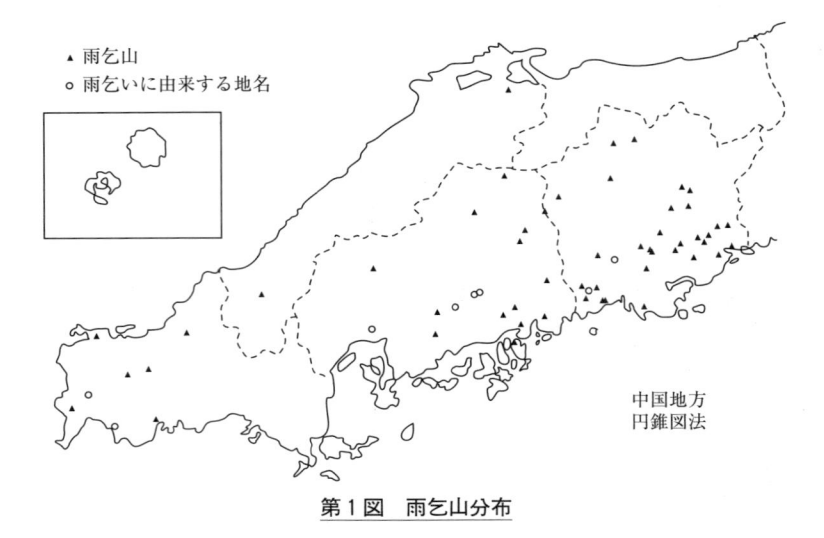

▲ 雨乞山
○ 雨乞いに由来する地名

中国地方
円錐図法

第1図　雨乞山分布

雨に関する地名の例（四国地方）

地名	読み	所在地	地形図名
雨島	あめじま	香川県琴南町	脇町
雨井	あまい	愛媛県保内町	八幡浜
雨霧山	あめぎりやま	愛媛県小田町	久万
雨乞山	あまごいやま	愛媛県保内町	伊予長浜
竜王	りゅうおう	徳島県徳島市	川島
立満	りゅうまん	香川県香川町	高松南部
竜王山	りゅうおうさん	多数あり	多数あり
霧窪	きりくぼ	高知県仁淀村	上土居
露峰	つゆみね	愛媛県久万町	久万
雲附山	くもつきやま	香川県志度町・寒川町	高松南部

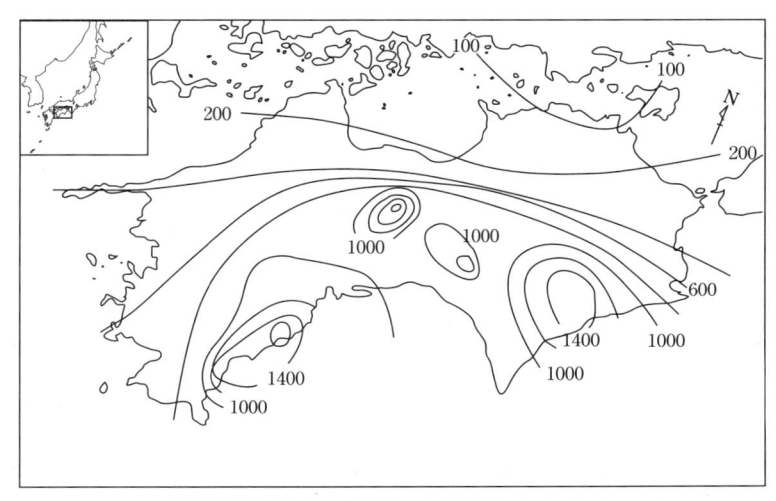

第 3 章　文化言語学の特色と実践プロセス　　81

稲作期間（5月～10月）の利用可能水量（mm）

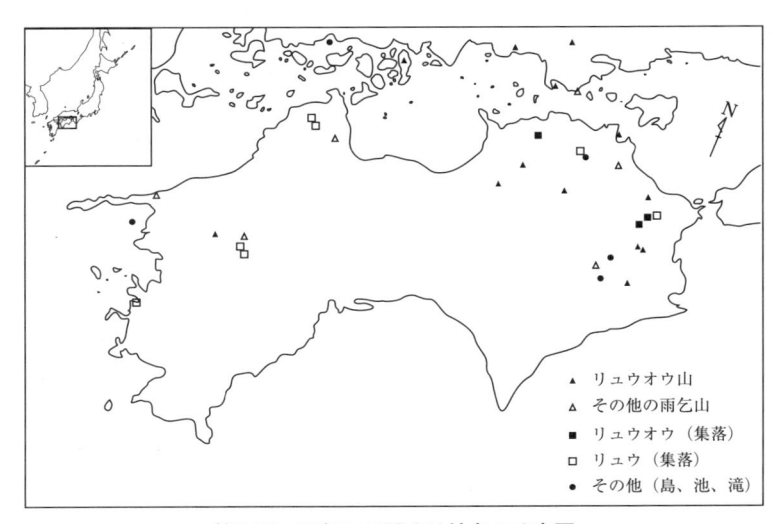

▲　リュウオウ山
△　その他の雨乞山
■　リュウオウ（集落）
□　リュウ（集落）
●　その他（島、池、滝）

第 2 図　雨乞いに関する地名の分布図

な調査結果は、まさにそのことを明確に物語っていると言ってよかろう。

　第1図と第2図を見てみよう。岡山県南部と四国の香川県に、とりわけ多くの分布が見られる「雨乞山」「竜王山」という地名は、空間的に見れば「山」という自然環境に、農民が自分たちのために意味を与えたものである。利用降水量の少ないこれらの地域において、暑い時期に長期にわたって「雨」が降らなければ、稲作も果樹栽培も大きな打撃を受けることになる。これは、まさしく「雨」が降らないことによってもたらされる被害である。

　この被害を回避するために、農民は、「竜王」に雨を降らすことを祈願して、山頂で千貫もの薪を焚き、「雨乞い」を行ったのである。したがって、「雨乞山」「竜王山」という地名は、農民が農業によって生きていくための、歴史を背景とする切実な願望がこめられていることになる。それゆえ、これらの地名は、「自然環境」と「生業環境」とが密接不離な一体的関係を形成していることを端的に示すものと言えるだろう。

　今、文化を、人間によって、人間のために、世界に意味を与える（ここの意味を与えるということは、世界を分類するということと、世界を解釈するということの二つの意を同時に持つものである）ものだと規定するならば、「雨乞山」「竜王山」という地名は、「自然環境」に属するように見えて、実は、「生業環境」を基盤として生成された文化的表象の一つということになる。このように見てくると、農業社会における「自然」の多くは、「農業文化」によって認識論的に価値づけられたものにほかならないことになる。そして、このことは、何も農業社会だけに限られたことではないのである。

　先に示した「雨の少ない瀬戸内側に雨地名が高密度に分布している」ことから、「雨が多量に降ることは（中略）あまり住民の関心は高くなく、むしろ雨が少ないことの方に関心が高い」とする福岡の解釈は、上記の筆者の考え方に客観的な根拠を付与するものである。そして、「雨の少ないことの方に（住民の）関心が高い」という認識のあり方に、瀬戸内海域の「雨」地名という言語に表象化された「文化環境」の特色の一つが、明確に反映していると言ってよいだろう。

　この文化環境の特色は、瀬戸内海域文化の特色を構成する文化特性軸の一つにほかならない。そして、この文化特性軸に彩られる空間が、瀬戸内海域に特徴的な「言語文化領域」の一つであるということになる。ここにも、「中央──周辺」という構造図式は適用することができない。

　このように見てくると、「自然環境」さえも、生活や言語というカメラアイを通して見られる虚構的な存在世界ということになる。あるがままの「自然環境」などは存在せず、「生業環境」を介して「社会・文化環境」に包含される存在世界である。あるいは、和辻哲郎にならって、生きられた自然としての風土と呼ぶこともで

きるだろう（『風土』1975、岩波書店）。

なお、ここで、「自然環境」と「生業環境」との関係性を、「生活主体」と「地名」を含む形で、ラフな構造図として示すならば、次のようになる。

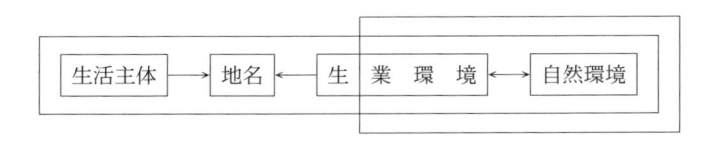

```
生活主体 → 地名 ← 生 業 環 境 ↔ 自然環境
```

このように、生活主体は、自らが生きる「生活環境」（自然環境・生業環境・社会環境の三者を含む）の中に、見出されるあらゆる事物に命名し、一定の意味づけ、価値づけを施している。意味づけ、価値づけを施すことによって、生活主体は「生活環境」（生活世界）認識の秩序づけを行うと同時に、生活主体の立場から表象化する。「自然環境」といえども、その例外ではない。そして、生活世界が言語記号によって表象化されることにより、人間の内部に取りこまれ、文化となる。したがって、「自然環境」は「文化」（環境）というメタファーに包摂されることになる。

生活主体は、文化というメタファーによって、自然の概念化を行い、自然認識を秩序あるものとして整えることが可能となる。それだけではない。生活主体の自然に対する働きかけをも左右することになる。

かくして、「自然環境」は生活主体の外部にあって、同時に内部に存するものである、と言うことができる。あるいは、次のように言い換えることもできよう。すなわち、生活主体としての人間の存在という観点からこそ、人間と「自然環境」との関係を考えなければならないのだ、と。

Ⅱ．文化言語学の理論

第1章　文化言語学の基本的な立場

1．言　語　観

　筆者は、言語を単に情報の伝達・理解の道具と見るのではなく、人間が生きる「環境世界」の〈範疇化〉、あるいは〈範疇化された環境認識〉の道具と考える。言い換えれば、言語を単に情報伝達のツールと見なすのではなく、当該言語に生きる成員が無意識的に獲得している〈世界観〉の複雑なシステムを明確に顕在化させるツールと考える。

　確かに、言語のいかにも重要な機能は「伝達」であるが、言語の働きはもとより、それだけではない。なによりも、「伝達」の働きを成立させている、人間の存在とその文化にとって、より根源的な言語の働きがある。それは、人間が生きる「環境世界」を人間の側から一定の意味と価値を付与して〈範疇化〉する言語の働きである。この言語の働きによって、各民族の世界観[1]が構成される。それは、意味システムを骨格とする語彙システムの上に明確な形で反映することが予測されるものである[2]。この語彙システムが、最も基底的に、人間の生活世界（環境世界）における認識の意味づけ秩序づけの表現であると考えられるからである。生活世界を一定数の語彙によって区分した網目の一々に名称を与えることによって、人間はそこに一定の意味と価値を付与し、秩序を導き入れるのである。今、野林正路（『認識言語と意味の領野』1996、名著出版）にならって、「伝達」（言語の外化）に働く言語を「伝達言語」と呼び、「範疇化」（言語の内化）に働く言語を「認識言語」と呼ぶことにする。

　言語、とりわけ「意味」の内化（認識）と外化（伝達）の二重性からなる人間活動の全幅機構を生活主体が生きる環境に即して科学的に究明すること、これが21世紀における文化言語学の最大の課題である。しかし、「伝達

言語」に関しては、文法論・語用論・コミュニケーション論などの名のもとに長足の進歩が見られるが、「認識言語」に関しては、すでに指摘したように意外なほど研究が遅れているのである。「伝達言語」の研究と「認識言語」の研究が緊密な連関のもとにバランスよく発展しなければ、上に記した「最大の課題」を究明することはおぼつかない。なお、ここで言う「意味」とは、生活者が「認識言語」を道具として「環境世界」に付与する解釈のことである。

ところで、宮岡伯人は、「人間」と「言語外現実」（環境世界）と「言語」（認識の言語）の存在三世界の関係性について、次のような考え方を明示している。少し長くなるが、以下にそれを引用することにしよう。

  主体的・社会的な環境は、それにたいする人びとの活動ともあわさって、その集団にとっての言語外現実をなしている。（中略）言語外現実は、その集団がさまざまにとり結ぶ相互作用的関係のなかで、なんらかの基準や論理にもとづき、ある一定範囲の要素を同種のものとしてくくりこんだ分類がなされている。環境に秩序をもたらす範疇化である。固有の分類システムにもとづいたこのような範疇をとおして、人間は環境とむきあい、それに対処しているのである。（中略）

  分類と秩序をもたらすこの環境の範疇化と範疇の固定化にかかわるのが図１の言語Ⅰ（認識の言語、筆者注）である。（中略）言語外現実が範疇化かつ命名されることによって、人びとは当該の要素を自らに近い存在として認知し、自らの環境にとりこむ。このようなはたらきをもつ言語には、その集団に固有な環境の分類と環境との固有なとり結びかたが反映されることになる。（「文化のしくみと言語のはたらき」『言語人類学を学ぶ人のために』15〜16ページ）

人間が言語を用いて「環境世界」を分節し、範疇化するということは、とりもなおさず言語の本質は世界を意味づけし、価値づけすることにあるということになる。この「環境世界を意味づけし、価値づけする営み」のことを認識と呼ぶならば、「認識言語」は生活主体と環境世界との相互作用に、根源的に動機づけられていると考えることができる。それゆえ、G．レイコフ

は、言語について「経験基盤主義」という観点を措定したのである(『認知意味論』池上嘉彦・河上誓作他訳、1993、紀伊国屋書店、辻幸夫編『認知言語学への招待』2003、大修館書店)。だが、「経験」には常に、「生活主体」と生活主体が生きる場としての「環境世界」の存在が前提とされるところから、筆者はレイコフの「経験基盤主義」を「生活経験基盤主義」、あるいは単に「生活基盤主義」と呼び換えることを提案したい。

　言語を「世界観」としての文化との相関において究明することを基本的なスタンスとする「文化言語学」にあっては、言語共同体の生活史を背景とする「生活主体――語彙システム――環境世界」という存在三世界を結ぶ広いパースペクティブが、言語を考える場合の基盤に、措定されなければならない。いかなる言語共同体にあっても、人間主体は「生活主体」として存在し、「環境世界」は生活主体が生きる「場所性」として存在しているのだから、すべての「経験」は、あえて煩をいとわずに言えば、「生活経験」ということになる。

　ところで、よく知られたことではあるが、ソシュールによれば、言語記号は現実世界に何ら切り取り線、すなわち自然的基盤をもたないため、それ自体の肯定的な価値というものは持たず、その価値は隣接する諸記号との差異によって、否定的にしか規定できない心的存在ということになる。

> ラングは一つの自立的体系であって、その辞項の価値は、言語外現実の中に潜在する価値が反映しているのではない。その区切り方の尺度は、あくまでその言語社会で恣意的に定められたものであり、自然法則にはのっとっていないのである。(丸山圭三郎『ソシュールの思想』1981、岩波書店、145ページ)

ソシュールにおいては、言語から独立してあらかじめ分節されて存在する事物や観念というものはなく、それらは世界の恣意的分節に基づく言語記号の成立と同時に生まれるとされるのである。

　このように、ソシュールの言語観は言語記号の成立根拠を問うもので、非常に洗練されたものに思われる一方で、素朴な直観からいって、腑に落ちない点が2点ある。その第1点は、言語が言語外の現実世界を何ら反映しない

のであるのなら、砂地に広げられるものとしての言語の「網の目」の数や大きさは誰が何に基づいて作ったものだろうか、という点である。ソシュールによれば、それは「語る主体の意識」ということのようだが、はたして主体は言語の「網の目」の数や大きさを恣意的に作ろうとするだろうか。

　確かに、カテゴリー階層の基本レベルにおいては、ソシュールの説くことも分からないではない（ただし、この点に関しても、佐藤信夫は疑問を呈している、『レトリックの意味論』160ページ、1996、講談社学術文庫）が、基本レベルよりも下位のレベルに位置づけられる言語記号の「網の目」の数や大きさも、「語る主体」は恣意的に作っているのであろうか。

　たとえば、瀬戸内海西部域の漁民が獲得している「風位語彙」の性質呼称のシステムや「潮の語彙」の複雑なシステムは、漁民が日々営む漁撈経験を通して獲得したものであり、漁撈を効果的に営むために「共同主観的」に構築したものである（詳しくは、Ⅲ.「文化言語学の実践」を参照のこと）。それは決して、「語る主体」が恣意的に創り出したものなどではなく、生活の必要性や生活関心に基づいて、漁業社会の「集団意識」が主体的に創り出したものである。

　「風位語彙」のシステムや「潮の語彙」の複雑なシステムは、まさに擬似科学的とも言える精確さをなしており、したがって漁撈の現場において有効に作用するメカニズムともなっているのである。それゆえ、ソシュールの言う「言語記号による世界の恣意的分節」は、あくまでもカテゴリー階層の基本レベルに限られることであって、それより下位のレベルにおいては、「言語記号」と「世界」との関係性は、必然的なものになると考えなければならない。そのため、「言語記号」のシステムは、言語外の現実世界（環境世界）を濃厚に反映することになるのである。

　腑に落ちない第2の点は、一言語社会内において、いくら制度としてすでに与えられているとはいえ、何ら自然的基盤を持たない、全くの恣意的分節に基づく言語記号を習得し、使用することが、はたして可能だろうかという点である。この点に関しては、すでにスタインバーグが『心理言語学　思考と言語教育』(1988、研究社出版) の中で、次のように述べていることが示唆

的である。

> 子どもは（中略）一つの言語を習得するためにはその言語に接することが必要となる。さらにまた、子どもの接するそのことばは、周囲の事物・でき事・状況とつながりをもっていなくてはならない。ことばだけにしか接しないとしたら、何回繰り返し聞かされても、子どもは言語を習得しない。(172ページ、国広哲弥・鈴木敏昭訳)

これは、単に言語習得だけではなく、おそらく概念形成についても言えることであろう。

2. 文　化　観

　文化については、従来、多くの研究者によって、実に多様な語り方がなされてきた。1869年にイギリスの文化人類学者 E. タイラーは、その著『原始文化』（比屋根安定訳、1962、誠信書房）の中で、文化についての古典的な定義を示した。それは、「文化とは社会の成員としての人間が獲得している知識、信仰、道徳、法、慣習その他あらゆる能力と習慣を含む複合的な全体のことである」という定義である。

　その後、このタイラーの定義は文化人類学者である C. クラックホーンによって、「文化の財産目録の羅列に過ぎない」という厳しい批判を浴びることになる。クラックホーンは文化を「文化は歴史的に創造された生活様式である」と規定した。その後、文化の機能分析を行った社会人類学者 B. マリノフスキー（『文化の科学的理論』姫岡勤他訳、1958、岩波書店）や A. R. ラドクリフ＝ブラウンらを経て、多くの人類学者や社会学者が、いわゆる「文化」の分析に携わり、さまざまな文化概念を提示してきた。そのような中で、人類学や社会学、さらには生活文化学などの研究領域では、「文化」を広義に解釈することが自明視されるようになった。

　たとえば、「文化とは後天的に学習され、集団によって共有され、世代を通じて継承される行動様式と世界観である」といった J. H. スチュワード（『文化変化の理論』米山俊直他訳、1979、弘文堂）の定義などは、明快な文化定義として広く人類学や社会学の研究領域に受け入れられている。しかし、ス

チュワードの定義では、行動様式と世界観のどちらに重点が置かれると解釈するか、その解釈の仕方によって、「文化概念」が大きく異なってくる可能性がある。もし、前者に重点を置けば、「文化」を構成するすべての要素が行動の中に埋没してしまうおそれがある。そこで、筆者は、「文化言語学」における「文化」の概念を次のように規定することにする。すなわち、「文化は言語記号によって意味づけられ、価値づけられたすべての文化要素が織り成す網目（＝システム）である」と。

このように規定することによってはじめて、可視的な文化要素であろうと、たとえばシンボルといった不可視的な文化要素であろうと、およそ文化を構成する要素は、そのすべてが言語記号によって表象化されている、と捉えることができる。言語記号として表象化されているからこそ、すべての「文化」は学習・継承・伝達・伝播の可能性を担うことができることになる[3]。このような、「文化」に対する筆者の考え方の中には、E．リーチ（『文化とコミュニケーション』青木保・宮坂敬造訳、1981、紀伊国屋書店）の言う「信号的なレベル」「記号的なレベル」「象徴的なレベル」の三つのレベルに属する文化要素がすべて含まれている、と言ってよかろう。

各民族は自分たちが生きている「環境世界」を独自のやり方で分類し、その全体的なシステムによって独自の「世界観」を獲得している。この語彙システムに反映する独自の「世界観」こそ、各民族の「文化」にほかならないものである。したがって、ある民族が所有している個々の言語記号（語）は、当該民族が獲得している個々の文化事象（項目）の表象にほかならない、と言うことができる。

ここで、「文化言語学」の方向性をより明確にするために、「認知言語学」における「文化」概念の規定と対比してみることにする。森芳樹によると、認知言語学は「認知と文化の間に言語を定位する」ことを基本的な方向性とするものであるという（「認知言語学の周辺領域」、辻幸夫編『認知言語学への招待』2003、大修館書店）。しかし、認知言語学における「文化」概念は、現在のところまだ十分には明確化されていないように思われる。さらに言えば、認知言語学にあっては、言語と認知を生活史を背景とする慣習の面から規制

第1章　文化言語学の基本的な立場　93

していると考えられる「言語文化」、もしくはそれを担う「言語共同体」を視野の外に置いているように思われるのである。その意味で、「文化言語学」は「認知言語学」における将来の課題性を、あるいは先取りすることになっていると言うことができるかも知れない。

　「文化言語学」は、「生活者と環境世界の間に言語を定位」し、「言語」を環境認識の道具であると同時に、環境認識の証でもある「世界観としての文化」として、「文化」概念を規定する。

　このような「文化」観を文化人類学の中で当初から提唱してきたのは、認識人類学である。認識人類学は、従来の「文化」についての考え方を批判して、新しく「認識体系としての文化」を考えようとするとき、「文化」を言語構造に類似したものとしてモデル化した。この経緯について松井（1996）は、次のように述べている。

　　言語によって表現された体験は、言語の構造によって深く刻印されているばかりでなく、体験そのものが意識される過程にまで言語が影響している可能性があることを示していることになる。（中略）

　　この背景として、上記のような文化の過程における言語の卓越した重要性を認めることができる。言語が文化的な過程としての認識に及ぼす重要性に配慮して、認識を体系化し、あるいは構造化するものとして文化を定義するとき、その文化が言語構造を念頭においてモデル化されることになったのは、いわば必然的な経過であったといえるだろう。（「ものと名前の人類学」、宮岡伯人編『言語人類学を学ぶ人のために』1996、世界思想社）

3．対象とする言語事象（要素）

　文化言語学においては、文法事象ももとより重要な対象となるが、最も重要な対象は、地域生活者が無意識裡に内面化している「意味」のシステムを骨格とする「語彙」のシステムである。そして、「語彙」システムを構築し、生活者の側の論理に密接して「語彙」のシステムの深い解釈を実践することが、研究の基盤に設定されることになる。「語彙」は生活者たちが日常の言

語活動において使用する「語」の〈意味連関〉をベースとする緊密なまとまりであり、それは生活者たちの論理によって分節された「環境世界」(生活環境)のシステムを反映するものであるから、「生活語彙」と呼称されるのがふさわしい。「生活語彙」の形成要因は、一定の「生活環境」を背景として永い時間を生きた、あるいは現に生きている地域生活者たちが、自らの生活を営むプロセスの中で展開してきた「主知性」(知的関心)「実用性」(生活の必要性)「対話性」(意味の共有化)の三つを基本とするものであり、「生活語彙」はそれら三つを基本とする生活者の営みによって創造され、受容され、共有化されてきたものである。そして、文化環境としての生活環境の変容に対応する形で、生活語彙もまた変容してきたことは、すでに多くの先行研究によって検証されているところである。その「生活語彙」のシステムの基盤を構成する多様な「語彙カテゴリー」の構成要素は語を核とするが、連語・慣用句・慣用表現なども含むものとする(その理由については、このセクションの第3章を参照されたい)。

　文化言語学において重要なことは「語彙システムの解釈」であるが、その「解釈論理」はあくまでも対象として取り上げる集団や社会の「環境」(フィールド)に生きる成員の生活論理に即して構築することを、常に基本とする。研究者の論理を先行させることは、極力避けなければならない。なお、ここで言う「解釈」とは、次のような行為を指す。すなわち、生活語彙のシステムがなぜ今あるような意味と価値を有しているのか、あるいは一定の社会的機能を果たしているのかという問いに、そのフィールドに生きる生活者の論理に即して、深いアプローチを試みるという行為である。

4．文化言語学における語の「意味」概念

　文化言語学における「語」の「意味」概念(意味の構成要素)について、筆者は現在、次のような構造を考えている。これは、前の章で示した「意味」概念の構造を、その後の考察に基づいて多少詳しくしたものである。「語」の意味の構成要素と、その全体的な関係性を以下のように整序し、それぞれの構成要素の特徴を余すところなく記述、分析するならば、文化言語

学の実践に求められる「語」の意味空間はほぼ尽くされることになろう。それによって、広義の類義語間の意味連関を明らかにすることが可能となり、地域生活者の「世界観」を意味に即して語ることもまた、可能となるはずである。

1．文法的意味特徴
　(1)　品詞的特徴
　(2)　統語的特徴
2．語義的意味特徴
　(1)　前提的特徴
　(2)　本来的特徴
3．含蓄的意味特徴
　(1)　文体的特徴
　(2)　品位的特徴
　(3)　新古的特徴
　(4)　情緒的特徴
4．文化的意味特徴（広義、狭義を含む「環境的（生活的）意味特徴」）
　(1)　広義の文化的特徴
　(2)　狭義の文化的特徴
　　ⅰ．価値的特徴
　　ⅱ．行動的特徴
5．評価的意味特徴
6．歴史的（生活史的）意味特徴

　上に示した意味の構造図式の中の、4「文化的意味特徴」と5「評価的意味特徴」、さらに6「歴史的意味特徴」は、国広哲弥が『意味論の方法』（1982、大修館書店）の中で提示した意義素の構造に新たに加えたものであり、「意味」概念をさらに拡張したものである。新たに加えた意味特徴のうち、とりわけ重要だと考えられるものは、4の「文化的意味特徴」である。これ

に広義と狭義の二つの特徴を区分したのは、「広義の文化的特徴」(「塩」や「鯛」に認められる「清めのはたらきをするもの」「めでたい席に出されるもの」といった特徴や、太陽の色は「赤」だという認識、さらには夫が「主人」で妻が「家内」といった認識など、多様なものが含まれる)はもっぱら比較言語文化論のレベルで問題とされるものであるのに対し、「狭義の文化的特徴」は、たとえば日本文化のように一つのマクロな地域文化内部における、自然環境、生業環境、社会環境などの環境概念に基づく言語文化の多元性、多様性を明らかにする際に、焦点化されるものである。ただし、語義的意味特徴も、広義・狭義の文化的特徴も、地域生活者の対象(事物・現象、広くモノとも)に関する特徴認知の焦点を指すという点においては何ら変わりのないことを、ここで断っておきたい。

　今、「鯛」というごくありふれた「語」について、瀬戸内海西部域の老年層漁民が内面化している意味(特徴)を、上記の構造に即して記述するならば、次のようになるであろう。ただし、1の「文法的意味特徴」に関しては、彼らが日常的な場面で「鯛」について言及する発話から導いたものである。

　1．文法的意味特徴
　　(1)　品詞的特徴（名詞）
　　(2)　統語的特徴（主体格、対象格、……）
　2．語義的意味特徴
　　(1)　前提的特徴（海にすむ、動物、魚）
　　(2)　本来的特徴（中形、ひらたい、多くはさくら色、味がよい）
　3．含蓄的意味特徴
　　(1)　文体的特徴（中立）
　　(2)　品位的特徴（中立）
　　(3)　新古的特徴（中立）
　　(4)　情緒的特徴（中立）
　4．文化的意味特徴（広義、狭義を含む「環境的意味特徴」）

（1）広義の文化的特徴（めでたい時に使う）
　（2）狭義の文化的特徴
　　　ⅰ．価値的意味（魚の中では最も価値が高い、値段が高い、イオノオーサマ、「コダイ／チューダイ／オーダイ」の中では「オーダイ」が最も価値が高い、アミ〈網〉で獲った鯛〈アミダイ〉よりもツリ〈釣〉で獲った鯛〈ツリダイ〉の方が価値が高い〈見た目に美しく、生きも良いので高く売れる〉）
　　　ⅱ．行動的意味（4月上旬の「サクラゴチ」〈桜が咲くころ吹く東風〉が吹くころが鯛漁の最盛期、鯛もその魚群も大きくなり、多くの漁民が共同で鯛網漁に従事した、5月下旬ごろ「ムギ」〈麦〉を刈り入れた後の鯛〈ムギワラダイ〉は、すでに産卵を終えていて身も少なく味も落ちるので、あまり熱心に漁獲しない）
5．評価的意味特徴（鯛には、マダイをはじめとしてチダイ・イシダイ・コブダイ・モンダイ・エノミダイ・フエフキダイ・チヌなどさまざまな種類があるが、いずれも価値が高い、プロトタイプは「マダイ」）——魚のヴァリュー・システム
6．歴史的意味特徴（昔は鯛が大きな群れをなしてたびたびやって来て、鯛網漁が最も盛んだったが、今はめったにやって来ない、「アマヨノ　ホシホドモ　オラン」〈雨夜の星ほどもいない〉）

　上に記述した4の「狭義の文化的特徴」および5、6の意味は、瀬戸内海西部域の漁業社会に生きる老年層漁民だけが内面化している意味であって、「社会環境」と「生業環境」の二つの環境概念を要因として生成され、継承されてきた歴史を背景とする生活的意味（特定の地域や生業に生きる人びとが、生活の必要性に基づいて内面化している意味。認知意味論の用語を用いれば、「百科事典的」などとされる特徴にほぼ相当する）である。それに対して、4の「広義の文化的特徴」（めでたい時に使う）は、異文化間における比較言語文化論の実践レベルにおいて適用される意味特徴である。
　上記のように「意味」（語義）の構成要素とその関係性を規定したが、こ

こで、「言語は文化の表象である」(「文化は言語に宿る」「言語は文化の住拠である」)という原点に立ちかえるならば、これらの構成要素のすべては、最広義の「文化的意味」(＝生活文化的意味)として統括されるべきものである、と捉えかえすこともできる。文化と全く無縁の語義は、そもそも存在しないはずだからである。

なお、文化言語学における「意味」の基本的なフレームワークについては、下記のような一種の循環構造を考えている。これをもとにして、精緻な分析モデルを構築することは今後の課題となる。

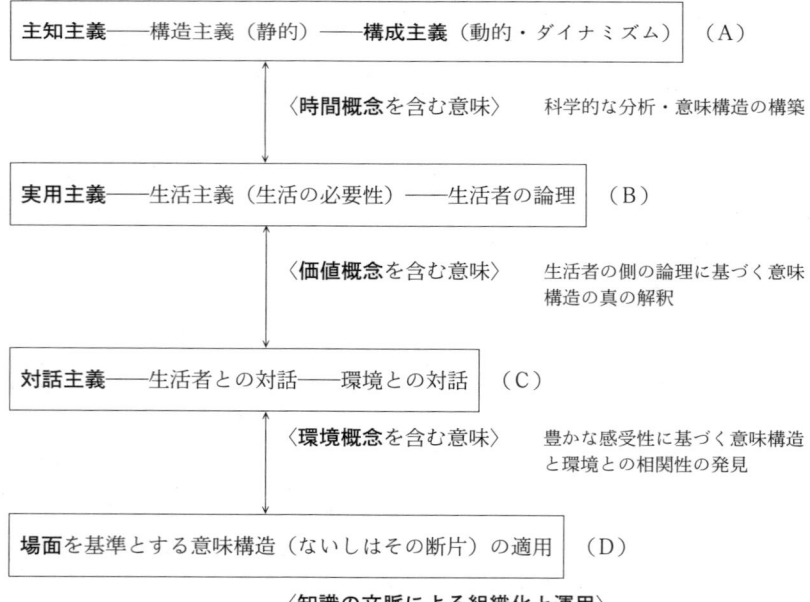

主知主義──構造主義(静的)──**構成主義**(動的・ダイナミズム)　(A)

↕　〈**時間概念**を含む意味〉　科学的な分析・意味構造の構築

実用主義──生活主義(生活の必要性)──生活者の論理　(B)

↕　〈**価値概念**を含む意味〉　生活者の側の論理に基づく意味構造の真の解釈

対話主義──生活者との対話──環境との対話　(C)

↕　〈**環境概念**を含む意味〉　豊かな感受性に基づく意味構造と環境との相関性の発見

場面を基準とする意味構造(ないしはその断片)の適用　(D)

〈知識の文脈による組織化と運用〉

[文化言語学における「意味」概念は、A＋B＋C＋Dを統合することによって(あるいは包含することによって)はじめて、明示的に語ることが可能となる。A、B、C、Dのどれ一つを欠いても、その「意味」は不完全なものとなる。]

5．空間と時間についての考え方

　文化・言語空間については、柳田国男に代表される「中央――周辺」「都市――周辺」という文化周圏論・言語周圏論なる構造図式とは、そのスタンスを大きく異にするものである。〈自然環境〉〈生業環境〉〈社会環境〉〈歴史環境〉などの「環境」概念（四つの環境概念は生活者たちが生きてきた、そして現に生きている「生活環境」に統合される）を基軸として、文化領域・言語空間の認定と類型化を行い、その意味と価値を確定する。別の言い方をすれば、「生活語彙」の精緻な分析を通して明かるみに出すことのできた多様な「世界観」の地域類型の意味と価値を、「環境概念」に即して解釈し、説明しようとする研究手法をとるものである。

　時間については現代に限定せず、前近代をも広く含めることとする。「文化言語学」は伝統を背景とする「生活語彙」を研究の基本的資料として扱うゆえ、永い歴史を背景とする時間軸を設定しなければならない。そして、多様な空間軸（＝多様な文化領域）と永い歴史を背景とする時間軸とを緊密に交差させることが必要である。そうしなければ、日本の〈言語文化領域の認定〉〈言語文化領域の特性〉〈言語文化領域の類型化〉のどれ一つをも明らかにすることができない。ある〈言語文化領域〉を認定する場合においてすら、他の〈言語文化領域〉との歴史を背景とする差異性が前提とされるからである。その点では、ここに言う〈言語文化領域〉という概念は、藤原与一の言う〈方言分派〉の概念と重なるところがある。しかし、後者は「中央――周辺」という構造図式によって史的関係を明らかにしようとするものであって、筆者の言う〈言語文化領域〉とは分析軸を異にするものである。筆者は「中央――周辺」という構造図式も重視するが、それと同等に「環境」を基軸にとる分析手法も重視したいと思う。

　「環境概念」（自然環境・生業環境・社会環境・歴史環境）と「時間概念」（文献以前から現代まで）との交差を基盤として展開される「文化言語学」の具体的な研究プロセスについては、すでにⅠ.「文化言語学の構想」の第3章でかなり詳しい説明を行ったので、ここで改めて繰り返すことはしな

い。なお、筆者が行った「文化言語学」のささやかな実践として、『「ヨコ」社会の構造と意味』(2001、和泉書院)、『アユノカゼの文化史』(2001、ワン・ライン)があることを、付言しておきたい。

6. 調査とデータについて

　今日の日本における社会言語学者に見られがちな、単に研究者の仮説を検証するためにだけデータを採録するというような態度は、決してとらない。あくまでも、フィールドの中にあって真の問題はどこにあるかが発見できるようなデータの採録に心がける。フィールドの中でデータを採録しているうちに、当初研究者が立てた仮説が見直されたり、調査ノートの大幅な修正が必要になったりするような、フィールドへの深い潜入、とけこみ調査が、文化言語学の推進にとっては強く望まれる。このような調査を実践するためには、松井健(「ものと名前の人類学」、宮岡伯人編『言語人類学を学ぶ人のために』1996、世界思想社)も言うように、単に「主知主義」(知的関心)という態度で臨むのではなく、生活者の「実用主義」(生活の必要性)への細かな目くばりと、生活者や環境世界の事物との深い「対話主義」(意味の共有化)とが必要とされる。筆者が、高年層漁民が使用している風の語彙について調査を行うことにより、それまで誰も気づかなかった多くの性質呼称(アキギタ・アオギタ・サエギタ……／ヨアイ・オーアイ・ジアイ……／カンゴチ・ハルゴチ・サクラゴチ……／オーイシェチ・イシェチケ……／ナツマジ・マジケ・ヨマジ……／アサダシ・ツユビカタ……／テッポーニシ・ミッカニシ・フユニシ……／オーアナジ……／など)を採録することができたのは、漁民が漁撈の現場で、風が彼らの漁撈に及ぼす影響をどのように認知しているかを、彼らの生活経験に即して詳しく語ってもらうという「実用主義」と「対話主義」に基づく調査を行ったからである。

　現在、社会言語学で盛んに行われているアンケート調査のようなコントロールされた抽出法では、地域社会の言語文化にとって重大な意味の特徴や諸概念の関係について、ごく限られた範囲のことしか明らかにすることができない。もっと感受性豊かな調査、分析を行う必要がある。当該社会の生活

の中に可能なかぎりとけこむことに努め、生活者の論理と感性に即して、語彙システムに表象化されている彼らの豊かな世界観を記述、分析し、慎重な態度で解釈を加えなければならない。

なお、ここで言う解釈については、すでに先に述べたところと内容を同じくするので、改めて繰り返すことはしない。

7．研究の最終目標

日本というマクロな社会に認められる多様な「世界観」の複雑な関係性を科学的な手法で分類、整序し、日本における言語文化の多元性、複合性の構造を究明する。また、その研究のプロセスを通して、日本の言語文化の独自性と普遍性を客観的に規定するための公準（概念シソーラス）、あるいは言語文化特性軸（児玉徳美『言語理論と言語論』1998、くろしお出版）のシステムを構築する。これによって、歴史を背景とする〈いくつもの日本〉を発見し、その成立、特性、成立要因などを明らかにする。すなわち、〈いくつもの日本〉（網野善彦・森浩一『馬・船・常民』1991、講談社学術文庫）という多様性の客観的な根拠を、意味システムを骨格とする語彙システムによって検証される地域社会の成員に埋めこまれた「世界観」を基盤として明確に語ることが、（日本における）文化言語学の最終的な目標となる。それによって、日本人がほとんど自覚していない自文化の多様性と日本文化の根とでも言うべき極く小さな暗黙のとりきめやきまりが明確に顕在化される。それが異文化間のより深い相互理解によってはじめて、その実現が可能となる多文化共生や文化トラブルの解消に大きな貢献を果たす、研究上の確かな拠りどころになること、それが文化言語学におけるグローバルなレベルでの最終目的とされる。この点で、近い将来、真の異文化理解を視野に入れた日本語教育学とも密接に連関してくることになるだろう。さらに、学際科学としての地域科学（地域文化学）を構築するために、生活語彙論を基礎論とする「文化言語学」がベーシックな役割を果たすことになれば、それは、視野を日本というマクロな環境に閉じた、極めて重要な課題性となる。

なお、民俗学においても、坪井洋文が『民俗再考―多元的世界への視点』

(1986、日本エディタースクール出版部）の中で、日本の民俗文化の多元的重層構成という観点から、従来の理論や概念を徹底的に検討し直す必要性を強調していることが、筆者にはとりわけ注目されるのである。

8．文化言語学の隣接諸学

　文化言語学に隣接する科学には多くのものが想定されるが、最も緊密な関係性をもつ科学としては、次のような学問分野がある。すなわち、〈環境民俗学〉〈歴史学〉〈文化人類学〉〈社会言語学〉〈人類言語学〉〈認知言語学〉〈認識人類学〉〈比較・対照言語学〉〈歴史学〉〈記号学〉〈地域社会学〉〈文化社会学〉〈文化地理学〉などである。なお、文化言語学とこれらの隣接諸学との関係性については、すでに前のセクションの第1章および第3章でラフな関係図（構造図式）に即して述べるところがあったので、ここでは省略する。

9．研究に有効な語彙カテゴリー

　研究に有効な語彙カテゴリーとしては、次のようなものが考えられる。すなわち、①生業語彙、②自然環境語彙（とりわけ、気象語彙・動物語彙・植物語彙など）、③性向語彙、④衣・食・住語彙、⑤親族語彙、⑥身体語彙、⑦屋号語彙、⑧冠婚葬祭語彙、⑨信仰語彙、⑩感情語彙、⑪比喩語彙などである。

　　注
　1)　環境世界に存在するさまざまな事物は、名称（言葉）を与えられることによってはじめて顕在化され、人びとの意識に共通の概念（意味）として明確に刻印されることになる。もし、我々が「キ」（木）や「クサ」（草）や「ハナ」（花）といった言葉を所有していないとしたら、いったいどのようにして共通の認識に到達することができるだろうか。また、これらの対象をどのようにして区分し、分類することができるだろうか。いずれも不可能と言うよりほかなかろう。この点に関して、ソシュールは次のように述べている。「心理的に、言語を捨象して我々が得られる観念とは何であろうか。そんなものはたぶん存在しない。あるい

は存在しても、無定形と呼べる形のもとにでしかない」(丸山圭三郎『ソシュールの思想』1981、岩波書店、ただし、ソシュールの恣意性については、佐藤信夫(1986)が疑義を呈している)。「キ」という1語が我々の脳裏から脱落するだけで、「キ」という語で名指されるさまざまな「木」の存在は、単なる大きな(あるいは小さい)塊に過ぎなくなるだろう。したがって、我々は、言葉によって「環境世界」に存在するさまざまな「もの」や「現象」を区分し、分類することが可能になるのである。このように、「環境世界」に存在する「もの」や「現象」と言葉との関係は、まさに「環境世界」の分類の仕方、つまり環境認識の仕方を表すものと言える。言葉の分析、とりわけ語のまとまりである語彙の分析を通して、はじめて客観的に民族ごとの「世界認識」、つまり「世界観」を解明することができるのである。

2) 拙著『生活語彙の構造と地域文化―文化言語学序説』(1998、和泉書院)の第Ⅱ部・第一章「生活語彙研究における真の解釈」(159～186ページ)を参照のこと。

3) 我々は、言葉を常に意識しながら使っているわけではなく、習慣的に、あるいは無意識的に用いていることが多い。しかし、習慣的に言葉を使う一方で、その言葉によって我々は自分たちを取りまく周囲の「環境世界」を意識にのぼらせているとも言える。たとえば、太陽の色が何色であるか、我々は日常生活においてほとんど意識することなく過ごしている。しかし、「真っ赤な太陽がのぼる」「太陽は赤い」といった表現を学習し、自らも使用するという経験を通して、太陽の色が明確に認識(＝内面化)されるわけである。この意味で、習慣的思考は言語と深く結びつくのである。日本人は、個々人の違いを超えて、このように太陽の色は「赤」だと認識しているが、イギリス人や砂漠の民は「黄色」だと認識している。中国人は古くは、「青天白日」という句からも知られるように、「白」だと認識していたのである。また、同じ対象に対して多様な言葉を使い分ける言語とそうでない言語がある。たとえば、英語における husband という言葉に対し、日本語では「夫」「亭主」「主人」「宅」など多様な表現が使い分けられる。日本語においては、これらの言葉を話し手と聞き手との社会的関係に応じて、語を選択し、使い分けているのである。また、自称詞が相手との関係で、「私」(たとえば会社の上司に対して)、「おれ」(たとえば友人に対して)、「お父さん」(子どもに対して)、「おじいちゃん」(孫に対して)などと使い分けられる。このように、語彙の使い分けは、個別社会における人間関係の存在様式とも関連するものである。こうしてみると、「文化」によって「言語」が影響されると同時に、「言語」によって習慣的思考が左右され得ることが分かる。このように、「言語」と「文化」は相互に深く関わっているのである。

参考文献

1981：丸山圭三郎『ソシュールの思想』岩波書店
1981：E. リーチ『文化とコミュニケーション』(青木保・宮坂敬造訳、紀伊国屋書店)
1982：国広哲弥『意味論の方法』大修館書店
1983：藤原与一『方言学原論』三省堂
1983：丸山圭三郎『ソシュールの思想』岩波書店
1986：佐藤信夫『意味の弾性』岩波書店
1993：G. レイコフ『認知意味論』(池上嘉彦・河上誓作他訳、紀伊国屋書店)
1994：宮島達夫『語彙論研究』むぎ書房
1996：亀井孝・河野六郎・千野栄一編『言語学大辞典第6巻　術語編』三省堂
1996：野林正路『認識言語と意味の領野』名著出版
1996：宮岡伯人編『言語人類学を学ぶ人のために』世界思想社
1998：室山敏昭『生活語彙の構造と地域文化—文化言語学序説』和泉書院
2000：山梨正明『認知言語学原理』くろしお出版
2001：竹田青嗣『言語的思考へ—脱構築と現象学』径書房
2001：室山敏昭『「ヨコ」社会の構造と意味—方言性向語彙に見る』和泉書院
2001：　同　　『アユノカゼの文化史』ワン・ライン
2003：辻　幸夫編『認知言語学への招待』大修館書店

〔補記1〕「認識」について

　ドイツの社会哲学者であるN. ルーマン（1971）は、構成主義的な認識理論を、次のようなテーゼによって示している。すなわち、「認識」は区別によってはじめて可能となる。世界はその区別によって、差異の様相のもとで把握される。だが、区別が適用される前の差異の統一態は、決してそのまま捉えることができない。区別なくして「認識」なし、だからである。ここに「認識」の根源的なパラドックスがある。ここから、いくつかの帰結が出てくる。一つは、このような「認識」のメカニズムにもかかわらず、世界の統一態に迫ろうとする機能をもつものとして、宗教や芸術といった機能システムが分出してくることである。もう一つは、いわゆる二次の観察である。ある区別が適用されている間は、その区別自体がいわば盲点となっていて、区別自体を統一態として捉えることはできず、その区別に対して別の区別を適用すること（二次の観察）によってはじめて、区別の統一態を捉えることができる、というのがそれである（佐藤嘉一他訳『批判理論と社会システム論』1987、木鐸社）。してみると、「中央——周辺」という構造図式に基づく日本の言語文化の一元的理解を徹底的に相対化し、語彙システムに確保されている世界認識の

多元性、多様性を環境概念に即して明かるみに出すことが、「認識」の根源的なパラドックスを解消するための唯一とは言わないまでも、一つの確かな方向性ということになろう。

なお、筆者は、「認識」というキー概念について、竹田青嗣（『言語的思考へ―脱構築と現象学』2001、径書房）も言うように、単に「概念としての認識」だけでなく、「理念としての認識」「シンボルとしての認識」「感性としての認識」をも包含する広い概念を表すものと考える。しかし、「感性としての認識」の構造を明らかにすることは、今後の課題として残されている。

〔補記2〕「生活語彙」における言語内的価値と言語外的価値

「生活語彙」における言語内的価値は、生活語彙の体系を基本的に静的なシステムと捉え、その体系を、意味体系を骨格として、いわゆる構造主義の「差異」概念に依拠して語彙の体系を構築するところから、その「価値」は「差異」あるいは「対立」という関係性の中に住む、と規定しなければならないことになる。したがって、言語内的価値は、あくまでも要素相互の対立関係が織り成す相対的価値であって、外部のどこにも価値を規定する指標は存在しない。「生活語彙」の価値は、このような言語内的な価値を基本とするものである。

しかし、「生活語彙」における価値は、このような言語内的価値だけに閉じられるものではない。「農業語彙」や「漁業語彙」などの「生業語彙」を対象化しても、「性向語彙」に焦点を当てても、それらは、人間と環境現実との関係によってもたらされる「価値」によって彩られている、と言わなければならない。前者は「生活の必要性」という価値概念によって、後者は「秩序構成のための社会的規範」という価値概念によって、その全体が覆われているのである。すなわち、「言語内的価値」の前提に、「言語外的価値」が存在しているのである。

地域社会における「生活語彙」はこのような二重の価値概念を内包するものであり、「言語内的価値」だけを究明すれば、研究が終わるわけではない。「言語内的価値」と「言語外的価値」の両者を明らかにし、両者の関係性を地域社会に生きる生活者の環境に即して、深い解釈を施さなければならない。言い換えれば、語彙のシステムが地域社会の環境といかに相即的であるか、独自の環境の中でいかなる価値を担い、いかなる機能を果たしているかを、客観的に検証するところまで、研究を進めていくことが必要とされる。この「言語外的価値」を潔癖なまでに排除するのではなく、むしろそれを重視する点に、「生活語彙論」の重要な特色の一つが存する。近年、オープンな構造を重視するシステム論が盛んになってきたが、「生活語彙論」はそれを先取りしたものである、と言うことができるかも知れない。

「言語外的価値」は、地域生活者が生きる「生活環境」の中に充塡されるもので

あるから、「環境的価値」と言い換えることができる。「言語内的価値」と「環境的価値」の緊密な相依、相関関係を解明するところまで研究を深めなければ、言語と人間、言語と社会との関係を明確に語ることはおそらく不可能であろう。まして、語彙の解析を通して、地域文化の特色を総体的に語ることなど、全く不可能であろう。地域言語を通して地域文化の特色を明らかにするためには、言語における虚構的価値（相対的価値）と実体的価値（生活現実的価値）とを統合することがどうしても必要になるだろう。

そのことを、筆者は、たとえ語り方は稚拙であっても、本書の中でいろいろの形で論述したつもりである。

〔補記3〕　科学の限界

一般に、科学的認識は、いかにそれが華々しい成果を生み出そうとも、根本的には二つの限界を持っている。一つには、科学は必ずある方法的道具立て（仮説の設定とその検証方法）によって問題事象に接近し、自分が必要とする角度からのみ当該事象を切り取り、重要な側面だけを「抽き出し」、他の側面は捨象する。その意味で、科学は、本質的に、「抽象的」であり、「一面的」であらざるを得ない。したがって、科学が進歩すればするほど、必ず「極度の細分化」が起こり、科学は「個別諸科学」としての「閉鎖空間」としてしか存在し得ないことになる。そのために、近時のように、いかに「学際的」研究や「総合科学」の必要性が叫ばれようとも、しかし科学のそのような本質的性格を払拭することは極めて困難である。したがって、科学は、いわゆる「言語科学」も含めて、事象や現象の「全体性」への見通しをどうしても欠きやすい。ここに「全体性」というのは、単なる諸部分の総和のことではなく、自己と世界の生きた全体性の「原理的」考察の意味において言われている事柄である。

そして、このこととも結びついて、二つには、科学は「客観的」な事実の確認に終始し、そうした事実に対して人間が「主体」としていかにかかわるべきか（あるいはいかにかかわってきたか）という「価値判断」や「行為選択」、さらには自己と世界の「存在の意味」といった問題局面には、何の指示も与えてくれない。

こうして、科学とは別の知が、私たち人間にはどうしても必要になってくる。それは、自己と世界の存在の全体性を見通しつつ、言語という価値に彩られた「意味の網目」の中に生きる「主体」としての人間のあり方を熟慮し、正しく認識する「知の営み」である。これがおそらく、本当の意味における「言語の学」であろう。これを、仮に「世界観」としての言語、「認識」の言語（「認知」としての言語とは異なる）と呼ぶならば、「言語の学」は、本来、「学際的研究」「総合科学」を指向しつつ展開されるべき知の領野であることになろう。

ところで、上で、「言語という価値に彩られた『意味の網目』」ということを言った。ここでの「価値」とは、もとより、ソシュールの言う言語内における要素間の差異によって形成される「価値」だけを意味するものではない。人間の言語外的世界（環境世界）に対する認識の仕方の差異が言語に色濃く反映されるという「価値」をも意味するものである。その意味では、「言語という価値的存在」は、言語内と言語外という二つの側面を結合するところに認められる「複合的価値」ということになるだろう。あるいは、これを「言語内的・言語外的価値」の統合体と言い換えることもできようか。さらに、生活語彙を構成する語彙素の内容に即して言えば、いわゆる「知的意味」だけではなく、筆者が提唱するところの「文化的意味」をも包摂した「意味的世界」ということになる。
 中井精一は、次のように述べている。
> ある一定の地理的範囲のなかで限定して認められることばの特質を考察する場合には、それを発現せしめる地域住民の心意傾向や価値体系を考慮することなしに実相に分け入ることは困難であると考えている。（「新たなる方言研究への期待とその潮流」『社会言語科学』第5巻第2号、2003）

 ここで、中井が言う「価値体系」とは、地域住民の環境世界（言語外的世界、自然環境・社会環境・文化環境のすべてを含む）に対する認識システムとしての「価値体系」のことであろう。中井は、このような「価値体系」が、地域言語の特質を決定する重要な要因となることを指摘しているのである。それは、別の言葉を用いれば、地域のことばの特質には、地域に生きてきた人々の環境世界に適応するための戦略が色濃く反映されており、それを無視しては、地域のことばの特質をその深みにおいて把握することは困難であることを指摘しているものと解される。
 これは、筆者が、生活語彙論の展開において、一貫して論じてきたことの延長線上にある指摘である、と言ってよかろう。

〔補記4〕 いわゆる「記述方言学」といわゆる「社会方言学」との関係性
 「社会」やそこでの「制度」がそうであるように、「言語」というものが存在するのは、人間がその言語を話し、それに応じた制度を受け入れ、たえず再生産していくからである。言葉を話し、社会の中に包み込まれた人間は、言語の規範性と制度の規範性を身につけて、再生産していく。とはいえ、人間は、規範性をただ受け入れるだけでなく、みずから行為の主体として新しい言葉を造り出し、時にはそれが社会に受け入れられ、制度化されることもあるのである。
 社会学では、一般に、この二つの観点を、「マクロ社会学」と「ミクロ社会学」に分けている。「マクロ社会学」は組織と体系をともなう社会構造を扱い、「ミクロ社会学」は個人が社会的に行動する状況を対象とする。すなわち、個人がどのよう

にある行動を意味づけて解釈し、決断し、実行し、ときにはいままでの行動規範を乗り越えるかを研究するものとされている。

社会学における「マクロ社会学」と「ミクロ社会学」という二つの研究領域を、今、方言学にあてはめるならば、いわゆる「記述方言学」は「マクロ社会学」に、いわゆる「社会方言学」は「ミクロ社会学」にほぼ相当するものとみなすことができよう。

社会学においては、「マクロ社会学」と「ミクロ社会学」という二つの観点の間の溝は深く、両者を架橋しようとするような試みは、ほとんど見られないという（富永健一『社会学講義』1995、中公新書）。社会学と同様、方言学においても、いわゆる「記述方言学」といわゆる「社会方言学」とを架橋しようとする試みも、それを可能とする理論もいまだ存在しない。

いわゆる「記述方言学」は、あくまでも「方言」そのものの精緻な体系記述に専念すべきものであって、ここには地域社会に生きる人間が入り込む余地はない、すなわち「人間不在の方言学」であり、いわゆる「社会方言学」は地域社会の個々の成員が制度としての体系を乗り越え、日々の言語活動の中で、いかに方言を創造し、使用し、伝承し、習得し、変化させるかを観察する「人間実在の方言学」だと割り切って、両者をまったく異なるパラダイムとして扱うことは、確かに可能であろう。

しかしながら、いわゆる「記述方言学」における最も重要な課題性は、文や談話レベルをも含む意味体系・意味構造の発見であり、意味に生きる地域生活者の「世界観」（「あるがままの世界」が存在するわけではない。「世界」は言語によってはじめて生み出されるものである）の解明にあるはずである。それは、日常の言語行動において、すなわちコミュニケーション行為において、話者が聞き手に何を伝達しているのかを考えてみれば、すぐにも分かることである。単に音声を伝達しているのでなく、意味を伝達しているのである。意味を抜きにしては、人間存在を考えることなど、とうていできないことは自明の理である。また、言語は、社会構造によって条件づけられており、そのさまは極めて大雑把に言えば、次のようにまとめられるだろう。つまり、当該社会にとって何に意味があり、何に意味がないかを定める構造、すなわち社会の〈意味関与性〉の構造に応じて、何を言葉にして指し示し、どこまで詳しく分節しなければならないかが決まってくるのである。

したがって、いわゆる「記述方言学」を従来言われてきたように、単純に「人間不在」と考えるわけにはいかない。それゆえ、いわゆる「記述方言学」もいわゆる「社会方言学」も、ともに「人間実在」の「方言学」であることに変わりはないことになる。要は、「体系」の発見に重点を置くか、それとも「体系」の乗り越えに重点を置くかの違いにすぎない、と言えなくもない。

したがって、両者を架橋し、統合する理論を構築するという重要な仕事が、今後に残されていることになる。こうした理論化の試みは早急には達成されそうもないが、長い目で見るならば、すでに早くヴンダーリッヒ（1972、Wunderlich．Zum Statas der Soziolingustic，297〜321ページ）が指摘しているように、有望この上ないものと、筆者にも思われる。

　両者を架橋し、統合する理論の基軸に位置づけられるのは、おそらく筆者が提唱するところの「文化言語学」であろう。なぜなら、「文化」は「言語」と「社会」を基盤とする上位概念だからである。

〔補記5〕　言語文化領域の多元的な対立関係
　なお、筆者が約30年にわたって進めてきた生活語彙の研究を通して、ほぼ明らかにすることのできた、日本というマクロ社会における「言語文化領域」の多元的な対立関係のうち、主要なものをあげるならば、次のとおりである。
①　老年層漁民が獲得している「風位語彙」における顕著な南北対立。
②　老年層漁民が獲得している「潮の語彙」における顕著な東西・南北対立。
③　老年層漁民が獲得している「魚名語彙」におけるかなり顕著な南北対立。
④　雑煮文化圏における「マルモチ」（丸餅）と「カクモチ」（角餅）に象徴される顕著な東西対立。
⑤　村落社会の「性向語彙」によって画定されるかなり顕著な三つの日本（北の日本・中の日本・南の日本）
⑥　村落社会の「屋号語彙」に認められるかなり顕著な農業社会と漁業社会との対立。
⑦　「牛」の生産基盤を持つ農業社会と持たない農業社会における「牛体語彙」の複雑な対立関係。
⑧　地域社会の「雪の語彙」における顕著な南北対立。
⑨　「雨地名」における瀬戸内海域の「言語文化領域」の顕著な卓越性。
⑩　「体の痛み」を表す語彙における中国地方の特異な「言語文化領域」の存在。
⑪　「比喩語彙（メタファー）」における農業社会と漁業社会との顕著な対立関係。
⑫　「食語彙」における農業社会と漁業社会とのかなり顕著な対立関係。
⑬　岩礁の呼称に見られる顕著な南北対立。
　なお、生業語彙のシステムと社会構造との緊密な相関関係については、拙著『生活語彙の構造と地域文化』（1998、和泉書院）を参照されたい。

◇今回新たに書き下ろしたもの。

第2章　生活語彙と地域文化

はじめに

　ある言語は、その言語社会に生きる人々のものの見方、捉え方、すなわち世界観を反映しているというのが、言語を社会や民族との関係から考えていく場合の基本的な仮説とされている。すべての民族が、身のまわりの環境を同じように見たり、同じ角度から同じ詳しさで認識しているわけではなく、自分たちの知的関心や実用性に応じて認識しており、それが一々の民族の言語、とりわけ生活語彙に色濃く反映していると考えるのである。

　このような考え方が成立し得る根拠としてよく引き合いに出されるのが、民族による色彩認識の差異である。たとえば、我々日本人は太陽やリンゴを赤とみなしているが、世界で太陽を赤とみなしている民族はきわめて限られており、「白」や「黄色」とみなしている民族の方がむしろ多いといわれている（福井、1991）。また、リンゴといえば赤ではなく、緑と決まっている国もある。その代表はフランスであり、子どもの絵本や教科書などにも、リンゴの絵はほとんど緑色に描かれている（鈴木、1990）。日本人が太陽やリンゴを赤とみなすのは、幼いころから赤だと習ってきたからにすぎない。しかも、どんな社会に育とうとも、健康な人なら750万もの色彩の違いを見出すことができるという（福井勝義、1991）。

　ところが、アフリカ西部のリベリアのバッサ語では、色のすべてを二つにしか分けない。その境界は、黄色と緑とのほぼ中間にあたる。これに対して、エチオピア西南部のボディ語では、ゴロニ（赤）、ニャガジ（橙）、シマジ（紫）、チャイ（緑、青）、ビレジ（黄）、ギタギ（灰）、ホリ（白）、コロ（黒）の八つの基本色彩語（古典色彩語）が用いられている（福井、1991）。また、長野康彦（1982）によれば、チベット語にはドゥマル（赤）、スンゴ

（青）、ドゥカル（白）、ナグ（黒）の四つの基本色彩語が認められるという。古代日本語においても、チベット語と同様に、「赤・青・白・黒」の４語が基本色彩語であったことは、すでに周知の事実である（佐竹昭広、1955）。

　今、ある言語社会における、語彙に獲得されたものの分類体系を広い意味での文化と規定すると、色彩語彙というものは、人間の目にうつる380〜780nmの連続する波長を、どのように区切って捉えるかという文化の一つの分類単位にほかならないことになる。色彩語彙に認められるこのような言語社会による外部世界（範疇化）の差異は、自然現象や自然環境だけでなく、人間や人間が相互に生み出してきた社会制度、社会環境などの広い世界にわたって見出されることが明らかになってきている（蒲生正男他編『社会人類学』1974、有斐閣、拙著『「ヨコ」社会の構造と意味』2001、和泉書院）。このようなプロセスを通して、「ある言語の語彙の総体は、その言語共同体の関心を占めるような考え、興味、職業すべてについての複雑な目録である」とするE. Sapir（1949、90〜91ページ）の説が、ますます強固なものになったと考えることができる。

　言語、とりわけ語彙の体系が、特定の言語共同体の人々に共通する経験を、どのように分析し、整理し、分類するかという、そのやり方を示すものであるとする考え方は、ドイツの博物学者 W. von Humboldt（1767〜1835）によって提示され（泉井久之助『言語研究とフンボルト』1976、弘文堂）、同じドイツの言語学者 J. Trier や L. Weisgerber、さらにはアメリカの社会言語学者 E. Sapir、および彼の弟子である B. L. Whorf などによって、はっきりと支持されたと言ってよい。Trier や Weisgerber の考え方は、今日、一般に「言語中間説」（「精神の中間世界」とも）の名で呼びならわされている。彼の考え方の概要を、田中克彦の『言語の思想』（1975、NHKブックス）から引用して示すことにする。

　　外界は言語を通してはじめて秩序づけられて人間に把握される。外界はあたかも夜空に浮かぶ満天の星のようなものであって、目に入ってくるのは雑然と散らばった一つ一つの光る点でしかない。だが星々の間に人間はある解釈をほどこして、大熊座とかオリオンとかの単位を設け

る。この過程は発見というよりは創造と呼んだ方がふさわしい。星じたいには、それが熊や猟師にならなければならない必然性は全くないからである。しかし、ことばがそれに名づけを行ったとたん、夜空に熊や猟師が現れる。このことがよく物語っているように、ことばはあらかじめ現実の中に示された分類に対して貼りつけられたレッテルでもなければ、人間の意識そのものでもない。つまり、ことばは、現実、客観的世界と人間との間に立ちはだかって、独自の世界を作り出している。(251ページ)

そして、ここで大切なことは、「精神の中間世界」が言語ごとにすべて異なっているとするWeisgerberの認識の仕方である。

一方、Sapirは、Weisgerberとは全く関係なく（ただしこの点については、池上嘉彦が『言語・思考・現実』(1978、弘文堂)の中で、源流においては結びつき得る可能性を示唆している)、ほぼ同様の考え方に到達している。彼は、「科学としての言語学の地位」(1929)の中で、次のように述べている。

言語は『社会的事実』に対する指針である。普通、言語というものは社会科学の研究者にとっては重要な意味を持つとは考えられない。しかし、それは社会の問題やできごとについてのわれわれのすべての思考を強固に条件づけているのである。人間は客観的な世界にだけ住んでいるのでもないし、また、普通の意味での社会的活動の世界にのみ住んでいるわけでもない。人間は自分たちの社会にとって表現の手段となっているある特定の言語に多く支配されているのである。基本的に言語を使うことなく現実に適応することが可能であると考えたり、言語は伝達とか反省の特定の問題を解くための偶然の手段にすぎないと思ったりするのは全くの幻想である。事実は『現実の言語』というものは、多くの程度にまで、その言語集団の習慣の上に無意識的に形づくられているのである。二つの言語が同一の社会的現実を表すと考えてもよいくらい似ているということはありえない。住みついている社会集団が違えば世界も異なった世界となるものであり、単に同じ世界に違った標識がつけられたというものではないのである。(池上嘉彦訳『文化人類学と言語学』2ペー

ジ、1970、弘文堂）

　また、Whorfは、『科学と言語学』（1940）の中で、言語と外界との関係について、次のように述べている。

　　　われわれは自然を分割し、概念の形にまとめ上げ、現に見られるように意味を与えていく。そういうことができるのは、それをかくかくの風に体系化しようという同意にわれわれも関与しているからというのが主な理由であり、その同意はわれわれの言語社会全体で行われ、われわれの言語のパタンとして規定されているのである。

Whorfは、さらに次のようにも述べている。

「われわれの言語的に規定された思考の世界は、われわれの文化的な偶像や理想と共同して働くのみならず、われわれの無意識な反応までをそのパターンにはめ込み、特定の典型的な性格を与えるのである。」（池上嘉彦訳『言語・思考・現実』93ページ、1978、弘文堂）

　SapirやWhorfが書いた諸論考に見られる共通した考え方をひとことで表すならば、「言語と人間の経験の様式、つまり思考・認識との間には緊密な関係がある」ということである。彼らに共通するこのような考え方を、1950年代の前半ごろから、後の研究者が「サピア・ウォーフの仮説」あるいは「言語相対説」と呼ぶようになったという（池上嘉彦訳『文化人類学と言語学』前出）。

　さらに、ドイツの言語学者であるCoseriuは、Weisgerberの「言語中間説」の延長線上において、言語と経験世界との関係を次のように規定している。

　　　意味とは人間の経験の構造化である。とはいえ、この構造化は、言語以前にすでに与えられた区画とか区分線とかに従うのではない。原則として、構造化はそれぞれの場合で千差万別でありえようし、そして実際、言語が異なるにつれて、意味の構造化も異なった姿を呈している。
（「言語現象と今日の人間の実存理解」1967、『コセリュ言語学選集4　ことばと人間』33ページ、1983、三修社）

　これらの説によると、井筒俊彦（1991）も述べているように、言語とは第

一義的には現実の認識的分節形態の体系ということになる。現実（環境）それ自体は全く不定、つまり内部になんらの限定もない存在であって、それを日本語とか英語とかそれぞれの言語が、それぞれの仕方で分節し範疇化する。さまざまに分節された現実の断面が、おのおの意味的単位として認識され、それが語によって固定される。それらの語、すなわち意味的単位の総体が、一つの記号体系としての一々の言語である、ということになる。ある特定の言語に生まれついた人は、その言語の分節の枠を通して現実を見る。したがって、一つの言語は一つの特別な世界像を規定することになるわけである。言い換えれば、民族の思考や外界の範疇化は、彼らの共有経験に支えられる形で、語彙体系に再構成されるということになる。

以上述べてきたことを簡単にまとめるならば、言語は人間が世界を認識する手段であると同時に、その認識結果の証でもあるということになる。言語はまさに、個別文化のアイデンティティにほかならない。

1. 生活語彙と民衆の認識世界

サピア＝ウォーフの仮説は、言うまでもなく二つ以上の異なる言語＝文化を対象として規定されたものである。しかし、この仮説は、同一の言語社会にも適用可能な説と考えられる。たとえば、日本は、マクロな観点からすると、同一言語＝同一文化＝同一民族からなる国家だとされる。このような、いわば単一言語国家であるとされる日本においても、「言語相対説」（文化相対説）の立場から言語と思考、認識との関連について考察することは可能であるばかりでなく、きわめて有用な視点となり得ると考える。なぜなら、このような仮説を導入することによって、従来、一般に説かれてきた「日本文化の同一性＝同質性」という考え方に対して、言語の側から検討を加えることによって異議申し立てを行い、「日本文化の異質性（雑種性）＝多様性」という問題を明かるみに出し、その実態と構造を客観的に解明することが可能になるからである（「日本文化の異質性＝多様性」という問題については、すでに歴史学や民俗学においてかなり多くの研究蓄積が見られる）。ただし、このような問題設定を行った場合、「言語相対説」の「言語」が共通語では

なく、地域言語でなければならないことは言うまでもなかろう。共通語を対象として措定すれば、その段階で「言語相対説」という概念＝用語は、全く意味をなさないことになる。共通語は文字どおり、全国共通語だからである。

さて、沖縄県の南端近くに位置する宮古島では、「霙」と「霰」と「雪」を全く区別しないで、共通語の「雪」に対応する/ˀjuci/（ユチ）という、ただ1語しか聞かれない。「霙」も「霰」も「雪」も全く降らないこの島に、共通語と同様の意味単位による範疇化が認められないのは、当然のことである。これに対して、日本の豪雪地帯に属する福井県勝山市では、「雪」に関するきわめて多くの語彙が使用されており、天野義広が『フィールドの歩み 生活語研究の記録』第9号に発表した「福井県勝山市の『冬』の生活語彙―『雪』の語彙を中心として―」（1976）という論文によると、総称の「ユキ」（雪）以外に、「ユキ」を語基とする57語もの合成語が認められる。

また、広島県三原市方言では、共通語と同様に、「キリ」（霧）、「カスミ」（霞）、「ツユ」（露）という3語によって、これらの現象を三つの枠に分節しているが、真田信治（1988）によると、富山県の五箇山方言では、共通語の「霞」と「霧」をともに「カスミ」と呼び、「露」を「ツイ」と呼んで、二つの枠に分節しているとのことである。また、沖縄県の宮古島方言では、「霞」と「露」をともに「ツブ」と呼び、「霧」を「キズ」と呼んで、五箇山方言とは異なる現象の分節化を行っている。今、三原市方言、五箇山方言、宮古島方言の三者の関係を表示すると、次のようになる。

		三原市方言	五箇山方言	宮古島方言
物理的現象	〈霧〉	キリ	カスミ	キズ
	〈霞〉	カスミ		ツブ
	〈露〉	ツユ	ツイ	

ここには、三者三様の語彙の体系が認められるが、これは、それぞれの方言に生きる人々に内面化している、物理的現象に対する共有認識の差異が、語彙の体系に具体的に反映していることを示すものと解される。

these例は、いずれも地域（生きられる自然環境）を異にする言語社会に見出される、意味的単位による外界の分節構造（カテゴリー化）の違いを示すものである。

ところが、これと同様の差異化現象が、同一の地域社会においても認められるのである。たとえば、瀬戸内海域の島嶼部や沿岸部では、同一の集落に農民と漁民が居住している場合が少なくない。しかし、同じ自然環境の中で生活していても、両者が所有する風位語彙や潮の語彙は、まるで異なった様相を見せる。それは、単に語彙の精密度の違いといったものではなく、語彙体系の構造そのものが全く異なっているのである。その一例として、広島県下蒲刈島の宮浦方言の風位語彙を見てみることにする。老年層男性の農民は、風が吹いて来る方位を東西南北とそれぞれの中間方位の8方位に弁別し、北から時計回りに「キタカゼ（単にキタとも）・キタゴチ・コチ（コチカゼとも）・ヤマジ・マジ・マジニシ・ニシ（ニシカゼとも）・アナジ」（11語）と呼び分けている。これに対して、老年層男性の漁民は、農民の方位弁別にさらに北北東・南南東・南南西・北北西を加えた12方位に区分し、78語もの風位語彙を所有している。方位の弁別数の差に比べて語彙量の差がきわめて大きくなっているのは、先にも述べたとおり、漁民の風位語彙の構造と農民のそれとが、質的に全く相違しているからである。漁民は、風を単に吹いて来る方位によって弁別するだけでなく、一々の方位から吹いて来る風の性質・状態の特徴を、漁撈との関わりから多様かつ微細に分節し、方位を表す語を語基として数多くの複合語や派生語を生成し、現在も使用しているのである（ただし、老年層カテゴリーに限られる）。

たとえば、「コチ」（東風）について見てみると、次に示すように、大きくは四つの概念カテゴリー（特徴認識の統合枠）に基づいて生成された11語もの限定呼称を使用している。

1. 吹く時季
  a．春……①ニガツノヒバリゴチ（2月の雲雀ゴチ、②ニガツノヘバリゴチとも、雲雀がさえずり始める旧暦の2月上旬から中旬にかけて吹く東風）、③ハルゴチ（春ゴチ、3月中旬から4月

中旬にかけて吹く東風）
    b．夏……④ドヨーゴチ（土用ゴチ、⑤ロッカツノドヨーゴチとも、旧
        暦の土用のころ吹く東風）
 2．風力
    a．強風……⑥オーゴチ（大ゴチ、強く吹く東風）
    b．微風……⑦コチケ（コチ気、弱く吹く東風）
 3．天候
    a．曇天……⑧シコミゴチ（湿気を含んだ東風、アメコチの前に吹く）
    b．雨天……⑨アメコチ（雨コチ、⑨アメゴチとも、雨を伴う東風）
 4．吹く高さ
    a．高空……⑩タカゴチ（高ゴチ、高空を吹く東風）

　漁民がこれらの語彙を使用しているのは、漁獲時季の特定や操業の可能性、さらには漁具の準備、漁獲量の判断など、自らの漁撈に及ぼす影響を正しく認知する（生業環境に正しく適応する）ためであり、生活の必要性に即して経験的に獲得したものである、と言ってよかろう。ここで言う「生活の必要性」とは、地域生活者が自分達の経験を通して獲得し、公共化した外界に付与する意味と価値の秩序化（意味システム・価値システム）のことである。

　上述したことからも分かるように、漁民の風位語彙の構造は、吹いて来る方位を表す語彙（これを「方位呼称」と呼ぶ）を上位のカテゴリーとし、性質・状態を表す語彙（これを「性質呼称」と呼ぶ）を下位のカテゴリーとする重層的（階層的）な円環構造を形成する。それに対して、農民の風位語彙の構造は、方位を表す語彙だけによって形成される単なる一元的な円環構造である。すなわち、「漁民＝階層的（二元的）円環構造／農民＝一元的円環構造」という対立関係が、明確に認められるわけである。このことから、同じ集落に居住していても、農民と漁民とでは、風という同じ物理的現象に関して、全く異なった認識世界（世界像）を所有していることが理解されるのである。

　また、農業社会においては、戦後昭和30年代の半ばまでは、西日本の広い地域で共同労働が行われており、とりわけ田植え・稲刈りは成員全員の緊密

な協働のもとに実施された。そのため、農業社会の成員は、自分たちの集落にあるすべての田に独自の呼称を付与し、それぞれの田を正確に弁別し得るように、記号化していた。そして、その知識を共有化していたのである。

「田植えは三日の植えつけ時」という慣用表現が認められるように、大体、3日間かけて一定の順序にしたがって、すべての田に早苗を植えていた。共同田植えを成員全員が協働して円滑に進めるためには、一枚一枚の田に異なる呼称を付与しておく必要があった。そうしなければ、成員全員がどの田に集合し、どのような順序にしたがって田植えを行えばよいかを正確に認知することができず、それでは短期間に効率よく田植えを終えることができなかったのである。

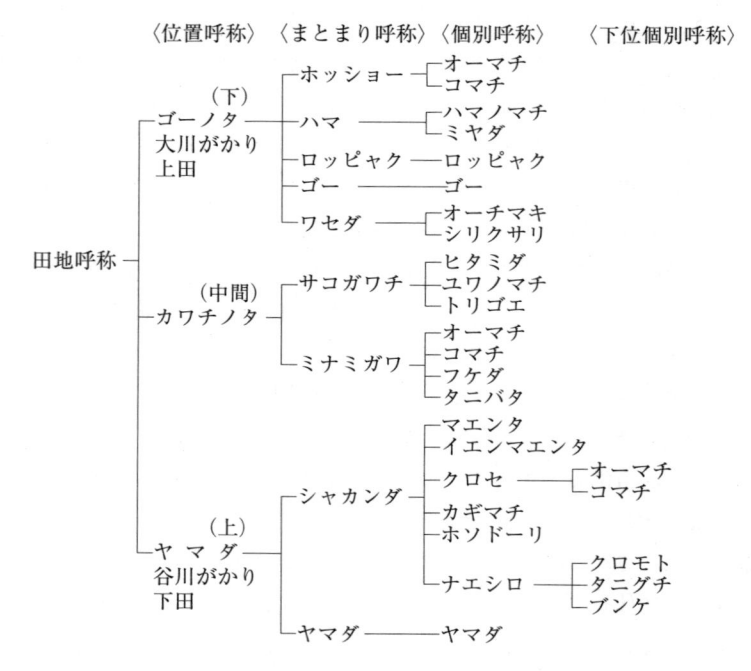

```
                〈位置呼称〉  〈まとまり呼称〉 〈個別呼称〉      〈下位個別呼称〉

                              ┌─ ホッショー ──┬─ オーマチ
                              │               └─ コマチ
                  ┌ (下)      │               ┌─ ハマノマチ
                  │ ゴーノタ ─┼─ ハマ ────────┤
                  │ 大川がかり│               └─ ミヤダ
                  │ 上田      ├─ ロッピャク ── ロッピャク
                  │           ├─ ゴー ──────── ゴー
                  │           │               ┌─ オーチマキ
                  │           └─ ワセダ ──────┤
                  │                           └─ シリクサリ
                  │                           ┌─ ヒタミダ
                  │           ┌─ サコガワチ ──┼─ ユワノマチ
     田地呼称 ────┤ (中間)    │               └─ トリゴエ
                  │ カワチノタ┤               ┌─ オーマチ
                  │           │               ├─ コマチ
                  │           └─ ミナミガワ ──┤
                  │                           ├─ フケダ
                  │                           └─ タニバタ
                  │                           ┌─ マエンタ
                  │                           ├─ イエンマエンタ
                  │           ┌─ シャカンダ ──┼─ クロセ ──────┬─ オーマチ
                  │ (上)      │               │               └─ コマチ
                  │ ヤマダ    │               ├─ カギマチ
                  │ 谷川がかり│               ├─ ホソドーリ
                  │ 下田      │               │               ┌─ クロモト
                  │           │               └─ ナエシロ ────┼─ タニグチ
                  │           │                               └─ ブンケ
                  └           └─ ヤマダ ────── ヤマダ
```

今、広島市安佐北区白木町大字三田字下大椿という典型的な農業集落について見てみるならば、70歳以上の高年層男女は、集落内の田の呼称をすべて正確に記憶しており、ほとんど個人差は認められない。彼らが所有している

田の呼称を、意味と形態の対立関係に注目して構造化して示すと、前頁の図のようになる。

そして、このような一枚一枚の田に付与された呼称が、漁業社会の成員にとって、全く関係のないものであることは言うまでもない。

このように、地域社会に認められる語彙体系には、それぞれの地域社会に生きる人々に固有の認識世界、すなわち独自の外界（環境）の範疇化が見られる。この独自の外界の範疇化を導いた基本的な要因は、すでに述べてきたことからも明らかなように、自然環境の相違と社会環境（生業環境を含む）の相違という二つの要因である。この二つの要因を、仮に、「自然環境による相対性」と「社会環境による相対性」と呼ぶことにする。前者は幼いころから、語彙を習得することによって内面化されるものであり、その意味でより多く知的関心のレベルと相関するものであると考えられる。それに対して後者は、成人して特定の生業に従事するようになってから多く習得されるものであって、生活の必要性のレベルと強く相関するものである。

次節では、「自然環境による相対性」と「社会環境による相対性」という二つの形成要因を基準として、生活語彙体系によって規定し得る地域文化の相対性というテーマについて、考察を加えることにする。

2．生活語彙と自然環境

自然環境の相違によって地域社会の生活語彙が異なりを見せ、それによって、同じ日本人が異なる意味的分節世界に生きていることを示す好個の例としては、先に少し触れた、豪雪地帯に暮らす人々とあまり雪の降らない地域に暮らす人々とが所有する「雪」の性質・状態に関する語彙の相違があげられる。

広島県の三原市方言には、「〜ユキ」を語基とする複合語として、「シラユキ」（白雪）、「オーユキ」（大雪）、「コユキ」（小雪）、「ボタンユキ」（牡丹雪）、「ボタユキ」（ボタンユキの省略形）、「コナユキ」（粉雪）、「ハツユキ」（初雪）の7語が認められる[1]。これに対して、福井県勝山市方言には、次に示す28語もの語彙の使用が認められるのである。ただし、一部、「〜ユキ」

の省略形を含む。

　1．シラユキ（白雪、降り積もったばかりの真っ白い雪）、2．オーユキ（大雪）、3．コユキ（小雪）、4．ボタモチユキ、5．ボタモチ、6．ボタユキ、7．ボタ（以上、ぼた餅雪、湿り気がありぼたぼたした感じの雪片の大きな雪）、8．オモユキ（重雪、ボタモチユキとほぼ同義だが、湿り気が多くて重い感じに注目した）、9．ベタユキ、10．ベトユキ（以上、水気の多い雪、傘の上に積もるとすぐ重くなる雪を言い、ボタモチユキとミズユキの中間の状態の雪）、11．ミズユキ、12．ミゾユキ（以上、霙、雨混じりの雪）、13．コンカユキ（小糠雪、雪片が小さくてさらさらしていて短時間によく積もる）、14．カルユキ（軽雪、コンカユキとほぼ同義だが、水気が少なくて軽い感じに注目した）、15．ハツユキ（初雪、その年の最初に降る雪）、16．ワカユキ（若雪、降りたての新しい雪）、17．シンユキ（新雪、ワカユキと同義だが、この語の方が新しい）、18．ホヤユキ（ワカユキとほぼ同義）、19．ワタユキ（綿雪、綿のようにふわっとした軽くて大きな雪）、20．フワユキ（ふわ雪、ワタユキと同義だが、軽い感じに注目した）、21．ヤコユキ（柔らかい雪）、22．シミユキ（凍み雪、硬く凍みた雪）、23．カタユキ（硬雪、シミユキとほぼ同義だが、特に硬い感じに注目した）、24．ジャリユキ（砂利雪、砂利のように硬くてザラザラした雪）、25．アカユキ（赤雪、黄砂の混じった雪、2月ごろに降る）、26．ドカユキ（どか雪、どかっと一時に大量に降る雪）、27．ネユキ（根雪、降ったあと、そのまま溶けずに長い間積もっている雪）、28．ヤネユキ（屋根雪、屋根の上に降り積もった雪）

　実に、三原市方言の4倍弱の語彙量が認められるのである。

　さて、三原市方言の「雪」の語彙は、「～ユキ」を語基とする前部形態素の意義特徴、すなわち雪の性質や状態に関する諸特徴に着目し、それを具体的に表示する形態素の上に顕在化した意味の特徴によって、五つの最小意味枠に分節することができる。

　1．色（＋白／＋赤）――シラユキ／φ
　2．量（＋多い／－多い）――オーユキ／コユキ

3．大きさ（＋大きい／－大きい）──ボタンユキ・ボタユキ／コナユキ
4．水気の多さ（＋多い／－多い）──φ／コナユキ
5．降る時期（＋その年の最初）──ハツユキ

これに対して、勝山市方言の「雪」の語彙は、次に示すように14の最小意味枠に分節される。

1．色（＋白／＋赤）──シラユキ／アカユキ
2．量（＋多い／－多い）──オーユキ／コユキ
3．降る時間の長さと量（－長い／＋多い）──ドカユキ
4．水気の多さ（＋多い／－多い）──ミズユキ・ミゾユキ・ベタユキ・ベトユキ／コンカユキ
5．粘り気の多さ（＋多い／－多い）──ベタユキ・ベトユキ／φ
6．大きさ（＋大きい／－大きい）──ボタモチユキ・ボタモチ・ボタユキ・ボタ／コンカユキ
7．重さ（＋重い／－重い）──オモユキ／カルユキ・フワユキ
8．重さと大きさ（－重い／＋大きい）──ワタユキ
9．硬さ（＋硬い／－硬い）──カタユキ／ヤコユキ
10．凍み（＋凍み／－凍み）──シミユキ／φ
11．凍みと硬さ（＋凍み／＋硬い）──ジャリユキ
12．新しさ（＋新しい／－新しい）──ワカユキ・シンユキ・ホヤユキ／ネユキ
13．降る場所（＋屋根／－屋根）──ヤネユキ／φ
14．降る時期（＋その年の最初）──ハツユキ

単に語彙量が多いだけでなく、意味的分節枠の数が九つも多くなっている点が特に注目されるのである。このことから、勝山市の人々が、いかに多様な視点から雪の性質・状態を捉え分けているかが知られる。これは言うまでもなく、勝山市が雪国だからであり、勝山市方言と三原市方言の「雪」の語彙に認められる量的対立と意味的分節枠の著しい差異は、自然環境の相対性によって導かれた「雪国文化」と「非雪国文化」との対立関係を、象徴的に示す事実であると言ってよかろう。

このことを指摘した上で、勝山市方言の「雪」の語彙について、今少し検討を加えてみることにする。まず、意味的分節枠に関して特に注目される事実をあげると、次の3点になる。第1点は、雪の性質について三原市方言には認められない特徴認識の対立関係が見出されること、第2点は二つの分節枠にまたがる語彙が見出されること、第3点はすでに降り積もった雪の性質・状態を細かく分節している点である。

第1点に関しては、

① 水気の多さ（＋多い／－多い）——ミズユキ・ミゾユキ・ベタユキ・ベトユキ／コンカユキ
② 重さ（＋重い／－重い）——オモユキ／カルユキ・フワユキ
③ 硬さ（＋硬い／－硬い）——カタユキ／ヤコユキ
④ 新しさ（＋新しい／－新しい）——ワカユキ・シンユキ・ホヤユキ／ネユキ
⑤ 凍み（＋凍み／－凍み）——シミユキ／φ

のように、三原市方言には認められない、「雪」の性質・状態に関する微細な分節を行っている。①の「水気の多さ」については、三原市方言で「ミゾレ」（霙）と「ユキ」（雪）とを明確に分節しているところを、勝山市方言では「ミゾレ」を「ミズユキ」（水雪）と表現することによって、「雪」の一種と捉えている点がまず注目される。その証拠に、天野義広によると、勝山市の人々は「ミズユキ」が降っても、あまり傘をさそうとしないそうである。このように、「霙」を「雪」と同一のカテゴリーにはめ込んでいるということは、勝山市の人々が、「霙」と「雪」とを別個の範疇に分節することのできない、いわば連続的な現象として認識していることを意味するものにほかならないであろう。しかも、「ベタユキ」と「ベトユキ」という2語について、土地の人々が行った説明を見てみると、これらの語は、「ミズユキ」と「オモユキ」との中間的な段階を表すものであることが知られる。したがって、勝山市の人々は、「霙」と「雪」とを連続的な現象と捉えた上で、さらにその内部を「ミズユキ」／「ベタユキ・ベトユキ」／「オモユキ」という三つの段階に分節していることになる。以上の分析に、「雨」を加えて分か

りやすく図示すると、次のようになるであろう。

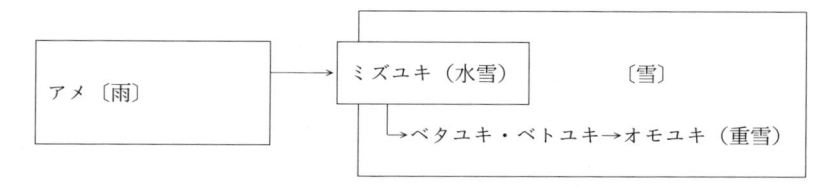

```
┌──────────┐    ┌──────────────┐    ┌────┐
│ アメ〔雨〕│───▶│ミズユキ（水雪）│    │〔雪〕│
└──────────┘    └──────────────┘    └────┘
                   └─▶ベタユキ・ベトユキ→オモユキ（重雪）
```

　そして、このような微細な分節が成立し得たのは、勝山市における冬季の「雪」の性質・状態が、このような変化を見せることがきわめて多かったという、まさに自然環境の特性を背景とするものであったと考えることができる。このように考えることができるのは、筆者も幼少期を、雪がよく降った鳥取県で過ごしたからである。また、②の「オモユキ」と「カルユキ」の対立は、「ボタモチユキ」と「コンカユキ」の対立では表現することのできない、水気を多く含むかどうかによって弁別される「重さ」という点に着目して生成されたものだと考えてよかろう。これは、「ボタモチユキ」と「コンカユキ」の性質の特徴を多面的に捉えて表現しようとした意識の現れであると同時に、「ボタモチユキ」と「コンカユキ」の二つが、現に降りつつある「雪」の代表的なものであるという認識をも反映するものである、と解される。さらに、④の「新しさ」について、（＋新しい）に属する語彙が多く認められるのは、勝山市において、初冬から晩春にかけて次々に新しく「雪」が降り積もるという、冬季の自然環境の恒常的な現実の反映であると理解することができる。

　第２点に関しては、二つの分節枠にまたがる「ワタユキ」「ジャリユキ」のような語が存在するが、これらがなぜ成立したのか、うまく説明することができない。ただ、どちらもメタファーによる造語であることに注目したい。また、⑩の「凍み」に（－凍み）を表す語が欠落している事実も注目される。

　第３点に関しては、次に示すように、すでに降り積もった「雪」に対する認識の細密さを指摘することができる。なお、「現に降りつつある雪」と「すでに降り積もった雪」とを弁別する基準としては、当の雪が「進行態」

で表現されるか、それとも「既然態」で表現されるかという、アスペクト表現によるテストが最も有効である。

① 色（＋白／＋赤）──シラユキ／アカユキ
② 降る時間の長さと量（−長い／＋多い）──ドカユキ
③ 硬さ（＋硬い／−硬い）──カタユキ／ヤコユキ
④ 凍み（＋凍み／−凍み）──シミユキ／φ
⑤ 凍みと硬さ（＋凍み／＋硬い）──ジャリユキ
⑥ 新しさ（＋新しい／−新しい）──ワカユキ・シンユキ・ホヤユキ／ネユキ
⑦ 降る場所（＋屋根／−屋根）──ヤネユキ／φ

このうち②は、勝山市における積雪量の多さを反映するものであり、③と⑦はともに除雪作業との緊密な関係が想定される。また、④⑤は歩行の困難さとの関わりにおいて生成されたものと考えられる。⑥の（＋新しい）に所属する語彙は、先にも指摘したとおり、直接的には当地において、冬季間断なく雪が降り続くという事実を背景として成立したものと考えられるが、間接的には④⑤と同様に、歩行の困難さを示すものである。したがって、すでに降り積もった雪の状態に対する勝山市の人々の認識の細密さは、長期にわたって降り積もる雪の中での暮らしを強いられてきた生活者の視点によって生み出されたものであることが理解される。彼らの「雪」に対する認識世界には、雪月花に象徴される美的な観点からの鑑賞的態度は全く認められず、主としてみずからの生活に及ぼすマイナスの影響への細密な関心が強くうかがわれるのである。

今、ある言語社会における語彙に獲得されたものの分節体系の総体を、広い意味での文化と規定すると、勝山市方言の「雪」の語彙に認められる細密な意味的分節体系は、当該社会における冬季の「雪」の文化を象徴的に示すものである、と言うことができる。したがって、当該社会の人々は、雪の少ない地域に暮らす人々とは、明らかに異なった「雪」の文化を所有していることになる。

しかし、勝山市方言の「雪」の語彙に認められる意味的分節体系の特色

は、基本的には当該方言に固有のものと考えられるので、これをもってただちに、「雪国文化」の共通の尺度と見なすことはできない。そこで、豪雪地帯における「雪」の語彙体系の共通特性を明かるみに出すために、勝山市と同様、積雪量のきわめて多い富山県下の五箇山方言の「雪」の語彙と比較することにする。

五箇山方言の「雪」の語彙に関しては、真田信治（1988）に詳しい記述が見られるので、それを参照することにする。ただし、一部「～イキ」（雪）の省略形を含む。

1．アカイキ（大陸の砂塵のまじった赤っぽい雪）、2．オーイキ（大雪）、3．コイキ（小雪）、4．ボタモチイキ、5．ボタイキ（以上、牡丹雪）、6．コゴメイキ（粉雪）、7．コンカイキ（粉雪）、8．カタイキ（硬い雪）、9．ヤコイキ（軟らかい雪）、10．オモイキ（重い雪）、11．カルイキ（軽い雪）、12．ミズイキ（霙）、13．ベチャイキ（水分を多く含んだ雪）、14．ハツイキ（初雪）、15．ネイキ（根雪）、16．ノコリイキ（残雪）、17．ヤネイキ（屋根雪）、18．ニワイキ（庭に積もった雪）、19．キノマタイキ（木の股に積もった雪）、20．シミシミ（凍結した積雪面）、21．ガリガリ（シミシミとほぼ同義）

これらの語彙を、勝山市方言の語彙と照合して、最も注目されることは、三原市方言の「ミゾレ」（霙）を、ともに「ミズユキ」「ミズイキ」（水雪）と呼んで、「雪」の一種と認識しているという事実である。三原市方言では、「霙」と「雪」とがそれぞれ異なる語によって指示され、鮮明に区別される別ものと認識されているのに対して、五箇山方言と勝山市方言では、ともに両者を分節しないで同一の範疇にはめこんでいるわけである。この事実は、「オーユキ」対「コユキ」などのように、「雪」という同一範疇内部での分節化とは異なり、それより一段上位のレベルにおける範疇化の仕方の一致を示すものであって、特に注目されるわけである。

馬瀬良雄（1982）によると、信越の秘境「秋山郷」にも、「ミズエチ」（水雪、霙）の語が行われているとのことである。太宰治の『津軽』にも「みず雪」という語が見える。また、筆者が調査したところによると、京都府の丹

後半島一帯や兵庫県美方郡温泉町、さらには鳥取県八頭郡郡家町などでも、「ミズユキ」の語が聞かれる。したがって、「ミズユキ」という語が、積雪量の多い地域に共通する文化特性のキーワードになるのではないかと推測される。そこで、『日本方言大辞典』(徳川宗賢・佐藤亮一編、1989、小学館』の「みずゆき」の項を見てみると、次のように記述されている。

　　みずゆき〔水雪〕　①雨混じりの雪。みぞれ。新潟県　香川県広島　熊本県天草郡　大分県大分市・東国東郡　(みずよき)新潟県　(みずえき)新潟県中頸城郡　富山県　(みずいき)石川県河北郡　(みずたゆき)富山県　(みずだゆき)富山県中新川郡　(みずてき)富山県下新川郡　(めずゆき)富山県上新川郡　島根県八束郡　(めずてき)富山県下新川郡　(めずたえき)富山県上新川郡　②淡雪。岡山県邑久郡。

これに、福井県勝山市、京都府丹後半島一帯、兵庫県美方郡温泉町、鳥取県八頭郡郡家町を加えると、「霙」を「ミズユキ」あるいはその音訛形を用いて表現し、「雪」の一種と見なしている地域は、日本海側の新潟県から島根県出雲地方までの積雪量の多い地域とほぼ重なることになる。しかし、なかに香川県、大分県、熊本県のように、降水量、積雪量がともに少ない地域にも、「ミズユキ」の語が分布しているのである。したがって、厳密に言えば、「霙」を「雪」の一種と見なす範疇化の仕方が認められることだけをもって「雪国文化」の特性を規定することはできないことになる。言い換えれば、「ミズユキ」という語の存在は、「雪国文化」の空間的（地理的）なひろがり、すなわち「雪国文化圏」を確定するための決定的な指標とはなり得ないということになる。

したがって、自然環境の相対性によって規定される、「雪」の語彙を対象として文化の相対性を空間的な対立において確定するためには、「雪」の語彙の意味的分節体系や語彙量に関する全国的規模での調査・研究が必要とされる。それによって、日本文化における「表日本対裏日本」という地域類型を客観的手法で明かるみに出すことが可能となり、それは同時に、日本語方言における裏日本分派の存在を、生活者を主体とする生活文化史の厚みとして捉え直す課題とも連動することになると考えられる。しかし、ここで注意

第 2 章　生活語彙と地域文化　127

しなければならないことは、「雪」の語彙体系の比較を通して確定される「裏日本分派＝裏日本文化」は、気象の自然に合致するものではあっても、単純に古来の畿内を中心とする一元的な言語分布によって形成されたものではないということである。言い換えれば、単純に「中心対周辺」という見方を適用することはできないのである。ちなみに、『日葡辞書』を見てみると、「Vôyuqi」（大雪）、「Xirayuqi」（白雪）、「Fubuqi」（吹雪）、「Auayuqi」（淡雪）という4語が見えるだけで、富山県と島根県出雲地方に認められる「コゴメユキ」は、1656年に高瀬梅盛によって編まれた『口真似草』の中に、

　　風の神のうちまきならし小米雪

という句が見えることによって知られるだけである。

　さて、「雪」の語彙の意味的分節体系や語彙量に関する全国規模での調査・研究をできるだけ効率よく進めるためには、まず豪雪地帯における2地点以上の「雪」の語彙の細密な意味体系とその内部構造の比較を行うことによって、「雪国文化圏」の共通特性を解明するための客観的尺度を帰納する必要があるであろう。そのことを意図して、以下には、勝山市方言と五箇山方言の「雪」の語彙について、比較検討を行いたいと考える。

　真田信治が行っている五箇山方言の「雪」の語彙の分類は、意味領域によるものであって、前部形態素に顕在化した意義特徴による細分化が施されていない。そのため、意味体系とその内部構造の特徴が鮮明に見えてこないうらみが存する。そこで、筆者が勝山市方言の「雪」の語彙について試みた分析方法によって、五箇山方言の「雪」の語彙を分類し、共通の枠組によって比較を行うことにする。意味的分節枠の所在と不在ならびに意味的分節枠内部の意義特徴の関係に注目して、勝山市方言と五箇山方言との異同を左右対照の形で示すと、次のようになる。

〔福井県勝山市方言〕　　　　　〔富山県五箇山方言〕
1．色（＋白／－赤）　　　　　1．色（＋白／＋赤）
2．量（＋多い／－多い）　　　2．量（＋多い／－多い）
3．降る時間の長さと量（－長い／＋　3．φ
　　多い）

128　II. 文化言語学の理論

4．水気の多さ（＋多い／－多い）　　　4．水気の多さ（＋多い／－多い）
5．粘り気の多さ（＋多い）　　　　　　5．粘り気の多さ（＋多い）
6．大きさ（＋大きい／－大きい）　　　6．大きさ（＋大きい／－大きい）
7．重さ（＋重い／－重い）　　　　　　7．重さ（＋重い／－重い）
8．重さと大きい（－重い／＋大きい）　8．φ
9．硬さ（＋硬い／－硬い）　　　　　　9．硬さ（＋硬い／－硬い）
10．凍み（＋凍み）　　　　　　　　　10．凍み（＋凍み）
11．凍みと硬さ（＋凍み／＋硬い）　　11．φ
12．新しさ（＋新しい／－新しい）　　12．新しさ（＋新しい／－新しい）
13．降る場所（＋屋根）　　　　　　　13．降る場所（＋屋根／＋庭／＋木の股）
14．降る時間（＋その年のはじめ）　　14．降る時期（＋その年のはじめ）

　これを見ると、両方言に共通する意味的分節枠の数は、〔1・2・4・5・6・7・9・10・12・13・14〕の計11（78.6％）となる。ただし、この中の〔1・12・13〕の三つは、分節枠内部の意義特徴の関係に差異が見られるので、完全に一致する分節枠の数は残りの八つということになり、全体の57.1％を占めることになる。しかし、両方言に完全な一致の見られる八つの分節枠のうち、〔2・6・14〕の三つは、共通語の「雪」の語彙にも認められる分節枠であり、また〔12〕の（－新しい）に該当する「ネユキ」も共通語と一致するので、勝山市方言と五箇山方言の「雪」の語彙に共通する特徴的な意味的分節枠は、結局、

　　〔4・5・7・9・10〕

の五つということになる。これによって、積雪量の多い地域における、「雪」の語彙体系に反映する「雪国文化」の共通特性を規定するための基準は、この五つの意味的分節枠の所在に求めなければならないことになる。そして、これに準ずるものとして、12の（＋新しさ）、13の「降る場所」をあげることができる。これらの意味的分節枠に所属する語彙を、勝山市方言によって示すと、次の10語になる。

　　〔ミズユキ・ミゾユキ(4)／ベタユキ・ベトユキ(5)／オモユキ・カルユキ・フワユキ(7)／タカユキ・ヤコユキ(9)／シミユキ(10)〕

さらに、これに準ずるものして、〔ワカユキ・シンユキ・ホヤユキ(12)／ヤネユキ(13)〕の4語を加えることができる。これら14語を「雪の性質・降る様子・降り終えた後の状態」という、意味的分節枠の上位に措定される概念枠によって分類すると、次のようになる。

A．性質……ミズユキ・ミゾユキ（2語）
B．様子……ワカユキ（1語）
C．状態……ベタユキ・ベトユキ・オモユキ・カルユキ・タカユキ・ヤコユキ・シミユキ・ワカユキ・シンユキ・ホヤユキ・ヤネユキ（11語）

これによって、積雪量の多い地域に特徴的な「雪」の意味的分節枠に所属する語彙は、すでに降り積もった「雪の状態」を表すものがきわめて多いことが知られる。これは、積雪量の多い地域に暮らす人々にとって、「雪」がまさしく冬の恒常的な自然と認識されてきたことの具体的な現れであると解することができよう。

さて、先に指摘した五つの意味的分節枠の所在によって、「雪国文化圏域」を確定した後に、得られた語彙の語形の異同によって、雪国文化圏域内部の分画を行い、相互の動的関係の様態を解明することが、次の課題としてとりあげなければならない。これに関して、一つのことだけを指摘すると、「シミユキ」は『日本方言大辞典』によると、秋田県・山形県・福島県の三県に見られるので、これに福井県・富山県・新潟県を加えると、北陸から東北（日本海側）までの雪国文化圏域内部の一分画を認めることが可能となる。

3．生活語彙と社会環境

次に、生活語彙の相対性を規定するもう一つの要因である社会環境の相対性を取り上げ、両者の相関関係について考察してみることにする。

因幡の白兎で有名な鳥取県気高郡気高町浜村から約4キロメートルほど西に、姫路という集落が在る。この集落は、農民と漁民という生業を異にする二つの社会集団からなっている。このうち漁民は、中年層以上の人口わずか2割強を占めるにすぎず、主に地先（港から沖合へ向けて約4キロメートルの範囲）での網漁や延縄漁、磯近での磯見漁を中心とする零細漁業を営んで

いる。当該集落において、漁業に従事する老年層男性が使用する風位語彙を見てみると、漁業規模の小ささを反映して、わずかに56語の語彙量しか認められず、風位も11方位に区分するにすぎない。

ところが、漁業規模の大きい鳥取県東伯郡赤碕町の老年層男性は、95語の風位語彙を所有しており、風位も14方位に区分している。さらに、松葉蟹漁で有名な鳥取市賀露の老年層男性は、実は105語もの風位語彙を所有しており、風位も16方位に区分しているのである。このように、同じく漁業社会であっても、風位語彙の語彙量や風位の弁別数は、漁業規模によって異なりを見せ、漁業規模が大きくなるにしたがって、語彙量・風位の弁別数とも多くなる。ここに、漁業社会の社会的構造と風位語彙との密接な相関性を指摘することができる。すなわち、漁業社会における風位語彙と社会的構造との相即性を見てとることができるわけである。このように、同じ鳥取県下の漁業社会であっても、漁業規模に即して考えてみると、大規模漁業社会・中規模漁業社会・零細漁業社会からなるミクロな漁業文化圏の併存を認めることができる。しかし、風位語彙そのものの等性質によって、鳥取県下の漁業文化圏の統一性を確定することが可能となるのである（本書第Ⅲ部の第3章「風の方言から見た漁業社会」）。

さて、これに対して、姫路集落で農業に従事している老年層男性の風位語彙は、次に記すようにわずか15語しか認められず、風位も8方位にしか区分していない。

1．北風………キタカジェ
2．北東風……アイノカジェ・ホクトーノカジェ
3．東風………ヒガシ・ヒガシカジェ・コチ
4．南東風……ナントーノカジェ
5．南風………ミナミ・ミナミカジェ・ハエ
6．南西風……ナンシェーノカジェ
7．西風………ニシ・ニシカゼ
8．北西風……ホクシェーノカジェ・アナジ

姫路という同じ集落にすむ漁民と農民の風位語彙に認められるこの著しい

差異は、単純に「自然環境による相対性」では説明することができない。なぜなら、基本的には、漁民も農民も、同じ自然環境を生きていると見なさなければならないからである。風という自然現象は、潮や波とは異なり、陸にあっても認知することが可能である。にもかかわらず、漁民の風位語彙が農民の場合とは比較にならないほど細密になっているのは、漁民の生活が古い時代からつねに風と強い関わりを持ち続けてきたからにほかならない。漁民が所有している豊かな風位語彙は、自分たちの漁撈を効率よく、しかも安全に営む必要性に基づいて獲得した風に対する認識世界、すなわち世界像を明示するものである。そして、漁民の風に対する独自の認識内容は、すでに触れたように風位語彙の量の多さよりも、むしろ語彙体系の独自のパラダイムに明確に反映していると言ってよい。

　姫路集落の農民が所有している風位語彙は、広島県蒲刈島の場合と同様、風が吹いてい来る方位という単一の基準によって統合される円環構造である。これに対して、漁民の場合は、「アイ[2)]」(北東風、漁民尾語源意識は「間」)を例にとると、

```
           ┌─ヨアイ（夜アイ、夜になって強く吹き出す北東風、翌朝は嘘のよ
           │　　　うに吹きやみ、大漁をもたらす）
    アイ───┼─ジアイ（地アイ、低空を吹いて海を荒らす北東風、漁がしにくく
           │　　　不漁となる）
           └─オーアイ（大アイ、強く吹く北東風、漁ができない）←→アイケ
                                                （アイ気、弱く吹く北東風、漁がしやすく好漁となる）
```

のように、吹いて来る方位を表す方位呼称を上位呼称とし、それを語基として造語された性質呼称を下位呼称とする、「上位⊃下位」の関係による階層的な円環構造を形成する。このように、漁民は風を方位によって分節するだけでなく、その一々の性質・状態を細密に分節することによって、農民とは全く異なる現象世界を経験的かつ公共的に認識しているのである。しかも、この事実は、筆者の調査によると、全国各地の漁民に共通して認められる普遍的な事実である（室山、1983）。

　それでは、姫路集落の漁民は、一々の方位から吹いて来る風について、特

にどのように性質に注目してきたのであろうか。それを明らかにするために、彼らが所有するすべての性質呼称について、その前部形態素または後部形態素に顕在化された意義特徴を下位の分節枠とし、意義特徴の共通性を抽象化することによって得られる概念枠を上位の分類枠として、所属語数の多いものから順に配列することにする。

1. 風力（7語）
  a．強風──オーアイ（大アイ、強く吹く北東風、操業不能）
  b．微風──アイケ（アイ気、弱く吹く北西風、漁がしやすく大漁をもたらす風）・コチケ（コチ気、弱く吹く東風、漁がしやすく好漁をもたらす風）・イシェチケ（漁民の語源意識は「伊勢神宮」の方角から吹いて来る微風、弱く吹く南東風、操業可能の風、不漁に終わることが多い）・ミナミケ（南気、弱く吹く南風、帆船を沖へ出すことができない、操業不能の風）・ニシケ（西気、弱く吹く西風、漁がしやすく好漁をもたらす風）・ヨリケ（寄り気、浜近くを吹く東北東風、好漁をもたらす風）・ニショリケ（西寄り気、浜近くを吹く西風、波が高くなり漁がしにくい、不漁の風）・ウラニシケ（浦西気、浜近くを吹く西北西風、操業可能の風だが、不漁に終わることが多い）

2. 季節（4語）
  a．春───ハルゴチ（春ゴチ、春分を過ぎてから吹き始める東風、好漁が続き操業が本格化する）・ハルニシ（春西、2月中旬過ぎに2、3日続けて強く吹く西風、この風が吹きやむコチに変わり、操業が始まる、操業不能の風）
  b．秋───アキギタ（秋北、秋季に長く続けて吹く西風、晴天が続き、漁がしやすく大漁をもたらす）
  c．冬───フユニシ（冬西、冬季に長く続けて吹く西風、波が高いので漁がしにくく不漁の風）

3．天候（2語）
　　a．雨―――アメギタ（雨北、雨を伴う北風、漁がしにくく不漁の風）・アメニシ（雨西、風雨ともに強い西風、操業不能の風）
4．吹く場所（2語）
　　a．浦―――ウラニシ（浦西、浜近くを吹く強い西北西風、操業不能の風）・ウラニシケ（浦西気、浜近くを吹く弱い西北西風、操業可能の風、不漁に終わることが多い）
5．時間帯（1語）
　　a．夜―――ヨアイ（夜アイ、夜になって強く吹き出す北東風、翌朝は嘘のように吹きやみ、魚や貝、海藻などが浜近くに寄って来ており、大漁になる）
6．吹く高さ（1語）
　　a．低空―――ジアイ（地アイ、低空を吹いて海を荒らす北東風、漁がしにくく不漁の風）
7．色（1語）
　　a．白―――シロハイ（白ハイ、梅雨明けに吹く南西風で、沖が白く霞んで見える、好漁の風）

　これによって、姫路集落の漁民は、風の性質について、とりわけ「風力」「季節」「天候」「吹く場所」の四つに、伝統的に強い関心を寄せてきたことが理解される。「風力」のうち、特に「微風」を表す語彙が多く見られるのは、当該社会の漁業が昔から小規模であったために、「風力」に強く規制される形で漁撈を営んできた生活史的現実の現れであると解して、まず間違いないであろう。これと同様に、「吹く場所」が「浦」に特定されるのも、小規模な地先漁を営んできたことの現れであろう。また、「季節」に夏が欠落しているのは、夏は風力が弱く、しかも海水の温度が高くなるので魚が沖合へ出てしまい、小規模漁業社会はほとんど漁撈を行うことができなかったためである。この現象を、当地の漁民は、「リョーノ　ナツガレ」（漁の夏枯れ）と呼んでいる（ちなみに、「リョーノ　ナツガレ」という言い方は、瀬

戸内海域の零細漁業社会においても聞かれる)。

　それとともに注目されることは、一々の性質呼称について得られた土地の漁民が獲得している生活的意味[3]、すなわち知的意味とは別に、過去の生活経験によって独自に獲得され、継承されてきた生活固有の認識内容の説明から、すべての性質呼称が広い意味での漁の開始時期、操業の可能性と漁獲量の多さという三つの判断基準の重要な指標として機能しているという事実が読み取れるということである。

　このうち、後の二つの判断基準によって、性質呼称を分類してみると、次のようになる。

　1．操業の可能性
　　(1) 操業可能……イシェチケ・ニシケ・ウラニシケ
　　(2) 操業不能……オーアイ・ミナミケ・ウラニシ・アメニシ・ハルニシ
　2．漁獲量の多さ
　　(1) 大漁…………ヨアイ・アキギタ
　　(2) 好漁…………アイケ・コチケ・ハルゴチ・シロハイ・ニシケ
　　(3) 不漁…………アメギタ・フユニシ・ニシヨリケ・ジアイ・イシェチケ・ウラニシケ

　以上、見てきたように、同一の地域社会においてさえ、漁民と農民とでは、風という自然現象に対して、全く異質的な認識世界、すなわち世界像を内面化しているのである。風という、それ自体は両者にとって同じように認知し得る物理的現象であるにもかかわらず、全く異なる認識内容を所有しているわけである。このような両者の著しい差異を導いた根本的要因は、それぞれの生業における「経験的に獲得された生活の必要性の有無」(生業環境への適切な対応の必要性)に基づく風に対する関心の質的差異にほかならない。これを、さらに一般化して言えば、漁業社会と農業社会という生業環境を含む「社会環境の相対性」に根ざすものである、ということになろう。したがって、これを全国的な視点から見た場合、方言区画論や方言分派系脈論ではほとんど見えてこない、「農業文化」と「漁業文化」の相対性(日本文化の多元性)を、構造論的に解明することが可能となってくる。

また、風位語彙における構造的な特性や要素間の異同によって、漁業文化の地域類型とその層的構造のダイナミズムを解明することも、重要な課題となってくる。この課題の解明にとっては、本書のⅢ．「文化言語学の実践」で試みた方法が、一つの有効な方法となるのではないかと考えている。

ここで、漁業社会における風位語彙から、性向語彙に目を転じるならば、拙著『「ヨコ」社会の構造と意味―方言性向語彙に見る』(2001)の中でも触れたように、一島一集落からなるミクロ社会における語彙システムの構造・機能上の特質が注目されるのである。離島という自然環境、一島一集落ゆえの高密度の居住形態や閉鎖性、求心性の強さという社会環境、さらには成人男性の大半が共同で網漁に従事してきたという伝統的な生業環境などの特質が複合的に連関して、たとえば過去において島に実在した人名や屋号、あるいはあまり名の知られていない魚などが、性向語彙の要素となっている（いずれも、メタファーによる意味の拡張によって、性向語彙の要素となったものである）。また、「オーバチ」（大仰なもの言いをする人を直径60センチメートルもある大皿に見たてた）「ジューゴンチ」（気分の変動の激しい人を小潮から大潮に変わる15日に見たてた）「カタシオナキ」（長泣きする子どもを一潮の半分である片潮（6時間）に見たてた）なども、およそ本土部における農業社会では、その生成が考えられない比喩である。

4．生活語彙における「生活の必要性」の原理

第2節において、生活語彙の相対性を規定する基本的な要因として、「自然環境」と「社会環境」の二つをあげ、これを基軸として方言語彙の体系と地域文化との相関性について述べてきた。この二つの規定要因は、それぞれが生活語彙の相対性を規定する独自の要因のように見えて、実は相互に緊密な有機的連関を形成するものである。このことは、たとえば漁業社会における魚名語彙を見てみると、ただちに理解することができる。広島県大崎上島沖浦集落の漁民は、次に示すように、鯛は成長過程に応じて7段階に分節しているが[4]、鰤はわずか3段階にしか区分しない。

　鯛……①シンボテ→②ボテゴ→③コダイ→④ニンカ→⑤サンカ→⑥ヒッサ

　　　　　ゲ→⑦タイ（マダイ・オーダイとも）
　鰤……①ヤズ→②ハマチ→③ブリ

　これは一見、沖浦集落の漁民が日ごろ熱心に漁獲したり、あるいは価値が高いと考える魚に対して強い関心を寄せ、その結果が、語彙体系の分節度の差となって現れたと解することができるように思われる。しかし、それ以前に、瀬戸内海にはほとんど鰤が入って来ないという自然環境の制約が存する。「ハマチ」の段階までは入って来るが、鰤と呼ばれる大きさになると、群れをなして外海を回遊するからである。これに対して、鰤が群れをなしてたびたび回遊して来る外海では、5段階から7段階に区分している。

　　千葉県安房郡富浦……①ワカシ→②イナダ→③ハナジロ→④ワラサ→⑤ブリ
　　三重県鳥羽市…………①セジロ→②ツバス→③ワカサ→④カライオ→⑤イナダ→⑥ワラサ→⑦ブリ

　このような、漁業社会に認められる魚名語彙の相対性は、自然環境の違いを抜きにしては説明することのできないものである。今、ここに、農業社会と対比して考えてみると、これらの魚名語彙に認められる相対性は、社会環境（漁業社会：農業社会）と自然環境（内海：外海）という二つの相対性によって規定されていることになる。これによって、方言語彙の相対性を規定する「自然環境」と「社会環境」との有機的な連関性が明確となる。したがって、「自然環境による相対性」と「社会環境による相対性」は、次に示すような連関システムを形成するものと考えられる。

　　1．「自然環境による相対性」┐
　　　　　　　　　　　　　　　├─3．「自然環境＋社会環境による相対性」
　　2．「社会環境による相対性」┘

　このシステムを、仮に、「生活語彙の相対性を規定する環境連関システム」、略して「環境連関システム」と呼ぶことにする。
　さて、この「環境連関システム」は、究極的には「生活の必要性」という原理によって統合されるものと、筆者は考える。このように考えるべきゆえんを、以下に、漁業社会における魚名語彙を例にとって具体的に説明してみ

ることにする。

　古くから、烏賊釣漁は日本海一帯に広く行われ、沿岸漁業中主要なものであって、『農水省統計』(1995年版)を見てみると、全漁獲高の約10%を占めている。このことを反映して、たとえば青森県下北郡大畑町赤川集落の漁民は、烏賊に関する多くの語彙を所有している。当該集落の漁民は、烏賊をまず種類の違いによって、次のように分類する(川本、1984)。

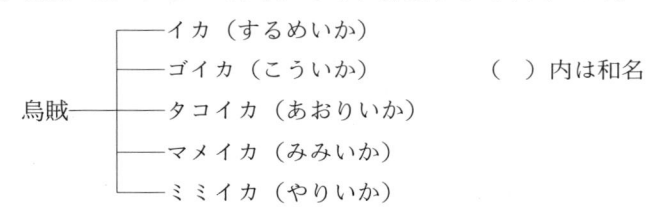

```
           ┌──イカ（するめいか）
           ├──ゴイカ（こういか）          （　）内は和名
烏賊────┼──タコイカ（あおりいか）
           ├──マメイカ（みみいか）
           └──ミミイカ（やりいか）
```

　この種類の違いによる呼称の区別は、烏賊釣漁をほとんど行わない瀬戸内海域の漁民でも熟知している、普遍性の高いレベルに属するものである。
　ところが、赤川集落の漁民は、ほぼ一年を通じて最も熱心に漁獲する「するめいか」に関して、「〜イカ」を語基とする数多くの複合語を造語しており、大きくは次に示すような四つの概念枠（意味的分節枠は九つ）に分類することができる。
　1. 漁獲時季
　　a. 初夏────ハナイカ（花烏賊）
　　b. 夏────ナツイカ（夏烏賊）
　　c. 秋────アキイカ（秋烏賊）
　　d. 冬────トージイカ（冬至烏賊）
　2. 漁獲時間
　　a. 宵────ヨイカ（宵烏賊）
　　b. 深夜────ヨナカイカ（夜中烏賊）
　　c. 早朝────アサイカ（朝烏賊）
　3. 天候
　　a. 雨天────アマイカ（雨烏賊）

4．用途
　　a．刺身——サシミイカ（刺身烏賊）
　さらに、このうちでも漁獲高の最も高い「ナツイカ」については、次のように細分類を行っている。
　(1) 味———アマイカ（甘烏賊）
　(2) 色———アカイカ（赤烏賊）
　(3) 用途——カッパイカ（カッパ烏賊）
　(4) 加工——ノシイカ（熨烏賊）

　生物学的には同一の種類である「するめいか」に認められる、このような意味的細分化は、まさしく、自分たちの生活を維持するために、特に「するめいか」を熱心に漁獲しなければならない立場にある人々にとってだけ必要な語彙体系の細密化（認識世界の細密な分節）である、と言うことができよう。そして、ここには、赤川集落の漁民が烏賊の中でも特に価値が高いとする「するめいか」に著しく偏った語彙の意味的細分化が指摘され、明らかに、「生活の必要性」という価値の原理（赤川集落の漁民は、歴史を背景とする彼らの生活欲求に基づいて設定した目標を達成するために、「するめいか」に対して顕著な意味的細分化を行い、それを共有することによって生活目標の達成を指向しているのである。「生活の必要性」という原理は、まさしくこのような目標達成の動機づけとして機能する価値規範にほかならないものである）が働いていると解される。したがって、赤川の漁民が公共的に獲得している「するめいか」の語彙に認められる意味的分節体系は、「漁業社会という社会環境」「するめいかが初夏から冬にかけて群れをなしてやって来るという自然環境の特性」をベースとして、究極的には「生活の必要性」という原理に基づいて独自に構築した「生活的分類体系」にほかならないことになる。それゆえ、「生活の必要性という原理」は、「生活的環境の原理」（生活主義）とも言い換えることができる。そして、「生活的環境の原理」は、「自然環境による相対性」「社会環境による相対性」の両者を統合する、統合概念として措定することが可能である。ただし、後に改めて指摘するように、「生活的環境の原理」は常に「生活の必要性という原理」に拘束

されるものではない。たとえば、「雑煮文化圏」を見ると、餅の形が東と西とでは大きく異なり、東は〈四角〉、西は〈丸〉となっている。このような顕著な東西文化圏の対立は、歴史を背景とする「生活的環境の原理」(生活文化圏の原理)で説明することができても、そこには「生活目標の達成」(環境適応の原理)に対する集団意志は極めて希薄である。

先に示した「環境連関のシステム」と「生活的環境の原理」との関係は、次のように図示することができる。そして、生活語彙の意味システムを次のような関係性において分析し、解釈する立場を、「生活環境主義」と呼ぶことにする。

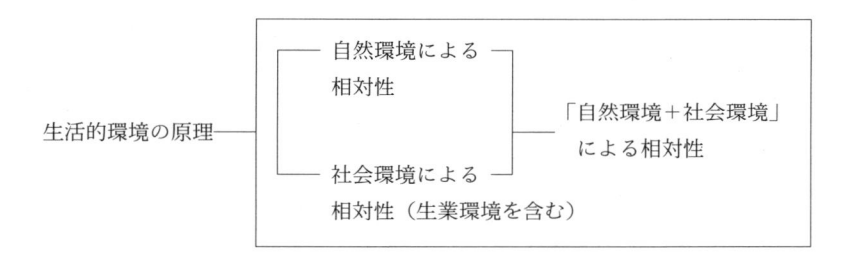

```
                    ┌── 自然環境による
                    │   相対性                    ┌─────────────────┐
生活的環境の原理 ────┤                             │「自然環境＋社会環境」│
                    │                             │   による相対性    │
                    └── 社会環境による             └─────────────────┘
                        相対性（生業環境を含む）
```

ところで、赤川集落の漁民が獲得している「するめいか」の語彙に見られる意味的分節体系は、島根県平田市、鳥取県東伯郡赤碕町、京都府与謝郡伊根町亀島、石川県能登半島の能都町、新潟県佐渡島などの漁民においても、ほとんど共通した形で認められるのである。鳥取県東伯郡赤碕町の漁民の場合を例に引くと、次に示すとおりである[5]。

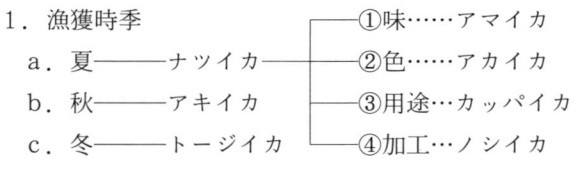

1．漁獲時季　　　　　　　　　　┌─①味……アマイカ
　a．夏────ナツイカ────┤─②色……アカイカ
　b．秋────アキイカ　　　　├─③用途…カッパイカ
　c．冬────トージイカ　　　└─④加工…ノシイカ

2．漁獲時間
　a．宵────ヨイイカ
　b．深夜───ヨナカイカ
　c．早朝───アサイカ

3．天候
　a．雨天——アマイカ
4．用途
　a．刺身——サシミイカ

　意味的分節枠の1において、「初夏」と「夏」とを分節しない点を除けば、あとは完全に一致する。また、語形も「ヨイカ」と「ヨイイカ」との違いが認められるだけである。したがって、意味的分節枠のシステムも語形も、ほぼ共通していると見なすことができる。

　このように、「するめいか」の意味的分節枠のシステムは、島根県から青森県までほぼ共通しているとみなすことができる。この事実によって、日本海沿岸部漁業文化圏の等質性を認定することができる。そして、この事実は、風位語彙を対象化して解明した「日本海沿岸部漁業文化圏」（そのプロトタイプは「アイ」系の風名である）とほぼ同様の空間的な重なりを見せるのである。

　このように見てくると、日本における漁業文化圏の一地域類型として、「日本海沿岸部漁業文化圏」を設定することは、あながち無理なことではなかろうと考えられる。そして、「するめいか」の意味的分節枠のシステムに即して、日本海沿岸部漁業文化圏の等質性を考える場合には、「生活の必要性」という原理（生活的環境の原理）は、「するめいか」が日本海沿岸部の漁民にとって主要な漁獲対象魚種であったという等質性を規定する要因となるが、「烏賊」とりわけ「するめいか」の語彙の意味的分節枠のシステムの特質を考える場合には、説明原理として働くことになる。

　「生活の必要性」（生活的環境の原理、生活環境主義）は、「自然環境」や「社会環境」とは異なり、このような両義性を有する高次の説明原理であり、生活語彙の意味システムの相対性によって、日本文化の地域類型を確定するための最も重要な統合原理としての機能を担うものである。

　「生活的環境の原理」について、さらにひとことつけ添えるならば、この原理は、基本的には「生活の必要性」と相即的な概念ではあるが、「生活の必要性」を有用性（または有害性）に限定しない、より広義で柔軟な地理

的・空間的な概念を包含するものとして措定したい。というよりも、このように措定しなければ説明のつかない生活語彙の意味システムに関する現象が広範に認められるからである（この点については、すでに、Ⅰ.「文化言語学の構想」の第3章でも触れたところである）。

　一例をあげれば、「火熱に関する動詞」のうち、調理に関する動詞として「にる・たく・やく・あげる・あぶる」などがある。このうち、「にる・たく」の2語に限って見てみると、東京では「ご飯をタク」と「豆をニル」が区別されているのに対し、関西では「ご飯」も「豆」も区別なく「タク」という。広島も関西と同様である。ところが、沖縄では、「ご飯」も「豆」も「ニーン」と呼んで区別しない。このような意味システムの地域性は、「生活の必要性」とは直接関わりなく成立したものであり、地理的・空間的差異としか呼びようのないものである。

　「生活的環境の原理」は、「生活の必要性」とは直接関係なく成立した地理的・空間的差異をも包含する広義の「環境原理」を表すものとして使用することを否定しないものである。なお、上に示した地域差は、「中央――周辺」という構造図式では簡単に説明のつかないものであって、食生活に関する「環境的差異」として説明する以外に方法のないものである。

おわりに

　以上、生活語彙の相対性を規定する基本的要因として、「自然環境による相対性」「社会環境による相対性」「生活的環境の原理」の三者を措定し、方言語彙の意味システムの共通特性に即して、方言分派系脈論では決して見えてこない地域文化の相対性とその特性、日本文化の地域類型を解明するための方法を模索してみた。語彙に獲得されたものの分類体系を広い意味での文化と規定すると、生活語彙はとりもなおさず、地域文化の史的投影であると解することができる。したがって、生活語彙の意味システムは歴史を背景とする地域文化そのものにほかならず、日本文化の重層的な地域類型を解明するための、最も基本的な尺度になるものと考えられる。

　日本の農業社会には農業社会独自の、漁業社会には漁業社会独自の語彙体

系（意味の網目・意味システム）が認められ、それらは互いに差異の体系として存在している。すなわち、農民は農民独自の、漁民は漁民独自の語彙体系（意味の網目）を獲得しており、それによって彼らは、彼らが現に生きている外界を分節的に把握しているのである。この分節的に把握された外界（環境世界）は、農民や漁民がそれぞれ独自に獲得している世界像にほかならないものである。語彙体系によって分節的に把握されている世界像は、本章において具体的に検証したように、価値を内包する文化体系そのものである。

　生活語彙論は、「生活者──意味の網目──環境」という存在三世界を結ぶ広いパースペクティブによって、地域文化、ひいては日本文化の多元的複層性の実態と構造を解明することを、究極の課題とするものである。したがって、「人間」と「環境」の接点に「意味の網目」を位置づける新しい知の領域である「人間環境言語学」（文化言語学）において、生活語彙論は、その基礎論としての重要な地歩を占めることになるであろう。基礎論としての生活語彙論は、日本文化の多元的・複層的構造（重層的構造）を、意味の網目に即して巨細に究明するというスタンスを常にとることになる。しかも、生活語彙は生活の論理に根ざすものであるゆえに、「文化言語学」は「生活文化言語学」と規定されることになる。そして、「生活文化言語学」は、「生活環境主義」を、その研究方法の基盤に設定するものである。

　また、生活語彙論は、「人間──言語──外部世界」というフレームワークによって、新しい言語科学の構築を目指そうとしている「認知言語学」や、語彙の意味システムの解析を通して生活者が内面化している認識世界の構造を明らかにしようと試みる「認識言語学」などとも、将来的には大きくクロスする可能性がある。さらに、その外周には「環境民俗学」「認識人類学」「記号論」「日本史学」「人文地理学」「文化パタン論」「社会システム論」などが位置することになろう。

　　　注
　1）　同じ広島県下にあっても、冬季の積雪量がきわめて多い芸北町八幡高原では、

たとえば「ハーユキ」といった語も使用している。「ハーユキ」の語源は「灰雪」で、降り積もった雪が強風に飛ばされ、一瞬、前方で大量の灰が舞うように、暗く見える状態を言う。
2)　「アユノカゼ・アイノカゼ・アエノカゼ・アイカゼ・アエカゼ・アイ・アエ・エー」などの「アイ」系の風名は、日本列島が日本語列島になる以前から海人が使用していたと推測されるものであり、しかもこれらの風名は日本海沿岸部漁業文化圏を認定するための重要な指標となるものである。この問題に関しては、第Ⅱ部の第2章を参照されたい。
3)　風位語彙における「生活的意味」は、漁民がまず父親から学習を通して継承し、ついで自らの深刻な漁撈経験を通して身体的に再獲得した、風に対する認識行為の一つ一つの結晶点の総体である、と規定することもできる。その意味で、「生活的意味」の精確な獲得には、漁民の生活の営みの成否がかかっているのである。それゆえ、ある特定の漁業社会において、同じ漁法に従事する老年層漁民の「方位呼称」や「性質呼称」には、個人差がほとんど出現しない。また、「知的意味」はもとよりのこと、「生活的意味」にも個人による認識内容のズレはきわめて小さいと言ってよい。
4)　「鯛」を成長過程によって7段階に分節しているのは、広島県下の漁民に限らない。大分県姫島、山口県光市牛島、岡山県笠岡市真鍋島、香川県与島、兵庫県淡路島などにおいても同様である。しかし「鰤」については、3段階にしか分節しない。したがって、たとえば広島県の備後北部の農民は、山陰からやって来た魚の行商人から、塩づけの「鰤」を求めていたのである。
5)　赤碕集落で、いつごろから集団による烏賊釣漁が始まったかについては、詳しい事実が分からない。何人かの古老にたずねてみたが、説明の内容が人によりまちまちで、しかも大半が推測によるものであった。また、信頼するに足る漁業関係の古文献が全く得られない状況である。この点に関して、さらに地域を広げ、山陰地方で、いつごろから集団による烏賊釣漁が行われるようになったかを確認したいと考えている。

引用文献および参考文献

1839：Humboldt『ジャワ島のカヴィ語について』（泉井久之助『言語研究とフンボルト』による、1976、弘文堂）
1940：Whorf『科学と言語学』（J.B.キャロル編、池上嘉彦訳『言語・思考・現実』1978、弘文堂、池上嘉彦訳『文化人類学と言語学』1970、弘文堂）
1940：Weisgerber, L.『言語と国民性』（池上嘉彦訳『文化人類学と言語学』1970、弘文堂）

1949：Sapir, E. *Selected Writings in Language, Culture and Personality*. Berkeley-Los Angeles.
1955：佐竹昭広「古代日本語に於ける色名の性格」(『国語国文』第24巻第6号、京都大学国語国文学会)
1967：Coseriu「言語現象と今日の人間の実存理解」(コセリゥ言語学選書4『ことばと人間』1983、三修社)
1970：国広哲弥『意味の諸相』三省堂
1973：R．ベネディクト著、米山俊直訳『文化の型』社会思想社
1975：G．ムーナン著、福井芳男他訳『意味論とは何か』大修館書店
1978：柴田　武編『日本方言の語彙』日本方言研究会(三省堂)
1978：宮岡伯人『エスキモーの言語と文化』弘文堂選書
1979：平山輝男編『全国方言基礎語彙の研究序説』明治書院
1980：室山敏昭『地方人の発想法―くらしと方言』文化評論出版
1980：Jujia, M. ペン著、有馬道子訳『言語の相対性について』大修館書店
1982：長野康彦「色彩分類」(合田濤編『現代の文化人類学①　認識人類学』、至文堂)
1982：馬瀬良雄『信越の秘境　秋山郷のことばと暮らし』第一法規
1982：P、リクール著、久米博他訳『解釈の革新』みすず書房
1983：室山敏昭『全国各地漁業社会の風位語彙資料』(『広島大学文学部紀要』第43巻特輯号2)
1984：綾部恒雄編『文化人類学の15の理論』中公新書
1984：池上嘉彦『記号論への招待』岩波新書
1984：川本栄一郎「下北半島における『いか』と『たこ』の語彙」(『現代方言学の課題』第2巻、明治書院)
1986：野林正路『意味をつむぐ人びと―構成意味論・語彙論の理論と方法』海鳴社
1987：室山敏昭『生活語彙の基礎的研究』和泉書院
1988：真田信治『地域言語の社会言語学的研究』和泉書院
1989：鳥越皓之編『環境問題の社会理論―生活環境主義の立場から』御茶の水書房
1989：松井　健『琉球のニュー・エスノグラフィー』人文書院
1990：鈴木孝夫『日本語と外国語』岩波書店
1991：井筒俊彦『意識と本質　精神的東洋を索めて』岩波文庫
1991：福井勝義『認識と文化　色と模様の民族誌』(『認知科学選書』21、東京大学出版会)
1993：N．ルーマン著、佐藤勉他訳『社会システム論』恒星社厚生閣
1994：小田　亮『構造人類学のフィールド』世界思想社

1994：竹原　弘『意味の現象学』ミネルヴァ書房
1994：寺出浩司『生活文化論への招待』弘文堂
1996：岩波講座文化人類学第12巻『思想化される周辺世界』
1996：丹治信春『言語と認識のダイナミズム』頸草書房
1996：野林正路『認識言語と意味の領野』名著出版
1996：平沢洋一『日本語彙の研究』武蔵野書院
1998：室山敏昭『生活語彙の構造と地域文化―文化言語学序説』和泉書院
2001：　同　　『「ヨコ」社会の構造と意味―方言性向語彙に見る』和泉書院
2001：　同　　『アユノカゼ文化史』ワン・ライン
2003：宮岡伯人『「語」とはなにか―エスキモー語から見る』三省堂

〔補記1〕
　意味概念は、「生活者――言語記号――環境」の存在三世界を結ぶフレームワークによって、把握されなければならない。このような広がりにおいて把握することにより、意味は、必然的に、次に記す四つの課題に関わりを持つことになる。
　1．生活者は言語記号を通して、自らが生きる環境世界をどのようなものとして認識しているか。………〔認識世界の獲得〕
　2．生活者が認識している環境世界の特徴は、言語記号の上にどのような形で反映しているか。………〔認識世界の反映〕
　3．生活者は、自らが生きる環境世界を背景として、どのように言語記号の消費・生産を行っているか。………〔認識世界の作品化〕
　4．生活者は、自らが生きる環境世界を背景として、言語記号に獲得された有用な情報をいかに効率よく伝達しているか。…………〔認識世界の情報化〕

〔補記2〕
　「文化言語学」の一つの、しかも重要な課題は、言語、わけても語彙の意味の網目（「生活者――言語記号――環境」のフレームワークで捉えられた）の精緻な比較対照によって、日本文化の同質性と異質性を客観的な手法で解明しようとするものである。その際、キー概念となるのは、本章で詳しく述べたように「環境」という概念である。これによって、日本文化は、空間軸と時間軸を基軸とする異なる文化の多元的・複層的な併存として把握されることになる。その際、重要なことは、併存する異文化間に価値の概念を導入しないことである。仮に、「中央対周辺」という言語文化圏の対立関係が見出されたとしても、中央の側に立って周辺を差異化するということがあってはならない。差異を優劣のしるしとしない、という考え方は、文化人類学における相対主義のなかで、早くから主張されてきたことである。

浜本満は「差異のとらえかた―相対主義と普遍主義―」(『岩波講座文化人類学第⑫巻　思想化される周辺世界』)の中で、次のように述べている。「文化相対主義は、これに対して、差異を優劣のしるしとしてではなく、差異そのものとして認めようとする立場であった。あらゆる文化には、それぞれ固有で独自の価値がある。しかしこれがヘルダーの主張とは逆向きのベクトルをもっていることに注意しよう。差異に対する権利を、自らの権利としてではなく、他者の権利として要求しているのであるから。それは他者に、自分たちと違った存在であることを認める立場である。これがそのまま、一国民国家内部で異なる集団が文化の差異を保持しつつ共存することを積極的に推し進める文化多元主義の立場を代弁する主張になりうることは、容易に理解することができるだろう。」(75ページ)

〔補記3〕
　本章で展開した、生活的環境の原理を基軸とする、生活語彙の意味の網目の相対化による地域文化の相対化は、「結果としての静的な文化的差異」を導くことになる、という批判を受けるかも知れない。確かに、生活語彙の意味の網目は、「つねに新たに更新される」ものとして存在しているのだから、つねに地域文化も「新たに更新されるもの」として捉えられなければならない。そうでなければ、いわば「地域文化の物象化」を生み出す可能性がある。それを超えて進むためには、本書の第Ⅲ部でも一部試みたように、生活語彙の意味の網目を動的に記述、分析する必要があるであろう。動的な意味の網目に基づく「地域文化の動的な差異」の確定、すなわち運動としての差異化現象を把握することが重要である。しかし、現在の筆者の力をもってしては、生活語彙の変容を意味の網目に即して、全国規模で語ることはできない。生活語彙の意味の網目の変化に即して、地域文化のダイナミックな交渉や変容を一般化して語ることは、後日を期したいと思う。
　また、「生活的環境の原理」や「環境連関のシステム」という視点も、有効性の精度をさらに高めるために、より多くの意味分野(たとえば、「親族語彙」「屋号語彙」「性向語彙」「動物語彙」「植物語彙」「食物語彙」「衣服語彙」「住居語彙」「病気語彙」「習俗語彙」「信仰語彙」など)を対象化して、研究を推し進める必要があろう。

〔補記4〕
　地域言語と環境という場合の環境には、自然環境と社会環境の二つが含まれるが、この二つは、決して等価的な対立概念とはなりえない。なぜなら、自然環境、すなわち外部世界は、地域社会の人々が生活語彙の意味の網目の投影として範疇化することによって、はじめて生きられる自然環境となり得るからである。言語記号

が付与されていない自然環境は、地域社会の人々の生活にとって、単なる空間、価値を包含しない空間に過ぎない。

したがって、自然環境と社会環境とを対置させるのは、いわば研究の便宜のためであって、自然環境は社会環境の規定要因となりえても、地域言語との相関性という観点からするならば、単なる前提的条件ということになる。言い換えれば生活者にとっての自然環境は基本的に生業環境ということになり、社会環境に包摂されることになる。

したがって、どの語彙的カテゴリー、意味的カテゴリーを対象化しても、社会環境の優位性は動かないことになる。——そもそも、言語を媒介とした場合、社会環境から独立した自然環境というものを考えることができるであろうか？——そして、自然環境を包摂する社会環境は、地域生活者にとっては文字どおり「生きられる生活環境」として統合化されることになる。

地域言語と環境との関係について、上に述べてきたことを概括的に図示するならば、次のようになる。

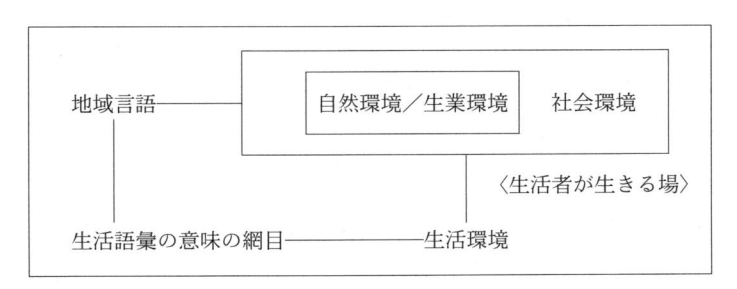

```
┌─────────────────────────────────────────────┐
│               ┌─────────────────┐            │
│ 地域言語──────│ 自然環境／生業環境 │ 社会環境  │
│               └─────────────────┘            │
│                             〈生活者が生きる場〉│
│ 生活語彙の意味の網目─────────生活環境         │
└─────────────────────────────────────────────┘
```

人間環境言語学（文化言語学）における「言語と環境」との関係については、広狭さまざまの場合を設定することが可能である。最もミクロな場合は、たとえば日本の一集落について、最もマクロな場合は、日本全国について考えることができる。しかし、国を超えて考える場合には、「言語と環境」との相関性を抽象度の高いレベルで規定していくことになろう。相対性を踏まえた、一般的・普遍的なモデルの設定へと向かうことになる。

〔補記5〕
本章で述べた内容を、展望的な観点に立って理論的に整理するならば、次のようなパラダイムとして示すことができる。
1．課題設定の基本的仮説——ものの範疇化（概念的カテゴリーの関係性と意味的分節体系の確定）を広い意味での文化と規定するならば、生活語彙の分節体系

は、とりもなおさず地域文化の体系ということになる。
2. 今後の課題——生活語彙の意味的分節体系の相対性に基づいて、方言分派系脈論では十分に明かるみに出すことのできない地域文化の諸類型を帰納、整序し、日本文化の複層性、多元性を客観的に解明する。
3. 方法
  (1) 生活語彙の意味的分節体系における相対性の規定要因の確定
    〔規定要因の構造〕
    自然環境による相対性 ┐
                        ├── 生活的環境の相対性（生活の必要性の原理、
    社会環境による相対性 ┘   生活主義）
  (2) 生活語彙の意味的分節体系における相対性と地域文化の相対性との相依関係の解明
    〔分析、解釈の手順〕
    ①生活語彙の意味的分節体系における共通特性の帰納──→②意味的分節体系の共通特性による地域文化の等質性の確定──→③地域文化の等質性の空間的（地理的）外延性の確定──→④等質的地域文化の語形・意味の異同による内部分画の確定──→⑤内部分画相互の動的連関性の解明──→⑥日本文化の多元性・複層性の階層的構造化（①から④までは、年齢差・性差の社会的カテゴリー・クラスによる分析を併せて行う）──なお、詳細はⅠの第3章を参照のこと
  (3) 主要対象意味分野
    自然環境による相対性──気象語彙・地形語彙・動植物語彙・食物語彙・衣服語彙など
    社会環境による相対性──生業語彙・親族語彙・性向語彙・信仰語彙・屋号語彙など
4. 生活語彙論のパラダイム
    認識語彙論 ┐
    地域語彙論 │
    社会語彙論 ├── 生活文化(学)的語彙論（生活文化の意味と価値）
    環境語彙論 ┘
    （文化語彙論）

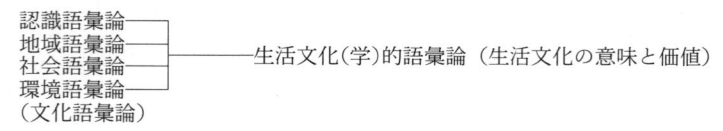

〔補記6〕
　本章では、語彙システム・意味システムによって認定し得る日本文化の多元性を、いわば静的なスタイルで論証してきた。しかし、老年層のカテゴリーの語彙システム・意味システムと若年層のそれとの間には、きわめて大きな差異が見出され、老年層が獲得している世界像と若年層が獲得している世界像との間には、大きなズレが生じている。このようなズレを包含する形で、日本文化の多元性を明証す

ることは、論の錯綜を招くおそれがあるので、本書の第Ⅲ部の検証にすべてをゆずり、本章ではあえて言及することを避けた。しかし、この問題を避けて通ることはできないので、ここでは、本章の中で取り上げた山陰沿岸部の漁民における風位語彙の一要素である「アイ」を対象化して、老年層漁民の認識内容と若年層の認識内容との間にいかなる差異が存するかを、「生活者——意味の網目——環境」というパースペクティブにおいて、簡単に述べておくことにしたい。

　老年層漁民は基本的には方位を表す「アイ」以外に、「アイ」の性質・状態を表す「ヨアイ」「ジアイ」「オーアイ」「アイケ」という4語を所有している。それによって、老年層漁民は、主体的に意味される風の性質・状態を認知することができる。すなわち、性質呼称である言語記号を現実の現象に還元することがつねに可能である。言い換えれば、これらの言語記号を「生活者——意味の網目——環境」という広いパースペクティブにおいて使用しているわけである。そこには、主体的な現実認知という世界がある。一方、若年層は、性質呼称を全く所有しないだけでなく、「アイ」という語さえも使用しないで、もっぱら「トーホクノカゼ」または「ホクトーノカゼ」という漢語や「ノーイース」という英語を用いている。しかも、彼らは、風力や風向の変化、それに伴う天候の変化などを、すべて船に設置されたパソコンによって確かめ、みずからの身体感覚によって確認することを全く経験していない。そのため、彼らは記号の関係性の中でだけ生きており、「主体」と「環境」は存在しない。存在するのは記号の世界だけである。このようなドラスティックな変質が、日本全国の漁業社会に認められるのである。そこには、現象に対して主体的に行動し得る身体化された人間の姿はないのである。

〔補記7〕

　D．スタインバーグは、その著『心理言語学—思考と言語教育』（国広哲弥・鈴木敏昭訳、1988、研究社出版）の中で、いわゆる言語相対説をも含む「思考が何らかの形で言語に依存している」という、昔から受け継がれ、今日では多くの人々がそのように信じている考え方について、次のような定式化を行い、これらの見解に対して批判的な吟味を加えている。

　　1．発話を産み出すなどの行動が思考の根本をなす。
　　2．言語が思考の根本的な基盤をなす。
　　3．言語体系そのものによって自然観の特性が決まる。
　　4．言語体系そのものによって文化の特性が決まる。

　スタインバーグの批判を紹介し、それに対して筆者の再批判を加える前に、まず、この定式化について、批判的吟味を行う必要があるだろう。それは、上に示した定式化のうち、特に3・4に関するものである。

スタインバーグは、3・4において、言語体系そのものによって「自然観の特性」「文化の特性」が決まる、と定式化しているが、E. サピアに限るならば、この定式化はあまりも強い形でなされていると言わなければならない。サピアの真意は「自然環境の特性」「文化の特性」（＝世界観）が言語体系のある部分に反映していることを仮説として提示している点にあるのであって、「決まる」（決定される）ということを強く主張しているわけでは決してない。このことは、すでに多くの研究者によって検証されている事実である。スタインバーグの定式化（2も含めて）が適応されるのは、E. サピアではなく、ウィルヘルム・フォン・フンボルトやレフ・ヴィゴツキーの言語理論であり、またB. L. ウォーフのそれであろう。

最初に、以上のことを指摘した上で、スタインバーグの4「言語体系そのものによって文化の特性が決まる」という定式化に対する彼自身の反論の要点を、以下に紹介することにしよう。

　　文化・社会の捉え方や世界観が言語体系によって定められる、ということがもし本当にあてはまるとすれば、哲学・宗教・政治・社会構造などの基本的な事がらの異同が言語によって決まってくる、と考えてよいことになる。この点について、次のような反論を行うことができる。（135ページ）

として、次の5点をあげて反論を展開している。

　1．言語が同じでも世界観が異なる。
　2．言語は変わらなくても世界観は変わる。
　3．言語が違っても世界観は似ている。
　4．一つの言語で多くの異なった世界観が記述できる。
　5．多言語併用者と世界観。

このうち、特に2と4の二つの反論の要点を紹介し、その後に筆者の批判を加えることにする。

　2．言語は変わらなくても世界観は変わる。

　　一つの社会で、世界観が変わっても言語は比較的変わらないままでいる、という例を見ることがある。たとえば、中国は100年足らずの間に封建主義（清朝）から資本主義（蒋介石）を経て共産主義（毛沢東）へと変化した。その際、言語のほうは、統語、あるいは、いわゆる基本文法の点でほとんど変化しなかった。これと同じようなことは多くの国の歴史に認められるであろう。（136ページ）

　4．一つの言語で多くの異なった世界観が記述できる。

　　言語間の完全な翻訳が難しいからといって、それだけでは、各言語に固有の思考ないし思考体系があるということの証拠としては不十分である。完全な翻訳が難しかったりできなかったりするのは、思考が普遍的でないということが

理由ではなくて、文の成分となる語には、たいてい、言語によって異なった含意・前提・態度・感情・丁寧度などがついてまわっているという理由が考えられる。つまり、異なった言語の文同士を、中心的で基本的な意味という点で対応させるのは難しくないが、副次的な意味や含意までもすべて対応させるということが非常に難しいのである。したがって、厳密な対応関係がないからといって、思考に違いがあることにはならず、ただ、諸観念を言語の語や構造に割り当てるやり方が違うということを示しているにすぎないのである。(137ページ)

まず、2の反論について、筆者の批判を加えることしたい。スタインバーグは、「世界観」の変化を封建主義、資本主義、共産主義という政治やイデオロギーに限って見ようとしているが、これは一般に理解されている「世界観」の概念を、自身の反論に都合のよいように、極限した扱い方である、と言わなければならない。「世界観」をそれぞれの民族が固有に所有している外部世界の範疇化（カテゴリー化）のシステム、すなわち民族固有の文化とする一般的な理解からするならば、「世界観」の変化は自然観や人間観、日常の生活様式や行動原理に次第に反映してくるのであって、政治やイデオロギーの世界との関係は極めて希薄なものである。しかも、政治やイデオロギーの変化によってもたらされる、言語に反映する「世界観」は、そのほとんどが日常語とは無縁のものである。また、政治やイデオロギーの変化に伴って、仮に民衆の「世界観」が変化することがあったとしても、統語や基本文法が変化することなど、考えられもしないことであろう。統語や基本文法が変化するということは、極端に言うならば、別の言語に変化するということであろう。したがって、スタインバーグの反論は、反論の体をなしていないと言えよう。

ついで、4の反論について筆者の批判を述べてみる。スタインバーグは「完全な翻訳が難しかったりできなかったりする」理由として、文の副次的な意味や含意までもすべて対応させるということが非常に難しい」点をあげているが、それは二次的な理由にすぎないのではなかろうか。完全な翻訳が難しかったりできなかったりする」のは、文の構成要素である語の意味が、言語が異なる場合1対1の関係で対応することが少ないからである（国広哲弥編『日英語比較講座』1981、大修館書店）。また、語の意味の背景には、永い歴史が潜む文化的差異が存しているので、それぞれの伝統文化を表象する語は、とりわけ翻訳が困難なのである。たとえば、日本語の「わび」「さび」「いき」「すい」「和」「徳」「甘え」「恥」「主人」「亭主」「兄」「弟」「姉」「妹」「春雨」「さみだれ」「五月雨」「秋雨」「氷雨」「米」「鯛」などを英語に訳しても、語の背景に存する〈文化的意味〉は全く伝達されないであろう。したがって、スタインバーグの4の反論も的を射たものとは言えない。

言語、とりわけ語彙のシステムに、民族固有の世界観（＝世界認識、環境認識）

が反映することは、すでに認識人類学の既成の研究成果によって、一部の語彙カテゴリーに限られはするものの、検証ずみの事実となっている（松井健『認識人類学論攷』1991、昭和堂、同『琉球のニュー・エスノグラフィー』1989、人文書院、福井勝義『認識と文化─色と模様の民族誌』1991、東京大学出版会、伊藤幹治・米山俊直編『文化人類学へのアプローチ』1988、ミネルヴァ書房）。また、野林正路の構成意味論の実践（『意味をつむぐ人びと─構成意味論・語彙論の理論と方法』1986、海鳴社、『認識言語と意味の領野』名著出版、1996）や筆者の生活語彙論の実践（『生活語彙の基礎的研究』1987、『生活語彙の構造と地域文化─文化言語学序説』1998、ともに和泉書院）によっても、語彙システムが地域生活者の世界観を明確に反映するものであることが、これも一部の語彙カテゴリーに限定されるものの、検証されてきた。外国人の手になる研究成果も、今では多数にのぼるが、コンクリンがイェール大学に提出した博士論文『ハヌノオ文化の植物世界との関係』(1955) とレヴィ＝ストロースの『野生の思考』(大橋保夫訳、1976、みすず書房)をあげるにとどめる。

　したがって、サピア＝ウォーフのいわゆる言語相対説は、いまや仮説の域を脱して、一つの確かな言語論としての地位を占めるに至っていると言ってよかろう。

　なお、文化の違いを背景とする二つの言語の語の意味が１対１の形で対応しないということがどういう問題に発展することになるかという点については、鈴木孝夫が『日本語と外国語』(1990、岩波新書) の中で、詳しく解説している。以下に、その一節を引用することにしよう。

> 　一つの国の文化というものは、このように一度それと分かってしまえが何でもないことに、当人が自覚していない極く小さな暗黙の社会的なとりきめやきまりが無数に含まれている。この部分が、いわば文化の根とでもいうべき基層を形成していて、この無自覚の部分の異文化間の食い違いが、大は異民族同士の対立反目といった深刻な問題から、小は帰国子女の不適応などの隠れた原因となることが多い。ことに全く同一と思われるものについての価値が正反対であるようなとき、思わぬ事件を引き起こすのである。(47ページ)

なお、この点に関しては、柳父章も『秘の思想─日本文化のオモテとウラ』(2002、法政大学出版局) の中で、次のように述べている。

> 　およそ、文化の違いとは、事実の違いであるよりも、同じような事実に対する、価値判断の違いであることが多いのではないか。(55ページ)

◇『生活語彙の構造と地域文化─文化言語学序説』に収録した論文に、かなり大幅に加筆修正を施したもの。

第3章　生活語彙の比較研究の方法

はじめに

　筆者は、かつて、拙著『方言副詞語彙の基礎的研究』(1976、たたら書房)において、方言副詞語彙の比較研究をできるだけ客観的に行うために、共有語彙と特有語彙という二つの概念を設定した。共有語彙は、比較する方言のすべてに共通して認められる語彙を言い、単に語形だけでなく意義素も完全に（あるいは、ほとんど）一致するものの語群を指示する概念とした。また、特有語彙は、一々の方言に特徴的な語群を言い、これに2種類のものを見分け、一次的（本質的）特有語彙と二次的（周縁的）特有語彙とした。一次的特有語彙は、意義素は同じだが語源・発想を全く異にするものを指す。それに対して、二次的特有語彙は、語源・意義素を同じくするものの、ある方言に特徴的な音変化によって異形態になっているものの語群を指示する概念とした。
　この対概念の設定については、特有語彙という術語は、直接、語彙の比較研究とは関係なく、ある特定の方言にしか認められない固有の語彙と理解される可能性があるので、特徴的語彙と呼ぶべきであるといった意見や、二次的特有語彙は、意義素が共通する以上、語彙項目として処理する場合には、むしろ共有語彙の中に含めて考えるべきではないかといった指摘が、口頭あるいは書信でもって、筆者に寄せられた（『方言副詞語彙の基礎的研究』については、後に、市井外喜子が、「語彙・意味研究の動向」（『現代方言学の課題』第2巻、1984、明治書院）の中で、4ページを費して詳しく紹介している。きわめて的確で要を得た紹介となっており、筆者としては過分の思いが強い)。『方言副詞語彙の基礎的研究』を公刊して後、方言語彙の研究対象を生活環境語彙・生業語彙・衣食住語彙・性向語彙などの多くの品詞を内包する

語彙分野や意味分野に拡げ、また、対象方言の地域的なひろがりを瀬戸内海域方言、あるいは中国・四国地方の方言へと拡大するにしたがって、方言語彙の比較研究の方法を、さらに理論的に整備し、全体にわたってより精密に組織化し直す必要性を、次第に痛感するようになった。

　方言語彙の研究は、過去の10余年間（1970～1985）において、理論・実証の両面でかなりの進展を見せ、注目すべき研究成果が着実に積み重ねられてきたが、比較研究のための方法論については、吉田則夫の「身体部位の語彙における体系性と地域性について―土佐方言を資料として―」（『高知大学教育学部研究報告』第29号、1977）、高橋顕志の「方言語彙の比較について―語彙による比較方言学の確立をめざして―」（『現代方言学の課題』第2巻、1984、明治書院）、町博光の「南島方言の身体部位称」（『国語語彙史の研究』五、1984、和泉書院）、久野マリ子の「方言基礎語彙研究のために―中央方言との比較研究をめざして―」（『国学院大学日本文化研究所紀要』第55輯、1985）、中本正智の『日本語の原景―日本列島の言語学』（1981、金鶏社）、町博光の『農業社会の食生活語彙』（1982、渓水社）などのほか、二、三の論考が見られるにすぎない。しかも、それらは、本格的な方言語彙の比較研究の実践にはなお十分耐え得るものとは言いがたいように思われる。日本方言研究会が総力を結集してまとめた『日本方言の語彙』（1978、三省堂）においても同様である。筆者も、「中国地方方言の性向語彙研究序説」（『広島大学文学部紀要』第39巻特輯号1、1979、後に『日本列島方言叢書18　中国方言考①』1997、ゆまに書房に転載）において、方言性向語彙を比較するための重要な視点・課題として、

　　1．語形の地域性
　　2．造語法の地域性
　　　(1)　語詞形成法の地域性
　　　(2)　接辞の地域性
　　　(3)　造語発想の地域性
　　3．語種の地域性
　　4．意味の地域性
　　5．体系の地域性

の五つを設定し、中国地方方言における山陰方言と山陽方言との性向語彙の比較研究を試みた。ここに示した比較項目は、語彙について何を比較するかという比較すべき内容に関して、一定の整序を試みたものである。しかしながら、方言語彙の比較研究のためには、さらに多くの事柄について、理論的な整備と全体にわたってのより精密な組織化が必要とされるであろう。

以下に記すところは、現在、筆者が考えをまとめつつあり、それによって実践を進めている、方言語彙の比較研究の方法の理論的な枠組を示すにとどまるものであって、細部についてはなお、今後に多くの問題が残されていることは言うまでもない。

1. 比較する内容

これは、分かりやすく言えば、方言語彙について何を比較するかということである。方言語彙の比較は、今日、語彙体系の比較を基本とする（語彙体系の地域性を解明する）という点で、多くの研究者の共通認識がかなりの程度得られるところまで進展したが、一口に語彙体系の比較といっても、簡単にそれが実践できるわけのものではない。また、語彙体系の比較そのことが、意味の体系を重視するか、語形の対応を重視するかによって、内容が相当に大きく異なってくるであろう。さらには、語彙体系の比較によっても、方言語彙の質・量の両面にわたる差異が、すべて究明しつくせるというわけにもいかないように思われる。そこで、筆者は、方言語彙の比較すべき内実の基本的な課題を、語彙体系の地域性の解明に置くことを前提として、次に示すような内容を、その順序に従って比較検討することが、方言語彙の質・量の両面にわたる特性（定性的特性と定量的特性）を解明するために、重要ではないかと考える。

　一　形態的側面
　　1．語形の地域性の解明
　　2．造語法の地域性の解明
　　　(1)　語詞形成法
　　　(2)　接辞

156　Ⅱ．文化言語学の理論

　　(3)　造語発想法
　3．語種の地域性の解明
二　意味的側面
　1．意味の地域性の解明
　2．意味体系の地域性の解明
三　量的側面
　1．量的構造の地域性の解明
　2．使用頻度の地域性の解明
四　体系的側面
　1．語彙体系の地域性の解明（意味体系の地域性を前提とする）

　真田信治は、「方言語彙研究の展望」（『現代方言学の課題』第2巻、1983、明治書院）において、方言語彙の比較・対照のために、「語形の側面・語種の側面・文体上の側面・使用頻度の側面・語彙量の側面・語彙体系の側面」の六つの視点・課題が重要であることを指摘している。真田が指摘している「文体上の側面」は、筆者の「意味的側面」に包含される性格のものである。

　さて、ここで、「語形の地域性」と「意味の地域性」について、簡単に説明しておくことにする。まず、語形の地域性であるが、これは、たとえば、「ヒョーゲモン・ヒョーゲタラ（滑稽なことをしたり言ったりして人を笑わせる滑稽人）、ジャレ・ジャレイー（冗談を言って人を笑わせる滑稽人）」（以上、鳥取県西伯郡大山町所子方言）などに対して、鳥取県倉吉市生田方言には、「ヒョーケー（滑稽人）、トワズ（冗談言い、全く真実味のないことを言う人、非難の気持が強い）、ジャラケ（トワズに対して、揶揄する気指が強い）」などが認められ、また、島根県隠岐島五箇方言には、「チャレ・チャリ（おどけもの）、ドーラ（冗談）」などの言いかたが認められる。さらに、島根県那賀郡金城町今田方言には、「ヒョーキンザイ（剽軽な人）、ヒョーゲジー（剽軽な男性、40歳以上の男性に対して用いる）、ヒョーゲンジー（同前）、ヒョーゲンババー（剽軽な女性、年寄りに対して使う）、トンキョーサク（頓狂作、剽軽者）、オドケ（おどけもの）、オタンチンサン（間抜けなことをしたり言ったりするおもしろい人）」などの言いかたが見出さ

第 3 章　生活語彙の比較研究の方法　157

れる。これに対して、広島県安芸郡江田島町方言には、「デホーダイコキ（出放題言い）、ウカレ（おどけもの）、チョーシー・オチョーシー（すぐに調子にのって冗談を言う人）」などが認められる。また、山口県防府市野島方言には、「ズイノリヤ（すぐに図にのって冗談を言ったりするお調子者）、ヒョーゲモノ（滑稽人）、ドージレモン（真面目な顔をして冗談を言う人）、サヘー（冗談のひどい人、左兵衛、かつてこの島に実在した人）」などが認められる。各地方言に認められるこれらの語彙は、いずれも、「滑稽人・冗談言い」の意味分野（厳密には意味項目）に所属するものであり、少なくとも、「①人間、②言動の上に見られる習慣的な態度、③滑稽なことをしたり言ったりする」という三つの意義特徴（このうち、①は前提的意義特徴であり、本来的意義特徴は②③の二つである）を共有するものである。しかしながら、語形は、方言ごとに区々であって、明確な対立を示している（ただし、「ヒョーゲ」を語基とするさまざまの派生形が、中国五県に広く共通して盛んである真実は注目してよい）。このような語形の上に認められる差異に着目して、方言語彙の地域差を明らかにするのが、語形の地域性の解明である。方言語彙の比較研究においては、この語形の比較ということが（もとより、意味の共通性に支えられてのことであるが）、きわめて重要な意味を持つと考えられるのである。『方言副詞語彙の基礎的研究』においては、語形態の地域性を総合的に解明するために、音節数、アクセントなどの比較も重要であることを指摘した。

　ついで、意味の地域性であるが、たとえば、性向語彙を見てみると、島根県石見地方・岡山県・広島県・山口県周防地方においては、「ダラズ」という語が「怠け者」の意に用いられるのに対して、鳥取県・島根県出雲地方では「馬鹿」の意を表し、山口県長門地方では、親の言うことを聞こうとしないやんちゃな子供の意に用いられている（島根県那賀郡金城町今田方言では、「ダラズ」を怠け者の意に、「タラズ」を馬鹿の意に用いて、語頭子音の有声・無声の対立とアクセントのちがいによって、この２語を用い分けている。「ダラズ」を怠け者の意に用いる地域と馬鹿の意に用いる地域の接境域に近いところであるだけに、この事実は大いに注目される）。また、「ナマケ

モン」が鳥取県や島根県出雲地方では、冗談を言ってまわりの人を笑わせる滑稽人の意でも用いられるのに対して、岡山県・広島県・山口県では怠け者の意だけを表す。さらには、「ハバシー」が、山口県周防地方においては仕事が早いの意で用いられるのに対して、島根県石見地方では、嵩ばる様子・場所をとる様子の意で用いられており、島根県出雲地方では、勢力が強い・荒々しいの意を表すというように、語形が同じであっても意義素や意味領域（意味的カテゴリー）を全く異にするといったものが、かなり多く認められるのである。鳥取県中部地方では「オゾイ」が賢いの意を表すのに対し、鳥取県西部地方から島根県の出雲地方にかけては恐ろしいの意に用いられるのも、同様の例である。ただ、この場合は後者の語形が「オゾイ」ではなく「オゼー・オゼ」となるので、語形の地域差も認められることになる。ただし、この語形の上に認められる地域差は、連母音の同化によってもたらされたものであって、方言語彙の比較においては二次的な扱いも受ける性格のものである。このような語彙は、語形だけを見ていると、共有語彙の中に含めてしまうおそれがあるが、意義素を明確に異にし、所属する意味分野が異なるわけだから、それぞれの方言に特有の語彙として扱う必要がある。このような観点から、方言語彙の地域性の内実を解明することも、また、重要な意味を持つであろう。方言語彙の地域性は、基本的には、語形の地域性と意味の地域性との統合によって形成されていると考えられるので、方言語彙の比較研究においては、まず、これらの事柄の解明を基本として進めていくべきであろう。

　意味体系の地域性については、一つの意味分野や意味項目を対象化して、それぞれに所属するすべての語彙素の対立関係を意義特徴の所在と不在によって一覧できる意味的マトリックスを作成し、その相互比較を通して明らかにすることが望まれる。このレベルでのミクロな比較研究を実践しなければ、意味体系の地域性を明確に語ることはできない（意味的マトリックスの作成については、拙著『生活語彙の構造と地域文化』を参照されたい）。

　また、造語法や語種の地域性の問題も、たとえば、性向語彙の意味分野においては、かなり重要な意味合いを有することがすでに明らかになっている

ので、この視点からの分析も軽視することができない（──→室山敏昭「中国地方方言の性向語彙─「短気者」の意味分野について─」『国語国文』第48巻第12号、同「中国地方方言における性向語彙の地域性─「誇大家」の意味分野について─」『土井先生頌寿記念論文集　国語史への道』上、1981、同「中国地方方言の性向語彙研究序説」『広島大学文学部紀要』第39巻特輯号1、1979）。とりわけ、大人の手になる比喩（メタファー）による造語─意味の拡張─には、生業環境の特色が色濃く反映することが注目されるのである。もとより、造語法や語種の地域性は、ひとり性向語彙のカテゴリーに限られることではなく、他の多くの語彙カテゴリーにも認められる事実である。

　方言語彙の地域性は、一から四までの視点によって解明された多くの事実を、統合的に把握することによって究明されるものと考えられるが、生業語彙などを例にとってその地域性を解明しようとする場合は、方言語彙の対立関係を、単に、史的・方処的な事実として受けとめることのできない面が存することをとくに指摘しておきたい。漁業語彙、農業語彙のいずれにおいても、規模・主要生産（漁獲）物といった社会的構造の特性に関する事柄や、自然環境の特色といった自然的制約に関する面、あるいは、生産物に対する価値観や生産に対する熱意といった生活主体の意識に関する問題が、地域差（あるいは方言ごとの差異）を形成する主要な原因となっている場合が少なくないのである。その一つの例として、山陰地方の漁民が使用する風位語彙や潮の語彙と瀬戸内海西部域の漁民が使用する風位語彙や潮の語彙との大きな地域差をあげることができる。これは外海対内海という自然環境の違いや漁業規模・主要な漁獲対象魚種といった生業環境の違いなどによってもたらされた地域性である（詳しくは、本書のⅢ．「文化言語学の実践」を参照されたい）。したがって、これらの語彙については、言語内的な史的観点とともに、あるいはそれ以上に、言語外的な文化・社会的観点の導入が重要であると考えられるのである。これに関連して、諸種の職業を有する複合構造の社会における生活語彙の分析方法と、職業語彙体系の地域差の問題については、佐藤虎男が、すでに、「『すいのみ』方言事象の分析について」（『方言研究年報』第27巻、1984、和泉書院）の中で、詳しく論じている。全体に、きわ

めて的確な指摘、立論であると考えられる。

2. 比較する対象

　これは、簡単に言うと、方言語彙の内容について、どのよううなひろがりのものを対象にとって比較を行うかということである。一口に方言語彙といっても、これには、ある方言に認められる全語彙の体系的な統一体からわずか2語の関係にいたるまで、さまざまのひろがりが見出されるのである。

　従来、語彙は、音韻・文法の単位体が少数個であるのに対して、その単位体の数がきわめて多いために、いきなり語彙統体や複数の意味分野を包含する語彙分野を対象とするのではなく、身体語彙とか性向語彙のような特定の意味分野を対象として研究を進めることが有効であるという主張が、柴田武・前田富祺・真田信治などによって、たびたびなされてきた（柴田武「語彙研究の方法と琉球宮古語彙」『国語学』第87輯、前田富祺「身体語彙史序説」『佐藤喜代治教授追官記念国語学論集』、真田信治「方言語彙研究の展望」『現代方言学の課題』第2巻など）。この指摘は、主として、ある特定の方言や特定の時代の言語という共時態を対象として、最終的には語彙体系を帰納するということを目的に置いてなされたものである（ただし、前田富祺は、変遷としての国語語彙史の研究を行う際にも、意味分野を限定して語彙の部分体系を明らかにすることが有用であることを強調している）が、方言語彙の比較研究においても、この考え方は重要である。したしながら、意味分野には、たとえば、人間の性情行動を表わす意味分野のように、何千語にも及ぶものから、移動を表す動詞語彙、冷感覚を表す形容詞語彙などのように、数10語、あるいは10語にも満たないものまで、さまざまのカテゴリーが見出されるのである。

　また、語彙体系の枠組においても、たとえば、「人間の性情行動」は、

　1．性向　2．感情　3．行為　4．動作　5．授受　6．言語

のように分けられ（⟶天野義広『福井県勝山市の生活語彙』『福井県勝山市史』1974）、この中の「性向」は、私案によると、大きく、

　1．動作・行為の様態に重点を置くもの
　2．言語行動の様態に重点を置くもの

3．精神のありかたに重点を置くもの
に三分され、1の内部（の一部のみを示す）は、さらに、次のように細区分される。
　A．仕事に対する態度に関するもの
　　a．仕事に対する意欲・能力のある人
　　　①働き者　②仕事を手際よくやる人　③仕事の早い人　④丁寧にする人　⑤用意周到な人　⑥辛抱強い人　⑦熱中する人
　　b．仕事に対する意欲・能力に欠ける人
　　　①怠け者　②仕事の下手な人　③仕事の遅い人　④雑にやる人　⑤役に立たない人　⑥放蕩者
　B．具体的な動作・行為の様態をふまえた恒常的な性向を示すもの
　　a．きれいずきな人
　　　①きれいずきな人　②必要以上にきれいずきな人
　　b．いつもきたなくしている人
　　　①片付けの悪い人　②不精者　③着装の悪い人
（──→以下、略）

　このように、語彙体系の枠組においても、上位から下位まで、幾層ものカテゴリーが認められるのである。したがって、意味分野を、性向語彙全体を指す上位意味分野と、その中の、たとえば、仕事に対する意欲および能力のある人や、仕事に対する意欲および能力に欠ける人などの一々を指す下位意味分野（意味分野の中のさらに小さな部分的まとまり）とに分別することが有効であると思われる。方言語彙の比較研究においては、上位意味分野への統合を目標としつつも、まずは下位意味分野についての徹底的な比較を行い、それを統合的な意義特徴に注目しつつ、いわば重ね写真式に着実に積み重ねていくことが現実的でもあり、また重要だとも考えられる。すなわち、方言語彙の比較研究を、上昇的統合（ボトムアップ）という方向で展開するという方法である。この際、語彙統体の体系的な枠組を研究者が仮設しておき、それを、得られた結果に基づいて徹底的に修正しながら統合していくという方法が有効であることは、すでに『生活語彙の基礎的研究』（1987、和泉

書院）において指摘したところである。さらに、きわめて広域にわたって比較研究を試みる場合には、下位意味分野のさらに下位に認められる、たとえば、①働き者、②辛抱強い人、③熱中する人などの一々のまとまりを対象とすることも有意義だと考えられる。方言語彙においては、たとえどんなに小さなまとまりを対象にとっても、体系的存在である以上、全体の特徴をある程度まで反映すると考えられるので、そのようなまとまりについての比較も、決して無意味だとは言えない。と言うよりも、むしろ最も比較のしやすい基本的な単位体であると考えることもできる。ここで、上記の①、②、③のような、意味分野の中で最も下位に見出される2語以上のまとまりを、下位意味分野と区別して、意味項目と呼ぶことにする。

　比較する対象について述べてきたことを、簡単に整理して示すと、次のごとくである。

1．意味項目――意味分野の中で最も下位に見出される2語以上（基本的には2語）の語群の意味的なまとまりで、相互に緊密な類義関係を形成するもの。語彙における最小の意味的なまとまりの単位を言う。
2．意味分野――ある一つの基本的な語義的意義特徴を共有している語群のまとまりを言う。その中には、数語のまとまりにすぎない小さな分野もあれば、何千語にもわたる大きな意味分野もある。したがって、意味分野を、上位意味分野と下位意味分野とに分別することが有意義であろう。
3．語彙分野――生活環境語彙、生業語彙、衣食住語彙、家庭族縁語彙、村落社会語彙、習俗信仰語彙、生活一般語彙など、文化的側面、生活分野によって切り取られる語彙統体の第一次的分析レベルの枠組。
4．語彙統体――ある言語、ある方言などに認められる全語彙の体系的統一体。

　語彙体系の基本的なモデルは、語彙分野、意味分野、意味項目の三者が、相互に、包摂・被包摂の階層的な関係を示しながら形成する立体的・階層的

な構造として示すことができるであろう。すなわち、次のような構造モデルである。

　　語彙統体⇆語彙分野⇆意味分野⇆意味項目（⟶下降的分析、⟵
　　上昇的統合）〈トップダウンの手法とボトムアップの手法との統合〉

　なお、ここで、量的側面の比較について、ごく簡単に触れておくならば、中国・四国地方の性向語彙において、「怠け者」「汚くしている人」「馬鹿」のようなマイナス性向を表す語彙量が、「働き者」「きれいずき」「賢い人」のようなプラス性向を表す語彙量に比べて、極端に卓越しており、名詞に限定するならば、約7倍量を示すという事実がある。また、数量程度を表す語彙について、「数量の多いこと」を表すカテゴリーが「数量の少ないこと」を表すカテゴリーよりも語彙量が多くなっているという事実が、中国地方方言において一般的に認められる。このような事実が示す社会的意味や認知的意味を明らかにすることが、ひとつの重要な課題とされよう（前者については、拙著『「ヨコ」社会の構造と意味』）2001、和泉書院を参照されたい）。

3．比較する形態

　比較すべき形態としては、語を中心として、連語的語形式のもの、慣用句（慣用的な表現も含む）の三者のすべてを考えたい。語彙の構成要素は、言うまでもなく語彙素である。したがって、語彙の比較においては、単純語・複合語の別を問わず、語形態のものだけを取り上げ、それ以外の形態のものは、すべて無視してよいように考えられる。しかしながら、たとえば、性向語彙の中のある意味項目においては、総称的な意味内容を示すものに語形態の言いかたが認められず、「シンボーナ　ヒト」（辛抱な人、我慢強くこつこつ働く人）、「サッコナ　モン」（働き者）〈以上、島根県簸川郡大社町鵜峠方言〉のように、連語的語形式のものが行われているという場合がある。とくに、性向語彙においては、プラス評価に属する意味項目において、この傾向が著しいようである。このような場合、総称を意味する連語的語形式を除いてしまうとその意味項目には、総称的な言いかたが認められないということ

になってしまう。
　連語的語形式のものは、たしかに、語とは異なって、意味体系中における特定の概念と位置を明確に示すものではない。たとえば、性向語彙における先のような例だと、人のある特徴的な属性を一回的に表現する「アノ　ヒト　ワ　シンボーナ　ヒトダ。」といったパロールと通底する性格のかなり強いものである。したがって、「シンボーニン」と「シンボーナ　ヒト」のような語と連語的語形式とを全く同列に扱うことは、当然のことながら不可能である。しかしながら、連語的語形式のものが、ある方言社会に習慣的に行われており、連語的語形式の全体で、語形態のものに相当する一つの意義素が認められる場合、これを全く無視するわけにはいかないであろう（しかしながら、これについては、「サッコナ」「シンボーナ」という2語を、それぞれの意味項目において形容動詞として掲げ、これらの語が、「ヒト」と結合する習慣が強いと記述して、連語的語形式のものはすべて除くとする考え方もできる）。したがって、フィールド・ワークを行う際には、連語的語形式のものを語とともに漏れなく積極的に採録することに努め、いよいよ2方言以上にわたって比較を行う場合には、両者を明確に区別して比較を行うようにすべきだと考える。A方言において、ある意味項目に総称的な言いかたとして語形態のものが認められるのに対して、B方言には、連語的語形式のものしか認められないということがあった場合は、A方言の生活者達とB方言の生活者達との間に、その意味項目に対する関心の度合や使用頻度の上に、かなり注目すべき差異が存すると考えることができるわけである。語彙の比較を通して、概念化や認識構造（世界観）の特性を考究する場合、それぞれの方言のそれぞれの意味項目において、語と連語的語形式とが、どのような割合で存立しているかを明らかにすることが、非常に重要な視点になると考えられる。
　また、性向語彙の中のある意味項目においては、たとえば、「コシガ　カルイ」（腰が軽い、よく働く）、「コバイガ　ハヤイ」（勾配が早い、機転がきいて手早く仕事をすます）、「ヒニ　ナル」（火になる、我を忘れて仕事に熱中する）〈いずれも、島根県那賀郡金城町今田方言の例〉のように、慣用句

（慣用的表現）がかなり多く認められる。このような慣用句は、語と語との結びつきをはじめとして、格関係も固定しているもので、要素相互の自由な変換を許さない形式である。意味的にも、それぞれの要素の基本義が結合した結果、全体として、全く別の一つの意義素を表示するものであって、二つの意義素の結合形式である連語的語形式とは明確にその形式、内容を異にするものである。慣用句が多く認められる意味項目は、それに対する生活者の関心の強さを反映するものであり、また、その意味項目に所属する語彙の使用頻度の高さに支えられて成立したものであると考えられる。慣用句の中でも、「コバイガ　ハヤイ」⟷「コバイガ　トロイ」のように、対義関係が明確に認められる場合は、とくに注目する必要があるであろう。したがって、

1．語形態
2．連語的語形式
3．慣用句

のすべてについて、意味項目ごとに精しく比較することが望まれよう。語彙体系の比較において、構成要素である語形態のものに注目するのはもとよりのことであるが、それだけにとどまらず、連語的語形式や文表現の形態にも注目する必要があることは、すでに述べたとおりである。このことについては、すでに、町博光も、「南島方言の身体部位称」（『国語語彙史の研究』五、1984、和泉書院）の中で、「個々の語詞における比喩表現や慣用表現の把握、およびそれの比較による地域性の究明といったアプローチもまた、方言語彙研究の重要な課題とされよう。」と述べている。同様のことは、すでに早く、藤原与一が指摘している。慣用句を語彙研究の単位として取り上げることには、なお問題が存するであろうが、筆者は、意味を重視して、語彙研究の単位に加えたいと考える。「良い子供を持って鼻が高い。」という場合の「鼻が高い」は、これ全体で、一つの意義素を表すのであって、これを語に分けてしまったのでは、比喩によって形成された派生的意味内容がこわれてしまう。この点について、前田富祺は、『国語語彙史研究』（1986、明治書院）の中で、次のように述べている。「慣用的表現は、全体として『一定の意味を

持つ』ものと考えられ、語に分けて意味を考えても本当の意味は分からない。(中略) 一般的な考え方とは言えないが、(中略) 慣用句を語と考えたりすることも可能であり、それはそれなりに、合理的な考え方なのである。」

4．個人語彙と社会語彙

　この問題については、かつて、小論「生活語彙の体系の変容と生活差—広島県比婆郡高野町南方言の田・谷の呼称体系と屋号語彙について—」(『国語国文』第51巻第5号、後に『生活語彙の基礎的研究』1987、和泉書院に収録) において、その時点での筆者の考えを、いくらかまとまった形で述べるところがあった。そこで述べた内容の基本的な点については、今日も、とくに大きく修訂する必要を感じていない。したがって、ここでは、先稿の内容を踏まえて、要点だけを簡潔に記すにとどめたいと思う。

　筆者は、生活語彙の研究においては、語彙の世代差と個人差を、ラング的性格のものとパロール的性格のものとして、明確に弁別することが有効であると考える。そして、語彙の変容は、個人差としてではなく、世代差として捉えるべきであると考えている。このような考えに基づいて従来提唱されてきた個人語彙の概念に対して、世代語彙の概念を新たに提示したいと思う。

　世代語彙は、同一世代に共通して認められる語彙の体系であって、語彙の変容は、各世代の語彙体系という社会的事実の比較によって、ラング的事実として明らかにされることになる。そして、各世代に特徴的な語群は、各世代特有語彙として位置づけられることになる。これに対して、個人語彙は、同一世代における各個人の語彙体系であると規定し、個人差は、あくまでも同一世代における個人差だけを考えることにしたい (なお、語彙の個人差、個人語彙については、柴田武に論がある、『語彙論の方法』1988、三省堂)。世代を異にする個人差は、すべて、基本的には生活様式の変化 (社会変動) に連動すると考えられる世代差に包括されるものであって、語彙体系の変容というラング的事実の中に位置づけて考えるべき内容のことであろう。

　こうして、従来、すべて個人差として処理されていたものが、同一世代においては各個人の言語生活を中心とする生活経験の差に対応する個人差とい

うことになり、異なる世代における個人差は世代差ということになって、それが、生活現実の変化とどのように連動しているかという視点から分析されることにより、個人差の概念がより明確に定位されるものと考える。一方、各世代の語彙体系の差異を超えて共通に認められる体系的事実を社会語彙（生活基本語彙と呼ぶこともできる）と規定し、語彙の世代差（世代特有語彙の集合体）と対立する概念として定位したい。

　なお、社会習慣的な語彙かある特定の個人にだけ認められる語彙かを正しく弁別するためには、同一世代について最低5人の土地人について調査することが必要であろう。したがって、かりに、老年層・中年層・青年層の三つの年層について比較を行う場合には、厳密に言うと、15人の教示者を求めなければならないことになる。ここにも、生活語彙研究のむつかしさがある。ただし、1地点のある世代の生活語彙の全容とその体系を解明するためならば、最もすぐれた教示者と判断されるただひとりの土地人についての調査であっても、十分意味があると考える。ただし、最もすぐれた教示者と判断するための客観的基準を措定することは極めて困難であり、多分に研究者の調査経験の厚みという主観的判断にゆだねられることになる。

　以上のように考えることによって、個人語彙と語彙の個人差の考えかたがより発展的に定位され、同一方言社会における語彙の変容が、社会的事実として明確に規定されることになると思う。同一方言の生活語彙統体は、各世代語彙を通じて共通に認められる体系的事態としての社会語彙と、各世代間の語彙的差異（これを、語彙の世代差あるいは世代特有語彙と呼ぶ）との統合体であると考えることができる。生活語彙は、このような共時態と共時態における通時的事態との統合（藤原与一の言う「高次共時態」）の上に認められるものである。

　なお、同一方言内における語彙の世代差と2方言以上の語彙の地域性との相関関係については、原田文子に「広島県北部方言の和牛飼育語彙―牛体語彙の体系の多様性と統一性―」（『国文学攷』第102号、1984）という注目すべき論文がある。原田は、その中で、世代差の認めにくい意味分野・意味項目・語群においては、地域差も認めにくいことを指摘しており、世代差と地域差と

の相関性について、注目すべき仮説を提示している。また、同一世代における個人差と世代差とが正の関係において強い相関性を示すことも、指摘している。

5. 比較の方法

　比較の方法というのは、どのように比較するかということを考えた場合の基本的な原則と、その原則の諸関係のことである。筆者は、方言語彙の比較研究を、できるだけ客観的に推進していくためには、全域共有語彙・部分域共有語彙の概念と、共有語彙・特有語彙の概念の設定が、きわめて重要であると考えている。この二つの概念について、以下に、簡単に述べてみることにしたい。

　まず、全域共有語彙と部分域共有語彙であるが、従来、共有語彙は、比較する地域の広さや地点数の多さにかかわりなく、一様に、そのすべての地点に共通して存立している語彙を指す概念として用いられてきた（拙著『方言副詞語彙の基礎的研究』においても、そのように規定した）。しかしながら、比較する地点が多くなればなるほど（対象にとる方言の広がりが広くなればなるほど）、共有語彙の数は少なくなり、かえって、ある限られた地域の数地点に共通して認められる語彙の数がふえていくことになる。かりに、5地点について比較した場合、5地点に共通して認められる語彙以外に、5地点のうちの2ないしは3地点に共通して認められる語彙がかなり多く存する場合、前者も後者も、ともに、共有語彙として同列に処理することは、単純にはできないことだと考えられる。それは、方言語彙によって確定されるより大きな方言分派と、その内部のより小さな方言分派とのちがいに対応することが少なくないと考えられるからである。また、多くの地点に共通して認められる語彙ほど、共通語と一致する語形のものの占める比率が高くなり、共通して認められる地点数が少なくなればなるほど、逆に共通語と一致しない語形のものの比率が高くなるという事実も指摘される。このことを、さらに一般化して言うならば、広域共有語彙の共通語化性と狭域共有語彙の非共通語化性（伝統的方言性）ということになるであろうか。

したがって、筆者は、従来、一様に共有語彙と呼ばれてきたものを、比較しようとするすべての方言に共通して認められる全域共有語彙と、そのうちの限られた複数の地点にしか認められない部分域共有語彙との二つに、区別することを提唱したい（この点については、本書のⅢ．「文化言語学の実践」の第9章を参照されたい）。部分域共有語彙の様態の諸関係を正確に把握することによって、また、全域共有語彙によって形成される方言分派の力学的な内実も、より精確に解明されるものと考える。今後、方言語彙の地域性を精しく解明していくためには、全域共有語彙と部分域共有語彙との諸関係を明らかにしていくことが、きわめて重要ではないかと思うのである。部分域共有語彙の内部が、共通する地点数によって、たとえば、3地点共有語彙、2地点共有語彙のように分けられ、地点数ごとに、地点の組み合わせによっていくつかのタイプに見分けられなければならないということは言うまでもない。全域共有語彙・部分域共有語彙のそれぞれについては、また、使用頻度についての細かな比較が重要とされよう。かりに、5地点にイラ・キョロ（ともに、いらいらして落ち着きのない人の意）をいう語形が共通して認められるにしても、3地点においてはイラが盛んで、残り2地点においてはキョロの方は優勢であるといった場合には、より基本的な要素とより周辺的な要素とのありようが明確に異なるわけで、厳密に言えば地域差が認められるとしなければならない。（ただし、使用頻度については、優勢・普通・劣勢・稀の四つの段階を弁別することしか現実には不可能だろうと考えられる。）

　ついで、共有語彙と特有語彙のそれぞれを
　1．共有語彙と準共有語彙
　2．特有語彙と準特有語彙
の二つに分別することが有効だと考える。共有語彙は、語形・意義素の二つがともに完全に一致するもの、準共有語彙は、語源・意義素は一致するものの、ある方言に特徴的な音変化によって、異なる語形になっているものを言う。『方言副詞語彙の基礎的研究』においては、これを、二次的特有語彙として処理した。比較する地域的なひろがりが狭い場合には、特有語彙として

処理することが有効であろうが、比較する地域が広域である場合には、準共有語彙として処理する方が、方言語彙の地域性を確定するのに有効であると考えられる。また、特有語彙は、意義素は同じくするものの語源・発想が完全に異なるもの、準特有語彙は、語形は一致するが、意義素を異にし、所属する意味項目が別であるものを言う。

　準共有語彙は、語彙項目として考えた場合には、共有語彙の中に含めてもよい性格のものであるが、方言語彙においては、ある方言に特徴的な音変化によって成立した語形が、かなり特徴的な要素として、土地の生活者やよそ者から受けとめられているということが決して少なくないのである。したがって、とくに、語形に注目して方言語彙の比較を行う場合には、準共有語彙として共有語彙から分別して処理することが重要だと考えられる。また、準特有語彙は、意義素を異にし、異なる意味分野や意味項目に所属するものを指すわけだから、実は、特有語彙の範疇にも属さない性格のものである。しかしながら、それらの中には、おそらく、もともとは同義であったものが、地域特有の基本義の限定化や意味領域の拡大によって、全く異なる意味分野に所属するようになったと考えられるものが少なくないのであって、意味の史的関係や地域差を精しく分析していくためには、準特有語彙として、同一の意味分野において比較することが有意義であろうと判断される。

おわりに

　『方言の語彙　講座日本語の語彙8』及び『語彙原論　講座日本語の語彙1』のどちらを見ても、「比較語彙論」「語彙の比較研究の方法」に関する論考や、それに基づく実践が見当らない。戦後の語彙研究の一つの集大成とも言うべき『講座日本語の語彙』に、これが見当らないところにも、語彙研究の立ち遅れがうかがわれると言わなければならない。

　方言語彙体系の比較・対照的研究を着実に積み重ねることによって、方言語彙体系の史的関係を正しく解明するための視点や方法論を樹立し、さらには、語彙体系の比較によって、方言分派の認定や分派相互の史的関係を客観的に解明する方法論的プロセスを確立することが、今後、我々に課せられた

重要な課題となるであろう。その際、柴田武の『言語地理学の方法』(1969、筑摩書房)をはじめとして、エウジェニオ・コセリウの「通時構造意味論のために」(『コセリウ言語学選集1 構造的意味論』)、国広哲弥の「語彙の構造の比較」(『日英語比較講座第3巻意味と語彙』1981、大修館書店)、野林正路の『意味をつむぐ人びと』(1986、海鳴社)などが、きわめて重要な示唆を与えてくれることになろう。とりわけ、野林が『意味をつむぐ人びと』の中で、〔運搬動作〕のカテゴリーに所属する語彙を対象化して、人びとが〔運搬動作〕の認識に際して構成する特徴認知のスキームを最小意味枠の構成パタンとして示し、意味枠構成型の分布を明らかにした極めて精緻な実践は、まさに方言語彙の比較研究にとって画期を成すものである。なぜなら、それは、意味体系に即して、東日本の人びとと西日本の人びとの〔運搬動作〕に対する認識の仕方(世界観)の違いを析出することに見事に成功しており、方言語彙の比較研究に全く新しい地平を拓いた成果だからである。

　方言語彙体系の比較を通して、方言ごとの史的系譜関係を客観的に解明するためには、一々の語彙素の語史を明らかにするだけでなく、語彙体系の生成発展のプロセスの原理的解明や地域生活文化史の究明(語彙体系の生成展開のプロセスと地域生活文化史との相関関係については、後に、拙著『「ヨコ」社会の構造と意味―方言性向語彙に見る』〈2001、和泉書院〉の中で、「嘘つきの地域言語文化史」と題して、一つの試みを展開した)なども併せて行う必要がある。比較生活語彙論の方法と学体系の確立には、なお、相当の時日を要するものと考えられる。

　そのためにも、まず、一地方言の生活語彙総体を視野に入れて、意味と生活環境を基軸とする精緻な分析を行い、「生活語彙のシソーラス」を構築することが必要とされる。その際、筆者が「方言性向語彙のシソーラス」を構築するために実践した分析と統合の操作手順が参考になると考えられる(『「ヨコ」社会の構造と意味』2001、和泉書院)。

　なお、ここで、遠い夢を記しておくことにすれば、国際化社会の進展にともなって、方言語彙の比較・対照的研究の実践が盛んになることが考えられる。たとえば日本の方言語彙と中国の方言語彙、日本の方言語彙とインドネ

シアの方言語彙との比較・対照研究などである。この場合は、語形の差異は全く問題にならず、またより伝統的な文化的差異の問題にまで研究が拡張されることが考えられる。したがって、特定の意味分野（たとえば身体語彙・性向語彙・労働語彙・食生活語彙・信仰語彙など）を基準にとって、意味（とりわけ、広義・狭義の「文化的意味」の差異と共通性を重視する）と意味体系の観点を中心として研究を行うことが有効であろう。その際、参考になるのが田島毓堂が意欲的に展開してきた「比較語彙論」の実践であり、国広哲弥の編になる『日英語比較講座第3巻 意味と語彙』（1981、大修館書店）であろう。

また、語彙体系の地域差がどのような環境要因、社会・文化的要因によってもたらされたかを究明することが重要な課題であることは、改めて指摘するまでもなかろう。

〔補記〕

その後、生活語彙の比較研究に関しては、理論・実証の両面にわたって多くの研究成果が蓄積された。衣語彙・食語彙については、野林正路の『認識言語と意味の領野』（1996、名著出版）に多くの優れた研究成果が収録されている。なかでも、第Ⅱ章に収められた5「《茄子》類の語彙体系と価値意識の日・中比較」、6「《茄子》類の語彙体系の比較—中国・東北地方を中心として」という二つの論文は、日本と中国、さらには東南アジアを視野に入れた、意味システムを骨格とする語彙システムに基づく言語文化の比較・対照研究の最初の実り豊かな研究成果として注目されるものである。野林にはまた、『語彙の網目と世界像の構成—構成意味論の方法』（1997、岩田書院）がある。

また、日本というマクロな漁業社会を視野に入れて、漁民が獲得している風や潮に関する語彙の体系比較、ならびに中国・四国地方を中心的なフィールドとして実践された性向語彙の比較研究については、筆者の『生活語彙の基礎的研究』（1987、和泉書院）、『生活語彙の構造と地域文化—文化言語学序説』（1998、和泉書院）、『「ヨコ」社会の構造と意味—方言性向語彙に見る』（2001年、和泉書院）『アユノカゼの文化史—出雲王権と海人文化』（2001、ワン・ライン）などがある。

さらに、親族語彙については、渡辺友左の『日本方言親族語彙資料集成』（1989、秀英出版）にほぼその全貌が尽くされていると言ってよかろう。

屋号語彙の比較研究については、岡野信子の『屋号語彙の総合的研究』（2003、

武蔵野書院）が最も優れた研究成果として注目される。地名語彙に関しては、上野智子の『地名語彙の開く世界』（2004、和泉書院）がある。

筆者編の『方言語彙論の方法』（2000、和泉書院）には、対照方言語彙論の方法について論じた町博光の論文「対象方言語彙論の展開」が収録されている。田島毓堂の「比較語彙論」の方法と実践に関する意欲的な取り組みと、その研究成果も注目に値する。ただ、後者については、意味分類が『分類語彙表』に全面的に依拠する形をとっており、また文化的意味の検討が弱く、語彙の体系比較に対する配慮もなお十分とは言えない点に問題を残す。しかし、今後、これらの点がより精緻に形式化されるならば、語彙のグローバルな比較研究にとって、重要な拠点を形成することになると考えられる。

なお、生活語彙の比較研究に関連して、言語地理学における研究成果も無視することができないが、最新の卓越した研究成果を一つだけあげるならば、馬瀬良雄監修の『方言地理学の課題』（2002、明治書院）がある。認知言語学に関して言えば、議論がカテゴリー化とプロトタイプ論に集中し、いまだ語彙の比較・対照研究の明確な公準が示されていない。

◇拙著『生活語彙の基礎的研究』（1987、和泉書院）に収録した論文に、かなり大幅に加筆修正を行ったもの。

第4章　方言性向語彙の共時論的研究の枠組み

1．方言性向語彙の発見とその後の研究の経緯

　ここに、方言性向語彙というのは、第一義的には地域社会（地域社会はミクロからマクロまで柔軟に設定し得る）に認められる、人々の日ごろの行いや人柄を評価の観点から捉えて（社会的規範に照らして）表現する語彙のまとまりを指す。

　地域社会に行われる性向語彙に着目し、この研究の重要性を日本において初めて指摘したのは藤原与一である。藤原は、その著『方言学』（1962、三省堂）において、彼の郷里方言である愛媛県越智郡大三島町肥海方言の性向語彙を、次に掲げる35の意味項目（性向語彙の体系の枠組において最も下位のレベルに措定される、相互に緊密な類義関係を形成する2語以上から成る意味的単位）に分かって記述しており、総語数は335語である。

1．上人・実直
2．丁寧家・細心家
3．きれいずき・その反対
4．計画ずきの人
5．のんき屋
6．熱中家
7．いちがい者
8．豪胆家・大胆家・冒険家
9．小心者・気よわ者
10．いらいらしておちつかない者
11．沈着な人・ゆっくり屋・ぐずぐずする人
12．悲観家
13．不平家・ぶつくさ言い
14．短気者
15．気むらの人
16．はらたて・だまり・ひねくれ
17．意地わる者
18．性根わる
19．出しゃばり
20．人の評判をよくする人
21．おせじ言い
22．見えぼう
23．滑稽人・冗談言い
24．お調子者
25．おしゃべり屋
26．誇大家
27．虚言家
28．ぬす人
29．なになにそのもの

30. ぶしょう者・どうらく者　　33. 世間知らず
31. なまけ者・放蕩者　　　　34. 横着者・吝嗇家
32. 物もらい　　　　　　　　35. 物見に行くのがすきな人

　藤原は、これらの意味項目とそれぞれに所属する語彙を、評価における量的側面から分析して、次のように述べている。

　　　たとえば、「人間語彙」の「人倫関係」のものでは、人をほめることばはすくなく、人をけなすことばは多い。語彙の繁栄の方向がここで問題になる。こういう問題を、その方言社会における社会的事実として見ていけばおもしろかろう。(278ページ)

　また藤原は、『方言学』の中で、次のようにも述べている。

　　　この「性向」語彙総体を、完結したまとまりと受け取って、一つの判断をくだしてみる。人倫関係の「性向語彙」が、ひとえにと言ってよいくらいに、あしざまの方向、ほめるよりは非難する方向へ発展しているのが重要視される。たとえ、よい人、よいことをほめても、すっきりと、完全善意でほめるものは少なく、ほめたことばにも、多少の批評意識がこめられがちである。このような傾向には、多分に、方言社会の社会道徳上の通念のうごき・支配が認知される。方言社会の道徳は、よいことにはあまりかまわないで、わるいことにはとかくきびしい。(593ページ)

　ここには、すでに、性向語彙と地域社会・方言社会（ここでの地域社会・方言社会は、いわゆる「字」を単位とする近隣社会のことである）における社会的規範（社会的に一般化された行動様式を、社会学では普通、「社会的規範」と呼ぶ）との相関性に注目することの重要性が説かれている。藤原が『方言学』において「方言性向語彙」を取り上げ、その社会的事実としての問題点を指摘したことにより、はじめて「方言性向語彙」という意味分野が研究者の関心をひくことになった。ここに、藤原の「方言性向語彙」の発見の意義を認めることができる。

　藤原が『方言学』において、郷里方言の性向語彙を分類、記述し、その研究の意義を説いたことに応じる形で、広島大学方言研究会は、同会の機関誌

である『広島大学方言研究会会報』の第13号（1969）、第14号（1969）、第15号（1970）、第16号（1970）の4号にわたって、「各地の性向語彙」を特集、掲載した。これは、藤原の分類体系に即して、各地の性向語彙を詳しく記述したものであって、各地の差異と共通の特性を客観的に把握、究明することを意図して編まれたものである。併せて、藤原の還暦を祝う微意もこめられたものである。調査地域は中部・北陸・近畿・中国・九州の広い範囲に及んでおり、調査地点数は13地点である。

　この調査結果を踏まえて、筆者は「方言性向語彙の研究―『期待されざる人間像』の語彙への反映―」（『季刊人類学』第8巻第4号、1977、後に拙著『生活語彙の基礎的研究』1987、和泉書院に収録）という小論をまとめ、方言性向語彙に認められる生成・構造・運用に関する基本的な特性を次の9項目に整理して示した。

① 性向語彙は人をけなす（マイナス評価の）方向へ著しく展開している。──→下降性傾斜のパターン（負の原理）

② 性向語彙は「プラス評価←→マイナス評価」の二極対立構造を示すものであって、中間的な無色透明の評価に属する語彙は認められない。──→二極対立構造の原理

③ マイナス方向の評価語彙はその場に居合わさない他者の性向を評価する場合に使用されることが一般的である。そのことによって、話し手と相手とは他者を低く評価する分だけ、心理的に上昇することになる。──→話し手・相手の一体的上昇志向

④ マイナス方向の評価語彙は相手が心を許せる人、信用できる人であることを前提として使用される。──→相手信用型（相手同化型）の甘え

⑤ 信用できる相手に向かって、プラス評価語彙を他者を評価するために使用する場合には、意味作用がマイナス方向へとズレることが少なくない。──→意味作用の下降性転移の傾向

⑥ 多くの方言において、「出しゃばり」「冗談言い」「滑稽人」「熱中家」の意味項目がマイナス評価に所属し、しかも多くの語彙を栄えさせていることによって、対人評価意識は目立つ言動、積極的な言動を抑制する

方向へ作用することが分かる。──→出る杭は打たれる
⑦　地域社会の人々が特に強くマイナスに評価している性向は次の四つのグループに整理される。⑴「意地わる・性根わる」「はらたて・ひねくれ」「ふへい家・ぶつくさ言い」、⑵「なまけ者・横着者・放蕩者」「ゆっくり屋・ぐずぐずする人」「不精者」、⑶「滑稽人・冗談言い」「虚言家・誇大家」「出しゃばり・見えぼう」、⑷「吝嗇家・欲ばり」「いちがい者」
⑧　方言性向語彙によって示される「期待されざる人間像」（社会的規範から逸脱する人間像）のうちには、実は、「上質温厚な性格で、万事に控え目で、勤勉で実直な、人づきあいの良い人」という、地域社会が理想としてきた人間像が隠匿されている。──→和の尊重・集団主義・勤勉主義
⑨　対人評価意識は客観的・論理的方向へは拡大されにくく、主観的・情緒的方向へ拡大されやすい。──→擬似家族的心理

その後も、主に中国・四国地方を中心として、広島大学方言研究会ならびに広島大学文学部内海文化研究施設の調査、研究活動が断続的に続けられ、下記のような成果が発表された。

１．渡辺友左「親族語彙と親族名称─福島北部方言のオジ・オバ名称の場合─」（野元菊雄・野林正路監修『日本語と文化・社会』２、1974、三省堂）
２．室山敏昭「方言性向語彙の意味構造についての一試論」（拙著『方言副詞語彙の基礎的研究』所収、1976、たたら書房）
３．　同　　『中国地方方言の性向語彙研究序説』（『広島大学文学部紀要』第39巻、特輯号１、1979）
４．広島大学方言研究会『島根県那珂郡金城町今田方言の性向語彙』（『広島大学方言研究会会報』第26号、1981）
５．室山敏昭「中国地方方言における性向語彙の地域性」（『土井忠生先生頌寿記念論文集　国語史への道』上、1981、三省堂）
６．　同　　「中国地方方言の性向語彙─『短気者』の意味分野について─」（『国語国文』第48巻第12号、1982）

7. 同　　「中国地方山陰方言と山陽方言の性向語彙の地域性―『仕事に対する態度』に関する意味分野について―」(『方言研究年報』第28巻、1985、和泉書院)
8. 同　　『生活語彙の基礎的研究』(1987、和泉書院)
9. 同　　「広島県方言の性向語彙資料」(広島大学文学部内海文化研究施設『内海文化研究紀要』第15号、1988)
10. 同　　「中国地方方言における性向語彙の接尾辞の構造」(『方言研究年報』第30巻、1988、和泉書院)
11. 同　　「広島県比婆郡東城町川東大字川東方言の性向語彙の構造」(『内海文化研究紀要』第17号、1988)
12. 井上博文・上野智子・室山敏昭「瀬戸内海域方言における性向語彙の地域性と変容に関する調査研究(その1)」(『内海文化研究紀要』第17号、1988)
13. 広島大学方言研究会『岡山県浅口郡鴨方町六条院方言の性向語彙』(『広島大学方言研究会会報』第30号、1991)
14. 佐藤虎男「瀬戸内海東部域の言語流動に関する一考察―性向語彙に注目して―」(『瀬戸内海における東西、南北交流の総合的研究』平成元年度科学研究費補助金〈総合A〉『研究報告書』1991)
15. 藤原与一『小さな語彙学』(1991、三弥井書店)
16. 井上博文「大分県東国東郡姫島村方言に於ける方言性向語彙資料」(『内海文化研究紀要』第21号、1992)
17. 室山敏昭「方言性向語彙の派生構造とその規定要因―山口県防府市野島方言について―」(『小林芳規博士退官記念　国語学論集』1992、汲古書院)
18. 同　　「方言性向語彙における比喩の生成と構造―山口県防府市野島方言の場合―」(『国文学攷』第132・133合併号、1992)
19. 同　　「中国地方方言の性向語彙資料(Ⅰ)」(『内海文化研究紀要』第22号、1994)
20. 同　　「中国地方方言の性向語彙資料(Ⅱ)」(『内海文化研究紀要』第23号、1995)

21.　同　　『生活語彙の構造と地域文化』(1998、和泉書院)
22.　同　　「瀬戸内の一島嶼における生活語彙と環境」(『瀬戸内海圏環境言語学』1999、武蔵野書院)
23.　上野智子「四国南部方言の性向語彙」(室山敏昭編『方言語彙論の方法』2000、和泉書院)
24.　灰谷謙二「島根県隠岐郡五箇村方言の性向語彙における造語法(1)」(『国語国文学誌』第29号、1999)
25.　同　　「島根県隠岐郡五箇村方言の性向語彙における造語法(2)」(『国文学攷』第132・133合併号、2000)
26.　松田美香「方言性向語彙から見た大分人」(『地域社会研究』第9号、2004)

　一方、渡辺友左は、国立国語研究所在任中、共通語の性向語彙を対象として、主として社会言語学的観点から精緻な分析と考察を行い、『社会構造と言語の関係についての基礎的研究(1)』(1970)、『社会構造と言語の関係についての基礎的研究(2)』(1973)にまとめて、その成果を公刊し、日本人の対人評価意識、ひいては人間観を解明するためには、性向語彙を対象とする社会言語学的研究が重要であることを強調した(さらに詳しい研究成果については、拙著『「ヨコ」社会の構造と意味—方言性向語彙に見る』2001、和泉書院を参照のこと)。

2．方言生活語彙の分類枠における性向語彙の位置

　藤原与一は、地域社会の生活様式を重視して、それぞれの語の機能する生活分野を枠とした語彙の分類法を提唱し、その著『方言研究法』(1964、東京堂出版)において、次のような分類案を示した。

　　1．生活環境語彙　　　　　5．冠婚葬祭語彙
　　2．生業語彙　　　　　　　6．年中行事語彙
　　3．衣食住語彙　　　　　　7．生活一般語彙
　　4．日々の生活に関する語彙

　この分類案は、実際の生活分野に即応して語彙分野を認定し、生活分野の

重要度に応じて各語彙分野を配列したものである。藤原は、後にこの分類案を改定し、『昭和日本語の方言』第一巻（1973、三弥井書店）の中で、二次のレベルから成る次のような語彙分類の枠組を示した。

1．生業語彙
 a．農業語彙
 b．漁業語彙
 c．商業語彙
 d．工業語彙
2．衣食住語彙
 a．住の語彙
 b．食の語彙
 c．衣の語彙
3．家庭族縁語彙
 a．家庭語彙
 b．族縁語彙
4．村落社会語彙
 a．人間語彙
 b．交際語彙
 c．冠婚葬祭語彙
 d．年中行事語彙
 e．公的生活語彙
 f．遊戯語彙
5．生活環境語彙
 a．自然環境語彙
 b．天文気象暦時語彙
 c．動植物語彙
 d．鉱物語彙
 e．生活場所名語彙
6．生活一般語彙
 a．助辞語彙
 b．独立詞語彙
 c．副詞語彙
 d．名詞語彙
 e．数詞語彙
 f．代名詞語彙
 g．動詞語彙
 h．形容詞語彙
 i．形容動詞語彙

しかし、藤原は、第三次レベル以下の分類枠を示していない。そのため、ここで問題としている「性向語彙」が、人間語彙の分野に属することは容易に推定することができるとしても、人間語彙の全体がどのような枠組に分節され、その中のどこに「性向語彙」が位置づけられるかは、別に考えなければならないことになる。これについて、まず筆者の私案を示すべきであろうが、すでに神部宏泰と真田信治の分類枠が公表されているので、ここでは、両者の分類枠を紹介するにとどめることとする。前者は島根県隠岐方言に関するもの（『隠岐方言の研究』1978、風間書房）であり、後者は富山県五箇山方

言を対象として構築されたもの（『地域言語の言語社会学的研究』1990、和泉書院）である。

A．神部の分類枠　　　　　　B．真田の分類枠
生活者語彙（人間語彙）　　　人間語彙
　1．同　族　　　　　　　　　1．人　間
　　(1)　家　族　　　　　　　　(1)　人間一般
　　(2)　親　族　　　　　　　　<u>(2)　性　向</u>
　　(3)　本家分家　　　　　　　(3)　神　仏
　　(4)　血　統　　　　　　　　(4)　職場・職業・職名
　2．性・年齢　　　　　　　　　(5)　家称名
　　(1)　性　　　　　　　　　　(6)　集落名
　　(2)　年　齢　　　　　　　2．親　族
　<u>3．性　向</u>　　　　　　　　(1)　親族名称
　4．健康・病気　　　　　　　　(2)　人代名詞
　　(1)　健　康　　　　　　　　(3)　呼称・人名
　　(2)　病　気　　　　　　　3．身体・病気
　　(3)　病院・その他　　　　　(1)　身体の部位
　　(4)　薬　　　　　　　　　　(2)　身体の状態
　5．身　体　　　　　　　　　　(3)　生理現象
　6．起　居　　　　　　　　　　(4)　病気の種類
　7．その他　　　　　　　　　4．精神的状態
　　　　　　　　　　　　　　　　(1)　意識・感覚
　　　　　　　　　　　　　　　　(2)　感　情
　　　　　　　　　　　　　　　　(3)　心理的状態
　　　　　　　　　　　　　　　　(4)　性　質
　　　　　　　　　　　　　　　　(5)　体　質
　　　　　　　　　　　　　　　5．存在・行動
　　　　　　　　　　　　　　　　(1)　存　在
　　　　　　　　　　　　　　　　(2)　状　況

(3) 動　作
　　(4) 行　為

　両者の分類枠に異同が認められるのは、おそらく採録された語彙量が異なることと、人間語彙の範疇に関して、両者の間に考え方の違いが存するからであろう。また、特定地域社会における生活語彙を分類するということは、対象地域社会の生活実相を描き、その地に生きる人々の生活体系の分析にまで連動していくことを目的としなければならない。したがって、対象とする地域社会が異なればおのずから語彙の分類枠も異なったものとなるはずである。両者の間に認められる分類枠の異同には、そのような理由も考えられる。しかし、その異同は、決して大きいものではない。それは、両者が、ともに地域生活者を中心に据えて、その人々の実際の語彙生活を捉えることを語彙分類の基本的な精神としているからだと考えられる（真田の分類枠の方が、「人間語彙」のカテゴリーに所属する下位カテゴリーを広く尽くしており、より合理的・一般的な分類となっていることは否めない）。

　ただ、「性向語彙」に即して考えた場合、真田が「性向」と「性質」とを別々のカテゴリーに分立している点が問題とされよう。筆者が今日までの調査結果の分析から帰納した「性向語彙」の範疇は、人間の日ごろの動作・行為から知られる恒常的な態度、振舞から生まれつきの性格・知能を背景とする人柄にいたるまでの広範囲にわたるものである。しかも、人間の性質を表現する語彙には、つねにプラス・マイナスの評価が伴い、評価において全くニュートラルな語彙は見られない。したがって、「性向語彙」と「性質語彙」とを弁別することは、実際上きわめて困難である。したがって、筆者は、「性向語彙」は「性質語彙」を包摂するものと考えるので、真田の分類案にはにわかに従うことができない。

　なお、方言語彙（生活語彙）の分類枠に関しては、日野資純の「方言集・方言辞典」（『講座日本語の語彙8　方言の語彙』1982、明治書院）がひとつの参考となろう。また、平山輝男他編の『現代日本語方言大辞典』（明治書院）の分類枠も、ひとつの拠りどころを提供してくれるものである。

3. 方言性向語彙研究の意義

　中国地方の広い範囲において、よく働く人を「ガンジョーモン」「シゴトシ」「キバリテ」などと呼び、ものごとを大仰に表現する癖のある人を「ホラガイフキ」「ラッパコキ」などと言ったり、不精者を「ブショータレ」「ビッタレ」「ヒキタレ」、ひねくれ者を「シネワル」「コンジョクサレ」等と呼んでいる。これらの例からも明らかなように、方言性向語彙は、一義的には地域社会に生きる人々の態度や行い、あるいは人柄などを、一定の批判意識に基づいて（社会的規範に照らして）把握し、表現する語彙のまとまりである。したがって、ある特定の村落社会に行われる性向語彙の実態を明らかにし、その体系を帰納することによって、成員に内面化されている対人評価の構造を解明することができる。これはいわゆる「世間体」というファジーな概念に、明確な実体性を付与することにもつながるはずである。

　このように、ある特定の村落社会に行われる性向語彙は、他者の態度や行い、あるいは性格を評価する指標として機能するものであることによって、二義的には、成員一人ひとりの振舞を外側から規制する社会的規範としての役割を担うことになる。しかも、性向語彙は、いわば擬似血縁的な家と家との連合体である村落社会に生きる個々の成員に深く内面化されているわけだから、成員一人ひとりの振舞を内側からも規制する働きを持つことになる。その際、村落社会の成員が他者の目を気にし、他者依存的に生きることを本質視する存在であったことが、重要な要因として機能したであろうことは、容易に想像されるところである。

　基本的には、他者の振舞を評価する性向語彙が、村落社会における社会的規範、言い換えれば道徳律（行動モラル）の具体的な指標でもあり、意味体系でもあると我々に理解されるのは、他者から自分がどう見られているかという、他者依存的な形で個人の座標が決定される生き方に、村落社会の成員が埋没してきたからにほかならないと考えられる。別の言い方をするならば、いわゆる他者の目に恥じる（他者の視線の実体的な種類とそのシステムは、後に示す「方言性向語彙のシソーラス」の意味項目の種類とそのシステ

ムにほかならない）という世間体に拘束された生き方をしてきたからにほかならない（井上忠司『「世間体」の構造—社会心理史への試み』1997、NHKブックス）。

　現在、我々が地域社会の中年層以上の男女から採録することのできる性向語彙は、言うまでもなく過去において生成され、定着し、運用されてきたものである。したがって、彼らの性向語彙の構造分析を通じて、地域社会が長い年月にわたって成員に要請しつづけてきた「理想的な人間像」「社会的規範」の構造の地域差と地域差を超えて存在する普遍的な構造特性を解明することができよう。さらには、農業社会に共通して認められる構造的特性と漁業社会に認められる構造的特性を比較することによって、両者の「理想的な人間像」「社会的規範」の文化的相対性を明らかにすることも可能となろう。これに、伝統的な商業社会を加えるならば、生業環境を基軸とする、歴史の厚みに彩られた日本というマクロ社会の伝統的な「行動モラル」と「理想的な人間像」の多元的な構造を解明することが可能となるであろう。

　これらの分析結果を統合することによって、我々にとって永遠の課題である「日本人とは何か」という問いに、一つの側面から明確な解答を用意することができると考える。このように考えるのは、たとえば鳥取県倉吉市生田という70戸にも満たない農業集落においてさえ、老年層が所有する性向語彙は700語強にのぼり、それらを類義と対義を軸として意味分析を行うことによって、89もの意味項目を帰納することができるからである。対落社会において、ついに明文化されることのなかった「理想的な人間像」や「社会的規範」を成員の共通認識とするためには、これだけ多くの語彙量と意味項目とが必要とされたと言えようが、一方から見れば、これだけ多くの語彙量の全体における分布状況と意味項目の複雑な張り合い関係を分析することによって、村落社会における「理想的な人間像」と「社会的規範」との構造を、具体的に明るみ出すことが可能となるのである。

　性向語彙の構造分析を通して知られる、地域社会における「理想的な人間像」については前述したので、中国地方方言の性向語彙のうち、「仕事に対する態度」を表す語彙（「働き者」と「怠け者」）の分析によって明らかにし

得た「社会的規範」の一端について、簡略に述べるならば次のように言うことができる。

　　性向語彙の構造分析によって知られる社会的規範は、村落社会の成員に平準的な指向価値（プラス評価価値）を要請することによって、並外れた個人の欲望と人並み以下の働きを抑制・糾弾するという横一線の構造（「ヨコ」性の原理）を基本とする。その結果、村落社会における濃密な人間関係は建前において円滑化され、社会的秩序が維持されることによって、村落社会の存続発展が保障されることになる。

これに関する具体的な検証の一端は、「朝日新聞」（1991年2月15日朝刊）の文化欄に示し、さらに詳しくは拙著『「ヨコ」社会の構造と意味―方言性向語彙に見る』において論証した。

しかし、「仕事に対する態度」を表す意味項目のうち、「仕事の速い人」「仕事の遅い人」「仕事を丁寧にする人」「仕事を雑にする人」の4項目について、広島県廿日市市の複数の中年層男性から、次のような意味の説明が得られた。

　○テバヤーユー　コトワ　ザツナユー　イミモ　フクム　ヨネー。仕事が速いということは雑だという意味も含むよねえ。
　○キチョーメンシューナー　シゴトガ　オソイユー　コトオ　イッポージャー　アラワス　ヨノー。几帳面にする人というのは仕事が遅いということを一方では表すよねえ。

この説明から分かることは、土地の人びとが上に示した四つの意味項目を交差させる形で認識しているということである。このような形で認識しているということは、「仕事の速い人」や「仕事を丁寧にする人」は、ともに純乎たる高い指向価値（プラス評価価値）ではあるが、真に指向されている高いプラス価値は、「仕事が速くて、しかも丁寧にする人」という、本来両立の困難な能率主義と精巧主義の共存であることを示唆する。ここには、一見、平準的なプラス価値を大きく越える高い労働価値への指向が認められるのである。このような事実は、岡山県浅口郡鴨方方言においても同様に指摘することができる。しかし、両方言において、「仕事を丁寧にする人」を表

す語彙の中には、「アンゴーテーネー」「アホーテーネー」「アホーデーネー」（馬鹿丁寧）のような要素が見られ、「丁寧すぎる人」は、明らかにマイナスに評価されるという事実が認められるのである。これに対して、「仕事の速い人」を表す語彙にはそのような事実が全く見出されず、しかも、「仕事を丁寧にする人」という意味項目よりも語彙量がかなり多くなっている。このことから、両方言社会にあっては、「仕事を丁寧にする人」よりも「仕事の速い人」に、より高いプラス評価価値を措定してきたことが知られるのである。

　このように、同じ「仕事に対する態度」を表す語彙の体系分析によって導かれる「社会的規範」に限っても、決して単純な構造を見せるわけではない。ここに、性向語彙の体系を解釈し、体系に反映する複雑で、しかも豊かな意味内容を正しく理解することのむつかしさが存すると同時に、地域社会における人間評価の複雑な実態が透けてくるのである。

　また、性向語彙は現在大きく変容しつつあり、たとえば、愛媛県宇和島市の農村部では、青年層の語彙量が老年層の語彙量の約2分の1に減少している。山口県防府市野島の少年層の場合は、3分の1弱に減少している。このような著しい語彙量の減少をもたらした最大の要因は、「シンボーニン」（辛抱人）「キョージン」（器用な人）「ヨクドーハゲ」（欲ばり）「ヨモサク」（不平ばかり言う人）「ネタロー」（寝てばかりいて仕事をしない人）「ヨモダクリ」（理屈っぽく言う人）「ゴクドーサレ」（放蕩者）などのように、接尾辞をとる語彙を青年層以下の若者がほとんど使用しなくなっている点に求めることができる。接尾辞の付加された語は、いわば方言くさい語であり、卑罵・揶揄の意識を伴うものである。若年層はこのような語彙を嫌い、共通語あるいはそれに近い語彙を多く用いるようになっている。それと同時に、わずかではあるが、いわゆる新方言を生み出してもいる。たとえば、広島県廿日市市の青年層の性向語彙には、「イランコトシー」（余計なことをする人）「ジャマシー」（人の邪魔をする人）「ヨゴレビッタレ」（汚くしている人）などの新方言が認められる。さらには、「パイプレンチ」（何にでも使える道具であることから出しゃばりに喩えた、野島方言）「ロボット」（よく働く人、

野島の少年層）のように外来語を比喩発想によって、性向語彙として用いるといった事実も認められる。

　若年層に見られるこのような傾向は、方言性向語彙においても、彼らが旧来の方言形よりも共通語や地域共通語、さらには外来語に、より高い prestige を感じていることを表す事実であると解釈される。

　方言性向語彙は、人間語彙における他の意味分野に比べ、意味体系の基本的な構造は別として、全体の語彙量や語彙の分布関係について言えば、特に変容の著しい分野である。しかも、今日、村落社会における家と家との関係は完全に平準化し、若年層と老年層との人間関係も以前とは比較にならないほど希薄になっている。このような社会構造の著しい変容に連動して、性向語彙の体系が今後さらにどのように変容していくのかという問題は、社会言語学における重要な課題の一つになると考えられる。

　ところで、筆者は、先に「性向語彙は『プラス評価⟵⟶マイナス評価』の二極対立構造を示すものであって、中間的な無色透明の評価に属する語彙は全く認められない。」という事実を指摘した。この事実が、他の意味分野には認められない、性向語彙の概念体系を貫く最も大きな特性であることについては、すでに何度か述べている（拙著『生活語彙の基礎的研究』1987、和泉書院、同『生活語彙の構造と地域文化―文化言語学序説』1998、和泉書院）。この事実は、ラングレベルにおける語彙体系の内的構造としては、現在までの研究成果によって十分に検証ずみであって、なんら改変すべき必要は認められないと考える。しかし、性向語彙を構成する個々の要素が実際の発話場面においてどのように運用されるかというパロールレベル（語用論的レベルも含む）において捉えなおしたとき、マイナス評価価値（排除価値・過小価値）からプラス評価価値（指向価値）への転換が見られる要素も存するのである。

　その１例として、「ヒョーケモン」（滑稽人）がある。この語は、ラングレベルにおいては通常マイナス評価価値（排除価値）を表すものとみなされているが、たとえば親しい者同士が集まって行う宴会（語らい）の場面で用いられる場合には、
　　○アノ　オッツアンワ　ホンニ　ヒョーケモンダケー　オモシロイ

ナー。イッペンデ　ニギヤカン　ナッ　デ。あのおじさんは本当に
ヒョーケモンだからおもしろいなあ。一度に座がにぎやかになるわ。
（中年層女性）〈倉吉市生田〉

のように、プラス評価価値（指向価値）に転換する。

　また、「ブチョーホー」という語を、みずからのこととして相手に言う場合には、たとえ建前としての発話であっても、マイナス評価価値（排除価値）を担うものとはならないであろう。

○ワシャー　ホンニ　ブチョーホーデ　ナンニモ　デキマシェンケー。スマン　コッテス。私は本当にブチョーホーで何もおもてなしができませんから。申しわけないことです。（老年層女性）〈生田〉

　このように、発話レベル（運用レベル）においては、ラングレベルにおける評価価値の恒常性が保持され得ない要素が認められるのである（ただし、後者の「ブチョーホー」は、話者が自分の振舞を謙遜して表現していることに注目する必要がある）。しかしながら、「仕事に対する態度」（たとえば、「ナマケモン」）を表す語彙や「精神の在り方」（たとえば、「イジクサリ」）を表す語彙においては、このような評価価値の直接的な転換は見られない。

　したがって、性向語彙によって知られる「社会的規範」には、恒常的な評価価値（恒常価値）を表すものと、状況的な評価価値（状況価値）に関するものとの2種類の意味項目や要素の存することが理解されるのである。

　また、日本人は、建前と本音を弁えて行動することを、「社会的規範」の本質に据えてきた。相手に向かって直接使用される性向語彙とそうでない語彙とを調査することによって、地域社会の人々が、どのような振舞原理に生きることが社会的秩序を維持するために最も有効であると認識していたかが具体的に見えてくるであろう。

　方言性向語彙の分析、解釈を通して、「日本人とは何か」という問いに答えるためには、ラングレベルにおいて解明される評価価値の構造と認識、パロールレベルによって明らかになる評価価値の転換、使用する場面と相手、振舞方の意識などを客観的な手順を踏んで解析し、統合しなければならない。今後に残されている課題はあまりにも多い。

4．方言性向語彙のシソーラス

　筆者は、「広島県方言の性向語彙資料」(『内海文化研究紀要』第15号、1987)において、広島県下の13地点(安芸地方8地点、備後地方5地点)で採録した性向語彙の実態に基づいて、「性向語彙のシソーラス」(概念体系)の一試案を示した。先に紹介した藤原与一の郷里方言に関する、性向語彙の均質的認識によって構成された概念体系においては、全部で35の分類項目が立てられている。

　その中には、分類項目番号11の「沈着な人・ゆっくり屋・ぐずぐずする人」、17の「はらたて・だまり・ひねくれ」、30の「ぶしょう者・どうらく者」、34の「横着者・吝嗇家」などのように、それぞれの内部の性向が、意義特徴や評価の点で一つの分類項目に括ることに問題の存するものが認められる。また、藤原の分類項目は、一応プラス評価と見なされるものからマイナス評価と見なされるものの順に配列されていると理解されるが、評価を軸とする意味項目ごとの対立関係が明確に見えてこないという問題も存する。さらには、性向の外延性の規定がやや狭くなっているために、「オーメシグイ・クイイジ・ゴザネブリ」などの食性向や「ダテコキ・オツーコキ」などの衣性向に属する分類項目が完全に欠落しているという問題点もある。

　このような難点を解消するために、筆者は、「方言性向語彙の意味構造についての一試論」(『方言副詞語彙の基礎的研究』に収録、1976、たたら書房)において、評価の観点を軸として、藤原の分類項目の全体にわたって全面的な検討を施し、また、意義特徴の弁別性に留意して、60の意味項目を類義と対義の関係構造として示した。しかし、性向語彙は、結果的にはプラス評価とマイナス評価の二極構造に見分けられはするものの、一義的には人間の態度、振舞、性格、人柄を評価したり、そのような態度、振舞、性格、人柄を見せる人々を指示したりする語彙のまとまりである。したがって、そのようなまとまりとしての性向語彙が全体としてどのような構造を示すかを、意味と意味の結節点である概念に基づいて、合理的に解明することが先決とされよう。このことを前提としなければ、プラス評価・マイナス評価の二極構造に

おいても、漏れやユガミが生じることになる。

　そこで、66の意味項目からなる調査簿を用意して徹底的な深部調査を行い、その結果をまとめたものが『島根県那賀郡金城町今田方言の性向語彙』(『広島大学方言研究会会報』第26号、1981)である。今田集落は、85戸からなる農業集落であるが、約1300語の異なり語数(連語、慣用句、ステレオタイプ化された表現を加えると2805の要素)を採録することができた。それを弁別的意義特徴と統合的意義特徴に基づいて、可能な限り細分化を試みた結果、66の意味項目のうち18の意味項目について、さらに50の下位項目が設定されることとなった。上位項目と下位項目とを合わせると、全部で116の意味項目からなる分類体系が帰納されたわけである。

　ところで、概念体系としてのシソーラスは、可能な限り多くの項目を、科学的な方法によって立てられた分類原理に従って分類し、全体の階層構造の中に矛盾なく位置づけることができるような体系の枠組として構築されなければならない。すなわち、新しい意味項目が帰納された場合、その位置が合理的に定められるようなものでなければならない。今田方言の性向語彙の分類体系は、下位の意味項目においては、その全体をほぼ漏れなく尽くしており、しかも、一々の意味項目が、たとえば、〔1〕働き者、〔2〕怠け者、〔3〕大ざっぱな人、〔4〕ていねいにする人、あるいは〔15〕大胆な人、〔16〕親分肌の人、〔17〕世話ずきな人、〔18〕冒険家のように、類義と対義を二つの軸として、前後にその緊密な関連性をたどることができるように配列されている。また、プラス評価の意味項目を先に、それと対義関係を示すマイナス評価の意味項目をすぐその後に挙げて、評価の観点からも、意味項目相互の緊密な関連性が読み取れるように配慮されている。したがって、そこに示された意味項目全体の関係構造をたどることによって、土地の人々の対人評価の視点、言い換えれば、他者と自己の両者に関わる性向の細密な範疇化を具体的に理解することができる。

　しかしながら、性向語彙の全体が、意味項目を単位として基本的には一元的に示されているために、意味体系の全体構造(概念体系の枠組)が見えにくいという難点が存する。

第4章 方言性向語彙の共時論的研究の枠組み

『内海文化研究紀要』第15号に示した「性向語彙のシソーラス」は、この難点を解消するために、性向語彙の意味項目の統合化をはかり、全体を立体的な構造体として表示したものである。以下に示すものは、その後の統一調査に基づく検討を加えて、一部修正を施したものである（後に、拙著『「ヨコ」社会の構造と意味―方言性向語彙に見る』2001、和泉書院に再録）。

Ⅰ．**動作・行為の様態に関するもの**
 Ⅰa．仕事に対する態度に関するもの
  A．仕事に対する意欲・能力のある人
  （1）　働き者
  （2）　仕事の上手な人
  （3）　仕事の早い人・要領のよい人
  （4）　仕事を丁寧・丹念にする人
  （5）　丁寧すぎる人
  （6）　仕事に熱中する人
  （7）　辛抱強い人
  B．仕事に対する意欲・能力に欠ける人
  （8）　怠け者・仕事をしない人
  （9）　仕事の下手な人
  （10）　仕事の遅い人・要領のわるい人
  （11）　仕事を雑にする人
  （12）　仕事の役に立たない人
  （13）　投げやりにする人
  （14）　放蕩者
 Ⅰb．具体的な動作・行為の様態を踏まえた恒常的な性向に関するもの
  A．対人関係を前提としないもの
  〈きれいずきな人〉
  （15）　きれいずきな人
  （16）　特別にきれいずきな人
  〈汚くしている人〉
  （17）　片付けのわるい人
  （18）　不精者
  〈ものごとに動じない人〉
  （19）　沈着冷静な人・落ち着いた人
  （20）　のんきな人
  （21）　大胆・豪胆な人
  （22）　図太い人
  （23）　横柄な人・生意気な人
  〈ものごとに動じやすい人〉
  （24）　落ち着きのない人
  （25）　じっとしていられないであれこれする人
  （26）　気分の変わりやすい人
  （27）　小心な人・臆病な人
  （28）　内弁慶な人
  （29）　外では陽気だが家では無口な人
  （30）　極端に遠慮する人
  〈乱暴な人〉
  （31）　いたずらもの
  （32）　乱暴な人
  （33）　腕白小僧・始末に負えない子
  （34）　お転婆
  （35）　わがままな子
  〈軽率な人〉
  （36）　調子乗り・おっちょこちょい
  （37）　滑稽なことをする人
  〈好奇心の強い人〉
  （38）　物見高い人

(39) 冒険好きな人
(40) 出歩くのが好きな人
〈感情表出に偏向のある人〉
(41) 怒りっぽい人
(42) 涙もろい人
(43) よく泣く人
(44) いつもにやにやしている人
〈気温に対して偏向のある人〉
(45) 寒がりな人
(46) 暑がりな人
〈飲食に偏向のある人〉
(47) 大食漢
(48) いじきたない人
(49) 食べるのが特別早い人
(50) 大酒飲み
(51) 酒を飲まない人
(52) 酔っぱらってからむ人
〈金品に執着する人〉
(53) 欲の深い人
(54) けちな人・しみったれ
(55) 倹約家
(56) 浪費家
(57) 道楽者
B．対人関係を前提とするもの
(58) 世話好きな人
(59) 出しゃばり・お節介焼き
(60) 愛想のよい人
(61) 無愛想な人
(62) 見栄を張る人
(63) 自慢する人
(64) 気がきく人
(65) 気がきかない人
Ⅱ．言語活動の様態に関するもの
Ⅱa．口数に関するもの
(66) 口数の多い人・おしゃべり
(67) 無口な人
(68) 口の達者な人・能弁家
(69) 口下手な人

Ⅱb．言語活動の内容に関するもの
〈真実でないことを言う人〉
(70) 嘘つき
(71) 口のうまい人・口からでまかせを言う人
(72) 誇大家
(73) 冗談言い
〈心にもないことを言う人〉
(74) お世辞言い
(75) お追従言い
〈性悪なことを言う人〉
(76) 悪意のあることを言う人・毒舌家
(77) 口やかましい人
(78) 他人のことに口出しする人
(79) 不平を言う人
(80) 理屈っぽく言う人
Ⅱc．言語活動の在り方に関するもの
(81) 評判言い
(82) 言葉使いが乱暴な人
Ⅲ．精神の在り方に関するもの
Ⅲa．固定的な性向に関するもの
(83) 堅物
(84) 強情な人・頑固者
(85) 厳しい人
(86) 優しい人
(87) 陽気な人
(88) 陰気な人
(89) 勝ち気な人
(90) すぐに泣き言を言う人
Ⅲb．知能・知識の程度に関するもの
〈賢明な人〉
(91) 賢い人・思慮分別のある人
(92) ずる賢い人
(93) 見識の広い人
〈愚かな人〉
(94) 馬鹿者
(95) 世間知らず

(96)　人づきあいのわるい人　　　　　(101)　不親切な人
Ⅲc．人柄の善悪に関するもの　　　　　　　(102)　ひねくれ者
　　　〈人柄のよい人〉　　　　　　　　　　(103)　しつこい人
　　　(97)　人格の優れた人　　　　　　　　(104)　厚かましい人・図々しい
　　　(98)　あっさりした人　　　　　　　　　　　人
　　　(99)　誠実な人・実直な人　　　　　　(105)　気難しい人
　　　(100)　穏和な人・いわゆる善人　　　　(106)　情け知らずの人
　　　〈人柄のわるい人〉

　観念的には、さらに多くの意味項目を想定することが可能だが、広島県下の13地点（『内海文化研究紀要』第15号に「性向語彙のシソーラス」を発表した後に室山が単独で行った、広島県賀茂郡河内町上河内、山県郡加計町土居、佐伯郡佐伯町玖島、深安郡神辺町道上、三次市向江田町和田、三原市西野、同廿日市市地御前方言、同府中市本谷方言の8地点の調査結果を加えた）と鳥取県・愛媛県の各2地点で得られた性向語彙に即して分立し得た意味項目の数は、以上の106項目である。今後、さらに多くの地点で調査を実施し、新たな意味項目を立てなければならない性向語彙の要素が採録されれば、当然意味項目の数は増えることになるが、意味に基づく分類体系の全体的な枠組に大きな改変を加えなければならないようなことはまずなかろうと考える（なお、西南日本の人々が伝統的に内面化してきた「世間体」の実体は、先に示した性向語彙における106の意味項目によって構成されていると言ってよかろう）。
　さて、上に示した「性向語彙のシソーラス」は、次のような方法によって帰納したものである。
　1．広島県下の13地点（実質的には21地点）と鳥取県・愛媛県の各2地点で採録されたデータを、すべて均質の資料として処理した。個々の言語社会の性向語彙は、それぞれの言語社会の社会的環境の特性に即して、あくまでも得られた限りの語彙について、全体の構造を帰納しなければならない。調査を行った上記の地点は、社会的環境も異なり、得られた語彙量や意味項目の数にも異同が認められる。にもかかわらず、これらの地点のデータを均質のものとして処理したのは、概念体系としての

「シソーラス」は個々の言語社会の間に認められる差異を超えた、一般的な共通性に重点を置くものと考えたからである。
2．そこで、得られたデータの総体を対象とし先に説明した今田方言の意味項目を参照し、まず意味項目のレベルでの分節を行い、各意味項目における基本的な要素の連合と弁別を確認した。ついで、複数の意味項目を統合する統合的特徴に注目して類化を行うという手続きを、すべての意味項目にわたって繰り返し適用することによって、全体の意味項目を統合するためのそれぞれのレベルにおける概念枠を設定した。すなわち、全意味項目をいわゆる上昇的統合の原則によって、構造化したわけである。さらに、このようにして構造化された概念体系をプラス評価とマイナス評価の対立によって、全体的整合を施した。
3．これによって、「動作・行為の様態に関するもの」「言語活動の様態に関するもの」「精神の在り方に関するもの」の三つを概念枠を最上位とし、全体がプラス評価・マイナス評価によって対立関係を形成する、基本的には四つのレベルから成る階層構造を帰納し得たわけである。

以上述べたことを具体的に説明すると、つぎのようである。たとえば、「沈着冷静な人・落ち着いた人」「のんきな人」「大胆・豪胆な人」「図太い人」「横柄な人・生意気な人」の五つの意味項目は、プラス性向・マイナス性向の別は存するものの、いずれも〈ものごとに動じない〉という意義特徴の共有が認められ、これによって五つの意味項目が一つの類に類化される。そして、「落ち着きのない人」「じっとしていられないであれこれする人」「気分の変わりやすい人」などの意味項目に共通して認められる〈ものごとに動じやすい〉という意義特徴と対立する。しかし、この対立は、〈ものごとに対する心の動き〉という一段階上位の統合的意義特徴によって、対立関係を維持しながら一つのグループとしてグルーピングされることになる。しかも、これらの意味項目は、いずれも生得のものであり、また、〈対人関係を前提としない〉という点で、自己の範疇において一応は完結しているものである。その点で、生後、経験的に身につける〈仕事に対する態度に関するもの〉や、「世話好きな人」「出しゃばり・お節介焼き」「愛想のよい人」「無

愛想な人」などの意味項目における統合的意義特徴である〈対人関係を前提とするもの〉と対立することになる。しかしながら、このような対立関係を見せるそれぞれのグループも、結局、〈動作・行為の様態に関するもの〉という最上位の概念枠に、すべて包摂されることになる。このように、

　　　分節——→対立——→類化——→統合

の繰り返しによって、内包性の大きいレベルから外延性の大きいレベルへと上昇することになる。したがって、上位レベルほど概念性が強くなり、下位レベルほど意義特徴に基づく関係性が強くなる。したがって、階層構造の全体は、決して等質的とは言えない。しかしながら、この点は階層構造というものが持つ宿命的な性格によるところであって、やむを得ない。

　さらに多くの方言について、このような試みを行うことによって、より一般性に支えられた「性向語彙のシソーラス」を確立することができれば、日本語方言における性向語彙の体系比較の公準が得られるだけでなく、諸外国の性向語彙との比較・対照研究の途を開くことが可能になると考えられる。それを通じて、各民族の集合的パーソナリティーの規範に関して、差異性や類同性を客観的に解明するための尺度が得られることになると考える。また、「方言性向語彙のシソーラス」を公準とする比較・対照研究を基盤とし、さらに文化人類学・文化社会学や比較・対照言語学の研究成果にも詳しく目くばりすることによって、異文化理解・多文化共生のための一方途が開かれてくるものと思われる。

5．方言性向語彙に関する共時論的研究の枠組

　以下には、ある特定の言語共同体を想定して、村落社会に生きる人々の「理想的な人間観」、ならびに「集団的規範としての運用のメカニズム」を、動的な相において解明することを最終的な目標として設定し、そのためにはどのような個別的視点の設定が必要とされるかを、一つの有機的な組織として示すことにする。

　ただし、以下に示すものは、従来の方言性向語彙に関する共時論的な研究成果を踏まえ、さらに研究課題を広く展望した上で、いわば理念的、志向的

に措定される研究体系を意味するものではない。今後、研究の急速な進展に伴って、性向語彙の体系的側面、位相的側面、行動的側面、心理的側面の総体をカバーした確固たる研究体系の組織化が要請されることになるであろう。しかし、それは将来の課題として、ここでは、筆者が従来実践してきた、決して十全とは言えない研究経験を踏まえて、基本的に重要だと考える具体的な課題性を中心にして、その全体的な組織化を試みることにする。なお、言うまでもないことではあるが、以下に示す研究体系は、基本的に、記述方言学と社会方言学の二つの研究領域を統合するものであるが、二次的に社会心理史・農村社会学・認知意味論などの研究手法の援用が必要とされることになるだろう。

1．体系的側面に関する課題
　(1)　性向語彙の実態に基づく語彙体系・意味体系の確定──シソーラスから語彙・意味の体系へ──
　　　a．各意味項目の意味体系の分析
　　　b．意味項目相互の意味的関係構造の分析
　　　c．最下位の意味項目から最上位の意味分野にいたる上昇的統合
　　　d．各意味項目における語彙・意味の構造生成のパターン（歴史を含む構造）
　　　e．各意味分野内部における意味項目と評価との対応関係
　　　f．意味項目間相互の動的ネットワークの構成
　(2)　性向語彙における量的構造のパターン
　　　a．意味分野相互の量的対立関係（意味項目数・語彙量）
　　　b．プラス評価語彙とマイナス評価語彙との量的対立関係
　　　c．語彙量の極端に多い意味項目と極端に少ない意味項目の分布関係
　　　d．方言語彙と共通語語彙との量的対立関係
　　　e．方言語彙と地域共通語語彙との量的対立関係
　(3)　性向語彙における造語法の分析
　　　a．造語法のパターン──派生法・複合法の構造、種類、比率など
　　　b．比喩的発想（想像的発想）と具体的発想（直截的発想）との関係

c．比喩による意味の拡張傾向
　　　d．各意味項目における語、連語、句の弁別と比率
　　　e．接辞の構造的特性（意味分野・評価との関係）と機能
　　　f．音節数の分析
　　(4)　性向語彙における語種の分析
　　　a．語源・語源意識の検討（民間語源）
　　　b．和語・漢語・混種語・外来語の弁別と比率
2．位相的側面に関する課題
　(1)　年層差の解明とその社会的要因の分析
　(2)　性差の解明とその社会的要因の分析
　(3)　個人差の解明とその社会的要因の分析
　(4)　職業差（生業差）の解明とその社会的要因の分析
3．行動的側面に関する課題
　(1)　使用語彙・理解語彙・無関係語彙の分析
　(2)　使用頻度の分析——多用・常用・稀用
　(3)　使用場面と語彙の選択との関係——上位場面・通常場面・下位場面
　(4)　使用場面と使用意図・使用効果との関係
　(5)　性向語彙の使用によって規定される人間関係のネットワーク
4．心理的側面に関する課題
　(1)　対人関係と性向語彙の使用心理との関係
　(2)　プラス性向語彙・マイナス性向語彙と評価イメージとの関係
　(3)　家庭内での使用心理と家庭外での使用心理との関係
　(4)　性向語彙の学習と発達
5．環境的側面に関する課題
　(1)　性向語彙の体系と自然環境との相関（瀬戸内における島嶼部と本土部の性向語彙の体系）
　(2)　性向語彙の体系と生業環境との相関（農業社会・漁業社会と性向語彙の体系）
　(3)　性向語彙の体系と社会環境との相関（講組結合・同族結合と性向語

彙の体系)

　以上の共時論的研究における一々の課題が、相互に緊密な関連性を有することは言うまでもない。たとえば、2の「位相的側面に関する課題」の中の(1)「個人差」の問題は、各年層または各世代において解明されなければならない問題であり、個人差の大きい年層と少ない年層という観点からこの問題を分析することになれば、年層差の問題と密接に関連してくる。性差と個人差、職業差と個人差との関係にも同様のことが言える。個人差の問題はそれだけにとどまらず、3の「行動的側面に関する課題」や4の「心理的側面に関する課題」の中の各項目とも関連してくる。しかも、最も具体的に個人差が顕在化するのは、使用語彙と使用頻度の点であろう。これが、間接的には、1の「体系的側面に関する課題」の一々に影響を及ぼすことになる。量的差異は、質にも影響を及ぼす。

　このように、個人差という問題一つに限っても、他の多くの問題との関連によって考察するならば、質や構造に関わる注目すべき傾向性や規則が見出されることになるであろう。ただ、どの課題を取りあげても、有意義な研究となることは確かだとしても、時間と労力を要する作業になることだけは、よく自覚してかかる必要があるだろう。

　最後に、「意味項目間相互の動的ネットワークの構成」について、簡単に説明しておきたい。先に示した「性向語彙のシソーラス」は、意味と評価を軸として構成した静的なシステムであるが、このシソーラスの一部には同じ語形の要素が二つの意味項目にわたって出現するというケースが認められるのである。

　たとえば、広島県比婆郡東城町川東方言においては、「怠け者」(8)と「馬鹿者」(94)、「怠け者」と「放蕩者」(14)、「口数の多い人・おしゃべり」(66)と「評判言い」(81)などの意味項目に同一語形の要素が出現する。一例をあげれば、「怠け者」と「放蕩者」という二つの意味項目に「ノラ」「ドラ」という語が現われる。また、「怠け者」と「馬鹿者」という二つの意味項目に「ボヤスケ」「ボケナス」「ホーケモン」「ポンスー」「ヌケサク」などの語彙が共通して現われる。これらの多義語が存立している理由は、一律に

説明することができない。前者の場合は村落社会の成員とは見なされなかった「野良坊」(何者にも属さないことによって、一切の義務を免除されたいわゆる「流れ者」)が近世に入って、一定の村落の周辺に定住するようになり、やがて村落社会の成員として定着するようになった過渡期における両義的意味を反映するものである(詳しくは、拙著『「ヨコ」社会の構造と意味』2001、和泉書院を参照のこと)。また、後者の場合は、「馬鹿者」が原因で「怠け者」がその結果という村落社会における規範的認識(たとえ「馬鹿者」であっても年間で百日以上を占める共同労働に参加しなければならないが、「人なみ」に仕事ができないため、「怠け者」と見なされる厳しい社会的規範)が背景となっているものである。

このように、二つ(以上)の意味項目に現れる語彙を基準として、意味項目間の関係性を動的なネットワークに変換することによって、静的な分析では見えてこないさまざまな問題が発見され、より深い解釈へと到達することが可能になるのである。

〔補記〕
　西南日本の村落社会における、「労働秩序」と「つきあい秩序」を基軸とする秩序構成の原理は、基本的に、性向語彙を貫く価値体系としての「ヨコ」性の構造によって構成されており、それによって土地と富が限定された村落社会にあって、常に公準化・公平化を指向する行動倫理が維持されたことについては、すでに拙著『「ヨコ」社会の構造と意味―方言性向語彙に見る』(2001、和泉書院)の中で、詳しく検証したところである。また、性向語彙における「ヨコ」性の原理の認められる文化領域は、「講組結合」「つきもの信仰」などの民俗事象が濃密に分布していた文化領域とほぼ重なることに関しても、民俗学の既成の研究成果に即して明らかにした。
　しかし、東北日本の状況については、いまだ精確なデータが得られていないために、西南日本と同様の事態が認められるかどうかについては、結論を保留した。だが、拙著を上梓した後、川崎洋の『かがやく日本語の悪態』(1997、草思社)に接して、東北日本にもおいても西南日本と同様、「ヨコ」性の原理が性向語彙によって構成されているのではないかと考えるようになった。これを客観的に究明することが、今後の大きな課題とされる。以下には、筆者がそのような考えを抱くことになる、重要なきっかけを与えてくれた一節を、『かがやく日本語の悪態』から引用

して示すことにする。

　　山形県の日本海側で教えてもらった悪口に「いっちょなし」があります。一町歩、今で言えば一ヘクタールの田を耕して収穫をあげることができる人間が「いっちょまえ」すなわち一人前で、「いっちょなし」はその能力に欠けている半人前を示す悪口です。現在は耕耘機などがあるからいいけれど、牛や馬を使って一町歩を受け持ってとりさばいていくこのは大変なことでした。反対に一人で一町歩を受け持って楽々とこなし、なおかつ余力があるような男を「いっちょまえあまてる」（一町前余っている）と呼びます。

　　これはわたしの想像ですが、農村は一種の運命共同体ですから、そこに十人いれば一人一人がそれぞれに「いっちょまえ」でないと、全体に支障をきたすということがあって、だから半人前をおとしめる悪口が生まれたのではないか。また、一人前以上の能力者に対し、なるべく平均であって欲しいというみんなの気持ちが「いっちょまえあまてる」という表現とどこかでつながってはしないでしょうか。ともあれ世の中は「いっちょなし」と「いっちょまえ」と「いっちょまえあまてる」人たちで、いい具合にバランスがとれているように思います。（139ページ）

◇『内海文化研究紀要』第22号（1994、広島大学文学部）に掲載された「中国地方方言の性向彙語資料（Ⅰ）—広島県方言の性向語彙（その一）」に、かなり大幅に加筆修正を加えたもの。本章の内容は、一部、拙著『「ヨコ」社会の構造と意味—方言性向語彙に見る』と重なるところがあるので、拙著にも目を通していただけるならば幸いである。

付記 【言語と文化】

　以下の論述は、主として児玉徳美の『言語理論と言語論』(1998、くろしお出版)と宮岡伯人の『「語」とはなにか―エスキモー語から日本語を見る』(2002、三省堂)に依拠してまとめたものである。

①　言語は人間のみが有する特質で、人間の思考・行動・社会関係に関与し、分析対象として利用しやすい。さらに、人間が用いるあらゆる記号のなかで、言語だけが記号について論じることのできるメタ記号としての特権を与えられている。その意味で、言語は人間文化において極めて大きな役割を果たし、人間性を解く一つの重要な鍵をにぎっている。

②　言語も文化も同じ人間の営みであり、両者に通底する原理を「概念化能力」に求めるとすれば、問題はどのような道具だてを用いて人間の営みを分析すべきかということになる。従来の「文化記号論」(文化は言語である)は「言語中心」の道具だてであるが、現在の言語理論自体が言語と思考・認知・文化・社会の関係に深い洞察を与えるほどに整備されておらず、言語と異なる文化の多様性を記述するには不十分である。逆に、文化を基軸に人間のあらゆる行動を説明しようとする試みは、人間の普遍的な特性を見失いがちである。なぜなら、文化はいかなる文化も個別であり特殊であって、普遍的な文化などというものはどこにも存在しないからである。また、最近の「認知言語学」は言語表現の生成と理解において、知覚・推論・脈絡などに基づく心的認知過程の役割を重視しているが、言語と文化の関係にまで及んでいるわけではない。

　筆者も十分整理できているわけではないが、人間の「概念化能力」を設定し、その大枠の中で、「概念体系」を形成する言語と文化にどのような異同があるかを見ていくことが重要ではないかと考えている。言語・文化の形成においては、世界のあり方についてほぼ無意識に受けとめられている価値観を無視することはできない。言語や文化を身につけると、概念体系や価値観がどのように形成され、等質化されるのかという問題がある。

③　母語習得のための「言語能力」と「文化形成能力」との間には大きな違

いがある。「言語能力」の開発にはそれを誘発する最低限の言語刺激が必要十分条件であり、それさえ与えられれば教えてもらわない言語知識も自然に身についていく。これは視力や聴力が開発の要件さえ与えられれば、自然に開花するのと同じことである。これに対し、「文化形成能力」の開発では、文化にさらされるだけではその文化を身につける必要十分条件とはならない。文化は生後の経験や意識的参加を通して、はじめて習得されるものである。

④　言語構造のコードが高度に体系化されているのに比べて、文化のコード性は弱い。また、文化項目の機能範囲が違うことによって、文化項目の意味そのものも違うことがある。たとえば同じ宗教にしても、政治・法律と不可分のものから政教分離をするものまである。この場合、宗教や政治・法律といった文化項目を同じ尺度で測ることはできない。

⑤　言語によって、外界の分節の仕方は大きく異なる。たとえば、英語のrice は日本語の「稲／籾／米／ご飯」の意味をすべて包含するが、日本語ではその一々の対象を別の語を用いて指示する。

⑥　人間は自らを取りまく世界になんらかの意味や価値を付与し、言語を用いて自らの住む世界を構築していく。言語が社会的に制度化された性格をもつ以上、言語には過去からの遺産であるさまざまな価値が貯蔵されている。我々はしばしばその価値を意識しないまま、母語を用いて思考し、行動している。無意識の価値が過去からの遺産であると見た場合、その価値は極めて文化的な要素であり、価値の存在しない言語・思考・行動は考えられない。したがって、価値は言語と他の文化項目を結ぶ極めて重要な接点である。

⑦　言語と同様に文化も変化する。言語が文化の変化を規定するわけではなく、むしろ文化の変化が先行し、言語がその変化を追う場合が多い。これは、言語と社会構造の関係についても同様である。文化の変化をうながす最大の鍵は「価値観」の変化である。

⑧　「世代間による文化の違い」

⑨　「男ことばと女ことば」——支配説と相違説（いずれも、社会・文化と相関する）

⑩ 【価値観の違いを表す特性軸】

```
日本                              欧米
←——————————————————————→
  ＋      〈対象依存性〉      －

日本                              欧米
←——————————————————————→
  ＋      〈われわれ意識〉    －
          〈集団主義〉

                〈ウチとソト〉
欧米                              日本
←——————————————————————→
  ＋      〈個人主義〉        －
          〈契約主義〉
```

⑪ 《言語の文化全体のなかでの働き》（宮岡伯人の『「語」とはなにか―エスキモー語から日本語を見る』を参照のこと、前出）
  a．言語 1 ＝範疇化の言語（認識の言語）
  b．言語 2 ＝伝達の言語
  c．言語 3 ＝直接機能性の言語（この子を花子と命名する）……この伝達は、宣言と同時に命名の行為を実現している。このような機能を果たす場合の言語を、直接機能性の言語と呼ぶ。

第5章 「認識言語」と環境

1．「認識言語」とは

　環境[1]への適応を左右する、環境の認識に深く関わっているのが、当の集団・社会の「認識言語」（伝達言語に対する）であると言われる。環境の認識（分類、カテゴリー化）とともに、その分類の操作、すなわち表現や思考にもまた、「認識言語」は深く関わっている（L. S. ヴィゴツキー『思考の言語 上・下』柴田義松訳、1973、明治図書）。そもそも、伝達という言語の機能が成立するその前提には、環境の認識に関わる「認識言語」のはたらきがあるはずである。認識と人間の生態的適応とが密接に関連し合うところに「文化」が根ざしているとすれば、まさにその点に根源的かつ原初的に関わってくるのが、この「認識言語」であろう。

　「認識言語」はそれ自身、連続的で混沌とした外部世界、すなわち「自然環境」のみならず「生業環境」や「社会環境」、さらには「超自然（たとえば霊界）的世界」をも含む広義の「環境」、その環境との相互作用の中で、当の集団・社会に独自の様式で整理され分類されている（宮岡伯人『語とはなにか―エスキモー語から日本語をみる』2002、三省堂、松井健『琉球のニュー・エスノグラフィー』1989、人文書院）。つまり、「環境」は認識言語によって非連続的な単位に「分節」あるいは「範疇化」されることによって、秩序づけられ組織化されている。範疇化は、言語ごとに、あるいは同一言語の内部においてさえも、異なるやり方で混沌とした環境世界に一種の識別の枠組みをあてはめ、価値を含む秩序に変える。秩序に変える際の最も根源的な準拠枠は、それぞれの集団・社会が永い歴史を背景とする環境との相互作用の中で獲得した「知的関心」と「実利的効用」である（松井健は「ものと名前の人類学」の中で、「主知主義」「実用主義」という用語を用いている、宮岡伯人編

『言語人類学を学ぶ人のために』170ページ〈1996、世界思想社〉)。この両者を統合して、当の集団や社会の成員が「環境」に対してより効果的に適応するための「生活の必要性」(生活の有用性・有効性を中心とする)という原理(自分たちの生活にとっていかに役立つか役立たないか、あるいは効果的か非効果的かという観点からの分類を中心とする)、と呼ぶこともできようか。

集団や社会としてだけでなく、個人も幼児期において、複数の具体的な刺激の中に一定の類似を見出すことによって、ひとまとめにする範疇化能力が発現することが、認知心理学や心理言語学においてすでに検証されている。そして、生まれ落ちた環境との相互作用の中でその範疇化に調節を加えつつ、その母語に深く刻印された固有の範疇化にしだいに同化し、それを体得していくという(D. スタインバーグ『心理言語学』国広哲弥・鈴木敏昭訳、1988、研究社出版)。それを可能にするのが子どもたちの驚くべき記憶力であって、スタインバーグによれば、6歳児は約2万4千、7歳児は約5万4千の語彙をすでに獲得していると推定されている(この語数はアメリカの児童だけでなく、日本の児童においても同様であるという)。

さて、E. サピアは、「文化のあらゆる側面の中で、最初に高度に発達した形式をとったのが言語であり、これが本質的に完成していることが文化全体の発達にとって先決条件であった、というのもあり得そうなことである」(平林幹郎『サピアの言語論』1993、勁草書房)としたうえで、その言語とは「人間の現実世界を支配しようとする性向が音声言語の形をとって実現したもの」だと述べている(同上)。このサピアの考え方について、宮岡伯人は『語とはなにか―エスキモー語から日本語をみる』(2002、三省堂)の中で、次のように述べている。

　　人間の現実界支配つまり環境適応にもっとも根源的な方策が言語だと理解しうるこのことばは、サピアが言語について我々に遺してくれた数々のことばのなかでもっとも鋭い洞察を示すものといえるかもしれない。

また、「意味の野」の理論を展開したJ. トゥリアーは、「内的言語形式」を「意味の野を分割し、整理配列する」内的な言語形式と解釈して、次のよ

うに述べている。

　　　言語の内的形式から出発する整理配列というのは、まさにまず第一に、一つのブロック（意味の野、筆者注）に所属し、また一つのまとまった記号のマントとなる語が、分節構造をもちながら相並んで存在する点とこれらの語が意味の点でお互いにはっきりときわだっているその様式に現れ出る。これを認識することが、言語の世界像へせまっていく道なのである。（寺川央・福本喜之助訳『現代ドイツ意味理論の源流』1975、大修館書店）

　このような「認識言語」によって外部世界（環境）を分類した個々の範疇（意味システムを骨格とする語彙システムによって構成される）は、言うまでもなく固定的なものではあり得ない。顕在的な要素だけでなく、潜在的な要素、さらには虚構・非現実・不可能なものさえ、伸縮自在に含みこみ、現実世界の変化に応じて新たな要素を既存の枠に引きこんだり、隠喩的・換喩的な意味の拡張をも許容する極めて大きな柔軟性と創造性をもったプロセスでもある。ただ、隠喩的・換喩的な意味の拡張について、念のため付言するならば、作家や詩人のそれが自らが生きる「環境世界」のしばりを超えて、時間的・空間的に無限に拡がっていくものであるのに対し、地域言語（方言）に認められる隠喩的・換喩的な意味の拡張は、地域社会の成員が生きてきた「環境世界」のしばりを強く受けて、自在に「環境世界」（生活空間、地域生活者が生きる「場」）を超えるようなことはない。基本的には、歴史を背景とする自らの「環境世界」に閉じられている。たとえば、農業社会には「ウシ」（寡黙な人を牛に見立てた）、「イモヒキ」（小心な人を甘藷を収穫する際、後ろに下がりながら引いていくことから、その動作に見立てた）、「タノモトガエル」（家からあまり出ない人、つきあいの良くない人をいつも同じ田の側にいる蛙に見立てた）、「ソートメ」（蟻地獄、前に進むことができず後ろにしか下がれない蟻地獄の動作を、やはり後ろに下がりながら早苗を植えていく早乙女に見立てた）のようなメタファーが認められ、漁業社会には「ジューゴンチ」（気分の変わりやすい人を小潮から大潮に変わる十五日に喩えた）、「カタシオナキ」（長泣きする子どもを6時間かかる片潮に見

立てた)、「オーバチ」(大仰なもの言いをする人を大きな魚の活け作りをのせる大皿に見立てた)、「オキニシ」(急に怒りだしてまわりの人を困惑させる短気な人を、急に強く吹きだして海を荒らし、漁民を難渋させる北西風に見立てた)のような隠喩が行われている。

　したがって、たとえメタファーであっても、そこには過去の生活史の反映と「環境世界」、とりわけ「生業環境」の強いしばりが認められるのである(拙著『生活語彙の構造と地域文化―文化言語学序説』1998、和泉書院、室山敏昭編『方言語彙論の方法』2000、和泉書院)。

2．「認識言語」と「認知意味論」

　「伝達言語」に対する「認識言語」の研究は、G．レイコフの『認知意味論』(池上嘉彦・河上誓作他訳、1993、紀伊国屋書店)などの影響を受けて、日本においてもようやく盛んになってきた。と言うよりも、今や隆盛を極めていると言った方がより適切かも知れない。だが、そこには「認知」と「認識」との混同が見られる(「認知」と「認識」との混同については、福井勝義の『認識と文化―色と模様の民族誌』1991、東京大学出版会を参照のこと)。

　ところが、アメリカで「認知言語学」「認知意味論」などの言語理論が構築される前に、すでに日本において、「認識言語」の研究が着実に進められてきた事実の存することに、日本の言語学者はほとんど気づいていないのではなかろうか。日本の言語学者は欧米の著名な言語学者の研究に目を向けることに忙しく、日本で生産された研究成果がほとんど視野に入っていないように思われる。

　G．レイコフの『認知意味論』には範疇(カテゴリー)を認定するための明確な基準や方法がほとんど示されておらず、個々のカテゴリーがいわば所与のものとして提示されている。そのため、現在もなお、カテゴリーの構造、カテゴリーと外界の構造との相依関係、さらにカテゴリーを形成する典型的な成員であるプロトタイプとは何か、カテゴリーの属性に中心的な属性があるのか否か、といった問題が、未解決のまま残されている。また、意味のシステムを骨格として、ある言語の語彙が全体的にいかなる構造(シソー

208　Ⅱ．文化言語学の理論

ラス）を構成するものかについての言及も、ほとんど見られない。さらには、言語と認知を慣習の面から制約している特定の言語文化もしくはそれを担うコミュニティの問題が視野の外に置かれている。環境概念もファジーなままである。にもかかわらず、日本で生産された、たとえば『分類語彙表』(1964、国立国語研究所）や野林正路の『意味をつむぐ人びと―構成意味論・語彙論の理論と方法』(1986、海鳴社)、同『認識言語と意味の領野―構成意味論・語彙論の方法』(1996、名著出版)、宮島達夫『語彙論研究』(1994、むぎ書房)、林四郎先生古希記念論文集『文化言語学―その提言と建設』(1992、三省堂)、さらには『周辺地域方言基礎語彙の研究―奈良県十津川方言を中心として』(研究プロジェクト代表平山輝男、1979、國學院大學日本文化研究所)、柴田武『語彙論の方法』(1988、三省堂)、拙著『生活語彙の基礎的研究』(1987、和泉書院)、同『生活語彙の構造と地域文化―文化言語学序説』(1998、和泉書院)、福井勝義『認識と文化―色と模様の民族誌』(『認知科学選書』21、1991、東京大学出版会）などが、認知意味論や認知文法論の研究に従事する言語学者の著書や論文に引用されることはほとんどないと言ってよい。今後は、言語学者と国語学者（方言学者)、さらには認識人類学者との知的交流を、少数の個人だけでなく学界も含めてさらに密にしていく必要があると考えられる。

　ただ、ここで、誤解を防ぐために、あえて付言するならば、G．レイコフがカテゴリー化とプロトタイプ効果を提唱し、なかんずく言語のあり方も、人間の使う他のすべてのもののあり方と全く同様に、「機能が構造を決定する」――つまり、人間がそれに課す機能を果たすのに十分に適うような形で構造化される――という明らかな傾向性を呈していることを我々に明示してくれた功績は、高く評価されなければならない。また、人間の理性は認知主体と環境世界との相互作用によって動機づけられているとする「経験基盤主義」を明確な形で措定した点にも、我々は注目しなければならないだろう。

3．「認識言語」の貯蔵庫

　ところで、「認識言語」は、ソシュールの言うラングのレベルに措定されることが一般的である（「言語学」においても「言語人類学」「認識人類学」

においても）が、野林正路は「認識言語」の貯蔵庫をランガージュのレベルに措定する。これは、人間が外部世界の事物や現象を正しく認識し分ける場合、2項対立の原則（二分法）にしたがっているのか、それとも2項の類義語からなる複用語彙の交差（四分法）によっているのかという、極めて大きな問題とも密接に連関してくることである。

　「親子の美しい情愛」「少年たちの美しい友情」とは言えるが、「美しい廊下・美しいトイレ」とは言えない。逆に、「きれいに掃除された廊下・トイレ」とは言えるが、「親子のきれいな情愛」「少年たちのきれいな友情」とは言えない。わずかこれだけの例からしても、「美しい」は精神的な美を喚起する対象について使用され、「きれいだ」は物理的な清潔さを感じさせる対象について使用されると説明することができる。したがって、美的対象は「精神的対物理的」という2項対立によって、うまく弁別することができるように思われる。

　ところが、現実はそんなに単純なものではない。たとえば、「夕景色」「青空」「桜の花」「澄んだ水」「瞳」などは、「美しい」と「きれいだ」のどちらも使用することができ、「美しい夕景色」「美しい瞳」とも「きれいな夕景色」「きれいな瞳」とも言うことができる。そのため、無理に2項対立で弁別しようとすると、それに矛盾するおびただしい例外が生じることになる。この誰もが気づいていながら（？）、合理的に説明することのできなかった難問の解明に、初めて挑んだのが野林である。

　彼は、意味構造や語彙構造をつくる〈認識言語〉〈思考の言語〉は、ラングよりも深層のレベルにおいて意味連関を構成していることを、2項の類義語が相互に弁別しかつ連合し合う「四分法」（固有種A／固有種B／正の中間種C／負の中間種D、次の表16―（3）を参照のこと）からなるスキームこそがになっていることを検証、反証可能な方法と理論化によって初めて明らかにした。それが、1986年に海鳴社から上梓された『意味をつむぐ人びと―構成意味論・語彙論の理論と方法』である。

　「認識言語」がはたしてラングレベルに措定されるものなのか、それともランガージュレベルに措定されるものなのかを検証することが、「文化言語

学」の今後に課せられた一つの大きな課題とされよう。

表16―（3）．共通日本語のキレー、ウツクシー二語のスキームにもとづく認識・
　　　　　語彙の基本構造。

固有種A．	⁺キレー―⁻ウツクシー ‖	①掃除した便所 ②洗った雑巾	⁺[　S　]⁻[　M　] ‖	
正の 中間種C．	⁺キレー―⁺ウツクシー ‖	③桜の花　④景色 ⑤青空	⁺[　S　]⁺[　M　] ‖	
固有種B．	⁻キレー―⁺ウツクシー ‖	⑥親子の情愛 ⑦席をゆずった少年 　の行ない	⁻[　S　]⁺[　M　] ‖	
負の 中間種D．	⁻キレー―⁻ウツクシー ‖	⑧機嫌（ウルワシイ） ⑨気分（ウルワシイ） ⑩腕前（ミゴト）	⁻[　S　]⁻[　M　] ‖	

＊S：対象の属性・動的、M：評価の性質・鑑賞的。
＊この構造から、キレーの意味成分には⁺[S]が、ウツクシーの意味成分には
　⁺[M]が配当される。

（『意味をつむぐ人びと』158ページ）

4．「文　化」とは

　ここまで何度か言及した（とりわけ、本セクションの第1章）「文化」についての考え方であるが、宮岡は先に引いた著書の中で次のように述べている。また、池上嘉彦も、『詩学と文化記号論』（1992、講談社）の中で、サピアの言語論に依拠しつつ、宮岡とほぼ同様の「文化」概念を提示していることは、すでによく知られている。筆者も、基本的には、下に引く宮岡の考え方にしたがいたいと思う。

　　「文化」とは、①ある言語共同体がみずからの環境、すなわち言語外
　現実（レアリア）の全体をどのように認識するか――範疇（化）のあり
　ようとその範疇の操作と繰り出しかた（思考と表現）――と、その認識
　の仕方に基本的に結びついた、②環境にどのような生態的適応をしてい
　くかという共同体固有の行動様式とからなる、と考えられる。（『語とは
　なにか――エスキモー語から日本語をみる』163～164ページ）

第5章 「認識言語」と環境

　宮岡の言うとおり、たとえば長年にわたって漁業経験を積んできた老年層の漁民が獲得している「風」や「潮」に関する豊かな「認識言語」は、まさしく彼らが営んできた漁撈において、いかに「風」や「潮」という現象（環境、外部世界）に効果的に適応すればよいかを明確に示す、一種の「共同体的な適応戦略」の記号システムである、と言うことができる。「魚名」に関する「認識言語」についても、全く同様である。しかも、そこには「生活実感」とでも呼ぶべき心理的実在性がしっかりと埋めこまれているのである。
　現在でも、瀬戸内海域の老年層漁民は、
　　〇イオワ　シオデ　コロセ。魚は潮で殺せ（獲れ）。
と言い、山陰地方の老年層漁民は、
　　〇イオワ　カジェト　シオデ　コロセ。魚は風と潮で殺せ（獲れ）。
と言っている。事実、彼らは、「風」や「潮」という自然現象（環境）や「魚」について、擬似科学的と言ってもよいほどの精細な知識を、「認識言語」によって共同主観的に獲得しているのである（拙著『生活語彙の基礎的研究』1987、和泉書院、同『生活語彙の構造と地域文化―文化言語学序説』1998、和泉書院）。
　また、同姓の多い集落では、今でも土地に住む若者が、たとえば「マエダノ　オバサン」（前田のおばさん、姓は「伊藤」、家のすぐ前に田があるので、このように呼ぶ）とか、「カミナガセノ　オッツァン」（上長瀬のおじさん、姓は「田中」、家の前を小川が流れており、やや長い瀬があるので、こう呼ぶ）のように、屋号語彙を用いて呼びかけることが少なくないのである（広島県比婆郡高野町南）。屋号語彙についてさらに付言するならば、「持ち船」の名がそのまま「屋号」として使用されていることもある。たとえば、山口県防府市野島という漁業社会では、「コガマル」（古賀丸）、「ホーサクマル」（豊作丸）、「ミヨマル」（三代丸）、「シンホー」（新宝丸）など、持ち船の名をそのまま屋号として使用している。ここには、漁業社会という「社会環境」への独自の適応の仕方が認められるのである。同じ山口県萩市大島という漁業社会にも、「ナガハマ」（長浜、「長浜丸」という船を持っている家の屋号）、「サンセー」（三成、「三成丸」という船を持っている家の屋号）な

どの例が見られる（岡野信子『山口県の家名・門名・屋号』民俗部会報告書第二号、1995、山口県史編さん室）。これに対し、典型的な農業集落である島根県飯石郡三刀屋町給下には、「タナカ」（田中）「タバタ」（田端）「シモフルタ」（下古田）「ウメダヤ」（梅田屋）「ウエダナカ」（上田中）などのように、「タ」（田）という形態素をとる屋号が数多く認められるのである。

　さらには、同じ農業社会であっても、雌牛に子どもを産ませ、それを4歳になるまで飼育してから「市」に出す、いわゆる生産基盤を持つ農業社会と、単に役牛として牛を使用してきた農業社会とでは、「牛」の体の特徴を区分する語彙のシステムと価値づけが全く異なる[2]。生産基盤を持つ農業社会では、「牛」の体の特徴を価値の観点から細かく区分し、多くの語彙を所有している。そしてね価値の観点は大きく、「肉質」「肉量」「生育」「器量」「品位」の五つに分節されている。これに対し、後者の場合は、体の特徴を表す語彙が極めて少なく、もっぱら「力」のあるなし、使いやすさといった牛の体力や性質を表す語彙を所有している（たとえば、広島県比婆郡東城町、高野町など）。これもまた、「社会環境」（生業環境）に対する適応の仕方の違いが、「認識言語」としての語彙の上に明確に反映していることを意味するものである（拙著『生活語彙の基礎的研究』、松井健『認識人類学論攷』1991、昭和堂、を参照のこと）。

　また、「人の仕事に対する態度」に関して、「仕事に対する意欲・能力に欠ける人」を①怠け者・仕事をしない人、②仕事の下手な人、③仕事の遅い人・要領の悪い人、④仕事を雑にする人、⑤仕事を投げやりにする人、⑥仕事の役に立たない人、⑦放蕩者の七つものカテゴリーに分節しているのは、かつての農・漁村の成員が社会が指向する労働秩序にしたがって共同労働に従事しながら、一定の生産性を維持することによって、運命共同体とも言うべき自らの村落を円滑に維持・存続させるためだったのである。しかも、連日のごとく共同で網漁に従事してきた山口県防府市野島集落の老年層漁民は、①「怠け者・仕事をしない人」の程度性をマイナス方向に細分化させ、(1)「ノットク」⟶(2)「アカノットク」⟶(3)「ウトーノットク」⟶(4)「オーノットク」⟶(5)「オーノットクノ　タイショー」⟶(6)「ノットク

ノ　トーゴロイワシ」のように、6段階に区分しているのである。ここには、ミクロコスモスの生産性を維持するための「共同労働体」としての野島集落の社会的規範を表象化する厳しい眼差し（「共同労働体の文化」）が極めて明確に認められる、と言ってよかろう（拙著『「ヨコ」社会の構造と意味―方言性向語彙に見る』2001、和泉書院）。

5．「認識言語」の調査法

　ところで、研究者（調査者）が「認識言語」の深層に精確にアプローチするためには、どのような調査方法が必要とされるだろうか。その点について、簡単に述べておくことにしよう。地域生活者が獲得している「認識言語」を精確に把握するためには、地域社会に行われる生活語彙に注目し、それを単に採録するだけでは不十分である。生活語彙を構成する個々のカテゴリーやカテゴリーの構成要素となる個々の語を、「地域生活者」と彼らが生きる「環境」との中間に位置づけて捉えることが先決条件とされる。すなわち、「地域生活者――生活語彙――環境」という存在三世界を結ぶフレームワークの中で、個々の要素の「知的意味」（認知的意味）と「生活的意味」（狭義の文化的意味）とを遺漏なく把握しなければならない。これが、最低限の前提条件とされる。

　したがって、研究者は、たとえばある漁業社会の生活語彙を調査し、漁民の環境認識の全体像を漁業語彙と漁業という営みとの相関によって構成している「世界認識」に迫ろうとするならば、漁業というものの全体的な枠組みを前もって頭に入れておくことが肝要である。柴田武も言うように、生活の全体的な構造がある程度理解できていなければ、何から入っていけばよいか、何についてどこまで確かめればよいかが分からないことになり（『語彙論の方法』1988、三省堂）、底の浅いしかも遺漏の多い調査に終わってしまう結果を招く。そうならないためには、方言語彙に関する既成の研究成果はもとよりのこと、民俗語彙などをはじめとする民俗学における既成の研究成果、さらには漁業社会学、漁業経済学、文化地理学、認識人類学、人類言語学などの研究成果などにも広く目くばりしておくことが有効であろう。

214   Ⅱ. 文化言語学の理論

　いよいよフィールドに入って調査を開始するとなった際、いっきょに漁業社会における生業語彙の全体を対象とすることはできないから、漁場に関する語彙（漁撈を営む空間に関する名称、海岸部の微細地名、風の語彙、潮の語彙、波の語彙、……）、魚に関する語彙（魚名、魚の習性に関する語彙、漁獲対象魚種名と季節との関係、出世魚の名称〈たとえば、三重県鳥羽市の漁民は、「ブリ」（鰤）を稚魚から成魚になるまでの段階に応じて、「セジロ」「ツバス」「ワカナ」「カライオ」「イナダ」「ワラサ」「ブリ」と呼び分けており、大分県東国東郡姫島村の漁民は、「タイ」（鯛）を稚魚から成魚になるまでの段階に応じて、「ゲコダイ」「コダイ」「カンコロ」「チューダイ」「オーダイ」「マダイ」と呼び分けている〉、魚の価値づけ〈ヴァリュー・システム〉、……）、漁法に関する語彙、漁業規模に関する語彙、漁業社会の構造に関する語彙などのように、漁業に関する概念的な枠組みを仮設し、まずはその下位に属するカテゴリーの一つ一つについて、徹底的な「とけこみ調査・深部調査」を実践することから始めなければならない（なお、漁業語彙に関する概念的な枠組みの詳細については、拙著『生活語彙の基礎的研究』を参照されたい）。

　「とけこみ調査」を実践するとは、漁民の中にとけこみ、漁民から信頼されるひとりの人間になること、漁業生活の内実を知ることに努めること、また、たとえば「風」の語彙であれば、風の方位、性質、吹く季節、漁獲量、操業との関係（この論文の最後に添えた図1を参照のこと）などを、漁民が長い漁撈経験を通してどのように、どこまで深く認識しているか、その認識内容を漏れなく聞き取ること、などを調査の現場（フィールドの中）で着実に果たしていくことである。

　しかし、そこまで行きつくには、同じ漁業社会へ何度も出かけなければならないことになるから、土地の漁民から信頼される人間になることが最も重要である。そのためには、研究者が調査する側にあるという意識を持ちつつ、同時に漁民からすべてを教わるのだという姿勢を失わないことである。言い換えれば、調査する主体と調査される相手（実は、教示者）との間にわずかな距離のある「主客合一化」に徹することである。それを実現するため

の一つの方策として、研究者自らが漁民と一緒に漁撈に従事してみることがあげられる。漁民の役には立たないとしても、その体験は研究者と漁民の双方に大きなプラス効果をもたらすことになろう。

このような経験を、10年間にわたっていくつかの漁業社会において蓄積すれば、漁民の生業に関する「生活知」という総合知が漁業語彙の精緻な分析とその統合化を通して、研究者にもかなり深いレベルで理解することが可能となり、漁民の生活実感を自らのうちにインプットすることさえも決して不可能ではない。また、それぞれの漁業社会の成員が内面化している漁撈に対する認識世界のどこに、どのような特色があるのかということも、調査の過程である程度理解することができるようになる。さらに調査経験を積めば、ある漁業社会の生業語彙の調査を進める過程で、当の漁業社会が日本というマクロな漁業社会の中で、いかなる漁業文化圏（漁業文化領域）に属するものかということも、ぼんやりと見えてくるようになるのである。

そうなれば、研究者は漁民から漁業協同組合員に間違われたり、他所からやって来た一漁民に間違われたりするようになる。あるいは、

○コノサキ　ギョギョーワ　ドガーン　ナッテ　イクダラー　カイ。アンタワ　ドガーニ　オモイナハル　カ。この先、漁業はどのようになっていくだろうか。あんたはどう思いなさるか。（老年層男性）〈鳥取県東伯郡赤碕町〉

○ムカシワ　ウミモ　イオモ　ミンナ　イキトッタ。イマワ　ウミモ　イオモ　ヤンドル。リョーシモ　ヤンドル。コノサキ　ギョギョーワ　ドー　ナルジャロー　カ。昔は海も魚も生き生きと生きていた。今は海も魚も病んでいる。漁師も病んでいる。この先、漁業はどうなるだろうか。（老年層男性）〈広島県豊田郡安芸津町〉

といった、容易には答えることのできない極めて重い問いを投げかけられるようにもなるのである。

「認識言語」の優れたフィールドワーカー、言い換えれば高度の実践者になるために必要とされる、さらなる一要件は、多地点の、また多地方の深い実地調査を経験することである。高度の実践者は多地点、多地方の実地調査

を経験して、しだいにその経験を総合化し得た人であろう。このような高度の実践者になることは、もとより早急には不可能なことである。しかし、研究者であるかぎり、フィールドワーカーになりきるための目標は、早い時期から高次元のところに設定しておかなくてはならない。高度な調査者になり、精確なデータを得るために多くの時間を要する生活語彙の研究は、いかに多くの成果をしかも短い時間で生産するかという経済システムの中に完全に取りこまれてしまった日本の学界にあっては、とかく敬遠されがちでもあろう。しかし、研究成果の真の価値は、同時代における流行の中で評価されるものではなくて、10年ないしは20年後までも創造的価値を維持し得るかどうかで評価されるはずのものである。一瞬にして消費されてしまうような成果をいくら積み上げてみても、いったい将来に何が残るのであろうか。

　ところで、地域生活者が内面化している個々の語の意味用法や使用に伴う意識を細かく調査するためには、当然、詳しい「調査表」を用意してフィールドに臨むことが必要とされる。しかし、ここでよくよく注意しなければならないことは、単に、研究者が自らの仮説を検証するために用意した「調査表」に限定して調査を実践し、必要なデータだけを得て帰るといった表層的な調査では、「認識言語」の断片的な記述ならともかく、精確な分析や解釈に到達することは到底不可能だということである。たとえば、方言アクセントの調査において、早くから上野善道が実践しているような徹底的な調査が、「認識言語」の調査においては、最初から前提とされるのである。

　研究者が自らの仮説を検証するために用意した「調査表」が、調査の過程でバラバラになり、使いものにならなくなるといった経験を、フィールドの中で何度も重ねるということは、研究者にとってむしろ喜ぶべきことなのである。

6．「認識言語」と環境適応

　「認識言語」と環境適応（行動様式）との相関性について、宮岡は次のように述べている。

　　　環境を切りとった範疇の一つ一つには、さきのイヌイットの「雪」に

も明らかなように、なんらかの役割や有用性があって、それにどう対処し操作するかといった、集団固有の行動様式が結びついている。固有のパターンにもとづいて環境を分類した範疇がたがいに絡みあって一つのシステムをなすように、個々の範疇と結びついた行動様式も、たがいに作用しつつ機能を果たす一つのシステムをなす。(「文化のしくみと言語のはたらき」『言語人類学を学ぶ人のために』19ページ、1996、世界思想社)

　宮岡の言うとおり、たとえば日本の漁業社会にあっては、かつては環境を切りとった範疇化が「集団固有の行動様式」と緊密に結びついていたものと考えることができる。そして、それは戦後、動力船が日本の大半の漁業社会に導入されるまでの昭和40年代後半までは継承されたはずである。しかし、その後、船の機械化と大型化が急速に進んだ現代の漁業社会について見るならば、たとえば「風」という自然現象(自然環境、生業環境)の範疇化のシステムに限っても、かつて手漕ぎの舟で漁撈に従事した経験を持つ老年層と最初から大型化した機械船で漁撈に従事してきた壮年層との間には、一種の断絶とでも言うべき極めて大きな変容が認められるのである[3]。

　次のセクションの第1、2章で詳しく検証しているように、老年層の「風」の範疇化のシステムは、基本的に「方位呼称＋性質呼称」という重層構造(二元的構造)からなる(図1を参照)のに対し、壮年層のそれは基本的に「方位呼称」だけからなる単層構造(一元的構造)に変容している。それだけではない。壮年層が使用する「方位呼称」は基本的に「英語」(たとえば、「ノース」「ノーイース」「イース」「サーイース」「サース」……)ないしは「英語＋漢語」(たとえば、「ノース」「北東風」「イース」「南東風」「サース」……)だけとなっており、老年層が今も継承している極めて豊かな「和語」からなる風名の世界は、ほとんど消滅しようとしている(ただ、消滅の仕方は漁業規模と相関的であって、規模の小さい漁業社会ほど消滅の度合いが大きくなっている)。

　したがって、一つの漁業社会に、性質を全く異にする「風」の範疇化システム(認識言語のシステム)が併存していることになる。そのため、たとえば岡山県笠岡市真鍋島岩坪という純然たる漁業社会にあっても、老年層と壮

年層の間で「風」という現象について、適切な情報交換（情報の相互提供と相互理解）が極めて困難な状況を呈しているのである。壮年層はもはや、老年層が所有している「風名」の大半を理解することができず、彼らにとって「死語」あるいは「無関係語」になってしまっている。この状況は、宮岡が言う「集団固有」の「集団」が一枚岩的な「共同体」ではなく、「小集団化」した複合社会に変貌し、異なる言語文化が併存しているという状況を呈しているものと理解しなければならないであろう。

　それによって、老年層と壮年層の漁民が漁撈を営む際、両者の行動様式には大きな違いが認められるようになってきている。たとえば、雨を伴う東風を意味する「アメゴチ」が吹いているとしよう。主に釣漁に従事している老年層の漁師は、それを家の中で確認すると、決して沖へ漁に出ようとはしない。雨が降れば「山立て」ができないので、魚の釣れる（魚のいる）漁場（アジロ）を確定することが全くできない。そのため、せっかく出漁しても魚が獲れないのである。したがって、家の前を通りかかった老年層の漁師に向かって、
　　〇アメゴチガ　フキョールケー　ワシャー　ショーバェー　セン　ヨ。ア
　　　メゴチが吹いているから、わしは漁に出ないよ。〈岡山県笠岡市真鍋島
　　　岩坪〉
と声をかける。また、大分県東国東郡姫島村の釣漁専門の漁師は、「アメゴチ」（アメコチとも）が吹いていると、道で合った同じ釣漁専門の漁師に向かって、
　　〇キョーワ　アメコチジャケン　リョーニ　イカメー。今日はアメコチだ
　　　から、漁に行くまい。
のように、声をかける。声をかけられた漁師は、
　　〇オー、ソージャ　ノー。おお、そうだねえ。
と応答する。

　それに対し、真鍋島岩坪の壮年層の漁師は、「アメゴチ」が吹いていても出漁する。それは、彼らが使用する船には、広範囲に及ぶ気象や風力、潮の流れの方向や速度などの変化を時々刻々と画面で知らせるパソコンが設置さ

れており、魚の群れの大きさや位置を確認することのできる魚群探知機が備わっているからである。しかし、いかに精密な漁群探知機が備わっていても、かなり大きな魚群は遠くからでも探知できるが、魚群が小さかったり、魚がわずかしかいない場合には、よほど近くに寄らなければ容易に探知することができない。そのため、せっかく出漁しても不漁に終わることが少なくないのである。そうであってもなお、彼らは老年層の漁民がほぼ共有している「性質呼称」を継承しようとはしない。先人の豊かな知恵よりも機械が提供する情報の方を信用するという性向がすっかり身についてしまっているからであろう。

　ここまで述べてきたように、現在の漁業社会にあっては、「風」に関する「認識言語」が多様化し、「行動様式」もまた、多様化しているのである。そこには、決して、固有で一枚岩のような「認識言語」も「一定の行動様式」も、存在してはいないのである。岩坪のような極めて小さな漁業社会においてさえ、「認識言語」と「行動様式」、そしてそれらが絡みあって形成する漁業文化は、複合的であり複層的である、というのがまさしく現在の状況なのである。

　そして、近い将来、その複合性は姿を消し、大半が「パソコン言語」に依拠した漁業文化に大きく変貌していくものと推定される。これは、自然言語である「認識言語」による環境の範疇化から、「機械言語」による環境の一回的認知への変質を意味するものにほかならないであろう。これを日本の漁業文化の近代化、あるいは先進性と呼べば、いかにも聞こえがよい。しかし、それは、高級官僚や政治家が口にすることばであって、漁業社会の現実や漁民の生活実感からは大きく乖離したものである。この現象は、海に生きる漁民が身体性を喪失するということであり、漁業生活の広さと深さを語り合う共通の「認識言語」を失ってしまうということである。

　それは豊かな「野生の思考」が失われ、効率一辺倒の「機械的な思考」へと、思考のあり様が大きく変質するということを意味する。

II. 文化言語学の理論

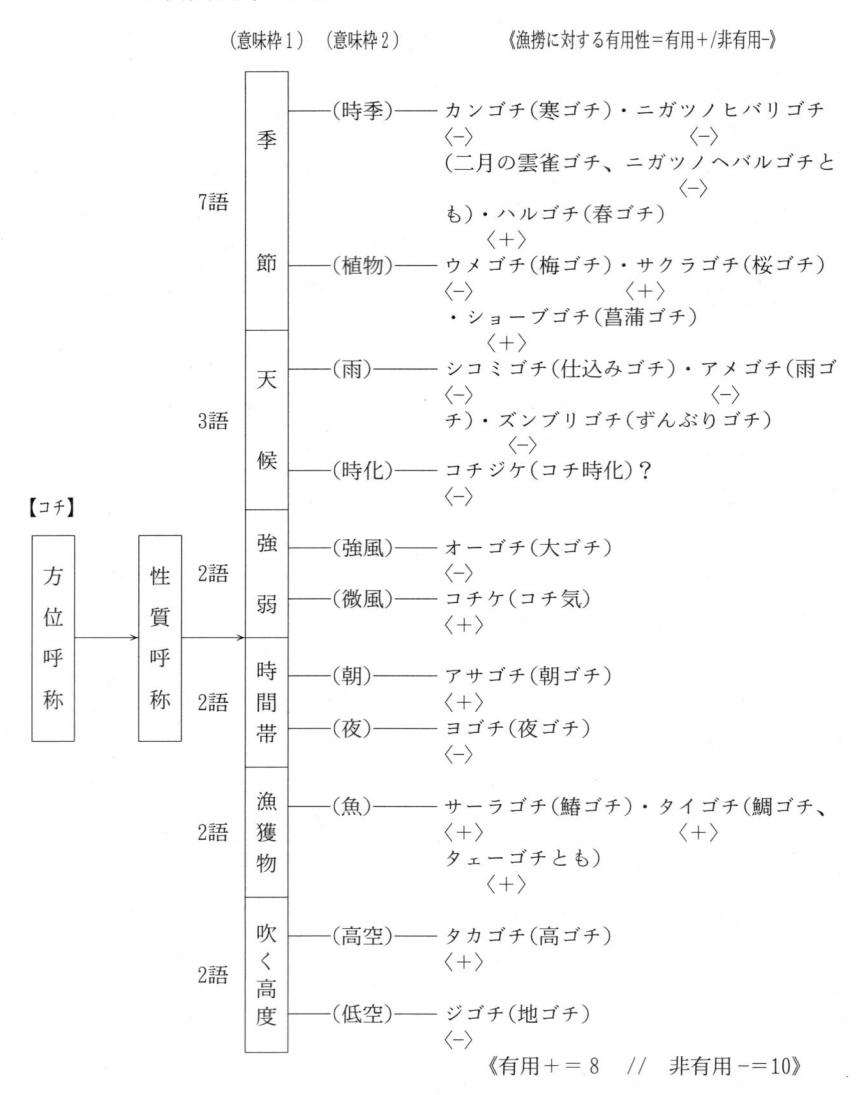

```
                    （意味枠1）（意味枠2）    《漁撈に対する有用性＝有用＋/非有用－》

                              ┌─（時季）── カンゴチ(寒ゴチ)・ニガツノヒバリゴチ
                              │             〈－〉              〈－〉
                         ┌季│            （二月の雲雀ゴチ、ニガツノヘバルゴチと
                    7語│節│             〈－〉
                         │  │            も）・ハルゴチ(春ゴチ)
                         │  │                    〈＋〉
                         │  └─（植物）── ウメゴチ(梅ゴチ)・サクラゴチ(桜ゴチ)
                         │               〈－〉              〈＋〉
                         │              ・ショーブゴチ(菖蒲ゴチ)
                         │                    〈＋〉
                         ┌天┌─（雨）── シコミゴチ(仕込みゴチ)・アメゴチ(雨ゴ
                    3語│候│             〈－〉                〈－〉
                         │  │            チ)・ズンブリゴチ(ずんぶりゴチ)
                         │  │                        〈－〉
                         │  └─（時化）── コチジケ(コチ時化)？
                         │                    〈－〉
【コチ】              ┌強┌─（強風）── オーゴチ(大ゴチ)
┌──┐┌──┐   2語│弱│              〈－〉
│方 ││性 │      │  └─（微風）── コチケ(コチ気)
│位 ││質 │      │                〈＋〉
│呼 ││呼 │→   ┌時┌─（朝）── アサゴチ(朝ゴチ)
│称 ││称 │  2語│間│             〈＋〉
└──┘└──┘   │帯└─（夜）── ヨゴチ(夜ゴチ)
                         │                〈－〉
                         ┌漁┌─（魚）── サーラゴチ(鰆ゴチ)・タイゴチ(鯛ゴチ、
                    2語│獲│              〈＋〉              〈＋〉
                         │物│             テェーゴチとも)
                         │                    〈＋〉
                         ┌吹┌─（高空）── タカゴチ(高ゴチ)
                         │く│                〈＋〉
                    2語│高└─（低空）── ジゴチ(地ゴチ)
                         │度                  〈－〉
```

《有用＋＝8　//　非有用－＝10》

図1　【コチ】の語彙システム〈岡山県下津井田の浦集落における老年層漁民の場合〉

安永4年（1775）に成立したとされる越谷吾山の『物類称呼』（巻の一、天地）に、「三月の風をへばりごちと云」との記述が見られる。

注
1)　ここで言う「環境」は、広義の環境概念を意味するものであって、「自然環境」（＝生業環境）、「社会環境」「超自然的環境」の三者を包含する。そして、この広義の環境概念は、地域生活者にとっては通時的な（永い生活史を背景とする）「生活環境」にほかならないものである。なお、「環境」概念については、すでに筆者の考えを再三にわたって述べてきたので、ここで改めて繰り返すことはしない。なお、日本における自然環境の豊かな意味については、オギュスタン・ベルクの『風土の日本』（篠田勝英訳、1992、ちくま学芸文庫）を参照されたい。また、「霊界的世界」については、小松和彦の『神々の精神史』（1997、講談社学術文庫）を参照のこと。

2)　たとえば、但馬牛の生産地として知られる兵庫県美方郡一帯の農業社会では、現在でも、老年層の男性は、牛の「舌」を「クロジタ」（黒舌、舌全体に舌乳頭が広がっていて消化液を多く分泌するので、食欲が旺盛で発育が良い）と「アカジタ」（赤舌、舌乳頭が少ないため舌が赤みを帯びる、「クロジタ」の牛に比べてあまり餌を食べないので、発育が良くない）の二つに区分し、さらに「アカジタ」を「マエツギ」（前継ぎ）、「ナカツギ」（中継ぎ）、「オクツギ」の三つに区別する。「マエツギ」は舌の前の部分だけが赤みを帯びた舌で、「クロジタ」に次いで発育が良いといってプラスに評価する。そして、「オクツギ」（舌の奥の部分まで赤みを帯びているもの）が最も発育が悪いとして、極端に嫌う。以上、述べてきたことを、極めてラフな構造図として示せば、次のようになる。

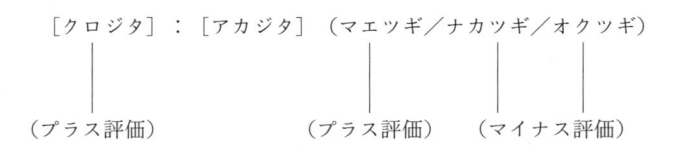

　　　　　［クロジタ］　：　［アカジタ］　（マエツギ／ナカツギ／オクツギ）
　　　　　　　｜　　　　　　　　｜　　　　　　　｜　　　　　　｜
　　　　　（プラス評価）　　　（プラス評価）　　（マイナス評価）

3)　しかし、「潮の語彙」については、体系に関しても語形や語彙量に関しても、老年層と壮年層の間にさほど大きな差異が認められない（Ⅲ.「文化言語学の実践」の第7章を参照のこと）。それは、漁船が機械化され大型化された現在にあっても、「潮」の力を克服することができないためである。このことからも、漁民が獲得している生業語彙は、生業環境にいかに適切に対応すればよいかを、共同主観的に認識するための記号システムであり、その証でもあるということがよく理解されるのである。

◇今回新たに書き下ろしたもの。

付記 【構造主義における「人間不在」】

一般に、「構造主義」(構造言語学・構造人類学など)においては、研究主体あるいは研究主体によって観察される対象(生活主体)に包含される「我」が消去され、主体抜きで、しかも無意識的に、様々な仕組みやカテゴリーが結び合う(関係し合う)体系しか考えられていない。そこにあるのは、「思考し、解釈する主体との関わりを欠いたカテゴリー的体系」である。したがって、「構造主義」は、P. リクールの言を借りるならば、おしなべて「主体なき超越論主義」に陥りやすいものである。

こうして、「構造主義」は、一般に「一種の非反省的、反現象学的、非生活的な知性主義」を標榜することになる。なぜなら、それは、主体(研究主体・生活主体)抜きの、無意識の、下部構造のみを摘出し、「思考の法則」と「環境世界の法則」とを同化させ、一切を「言語事実」そのものに還元することを狙うからである。そこでは、摘出される「体系」と、それを摘出する「研究者・観察者」との間に、当然、ある「関係」が成り立ってくることが予測されるのであるが、その「関係」はあくまで「客観的」であり、観察者から独立しているとされる。つまり、研究主体である観察者が、そこで見いだされた「意味」を取上げなおし、これを観察される対象世界に即して主体的に引き受け、価値づけるといったような、主体的かつ歴史的な「解釈的循環」「生活的循環」を含んだような状況は、一切考えられていない。

それゆえ、「構造主義」は、後に、科学ではあるが、それは「人間不在の科学である」と批判されることになる。たしかに、研究主体から独立に、全く客観的な手法によって、言語や社会といった極めて人間的な事象に関して、その無意識的な下部構造を解明し、その「深層の構造」(体系)から、すべてを「法則的」に捉えようとするところには、「構造主義」の持つ冷たい「科学性」を痛切に感じないではいられない。

そこでは、言語を使用する人間も、人間が集まって形成する集団(社会)も、人間と社会を包含する歴史を背景とする環境も、一切捨象されてしまうことになる。ソシュールに代表される冷たい科学としての「構造言語学」に

対して、「人間所在」を強調するアンチ・パラダイムとしてその後の言語学界を席巻することになったのが、「社会言語学」である。

　今、問題を、日本の方言学に限定するならば、そこでも「人間実在」の言語科学として、「社会方言学」が高らかに宣言され、実に多くの研究成果が生産されてきた。しかし、それによって明らかにされたことは、地域言語の変容と地域社会の変動との相関性であり、人間の属性を基軸とする地域言語の多様性であった。一定の環境世界に生き、一定の生業に従事する人々が経験を通して獲得している環境認識の実相や環境適応の戦略などには、全く目が向けられなかったと言ってよい。これでは、地域に生きる「人間」の実体性を総合的に解明することはできない。

　しかも、地域言語の社会言語学的研究（いわゆる「社会方言学」）においても、「中央──周辺」という地理的環境図式がしっかりと根ざしているのである。ここには、地域言語の変容現象や属性を基軸とする地域言語の多様性を、「中央──周辺」という図式によってステレオタイプ式に解釈しようとする一元的な考え方が適用されている。したがって、日本というマクロ社会における言語文化の多様な類型は切り捨てられることになってしまう。たとえば、瀬戸内海における多くの島には、農民と漁民が共生しているミクロ社会が数多くある。そして、農民と漁民が所有している「風の語彙」や「潮の語彙」、さらには「魚名語彙」には、全く異なる「世界像」が反映しているのである。そして、その「世界像」は農民と漁民のそれぞれの中でのみ独自の意味や価値を持ち得るものである。このような問題を、いわゆる「社会方言学」はどのような手法で解明しようとするのであろうか。その手法を持ち合わせない、というのが現状ではなかろうか。さらに言えば、そのような関心さえ持ち合わせないというのが、より事実に近いのかも知れない。

　しかし、そのようないわゆる「社会方言学者」が、人類言語学者・民俗学者・地理学者・社会学者などと学際的な研究を実践するということを経験すれば、今まで見過ごしていた多くの問題に気づき、その問題を解明するための手法を協働で編み出すことに骨を折ることになるに違いない。そして、そのような経験は、時に方言学者の方言観を一変させることにもなるのであ

る。すなわち、「地域生活者にとって方言とはいったい何なのか」という問いをわが身に引き受けることによって、単に伝達の道具としてしか方言を見ていなかったことを反省し、環境認識の道具として方言を見直してみようとする、研究態度の大きな変換を迫られるといったことも決して少なくはないのである。

Ⅲ．文化言語学の実践

第1章　漁民の「風」の世界観
——広島県豊田郡豊町大長の場合——

はじめに

　筆者が初めて大崎下島（広島県豊田郡豊町）を訪ねてから、すでに20余年の歳月が経過した。最初に訪ねた地は、柳田国男が1926年（大正15）5月、『文藝春秋』に発表した「海女部史のエチュゥド」の中に、大長とともに登場する御手洗であった。ここは帆船時代、瀬戸内海でも屈指の港として栄え、船人相手の遊女屋も賑わっていたところである。尾道や鞆の遊女は古来より有名であり、入部直後の水野勝成が鞆に巡回したとき、遊女屋の一つの奈良屋に立ち寄ったと伝えられているほどである。御手洗も鞆や尾道同様に栄えていたのであり、今もその面影がわずかに残っている。夕方、港の左手の小高い堤防にのぼると、

　　海昏れて鴨の声ほのかに白し

という芭蕉の句碑が目にとまった。芭蕉の没後100年忌にと、寛政2年（1790）に御手洗の俳人仲間が建てたのだという。この狭い港町に15、6人の俳人がいたというのだから、当時の御手洗の文化の繁栄がかなりのものであったことが推しはかられる。それにしても、まわりを島山にかこまれた風待ち、潮待ちの夕暮れの風景にこれ以上の句はあるまいと、それを選んだ人々のセンスにひどく感心したものである。港に出て堤防から下をのぞくと、江戸時代の「雁木」がまだそのままに残っていた。

　また、御手洗は、「おちょろ船」でも有名な港町である。瀬戸内の港町には「おちょろ船」がつきものだったが、その中でも、この御手洗港の「おちょろ」がいちばん有名だったという。「おちょろ船」は、遊女たちを乗せた小さな舟である。ガンギから漕ぎ出して、寄港している帆船の真下に着け

て客を呼んだ。もともとは「おじょろ船」だったという説もあるが、港内で使う船足が早い小舟を「ちょろ」と呼んでいたので、そこから出たと考えるのが正しいように思われる。

　舟から客を呼ぶ「おちょろ」は、格下の卑しい娼婦とされた。小舟で物を売っていて、ついでに春をひさいだ「菜売女」から始まったとされている。この「おちょろ」は、藩から正式に揚屋株・茶屋株として認可されていた遊女屋（若胡子屋・海老屋・藤屋・堺屋の四軒があった）の「おいらん」とは格が違う。供回りを連れた武士や懐具合のよい北前船の船頭などは、茶屋に上がって「おいらん」を座敷に呼んだ。「おちょろ」の相手は、陸上がりするだけのゼニのない下級の船乗りだった。しかし明治維新後は、「おいらん」と「おちょろ」の区別がしだいになくなり、女たちの多くは舟に乗って商売をするようになったという。

　御手洗でいま一つ記憶に残っているのは、そこが船の往来の激しい港町であったにもかかわらず、漁業に従事する人々が全くいないという事実であった。明治・大正の頃にも漁業集落はなく、少し離れた隣村の大長にある30戸ばかりの漁師の家から魚を買っていたという話を聞いて、航海と漁撈は別の技術であることを知ったのであった。

　しかも、大長村のなかでも農民と漁民とではまったくその生業(なりわい)を異にしていたという。先に引いた柳田は、「海女部史のエチュウド」のなかで、次のように言っている。

　　　蜜柑で有名な瀬戸内海の大長村は、二十五箇の離れた陸地に、小舟で
　　渡って耕作をしているが、其漕ぎ方には一目で分る百姓風があり、漫々
　　たる門前の入江は有りながら、今でも漁師から生魚を買って食べて居
　　る。………内海には大小の島数しげく、いわゆる長汀曲浦も果てしなく
　　続いて居るが、心からの海の民というものは存外に少なかった。

　いまは御手洗とともに豊町に属する大長には、対岸の三原市幸崎(さいざき)の能地の家船が2戸住みついているという。能地や二窓(ふたまど)の家船は瀬戸内海に100以上の枝村をつくっている。それは沖縄の糸満漁民のやり方とよく似ている。彼らは寡欲な船上生活者でありながら、その行動範囲は実におどろくほど広

い。二窓の家船が遠く玄海灘に面した呼子(佐賀県東松浦郡呼子町)まで行っていることを、二窓でも呼子でも確認している(筆者よりも早く、谷川健一がこの事実を確認しているとのことである。詳しくは、『古代海人の世界』1995、小学館を参照のこと)。家船はまさに漂海民の名に値すると言ってよかろう。家船は数艘の集団を組んであちこちの海を回遊したが、特に一本釣りの技術(テグス漁)がすぐれていたという。

以上述べてきたことは、おおよそ次のように整理することができる。

(1) 海辺に生活していても海に背を向けて土地を耕す農民がいる(ただし、大長集落の農民は、柳田の「海女部史のエチュウド」からも知られるように、近隣の島にも蜜柑畑を所有しており、小舟で渡って耕作しているので、風や潮に関する豊かな語彙と知識を獲得している)。

(2) また一口に海の民といっても、航海に従事するものがいる(これは魚を獲らない)。

(3) 漁をするにしても、地先の海で漁撈を営む者と、

(4) 家船のように海上で生活する漂海民とは全く別系統である。

1．内容の構成

本章では、上に整理した(3)に属する大崎下島大長の漁民について、彼らが獲得している風名(風の語彙)に焦点を当て、次のような流れに沿って、それぞれの問題を明らかにしたいと思う。

(1) まず、老年層(70歳代・80歳代)の漁民が獲得している風の語彙の実態把握と構造分析を行うことによって、彼らが風の方位・性質をどのように細密に認識し分けており、それが我々漁業とは無縁な人間の風に対する認識世界とは大きく異なる、どのような独自の認識世界(風に対する独自の世界観、独自の風の文化)を構成しているのか。……〈漁民独自の伝統的な風の世界認識〉

(2) 老年層漁民が獲得している伝統的な風に対する認識世界は、いかなる生活史的要因(永い漁撈活動の経験)によって形成されたのか。……〈漁民独自の風に対する世界観の形成要因〉

230　Ⅲ．文化言語学の実践

(3)　老年層漁民が所有している風の語彙は、日本の漁業社会に行われている風の語彙の中でどのような空間的位置づけがなされるのか。……〈風の語彙の地域性、文化領域〉

(4)　老年層漁民の風の語彙と30歳代の漁民の風の語彙との間には、どのような差異が認められるのか。また差異をもたらした要因は何なのか。……〈風の語彙の変容の実態と要因〉

(5)　老年層漁民と30歳代の漁民とでは、漁撈活動の現場で風に対する認知の仕方がどのように変化しているのか。……〈風に対する意味の付与と単なる理解〉

2．老年層漁民の風の世界認識

(1)　老年層の風位語彙

大長集落の老年層の漁民の風位語彙について記述する前に、豊町の漁業規

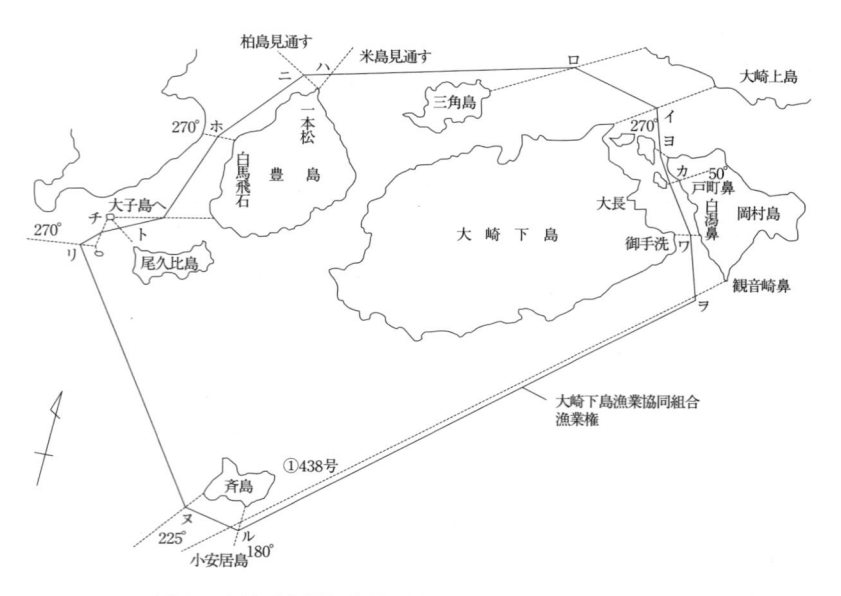

図1　大崎下島周辺海域（大崎下島漁業協同組合作製）

第1章　漁民の「風」の世界観　231

模や主たる漁法・漁場などについて、簡単に説明しておくことにする。大長を含む豊町の漁民は、大崎下島漁業協同組合（豊浜町・豊町の漁業従事者から成る）に属する正組合員（年間操業日数が90日以上の漁業従事者で、許可漁業である鰆の流せ刺し網漁の操業が認められている）61名、準組合員7名の計68名であって、組合員数から言うと小規模漁業社会に属する。大長の主な漁場は、大崎下島漁業協同組合が地先漁業権を有する大崎下島周辺の海域（図1参照）であり、これ以外に広島県が管理する八木灘海域（大崎下島の北西）で24隻の船が操業している。当地の主な漁法は網漁で、鰆の流せ刺し網漁（4月～6月、約40隻）、小型底引き網漁（エビコギ、24隻）、刺し網漁（漁業権行使者20名）である。組合員数、漁場の広がりともに、典型的な小規模漁業社会であり、漁法がほぼ網漁一本に統一されている点が注目される。もっとも、網漁に従事しながら、時季や時間によって手ぐすによる一本釣漁を行っている漁民が全くいないわけではない。

　風位語彙の全容の記述は、方位が風位語彙の枠組において全体を統一する最も上位の分類原理として認められるので、方位を基準として行う。また、風位語彙の構造については、一々の風位呼称の意義特徴を漁業従事者の説明から帰納し、それに基づいて、風位語彙全体の意味体系を示すことにする。たとえば、マジについて言えば、方位は南、性質はこの風が吹くようになると暖かくなる、風の力がさほど強くなく操業に最も適当、早朝から吹き始めることが多い、この風が吹くようになって、サーラアミ（鰆網）を始めるなどの意義特徴が認められる。また、春暖かくなってから吹き始めることに特に注目し、この観点から限定的に語彙化したハルマジという二次的派生語をはじめとして、午後少し遅くなってから吹き始めることに注目したヨマジ、御手洗を基準とした狭い範囲にしか吹かない事実に注目したミタライマジなど、かなり多くの二次的派生語が造語されている。前者（いわゆる「方位呼称」）は、語形の上に、諸種の意義特徴が具体的に認められないので、形態を重視すれば無標の意義特徴ということになり、後者（いわゆる「性質呼称」）は、形態の上に、意義特徴のうちの特に重要なもの（プロトタイプ）が具体的に認められるので有標の意義特徴ということになる。意味体系を帰

232   Ⅲ. 文化言語学の実践

納する際、有標の意義特徴が無標の意義特徴よりも優位に立つことは言うまでもない。

また、風位語彙の構造については、各漁業社会で、方位による語彙の量的なかたよりがかなり異なるので、この面からの分析も重要な意味を持つ。以下の記述は、おおよそ、この順序に行うことにする。

1. 風位語彙の全容

当該集落の老年層の漁民、風を、①北、②北東、③東、④東南東、⑤南東、⑥南、⑦南南西、⑧南西、⑨西、⑩西北西、⑪北西、⑫北北西の12方位に弁別している。以下、北風から順に記述する。

(1) 北風（9語）

① キタ（北風、②キタカゼ、③キタノカゼとも言うが、キタが最も盛ん）○キタカゼワ　ジューガツカラ　ジューイチガツニ　カケテ　ヨーフク。北風は10月から11月にかけてよく吹く。○アキニ　ナルト　キタガ　フキダス。コレワ　フユマデ　フク。秋になると北風が吹き出す。これは冬まで吹く。○フダンナラ　チョット　フイテモ　スグ　ナグケド　ノー。フユワ　シツコー　フク。普段ならちょっと吹いてもすぐ凪ぐけどねえ。冬はしつこく吹く。○キタワ　ナンボ　フイトッテモ　ナグ。ナンボ　ツヨーテモ　ノー。ソレガ　ナガナンダラ　ヨガ　ヨジュー　フク。北風はいくら吹いていても凪ぐ。いくら強くてもねえ。それが凪がなければ一晩中吹く。○キョーノ　キタワ　ハンシオ　ヒョッテモ　ナガン　ドー。今日の北風は半潮引いても凪がないぞ。

④　マキタ（真北風）

⑤　アキギタ（秋北風）○アキニ　ナルト　デハジメニ　キタガ　フク。秋になると風の吹き始めに北風が吹く。

⑥　ヨーギタ（宵北風）○ヨーギタユーノワ　ネー。マンチョーカラ　ハンブン　ヒョッタラ　カナラズ　ナグ。宵北というのはねえ。満潮から半分潮が引いたらかならず凪ぐ。○ヨーギタワ　アンマリ　ツヨーナー。ヨーギタはあまり強く吹かない。

⑦　ヨギタ（夜北風）○アサノ　クモー　ミテ　コンヤワ　ヨギタガ

第1章　漁民の「風」の世界観　233

フク　ドー　ユー　ノー。朝の雲行きを見て今夜はヨギタが吹くぞと言うねえ。

⑧　オーギタ（大北風、北から吹く強風）⟵⟶⑨キタケ（北風気、北から吹く弱風）　○キョーワ　キタグモガ　イキョールケー　オーギタガ　クル　ドー。今日は北雲が走っているからオーギタが来るぞ。

(2)　北東風（2語）

⑩　キタゴチ（北東風、⑪キタゴチノカゼとも言うが、キタゴチを多用する）　○キタゴチユーナー　イマジブン　アキガ　オーイー　ノー。キタゴチというのは今時分秋が多いねえ。　○ココラワ　キタゴチガ　ヨー　アタル　ノー。ここらはキタゴチがよく当たるねえ。　○キタゴチガ　フイタラ　シェガ　タッテ　ナミガ　タッテ　リョーニ　ヨーナイ。キタゴチが吹いたら瀬が立って波が立って漁によくない。

(3)　東風（16語）

⑫　コチ（東風、⑬コチカゼ・⑭コチノカゼとも言うが、コチが最も盛ん）　○コチワ　ニガツニモ　フクガ　ドヨーニモ　ヨー　フク　ノー。コチは2月にも吹くが土用にもよく吹くねえ。　○ヒヨリガ　エケリャー　エーホド　フク。日和が良ければ良いほど吹く。○コチノカジェニワ　アメガ　ツキモンミタヨーナ　ノー。コチノカゼには雨がつきものみたいだねえ。○コチガ　フク　ジブンワ　ウミガ　ツメター　ノヨ。コチが吹く時分は海が冷たいのだよ。○マエニ　シェキゼンガ　アッテ　ワリカタ　シノギェー。リョーニャー　ワリカタ　エー　カジェジャ　ノー。前に関前村（岡村島）があってわりかたしのぎやすい。漁にはわりかたいい風だねえ。

⑮　マコチ（真東風、⑯マゴチとも言うが、マコチを多用する）

⑰　ニガツノヒバリゴチ（2月の雲雀東風）　○ニガツノ　ニガリジオノ　コロニ　ヨー　フク　カジェデ　ノー。リョー　シトッテモ　ツメノ　ナカマデ　ツメター　ノヨ。2月の濁り潮のころによく吹く風でねえ。漁をしていても爪の中まで冷たいのだよ。

⑱　ロッカツノドヨーゴチ（6月の土用東風、単に⑲ドヨーゴチ・ドヨ

Ⅲ. 文化言語学の実践

チとも言う）　○ニガツノヒバリゴチニャー　アメガ　ヨー　フルガ　ドヨーゴチニャー　アメガ　フラン。ニガツノヒバリゴチには雨がよく降るがドヨーゴチには雨が降らない。

⑳　アメコチ（雨東風）　○キョーワ　アメコチジャー。アメコチガ　ツヨイ　ドー。今日はアメコチだ。アメコチが強いぞ。○アメコチガ　フクト　イカナ　リョーシデモ　ヤマタテガ　デキン。アメコチが吹くといかなる漁師でも山立てが出来ない。○アミノ　ショーバイワ　カンケーナイガ　ツリワ　デキン。網の仕事は関係ないが釣りは出来ない。

㉑　オーゴチ（大東風）⟷㉒コチケ（東風気）　○オーゴチガ　フクドー。コチグモガ　イキョールキン　ノー。オーゴチが吹くぞ。コチグモが走っているからなあ。

㉓　ヒガシ（東風、㉔ヒガシカゼ・㉕ヒガシノカゼとも言うが、ヒガシを多用する。コチに比べると劣勢）

㉖　ワイタ（語源未詳、ワイタのワイは、ワイシオのワイと同源か）　○ヒガシカジェノ　イッシュジャ　ノー。コレガ　フクト　アメ　ツケル。東風の一種だねえ。これが吹くと雨を伴う。

㉗　タカゴチ（高東風）　○タカー　トコロー　フク　コチカジェジャ　ノー。高いところを吹く東風だねえ。

(4)　東南東風（1語）

㉘　ヤマジゴチ（東南東風）　○ヤマジゴチワ　タイフーガ　ツキモンジャ　ノー。タイフーニ　アメガ　ツケテ　コレガ　ヨー　フク。ヤマジゴチは台風がつきものだねえ。台風に雨がつけてヤマジゴチがよく吹く。○ボニスギカラ　ヤマジゴチガ　ヨー　フク　ノー。盆過ぎからヤマジゴチがよく吹くねえ。○タイフーワ　ニシデ　オワル　コターナー　ノー。ヤマジゴチニ　ナッテ　オサマル。台風は西風で終わることはないねえ。ヤマギゴチになっておさまる。　○ヤマジゴチワ　ツヨイ　デス　デ。コレガ　フクト　ウゴクモンジャー　アリマセン　ワイ。ヤマジゴチは強いですよ。これが吹くと舟が動くものではありませんよ。

(5) 南東風（2語）

㉙ ヤマジ（南東風、㉚ヤマジカゼとも言うが、ヤマジを多用する）　○ヤマジワ　ツヨイデス　デ。オモニ　フクナー　ボンゴロジャ　ナー。ヤマジは強いですよ。主に吹くのは盆ごろだねえ。

(6) 南風（24語）

㉛ マジ（南風、㉜マジカゼ・㉝マジノカゼとも言うが、マジが最も盛ん）　○ハルニ　ナッタラ　ヨー　フイテ　キョーリマシタ。春になったらよく吹いて来ていました。○マジガ　フイタラ　ホロホロ　ヌクイデショー。マジが吹いたらホロホロ暖かいでしょう。○ヌクンナルト　ニシガ　フイテモ　マジガ　カツ　ノー。暖かくなると西風が吹いてもマジが勝つねえ。○マジガ　フキダータキン　ハー　ヌクンナッタ。マジが吹き出したからもう暖かくなった。

㉞ ハルマジ（春南風、㉟ミタライノハルマジとも言う）　○コレガ　フキダータラ　テノヒラ　カヤータヨーニ　ヌクンナル　ノー。これが吹き出したら手の平をかえしたように暖かくなるねえ。○ハルガ　キタキン　ハルマジガ　フキョーラー。春が来たからハルマジが吹いているよ。○ハルマジガ　フクヨーン　ナッテ　サーラアミガ　ハジマルンジャ。ハルマジが吹くようになって鰆網が始まるんだ。○サーラワ　イツモカツモ　ココニ　オル　サカナジャー　ナー。ハルマジノ　コロニ　ヨーケ　クルンジャ。シモジマノ　サカナワ　ミンナ　ハルマジガ　フク　コロニ　ヨッテ　クル。鰆はいつもいつもここにいる魚ではない。ハルマジの吹くころにたくさん来るのだ。下島の魚はみなハルマジが吹くころに寄って来る。○マジノカゼガ　フク　ジキワリョーニ　エージキジャキン　ノー。マジノカゼが吹く時季は漁にいい時季だからねえ。○マジワ　ヒイッパイ。ヒガ　オチタラ　ナグ　ド。マジは日いっぱい。日が落ちたら凪ぐぞ。

㊱ ミタライマジ（御手洗南風）　斎（いつき）島から大崎下島御手洗沖までの狭い範囲を吹く南風で、帆船を沖へ出すのに最も適した風である。梅雨ごろによく吹く。

㊲　ヨマジ（夜南風、㊳ミタライノヨマジとも言う）⟷㊴アサマジ（朝南風）　○ヒル　スギテ　フク　マジオ　ヨマジ。昼過ぎて吹くマジをヨマジと言う。早朝から午前中いっぱい吹くマジをアサマジと呼び、午後吹き出して夜遅くまで吹くマジをヨマジと呼んで区別する。　○ヨマジワ　フナノリニ　トッチャー　エー　カジェジャ　ノー。ヨマジは船乗りにとってはいい風だねえ。　○アサギタ　ヨマジ。朝北、夜マジ。

㊵　サクラマジ（桜マジ）ハルマジより少し早い時季に吹く風。

㊶　オーマジ（大南風）⟷㊷マジケ（南風気）

㊸　マジブキ（南風吹き）　○マジブキノ　オーケナ　ハエテガ　キタノー。マジブキの大きなハヤテが来たなあ。

㊹　ハエテ（㊺ハヤテ・㊻ハエテンカゼとも言うが、ハエテの方を多用する）　○ハエテワ　ナツ　フク　カジェジャ　ノー。ハエテは夏吹く風だねえ。　○オーケナ　ハエテワ　タイガイ　アメ　ツケテ　ノー。ムカシノ　ハンセンワ　ヨー　ソーナンショーッタモンジャロー　ノー。クモイキガ　ヘンデ　トツゼンニ　キョーッタ。大きなハヤテは大概雨を伴ってねえ。昔の帆船はよく遭難していたものだろうねえ。雲行きが変で突然に来ていた。

㊼　オトシカゼ（落とし風、㊽オトシとも、また、㊾フキオロシとも言う）　○マジヤ　ナンカノ　トキニ　ヨー　フク。イッポージサンノホーカラ　フキサゲテ　クル　ノー。マジやなんかのときによく吹く。一峯寺さんの方から吹き下げて来るねえ。

㊿　ミナミ（(51)ミナミカゼ・(52)ミナミノカゼとも言う。ミナミを多用するが、マジに比べてかなり劣勢、コチに対するヒガシと同じ性質の呼称）

(53)　アラセ（語源未詳、アラシと関係があるか、(54)アラセノカゼとも言う）　○アラセワ　アサ　デル。アラセガ　デタケー　サムイ　ドー。アラセは朝出る。アラセが出たから寒いぞ。　○アサ　タニカラ　フキダイテ　オキー　ムケテ　フク　ノー。朝、谷から吹き出して沖へ向けて吹くねえ。

⑺　南南西風（１語）

(55)　タカーカゼ（高い風）　○ハチジューハチヤノ　コロ　ヨー　フキマス　ワイヤー。八十八夜のころよく吹きますよ。○ツヨー　フイタリヤオカッタリ　スル　ノー。ジャガ　タイガイ　ビリット　フクノー。強く吹いたり弱かったりするねえ。しかし大概そろっと吹くねえ。○オキー　フイトルキン　タカー　ユーンジャロー。沖を吹いているから高いと言うのだろう。

(8)　南西風（3語）

(56)　マジニシ（南西風、(57)マジニシカゼとも言う）　○マジニシワ　ハルサキガ　オーイー。フイニ　ナッタラ　フカン。マジニシは春先が多い。冬になったら吹かない。○マジニシワ　アンマリ　オーケーノワ　フカン。マジニシワ　オソレデモ　エー。マジニシはあまり大きい風は吹かない。マジニシは恐れなくてもいい。

(58)　タカニシ（高西風）

(9)　西風（13語）

(59)　ニシ（西風、(60)ニシカゼ・(61)ニシノカゼとも言うが、ニシを多用する）　○ニシワ　アマゲクニ　フク　コトガ　オーイーガ　アンマリナゴーワ　フカン。ジャガ　フユニ　ナルト　ナゴー　フク　ノー。ニシは雨の後吹くことが多いがあまり長くは吹かない。しかし冬になると長く吹くねえ。○ニシワ　オモ　フユジャ　ノー。ニシは主として冬だねえ。

(62)　フイニシ（冬西風、(63)フユニシとも言うが、フイニシを多用する）○フイニシ　ユーテ　フユニ　フクト　シコッテ　フイテ　クル。フイニシと言って冬に吹くと何日も続いて猛烈に吹いて来る。○サブイジブンニャー　フイニシガ　ヨー　フク　ノー。寒い時分にはフイニシがよく吹くねえ。

(64)　オーニシ（大西風）　(65)ニシケ（西風気、(66)ニシゲ・(67)ニシゲノカゼとも言うが、ニシケを多用する）　○オーニシガ　フイトル　ノー。大西が吹いてるなあ。○ヤオーニ　フイトルト　キョーワ　ニシケガスル　ユー　ノー。弱く吹いてると今日はニシケがすると言うねえ。

⑱　マニシ（真西風）　○ココワ　マニシガ　ヨー　アタル　ノー。ここはマニシがよく当たるねえ。
⑲　ニシブキ（西風吹き）←→⑳ニシナギ（西風凪ぎ）
㉑　ニシジケ（西風時化）

(10) 西北西風（１語）

㉒　ニシアナジ（西北西風）　○ニシガ　ジー　マワルト　ニシアナジニ　ナル。ニシが地を回るとニシアナジになる。○キョーワ　マタ　カゼガ　タコーナッテ　フイテ　クルキン　ニシアナジニ　ナル　ドー。今日はまた風が高くなって吹いて来るからニシアナジになるぞ。○ニシアナジガ　イチバン　ヤネコイ　カゼジャ　ノー。ニシアナジがいちばん始末に終えない風だねえ。○コレガ　シコルト　イゴカレンシヒヤイ　ジキジャキン　リョー　シトッテモ　テガ　ジユーニ　ナラン。これが猛烈に吹き続けると出漁できないし寒い時季だから漁をしていても手が自由にならない。○フユワ　リョー　シトッテモ　テガ　マッカニ　ナッテ　ノー。イッポンズリワ　デキルガ　アミワ　トテモ　デケン。冬は漁をしていても手が真っ赤になってねえ。一本釣りは出来るが網漁はとても出来ない。

(11) 北西風（２語）

㉓　アナジ（北西風）　○アナジノ　ナノカブキ。アナジの７日吹き。○ヨー　シコルキン　リョーニ　イカレン。猛烈に吹き続けるから漁に行けない。○カタカンニワ　ナグケド　カタカンニワ　ナガン。月のうち10日は凪がない。○アナジガ　フクト　ヒヤイキン　テガ　チギレテ　イヌルヨーナ　オモイガ　スル　ノー。アナジが吹くと冷たいから手がちぎれてどこかへ行ってしまうような思いがするねえ。○アナジガ　フク　コロワ　ウミガ　イチバン　ツメターンジャ。アナジが吹くころは海がいちばん冷たいのだ。○サムイ　キタカゼ　ツメタイ　アナジ　アナジ　ニシ　フキャ　ヌシャ　コワイ。寒いキタカゼ冷たいアナジ、アナジ、ニシ吹きゃ主はこわい。

㉔　アナジブキ（北西風吹き）　○アナジブキワ　イマデモ　ユー　ノー。

ヨー　ユー　ノー。アナジブキは今でも言うねえ。よく言うねえ。
　(12)　北北西風（1語）
　⑮　キタアナジ（北北西風）　○エビアミニワ　キタゴチト　キタアナジ
　　ガ　イチバン　ヨカッタ。海老網漁にはキタゴチとキタアナジがいちば
　　んよかった。○キタアナジワ　ハチジューハチヤノ　アタリビ　ユー
　　テ　ヨー　カゼガ　フイタ　モンジャ。ハチジューハチヤノ　カゼワ
　　アオリノ　シタカラ　フク。キタアナジは八十八夜の当たり日と言って
　　よく風が吹いたものだ。八十八夜の風は舟の下から吹く。○ハチ
　　ジューハチヤノ　トーセンボー。八十八夜の通せんぼう。

2．風位語彙の構造
(1) 風位語彙の意味体系

　当該集落の老年層の漁民が、日ごろの漁業生活において今日も普通に使用している風位語彙は、上に示した75語である。一々の風位呼称について漁民から得ることの出来た説明のうち、風の方位や性質の特徴に関する重要な事実は、ほぼ上に記述したとおりである。これらの説明を中心として、上に記述しなかったものをもすべて加えると、一々の風位呼称の方位・性質に関する意義特徴を、ほぼ漏れなく帰納することができる。それらの意義特徴のうち、語形の上にそれが具体的に顕現していない無標の意義特徴と意義特徴のうちプロトタイプのものが語形の上に顕現している有標の意義特徴との二つが見分けられることは、先述したとおりである。一々の風位呼称に、どのような意義特徴が認められるかを確かめ、75語の全体にわたって一覧表の形に示すことにする（240〜243ページ）。それぞれの呼称に、ある意義特徴が認められる場合には、当該欄にその意義特徴を記すことにする。また、ハルマジ、フイニシ、アメコチ、キタケのように、前部形態素あるいは後部形態素にプロトタイプの意義特徴が認められる場合は、その意義特徴の欄に太字で記すことにする。このようにしてまとめた75語に関する意義特徴の一覧表が、当該方言の風位語彙の意味体系（意味的マトリックス）である。意義特徴の共通性と差異性に注目して、75語をグルーピングすると、方位という枠

Ⅲ．文化言語学の実践

方位	風位語彙	意義特徴 強弱	季節	時間帯	吹く時間の長さ・日数	潮位との関係	方位の限定	吹き出す場所・吹く範囲
北	①キタ ②キタカゼ ③キタノカゼ ④マキタ ⑤アキギタ	普通程度からやや強く吹く	10月から11月が主 秋	宵夜	秋は6時間で凪ぐが、冬は長く吹く	半干潮には凪ぐ	真北	
	⑥ヨーギタ ⑦ヨギタ	弱い	10月から11月が主					
	⑧オーギタ ⑨キタケ	強い風 弱風						
北東	⑩キタゴチ ⑪キタゴチノカゼ	かなり強い	秋					
東	⑫コチ ⑬コチカゼ ⑭コチノカゼ ⑮マコチ ⑯マゴチ	かなり強い	2月から6月にかけて、とくに2月・6月によく吹く		何日も続いて吹く		真東	
	⑰ニンガツノヒバリゴチ ⑱ロッカツノドヨーゴチ ⑲ドヨーゴチ・ドヨゴチ	強い	2月 6月 6月					
	⑳アメゴチ ㉑オーゴチ ㉒コチケ	強風 弱風						
	㉓ヒガシ ㉔ヒガシカゼ ㉕ヒガシノカゼ ㉖ワイタ ㉗タカゴチ	かなり強い	2月から6月にかけて吹く					
東南東	㉘ヤマジゴチ	とくに強い	夏から秋					
南東	㉙ヤマジ ㉚ヤマジカゼ	強い	盆ごろ					
南	㉛マジ ㉜マジカゼ ㉝マジノカゼ	普通程度からやや弱く吹く	春から夏いっぱい	夜朝	かなり長く吹く			御手洗
	㉞ハルマジ ㉟ミタライノハルマジ ㊱ミタライマジ ㊲ヨマジ ㊳ミタライノヨマジ ㊴アサマジ ㊵サクラマジ	普通程度からやや弱く吹く	春		春から夏にかけては、長く吹き続ける			
	㊶オーマジ ㊷マジケ	強風 弱風	春					
	㊸マジブキ		春から夏					
	㊹ハエテ ㊺ハヤテンカゼ ㊻ハエテンカゼ ㊼オトシカゼ ㊽オトシ	強風	夏					
	㊾フキオロシ ㊿アラセ 51アラセノカゼ	強い	春から夏	早朝				
	52ミナミ 53ミナミノカゼ 54ミナミノカゼ	普通程度からやや弱く吹く						
南南西	55タカーカゼ	弱い	6月ごろ					
南西	56マジニシ 57マジニシカゼ 58タカニシ	普通程度からやや弱く吹く	春先によく吹く					

方位	風位語彙 意義特徴	強弱	季節	時間帯	吹く時間の長さ・日数	潮位との関係	方位の限定	吹き出す場所・吹く範囲
西	⑤ニシ ⑥ニシカゼ ⑥ニシノカゼ ⑥フイニシ ⑥フユニシ ⑥オーニシ ⑥ニシケ ⑥ニシゲ ⑥ニシゲノカゼ ⑥マニシ ⑥ニシブキ ⑦ニシジケ ⑦ニシナギ	強い 強風 弱 強風 弱風	おもに冬 冬 おもに冬 冬	冬季はあまり長くは吹き続けないが、他の季節には		真西	
西北西	⑦ニシアナジ	強い	冬		長く吹き続ける			
北西	⑦アナジ ⑦アナジブキ	強い 強風	冬		7日間猛烈に吹き続ける			
北北西	⑦キタアナジ	強い	初夏					

組を越えた分類が可能である。この観点からの分析がきわめて重要であることは言うまでもないが、本章では、主として、有標的意義特徴の認められる二次的派生語について、命名基準(有標的意義特徴の内実)による分析を行うことにする。

　当該集落の老年層漁民は、風を、吹いて来る方位によってまず弁別し、さらに、一々の風の性質を、多くの視点からこまかく捉え分け、認識し分けていることが意味的マトリックスによって理解される。16の意義特徴のうち、ほとんどすべての風位語彙に認められるものは、強弱・季節・操業に及ぼす影響(プラスの効用とマイナスの影響)の三つである。風が強いか弱いか、どの季節にどちらの方位からの風がよく吹くかということは、帆船や手漕ぎ舟の時代——すなわち、漁が風に規制され、また風を利用して漁を行っていた時代——には、最も大きな関心事であったに違いない。また、風を単に自然現象として捉えるのではなく、すべて、自分達の操業と強く結びつけ、プラスの効用をもたらす風かマイナスの影響を及ぼす風かという観点から認識して分けている事実も注目される。強弱への関心は、さらに具体的には、吹く日数・時間、海との関係、台風との関係、寒暖、操業に及ぼす影響などと強く結びつき、季節への関心は、寒暖、吹く日数・時間、漁獲する魚種との

242　Ⅲ．文化言語学の実践

		角度	高度	天候	寒暖との関係	台風との関係	強弱・方位の急変	海の状態	漁獲する魚種との関係	漁業に及ぼす影響	風位呼称の新古
北	①②③④⑤⑥⑦⑧⑨			晴れることが多い				海が荒れる		プラス　マイナス　プラス	
北東	⑩⑪							瀬や波が立つ		マイナス	
東	⑫⑬⑭⑮⑯⑰⑱⑲⑳㉑㉒㉓㉔㉕㉖㉗		高い	雨を伴うことが多い　雨を伴う　晴れる　雨　雨を伴う　晴れることが多い　雨を伴うことが多い	寒い　寒い　暖かい　寒い			海水が冷たい　海水が特に冷たい　海水が冷たい		マイナスの場合が多い　マイナス　プラス　マイナス　プラス　マイナスの場合が多い	新しい呼称
東南東	㉘			雨を伴うことが多い		台風のときに吹く		大波が立ち、海が荒れる		とくにマイナス	
南東	㉙㉚					台風のときに吹く	西から南東に変わる	大波が立ち、海が荒れる		とくにマイナス	
南	㉛㉜㉝㉞㉟㊱㊲㊳㊴㊵㊶㊷㊸㊹㊺㊻㊼㊽㊾㊿51 52 53 54			晴れることが多い　晴れる日が多い　雨　雨を伴うことが多い　山から吹きおろす　晴れることが多い	暖かくなる　この風が吹きと出すと暖かくなる　寒い　暖かくなる		突風で来る	波が立って、海が荒れる	魚が寄って来る　鰤網漁が始まる　魚が寄って来る	とくにプラス　最もプラス　とくにマイナス、遭難することも少なくなかった　プラス	新しい呼称
南南西	55									プラス	
南西	56 57 58									プラス	

第1章　漁民の「風」の世界観

		角度	高度	天候	寒暖との関係	台風との関係	強弱・方位の急変	海の状態	漁獲する魚種との関係	漁業に及ぼす影響	風位呼称の新古
西	59,60,61,62,63,64,65,66,67,68,69,70,71			雨を伴うことが多い／雨を伴うことが多い／晴れる	寒い			大波が立って、海が荒れる／大波が立って、海が荒れる／海が凪ぐ		マイナス／プラス／マイナス／プラス	
西北西	72			雨の降ることが多い	とくに寒い			海が荒れて、大波が立つ		最もマイナス	
北西	73,74			雨の降ることが多い	とくに寒い			大波が立って海が荒る		最もマイナス	
北北西	75			晴れる				波が立つ	エビコギ網に最適	プラス	

　関係、操業に及ぼす影響などと強く結びついている。また、天候も、多くの風位語彙の意義特徴として認められるが、とくに、雨を伴うとする認識の栄えている事実が注目される。雨が降ると山立てができないために、釣り漁はほとんど操業不能となるが、網漁もかなり大きなマイナスの影響を受けることになる。ここには、一見、自分達の生業に及ぼす負の作用に対する著しい関心の傾斜が認められるように思われる。しかしながら、操業に及ぼす影響を見てみると、プラスの効用をもたらす語彙素数は38語、マイナスの作用をもたらす語彙素数は37語であって、ほぼ拮抗した状況を示している。風の漁に及ぼす効用という点から、この事実を総合的に捉え直してみると、当地の漁師は、まず、操業との関係から風をプラス・マイナスのどちらかに捉え分け、そのうち、マイナスの作用をもたらすものについては、とくに、強弱・天候との関係から、どのようなマイナスの作用を及ぼすかについてとりわけ強い関心を寄せるという重層的な構造を成しているものと解される。16の意義特徴は、いずれも、漁撈と密接に関係するものであって、いかに風がかつてから営まれてきた漁業に強い影響を及ぼしていたかが理解される。
　ついで、ハルマジ・フユニシ・アメコチ・ニシナギのように、前部形態素または後部形態素に、意義特徴が限定的に顕在化している二次的派生語につ

244　Ⅲ. 文化言語学の実践

いて、命名基準（有標の意義特徴から帰納される意味枠）の観点から分類し、その結果について簡単な検討を加えることにする。各風位呼称に、ある命名基準が認められる場合には、当該欄に○印を付して示す。

方位	風位語彙	強弱	季節	天候	時間帯	方位の限定	海の状態	高度	吹く範囲
北	オーギタ	○							
	キタケ	○							
	アキギタ		○						
	マキタ					○			
	ヨーギタ				○				
	ヨギタ				○				
東	オーゴチ	○							
	コチケ	○							
	マコチ					○			
	ニンガツノヒバリゴチ		○						
	ロッカツノドヨーゴチ		○						
	アメコチ			○					
	タカゴチ							○	
南	オーマジ	○							
	マジケ	○							
	ハルマジ		○						
	サクラマジ		○						
	ヨマジ				○				
	ミタライマジ								○
	マジブキ	○							
西	オーニシ	○							
	ニシケ	○							
	フイニシ		○						
	マニシ					○			
	ニシブキ	○							
	ニシジケ						○		
	ニシナギ						○		
北西	アナジブキ	○							
計		11	6	1	4	3	2	1	1

第1章　漁民の「風」の世界観　245

　これを見ると、すべての方位に認められ、しかも語彙素数の多い命名基準は、強弱と季節の二つであって、先に試みた意義特徴についての分析結果が、ここに集約的に反映しているものと見なすことが出来る。また、天候（雨）が東風にだけ、海との関係が西風にだけ、時間帯が北風と南風にだけ、それぞれ認められる事実も、それぞれの方位から吹いて来る風の性質の特徴を、きわめて象徴的に示す事柄であろう。これらの二次的派生語が、北西を除いて、ほとんどすべて基本方位にしか認められないという事実も、当然のことではあろうが、興味が持たれる。

　(2)　風位語彙の量的構造

　当該集落の老年層漁民が、風の方位を12方位に見分けていることは、先に見たとおりである。それぞれの方位に、どれだけの語彙量が認められるかを下に図示し、そのような量的構造を示している意味について、漁場や自然現象としての風の性質などとの関係から、簡単な考察を加えてみたい。

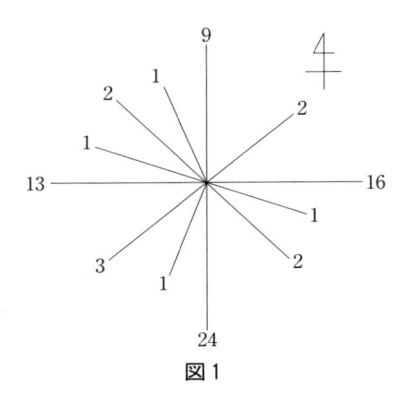

```
          9
      1       
   2       2
  1          
13 ─────── 16
           1
   3       2
     1
         24
```
図1

　まず、方位の弁別が、南北を軸として、西の方に細かくなっている事実が注目される。それに対して、東西を軸にとると、南北が同数となっている。西から北までの範囲を細かく弁別しているのは、この方位から吹いて来る風が、いずれも冬季に吹くものであり、しかも強風であって、帆船時代には、よく漁民が遭難したという土地の漁民の説明と深く関係することであろう。

　これに対して、語彙量の点から見てみると、東西を軸にして、北方位が15

語、南方位が31語と、著しく南方位に傾斜しているのに対して、南北を軸にとってみると、東・西が相拮抗している。とくに、東から南までの4方位に43語（全体の57.3％）が認められ、残る8方位の32語よりも11語も多くなっている事実が最も注目される。風に対する漁民の関心は、意味体系における意義特徴の多様さと語彙量に、直接的あるいは間接的に反映するものと解される。とするならば、当地の漁民は、東から南までの範囲、とくに、南風に強い関心を寄せていると理解することが出来る。これについては、土地の老年層漁民が、次のように説明していることが、きわめて重要な意味を持つと思われる。

○リョーワ　ヤッパリ　ハルジャ　ノー。コチが　フキダスト　サカナガ　デテ　クルンジャ。漁はやはり春だねえ。東風が吹き出すと魚が出て来るんだ。

○ハルマジガ　フクヨーニ　ナッテ　サーラアミガ　ハジマルンジャ。サーラワ　イツモカツモ　ココラニ　オル　サカナジャー　ナー。ハルマジノコロ　ヨーケ　クルンジャ。セトウチノ　ショーバイトシテワ　フトイ　ワイネー。ハルマジが吹くようになって鯱網が始まるのだ。鯱はいつもいつもここらにいる魚ではない。ハルマジのころたくさん来るんだ。瀬戸内の商売としては（鯱網漁は）大きいよねえ。

○シモジマノ　サカナワ　ミンナ　ハルマジガ　フク　コロニ　ヨッテクル。サカナガ　アガッテ　クルンジャ。大崎下島の魚はみなハルマジが吹くころに寄って来る。魚が西の方から上がって来るんだ。

すなわち、当地の漁業の最盛期が、東風から南風の吹く時季に相当しているわけである。こうであってみれば、この時季に吹く風に強い関心を寄せることになるのは理の当然であろう。しかも、当地の漁民は、昔から、西風や北西風の強い冬季にはあまり漁に出なかったという事実もある。一本釣りの場合は年中漁が可能だが、網漁の場合は、冬季は海が荒れ海水が冷たいので、よほど風の弱い日（ニシケやニシナギのとき）でなければ出漁しなかったという。漁の最盛期を中心として漁時季に吹き続ける風に対する関心が強くなるのとは逆に、あまり出漁しない時季に吹く風に対する関心が相対的に

弱くなっているということでもある。

　これ以外に、当地の漁民が最も重要な漁場としてよく出漁する八木灘が、大崎上島の西方にあって、そこへ出漁するのに帆船時代は、南風が最も好都合だったということが考えられる。漁場へ、他の船よりも少しでも早く到着し、最も良いアジロを確保することが、漁民にとっては最も重要なことである。そのために、風がはたした役割は、今日の漁業からは想像もつかないほど大きかったと考えられるのである。

3．老年層漁民の風の語彙の構造と環境(言語外現実)との関係

1．風を捉える視点として、「強弱」「季節」の2者が最も栄えている。
2．東方位にのみ「天候」を命名基準に持つ二次的派生語が認められ、南北方位にのみ「時間帯」を命名基準に持つ二次的派生語が認められる。
3．「方位の限定」を命名基準に持つ二次的派生語は、北・東・西の3方位に認められるが、南方位には認められない。
4．方位の弁別は、西から北にかけての範囲が特に細かい。
5．語彙量は、南方位・東方位に最も多く、西方位がこれに次ぐ。基本方位の中では北の語彙量が最も少ない。また、港と主たる漁場とを結ぶ線に沿って、語彙量が多くなっている。

細かな特徴も加えれば、次のような点も指摘し得る。

6．タカゴチなどに認められる「タカ」という前部形態素が、「高度」を表すものとして捉えられている。
7．風を捉える視点として、「潮位との関係」という項目が認められる。
8．ミタライマジ、ミタライゴチのような地名を前部形態素に持つ風位語彙が認められる。

また、老年層の風位語彙においては、

9．マジとアナジが、「吹く時間の長さ」「寒暖との関係」において対比的に捉えられている。

という共通した特徴も見出せる。

　このうち、9で指摘したような風の捉え方は、この地域の季節風の吹き方

を反映していると見ることができる。3・4・5で指摘したような語彙体系の偏りもまた、この地域の冬季の季節風と春から夏にかけての季節風の性質を、この地の漁民の認識を通して、よく反映しているように思われる。すなわち、力の強い冬季の西から北にかけての風に対しては、方位を細かく弁別する必要が生じ、これに対して、風力が比較的弱く、変化の激しい、また天候の崩れをしばしば伴う春から夏にかけての南風・東風に対しては、方位の弁別よりもその性質を細かく捉え分ける必要性が生じたものと見ることができる。このような弁別を必要とした要因は、風によって規定されることの大きかった、この地の、海と関わる生活に他なるまい。さらに、5で指摘した「港と主たる漁場とを結ぶ線に沿って語彙量が多くなっている」という事実は、日本の漁業社会に広く共通して認められる普遍的事実である。

　また、2・7で指摘したような特徴は、この地域において、低気圧が接近する時に東風が吹くという気象条件、また、陸風・海風が生じるという自然条件、潮の干満の差が激しいという自然条件が、語彙の上に反映したものと見ることができる。ただし、雨を伴う風に注意が払われたのは、釣漁を行う上で雨が非常に大きな障害となったという生業上の必要性から生じた認識であると見ることができる。このように、自然（外界）と語彙（言語）との間に、明確な相関性が認められ、しかも長年にわたる漁撈経験を通して、成員に共有化された認識世界を形成しているという事実を見逃すことはできない。

　6のような特徴は、島の多い海を航行する上で、風の高度に関心を払わざるを得なかったという事実の反映と見ることができようか。

　8については、旧藩時代から繁栄した御手洗港に寄せる人々の思いが、ミタライマジ、ミタライゴチのような造語を促したと見ることができる。

4．風の語彙の地域性

　大長方言の風位語彙が、分派の上でどのように位置付けられるかについて、検討を加えたい。全国の風位語彙の分布状況については、筆者の「全国各地漁業社会の風位語彙資料」（『広島大学文学部紀要』第43巻特輯号2、1983）

を参照する。

　上記の資料により、大長方言の風位語彙のうち、他地点に共通する語形を見出し得るものは、語彙項目にして58を数えるが、このうち、瀬戸内海域中心の分布のたどれるものが36（62％）を数える。このうち、大崎下島を含む瀬戸内海域の中国側にほぼ限定して見出されるものには、タカゴチ、オーゴチ、アメゴチ、ヒ（ヘ）バリゴチ、ドヨーゴチ、コチジケ、タカマジ、オーマジ、サクラマジ、ヨマジ、マジブキ、マジケ、マキタ、アキギタ、アサギタ、ヨーギタ、オーアナジがある。これに対して、四国側、特に香川県を中心に報告のある一群がある。ヤマジゴチ、タニシ、アナジブキがそうである。中国・四国を含めた瀬戸内海域に限定して認められるものには、ヤマジ、マジ、ヤマジマジ、ノボリが見出せる。瀬戸内海域を中心に、四国東部、近畿と山陰にも分布の認められるものがある。この類にはキタゴチ（島根県石見地方の一部）、オーギタ、オーニシ、マニシ、ジカゼが認められる。また、九州の日本海側に分布の連続していくものもある。マジゴチ、マコチ、マジニシがそうである。キタゴチ、マニシ、マコチは鹿児島県下の十島村悪石島にも認められる。また、山陰地方に連続した分布の認められるものに、アナジ、ニシアナジ、キタアナジがある。瀬戸内海域を中心としているがほぼ全国に分布の認められるものに、コチがある。

　以上は、瀬戸内海域を中心とした分布を示す語であるが、これに対して、瀬戸内海域に連続する諸地域に分布の中心を見ることのできるものもある。四国東部・近畿と瀬戸内海域にまたがる分布を示すものにはヨギタ、ワイタが認められる。ニシブキは、三重県下の答志島の例が報告されている。山口県下の日本海側と一致を見せているものには、ハエテ、オトシカゼ、オロシカゼ〈当方言ではフキオロシ・オロシ〉がある。また、タカニシ、タカカゼは、九州の日本海側から京都府下に至る日本海域に広い分布を見せている。アラセは、福井県大飯郡高浜町と島根県下の例が報告されている。

　以上の検討から、大長方言の風位語彙は、瀬戸内海域、特に山口県下から岡山県下に至る中国側の地域と強い一体性を示していると見ることができる。同時に、その一部には、四国北部を経て、四国東部から近畿につながる

ものもあり、一方、ごくわずかではあるが、九州北部から京都府下にかけての日本海側の地域につながるものもある。

5. 風の語彙の変容

(1) 風に対する関心と認識

当該集落の漁業に従事している30歳代後半の男性が、風という自然現象に、漁業を通じてどの程度の関心を寄せ、どのように認識しているかを見てみたいと思う。

○ムカシノ　ヒトワ　ホート　ドートデ　ショーバイ　ショーッタキンネー。昔の人は帆と櫓とで漁をしていたからねえ。

○ジャキン　ムカシノ　ヒトワ　カゼノ　コトオ　ヨー　シットッタガ　イマワ　カゼガ　ゼンゼン　カンケーセンケー　ノー。だから昔の人は風のことをよく知っていたが、今は、風が操業に全然関係しないからねえ。

○ドーリョクデ　ヤリャー　カゼワ　カンケーナーキン　ネー。シオワ　フネデワ　ドガイモ　ナランキン　コレワ　アタマニ　イレニャー　イケン。シオニ　サカラッテ　アミー　ヒキャー　ドロダケ　ノルキン　ネー。シオダキャー　カエラレンケン　ネー。イマワ　シオガ　オモデス　ネー。動力船で漁をすれば、風は関係ないからねえ。潮は船ではどうにもならないから、これは頭に入れておかねばいけない。潮に逆らって網を引けば、泥だけ入るからねえ。今は、潮が主ですね。

昔は、帆船と櫓船を用いて漁をしていたので、風が全く吹かないと漁がしにくく、また、風に逆らって漁をすることも出来なかった。ところが、漁船が戦後動力船に変ることによって、船が風の力を克服し、漁民の関心が風から完全に離れ、潮だけに集中することになった事情が、上の説明からおおよそ理解される。このことを、さらに詳しく見てみたい。

○ドーリョクニ　ナッタキー　ドッチデモ　イケルケー　ネー。ホジャケー　カゼノ　コトワ　ゼンゼン　ワカラン。動力船になったから、風

とは関係なくどっちへでも行けるからねえ。だから、風のことは全然分からない。
○ケツ　ムイテ　イッテモ　カミー　イッテモ　エーキョー　ナーネー。カゼガ　ヨー　フイテモ　ゼンゼン　カンケーガ　ナー。風を後ろに受けて行っても、風に向かって行っても、影響ないねえ。
○ドーリョクデ　コグケン　ネー。カゼノ　ナマエガ　ヨイヨ　ワカラン。マタ　アンマリ　オボエヨートモ　オモワダッタ。動力で漕ぐからねえ。風の名前がいよいよ分からない。また、おまり覚えようとも思わなかった。

30歳代の漁民が、風に対してほとんど関心を示さず、また、風名を記憶しようとも思わないのは、先にも記したように、船の力が風の力を克服したことが、何よりも大きいと考えられるが、それ以外に、30歳代の漁民が、老年層の漁民と一緒に漁を行うことが全くなくなっているという事情も無視することができないと思われる。
○トシヨリト　イッショニ　リョースル　コトワ　ホトンド　ナーケンネー。ロー　コグ　コトワ　ゼンゼン　シラン。年寄りと一緒に漁することはほとんどないからねえ。櫓を漕ぐことは全然知らない。
○オヤジト　イッショニ　フネニ　ノッタ　コトワ　ゼンゼン　ナー。父親と一緒に船に乗ったことは全然ない。
○ショーバイガ　ヒトリデ　ヤル　ショーバイデ　ダンタイショーバイジャー　ナーンジャケ。仕事がひとりでやる仕事で団体でやる仕事ではないのだから。

それでは、30歳代の漁民は、何によって風のことを知るかというと、新聞の天気図や、テレビの天気予報によって確かめていると言う。
○イマワ　テンキズ　ミテ　リョースルケン　ネー。テンキズガ　ヨケークルワンケー　ネー。今は天気図を見て漁をするからねえ。天気図がさほど狂わないからねえ。
○イマワ　フネニ　パソコンヤ　ギョタンオ　スエテ　ソレオ　ミテ　リョースルケン　ネー。ジャケン　カゼオ　ミル　コトガ　ナー。今は

船にパソコンや漁探を設置して、それを見て漁をするからねえ。だから、風を見ることがない。

すなわち、当該集落の漁民の風認識が、直接認識から間接認識へと大きく変容しつつあることが分かる。このように、船の力が風の力を克服し、若年層の漁民が老年層の漁民と一緒に操業することがなくなり、しかも、風の認識の仕方が直接認識から間接認識へと大きく転換すれば、もはや、当該集落における風位語彙は、漁民独自の風位語彙という意味を失い、急速に衰滅していくことが予想されるのである。

(2) 30歳代の漁民の風位語彙の実態と構造
1．風位語彙の全容

30歳代の漁民は、風位を、①北、②北東、③東、④南東、⑤南、⑥南西、⑦西、⑧北西の8方位に弁別している。以下、北風から順に記述する。

(1) 北風（4語）

① キタ（北風、②キタカゼ、③キタノカゼとも言うが、キタが最も盛ん）○キタワ　コレカラデス　ネー。北風はこれから（10月ごろから）ですねえ。○アサカラ　フカンガ　バンニ　ナルト　キタガ　フク。朝からは吹かないが夕方になると北風が吹く。○キタカゼワ　ヨル　フク　コトガ　オーイー。ソレカラ　ジンワリ　ホクトーニ　カワルネー。北風は夜吹くことが多い。それから少しずつ北東風に変るねえ。

④　ノース（北風、north）

(2) 北東風（4語）

⑤　ホクトー（北東風、⑥ホクトーノカゼとも言う）

⑦　キタゴチ（北東風）○アカシノ　ヘンガ　ヨー　フク。明石の辺りがよく吹く。○キョーワ　キタゴチガ　カットル　ノー。今日は（北風よりも）北東風が強いねえ。

⑧　ミタライゴチ（御手洗ゴチ）○ミタライゴチガ　フクト　アメガ　チカイ　ユー　ネー。御手洗ゴチが吹くと雨が近いと言うねえ。

(3) 東風（5語）

⑨　ヒガシ（東風、⑩ヒガシカゼとも言うが、ヒガシの方をよく用いる）
⑪　コチ（東風）〇ココワ　コチト　ニシガ　オーイー。ここは東風と西風が多い。〇ハルワ　コチバー　フク　ネー。春は東風ばかり吹くねえ。〇コチガ　フクト　アメガ　ヨー　フライ　ネー。東風が吹くと雨がよく降るわねえ。〇ミタライノ　キンピラワ　コチガ　ヨーフク。御手洗の近くは東風がよく吹く。
⑫　ハルゴチ（春ゴチ）〇サクラガ　マンカイニ　ナッタ　コロ　ヨークル。桜が満開になったころ、コチが強く吹く。
⑬　イース（東風、east）

(4) 南東風（3語）

⑭　ナントー（南東風、⑮ナントーノカゼとも言う）
⑯　ミタライマジ（御手洗マジ、南東風）〇コノ　マエノ　ミナトノ　ナカガ　フクンジャ。チョット　オキー　カケテ。この前の港の中が吹くのだ。ちょっと沖の方へかけて。

(5) 南風（5語）

⑰　ミナミ（南風、⑱ミナミカゼ、⑲ミナミノカゼとも言うが、ミナミを最もよく使う）〇ナツワ　ミナミヨリノ　カゼジャ　ネー。夏は南寄りの風だねえ。
⑳　マジ（南風）〇マジワ　ヌクイ　カゼジャ　ノー。マジは暖かい風だねえ。
㉑　サース（南風、south）

(6) 南西風（2語）

㉒　ナンセー（南西風、㉓ナンセーノカゼとも言う）〇ナツワ　トクニ　ナンセーガ　オーイー。夏はとくに南西風が多い。〇ココワ　ナンセーガ　ヨー　フク　ネー。ここは南西風がよく吹くねえ。

(7) 西風（4語）

㉔　ニシ（西風、㉕ニシカゼ、㉖ニシノカゼとも言うが、ニシを最もよく使う）〇ニシワ　ジューイチガツカラ　ニガツゴロジャ　ネー。西風が吹くのは11月ごろから2月ごろだねえ。〇ハルサキガ　トクニ

254　Ⅲ．文化言語学の実践

オーイー。ニ̄シ̄ガ̄　ノ̄ー。春先がとくに多い。西風がねえ。○ニ̄シ̄ノ̄　カ̄ゼ̄ガ̄　フ̄ク̄ト̄　イ̄タ̄シ̄ー̄　ユ̄ー̄テ̄　リ̄ョ̄ー̄オ̄　ヤ̄メ̄ル̄　ワ̄ネ̄ー̄。西の風が吹くと漁がしにくいと言って漁をやめるわね。○ニ̄シ̄ガ̄　フ̄ク̄ト̄　ナ̄ミ̄ガ̄　タ̄コ̄ー̄ナ̄ッ̄テ̄　フ̄ネ̄ガ̄　ス̄ス̄マ̄ン̄。西風が吹くと波が高くなって船が進まない。○ニ̄シ̄カ̄ゼ̄ワ̄　フ̄ユ̄ニ̄　ド̄ッ̄ド̄ッ̄ド̄ッ̄ド̄ッ̄フ̄ク̄ケ̄ン̄　ナ̄ー̄。西風は冬にドッドッドッドッ吹くからねえ。

㉗　ウ̄エ̄ス̄（西風、west）

(8)　北西風（3語）

㉘　ホ̄ク̄セ̄ー̄（北西風、㉙ホ̄ク̄セ̄ー̄ノ̄カ̄ゼ̄とも言う）

㉚　ア̄ナ̄ジ̄（北西風）○ト̄シ̄ヨ̄リ̄ノ̄　ヒ̄ト̄ワ̄　ヨ̄ー̄　ツ̄カ̄ウ̄ガ̄　ワ̄シ̄ラ̄ー̄　ア̄ン̄マ̄リ̄　ッ̄カ̄ワ̄ン̄　ノ̄ー̄。年寄りの人はよく使うが私達はあまり使わないねえ。

30歳代の男性の漁民が使用し、理解している風位語彙は、上記の30語である。老年層の漁民には75語の風位語彙が認められたので、45語（老年層の所有語彙の60.0％）もの減少が見られるわけである。

2．風位語彙の構造

(1)　量的構造

各方位ごとの語彙量の関係を図示すると、次のようである（図2）。

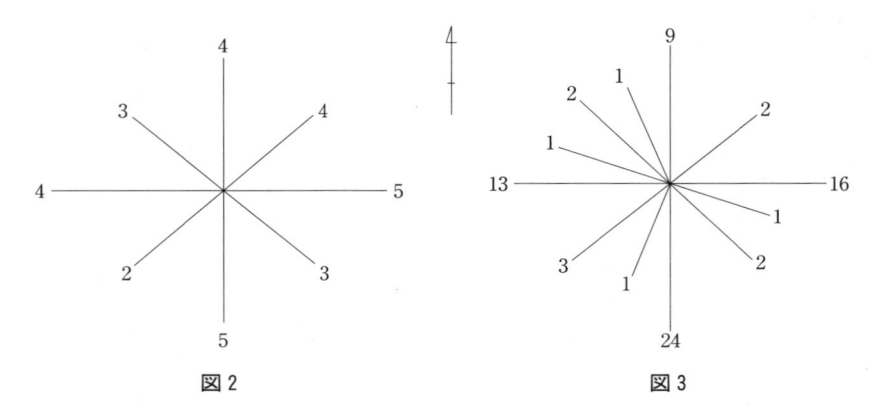

図2

図3

第1章　漁民の「風」の世界観　255

　これを見ると、各方位の語彙量の上にさほど著しいかたよりが認められず、また、東・西・南・北の特定の方位に語彙量が著しく傾斜しているといったこともない。強いて言えば、東方位の語彙量が12語であるのに対して、西方位が9語と、やや少なくなっている事実が注目される程度である。要するに、きわめて均勢のとれた量的構造、別の言いかたをすれば、非独自的・概念的（一般的）な量的構造になっているのである。これに対して、老年層の漁民の風位語彙の量的構造は、前頁右図のようになっている（図3）。
　両者の量的構造の差異は、説明するまでもなく明らかであるが、とくに注目されることは、東・西・南・北の基本風位における語彙量の著しい減少である。これは、30歳代の漁民において、基本的な方位から吹いて来る風に対する認識がきわめて縮小され、やせ細ったものになってしまっていることを、具体的に反映するものと考えられるであろう。

(2)　意味体系・二次的派生語の弁別基準

　老年層の漁民が、風の性質の特徴について認識している事柄は、強弱、季節、操業を中心として、時間帯、吹く時間の長さ・日数、潮位との関係、吹く範囲、角度、高度、天候、実暖との関係、台風との関係、海の状態、漁獲する魚種との関係の14種である。これに対して、30歳代の漁民が一々の風位呼称について説明してくれたかなり多くの文表現において、風位呼称と意味的共起関係を示して実現した連用修飾話部、述話部の意味内容から帰納される意義特徴は、強弱、季節、操業、時間帯、吹く範囲、寒暖との関係、海の状態の7種である。したがって、30歳代の漁民の風の性質に関する認識世界は、老年層の半分の拡がりに縮小されていると言ってよい。このことは、上位呼称の二次的派生語における極端な減少とストレートに相関する事柄であろう。30歳代の漁民が使用する上位呼称の二次的派生語は、ハルゴチ・ミタライマジ・ミタライゴチの3語だけである。老年層に認められる風位語彙の二次的派生語は、28語である。このうちの25語が、現在、まさに消滅しようとしているわけである。30歳代の漁民の二次的派生語に認められる顕在的意義特徴は季節と吹く範囲の2項目である。老年層には、強弱・季節・天候・時間帯・海の状態・高度・吹く範囲の7項目が認められるので、この点にお

256   Ⅲ. 文化言語学の実践

いてもきわめて著しい減少が指摘されるのである。

(3) 老年層の風位語彙との比較

　前節において、語彙量、語彙の量的構造、風の性質に関する意義特徴、二次的派生語の命名基準のそれぞれについて、30歳代の漁民と老年層の漁民の風位語彙を比較した結果、すべての点において、著しい単純化の事実を指摘することが出来た。とくに、東・西・南・北の基本風位の語彙量の減少と二次的派生語の減少とが注目された。また、語彙の量的構造が、著しく南方位に傾斜した構造から、きわめて均勢のとれた構造へと変化している事実も注目される。

　本節では、老年層の風位語彙のうち、どのような語彙を30歳代の漁民が継承しており、どのような性質の語彙を用いなくなっているのか、また、どのような語彙を新しく用いるようになっているかを、少し詳しく検討してみることにする（以下の比較においては、30歳代を壮年層と呼ぶことにする）。

　1．老年層特有語彙（老年層に認められて、壮年層に認められない語彙）——マキタ・アキギタ・ヨーギタ・ヨギタ・オーギタ・キタケ（北）、キタゴチノカゼ（北東）、コチカゼ・コチノカゼ・マコチ・マゴチ・ニンガツノヒバリゴチ・ロッカツノドヨーゴチ・ドヨーゴチ・ドヨコチ・アメコチ・オーゴチ・コチケ・ワイタ・タカゴチ（東）、ヤマジゴチ（東南東）、ヤマジ・ヤマジカゼ（南東）、マジカゼ・マジノカゼ・ハルマジ・ミタライノハルマジ・ヨマジ・ミタライノヨマジ・アサマジ・サクラマジ・オーマジ・マジケ・マジブキ・ハエテ・ハヤテ・ハエテンカゼ・オトシカゼ・オトシ・フキオロシ・アラセ・アラセノカゼ（南）、タカーカゼ（南南西）、マジニン・マジニシカゼ・タカニシ（南西）、フイニシ・フユニシ・オーニシ・ニシケ・ニシゲ・ニシゲノカゼ・マニシ・ニシブキ・ニシジケ・ニシナギ（西）、ニシアナジ（西北西）、アナジブキ（北西）、キタアナジ（北北西）——59語

　2．壮年層特有語彙（壮年層に認められて、老年層に認められない語彙）——ノース（北）、ミタライゴチ・ホクトー・ホクトーノカゼ（北東）、

ハルゴチ・イース（東）、ナントー・ナントーノカゼ（南東）、サース（南）、ナンセー・ナンセーノカゼ（南西）、ウエス（西）、ホクセー・ホクセーノカゼ（北西）——14語
3．老・壮共有語彙——キタ・キタカゼ・キタノカゼ（北）、キタゴチ（北東）、ヒガシ・ヒガシカゼ・コチ（東）、ミタライマジ（南東）、ミナミ・ミナミカゼ・ミナミノカゼ・マジ（南）、ニシ・ニシカゼ・ニシノカゼ（西）、アナジ（北西）——16語

壮年層特有語彙のほとんどは、次に分類して示すように、字音語と外来語である。老年層特有語彙のほとんどが和語であるのと比べて、きわめて異質の語彙へ変容しようとしていることが分かる。
(1) 字音語——ホクトー・ホクトーノカゼ・ナントー・ナントーノカゼ・ナンセー・ナンセーノカゼ・ホクセー・ホクセーノカゼ（8語）
(2) 外来語——ノース・イース・サース・ウエス（4語）

ところで、壮年層が継承していない——完全に捨て去ろうとしている——語彙の内実を見てみると、風の性質を多角的に見分けなければならない必要性の著しい減少を反映して、二次的派生語の消滅がきわめて顕著である。キタ・コチ・マジ・アナジなどの上位呼称、また、ニシ・ミナミ・ヒガシなどの上位呼称はしっかり受け継いでいるが、二次的派生語は、そのほとんどを捨て去ろうとしているわけである。老年層特有語彙の内実を大きく見分けてみると、次のようになる。
(1) 二次的派生語——マキタ・アキギタ・ヨーギタ・ヨギタ・オーギタ・キタケ・マコチ・マゴチ・ニンガツノヒバリゴチ・ロッカツノドヨーゴチ・ドヨーゴチ・ドヨゴチ・アメコチ・オーゴチ・コチケ・タカゴチ・ハルマジ・ミタライノハルマジ・ヨマジ・ミタライノヨマジ・アサマジ・サクラマジ・オーマジ・マジケ・マジブキ・フキオロシ・タカニシ・フイニシ・フユニシ・オーニシ・ニシケ・ニシゲ・ニシゲノカゼ・マニシ・ニシブキ・ニシジケ・ニシナギ・アナジブキ（38語）
(2) 二風位結合形——キタゴチノカゼ・ヤマジゴチ・マジニシ・マジニシカゼ・ニシアナジ・キタアナジ（6語）

(3) 上位呼称——コチカゼ・コチノカゼ・ヤマジ・ヤマジカゼ・マジカゼ・マジノカゼ・アラセ・アラセノカゼ（8語）
(4) その他——ワイタ・ハエテ・ハエテンカゼ・ハヤテ・オトシ・オトシカゼ・タカーカゼ（7語）

老年層特有語彙と、老・壮共有語彙、壮年層特有語彙の三者を合わせて考えると、壮年層における風位語彙の減少率は、次のようになる。
(1) 二次的派生語——92.7%
(2) 二風位結合形——85.7%
(3) 上位呼称——36.4%
(4) その他——100%

これで見ると、ワイタ・オトシ・ハヤテなどのように、成立も古く、しかも、かつては広い地域に分布していた呼称でも、使用頻度が低く、しかも、特定の風位との結びつきの弱いものは、壮年層は全く継承していないことが分かる。逆に、コチ・マジなどの基本風位を表す上位呼称の減少率は、かなり低くなっている。

以上の分析結果を総合すると、30歳代において、風位語彙の著しい転換が認められるとしてよい。量的には極端な減少、質的には生活の必要性と結びついた独自の体系から生活から遊離した概念的（一般的）体系への変容、和語から漢語・外来語への変化、そして、体系の著しい単純化が指摘されるのである。当地の漁民の風位語彙の構造は、老年層において、方位と性質とが緊密にからみ合った二元的構造（重層的構造）であったものが、壮年層においては、著しく方位にかたよった一元的構造へと転換しつつある。これに即応して、当地の漁民の風に対する認識も、方位・性質の二元的世界の認識から方位のみからなる一元的世界へと大きく転換しつつあると考えることができよう。

6. 風に対する認識の変質

〈風に対する身体感覚〉〈言語記号〉〈風の漁撈に及ぼす影響の価値判断〉〈価値判断を含む風の認識〉。老年層の漁民は、〈身体〉と〈思考〉に関わる、

第1章　漁民の「風」の世界観　259

この全体的プロセスを一瞬のうちに獲得する、あるいは常にこの〈全体性〉の中で生きている。これが老年層漁民の風に対する全体的かつ恒常的な〈認識モデル〉である。この〈認識モデル〉は、前近代からの長い伝統を継承するものであり、老年層の漁民が自らの漁撈経験を通して、常に認識の活性化を図ってきたものである。

【老年層漁民の風に対する認識モデル】

（1）→（2）→（3）→（4）──→（5）

(1)	(2)	(3)	(4)	(5)
風の身体認知	言語記号との結合	風の認識の確定	風影響の漁撈判断に及ぼす	風解釈に対する付与実用的

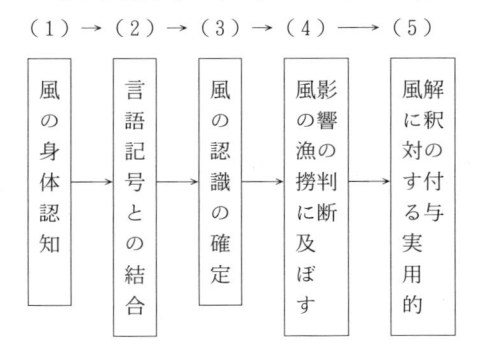

【壮年層漁民の風に対する認識モデル】

（1）────→（2）

(1)	(2)
風のパソコンによる認知	機械言語に閉じられた風の一回的認知

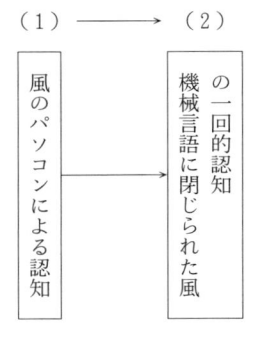

　壮年層の漁民の風に対する意識には、〈身体感覚〉が完全に欠落しており、パソコンという機械が作り出す〈虚構空間〉の内部に閉じられている。ここには、〈現実世界〉や〈身体〉を媒介とした風に対する〈価値判断〉が入りこむことは決してない。

したがって、老年層の漁民と壮年層以下の漁民との間には、「生活主体——風位語彙——現象（外部世界）」という存在三世界の構造図式の大きな変質が認められる、と言わなければならない。しかし、生活の必要性を欠いた形で、風位語彙を構成する個々の要素の意味と価値の存在が考えられないという点においては、いささかの変化も認められないことは確かであろう。

おわりに

老年層の漁民は昔を回顧しながら、「今の漁師はからだも心も病んでいる。」と言う。これは、漁民の全体性が病んでいることを意味する発言である。したがって、回復されなければならない〈全体性〉は、二つのレベルに分けられることになる。一つは、現実の人間関係の〈全体性〉であり、他の一つは豊かな海の中で現実感覚をもって生きるという〈全体性〉である。豊かな資源を含む海で共同労働を営み、得られた漁獲物はすべて平等に配分することによって、すべての漁民は人間関係の網の目の中で疎外されることなく生き、不公平感にさいなまれることもなくなる。それを可能にする〈豊かな海〉と〈現実感覚〉の二つを同時に回復することが、漁民の〈全体性〉の回復にとって、まさに急務である。しかし、現代という時代状況を見るとき、これははかない願いのように思われてくる。行政の無知と、突出した富を求めることを良しとはしなかった日本人の生き方の変化が大きな障害をなしているからである。それに加えて、環境破壊による魚介類の著しい減少という大きな問題もある。

　○タイワ　アマヨノ　ホシホドモ　オランヨーニ　ナッタ。鯛は雨夜の星ほども（全く）いなくなった。

という状況をどう改善すればよいのか。これは、ひとり漁民だけの問題ではないだろう。

参考文献

1983：室山敏昭『全国各地漁業社会の風位語彙資料』（『広島大学文学部紀要』第47巻特輯号2）

1987：関口　武『風の事典』原書房
1987：室山敏昭『生活語彙の基礎的研究』和泉書院
1990：柳田国男「風位考」(『柳田国男全集』20、ちくま文庫)
1995：谷川健一『古代海人の世界』小学館
1998：沖浦和光『瀬戸内の民俗誌―海民史の深層をたずねて』岩波新書
1998：室山敏昭『生活語彙の構造と地域文化―文化言語学序説』和泉書院
1999：岸田裕之編『広島県の歴史』山川出版社
2001：室山敏昭『アユノカゼの文化史―出雲王権と海人文化』ワン・ライン

〔補記〕
　風位語彙は、大きく風が吹いて来る方位を表す「方位呼称」（たとえば、「キタ」「コチ」など）と、それぞれの「方位呼称」に特徴的な性質・状態が前部形態素に顕在化した「性質呼称」（たとえば、「ヨーギタ」「ヨギタ」「ドヨーゴチ」「アメコチ」など）の二つに分類される。「性質呼称」は「方位呼称」を語基として生成された派生形であり、意味も本来「方位呼称」に内在する意義特徴のうち、漁撈にとってプラスないしはマイナスの作用をもたらす性質・状態を漁民が共通の認識として獲得するために、特に有標化して表したものである。したがって、「方位呼称」と「性質呼称」は、相互に包摂・被包摂の関係を形成する。したがって、風位語彙の構造は、「包摂」（方位）：「被包摂」（性質）という関係を内包する重層的（二元的）な円環構造を成す。
　風位語彙の研究は、長年にわたって、柳田国男を中心とする民俗学や関口武を中心とする自然地理学、さらには柴田武・青柳精三などを中心とする言語学の立場から進められてきたが、それぞれが独自の道を歩み、これを学際的な研究として統合化しようとする志向性は希薄であった。また、筆者が漁業社会に行われる風位語彙の研究に従事するようになる前は、もっぱら「方位呼称」だけが問題として扱われてきた。それは、風名の調査を漁業社会の中に深く潜入して実施することを怠り、「風」が漁撈に及ぼす多様な影響を徹底して漁民の側に立って聞き出そうとする意識が極めて弱かったために、「性質呼称」を発見することができなかったからである。そのため、「性質呼称」に漁民の風に対する独自の価値認識が顕在化していることも、理解することができなかったのである。
　筆者を中心とする研究の推進によって、「性質呼称」が発見され、「風位語彙」の構造が明らかになり、漁民の「風」に対する独自の世界観が把握され、漁業文化の特質の一端が明るみに出されるようになった現在、より広い視野に立った学際的研究を構築する必要性が痛感されるのである。それは、日本の漁業文化の総合的特質を、内部に認められる漁業文化領域の認定とその根源的な形成要因も含めて、漁業

語彙の精密な調査と分析を通して明らかにすること、さらにその全体的なプロセスによって構築された研究方法・分析操作の方法を洗練して、日本の言語文化の多元性をミクロなレベルにわたって解明するための体系的な研究枠組みを構築することである。これが実現すれば、異文化社会の漁業文化との比較・対照的研究も可能となるはずである。しかし、このような広い視座に立つ研究をひとりの研究者が実践し、確たる成果をあげようとすれば、一生仕事になってしまうであろう。そのような余裕は全く残されていないので、できるだけ短期間に目的を達成する必要がある。

　そのためには、従来の民俗学・自然地理学・言語学などの研究領域以外に、言語人類学・気象学・日本史学・漁業社会学・漁業経済学・漁業民族学・認識人類学などの研究領域を加えた大きなプロジェクトを立ち上げることが必要となるだろう。

◇平成14年度比治山大学公開講座（於広島県生涯学習センター）で講演した原稿に、一部加筆修正を施したもの。

第2章　アユノカゼの文化誌
　　──漁民の「風」の世界観──

は じ め に

　新しい世紀を迎えた今日、世界のグローバリゼーションはその加速度をますます強めようとしているように見える。そして、世界のグローバリゼーションが進めば、それに伴って異文化の理解も進むだろうという見方が一般になされている。しかし、この見方はいささか楽観に過ぎるのではないだろうか。なぜなら、異文化を理解するとは、異文化の個別性と多様性を正しく認めることにほかならない。個別性をもたない民族の伝統文化は世界のどこにも存在しない。とすれば、民族の接触が急速かつ濃密に進みつつある現在、我々一人ひとりに求められているのは、世界の多様な民族文化の個別性・特殊性との深い対話ではないだろうか。

　しかし、世界の多様な民族文化の個別性・特殊性との深い対話を実現するためには、我々はまず、「日本」というマクロな地域社会に即して、「日本文化」の独自性・個別性を明らかにし、それを世界へ向けて発信していくことが前提とされるのではないだろうか。すなわち、永い歴史を背景とする「日本文化」（この列島の文化）の多様な個別性を再発見し、それを世界へ向けて発信することによって、異文化とのより深い、厚みのある交流を実現することが可能になると考えられる（しかし、「日本文化」の多様な個別性は、今にいたるも決して自明ではないのである）。

　確かに現在は、国境や地域を越えて存在する人々が多くなり、文化の〈固有性〉を問うことの意味が希薄化しつつあるような状況を呈している（『岩波講座　現代社会学24　民族・国家・エスニシティ』1996、岩波書店）。しかし、そのような現在状況にあってもなおかつ、世界の各地では深刻な文化摩擦が生

じている。その要因の一つとして、横暴な「自文化中心主義」の動きがあることは否定できないが、それ以上に「異文化に対する無理解」という大きな問題があることもまた、否定することができない。この問題性をいかにして解決するかが21世紀における地球人類に課せられた根源的な問いであると言っても、決して過言ではなかろう。

　とりわけ、世界は今、絶え間のない「情報」の交流の中にある。したがって、青木保も言うように、異文化を理解することと自文化を理解してもらうことが、双方向的に行われなければ意味をなさない(『異文化理解』2001、岩波新書)。

　本章は、このような認識を基本として、「日本文化」の独自性・個別性が決して一元的に成立したものではなく、多元的かつ重層的に成立したものであることを、太古の時代にまで遡って明らかにしようとする一つのささやかな試みを基調とするものである。そして、多元的かつ重層的な日本文化が、今日、画一化の波に洗われ、まさに消滅の危機に瀕している現状を地域社会のフィールドの現場から、地域生活者の論理に即して語ろうとするものである。

　さて、この章では、まず、日本海沿岸部の漁業社会に行われてきた「風位語彙」、とりわけ「アユノカゼ」をはじめとする「アイ」系の風位語彙の実態とシステムに焦点を当て、当該域の老年層漁民がほぼ共有している「風」に対する認識世界、意味と価値を含む「風」の世界観を、永いタイムスパンにおいて捉え、その成立と展開、さらには現在状況を明かるみに出そうと思う。漁民が獲得している「風」の世界観は、我々の想像をはるかに越えて豊かな内容を含み、複雑なシステムを構成している。それを農業社会と対比することによって、日本の言語文化の「根源的な多元性」の一端を明らかにしたい。それは、従来の「中央——周辺」という構造図式によって明らかにされてきた、日本の地域文化の多様性の解明とは、全くスタンスを異にするものであり、自然環境・生業環境・社会環境という「環境」概念を基軸とするものである。

　言い換えれば、従来のように「中央——周辺」という一元的な構造図式に

第2章　アユノカゼの文化誌　265

依拠しないで、環境概念を基軸として日本の言語文化領域の多元性を柔軟に認定し、その多元性が成立した決定要因を明らかにしようとするスタンスである。それによって、たとえば従来の言語地理学では比較的軽い扱いのなされてきた「太平洋側対日本海側」の言語文化の対立関係の意味と価値を根本的に見直すことも可能となる。

　ついで現在、日本というマクロな漁業社会において、老年層と中年層の「風位語彙」の間には、極めてドラスティックな変容が認められる事実を指摘し、それによって両者の風の世界観がどのように大きく変質しようとしているかを明らかにする。また、そのような変質に決定的に作用した要因についても言及したいと思う。

　今、筆者が「生活語彙論」を基礎論として拓きつつある「文化言語学」（言語文化学）は、地域社会に継承されてきた伝統的な生活語彙の実質ならびにシステムの分析と解釈を通して、彼らの多様な世界観の地域類型を環境概念を基軸として再構成し、それによって日本人に内面化されている伝統文化の独自性と多元性を客観的な手法で語ろうとするものである。新しい知の地平である「文化言語学」を構築するためには、「専門分野」がまるで聖域のようにタテの壁で仕切られている現在状況をどうしても改変せざるを得ないことになる。したがって、この章では、あえてそのような試みを展開することになる。

1. アユノカゼの誕生と歴史

(1) 「アユノカゼ」の語源

　日本海沿岸部の漁民、とりわけ老年層の漁民は、今日においてもなお、主として北東ないしは北の方位から吹いて来る風を「アユノカゼ」、あるいはそれから変化したと推定されている「アイノカゼ」「アエノカゼ」「エーノカゼ」、さらには「アイカゼ」「アエカゼ」「エーカゼ」、「アイ」「アエ」「エー」などと呼んでいる（/ju/〉/i/の音変化は、/okaju/〉/okai/〈お粥〉、/aju/〉/ai/〈鮎〉、/ojuru/〉/oiru/〈老ゆる〉など、類例が多い）。

　「アユノカゼ」の語源については、柳田国男の「海が種々の珍しい物を打

寄せることをも、アユ又はアエルというような用語があって、それを約束する風であるゆえに、すなわちアユの風とは名づけ始めたのではなかったか。果たしてその想像が中(あた)っているとすれば、後日遠い国々の浮宝を、導いて来る風の名のごとく、感ずるようになったのも順序があり、さらにまた『心あいの風』という歌言葉の、耳に快くくり返しもちいらるるに至ったのも自然だったと言える。」(『柳田国男全集』20、335ページ、1990、筑摩書房)とする説がよく知られている。

アイの風が吹くと、潮流に運ばれてきた魚介や海藻、木材などくさぐさの物が海岸に吹きつけられる。寄り物は海の神の饗物であり、もてなしにほかならなかった。柳田はこのように考え、海の向こうから大きな恩恵をもたらす風が「アユノカゼ」であると推定したのであろう。

確かに、「アユの風」は、陸に向けてほぼ直角に吹いて来る風であって、午前10時過ぎから夕方にかけてかなり強く吹き、漁民を難渋させる風である。しかし、翌早朝は風が嘘のようにおさまることが多く、浜近くに多くの魚介や海藻が打ち寄せられていて、大漁をもたらす風でもある。鳥取県のほぼ中央に位置する東伯郡泊村の老年層漁民は、「アイノカジェ」について次のように説明している。

　○アイノカジェワ　ナー。アサ　ハヨーカラ　バンゲマデ　ビュンビュン　フク　カジェデ　ナー。アンマリ　オキニワ　デラレノ。ダケド　ヨク　アサン　ナルト　ウソミチャーニ　カジェガ　ヤンデ　イオヤ　カイガ　ヨーケ　ナダニ　ヨッテ　キトッテ　タイリョーニ　ナッダケー。ミンナ　ヨロコンデ　ナダエ　イキョーリマシタ　ワイナー。アイの風はねえ。朝早くから夕方までビュンビュン吹く風でねえ。あまり沖には出られない。だけど翌朝になるとまるで嘘のように風が吹きやんで、魚や貝がたくさん浜近くに寄って来ていて大漁になるのだから。皆喜んでナダへ行っていましたわねえ。

これとほぼ同様の説明が、島根県出雲地方から富山県下までの広い地域において聞かれる。ちなみに、『あわしま風土記　改定版』(1971、新潟県粟島浦公民館)によると、「アイノカゼ」について次のような説明が見え、この風

名が船員の間でも使用され、大型の帆船にとってはほどよい風力の風であったことが知られる。

　　アイノカゼ　北の風。太平洋側には使用されず、日本海側に使われる。ほどよく吹く風で、昔帆船はこの風を帆に受けて南を目ざして上方へ下り、クダリの風に乗って北上し活発に動いた。

「アイ（ノカゼ）」は新潟県以北の漁業社会では、北風ないしは北北東の風を指して用いられるようになる。たとえば、青森県下北半島の漁民は、

　　○アエノガンジェワ　キダガラ　フク　カジェダ　ナシ。アエノガンジェは北から吹く風だねえ。（老年層男性）

と説明し、小野米一によると、北海道奥尻島の漁民は、「アイ」について次のように説明するという（『北海道方言の研究』1993、学芸図書）。

　　○アイモヨーダモノ　サムイ　ナー。アイ模様（北風模様）だもの、寒いねえ。（中年層男性）

(2)　「アユノカゼ」の歴史

　さて、「アユノカゼ」は、『催馬楽』の「道の口」の章に、

　　道のくち武生の国府に我ありと、親には申したべ心あひの風や、さきむだちや

と歌われており、また藤原俊成の『古来風体抄』や順徳院の『八雲御抄』、あるいは慈円の『拾玉抄』などにも見える。『拾玉抄』に見える歌には、「あゆの風」が次のように読みこまれている。

　　数ならぬ身のうき雲を吹きはらへ　我を思はん心あゆの風

　また、『古来風体抄』『八雲御抄』の記載内容は、ともに後に引く大伴家持の歌に依拠するものであり、『八雲御抄』には次のように記されている。

　　あゆ　東の風とかけり　是家持が越中守時歌也　是北陸道詞也（巻三、枝葉部・天地部）

　室町時代まで下ると、宗雅の『みちすがらの記』に越前武生で「アユの風」という語が使われていたことが記されているほか、以下に記す資料にも「あゆのかぜ」「あゆ」という風名が見える。

○あゆのかぜとは松の風、北によれる也。こちと同じ。(『言塵集』四)
○あゆのかぜ　東風と書、是北陸道の詞 (『藻塩草』四)
○あゆのかぜ　越俗語に東風をあゆのかぜといへり (『歌林良材集』上)
○あゆ　なごの蜑の釣する舟のいとまあれや　あゆ吹わたるけさの浦波
　　(『明応四年水無瀬宮法楽百首』)

さらに近世になると、賀茂真淵の『万葉新採百首解』や曲亭馬琴の『烹雑の記』(佐渡の方言に……正丑より吹をあひ) に見えるほか、『和訓栞』(谷川士清著)『物類称呼』(越谷吾山編)『増補俚言集覧』(太田全斎編) などの方言集にも、次のように見られる。

○あゆのかぜ　今越前にては戌亥の風をあひの風と謂ふとぞ (『和訓栞』)
○風〈略〉北国にては東風を、あゆの風と云ふ (『物類称呼』)
○あひの風　東風を云ふアユの風の下に出す (『増補俚言集覧』)

周知のごとく、「アユノカゼ」の初出例は『万葉集』巻17に収められた、当時越中の国守をしていた大伴家持が奈呉浦 (現在の富山県高岡市伏木港) で詠んだ二詠の中に見えるものである。天平20年 (748) に詠んだ歌だから、今から1250年以上も前のことになる。

　　東風 (越俗語東風謂之」安由乃可是也)　　東風
　　伊多久布久良之　　　　　　　　　　　　いたくふくらし
　　奈呉乃安麻能都利須乎夫袮　　　　　　　奈呉の海人の釣する小舟
　　許藝可久流貝由　　　　　　　　　　　　漕ぎ隠る見ゆ

澤瀉久孝の『萬葉集注釋』(1967、中央公論社) によれば、この4017番の歌の「東風」に付された割注は、作者家持の自注と思われるとのことなので、奈良の都からやって来た家持にとっては、初めて耳にするこの地方の海人のゆかしい言葉と感じられたものと思われる。これ以外にも、「アユノカゼ」が5音節であり音の響きもよいこと、東風が春の兆しを告げるものとして万葉人に殊のほか喜ばれた、といったことなども家持の関心を強く引く要因になったかと推測される。

なお、家持の歌には「東風」とあるが、山陰地方から富山県下までの多くの漁業社会の老年層漁民は、古くから「北東風」を指して「アイノカゼ」ま

たは「アユノカゼ」のような「アイ」系の風名を用いてきたと説明しているので、正しくは「北東風」である（これは、関口武の『風の事典』1987、原書房によっても検証することができる）。

(3) 「アユノカゼ」の誕生

ところで、「アユノカゼ」という風名の文献に現れる最初の例が先に示した家持の歌であるにしても、『改定新潮国語辞典』(1965)が説くように、この風名が奈良時代になって、突如北陸地方の海人だけが使用するようになったと考えることはとうていできない。奈良時代をかなり遡る時代から日本海沿岸部の広い範囲において使用されていたものであることは、ほとんど疑う余地がないように思われる（上田正昭編『古代出雲の文化』1998、朝日新聞社）。

なぜなら、近年の考古学の研究成果によって、すでに縄文時代の前期から中期には山陰の出雲地方から越の国にかけて海人集団が定住して漁撈や交易に従事しており、さらに弥生時代の中期後半に入ると、山陰とりわけ出雲地方から越の国にかけて文化交流が顕著になったことが知られているからである。

少し長くなるが、以下に、藤田富士夫の『古代の日本海文化と交流―海人文化の伝統と交流』(1990、中公新書)の一節を引用することにする。

> 越と山陰（とりわけ出雲）との交流は、考古学的には、弥生中期後半の玉作り技術の伝播から顕著になる。鳥取県羽合町の長瀬高浜遺跡で弥生最古の玉作り工房跡が検出されている。この直後に盛行する新潟県の佐渡玉作り遺跡は、製作の技法も共通していて、これが鳥取県下の文化伝播によるものと推測されている。
>
> 弥生後半期になると北陸の擬凹線文（櫛状の工具で甕の口縁部などに多くの平行沈線を一度に引く方法）系土器が波及した。これは、出雲を中心に発達した手法による土器である。
>
> 弥生中期後半から後期にかけて、このような地域間の交流が日本海を通じて始まった。それが古墳発生期に杉谷四号墳で象徴されるように、首長が山陰系墓制（杉谷四号墳は安来市の宮山四号墳と同形式なので、

出雲系と言いかえてもよい）を採用するという形で結実した。（22～23ページ）

また、出雲地方の四隅突出型墳丘墓が越の国へ影響を与えたことに関して、近藤義郎は次のように述べている。

> だいたい越には、伝統的な四角な墓が、長方形の墓もありますけれど、造られてきている。〈中略〉現在わかっている限りでは、中国山地で四隅突出型が出てくる。しかもかなり古い。弥生中期の後半から出てくる。それが山陰の平野に定着して東は因幡、西は石見にまでつくられるが、その中枢は出雲にだいたい集中している。
>
> ですから、四隅突出型は確実に山陰から越へ影響を与えた。（出雲市教育委員会編『四隅突出型墳丘墓の謎に迫る』106～107ページ、ワン・ライン）

さらにまた、関和彦は『新・古代出雲史―『出雲国風土記』再考』（2001、藤原書店）の中で、『出雲国風土記』意宇郡条の冒頭を飾る著名な国引神話の内容をつぶさに検証し、八束水臣津野命（やつかみずおみつのみこと）という神が「志羅紀の三埼」「高志の都都の三埼」のように、朝鮮半島、能登半島のように実際には見えない地域を見たとしているのは、スサノオと朝鮮半島、オオクニヌシと北陸地方との何らかの交流―出雲と朝鮮半島、あるいは北陸地方との地域間交流―があったことを意味するものと推定している。

これらの指摘によって、すでに弥生時代後半期には、出雲文化の影響力が極めて広い範囲に及んでいたことが分かるのである。つまり、弥生時代中期から古墳時代の初期にかけて、出雲を中心とする重要な文化要素が北陸地方、さらには富山県や新潟県佐渡をも含む広域に波及しており、出雲を中心とする「出雲文化圏」（出雲系文化領域）が成立していたものと推定されるのである。

そして、山陰、とりわけ出雲地方と越の国との文化交流に直接関わったのは海人であり、文化交流を可能にした水運において極めて重要な機能を担ったのが海人の風や潮に関する豊かな知識だったはずである。それゆえ、「アユ（ノカゼ）」も山陰地方の海人によって越の国まで運ばれたと考えることは決して無理な考え方ではないと思われる。

したがって、「アユ（ノカゼ）」という風名は、成立年代こそ確定することはできないものの、大和や奈良の中央の言語文化とは全く関係のない、さらに古い時代に成立を見た、この列島における基層方言、それも出雲地方を中心に定住したと推定される海人の流れを引く言語文化を特徴づける重要な指標の一つと解してよかろうと思われる。これと関連して問題視してよいと考えられる言語事象が、いわゆる「ズーズー弁」である。これについては、今石元久の『日本語音声の実験的研究』（2000、和泉書院）が詳しい。なお、真田信治も、『方言の日本地図』（2002、講談社）の中で、今石とほぼ同様の考え方を提示している[1]（32ページ）。

　山陰地方、とりわけ出雲地方は、弥生時代からこの列島における文化の一中心地として、大和に対立していたことは今や周知の事実であり、しかも『古事記』上巻の国譲の条には、言代主神が海上で漁撈に従事していたことが見えている。また、漁民の信仰の厚い夷神に関する伝説、浦島伝説、南海産のセグロウミヘビに対する篤い信仰、あるいは縄文初期から晩期にかけて多くの刳舟が出土しているという事実、『出雲国風土記』に漁撈に関する記事が多く見られることなどからして、出雲地方を中心とする山陰地方がこの列島における海人の一中心地を形成していたと考えることは、あながち無理な考え方ではあるまい。

　したがって、山陰を中心に色濃く分布している「アイ」系の風名は、出雲地方に渡来、定着した海人集団がこの列島にもたらしたものであり、それが出雲（王権）の勢力拡大にともなって、越の国まで波及していったものと考えられるのである。

　「アイ」系の風名は、後に取り上げる「ヒカタ」系の風名とともに、出雲（王権）の勢力範囲、出雲文化の文化領域を明示する言語記号の表象であると推定されるのである。

2．古代における「アユノカゼ」の分布地域

(1) 「アユノカゼ」の分布地域

　それでは、「アユノカゼ」という風名は、文献以前を含む古代のこの列島

において、どのような地域に分布していたと考えることができるであろうか。この問題については、残念ながら近代以降の分布状況から逆史的（逆視的）に推定するよりほか方法がない。なぜなら、過去の文献資料は大半が孫引きであり、しかも分布地域の広がりに明確に言及した資料が皆無に近い状況だからである。

関口武が1930年代に、全国の漁業協同組合を対象として実施したアンケート調査によると、「アユノカゼ・アイノカゼ・エーノカゼ・アイカゼ・アエカゼ・エーカゼ・アイ・アエ・エー」などの「アイ」系の風名の分布状況について、次のような結果が得られている。

	北海道	青森県	秋田県	山形県	新潟県	富山県	石川県	福井県	京都府	兵庫県	鳥取県	島根県	山口県	福岡県	合計
北	35	28	11	1	9	12	6	5	6	0	11	3	2	0	129
北 東	12	14	1	0	9	9	18	4	10	1	33	24	0	1	136
その他	11	11	2	2	10	3	14	3	1	5	36	42	0	0	140
小 計	58	53	14	3	28	24	38	12	17	6	80	69	2	1	405

関口は山陰の島根・鳥取の二県に、「アイ」系の風名がとりわけ多く認められることに注目し、この風名は古く島根県出雲地方の海人が使用していたものが、日本海の水運によって漸次北上したものと推測している（「風の地方名の二三に就いて（1）」『地理学評論』第16巻第6号）。

表に示した分布状況や使用地点数から判断するならば、関口の推測はあくまでも推測の域を出ないものである。しかしながら、「アイ」系の風名が島根県出雲地方以西にほとんど分布していないという事実に加えて、先に述べた古代の日本海文化を特徴づける海人の文化交流との関連において考えるならば、緊密な文化交流の痕跡がうかがえる重要な文化要素がいずれも山陰、とりわけ出雲地方を発信基地としていることから、関口の推測は単なる推測の域を超えて、一つの仮説としての重みを持ってくるように思われるのである。すなわち、すでに弥生時代の中期後半から後期にかけて、「アユ（ノカゼ）」という風名が、出雲地方から越の国の新潟県下までの広い範囲に分布

していたのではなかろうか、とする仮説である。

(2) 国つ神と天つ神

　この仮説を補強するさらに一つの根拠として、直木孝次郎が『日本神話と古代国家』（1990、講談社学術文庫）の中で説いているように、この列島に原住していた倭人が出雲地方から北部九州を拠点として広い範囲に強大な勢力を誇り、とりわけ出雲大社に象徴される「国つ神」が、後に南朝鮮から渡来してきた「天つ神」（大和王権）によって征服ないしは懐柔されたことを記す『古事記』『日本書紀』の神話をあげることができるであろう。

　また、別の根拠を求めるならば、谷川健一が『日本の地名』（1997、岩波新書）の中で述べている「本土の青の伝承」をあげることができよう。谷川は「青の地名」を『古事記』『日本書紀』『万葉集』『延喜式』『風土記』『和名抄』などの古文献を博捜した結果、「青の地名」が古代における、主として日本海側の海人たちが奉斎した神社と深い関係があることを検証し、次のように述べている。

　　　長門の六連島から東へ移動した海人たちはその奉斎する神社を各地に鎮座し、越の国まで辿ったことが、その地名からうかがわれるのである。このように本土（日本海側、筆者注）の海岸地帯に見られる青の名を冠した地名と神社は明らかに海人の足跡を示すものである。（41ページ）

さらに直木は、先にあげた著書の中で、次のような指摘も行っている。

　　　したがって神話に出てくる出雲の国ゆずりは、実は崇神朝・垂仁朝のことだという意見もあるが、もっと下げて六世紀を国ゆずりの時期とする説も有力である。出雲国造の神寿詞（かんよごと）の奏上は奈良時代、716（霊亀2）が初見であるが、各地に国造がたくさんいたにもかかわらず、出雲がこれを奏上するのはどういうわけなのか、やはり出雲国造が有力であったために、多くの国造を代表するような形で寿詞を奏上するのであろうが、それは出雲があとまで大和政権に対抗したからで、……。（222ページ）

　また、千田稔は『王権の海』（1998、角川選書）の中で、次のように述べて

いる。

  「神賀詞」が語るように、かつてクニの支配者であった「オオクニヌシ」が天皇の守護神としての地位にあるものとして、みずからを位置づけている。（中略）結論を先取りすることになるが、記紀では神武から開化までは「オオクニヌシ王朝」を物語っているのだ。（157ページ）

　このように見てくると、「アユ（ノカゼ）」という風名は、この列島が日本列島になるなるよりもかなり以前に成立した、多元的な原始日本語の極めて貴重な痕跡を示す一つの表象であると考えることができるだろう。

(3)　基層方言としての「アユノカゼ」の分布特性

　「アユ（ノカゼ）」が日本海沿岸部の海人文化を表象する基層方言の一つであると仮定した場合、改めて注目されることは、この風名がたとえば『古事記』に見える「蜻蛉」（阿岐豆、アキツ、とんぼの古語）のように、国の東北と西南の両端に遺存するという、いわゆる退縮分布（「退縮分布」は柳田国男の「方言周圏論」に基づく分布類型のプロトタイプ）とは、全く異なる分布状況を現在でも見せているという事実である。

　全国分布の状況を示す「コチ」（東風）や「アユ（ノカゼ）」と同様に日本海側に広く分布する「ヒカタ」（南または南西風）は、現在、漁民だけでなく農民もこれらの風名を用いているのである。

- ○ムカシャー　コチガ　フキダスト　ヌクーナルシ　アメモ　フッテ　タンボノ　ツチモ　ヤオンナルケー　タシゴトオ　ハジメヨリマシタナー。昔はコチが吹き出すと暖かくなるし雨も降って田の土が柔らかくなるから、田仕事を始めていましたねえ。（老年層女性）〈鳥取県気高郡青谷町日置〉
- ○コチガ　オチタラ　ヌクンナル　ナー。コチが弱まったら暖かくなるねえ。（老年層男性）〈兵庫県美方郡温泉町〉
- ○コチガ　フキダータケー　ハー　モージキ　ハルガ　クル　ノー。コチが吹き出したから、はあ、もうすぐ春が来るねえ。（老年層男性）〈広島県山県郡加計町〉

○フカタガ フイタラ ネー。タンポノ ミズガ ヨー ワイテ イネガ ヨー デケマス ワネ。フカタが吹いたらねえ。田の水温が高くなって、稲がよく成長しますわね。(老年層女性)〈島根県平田市〉

○ヒカタガ フイタラ ハタケノ ヤサイガ シナシナニ ナルケーナー。ヒカタが吹いたら畑の野菜がシナシナに萎れるからねえ。(老年層女性)〈鳥取県東伯郡羽合町〉

「コチ」は春の到来を告げ、田仕事の開始を促す指標として、「ヒカタ」は稲の生育の良さを保証すると同時に、夏野菜に被害をもたらす指標と認識しているのである。このような事実は、日本の広い地域における農業社会に等しく認められることである。しかしながら、農民は「アイ」系の風名を全く使用することがない。このことから、「アイ」系の風名は古くから海人(漁民)専用の言葉であって、そのため日本海沿岸部にしか分布が認められない、と考えることができる。それではなぜ、漁民だけが「アイ」系の風名を使用してきたのであろうか。この問題に関しては、次のような事実を指摘することができる。

すなわち、「アイ(ノカゼ)」が吹くようになると、魚やその群れが大きくなり、豊漁をもたらすことが多いという、漁民にのみ有用なプラス価値を含む「生活的意味」(実用的意味)の存在が指摘されるのである。その根拠となる具体例を、以下にいくらか示すことにしよう。

○アエノカジェガ フクト ネー。アゴガ ジャンコト ノーマスケンネー。リョーシワ ミンナ イサンデ ヤッチョーマシタ ワネ。アエノカジェが吹くとねえ。飛魚が(網)にたくさん入りましたからねえ。漁師はみな勢いづいて(漁を)やっていましたわね。(老年層男性)〈島根県八束郡美保関町〉

○アエノカジェガ フクヤーニ ナート イオモ オーキン ナーマスケン ネー。アエノカジェが吹くようになると、魚も大きくなりますからねえ。(老年層男性)〈鳥取県西伯郡淀江町〉

○アイノカジェニ アゴガ ヨー ノル。アイノカジェガ フクヤーニ ナルト イオガ イサムケー ナー。アイノカジェが吹くと、(地引網

に)飛魚がたくさん入る。アイノカジェが吹くようになると、魚が(大きくなって)勢いづくからねえ。(老年層男性)〈鳥取県気高郡気高町〉

○ナツノ　アイワ　スズシーシ　イオモ　ガイニ　ヨッテ　クッダケー　ミンナ　ヨロコビマス　ジェ。夏のアイは涼しいし魚もたくさん(地先に)寄って来るから、皆喜びますよ。(老年層男性)〈兵庫県美方郡香住町〉

　鳥取市賀露の老年層漁民は、「アイ」(エーと発音することが多い)は「ハルゴチ」(3月の彼岸前後に吹くコチ)が吹き終わる頃から初秋にかけて吹く北東風で、沖合から多くの魚介類や海藻を浜近くに吹き寄せてくれる風だとして歓迎する。「アイ」は通常、午前10時頃吹き始め夕方まで吹き続けるかなりの強風である。吹き出す時間が他の風に比べて遅いので、賀露では仕事に出かけるのが遅い「怠け者」を「アイ」(エーとも)とか「アイノカジェ」(エーノカジェとも)と呼ぶ。このメタファーは、兵庫県但馬地方の漁業社会にも認められる。いかにも漁民らしい見立てである。

　ところで、第1節に示した関口のアンケート調査の結果を見て注目されることは、北海道の58地点(日本海沿岸部が中心)において、「アイ」系の風名が行われているという事実である。嘉永元年(1848)ごろ成立を見たとされる、淡斎如水の『松前方言考』によると、巻2の「万象混雑之部」に「アイノカゼ」が見える。したがって、この風名は近代以前に、すでに北海道南部地方の和人地、いわゆる「松前地」で漁撈に従事していた漁民や交易に従事していた船員たちが、この風名を使用していたものと推測される。しかし、北海道の広い地域で「アイ」系の風名が行われるようになったのは、おそらく近代以降、主として新潟県以北の日本海沿岸部の漁民が入植時にこの風名をもちこんだものと思われる。

　したがって、近代以降においてもなお、「アイ」系の風名は強い生命力を持ち続けてきたものと解されるのである。その一つの有力な根拠として、今日においてもなお、「アイ」系の風名が日本海沿岸部の漁業社会において、次に記すように数多くの呼称(音訛形、省略形を含む)を見せていることがあげられる。

アイ（島根県出雲地方から北海道）、アイカジェ（島根県出雲地方・鳥取県・兵庫県但馬地方・京都府竹野郡）、アイカゼ（島根県・鳥取県・兵庫県但馬地方・京都府竹野郡・福井県・石川県・富山県・青森県）、アイヌカゼ（青森県）、アイノカゼ・アイノカジェ（島根県から北海道）、アイノガゼ（青森県）、アインモ（青森県）、アインモカゼ（青森県）、アエ（島根県出雲地方・鳥取県西部地方・石川県・富山県・新潟県・青森県）、アエカゼ・アエカジェ（島根県出雲地方・鳥取県西部地方・福井県・富山県・新潟県・青森県）、アエガンジェ（青森県）、アエノカゼ・アエノカジェ（島根県出雲地方から北海道）、アエノガジェ（秋田県・青森県）、アエノガンゼ・アエノガンジェ（青森県）、アエンモ（青森県）、アエンモガゼ（青森県）、アユノカゼ（富山県）、エーノカゼ・エーノカジェ（鳥取県東部地方・兵庫県但馬地方）、エーカゼ・エーカジェ（鳥取県東部地方・兵庫県但馬地方）、エー（鳥取県東部地方・兵庫県但馬地方）〈以上、26語〉（拙論「全国各地漁業社会の風位語彙資料」『広島大学文学部紀要』第43巻特輯号2、1983）

　以上述べてきたような事実から察するに、「アイ」系の風名は、古代から現代まで国の中央の言語文化とは全く関係なく存立し続けたことを意味するものと解さなければならないことになる。別の言い方をするならば、中央から波及する新しい風名を受け入れることのできない異質性・独自性が、出雲地方を中心とする日本海沿岸部の漁民の風名には存在したということである。この点に、とりわけ日本海沿岸部の海人文化を背景とする「漁撈文化」（漁業文化）の言語的特性が端的に反映していると考えることができる。

　その意味で、門脇禎二が『出雲の古代史』(1976、NHKブックス)の中で、出雲大社が海路の神であったとして、次のように述べていることが注目されるのである。

　　今の出雲大社は、キツキ神のままではない。社はほんらいもっと、背後の山上にあったとみられている。その神格も、美保の三崎の神と同じように海路の神であった。古代からの沿岸部の神社は、北九州や能登の神々をはじめ、どこの神社の鎮座地を想起しても明らかなように、海を

漕ぎ行き海から港に漕ぎ寄ったときに、方角と場所を知る標識でもあった。(51ページ)

(4) 「アユ(ノカゼ)」と「ヒカタ」

前節において、「アイ」系の風名が、出雲地方を中心とする日本海沿岸部の海人文化を表象する言語的指標であることを指摘した。それでは、「アイ」系の風名と同じような性格(分布特性、漁撈との関係)を示す風名がほかに存しないかというと、実は「ヒカタ」という風名が認められるのである。「ヒカタ」の語源については、柳田国男の「干潟」説、新村出の「日方」説、金田一京助の「ピカタ」説(アイヌ語から入ったとする)、関口武の「火方」説など、さまざまな説がある。現在最も有力な説は新村の「日方」説である。しかし、「ヒカタ」と呼称される風は、「日」が沈み始める時間帯から吹き出す風なので、新村説に依拠するならば、「ヒカタ」は南ないしは南西風ではなく、西風ということになってしまう。しかし、「ヒカタ」が行われる日本海沿岸部の漁業社会においては、明らかに「南」系統の風と認識されているので、新村説にはなお問題が残る。厳密には、「ヒカタ」の語源は、現在のところ未詳と言うほかない。

「ヒカタ」は次に示す表からも明らかなように、「アイ」系の風名に極めて近い分布状況を示し、しかも鳥取・島根の両県にとりわけ濃密な分布が認められるのである。

	青森、岩手	秋田、富山、新潟	京都、兵庫	鳥取	島根	山口、福岡	合計
南 東	4	1	1	6	15	6	33
南	7	1	4	36	11	1	60
南 西	30	4	1	16	5	2	58
その他	7	2	0	8	7	11	35
小 計	48	8	6	66	38	20	186

「ヒカタ」は非常に古くから知られている風名である。まず、この風名が最初に見える文献が『万葉集』であることは、よく知られている。澤瀉久孝の『萬葉集注釋』の巻七を見ると、1231番歌として、次のようにあがっている。

　天霧相　　日方吹羅之　　　天霧（あまきら）ひ　日方吹くらし
　水茎之　　岡水門尓　　　　水茎の　岡の水門に
　波立渡　　　　　　　　　　波立ち渡る
　【口訳】空が霞んで、日方風が吹くらしい。岡の水門に波が立ち渡ってゐる。

岡の水門が今の福岡県遠賀郡遠賀川の河口であるならば、おそらく万葉の昔から「南東風」を指して「ヒカタ」を用いていたものと思われる。

『万葉集』に次いで、平安・鎌倉時代に入ると、『新後撰集』『夫木抄』などにもその名が見え、引き続き使用されていたことが分かる。ただし、この風の方位は明瞭でなく、『袖中抄』（廿）には「顕昭云ひかたは坤風也」という説明が見え、『八雲御抄』（俊頼抄。巽風也。範兼はこち風の吹きやまぬなり」）、『倭訓栞』（「万葉集に日方吹といへるは申酉の風をいふ。蝦夷にてもしかいへり」）、『物類称呼』（「越後にては西南の風をいふ」）など、種々記されているが、要するに「南」系統の風であることは、まず疑問の余地がなかろう。というのは、現在もとりわけこの風名が色濃く分布する山陰地方の老年層漁民が、ほぼ「南」系統の風と認識しているからである。ちなみに、鳥取県下の漁民は、「ヒカタ」と漁撈との関係について次のように語っている。

　〇ヒカタワ　ナー。ナツ　ヒヨリノ　ツズク　トキニ　マイバン　ミナミカラ　フクカジェデ　ナー。コノ　カジェニ　ノッテ　オキー　デテ　ヒトバンジュー　イカツリー　シテ　ヨクアサ　ハヤーニ　オキカジェニ　ノッテ　ナダエ　モドッテ　クッデス　ワイ。ヒカタはねえ。夏日和の続く時に毎晩南から吹く風でねえ。この風に乗って沖へ出て一晩中烏賊漁をして、翌朝早く沖風（北風）に乗ってナダ（港）へもどって来るのですわ。（老年層男性）〈鳥取県東伯郡赤碕町〉

島根県出雲地方では、古くから烏賊漁が盛んであったことは、『出雲国風

土記』の中に烏賊が主要な漁獲物の一つとしてあがっていることからも分かる。山陰地方では、現在も烏賊漁が盛んであり、最近の5年間では全漁獲高の約10%を占めている。この地で漁獲されるものは主に「スルメイカ」で、主な漁期は夏、しかも船体を電灯で照らして行う夜間漁業である。したがって、漁民は夜間の風にも強い関心を抱くことになり、一見漁民の生活とは無関係に見える風にも、特に呼称を与えることになったのであろう。

　この風名が農民の間でも使用されることはすでに指摘したが、それはこの風が吹く時期はちょうど稲が大きくなるころで、しかも高温寡湿の風であるため、稲の成長に良い影響をもたらすので、農民も自然にこの風に強い関心を寄せることになり、もともと漁民が使用していた「ヒカタ」を農民も使用するようになったと考えられる。山陰地方においては、内陸部約30キロメートルまでの範囲に位置する農業社会において、この風名が聞かれる。「ヒカタ」は、夕方になってから吹き出す弱い風であることは、『袖中抄』に「夕日の空に吹を船人の語にも『ひかたのひよわり』といふ。晩に其方より吹くは強きものならず暮すぐるほどに必ずよわる也」と見えることからも分かる。これは、「ヒカタ」が明らかに凪の現象を示していることを意味するものである。

　島根県出雲地方の老年層漁民は、「フカタ」について次のように説明している。

　○フカタワ　ネー。ゴガツゴロカラ　ハチガツマデ　マイニチ　フク　カジェデ　ネー。ウミモ　シケンシ　アメモ　メッタニ　フランダケン。フカタワ　ヨワニ　フク　カジェデ　ネー。クランナッテカー　フキダシマス　ワネ。イカツリノ　フネオ　ダスニワ　エー　カジェデス　ワネー。フカタはねえ。5月から8月まで毎日吹く風でねえ。海も時化ないし雨もめったに降らないのだから。フカタは弱く吹く風でねえ。暗くなってから吹き出しますわね。烏賊漁の船を（沖へ）出すには良い風ですわねえ。〈島根県平田市〉

　先にも述べたように、『出雲国風土記』に主要な漁獲物の一つとしてイカがあがっているところから、おそらく縄文時代にはすでにこの地域に海人集

団が定住しており、夕刻2隻の刳舟を板で固定し、さらに帆をかけて沖へと漕ぎ出し、漁火を焚いてスルメイカの漁撈に従事していたものと推定される。イカは相当沖合まで舟を出さなければ獲れないものである。しかも、日本海は、夏の風が穏やかな季節であっても、2メートルを越す波の立つ日が少なくない。その波を越えて沖合まで舟を出すには、単材の刳舟ではとうてい不可能で、2隻以上の刳舟を固定することによってより安定した丸木舟（ダブルカヌー）を使用していたものと考えなければならない。出雲地方の海人は、すでに縄文時代からこのような刳舟を造り、自由に操れる技術を身につけていたものと思われる（小山修三『縄文学への道』1996、NHKブックス）。

　そして、帆にとりつけ、何隻もの刳舟をつないだ舟を駆使しながら、対馬海流に乗って越の国まで交易に出かけることもまた、可能だったと考えられる。その際、出雲地方の海人集団が舟を沖合へ出すのに利用したのが晩春から初秋にかけて、数日続く日和を約束する南ないしは南西風であり、目的地に到着して沖合から天然の港に舟を着けるのに利用したのが、やはり春から晩夏にかけてかなり強く吹く北東ないしは北の風であったはずである。そして、前者が「ヒカタ」と呼ばれ、後者が「アユ（ノカゼ）」と呼ばれたことは、この二つの風名がともに『万葉集』に見えることからもほぼ間違いないと思われる。しかも、それよりはるか以前から日本海沿岸部、とりわけ山陰地方を中心とする海人集団がこれらの風名を盛んに使用していたものと推定される。

　このように推定されるのは、この二つの風名がともに分布地域がほぼ重なり、とりわけ山陰地方に濃密な分布が見られ、北上するにしたがって分布が疎になっているからである。したがって、「ヒカタ」と「アユ（ノカゼ）」という風名は、山陰、特に出雲地方に定住していた海人集団が越の国まで運んだものと推定されるのである。問題は、これらの海人集団がそもそもどこからやって来て、出雲地方に漂着し、やがてこの地に定住するようになったかだが、これについては現在のところ未詳と言うよりほかない。

3．漁業文化としての風名

(1) 漁業社会における風名のシステム

漁民は風を単に吹いて来る方位のみによって認知するのではなく、彼らの漁撈の可否や漁獲量の多さ、さらには生命の安全などを判断するための共通の指標としても利用しているのである。今、前者を直接的には方位を弁別することに機能する「知的意味」(認知的意味)と呼ぶならば、後者は漁民が彼らの永い生活史を背景として経験的に獲得した「生活的意味」(実用的意味)と呼ぶことができる。

漁民は経験的に獲得した共有の「生活的意味」を日々の漁撈に効果的に生かすために、たとえば島根県八束郡美保関町の老年層漁民は、「アェ」(北東風)を語基として次のような派生語を使用している。

① ヨアェ（夜アェ、夜になっても吹きやまないで強く吹き続けるので出漁することはできないが、翌早朝にはまるで嘘のように吹きやみ、多くの魚介類や海藻などが浜近くに寄って来ており、豊漁になる）
② ジアェ（地アェ、低空を吹いて海を荒らし、操業がしにくく漁獲量も少ない）
③ オーアェ（大アェ、強風で波が高くなり、操業がしにくく漁獲量も少ない。あまり沖へは出られない）
④ アイケ（アイ気、微風で一日中海が穏やかなので、操業がしやすく漁獲量も多い）

また、鳥取県や兵庫県但馬地方の老年層漁民も、美保関町の老年層漁民と全く同様の「生活的意味」で、「ヨアイ」「ジアイ」「オーアイ」「アイケ」の4語を使用している。この4語は、さらに京都府丹後地方から新潟県下にかけての広い地域において、さほど盛んではないが、現に使用されているのである。また、石川県においては、先にあげた4語以外に「ドヨーアイ」(土用アイ、土用の期間に吹くアイノカゼ、日和が続く)という語も行われている。なお、山口県下関市蓋井島では「ジアイ」の音訛形で「ジオー」が行われている。

したがって、漁民は、伝統的に直接的には風が吹いて来る方位を指示する風名（「方位呼称」と呼ぶ）と風の性質・状態を漁民が共通に認知するための指標となる風名（「性質呼称」と呼ぶ）との2種類の風名を所有していることになる。そして、前者が上位呼称、後者が下位呼称となって、全体が重層的な円環構造をなしているのである。
　この関係性を分かりやすく図示すると、次のようになる。

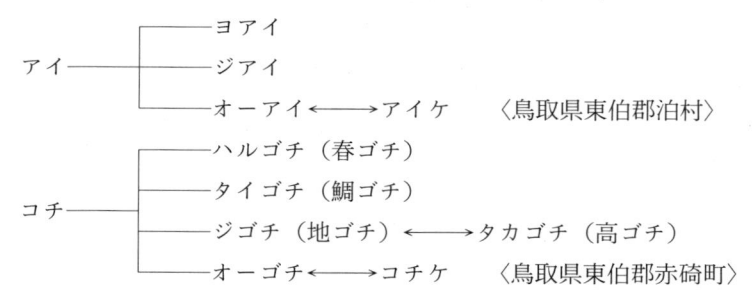

```
アイ ─┬─ ヨアイ
      ├─ ジアイ
      └─ オーアイ ←→ アイケ　〈鳥取県東伯郡泊村〉

コチ ─┬─ ハルゴチ（春ゴチ）
      ├─ タイゴチ（鯛ゴチ）
      ├─ ジゴチ（地ゴチ）←→ タカゴチ（高ゴチ）
      └─ オーゴチ ←→ コチケ　〈鳥取県東伯郡赤碕町〉
```

　このように、漁民の風に対する認識世界（世界観）は、たとえば農民や一般のサラリーマンの場合とは、その内容も構造も全く異なったものとなっているのである。たとえ、漁業社会のごく近くに位置する農業社会の成員であっても、ごく一部の例外（たとえば、広島県豊田郡大崎下島大長の農民は、以前から近くの島に舟で出かけて蜜柑栽培に従事してきたので、漁民が使用する「性質呼称」の約半数を所有している）を除くならば、「性質呼称」を全く所有していない。
　しかも、ここで注意されることは、これらの「性質呼称」が「ヨアイ」「アイケ」のように操業や漁獲量にとってプラスの作用をもたらす風名と、それとは逆に「オーアイ」「ジアイ」のようにマイナスの作用を及ぼす風名とに弁別され、漁撈にとって何らの価値も内包しない風の性質・状態については、全く風名を造語していないという事実である。とりわけ、「ヨアイ」は価値づけの点で注目される性質呼称である。
　○アエノカジェト　ミョートゲンクゥワ　ヨルニ　ナート　ヤム。アエノ
　　カジェと夫婦喧嘩は夜になるとやむ。〈島根県八束郡美保関町〉
　○アエノカジェト　ミョートゲンカワ　ヨルニ　ナート　ヤム。アエノカ

ジェと夫婦喧嘩は夜になるとやむ。〈鳥取県西伯郡淀江町〉
○アイノカゼト　ミョートゲンカワ　バンニ　ナルト　オサマル。アイノカゼと夫婦喧嘩は晩になるとおさまる。〈京都府与謝郡伊根町〉
○アイノカゼト　ミョートゲンカワ　ヨルニ　ナルト　オサマル。アイノカゼと夫婦喧嘩は夜になるとおさまる。〈新潟県佐渡島〉

などの慣用表現が、島根県出雲地方から新潟県下までの広い範囲に行われている。この事実からも分かるように、「アイ（ノカゼ）」は日中かなり強く吹くことがあっても、夜になると吹きやむというのが通常の事態なのである。ところが、「ヨアイ」（ヨアエ）はそれに反して、夜になっても強く吹き続ける風である。したがって、漁民が最初にこの事態を経験した時には、大いに混乱したものと考えられる。

ところが、翌早朝には嘘のように風が吹きやみ、思いもかけぬ大漁がもたらされることを何度が経験すると、漁民はこのマイナス事態から大きなプラス事態への短時間に生じる極端な変化を共通の認識とするために、「ヨアイ」（ヨアエ）という性質呼称を造語したものと推定される。

したがって、鳥取県気高郡気高町の漁民は、
○ヒサシブリニ　ヨアイガ　フキョールケー　アシタリワ　イオガ　カイガ　ガイニ　ヨッテ　クッ　デ。久しぶりにヨアイが吹いているから、あしたは魚や貝がたくさん（浜近くに）寄って来るよ。（老年層男性）
○ホンニ　ソガダガ　ヨー。本当にそうだねえ。（老年層男性）

のように、情報を交換することになる。

これに対して農民は、次のような語り方をする。
○ガイナ　カジェダ　ナー。ヨルニ　ナッテモ　イッカナ　ヤミャーシェン　デ。強い風だねえ。夜になってもいっこうにやみはしないよ。（老年層男性）
○ホンニ　ソガダガ　ヤー。ヒガシノカジェ　カイナー。本当にそうだねえ。東の風かねえ。（老年層男性）

また、島根県八束郡美保関町の漁民は、
○フサシブリニ　ヨアエガ　フイチョーケン　アシタリワ　イオガ　ジャ

ンコト　ナダエ　ヨッテ　クー　ワネ。久しぶりにヨアエが吹いている
　　から、あしたは魚がたくさんナダへ寄って来るわねえ。(老年層男性)
　○ホンニ　ソゲダガ　ヨー。本当にそうだねえ。(老年層男性)
のように、情報の相互交換を行う。これに対し、島根県平田市の農民は、漁民が「ヨアエ」という性質呼称で指示する風について、次のような語り方を行う。
　○ガイナ　カジェダ　ネー。ヨルニ　ナッテモ　イッカナ　ヤミャーヘン
　　ワネ。強い風だねえ。夜になってもいっこうにやみはしないわね。(老年層男性)
　○ソゲダガ　ヨー。コチノカジェダラ　カー。そうだねえ。コチの風だろうか。(老年層男性)
　農民にあっては、単に風の現在状況に対する体験だけが語られ、あくまで風の強さと方位の確認にとどまる。「ヨアイ」という性質呼称を所有しない農民は、現に体験している風の「生活的意味」に言及することは決してない。漁民は漁撈を通して獲得した経験的認知を背景とする「生活的意味」を明確に語るのに対して、農民は現に体験している固有の現象について言及するにとどまる。ここには、「経験」と「体験」の本質的差異が極めて明確に顕れているのである。

(2) 「性質呼称」の成立

　私が今日まで進めてきたフィールドワークによると、漁民が所有している性質呼称は、全国の漁業社会に広く認められ、異なり語数にして475語を数える。これらの語は、先にも述べたようにいずれも評価価値に彩られており、価値の点で全くニュートラルな語は１語も存在しない(「全国各地漁業社会の風位語彙資料」『広島大学文学部紀要』第43巻、特輯号２、1983)。
　したがって、漁民は風という自然現象を、彼らの漁撈にとってプラスかマイナスのいずれかの価値を包含する対象として認識しているということになる。これと同様の事実は、潮という自然現象や魚という漁獲対象物についても指摘することができる。

ところで、漁民がおそらくは永い生活史の中で命名し、学習し、使用し、継承してきたと考えられる性質呼称が、いつの時代から現在見られるような実質とシステムに整えられることになったかという問題を客観的な手法で検証することは、残念ながらできそうにない。しかし、以下に示すように、すでに『万葉集』巻十の2125番歌や巻十一の2717番歌に、「朝東風」（アサコチ・アサゴチ）という性質呼称（派生語）が見えるところから、その成立はかなり早かったものと考えられる（いずれも、澤瀉久孝の『萬葉集注釋』による）。

巻十　2125番歌
　春日野之　芽子落者　　春日野の　萩は散りなば
　朝東乃　　風尓副而　　朝東の　　風にたぐひて
　此間尓落来根　　　　　ここに散り来ね

巻十一　2717番歌
　朝東風尓　井堤超波之　朝東風に　井堤越す波の
　世染似裳　不相鬼故　　よそめにも　逢はぬものから
　瀧毛響動二　　　　　　瀧もとどろに

ただし、『万葉集』に見える「朝東」（あさごち）「朝東風」（あさこち）は、いずれも海人の漁りについて詠まれた歌ではないので、海人が命名した性質呼称をそのまま取り入れたと考えることには、多少無理があるかも知れない。

また、室町時代まで下ると、「アサコチ」「アサゴチ」という性質呼称が次のような文献に現れる。

○ Asagochi（アサゴチ）、朝吹く東風。（『日葡辞書』）
○梅が香のまず鼻へ入春立ちて目口あかれぬ谷のあさこち（『新増犬筑波集』淀川春）

ところで、過去の文献をさらに詳しく調べてみても、風について多くの性質呼称があがっているものはほとんど見当たらない。そのような状況の中にあって、唯一の例外は、安永4年（1775）に成立したとされる越谷吾山の編纂になる方言辞書である『物類称呼』（巻之一、天地）に、以下に示すよう

にかなり多くの性質呼称があがっていることである。ただし、下線は筆者が施したものである。

　かぜ○畿内及中国の船人のことばに　西北の風をあなぜと称す
　　　二月の風ををに北といふ
　　　三月の風を<u>へばりごち</u>と云
　　　四月未(ひつじ)の方より吹風を<u>あぶらまぜ</u>と云
　　　五月の南風を<u>あらはへ</u>といふ
　　　六月未の風をしらはへといふ　土用中の北風を<u>土用あい</u>といふ
　　　七月未の風を<u>おくりまぜ</u>といふ
　　　九月の風をはま西といふ（中略）
　　　十一月十二月の頃吹風を大西と云
　○西国にても南風をはへと云
　　　北風を<u>をしやばへ</u>と云
　○北国にては東風をあゆの風と云（中略）
　　　北風をひとつあゆと云
　　　東北の風を　ぢあゆと云（中略）
　○伊勢ノ国鳥羽或は伊豆国の船詞に（中略）
　　　三月土用少し前より南風吹<u>あぶらまじ</u>といふ（中略）
　　　五月梅雨に入て吹南風を<u>くろはへ</u>といふ　梅雨半に吹風を<u>あらはへ</u>と云　梅雨晴る頃より吹南風を<u>しらはへ</u>と云（中略）
　　　六月中旬東風吹年ありぼんごちと云　それ過てより南風吹を<u>くれまじ</u>といふ
　　　八月の風を　あおぎたと云　はじめは雨にそひて吹　後はよくはれて北風吹なり（中略）
　　　越後にて東風をだしといふ　西北の風をひかたといふ

　しかしながら、漁民が使用する性質呼称が江戸時代になってにわかに生成されたということは、極めて考えにくいことであろう。なぜなら、漁民にとって、風位の変化は季節との関係で熟知していたであろうから、漁撈において重要な機能を果たすのは「生活的意味」と直結する性質呼称の方であっ

た。したがって、性質呼称の成立が方位呼称の成立よりもずっと遅れたと考えることは、明らかに不自然であろう。それゆえ、漁民（海人）は方位呼称のシステムが成立してからさほど時間をおかないで、次々と性質呼称を生成していったものと考えられる。ただ、それが古い時代の文献に現れてこないということに過ぎないのではなかろうか。漁業社会の言語文化史（誌）を構築しようとする際、文献国語史に依拠することの一つの限界が、ここにあると言わなければならない。

さて、実際、漁民が操業に際して多用するのは、方位呼称ではなく性質呼称の方である。操業に際しては、生命の安全、操業の可否、漁獲量の多寡などを正確に認知し得る性質呼称でなければ、ほとんど役に立たなかったのである。だからこそ、彼らは、方位呼称の4倍から5倍量にも及ぶ性質呼称を造語し、漁民共有の知識としてきたのである。そして、彼らの願望によって造語された性質呼称を共有化することによって、漁民独自の「方位呼称」と「性質呼称」から成る二元的な風位語彙の構造が織り成す意味の網目（漁民独自の風の世界観）を創りあげてきた、と言ってよかろう。

4．鳥取県東伯郡泊村を中心とする「性質呼称」の意味体系

(1) 性質呼称に関する説明文

筆者は、「ヨアイ」「ジアイ」「オーアイ」「アイケ」の生活的意味について、島根・鳥取両県の漁業社会8地点を対象としてフィールドワークを行い、52の説明文を採録することができた。ここでは、鳥取県東伯郡泊村を中心に、老年層漁民から得られた説明文を示すことにする。なお、他の地点においても、ほぼ同様の説明文が得られたことを、念のため記しておく。

「ヨアイ」

○ヨアイワ　ヨルニ　ナッテカラ　ツヨーン　フク　カジェダケー　アクルヒワ　リョーガ　デキノカト　オモーダ　ガナー。ダケード　アクルアサン　ナット　ウソミチャーニ　ヤンデ　シマッテ　ナー。タイリョーニ　ナッ　ダ。ヨアイは夜になってから強く吹く風だから、翌日は漁ができないかと思うのだよねえ。だけど翌朝になると嘘のように吹

きやんでしまってねえ。大漁になるよ。

○ヨアイワ　ヨル　フク　ヤツダ　ナー。ヨアイワ　ヨル　ツヨーン　フク。ダケド　アクルアサワ　ピタット　フキヤンデ　エー　ナギニ　ナルケー　ナー。ヨナカニ　ナダエ　イオヤ　カイガ　エット　ヨッテ　キトッテ　タイテー　タイリョーニ　ナル　ワイナー。ヨアイは夜吹くやつだねえ。ヨアイは夜強く吹く。だけど翌朝はピタッと吹きやんで、良い凪になるからねえ。夜中にナダへ魚や貝がたくさん寄って来ていて、たいてい大漁になるわねえ。

「ジアイ」

○ジアイワ　ヒークイ　トコオ　フイテ　ウミー　アラス　カジェダケー　リョーガ　シニクイ　ナー。イオモ　アンマリ　トレノ。ジアイは低空を吹いて海を荒らす風だから、漁がしにくいねえ。魚もあまり獲れない。

○ジアイワ　ナー。ヒクイ　トコー　フク　カジェダケー　ウミガ　シケテ　ショーバイニャー　エーコトナイ　ナー。ジアイはねえ、低空を吹く風だから海がしけて、操業にはよくないねえ。

「オーアイ」

○オーアイワ　ナー。ツヨーニ　フク　ツエー　カジェデ　ナー。ウミガ　シケテ　ショーバイガ　シニクイシ　イオモ　ホトンド　トレン　ナー。オーアイはねえ。強く吹く強風でねえ。海がしけて操業がしにくいし、魚もほとんど獲れないねえ。

○オーアイワ　カジェガ　ビュンビュン　トンデ　ガイニ　キョーテー　カジェダケ　ナー。アンマリ　オキニワ　デラレノ。イオモ　メッタニ　トレン　ナー。オーアイは風が強くて大層恐ろしい風だからねえ。あまり沖には出られない。魚もめったに獲れないねえ。

「アイケ」

○ソロー ット　フイテ　クルノガ　アイケ。アイケワ　ナミガ　タターデ　ショーバイシヤスイ　カジェデ　ナー。イオモ　ヨーケ　トレル　ワイナー。そろっと吹いて来るのがアイケ。アイケは波がたたなくて、操

業しやすい風でねえ。魚もたくさん獲れるわねえ。
○アイケガ　スルト　リョーガ　ハズム　デ。ナミガ　タターデ　アゴガ　アミニ　ヨーケ　ノルケー　ナ。アイケが吹くと漁が勢いづくよ。波がたたなくて、飛魚が網にたくさん入るからねえ。

(2) 「性質呼称」の意味体系

　以下には、鳥取県東伯郡泊村の老年層漁民から聞き取ることのできた説明文に基づいて、当該社会における老年層カテゴリーの漁民が共有している「性質呼称」によって指示される風に対する認識特徴（意味特徴）を漏れなく帰納し、それを語ごとに示すことにしよう。

「ヨアイ」
　① 〈吹く時間帯〉（夜〜翌早朝）
　② 〈漁獲物の状態〉（浜近くにたくさん寄って来ている）
　③ 〈吹く強さ〉（夜はかなり強いが、翌早朝にはピタッと吹きやむ）
　④ 〈海の状態〉（当日の夜は荒れるが、翌早朝は全くの凪）
　⑤ 〈漁撈への影響〉（顕著なプラス効果）
　⑥ 〈漁獲量〉（大漁）

「ジアイ」
　① 〈吹く場所〉（低空）
　② 〈吹く強さ〉（かなり強い）
　③ 〈海の状態〉（荒れる）
　④ 〈漁撈への影響〉（マイナスの影響）
　⑤ 〈漁獲量〉（不漁）

「オーアイ」
　① 〈吹く強さ〉（極めて強い）
　② 〈海の状態〉（ひどく荒れて、波が高くなる）
　③ 〈漁撈への影響〉（強いマイナスの影響）
　④ 〈漁獲量〉（極端な不漁）

「アイケ」

① 〈吹く強さ〉（微風、極めて弱い）
② 〈海の状態〉（全く荒れない、波も低い）
③ 〈漁撈への影響〉（プラス効果）
④ 〈漁獲量〉（豊漁）

　この分析結果に即して、横軸に認識特徴（意味特徴）を、縦軸に「性質呼称」をとって、両者の関係性を一覧できる形に整理すれば、4語からなる意味的マトリックスを構築することができる。

		α					β	
		時間帯	吹く場所	漁獲物	吹く強さ	海の状態	漁撈への影響	漁獲量
A	ヨアイ	夜	—	浜近くに寄る	弱い	荒れない	顕著なプラス効果	大漁a
	ジアイ	—	低空	—	強い	荒れる	マイナスの影響	不漁b
B	オーアイ	—	—	—	極めて強い	ひどく荒れる	マイナスの影響	不漁b
	アイケ	—	—	—	弱い	荒れない	プラス効果	豊漁a

　この意味的マトリックスから読み取ることのできる差異性の第1点は、「ヨアイ」以下の4語が認識特徴の対立関係によって、二分法の反復で構成されているということである。差異性の第2点は、認識特徴の全体が漁民にとって最も重要な「漁撈への影響」「漁獲量の多寡」という結果的特徴（行動的意味、β）と、結果的特徴をもたらす要因となる「吹く時間帯」「吹く場所」「吹く強さ」「海の状態」などの原因的特徴（認知的意味、α）の二つに大別されるということである。今一つ注目すべき点を指摘するならば、「風力」──→「海の状態」──→「漁撈への影響」──→「漁獲量の多寡」という認識特徴の連想的パタンが、老年層漁民に共有されているという事実である。これは、特に、先に示した「オーアイ」「アイケ」の説明文において、認識特徴に関する説明が個人差を超えてほぼこの順序に出現することによって検証することができる。

(3) 「アイノカジェ」の意味

さらに、鳥取県東伯郡泊村の老年層漁民がほぼ共有化している「アイノカジェ」の意味内容は、「アイノカジェ」という方位呼称と「アイ」をもとに造語された4語の性質呼称とが、先にも述べたように「上位──下位」(「包摂──被包摂」) の階層構造を形成するところから、メタ言語を用いて次のように記述することができる。

アイノカジェ＝
「北東風」「3月中旬から初秋にかけて吹く」【認知的意味】
　　＋「吹く強さ」(＋／－)
　　＋「吹く場所」(低空／φ)
　　＋「漁獲物」(浜近くに寄っている／φ)
　　＋「海が荒れる」(＋／－)《以上、原因的認識特徴》
　　＋「漁撈への影響」(＋／－)
　　＋「漁獲量の多寡」(＋／－)
《以上、結果的認識特徴》【生活的意味】

上に記述した「アイノカジェ」の意味内容は、鳥取県東伯郡泊村の老年層漁民に固有のものではなく、島根県出雲地方から富山県下に至る広い地域において、老年層カテゴリーの漁民が今でも明確に内面化しているものであって、ほとんど地域差は認められないと言ってよい。

漁民が獲得している「アイノカジェ」の意味は、このように多くの認識特徴からなる、一つの豊かな構造体を形成するものである。この豊かな意味世界が、我々が一般に認識している「北東風」の意味内容とは大きく異なるものであることは、改めて説明するまでもなかろう。我々が一般に使用している「北東風」の意味には、漁民のように「性質呼称」によって固定化され社会化された「生活的意味」は存しない。

先に「ヨアイ」を用いて、老年層漁民が翌早朝の海の状態を相互確認したことからも知られるように、彼らは単に、「性質呼称」を意味の関係性の中で捉え、差異化された記号の意味として理解しているだけではない。記号を非実体化させないで、現実の現象そのものへと還元しているということであ

る。言い換えれば、〈非実体の記号的世界〉を〈現実世界〉へと差し向けているのである。

　漁民が獲得してきた風位語彙の意味の世界、それは彼らの生の営みが凝縮された形でこめられているものであって、決して記号システムが形づくる現実から遊離した意味の世界ではない。老年層カテゴリーに属する漁民は、多くの人々がそうであるように、単に言語ゲームの世界を生きているのではなく、常に言葉を注意深く、慎重に現実に引き当てて生きているのである。それはまさしく、彼らが生きていくために必要とされる環境適応の戦略であり、最小限の生活知だったということもできるだろう（もっとも、〈記号的世界〉と〈現実世界〉とを往還しながら生きる漁民の生の営みを活写するためには、「アイ」系の風名だけでなく「風位語彙」の全体性を視野に入れなければならないことは言うまでもないことであるが）。

　彼らが使用する言葉は、多くの知識人の場合がそうであるように、決して宙を舞うということがない。このことの重みを全身で受けとめ、理解することに努めないかぎり、我々は彼らの世界観・コスモロジーについて何かを語ることはとうていできないだろう。地域生活者の言葉に即して、人間を語り、社会を語り、生活を語るためには、相当の覚悟が必要とされることを、前もってわきまえておくことが肝要であろう。

　ところで、この節で明らかにした、日本の伝統的な漁業社会が継承してきた風の語彙の構造の意味と、現実の風に対する適応戦略は、漁民が獲得している風という自然現象に対する独自の解釈や意味づけを明らかにする唯一の構造図式であり、ひいては漁民が独自に内面化している「風の世界観」「風のコスモロジー」である、と言ってよかろう。

　しかしながら、鳥取県東伯郡泊村に限らず、日本の大半の漁業社会において、現在、中年層以下の漁民は老年層が所有している「性質呼称」の大半を継承していない、という事実が存する。そのため、彼らは、自らの身体感覚によって風という自然現象を微細に認知し分けることができず、単に「方位呼称」という語彙の関係性の中だけで抽象化された風を認知しているのである。すなわち、記号化された〈閉じられた非実体の世界〉を生きているので

ある。しかも、記号化された「方位呼称」のみからなる非実体の世界は、次に示すようにすべて外来語（英語）によって構成されている。

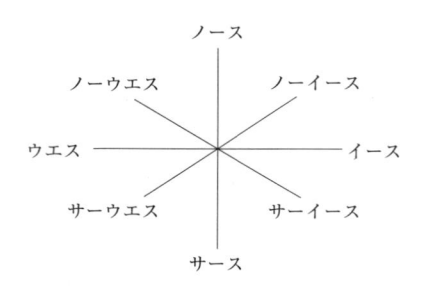

```
           ノース
  ノーウエス    ノーイース
      \  |  /
  ウエス ――― イース
      /  |  \
  サーウエス   サーイース
           サース
```

中年層以下の漁民が「性質呼称」をほとんど継承せず、「方位呼称」がことごとく外来語に変化しているのは、戦後急速に普及した船の動力化・機械化を媒介とするパソコンの世界にだけ身をおいているからである。

5．日本文化の多元性の衰微

(1) 言語文化の多元性

　以上見てきたごとく、漁民が継承してきた風名は、まさしく漁民自らの〈生活の必要性〉（実用性）に基づいて生成されたものであり、漁業文化の個別性・独自性の一端を明示するものである。しかも、その個別性・独自性は極めて古い時代から現代まで、永い時間にわたって存続し続けたものである。これを今、仮に農業文化と対比するならば、両者の顕著な対立関係は、言語、とりわけ語彙システム・意味システムに表象化される日本文化の根源的な多元性を意味するものにほかならない。

　しかも、漁民が獲得している風位語彙の構造が、日本における言語文化の多元性を表象するにとどまらず、仮に東南アジアの多島海域や地中海域にも共通して認められるものであるということになると、これは極めてマクロな生業空間（生業環境）における文化の多元性として意味づけられることになる。言い換えれば、生業によって規定される言語文化の普遍的な〈多元性〉の一種の準拠枠としての価値が付与されることになる。問題は、決して日本内部の言語文化の相対性というミクロな世界に閉じられる性格のものではな

い。さらに言えば、日本文化の諸源流を見直すためにも、全アジア的視座から漁民独自の「風の言語文化」を検証していくことが、今後、重要な意味を持ってくることになると考えられるのである。
　このような視点が筆者を含めて、日本の大半の方言学者には決定的に欠落していたのである。

(2) 「アイ」系の風名の消滅

　そして現在、日本海沿岸部の漁業社会から、「アイ」系の風名が今まさに姿を消そうとしている。私の山陰地方を中心とするアンケート調査（1995年実施）によると、「アイノカジェ・アイノカゼ・アエノカジェ・アエノカゼ・エーノカジェ・エーノカゼ・アイカジェ・アイカゼ・アエカジェ・アエカゼ・アイ・アエ・エー」などのうち、いずれかを使用するという回答が得られた地点は、次に示すとおりである。

島根県：18地点（76地点）
鳥取県：12地点（81地点）
兵庫県但馬地方：6地点（46地点）
京都府丹後地方：5地点（38地点）

　関口の調査結果である（　）内に示した地点数と比較すると、この50年間に実に鳥取県下で68地点の漁業社会において「アイ」系の風名が消滅したことになる。残存率は、島根県が23.7％、鳥取県が14.8％に過ぎない。これに対応する形で、先に示した「ヨアイ」以下の「性質呼称」も、多くの地点で消滅の危機にさらされている。しかも、今も使用するという回答が得られた約8割の地点で、50歳以下の漁民は「アイ」系の風名を一応、理解語彙としては所有しているものの、実際に使用するのは「ノースイース」（「ノーイース」）、「ホクトーノカジェ」（ホクトーノカゼ）、「ホクトー」であるという説明が得られている。そして、「性質呼称」は、今やほとんどの地点で無関係語彙になろうとしている。
　ちなみに、鳥取県気高郡気高町姫路の中年層以下の漁民は、「アイ」系の風名について次のように答えている。

Ⅲ. 文化言語学の実践

○アイワ　アンマリ　ヨーネー　カジェダッチュー　コトー　トッショリガ　ヨールノー　キータ　コトガ　アルケード　ワシラワ　ヨー　ワカラン。トッショリワ　タマーニ　ツカウガ　ナー。アイは良くない風だということを年寄りが言っているのを聞いたことがあるけれど、私たちはよく分からない。年寄りはたまに使うがねえ。（中年層男性）

○アイワ　メッタニ　キカン　ナー。ワタシラワ　ゼンゼン　ツカワンシ　ナンノコトヤラ　サッパリ　ワカリマセン。アイは滅多に聞かないねえ。私たちは全然使わないし、何のことやらさっぱり分かりません。（青年層男性）

また、島根県八束郡美保関町の一老年層漁民は、昭和30年代以前の漁撈と現在の漁撈との今昔の一端を、次のように語ってくれた。

○ショーワサンズーネンマデワ　ミンナ　テコギノ　カンコブネデ　ショーバエ　シチョーマシタ　ワネ。ソーカー　フネガ　キカイシェンニ　ナーマシテ　ダンダン　オーキン　ナーマシテ　ネー。エマワ　ドゲナ　フネモ　ミンナ　オーケナ　キカエシェンデ　パソコンヤラ　ギョタンヤラ　キカエガ　スエテ　アーマスケン　ネー。ショーバエノ　シカタガ　ヒャクハチズード　チガッテ　シマッタダドモ　ソーセニャー　ヤッテ　イケンヤニ　ナーマシタ　ダワネ。ムカス　ツカッチョッタ　カジェノ　ナマエモ　エマワ　ツカワンヤニ　ナーマシタ　ワネ。昭和30年代までは、みな手漕ぎの櫓舟で漁をしていましたわね。それから船が機械船になりまして、だんだん大きくなりましてねえ。今はどんな船もみな機械船で、パソコンやら漁探やら機械が備えつけてありますからねえ。漁の仕方が180度違ってしまったけれど、そうしなければやっていけないようになりましたよね。昔使っていた風の名前も今は使わないようになりましたわね。

「アイ」系の風名と全く同じ状況が、「ヒカタ」系の風名についても認められることは言うまでもない。

したがって、あと20年もすれば、極めて永い時間にわたって日本海沿岸部の漁業社会の文化を象徴してきた言語表象とでも言うべき基層方言は、ほぼ

完全に地を払うことになるであろう。そして、「アイ」系の風名や「ヒカタ」系の風名は、我々が今日一般に使用している風名（「北東風」「北風」、「南風」「南西風」など）をさらに超えて、「ノースイース・ノーイース」「ノース」、「サース」「サースウエス・サーウエス」などの風名に統一されて、伝統的な漁業文化の個別性・独自性は、日本というマクロ社会から完全に消え去ってしまうことになろう。

「アイ」系の風名や「ヒカタ」系の風名、ならびにそれらの「性質呼称」が、今まさに消滅しようとしている直接的な要因は、美保関町の一老年層漁民が語ってくれたように、船が動力化・機械化・大型化され、風の力を完全に克服したという社会変動が求められる。このような漁業社会の大きな変動によって、漁民はもはや伝統的な風名を継承しなければならない必要性が全く存しなくなったのである。風位語彙の変容は、その意味でまさに時代環境（社会環境）の大きな変動と相即的である。伝統的な風名は、ごく近い将来、その大半が死語になって、ほぼ完全に地を払ってしまうことになるだろう。だからこそ、精密な調査、研究が急がれるのであり、同時に過去の研究成果のデータベース化が必要とされるのである。

お わ り に

最後に、坪井洋文が『民俗再考―多元的世界への視点』（1986、日本エディタースクール出版部）の中で述べている言葉を引用して、私の拙い語りを終えることとする。

> 民俗研究者のみならず、一般に日本文化理解における史観の問題があると考える。つまり、日本民族、文化は単一純粋の同質性を基盤にして現在に至っているという史観の呪縛である。単一か複合かという未決の問題に深くかかわることなく、単一という常識に自己を埋没させ、日本文化の構造を単一なる所与のものと決める限り、他の構造は排除されてくる。民間伝承の地域的違いを中央起源にかかる文化の歴史的発展とする仮説は、単一文化の史観を安定させ補強するうえに大きな役割をになっている。（9ページ）

注

1) 真田は次のように述べている。「アクセントにしろ、このようなズーズー弁的音韻規則にしろ、その存在、非存在について言語外的な環境からの説明がつかないという点で、これは中央日本語が伝播する以前のわが列島周縁部での基層の音的フィルターではないかと考えるのです。」この中で特に注目されるのは、「言語外的な環境からの説明がつかない」という指摘である。「アイ」系の風名の存在も、まさにそうである。

参考文献

1976：門脇禎二『出雲の古代史』日本放送出版協会
1983：室山敏昭『全国各地漁業社会の風位語彙資料』(『広島大学文学部紀要』第43巻特輯号2)
1987：関口　武『風の事典』原書房
1987：室山敏昭『生活語彙の基礎的研究』和泉書院
1990：藤田富士夫『古代の日本海文化と交流─海人文化の伝統と交流』中公新書
1990：柳田国男『柳田国男全集20　地名の研究・風位考ほか』ちくま文庫
1997：今石元久『日本語音声の実験的研究』和泉書院
1997：谷川健一『日本の地名』岩波新書
1998：上田正昭・島根県古代文化センター編『古代出雲の文─銅剣・銅鐸と巨化大建造物』朝日新聞社
1998：室山敏昭『生活語彙の構造と地域文化─文化言語学序説』和泉書院
2001：青木　保『異文化理解』岩波新書
2001：室山敏昭『アユノカゼの文化史─出雲王権と海人文化』ワン・ライン
2002：真田信治『方言の日本地図』講談社

◇平成14年度山陰民俗学会（於松江市）で講演した原稿に、一部加筆修正を施したもの。

第2章　アユノカゼの文化誌　299

「アイ」系の風名の郡別頻数分布図

第3章　風の方言から見た漁業社会
―― 風位語彙による考察 ――

はじめに

　本章は長大にわたるので、最初に、概要を章の構成に沿って簡単に述べておくことにする。
　まず、副題に使用した「風位語彙」という用語であるが、この論文の中では、漁民が独自に獲得している風の名称の総体的なまとまりを指すものとして使用している。その内容は大きく、以下の二つに分かれる。すなわち、
　①「キタカザ」（北風）・「コチ」（東風）・「ハエ」（南風）・「ニシカゼ」（西風）のように、風が吹いてくる方位を直接名指すものと、
　②「アキギタ」（秋になって吹く北風。風はかなり強いが、波はあまり立たない。晴天の続くことが多く、大漁になる）・「ハルゴチ」（立春を過ぎてから吹き始める東風。気温・水温とも高くなり、魚群も大きくなる）・「シロハエ」（夏から秋にかけて吹く。弱い風で好天が続く。この風が吹くと高温多湿となり、沖合が白く霞んで見える。不漁の風である）・「オーニシ」（冬吹く西風。ニシカゼの中でも特に強く吹く風で、海難をもたらすことが多いのでほとんど出漁しない。3日くらい続けて吹く）のように、ある方位から吹いて来る風の性質・状態を表すものである。
　筆者は以前から、前者を「方位呼称」と呼び、後者を「性質呼称」と呼んできた。「方位呼称」は当然、農業社会にも認められるが、「性質呼称」は漁業社会の成員しか所有していない。「性質呼称」は、漁民が日々の漁撈を安全でしかも効果的に営むための「生活上の必要性」（生活の有用性）から、風の性質・状態を細かく捉え分け、その特徴に名称を付与したものである。したがって、「性質呼称」は、漁民独自の「風」に対する認識内容（世界観）

を表すものであると同時に、漁業の生活文化の特性の一端を明示するものでもある。

　さて、本章の概要であるが、次の節において「風位語彙」（風名）に関するこれまでの研究の歴史を概観し、その問題点を指摘している。従来の研究における最も大きな問題点は、風位語彙の体系比較によって漁業文化圏を確定し、漁業文化圏相互の史的、社会的関係を解明するという視点が完全に欠落していたということである。ここで言う漁業文化圏とは、日本というマクロな漁業社会を分画する文化領域のことである。本章はこの欠落していた視点を実証、理論の両面においてカバーする最初の論文である。

　具体的には、研究史に引き続く第2節において、鳥取県東伯郡赤碕町の漁業社会を取りあげ、その地理的・社会的環境と調査の概要を説明し、第3節では当該社会の老年層漁民が所有している「方位呼称」と「性質呼称」の全体（95語）を対象化し、個々の語について、詳しい意味記述を行っている。第4節では、当該社会の風位語彙の基本構造を明らかにし、「性質呼称」の意味枠（強弱・季節・天候・時間帯・空の色・乾湿・高度・場所など）を認定した上で、とりわけ多くの語数が認められた「強弱」の意味枠に関して、強風を意味する「オー」（たとえば「オーアイ」「オーイシェチ」「オーニシ」など）と弱風を意味する「ケ」（たとえば「アイケ」「コチケ」「ヨリケ」など）との対立関係を分析することによって、この意味枠が操業可能・操業不能・操業快適を判断するための言語的指標として認識されていることを明らかにし、また風位語彙と漁撈との関係性についても言及している。第5節では、赤碕集落における風位語彙の量的分析を行い、第6節では山陰地方の四つの漁業社会について、赤碕集落の風位語彙を基準として量的比較を試み、漁業規模が大きいほど語彙量が多くなること、南北の語彙量が東西の語彙量に比べて大きく卓越している事実が四つの漁業社会に共通して認められ、しかも漁業規模が大きい社会ほど顕著であることを明らかにしている。南北の語彙量が卓越しているのは、港（南）と漁場（北）を結ぶ方位を軸として語彙量が発達していることを意味するもので、この事実は日本というマクロ社会に共通して認められる普遍的事実である。第7節では、山陰地方の風位語

彙を全国漁業社会の風位語彙と比較することによって、その約半数が「日本海沿岸部」に広く分布するものに収斂される事実を明るみに出している。これによって、「日本海側漁業文化圏」（日本海側文化領域）という地域類型を認定することが可能となる。

　なお、ここで言う「文化」とは、当の集団や社会がその生活環境を認識し、秩序（関連）づけ、解釈する固有の分類システムだとする見方を意味する。自らの環境世界の全体をどう捉えるかという、その集団や社会に固有の環境観は、一般に「コスモロジー（世界観）」と呼ばれ、言語、とりわけ語彙に映しだされる。語彙は、外部世界としての環境を人間の側から分類し、非連続的な単位に分節する「範疇化（カテゴリー化）」に深く関わっているからである。しかも、漁民が獲得している「風位語彙」の個々の要素の意味内容を見ても明らかなように、彼らは「風」という、それ自身物理的な自然現象を漁撈との関係から細かく分節し、一定の価値を付与している。したがって、漁民が所有している「風位語彙」の全体は、まさに価値に彩られたシステムである、と言うことができる。

　また、本論文は、言語学という、水産学や漁業経済学等とは異なった研究領域から日本の漁業社会を捉えたものである。従って、読者の中には、今まであまり馴染みの無い専門用語や概念に直面する方がおられるかもしれない。また、その結果として、一部の記述に関して多少の読み辛さを感じる方もおられるかもしれないが、その点はお許しいただき、漁業社会に関する研究手法やものの見方に対して、新たな知見を得る一助としていただけたら幸いである。

1．これまでの研究の歴史

　全国各地の漁業社会に行われる豊富な風の語彙は、早くから識者の注目するところとなり、柳田国男、関口武、杉山正世を中心として研究が進められ、その結果がまず1935年に『風位考資料』（国学院大学方言研究会、大洞書房）としてまとめられた。ついで、その資料に柳田国男、関口武の両氏の解説が付されたものが、『増補風位考資料』（1942、明世堂）として刊行された。

これは、『風位考資料』の中の特徴的な風位名を取りあげて、その分布状況を概観し、語源を古文献と漁民の語源意識（その語の語源をどの様なものと捉えているか、その意識の内容）によって説いたものである。さらに、関口武の『風の事典』（1987、原書房）は、全国の漁業協同組合に依頼して行ったアンケート調査の結果をまとめたものであるが、回答が得られた1301地点の風名2145語（方位呼称が中心で、多くの音訛形を含む）が地点名と併せて収録されており、これによって全国の風名の分布状況を概観することが可能となった。

　しかし、これらの研究は、いずれも風の地方名の収集と注目される風名の性質や語源の考察、あるいは風名の分布状況、風位の地域差などの解明に重点が置かれたものであって、漁業社会に認められる風名（「方位呼称」と「性質呼称」）を全的に採録し、個々の風名相互の意味的、形態的な関係性に即して風位語彙という体系として捉え、それと漁業社会の史的現実としての構造特性との相関を考察するという社会文化的、体系的観点が欠落している。そのため、各地の漁業社会の風位語彙の体系と社会構造との関係、ならびにそれを通して客観的に解明される漁民の風に対する認識世界（世界観）の構造的特性が全く見えてこないといううらみが存した。

　一方、これらの研究に対して、ここ20数年来、各地の漁業社会に認められる風位語彙を精査し、体系的観点から細密な分析を試みる研究が盛んになってきた。この観点からの研究としては、青柳精三の関東地方を対象とした研究[1]をはじめとして、柴田武[2]、久木田恵[3]、大橋勝男[4]の研究、および筆者の研究[5]などが挙げられる。これらは、いずれも漁業社会の風位語彙の体系分析の結果を、当該漁業社会の社会的構造、すなわち漁業規模、港と漁場との位置関係、漁法、漁獲時季、漁獲対象魚種などとの相関性に基づいて考察することにより、漁民の風に対する関心の範疇化、認識世界の構造を解明しようとしたものである。

　しかし、これらの研究にも問題がないわけではない。一地の精密な調査、分析に重点が置かれるために、いきおい調査地域が狭く限定されがちであった。したがって、今後は、全国的な規模で風位語彙の体系的な調査研究を推

進し、風位語彙の体系に基づく方言分派の認定を行う必要があるであろう。これによって、漁業文化圏を確定し、漁業文化圏相互の史的、社会文化的関係を解明することが可能になると考えられる。しかしながら、風位語彙の体系の地域的特性の帰納や体系比較は一部の地域を除いてほとんどなされていないというのが現状であって、上に述べたことは、あくまでも今後の風位語彙研究の方向性を指摘するにとどまるものである。

したがって、現時点においては、風位語彙の体系比較による分派認定を行うことはほとんど不可能である。ただ、これに代わる方法として、次のようなことが考えられるであろう。それは、たとえば山陰地方における複数の漁業社会について風位語彙の体系比較を行うことによって、体系上の共通特性を明らかにし、その結果を関口武の『風の事典』による風名の分布状況を手がかりとして、全国的視点からの位置づけを試みるという方法である。

以下、本章では、この方法により、まず山陰地方の漁業社会における風位語彙の体系分析と比較を行い、その共通特性を帰納する。ついで、一々の風位呼称の分布状況を全国的視点から確認することによって、風位語彙による山陰分派認定の可能性について考察を試みることにする。言語は文化の表象であるから、山陰分派認定の可能性について考究することは、とりもなおさず山陰漁業文化圏認定の可能性について考究することと連動する。対象として取りあげる漁業社会は、西から、①鳥取県東伯郡赤碕町赤碕、②同気高郡気高町姫路、③同鳥取市賀露(かろ)、④京都府与謝郡伊根町亀島の4地点である(図1)。が、このうちの②、④についてはすでに報告がなされており、③は早くから沖合漁業が中心だったので、以下にはまず、①赤碕集落の風位語彙の記述、分析を行い、その結果を踏まえて他の3地点との比較を行うことにする。

2．赤碕集落の地理的・社会的環境と調査の概要

赤碕集落は鳥取県東伯郡の西端に位置し、戸数は212戸である。当該集落の成人男子の5割強が専業漁師であり、鳥取県中部地方における最も規模の大きい漁業社会である。漁法は磯での小定置網漁、刺網漁、立網漁、鉾突(ほこつき)

漁、釣漁のほか、沖合で行う底引網漁や延縄、烏賊釣りなどの釣漁と多様であるが、なかでも底引網漁、烏賊釣漁が盛んである。当該集落の漁港と漁場との位置関係はほぼ南北の線で結ばれており、漁場は姫路集落に比べてはるかに広い。

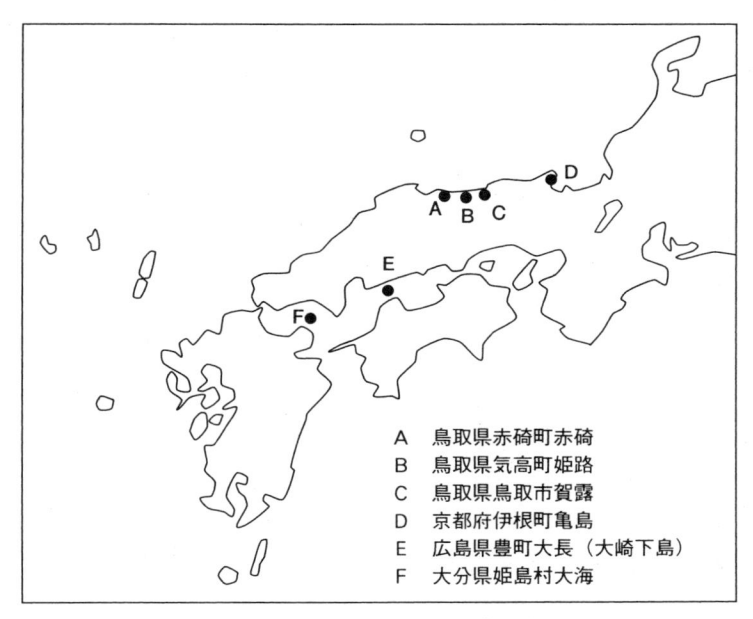

図1　本章で取り上げた漁業集落

A　鳥取県赤碕町赤碕
B　鳥取県気高町姫路
C　鳥取県鳥取市賀露
D　京都府伊根町亀島
E　広島県豊町大長（大崎下島）
F　大分県姫島村大海

　当該集落の漁民が使用する風位語彙の調査は、3度にわたって行った。第1回の調査（昭和52年8月10日〜13日）では、中年層（30歳代〜60歳代）以上の4人の漁民に漁業協同組合の宿直室に集まってもらい、風と操業との関係について季節ごとにできるだけ詳しく話し合ってもらった。この調査によって、彼らが使用する風位語彙の約8割を聴録することができ、風位語彙を構成する個々の風位呼称が指示する風の方位・性質に関する共通認識をほぼ確認することができた。これは、実は、2度目の補充調査（昭和53年4月2日〜3日）、および3度目の確認調査（昭和62年8月2日〜4日）を行うことによって明らかになったことである。補充調査では、第1回の調査とは

人を替えて、老年層（60歳以上）・中年層各2名について個別に質問調査を行った。この調査では、個々の教示者が風の方位をいくつに弁別するかを確かめたうえで、北風から順に時計回りに各方位の風の呼称とその性質について聞き取りを行った。当該集落の漁民は、若年層（20歳代）を除き大半がほとんどの漁法を経験しており、また、最も盛んな烏賊釣漁は集団で行うので、3度の調査において、特に問題となる個人差をほとんど認めることができなかった。ただ、風位呼称が指示する風の性質に関しては、老年層からより詳しい情報が多く得られたので、以下の記述においては老年層の風位語彙を中心とする。なお、当該集落の漁民が使用している風位語彙の変容に関しては、2002年に40歳代の漁民3名に直接お電話をし、確認することができた。本章の最後に添えた〔補記〕に、その内容のごく一端を記している。

3．赤碕集落における風位語彙の全容

　当該集落の漁民は、風の方位を東西南北および中間位の8方位に加えて、北北東、東北東、南南西、西南西、西北西、北北西の6方位の計14方位に弁別し、95語の風位語彙を所有している[6]。当該集落の漁民も他の漁業社会と同様に、風を単に方位によって弁別するだけでなく、風の強弱、吹く時季、吹く時間帯、天候との関係、漁労との関係など、一々の風位呼称が指示する風の性質に関する特徴を細かくカテゴリー化（分類）している。そして、その特徴を漁民の共有認識とするために、たとえば「コチ」（東風）に対して、「ハルゴチ」（春ゴチ）、「コチケ」（コチ気）のようにその特徴を顕在化させ、数多くの複合語や派生語を生成している。このような風位呼称を語基として造語された語を、筆者は従来、二次的派生語（あるいは「性質呼称」）と呼んできた。風位語彙は、このように、「風位（方位）を表す語彙」と「風位（方位）＋性質を表す語彙」の2類から成っている。ここに、漁民の風に対する「風位・性質の重層的認識」を認めることができ、農民とは全く異質の「風の文化」を所有していることになる。

　以下には、当該集落の漁民の風に対する「風位（方位）・性質の重層的認識」の全容を示すことにする。なお、（　）内の記述は、漁民から得られた

説明を筆者が整理して示したものである。漁民から得られた説明文をそのままの形で示し、それに共通語訳を付すことが理想的である。しかし、それを行うとなると、多大のスペースを必要とするので、便宜筆者が、漁民の説明文から得られた方位・性質に関する特徴点を遺漏なく取り上げ、それを整理して示すことにする。

また、以下の文中の語ならびに文例に付した傍線は、その箇所を高く発音することを示すアクセント表示である。

(1) 北風（15語）
 ① キタ・キタカジェ・キタノカジェ（夏から秋にかけて吹く。10月下旬以降は強風となるが、風は比較的暖かい。また、夏にキタが吹くと涼しい。10月下旬以降は海が荒れるが、漁にとって全般に良い風。3語のなかではキタを最もよく使う）
 ② アキギタ（秋になって吹く北風。風はかなり強いが、波はあまり立たない。漁にとっては特に良い風の一つで、イワシ・タイ・ブリ・スルメイカなどが群れをなして回遊して来る。晴天の続くことが多く、大漁になる）
 ③ アオキタ・アオギタ（秋のよく晴れた日に吹く北風で、空の青さが濃く見える。強風になることはない。漁にとっては良い風で、スルメイカがよく獲れる。アオギタの方をよく使う）
 ④ ボンアオギタ（盆過ぎの晴天に吹く北風。弱風で涼しい。漁にとっては良い風で、鯛網、スルメイカが好漁となる）
 ⑤ クロギタ（晩秋から早春にかけて吹く北風。空一面黒雲が覆い、強風が吹き荒れる。波は高くなり漁が少ない）
 ⑥ ドーギタ（真北から吹いて来る風。冬季に吹くことが多い。強風で海が荒れ、漁は少ない）
 ⑦ オキカジェ・オキノカジェ（沖〈北〉から吹いて来る風。普通北風を指して言うが、北北西・北北東の風についても使う。夏から秋にかけて吹く。強風で海が荒れ、不漁の風）

⑧ オキ̄ケ（オキカジェの弱く吹くものを言う。夏から秋にかけて吹く。秋にオキケが吹くと、大漁になる）

⑨ タカ̄イカジェ（普通北風を指して言うが、北北東風についても使う。晩秋から冬にかけて吹く。強風で海を荒らし、海難をもたらすことが多い）

⑩ タカ̄ケ・タカゲ（タカイカジェの弱く吹くものを言う。真北から吹いて来ることが多い。タカケが吹く日はショーバイ〈漁を〉スルが、漁は少ない。タカケの方をよく使う）

(2) 北北東風（1語）

① アイヨ̄リ（初春に吹く風。強風で海が荒れる。漁にとっては良くない風だが、これが吹くとアジ・イワシ・タイ・ハルイカなどが回遊して来る。漁は少ない）

(3) 北東風（10語）

① アイ̄・アイ̄ノカジェ（春に吹く風。少し寒いが夜はあまり強く吹かない。特に強く吹いて白波が立つと、「イヌコロガ　ハ̄シル。」「シロウ̄サギガ　ト̄ブ。」と言う。漁にとっては良い風で魚が群れをなして回遊して来る。「アイ̄ノカジェトメオトゲ̄ンクヮワ　ヨルニ　ナルト　ナ̄グ。アイノカジェと夫婦喧嘩は夜になるとおさまる。」という言いぐさが聞かれる。アイの語源意識は「間」）

② ヨ̄アイ（春から夏にかけて吹く。夕方から吹きだし一晩中強く吹き続ける。かなり強い風だが、翌早朝は必ず凪になり、魚貝や海藻などが浜近くに寄って来ていて、大漁になる）

③ ジ̄アイ（春に吹く風。低空を吹く強風で、海がひどく荒れる。上空の雲は北へ向かって飛ぶように移動する。漁にとっては良くない風。主に老年層が使う）

④ オ̄ーアイ（春から秋にかけて吹く。アイのうち、特に強く吹く風を言う。船や網が流されることがあり、漁師が警戒する風の一つである）

⑤ アイ̄ケ（春から秋にかけて吹く。弱風で漁をしていると眠気を催す。春と秋のアイケは大漁をもたらす）

⑥　ナカチ・ナカジ（夏に吹く風。強風で水温が低くなる。一日中吹き荒れ、波が高くなる。台風が来る前の風で、海難をもたらすことがある。不漁の風）

⑦　ヨリケ（春に吹く風。弱い風で暖かい。魚が群れをなして沿岸部に寄って来る。大漁になることがある）

⑧　ホクトーノカジェ（北東風の総称だが、共通語という意識が強くあまり使わない）

(4) 東北東風（2語）

①　ヒクアイ（春から初夏にかけて吹く風。弱い風で暖かい。漁にとっては良い風）

②　ヒクイカジェ（初春から初夏にかけて吹く風。弱い風で水温が上昇する。魚が群れをなして回遊してくる。初夏に吹くヒクイカジェは大漁をもたらす）

(5) 東風（7語）

①　ヒガシ・ヒガシカジェ（春に吹く風。かなりの強風で海が荒れるが、短時間しか吹かない。この風が吹きやむと、魚がよく獲れる。ヒガシの方をよく使う）

②　ヒガシケ（春から初夏にかけて吹く。弱い風で、これが吹くと暖かく波も立たない。魚群も大きくなり漁にとって良い風）

③　コチ・コチカジェ（春に吹く風。かなりの強風で海が荒れるが、短時間しか吹かない。この風が吹き始めると、魚が群れをなして回遊して来る。魚がかなり大きくなり漁獲量も多くなるので、漁が活気づく。コチは主に中年層以上が使用し、ヒガシよりも古いことばと意識している。コチの方をよく使う）

④　ハルゴチ（立春を過ぎてから吹き始める風。気温・水温とも上昇し、魚群も大きくなる。アゴ・サーラ・タイ・サヨリ・イワシ・ハルイカなどがよく獲れる）

⑤　コチケ（立春から初夏にかけて吹く風。10時から17時にかけて吹くことが多い。弱い風で、大漁になることが多い）

(6) 南東風（8語）
① イシェチ（初夏から秋にかけて吹く風。強風で海が荒れる。老年漁師は「アナジ」を沖へ追いやり海難を防ぐ風と説明したが、これは「伊勢神宮」と結びつけた語源解釈によるもので、実際は強風であって漁にとっては決して良い風ではない。最初「アイ」が吹き、それが次第に強くなって「イシェチ」にカワス〈回る〉。大雨を伴うことが多い。不漁の風）
② イシェイチ・イシェイチカジェ（この2語が指示する風の性質は「イシェチ」と全く同様である。「イシェイチ」は「イシェチ」の音訛化と考えられるが、土地の漁師の説明では「イシェイチ」の方が古いことばで、老年層がよく使うとのことである。出雲地方においても、「エシェチ」「エシェエチ」の両形が行われている）
③ オーイシェチ（二百十日前後に吹くことが多い。イシェチの中でも特に強く吹く暴風で、必ず雨を伴う。海難をもたらす風でほとんど出漁しない。主に老年層が使う）
④ イシェチケ（夏から秋にかけて吹く。イシェチの中では弱く吹く風。ハマチ・アジ・カツオ・サバ・タチイオ・シーラ・スルメイカなどがよく獲れる。主に老年層が使う）
⑤ シタモン（夏から秋にかけて吹く風。毎日数時間吹く弱い風で、漁は少ない）
⑥ ヒガシヤマシェ（主に冬に吹く風。強風で海が荒れる。東方の山頂から吹き降ろしてくる風。「フユノ　ヤマシェワ　ユキー　ツレテ　クル。冬のヤマシェは雪を連れて来る。」という言いぐさが聞かれ、不漁の風である）
⑦ ナントーノカジェ（南東風の総称だが、共通語という意識が強くあまり使わない）

(7) 南風（17語）
① イナミ・イナミカジェ（夏に吹くことが多い。弱い風で海が凪ぐ。船を沖へ出しやすく、夜間行う烏賊釣漁には好適の風。主に老年層が使

い、イナミの方を多用する）
② イナミケ（夏に吹く風。イナミの中でも特に弱風を言い、漁をしていても眠気を催す。帆船で漁をしていた頃、船も動かず網も引きにくかった。今も不漁の風）
③ ミナミ・ミナミカジェ（夏吹くことが多い。弱い風で海が凪ぐ。磯漁や地先漁には良くない風だが、沖合で行う烏賊釣漁には好適の風。主に中年層以下が使い、ミナミの方を多用する）
④ ミナミケ（夏吹くことが多い。ミナミの中でも特に弱い風を言い、ほとんど出漁しない。主に中年層以下が使う）
⑤ ダシ・ダシノカジェ（夏吹く風。強風になることはないが、南風の中では最も強く吹く。船を沖へ出すのに最適の風で、夏季の烏賊釣漁には最も好まれる風。土地の漁師の語源意識は「船を沖へ出す」「陸地から吹き出す」の2説が聞かれた。この風が吹くと気温が上昇し、乾燥が激しい。ダシの方をよく使う）
⑥ ハエ・ハエノカジェ（夏から秋にかけて吹く。弱い風で好天が続く。この風が吹くと高温多湿となり、沖合が白く霞んで見える。不漁の風である。若年層も使用する）
⑦ シロハエ・シラハイ（盛夏に吹く風。弱い風で特に高温多湿となり、沖合が白く霞んで見える。不漁の風である。シロハエの方をよく使う）
⑧ クロハエ（夏吹く風。ハエの中では強風となる。空一面黒雲が覆い、雨になることが多い。不漁の風）
⑨ ヤマオロシ（冬から初秋にかけて吹く。「アイ」から変わることが多い。夜になって吹き始め、翌朝まで吹き続ける。山から吹き降ろす風で、風に角度があって涼しい。波が立たないので船を沖へ出しやすく、沖漁には好適の風）
⑩ ヤマオチ（冬から夏にかけて吹く。「アイ」から変わるカワシの風。午前中はかなり強く吹くが、午後になると吹きやみ天気が下り坂になる。この風がニシにカワスと、必ず雨になるので、全くの不漁の風。風に角度があり、波が立つ）

⑪　アラシ（夏吹く事が多い。山頂から吹き降ろして来る風だが、弱い風で波が立たない。夜吹くことが多く、船を沖へ出すのに役に立たない。不漁の風）

⑫　ヤマシェ（初夏から初秋にかけて吹く。強風で冷たい。海が荒れ、漁は少ない。土地の漁師の語源意識は「山背」〔山の頂上〕。若年層は使用しない）

(8)　南南西風（2語）

①　ミナミヤマシェ（秋から冬にかけて吹く。強風で海がひどく荒れ、出漁しないことが多い。台風が接近する前に吹く風で、東から吹き始め時計回りに南東→南→南南西へとカワシ、南南西になった時が風力が最強となる。大雨を伴うことが多い）

②　アサダシ（夏吹く風。早朝から午前10時頃まではかなり強く吹くが、それ以後はやむ。船を出すには好適だが、漁は少ない。主に老年層が使う）

(9)　南西風（11語）

①　ヒカタ（盛夏に吹く風。山から吹き降ろすことが多く、風力は弱い。この風が吹くと好天が続き、海も凪ぐが漁は少ない。高温で乾燥した風。老年漁師の語源意識は「日方」）

②　ツユビカタ（梅雨時分に吹くヒカタ。弱い風で雨を伴う。たまに夜強く吹くことがある。不漁の風。主に老年層が使う）

③　ヤマイダ・ヤマエダ（秋から冬にかけて吹く。強風で天候悪化の前兆となる。夜になって吹き出すことが多いので、烏賊釣漁には最悪の風。「アキノ　ヤマイダ　ユメニモ　ミルナ。秋のヤマイダは夢にも見るな。」という言いぐさが聞かれる。土地の漁師の語源意識は「山から吹き出す風」で、「ヤマイダシ」の「シ」が脱落したものと考えられるが、「イ」については「イシェイチ」の「イ」と同様、語源末詳）

④　ニシバエ（夏吹く風。かなり強く吹くが、海は荒れない。この風が吹くと船を沖へ出しやすく、漁にとっては良い風。主に老年層が使う）

⑤　ジバエ（夏吹く風。低空を吹き海が荒れる。不漁の風。主に老年層が

使う）
　⑥　ヨアラシ（夏吹く風。山頂から吹き降ろして来る風だが、弱い風で海を荒らすことはない。漁にとっては良い風。アラシは夜吹くことが多いので、この呼称がある）
　⑦　ダイシェンオロシ（冬吹く風。強風で雪を伴うことが多い。不漁の風。語源意識は「（伯耆）大山降ろし」）
　⑧　カラカジェ・カラッカジェ（冬吹く風。かなりの強風で、極端に乾燥した風。不漁の風。カラカジェの方をよく使う）
　⑨　ナンシェーノカジェ（南西風の総称だが、共通語という意識が強くほとんど使わない）
⑽　西南西風（1語）
　①　ニシヤマシェ（冬吹く風。南から吹き始め、時計回りに南西→西南西とカワシ、この時最も風力が強くなり、ニシにカワスとおさまる。海がひどく荒れるので、出漁しないことが多い。主に老年層が使う）
⑾　西風（14語）
　①　ニシ・ニシカジェ（冬吹く風。日中はかなり強く吹くが、夜になるとおさまる。コチ・ブリ・フク（フグとは言わない）・フユイカなどがよく獲れる。「ニシカジェト　メオトゲンクゥワ　ヨルニ　ナルト　ナグ。ニシカジェと夫婦喧嘩は夜になるとおさまる。」という言いぐさが聞かれる。普通ニシを使う）
　②　ドーニシ（冬吹く風。真西から吹いて来る風で、風力が最も強く、海がひどく荒れる。「ニシト　キタワ　モトー　フクホド　ツヨイ。ニシとキタは真西・真北を吹くほど強い。」と説明する。不漁の風だが、夕方になるとおさまる）
　③　マニシ（ドーニシと同じ風を指示する呼称だが、この語の方が古いことばだと言う。風力が強く海が荒れる。不漁の風）
　④　オーニシ（冬吹く風。ニシの中でも特に強く吹く風で、海難をもたらすことが多いので、ほとんど出漁しない。3日くらい続けて吹くことが多い）

⑤　テッポーニシ（冬吹く風。急に吹き出す強風で、海がひどく荒れるので、漁をやめて急いで帰港する。2日くらい続けて吹き、瞬間最大風速は20メートルにもなる）

⑥　ニシケ（冬吹く風。弱風で波が立たない。漁にとっては良い風で、漁獲量も多い。この風が吹く時は真冬でもあまり寒くない）

⑦　ミッカニシ（春先に吹く風で、強風で海が荒れる。3日ほど吹き続け、この風がやむとアイが吹き始める。不漁の風）

⑧　ハルニシ（初春に吹く風。かなり強く吹き波が立つが、漁は多い。主に老年層が使う）

⑨　ヒヨリニシ（冬吹く風。好天に吹く西風で、比較的暖かい。かなり強く吹くが、海を荒らすことはない。漁にとっては良い風）

⑩　ウラニシ（冬吹く風。暴風に近い強風で、2時間くらい続けて吹き、雨や雪を伴う。この風が吹き始めると、漁をやめて急いで帰港する。「ウラニシワ　ベントー　ワスレテモ　カサ　ワスレルナ。ウラニシは弁当を忘れても傘は忘れるな。」という言いぐさが聞かれる。土地の漁師の語源意識は「浦西」。主に老年層が使う）

⑪　ウラニシケ（冬吹く風。ウラニシの弱風だが、海はかなり荒れる。漁は少ない）

⑫　サイトー（夏から秋にかけて吹く。カワシの風で、東から吹き始め南の時はさほど強く吹かず、西はカワシて急に強くなる。台風前に吹く海難をもたらす危険な風で、ほとんど出漁しない）

⑬　ハヤテ（夏から秋にかけて吹く。夕立に雷を伴い、時々竜巻が生じる。2時間ほど吹き続け海難が多い。出漁しないことが多い）

⑿　西北西風（2語）

①　ニショリ（秋吹く風。かなりの強風だが、海を荒らすことはない。漁にとっては良い風。主に老年層が使う）

②　ニショリケ（ニショリの弱風。海が凪ぎ、漁にとっては良い風。主に老年層が使う）

⒀　北西風（3語）

① アナジ（秋から冬にかけて吹く。二百十日頃吹くアナジは決まって暴風となる。急に吹き出し大雨を降らせるので、海難が多い。漁師が最も警戒する風の一つである。一日中吹き続ける。この風が吹くと寒く、漁もきわめて少ない）
② キタヤマシェ（冬吹く風。かなり強く吹き、冷たい風で海も荒れる。不漁の風）
③ ホクシェーノカジェ（北西風の総称だが、共通語という意識が強くほとんど使わない）

⑭ 北北西風（2語）
① オキニシ（冬吹く風。強風で雪を伴う。出漁しないことが多く、出漁しても漁は少ない。ウラニシが浦近くを吹く風であるのに対して、この風は沖合を吹く）
② イリカジェ（秋から冬にかけて吹く。北北西だけでなく北風を指して言うこともある。強風で冷たい風だが、秋に吹く時は漁が多い。主に老年層が使う）

以上が、赤碕集落における中年層以上（主に老年層）の漁民が使用する風位語彙の全容である。これに基づいて、以下には、当該方言社会の風位語彙の体系分析を行うことにする。

4．赤碕方言における風位語彙の体系

(1) 当該方言における風位語彙の基本構造

　当該方言における風位語彙の基本構造は、他地域の漁業社会と同様、「キタ」「ミナミ」のような一義的には風が吹いて来る方位を指示する呼称（以下、「方位呼称」と呼ぶ）を上位とし、それぞれの方位呼称によって指示される風の性質・状態に関する諸特徴のうち、優位の特徴を前部要素（前に位置する要素。例えば、「アオギタ」の場合の「アオ」）あるいは後部要素（後に位置する要素。例えば、「オキケ」の場合の「ケ」）によって顕在化させる呼称（以下、「性質呼称」と呼ぶ）を下位とする重層構造（階層構造）である。このように考えられるのは、「キタ」の一種がたとえば「アオギタ」で

あり、「アオギタ」の一種が「ボンアオギタ」という関係を示すからである。言い換えれば、たとえば「ハルゴチ」という性質呼称は、東の方位から吹いて来る風という認識を前提とし、それを踏まえて風の吹く時季を「ハル」（春）と顕在化することによって、東風の性質（吹く時季）を特定しているのである。しかし、前部要素または後部要素のすべてが、風の性質の特定化という機能を担っているわけではない。「キタ」の中の「ドーギタ」、「ニシ」の中の「ドーニシ」「マニシ」に見られる。「ドー」「マ」は、ともに「北」「西」の方位を「真・胴（漁民の語源意識）」と限定化するものであって、方位に関する特徴を明示するものである。したがって、性質呼称はこの3語を除く、方位呼称を語基として造語されたすべての二次的派生語ということになる。今、方位呼称と性質呼称との重層構造を「キタ」（北風）を例にとって示すと、図2のようになる。

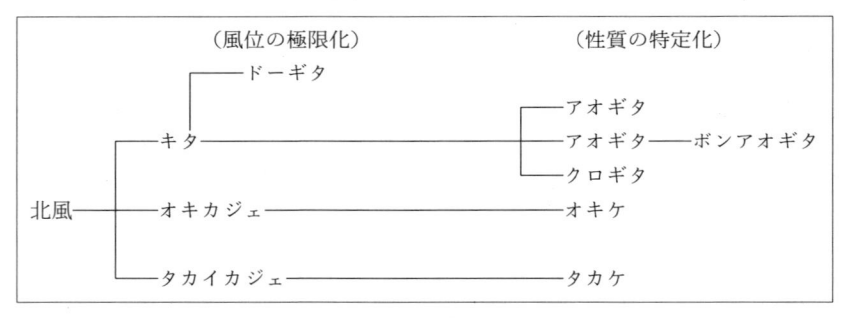

```
                （風位の極限化）           （性質の特定化）
            ┌──── ドーギタ
            │                    ┌──── アオギタ
            │                    │                    
       ┌─ キタ                    ├──── アオギタ ──── ボンアオギタ
       │                         └──── クロギタ
北風 ──┼─ オキカジェ ─────────────── オキケ
       │
       └─ タカイカジェ ───────────── タカケ
```

図2　重層構造の例

　したがって、当該方言の風位語彙の基本構造は、14方位に弁別される方位呼称を上位（語基）とし、各方位呼称に属する性質呼称を下位（語基をもとに新たに造語されたもの）とする「上位・下位」の重層構造の統合体と規定することができる。ただし、このような重層構造として捉えることのできないものが、当該方言の風位語彙の中にわずかではあるが、認められる。それは、「サイトー」（西東）、「ヒガシヤマシェ」「ミナミヤマシェ」「ニシヤマシェ」「キタヤマシェ」のような2風位の結合を示す複合形の存在である。このような方位呼称が認められるのは、これがいずれも東から時計回りに風

位が変化するいわゆるカワシ(交わし)の風だからである。カワシの風は、前の記述からも分かるように、カワスたびに風力が強くなるので、風の性質よりもその時々に吹いて来る風の方位を「風位+風位」という形態によって特定することの方が重要だったのであろう。

(2) 当該方言における風位語彙と季節

ところで、当該方言の風位語彙のうち、14方位に弁別される方位呼称を見てみると、北、北東、東北東、東、南東、南、南南西、西、北西、北北西の10方位において、複数の呼称が併用されているという現象が認められるのである。このような現象が認められる最大の要因としては、漁民が同一方位から吹いて来る風を、吹く季節・時季によって細かく弁別しているという事実が挙げられる。たとえば、南風について見てみると、12語の方位呼称が吹く季節の違いによって次の6類に類別される。

① 夏吹く風……………………ダシ・ダシノカジェ
② 夏吹くことが多い風…………イナミ・イナミカジェ・ミナミ・ミナミカジェ・アラシ
③ 夏から初秋にかけて吹く風……ハエ・ハエノカジェ
④ 初秋から初冬にかけて吹く風…ヤマシェ
⑤ 冬から夏にかけて吹く風………ヤマオチ
⑥ 冬から初秋にかけて吹く風……ヤマオロシ

このうち、「イナミ」と「ミナミ」は語源を同じくするものと考えられるから、②類における「ミナミ」と「アラシ」の併存を除くと、他の方位呼称はすべて吹く季節の違いによって区別されていることになる。

しかも、当該集落の漁民は、前に述べたとおり、方位呼称だけでなく、一々の性質呼称についても吹く季節を正確に認知しており、中年層以上にあっては、世代差・個人差はほとんど認められない。したがって、風位語彙の全体に即して言えば、風の性質に関する諸特性のうち、季節を表す意義特徴が最も優位な意義特徴として位置づけられると言ってよかろう。

季節風帯にある日本の気象条件の下では、風が季節と結びつけて捉えられ

ることはきわめて自然な現象と見ることもできる。だが、季節ごとの風の変化は漁民にとって、「漁季」「漁獲対象魚種」「漁法」「漁獲量」「風の強弱」「海の状態」などを決定し、日々の操業にプラス・マイナスの影響を与える大きな自然の力として、より切実に意識されてきたことが推察される。そのことは、先に挙げた南風を表す方位呼称が、第一節の記述から単に吹く季節によって弁別されているだけでなく、風力を「微弱⟷弱⟷強」の三段階に区別し、吹く時間帯、天候の変化、風の角度、帆船の移動、烏賊釣漁との関係、漁獲量との関係などを細かく認識し分けることによって、結局は、一々の風の操業に及ぼす影響を確定していることによっても検証される。したがって、操業との関わりからそれぞれに明確な性質が特定された各方位の風を、季節という時間軸の上に全体的に位置づけたものが当該集落だけでなく、多くの漁業社会に共通して認められる風位語彙の体系の基本的構造として把握することも可能であろう。

　ところで、今、仮に北風に関する二次的派生語を見てみると、それは、「アキギタ」「アオキタ」「アオギタ」「ボンアオギタ」「クロギタ」「オキケ」「タカケ」のように、北風の性質の諸特性のうち、漁民が操業との関係から優位と認知する特徴を前部要素または後部要素として顕在化させたものである。このような優位の特徴から意義特徴を読みとり、すべての性質呼称について個々の意義特徴を統合する最小の意味枠を基準として整理するならば、当該集落の漁民が、風の性質をどのような広がりにおいて捉え、また、どのような性質に特に強い関心を寄せているかという認識のカテゴリーと関心の度合いを客観的に解明することができるであろう。このような観点から、各風位の性質呼称（一部、風位の限定も含む）を最小の意味枠によって類化し、各意味枠に属する意義特徴（漁民独自の知的意味）を示すと、次のようになる。

(3)　**性質呼称の意味枠と意義特徴**

A．強弱（18語）

　a．強……オーアイ・オーイシェチ・オーニシ・ハヤテ・テッポーニシ

b．弱……オキケ・タカケ・タカゲ・ヨリケ・アイケ・コチケ・ヒガシケ・イシェチケ・イケミナ・ミナミケ・ニシケ・ウラニシケ・ニヨリケ

B．季節（5語）

　a．春……ハルゴチ・ハルニシ

　b．梅雨……ツユビカタ

　c．盆……ボンアオギタ

　d．秋……アキギタ

C．時間帯（3語）

　a．夜……ヨアイ・ヨアラシ

　b．朝……アサダシ

D．天候（7語）

　a．晴天……アオキタ・アオギタ・ボンアオギタ・シロハエ・シラハイ

　b．曇天……クロギタ・クロハエ

E．空の色（7語）

　a．青……アオキタ・アオギタ・ボンアオギタ

　b．白……シロハエ・シラハイ

　c．黒……クロギタ・クロハエ

F．乾湿（4語）

　a．乾……カラカジェ・カラッカジェ

　b．湿……シロハエ・シラハイ

G．高度（2語）

　a．地（低空）……ジアイ・ジバエ

H．風位の限定（3語）

　a．真……マニシ

　b．胴……ドーニシ・ドーギタ

I．場所（1語）

　a．浦……ウラニシ

上に示した性質呼称の意味枠（A～I）と意義特徴（例えば、B．季節のa

〜dなど）の数を見てみると、漁民が独自に獲得している知的意味に限定しても意味枠が9、意義特徴が19、それぞれ認められる。このことから、当該集落の漁民が風の性質をいかに多角的にしかも微細に見分けているかが知られる。また、意味枠の中で所属語数の多いものは「強弱」「天候」「季節」の三つであり、このことから土地の漁民は、風の性質に関しては、この三つの特徴に特に強い関心を寄せていることが理解される。これは、山陰地方の他地点をはじめとして、瀬戸内海域、中部地方、関東地方などにも広く認められることであり[7]、かなり普遍性の高い事実であると考えられる。しかも、重要なことは、これらの性質が、前述のとおり、操業（漁撈）に及ぼす影響との関係において認識され、語彙化が行われているということである。

(4) 「オー」と「ケ」の生活的意味

また、当該方言における性質呼称に関して、「強弱」の意味枠に所属する語彙量が他の意味枠を圧倒して多く認められる事実が注目される。これは、一見、山陰地方における風の強さを直接的に反映する事実のように思われるが、広島県豊田郡豊町大長方言（大崎下島）の性質呼称と比較すると、必ずしもそうとばかりは言えないことが理解される。なぜなら、この2方言について「強弱」の意味枠に所属する語数が性質呼称全体（異語数）において占める比率を求めると、

　　　　A．赤碕方言……43.9%　　　B．大長方言……37.8%

となり、2方言の間にさほど大きな差異が認められないからである。2方言において、「強弱」の意味枠に所属する語彙量が多くなっているのは、風の強弱が操業に対して、プラス・マイナスの両面において特に強い影響を及ぼすためであると解される。このように解される根拠としては、2集落の漁民が「オーニシ」について行った以下の説明が、その端的な事例とされる。

　〇オーニシワ　ガイニ　キョーテー　カジェダケ　ナー。コレガ　フキダイタラ　ショーバイ　ヤメテ　スグニ　ワガ　ミナトエ　カエル　ナー。

　オーニシは大層恐ろしい風だからねえ。これが吹き出したら漁をやめて

すぐに自分の港へ帰るねえ。(老男)〈赤碕〉
○オーニシワ ヨー シコルキン リョーニ イカレン。オーニシは猛烈に吹くから漁に行けない。(老男)〈大長〉

「強弱」に関していま一つ注目されることは、強風（基本的には「オー」という接頭辞をとる）を表す語数が5語であるのに対して、弱風（接尾辞の「ケ」をとる）を表す語数が13語認められ、2.6倍量に及ぶという事実である。この事実は、一見、当該集落における漁民が、操業に対してプラスの効用をもたらす弱風に対して、より強い関心を寄せてきた、いわば生活的効用に基づく認識の反映と解することができそうである。しかし、第一節の記述内容を子細に見てみると、そのように単純に解することには問題があるように思われる。以下、この点について考察してみることにする。

「強弱」という意味枠に所属する語彙を対義関係に注目して分類すると、次の二つのパタンに分けられる（図3）。一つは「オー」対「ケ」による強弱の対義関係が認められるものであり、他の一つは「ケ」をとる形態だけが認められて「オー」をとる形態が欠落しているものである。今、前者を第1類と呼び、後者を第2類と呼ぶことにする。

```
          第1類                    第2類
    ①オーアイ ←→ アイケ         ①φ —— オキケ
    ②オーイシェチ ←→ イシェチケ   ②φ —— タカケ
    ③オーニシ ←→ ニシケ         ③φ —— ヨリケ
                                ④φ —— コチケ
                                ⑤φ —— ヒガシケ
                                ⑥φ —— イナミケ
                                ⑦φ —— ミナミケ
                                ⑧φ —— ウラニシケ
                                ⑨φ —— ニショリケ
```

図3

一般に、対義関係の認められる場合は、「オー」をとる強風が操業にマイナスの作用を及ぼし、「ケ」をとる弱風がプラスの効用をもたらすのであって、操業を中心としてプラス・マイナスの対義の関係を示すものであると解

釈される[8]。しかし、当該方言の「オー」をとる性質呼称は、たとえば「オーイシェチ」について見ると、

　○オーイシェチワ　タイフードキニ　フクカジェデ　ナー。チグレグモガ　ビュンビュン　オキー　トンデ　デル　ワイナー。イノチガケデ　ミナトエ　ハシェコム。オーイシェチは台風が来る直前に吹く風でねえ。チギレグモがびゅんびゅん沖へ飛んで出るわねえ。（この風が吹き出したら）命がけで港へ逃げこむ。（老男）

のように、単に強風を意味するものではなく、操業不能の指標（または海難をもたらす指標）としての共通認識を標示するものと解される。このように解することによって、第2類の「オキケ」「コチケ」「ヒガシケ」「ニショリケ」に「オー」をとる対義語が欠落している理由を説明することができる。「オキカジェ」「コチ」「ヒガシ」「ニショリ」の強風は、決して操業不能と結びつくことがないからである。このことと、第1類のものが、

① 　オーアイ⟷アイ⟷アイケ
② 　オーイシェチ⟷イシェチ⟷イシェチケ
③ 　オーニシ⟷ニシ⟷ニシケ

のように3項対立の関係を示すこととを併せ考えるならば、第1類のものは操業との関係から、〔①操業不能⟷②操業可能⟷③操業快適〕の三段階に認識し分けられていると解することができよう。したがって、「オー」は操業不能を、無標は操業可能を、「ケ」は操業快適という生活的意味（漁撈経験を核として形成された漁民の共有認識）をそれぞれ表すものと考えることができる。これに対して、第2類のものは、すべて2項対立を示すものである。したがって、第1類に認められる生活的意味を適用するならば、無標のものは（図3ではϕで示す）操業可能、「ケ」をとるものは操業快適と解さなければならないことになる。しかし、第1節の記述内容を見ると、そのように解することには明らかに問題が存する。

　確かに、先にも指摘したように、「オキケ」「コチケ」「ヒガシケ」「ニショリケ」の4語については上のように理解することが可能である。これらをA類と呼ぶことにする。しかし、「タカケ」「ウラニシケ」の2語について

第 3 章　風の方言から見た漁業社会　323

は、無標の「タカイカジェ」「ウラニシ」はともに暴風に近い強風であって、無標のままで「オーイシェチ」の「オー」に相当する意味を表す。そのため、「タカイカジェ」「ウラニシ」には「オー」をとる性質呼称が欠落しているのである。これらをB類と呼ぶことにする。さらに、「イナミケ」「ミナミケ」の2語は、夏季に吹く弱風である「イナミ」「ミナミ」の中にあっても特に弱く吹く風で、帆船で漁をしていた頃、船を沖へ出すことができず、また潮が全く動かないため網も引きにくく魚も移動しないので、ほとんど操業することがなかったという。これらをC類と呼ぶことにする。

このように、第2類は、その内部がA、B、Cの3類に細分されることになる。この3類における、無標の形態と「ケ」をとる形態との関係を操業との関わりという生活的意味によって標示するならば、図4のようになる。

```
         A 類                      B 類                      C 類
〔操業可能〕〔操業快適〕     〔操業不能〕〔操業可能〕      〔操業可能〕〔操業不能〕
オキカジェ ←──→ オキケ      タカイカジェ ←──→ タカケ     イナミ ←──→ イナミケ
コチ ←────→ コチケ         ウラニシ ←──→ ウラニシケ    ミナミ ←──→ ミナミケ
ヒガシ ←───→ ヒガシケ
ニショリ ←──→ ニショリケ
```

図 4

A類は第1類における「オー」をとる形態が欠落しているパタンであり、無標の形態と「ケ」をとる形態の生活的意味は第1類と一致する。したがって、A類は第1類の変形と考えることができる。しかし、B類、C類は、無標の形態と「ケ」をとる形態との生活的意味の張り合い関係を全く異にする。今、操業不能、操業可能、操業快適という生活的意味をそれぞれc、b、aで表すことにすると、第1類と第2類との関係は、図5のように図示することができる。

すなわち、第2類における「ケ」には、第1類における「操業快適」（a）という生活的意味と、第1類には認められない「操業可能」（b）、「操業不

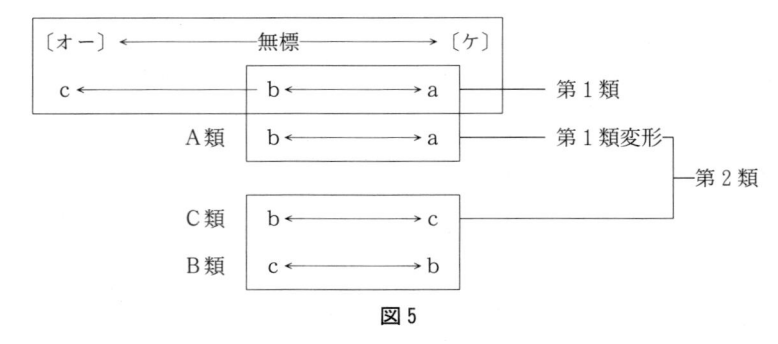

```
〔オー〕 ←────無標────→ 〔ケ〕
    c ←──── b ←──── a        ┐第1類
A類     b ←──── a            ┤第1類変形  ┐
                                          ├第2類
C類     b ←────→ c                        │
B類     c ────→ b                         ┘
```

図5

能」(c)という生活的意味とが包含されていることになる。これを、今、仮に「ケの操業的多義性」と呼ぶことにする。そして、この差異を導くものは、無標の方位呼称に認められる風力の著しい相違にほかならない。「強弱」という意味枠に所属する語彙に見られる操業を中心とする複雑な構造は、当該集落における帆船時代の漁業が、いかに強く風に依存するものであったかを明確に反映する事実であると言ってよかろう。

　ところで、瀬戸内海域の兵庫県から大分県までの広域には、「強弱」の意味枠に関して図5に示した第1類のパタンしか認めることができない。「強弱」の意味枠における生活的意味体系について、当該方言との間に顕著な地域差が指摘されるわけである。このような地域差が、いかなる言語外的要因によって結果されたものか、にわかに断定することはできないが、両地方における外海と内海という自然環境の違いがもたらす風力と波の高さの差が最も大きな要因であることは否定できないであろう。それは、赤碕と大長の漁民から聞かれた「アナジ」に関する次の説明によって、ある程度検証することが可能である。

　○アナジワ　ガイニ　キョーテー　カジェデ　ムカシワ　オソレテナー。ホトンド　ショーバイセダッタ　ナー。アナジは大層恐ろしい風で昔は恐れてねえ。ほとんど漁に出なかった。(老男)〈赤碕〉
　○アナジワ　ヨー　シコルケド　エビアミニャー　エー　カゼジャキンノー。ムカシモ　ヨー　ショーバイ　ショータ。アナジは猛烈に吹くけど海老網漁には良い風だった。昔もよく漁に出ていた。(老男)〈大

長〉

　これに加えて、気象台の物理的データに即して検証することも考えられるが、ここではあえて漁民と筆者の経験知による検証にとどめる。なぜなら、日本海と瀬戸内海とでは風力や波の高さに大差が認められることは、なかば常識に属する事実だと判断されるからである。

(5)　風位語彙と操業との関係

　前節での分析によって、「オー」が「操業不能」の生活的意味を表し、「ケ」が「操業快適」「操業可能」「操業不能」の多義性を表示するものであることが明らかになった。これを受けて、以下には、赤碕集落の漁民が使用するすべての風位語彙を対象として、主に風位・季節という視点から操業に及ぼすプラス・マイナスの影響関係について検討を施すことにする。

　当該方言における風位語彙を、操業に対してプラスの影響をもたらす風（以下、プラス語彙と呼ぶ）とマイナスの影響を及ぼす風（以下、マイナス語彙と呼ぶ）を、風位という視点から分類すると、次の五つのパタンに類化される。語数の後の（　）は、その風が主に吹く季節を表す。

① プラスとだけ関係する風
　ａ．東風…………7語（春）
　ｂ．東北東風……2語（春）
　ｃ．西北西風……2語（秋）
② プラス・マイナスのどちらとも関係するがプラスの語数が多い風
　ａ．北風…………プラス10語、マイナス5語（主に秋）
③ プラス・マイナスの語数が同数の風
　ａ．北東風………プラス5語、マイナス5語（春）
④ プラス・マイナスのどちらとも関係するがマイナスの語数が多い風
　ａ．南風…………マイナス9語、プラス8語（主に夏）
　ｂ．西風…………マイナス8語、プラス6語（主に冬）
　ｃ．南西風………マイナス7語、プラス3語（主に夏）
　ｄ．南東風………マイナス6語、プラス1語（初夏から初秋）

⑤　マイナスとだけ関係する語
　　a．北北東風……1語（初春）
　　b．南南西風……2語（主に夏）
　　c．西南西風……1語（冬）
　　d．北西風………2語（主に冬）
　　e．北北西風……2語（主に冬）

　プラス語彙とマイナス語彙との関係は42語対48語で、ややマイナス語彙の語数が多くなっているものの、極端な偏りは見られない。当該集落の漁民は、操業にとってプラスの効用をもたらす風とマイナスの影響を及ぼす風の双方に、ほぼ均等の関心を寄せていることが理解される。この結果は、大長方言の場合とほぼ同様の傾向（プラス語彙38語、マイナス語彙37語）を示すものであり、大分県姫島大海方言や京都府与謝郡伊根町亀島方言についても、同様の傾向が指摘できる。これによって、漁民の、風が操業にもたらすプラス・マイナスの作用に対する「量的均等認識」が認められるとしてよかろう。

　ついで、風位の観点から見ると、プラスに傾斜するものが3風位であるのに対して、マイナスに傾斜するものが7風位、プラス・マイナスにほぼ均等に傾斜するものが2風位となり、操業にマイナスの影響をもたらす風位により強い関心を示していることが理解されるのである。これを、季節との関係から見てみると、概略、本格的な操業の開始を知らせる指標となる早春に吹く風と一年を通じて漁獲量が特に多い秋季と春季に吹く風をプラスの風と認識し、漁獲量が少なく操業もしにくい夏季と冬季に吹く風をマイナスの風と認識していると言うことができよう。このことと、第3節および第4節の分析結果とを併せ考えるならば、当該集落における漁民の風と操業との関係認識には、季節と風力の二つが原理的な要因として働いていると判断される。そして、この認識原理は、他地域の漁民にも広く認められるところから、普遍的な認識原理と見なすことができる[9]。

5．赤碕方言における風位語彙の量的構造

　当該集落の漁民は、風の吹いて来る方位を14方位に見分けている。それぞれの風位に認められる語数を示し、その量的張り合い関係の特徴について、操業との関係から考察を加えてみたい。

　① 　北風…………15語　　⑧ 　南南西風……… 2語
　② 　北北東風……… 1語　　⑨ 　南西風…………11語
　③ 　北東風…………10語　　⑩ 　西南西風……… 1語
　④ 　東北東風……… 2語　　⑪ 　西風……………14語
　⑤ 　東風…………… 7語　　⑫ 　西北西風……… 2語
　⑥ 　南東風………… 8語　　⑬ 　北西風………… 3語
　⑦ 　南風……………17語　　⑭ 　北北西風……… 2語

　風位の弁別は東風から南風の範囲を除き、他はすべて同数となっており、特に顕著な偏りは認められない。風位に関しては、当該集落の漁民はほぼ全方位的な認識を行っていると言ってよかろう。これは、当該漁業社会が、早くから地先漁だけでなく、烏賊釣漁、鯛網漁、鰤網漁、鰯網漁などを中心とする規模の大きな沖漁をほぼ年間を通じて行っていたことの反映と解される。漁季が早春から初冬までに限られ、しかも規模の小さな地先漁を行ってきた姫路集落の漁民が、風位を八つにしか弁別しない事実と比較するとき、風位数と漁業規模・漁季との間には、かなり緊密な相関性が認められるように思われる。しかも、愛知県下の漁業社会においても、漁業規模に差があれば風位数、語彙量に大差の認められることが久木田恵によって確認されているので[10]、風位数と漁業規模との相関性はかなり普遍性の高い特徴傾向と考えられる。これは、後に述べる鳥取市賀露方言の場合を見てみることによって、明確に検証される。潮流の方位数においても、漁業規模が大きくなるほど多くなり、また沖合の島ほど複雑になるという事実が認められるので、両者を併せ考えると、結局、「風位数、潮流の方位数は漁業規模（漁場の広さ）に比例する」という原理を導くことができる[11]。

　ついで、語彙量の観点から見てみると、南風と北風を合わせた語数が32

語、東風と西風を合わせた語数が19語となり、南北の風位軸が13語多くなっている。また、中間風位の語彙量は、「北東＋南西」が20語であるのに対して「北西＋南東」が9語であって、前者が11語多くなっている。今、南北の風位軸の語彙量に「北東＋南西」の語彙量を加えると53語となり、東西の風位軸の語彙量に「北西＋南東」の語彙量を加えると28語となって、両者の間に27語もの差が認められるのである。

　ここで、東西南北および中間風位の語彙量の対立関係を、1語につき2.5ミリメートルをとって図示すると、図6のようになる。これは、当該集落における漁港と主たる漁場との位置関係と緊密に対応する事実であると考えられる。このように考えられるのは、当該集落の漁港が北東に向かう形で位置しており、主たる漁場が漁港から見てはるか沖合の北西から北東のかなり広い範囲になるからである。風位と語彙量との関係が漁港と主たる漁場とを結ぶ線に沿って展開している事実は、広島県大崎下島の大長集落においても認められ[12]、和歌山県田辺市の漁業集落についても同様の指摘がなされている[13]。すなわち、漁港と漁場との位置関係という地理的環境の特徴が、風位

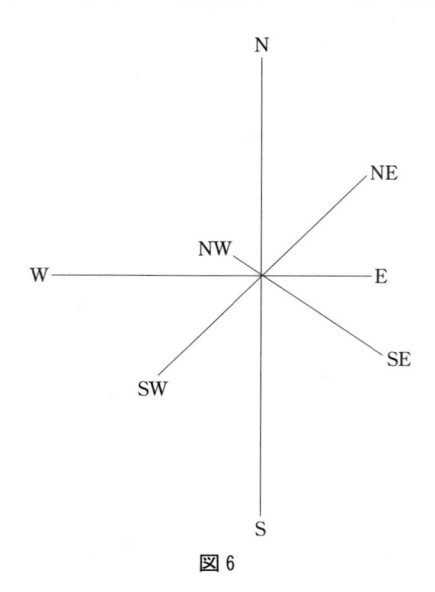

図6

語彙の量的構造を規定しているのである。先の風位数と漁業規模との緊密な相関関係を「漁業規模の原理」と呼ぶことにすれば、これは漁撈（操業）における「地理的環境の原理」と呼ぶことができよう。

以上、赤碕集落における中年層以上の漁民が使用する風位語彙の体系分析を行うことによって、その特徴を明らかにし、それが当該集落における漁業規模、漁法、漁季、漁港と主たる漁場との位置関係、操業との関係などと緊密な相関性を示すことを指摘した。以下には、当該方言の風位語彙を、同じ鳥取県下の姫路、賀露、ならびに京都府丹後半島の一地である伊根町亀島の3方言に認められる風位語彙と比較することによって、山陰地方における風位語彙の共通特性を解明することにする。

6．山陰地方における4方言の風位語彙の比較

4方言の風位語彙について比較を行う前に、賀露集落の漁業規模と漁法、ならびに風位の弁別と語彙量に関して、簡単に説明しておく。なお、姫路、亀島の2方言については、すでにかなり詳しい報告がなされているので、それに譲ることにする[14]。

賀露は鳥取市の西北端に位置する日本有数の漁業社会で、早くから大きな港を築き、貿易港として、また松葉蟹漁を中心とする沖合漁業の拠点の一つとして栄えてきた。漁法は大型漁船による底引網漁が主体であり、漁場も赤碕集落に比べてはるかに広い。船は大半が大型鉄船で、すでに早くから風の力を完全に克服していた。このことを反映して、初老以下の漁民は風位を8風位にしか弁別せず、語彙量も70語に満たない。しかも、その中には、「ノース、イース、サース、ウエス」のような外来語も含まれている。したがって、当該方言に限って、古老がかつて使用した風位語彙を対象とする。当該集落の古老は風位を16方位に弁別し、実に115語もの風位語彙を所有しているのである。

さて、4方言の風位語彙の比較を通して、山陰地方における風位語彙の共通特性を解明するためには、比較の対象とする4方言社会の漁業規模、漁法、漁季などがほぼ一致していることが望ましい。しかし、現実には、4方

言の漁業規模はそれぞれ異なり、最も規模の小さい姫路方言と最も規模の大きい賀露方言との間には、風位数が8、語彙量が55語という大差が認められる。したがって、4方言の風位語彙の共通特性を解明するためには、基本的には漁業規模の最も小さな姫路方言の風位語彙を基準としなければならないことになる。このような理由から、4方言の共有語彙の検討に関しては、姫路方言の風位の弁別を基準として、東西南北の4風位にその中間風位を加えた8風位の語彙を直接の対象とすることにする。また、以下の検討は、語彙項目の立場から行うので、「カジェ」と「カゼ」に見られる口蓋化音と非口蓋化音との差異は特に問題とせず、「コチカジェ」と「コチカゼ」は同一項目として扱う。

(1) **方位呼称における4方言の共有語彙**（23語）
① 北風………キタカジェ・キタノカジェ・オキノカジェ
② 北東風……アイ・アイノカジェ・ホクトーノカジェ
③ 東風………コチ・ヒガシ・ヒガシカジェ
④ 南東風……イシェチ（亀島は東風）・ナントーノカジェ
⑤ 南風………ミナミ・ミナミカジェ・ダシ・アラシ
⑥ 南西風……ヒカタ（亀島は南風）・ヤマイダ・ヤマエダ（以上、亀島は北風）・ナンシェーノカジェ
⑦ 西風………ニシ・ニシカジェ・ウラニシ
⑧ 北西風……アナジ・ホクシェーノカジェ

(2) **性質呼称における4方言の共有語彙**（6語）
① 北風………なし
② 北東風……オーアイ・アイケ
③ 東風………ヒガシケ
④ 南東風……イシェチケ
⑤ 南風………ミナミケ
⑥ 南西風……なし

⑦　西風‥‥‥‥ニシケ
⑧　北西風‥‥‥なし

　以上、4方言の共有語彙は29語となる。これは、姫路方言に認められる全風位語彙の48.3％に相当し、かなりの高率と言ってよかろう。また、方位呼称に限定すると、姫路方言には44語の方位呼称が存するので、52.3％を占めることになる。

　ところで、4方言のうち、赤碕方言と姫路方言の風位語彙を比較すると、姫路方言に認められる60語のうち、「コガラシ・ヤマシェカジェ」(以上、南西風)、「オキニシケ」(北西風)を除き、他はすべて赤碕方言の風位語彙と一致する。姫路方言を基準として共有語彙率を求めると、実に95.0％の高率となる。これによって、2方言の風位語彙の等質性を確認することができ、また次のような仮説を立てることができる。すなわち、近接する漁業社会にあっては、規模の大きい社会の風位語彙が規模の小さい社会の風位語彙をほぼ完全に包摂するという仮説である。前章で、「風位数と漁業規模との間には緊密な相関性が認められる」ことを指摘したが、語彙量についても同様の事実を指摘することができるのである。両者を併せ考えると、「風位数と語彙量の多さは漁業規模の大きさに比例する」という「漁業規模の原理」を導くことができる[15]。この原理は、4方言の中でも最も漁業規模の大きい賀露方言の風位数と語彙量が最も多いという事実によって、明確に検証することができるのである。

　さて、先には、4方言に共通して認められる風位語彙を求めた。次には、漁業規模、漁法ともに近似するが、最も距離が離れている赤碕方言と亀島方言の風位語彙について比較検討を試みることにする。もし、2方言の風位語彙の間に高い一致率が認められるようであれば、それによって山陰地方における漁業社会の風位語彙の等質性がさらに明確に検証されることになる。なお、2方言の比較は、亀島方言を基準として行う。

(3) 赤碕方言と亀島方言との風位語彙の比較
(1)　方位呼称における2方言の共有語彙 (33語)

Ⅲ. 文化言語学の実践

① 北風………キタカゼ・キタノカゼ・オキノカゼ・タカイカジェ（タカカゼ）・ヤマイダ・ヤマエダ
② 北北東風…アイヨリ
③ 北東風……アイ・アイノカゼ・アイヨリ・ホクトーノカゼ
④ 東北東風…ヒクアイ
⑤ 東風………ヒガシ・ヒガシカゼ・コチ・イセチ・イセイチ
⑥ 南東風……ナントーノカゼ
⑦ 南南東風…なし
⑧ 南風………ミナミ・ミナミカゼ・ミナミノカゼ・アラシ・ヒカタ
⑨ 南南西風…ダシ
⑩ 南西風……ウラニシ・ナンセーノカゼ
⑪ 西風………ニシ・ニシカゼ・ニシノカゼ・マニシ
⑫ 北西風……オキニシ・ホクセーノカゼ

(2) **性質呼称における2方言の共有語彙**（17語）

① 北風………キタケ・タカケ・オキケ
② 北北東風…なし
③ 北東風……オーアイ・アイケ
④ 東北東風…なし
⑤ 東風………オーイセチ・イセチケ・ヒガシケ
⑥ 南東風……なし
⑦ 南南東風…なし
⑧ 南風………ミナミケ・ツユビカタ
⑨ 南南西風…アサダシ
⑩ 南西風……ウラニシケ
⑪ 西風………オーニシ・ニシケ・テッポーニシ・ミッカニシ・ヒヨリニシ
⑫ 北西風……なし

　以上の50語が、2方言の共有語彙である。亀島方言の風位語彙を語彙項目として整理すると、全部で73語になる。今、亀島方言を基準として共有語彙率を求めると、68.5％になる。また、亀島方言の73語の中には、「キセツ

フー」という一定の風位を指示するとは考えられない呼称や、「ナントー・ナンセー・ホクセー」という漢語系の方位呼称の省略形が含まれているので、これらを除くと共有語彙率はさらに高くなり、72.5％となる。兵庫県淡路島における2方言の風位語彙の共有語彙率が準共有語彙を含めても6割に満たないという報告もあるので[16]、赤碕方言と亀島方言との共有語彙率の高さは、山陰地方における風位語彙の等質性をかなり明確に示すものであると言ってよかろう。

ところで、1、2、3のいずれの場合も、共有語彙における方位呼称と性質呼称の共有語彙率に、特に有意差は認められない。一般に、性質呼称には地理的環境をはじめとして、漁法や漁獲対象魚種、漁期（季）などの差異が反映しやすいので、この点でも、山陰地方における風位語彙の等質性の高さが検証される。また、3において、性質呼称の共有語彙に、「オー」（3語）「ケ」（8語）をとる語彙が11語認められることは、山陰地方の漁民が共通して風の強弱、とりわけ弱風に強い関心を寄せてきたことを反映する事実であると解される。赤碕集落の漁民について確認した「ケに対する多義的認識」は、山陰地方の漁民に広く定着していたことが、これによって推測される。

(4) 4方言における風位と語彙量との関係

先に、赤碕方言について、風位と語彙量との関係を検討した結果、当該方言社会の漁港と主たる漁場とを結ぶ南北の風位軸の語彙量が東西の風位軸の語彙量に対して、卓越している事実を明らかにした。当該方言以外の3方言においても、南北の風位軸の語彙量に顕著な卓越現象が認められるならば、山陰地方の漁業社会における共通特性を、ここにも見出すことができることになる。そして、それは同時に、「地理的環境の原理」を検証するための重要な事例ともなる。以下には、この点に関して、若干の検討を加えることにする。

まず、4方言における風位語彙の語彙量を、東西軸と南北軸とに分けて表1に示す。

これを見ると、漁業規模が小さく風位数も少ない姫路方言を除き、他の3

表1

	東西軸	南北軸
赤碕方言	19語	32語
姫路方言	18語	19語
賀露方言	21語	38語
亀島方言	19語	37語

方言はいずれも、南北軸の語彙量が卓越している。したがって、この事実は、山陰地方における漁業社会の共通特性と認定することができ、同時に「地理的環境の原理」の普遍性を強化することにもなる。しかも、この原理は、姫路方言と他の3方言との比較から明らかなように、漁業規模が大きい漁業社会ほど明確に認められるという新たな仮説を導くことができる[17]。

7. 山陰地方における風位語彙の地域性

　前章において、赤碕方言と亀島方言との風位語彙が高い共有語彙率を示すことを明らかにし、これによって、山陰地方の漁業社会における風位語彙がほぼ等質的なものとして捉えられることを指摘した。したがって、山陰地方の風位語彙が全国的な視点から見て、どのような分派系脈に位置づけられるかを解明するための方法として、4方言のうち赤碕方言の風位語彙を直接の対象とすることは許されるであろう。このような見地から、以下、赤碕方言の風位語彙を直接の対象とし、それが全国的な視点から見ていかなる分派系脈に位置づけられるかという問題について、検討を加えることにする。全国における風位語彙の分布状況に関しては、関口武氏の『風の事典』に加えて筆者の『全国各地漁業社会の風位語彙資料』(『広島大学文学部紀要』第43巻、特輯号2、1983)を参照することにする[18]。

　これによると、赤碕方言の風位語彙は、細かくは14の分布状況に見分けられ、大きくは四つの分派(文化領域)に連関、統合されることになる。

第3章　風の方言から見た漁業社会　　335

(1)　全国分派（25語）
(1)　全国均等分布………カタ・キタカジェ・キタノカジェ・オキカジェ・ホクトーノカジェ・ヒガシ・ヒガシカジェ・コチ・コチカジェ・コチケ・ナントーノカジェ・ミナミ・ミナミカジェ・アラシ・ナンシェーノカジェ・ニシ・ニシカジェ・マニシ・ホクシェーノカジェ・アナジ
(2)　全国点在分布………ヤマオロシ・ヨアラシ・ドーニシ・ハヤテ
(3)　沖縄・九州を除く他地方全域分布………ヒカタ

(2)　日本海沿岸分派（46語）
(1)　全域分布………ドーギタ・アイ・アイノカジェ・ダシ・ダシノカジェ・ダシケ・ウラニシ・ウラニシケ・ミナミヤマシェ・イリカジェ
(2)　新潟以西分布………タカイカジェ・タカケ・ヨリケ・クロギタ・オーアイ・アイケ・シタモン
(3)　北陸以西分布………ヨアイ・ジアイ
(4)　山陰分布………オキケ・ボンアオギタ・アイヨリ・ナカチ・ナカチカジェ・ヒクアイ・ヒガシケ・イシェチ・イシェイチ・イシェイチカジェ・オーイシェチ・イシェチケ・ミナミケ・ヤマオチ・ジバエ・アサダシ・ツユビカタ・ニシバエ・ヤマイダ・ヤマエダ・ドーニシ・ミッカニシ
(5)　鳥取・島根二県分布………ヒガシヤマシェ・ダイシェンオロシ・ニシヤマシェ・サイトー・ニシヨリケ

(3)　西日本分派（22語）
(1)　全域分布………アキギタ・オーギタ・キタケ・オキノカジェ・アオキタ・アオギタ・コチカジェ・ハエ・ハエノカジェ・シロハエ・シラハイ・クロハエ・オーニシ・ニシケ・テッポーニシ・ヒヨリニシ・オキニシ
(2)　近畿・四国・山陰分布………イナミ・イナミカジェ・イナミケ
(3)　西日本点在分布………カラカジェ

(4) 瀬戸内海・山陰分布………ハルゴチ

(4) その他（2語）
(1) 東日本太平洋側沿岸・日本海側沿岸分布………ヤマシェ
(2) 青森・鳥取二県分布………キタヤマシェ

　これを見て、最も注目されることは、赤碕方言の風位語彙のうち、日本海沿岸分派に所属する語数が最も多く存するという事実である。その内部を見てみると、京都府丹後地方から島根県西部にかけて分布する山陰分布の語数が22語、鳥取・島根両県に分布するものが5語認められ、両者を合わせると27語となり、日本海沿岸分派の58.7％を占める。この語数は、西日本分派に所属する語数よりも5語多く、さらに全国分派に所属する語数よりも2語多いことになる。したがって、赤碕方言の風位語彙は、山陰分布のものを核として、広くは日本海沿岸分派に連なるものが中心を成していると解することができる。

　山陰地方に分布する語数がこれだけ多く認められ、しかも、赤碕方言の方位呼称に限定しても11語（日本海沿岸分派に所属する方位呼称の42.3％に相当する）が山陰地方にだけ行われているのである。この語数の多さは、山陰分派を認定するのに十分な根拠となるものと考えられ、これに基づいて「山陰漁業文化圏」を設定することもあながち無理なことではないと思われる。赤碕方言の方位呼称に限定しても、山陰地方にだけ分布の認められる語数が11語も存するという事実は、この地方における漁民の交流が早くから盛んであったことを推定させる。交流を盛んにした最も大きな要因は、おそらく風位語彙によって指示される風に関するきわめて多くの情報が、山陰一帯の漁民の操業にとって、共通の利害をもたらすものであったからであろう。その意味で、瀬戸内海と山陰地方にだけ共通する風位呼称がわずかに1語しか認められないという事実が、改めて、注目されるのである。

おわりに

　以上、赤碕方言の風位語彙に関する体系的特徴を、広く他地域のそれと比

較することによって共通特性を帰納し、その体系的共通特性と社会的構造、漁労との緊密な相関性に即して、漁業社会の風位語彙に関する諸原理を定立した。また、山陰地方の漁業社会における風位語彙の等質性を確認し、その前提のもとに、赤碕方言の風位語彙を対象として全国的視点から分布状況を検討することによって、日本海沿岸分派の下位分派として山陰分派を認定することの妥当性を検証した。

　本章において試みた方法によって、全国各地の主要な漁業社会を対象として調査、研究を実施するならば、風位語彙の体系に基づく日本語方言の分派構造を解明することが可能となるであろう。それは、同時に、日本における漁業文化圏の確定と漁業文化圏相互の史的、社会文化的関係の動的展開の究明に連動することになると考えられる。

　最後に、漁業社会における風位語彙の調査、研究を全国的規模で実施する場合の留意点に関して、筆者の今日までの経験と本章によって明らかにし得た事実に基づき、若干触れておくことにする。

1. 調査地の選定に関して………漁業規模のほぼ等しい社会を対象とすること。漁法の相違は風位数や語彙量の相違と直接大きく関係することはないが、漁業規模に差があれば風位数や語彙量に大差が生じるからである。なお、漁業規模の判定は当該社会における専業漁師の人数によって行う。

2. 教示者の選定に関して………専業漁師になってからの経験年数のほぼ等しい老年層男子を対象とすること。経験年数の相違によって風の性質に関する説明に多少精疎の差が生じる。また、教示者の人数は漁法を異にする老年層男子各1名とすることが望ましい。釣漁専門の場合と網漁専門の場合とでは、性質呼称に異同の認められることがあるからである。

3. 調査法に関して………一定の調査簿に基づいて統一的な調査を行う。調査簿は、①風位数の弁別、②各風位に属する方位呼称・性質呼称の実態、③各方位呼称・性質呼称の意味内容（専業漁師が操業を通して経験的に獲得している認識内容）、④漁港と主たる漁場との位置関係、

338　Ⅲ．文化言語学の実践

　　⑤漁業規模・漁法・漁季の変遷などに関する情報ができるだけ詳しく得られる形のものを用意する。
４．風位語彙の比較方法………風位語彙の比較を通して分派を認定するためには、少なくとも次の６つの視点からの比較が必要である。①風位数と語彙量、②各風位と語彙量との関係、③共有語彙率と特有語彙率との関係、④性質呼称における意味体系、⑤方位呼称における方位と季節との関係、⑥操業に対するプラス語彙とマイナス語彙との関係。これらの視点からの分析方法に関しては、本章で試みた方法が参考となろう。
５．風位語彙の類同性・差異性に関して………①性質呼称よりも方位呼称の類同性・差異性を重視する。②「ダイシェンオロシ」「ワカサモン」などのような当該漁業社会の近くの地名に因んだ狭域分布を見せる方位呼称よりも、「ハエ」「ダシ」「ヒカタ」「アイ」「オキカジェ」のような広域分布を見せる方位呼称の類同性・差異性を重視する。③中間風位の方位呼称の体系的類同性・差異性を特に重視する。

　　注
1)　①「神津島ことばのカゼ（風）の意味」（『東京教育大学文学部紀要』第83号、1971）
　　②「三宅島伊ヶ谷の潮と風」（『フィールドの歩み』第５号、1974）
　　③「八丈島の風の語彙」（『フィールドの歩み』第６号、1974）
　　④「御蔵島の潮と風」（『フィールドの歩み』第７号、1974）
2)　『語彙論の方法』（1988、三省堂）
3)　①「京都府与謝郡伊根町亀島方言の風の語彙」（『国文学攷』第87号、1970）
　　②「愛知県南部漁業社会の風の語彙」（『方言研究年報』第27巻、1984、和泉書院）
　　③「漁業社会における風の語彙体系の記述と比較の方法」（『方言研究年報』第29巻、1985、和泉書院）など。
4)　①「新潟県岩船郡粟島浦字内浦方言の研究」（『方言の研究』第９号、1974）
　　②「新潟市五十嵐二の宮方言の研究」（『国語学演習（現代語演習）研究報告書』第６号、1992）など。
5)　『生活語彙の基礎的研究』（1987、和泉書院）

6) 瀬戸内海域の大規模漁業社会に比べて、語彙量が約20語多くなっていることが注目される。瀬戸内海域に比べて風力が強く波も高い日本海側の漁民が、伝統的に多くの風位語彙を獲得し使用してきたことは、日本海側の漁民がそれだけ風に強く規制されながら、漁労に従事してきたことを意味するものであろう。それは、性質呼称における意味枠の語彙量が、山陰地方の漁業社会では「強弱」「天候」「季節」の順に多いのに対し、瀬戸内海域の漁業社会では「季節」「天候」「強弱」の順に多いことからも、理解されるように思われる。
7) 注1、3、5を参照。
8) 瀬戸内海域における漁業社会の風位語彙に関しては、一般にこのように解釈することができる。詳しくは、注5の拙著を参照。
9) 注3、5を参照。
10) 注3の②を参照。
11) 注5の拙著343頁から345頁を参照。
12) 注5の拙著を参照。
13) 注3の③を参照。
14) 拙論「鳥取県気高郡気高町姫路ことばのカゼの語彙」(『フィールドの歩み』第6号、1974)と注3の①を参照。
15) 注5の拙著77頁を参照。「漁業規模の原理」は極めて普遍性の高い原理である。
16) 注3の③を参照。
17) ただし、瀬戸内海域においては、漁業規模の大きさとは関係なく港と漁場を結ぶ線に沿って風位の弁別数、語彙量が多くなっている。したがって、漁業規模が大きい漁業社会ほど「地理的環境の原理」が明確に認められるという仮説には、地域性の存することが予測される。今後の検討課題としたい。
18) 紙幅の都合上、一々の風位呼称の分布地点は注さない。詳しくは、関口武氏の『風の事典』と拙著『全国各地漁業社会の風位語彙資料』を参照されたい。

参考文献

1942：柳田国男『増補風位考資料』明世堂
1974：R・バーリング『言語と文化』(本名信行他訳、ミネルヴァ書房)
1983：室山敏昭「全国各地漁業社会の風位語彙資料」(『広島大学文学部紀要』第43巻特輯号2
1987：関口　武『風の事典』原書房
1987：室山敏昭『生活語彙の基礎的研究』和泉書院
1990：柳田国男「風位考」(『柳田国男全集』20、ちくま文庫)

1991：松井　健『認識人類学論攷』昭和堂
1995：富永健一『社会学講義』中公新書
1996：野林正路『認識言語と意味の領野』名著出版
1996：宮岡伯人「文化のしくみと言語のはたらき」(『言語人類学を学ぶ人のために』世界思想社)
1998：千田　稔『王権の海』角川選書
1998：室山敏昭『生活語彙の構造と地域文化―文化言語学序説』和泉書院
2001：室山敏昭『アユノカゼの文化史―出雲王権と海人文化』ワン・ライン
2002：宮岡伯人『語とはなにか―エスキモー語から日本語をみる』三省堂

〔補記〕

　山陰地方の漁業社会と瀬戸内海域の漁業社会における方位呼称には、次に示すような大きな差異が認められる(ただし、プロトタイプのみ)。

　これによって、山陰漁業文化圏(日本海側漁業文化圏に拡大される)と瀬戸内海域漁業文化圏(太平洋側漁業文化圏に拡大される)という二つの漁業文化圏の対立関係が認定されることになる。このような対立関係がいつごろ形成され、その形成に関わった決定的な要因が何であったかは、現在のところ未詳と言うほかない。しかし、山陰地方(さらには日本海側の青森県下まで)の老年層漁民が今も記憶に鮮明にとどめている「アイ」系の風名や「ヒカタ」系の風名が、すでに早く『万葉集』(あゆ・あゆのかぜ、ひかた)に見えるところから(詳しくは、上掲の拙著『アユノカゼの文化史―出雲王権と海人文化―』を参照されたい)、2大漁業文化圏の対立関係は、われわれの予想をはるかに超えて古い時代(おそらくは弥生時代の中期)に遡るものと推測される。

　しかも、重要なことは、このような対立関係の形成にあずかったのが、柳田国男が提唱する「方言周圏論」(文化周圏論)に代表される、いわゆる「中央――周辺」

```
       山 陰 地 方                        瀬 戸 内 海 域

           キタ                                キタ
    アナジ  │  アイ                     アナジ  │  キタゴチ
        ＼ │ ／                            ＼ │ ／
   ニシ ──┼── コチ                  ニシ ──┼── コチ
        ／ │ ＼                            ／ │ ＼
    ヒカタ  │  イシェチ                  マジニシ │  マジゴチ
           ハエ                                マジ
```

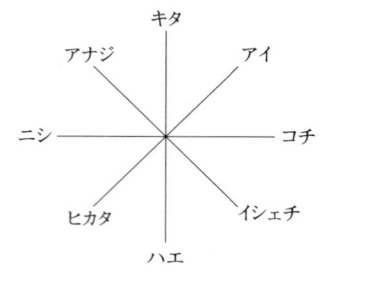

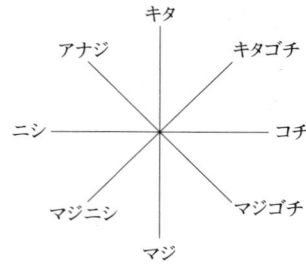

という構造図式では、決してなかったという事実である。このことから、日本における漁業社会（漁民社会）の形成は、この列島がいまだ日本ではなかったはるか太古の昔まで遡る可能性が推測されるのである。日本は農業国家（瑞穂国）である前に、水産国家（漁りの国）、狩猟・採集国家であったことは、すでに考古学の知見によって明らかである。日本人がはるか太古の昔から現在まで、いかに漁業（水産）に依存するところが大きかったかということを、再認識する必要がある、と筆者は、今、強く思う。（「性質呼称」の成立と展開に関しては、拙著『アユノカゼの文化史』を参照されたい。）

　なお、山陰地方の風位語彙は瀬戸内海域の風位語彙に比して、「アイ」「ヒカタ」「ハエ」などの風名が認められることからも、より古いシステムを遺存しているものであると考えられる。また、その後の調査（2000〜2003年）によって、中年層以下の方位呼称は、本章で取りあげた6地点のいずれにおいても、基本方位の呼称も中間方位の呼称も、ともに「ノース」「ノーイース」「イース」「サーイース」「サース」など、英語に統一されていることを確認した。しかし、このようなドラスティックな変容は、「潮の語彙」や「魚名語彙」においては生じにくいと考えられる。

◇『水産振興』第422号（2003、東京水産振興会）に掲載されたもの。

第4章　農業語彙の体系の変容と生活史

1. 目的と方法

　生活語彙の中の一基本分野である生業語彙は、生活の現実（生活環境の内実）をかなり明確に反映するものであり、土地の人びとの関心の範疇化と度合を、体系と量的構造の上に、具体的に顕現させるものであることは、限られた地域の、しかも限られた意味分野においてのことではあるが、すでに、従来の研究によって、ある程度明らかにされてきたと言ってよい[1]。また、生業語彙の体系の基本的構造は、知的レベルの弁別を基底構造とし、価値評価に関わる生活レベルの弁別を上部構造とする二重構造であり[2]、したがって、プラス・マイナスの評価に関わる語彙の展開の認められることも、かなりの程度明らかにされてきた[3]。

　しかしながら、一口に、生業語彙が生活の現実を反映すると言っても、一様に、現在見られるままの生活の現実を反映するわけではない[4]。たとえば、老年層の漁民が所有する生業語彙は、彼等が成人して漁民となり、その後の長い漁業生活の中で生活の必要性に基づいて身につけたものであって、そこには、過去から現在までの長い生活時間と経験がたたみこまれていると考えられる。しかし、その根幹となっているものは、おそらく、漁に従事するようになってからの10年間に集中的に身につけたものであろう。これは、たとえば、28歳の青年漁民が、潮の語彙や海岸地名について、老年漁民が所有する語量の7割強のものを、すでに獲得していることによっても裏づけられる[5]。

　したがって、生活様式が大きく変化している場合は、今は見られない過去の生活を中心として生きた人びとと現在見られる生活の中で成人した人びととでは、その生業語彙の体系が、大きく異なることが予想される。そして、

第4章　農業語彙の体系の変容と生活史　343

　事実、大きく異なる場合も、かなり認められるのである。たとえば、漁業社会における風の語彙、農業社会における養蚕語彙、谷の呼称、特定の生業社会には関わらない衣食住語彙などは、その一つの典型であろう[6]。いずれも、著しい単純化の傾向を示し、大きな変容を呈している。

　しかしながら、生業語彙の変化と生活の変化とが連動的であると言っても、すべての意味分野において、全く同様の変化が認められるわけではない。漁業語彙について言うならば、潮の語彙や海岸地名は、老年層と青年層との間に、風の語彙に認められるほどの大きな差異は見てとれない[7]。なぜなら、後者は、現在の漁業が風そのものを完全に克服しているのに対して、前者は、現在の機械化された大規模漁業をもってしても、克服することができない面が存するからである。しかも、その他の生業において第一義的価値を有するかどうかによっても異なる。

　したがって、一地方言の生業語彙において、たとえば、古老層と初老層、あるいは古老層と中年層との間に、ほぼ同一の語彙体系とかなり著しく異なる語彙体系の共存が認められる場合、それは、生活の質的変化と生活の中での価値のありようの違いとに緊密に関わることになる。このような生業語彙の体系の変容と生活差[8]との相関関係を考究することは、次のような問題を解明するために、きわめて重要な課題とされるであろう。

1．生業語彙の体系の変化と生活の質的変化との連動に関するパターンの解明。——➤連動する場合（これを連動的語彙体系と呼ぶ）としない場合（これを非連動的語彙体系と呼ぶ）、連動する場合の諸種のパターンの解明。
2．生業語彙における生活基本意味分野と生活周辺意味分野との弁別。——➤生業において第一義的価値を有する生活範疇に対応する意味分野とそうでないものとの弁別。
3．社会語彙（世代差、個人差を超えて方言共時態にほぼ共通の体系と量的構造が認められるもの）と世代語彙、個人語彙との関係の究明。
4．生業語彙の体系と生活差との関わりを解明することによって、語彙体系と生活現実との関係モデルをより精密なものにする。

このような問題意識のもとに、以下、広島県比婆郡高野町 南の田と谷の呼称体系と、生業語彙とは直接関係しないが、村落社会語彙の中の基本的な一意味分野である屋号語彙も、参考までにここに併せて分析、考察を行ってみたいと思う。

　広島県比婆郡高野町は、比婆郡の西北部に位置する純然たる農業社会であり、北に島根県仁多郡と隣接する。三次市、庄原市からバスの便があり、どちらも、約1時間50分を要する。どちらの市から向かっても、多くのタオ（峠）を越えて進むことになる。この奥に、はたして人家があるのかと思われるような山の頂きに達して、前方に、クロフク（クロボクとも言う、黒土のこと）におおわれたかなり広い盆地が開ける。そこに、高野町がある。南集落は、高野町の中心地である新市と川を隔てて真南に位置する戸数35戸の農業集落である。かなり広い田が前後に存し、第二次世界大戦前までは、集落でキョードーダウエ（共同田植）を行っていた（集落の一部では昭和30年代まで続いた）。また、南集落の人びとが共同出資して山を購入し、谷の各所に牛を放牧することも昔はかなり盛んであったが、戦後は完全に廃れてしまったという。

　今回の調査において、筆者に多くのことを教示して下さった方は計5名であるが、以下に示す資料は、小川萬六氏（78歳、農業）と中島正三氏（67歳、農業）のものである。このお二人の語彙体系を比較することによって、そこに見出される個人差（――この場合は世代差、より厳密に言えば年齢差）が、どのような生活経験の差異に基づいて引き出されたものであり、今日においては、むしろ、過去の経験に対して押しつけられているものであるかを考えてみたいと思う。

　なお、以下に示す資料においては、小川氏と同一世代の人びとならびに中島氏と同一世代の人びととの間には、ほとんど見るべき差異を認めることができなかった。田と谷の呼称、および屋号語彙においては、同一世代の同性の人びとが所有する語彙は、ほぼ均質、等量のものと見なすことができた。したがって、同一世代における個人差は、南方言のこれらの意味分野においては、さほど重視する必要はないと考えられる。

2．田の呼称体系

　南集落は、東西に細長くのびる純然たる農業集落であるが、その全体は、大きく、カミグミ（上組）、ナカグミ（中組）、シモグミ（下組）に3分される。小川萬六、中島正三の両氏は、中組に居住している。以前、南集落がキョードーダウエ（共同田植）を行っていたことは前述したが、これは、組ごとに行っていたので、中組の居住者は中組の田を、全員で植えていたわけである。

　〇ナカグミガ　ジューニケン　ヒトクミアイデ　キョードーダウエオ　ショーッタ。カクコカラ　オナゴシュガ　デテ　ソッデモ　タラン　トキワ　タブラクカラ　ソートメサンオ　ヤトーテ　コアタリ　フターリズツオナゴシュオ　ダイテ　ヤリョータ　ノー。タブラクカラ　ヤトータ　ソートメサンワ　ハマリサン　イヨーッタ。キョードーダウエワ　シューシェンゴマナシニ　ヤメタデス。チットノマワ　キョードーダウエヤリョータガ　ノー。タジロオ　カク　ウシモ　ジッピキグライ　オリマシテ　ノー。マングヮオ　ツケテ　ター　ナルメル　ワケデス　ノー。コノヘンノ　タンボワ　フカイデスケー　オナメデワ　シゴトガ　イタシー。コットイオ　ツコーテ　シロー　カキョータ。ホンニ　コシマデデモ　スズムヨーナ　タガ　オーカッタ　ノー。アンタガヨーニ　フカイト　ダイブ　ブヤクガ　チガイマス　ノー。中組が12軒1組合で共同田植をしていた。各戸から女衆（成人した女性）が出て、それでも（人手が）足りないときは他部落から早乙女さんを雇って1戸あたり2人ずつ女衆を出してやってたねえ。他部落から雇った早乙女さんは、「はまりさん」（人手が不足しているところにはまるから、ハマリ・ハマリサンと言う）と言っていた。共同田植は、戦後間もなくやめたのです。少しの間は共同田植をやってたがねえ。田代を搔く牛も（中組だけで）10匹くらいおりましてねえ。馬鍬をつけて田をならすわけですねえ。この辺の田は深いですから、牝牛では仕事が大変だ。牡牛を使って田代を搔いていた。本当に腰まででも沈むような田が多かったねえ。あ

346　Ⅲ. 文化言語学の実践

のように深いとだいぶ労働力が違いますねえ。(小川氏の説明)
　各戸から早乙女が2人ずつ出て、合計24人で、歌いながら賑やかに田植を行っていたわけである。したがって、中組の人は、中組が所有する田のすべての呼称を記憶する必要があったが、上組、下組の田の呼称は、ほとんど記憶する必要がなかったものと思われる。
　ところで、土地の人びとは、上組、中組、下組の区分とは別に、田を中心にして、南集落のまとまりを、大きく次の四つに区分している。
　1．ドイオ̄キ（土居沖、最も上の地域）
　2．カヒョーオ̄キ（華表沖、ただし小川氏はこの漢字を当てることに疑問を示した。トリーオ̄キ〈鳥居沖、八幡神社の鳥居のあるあたりの沖〉とも言う、ドイオ̄キの西の地域）
　3．テラ̄オキ（寺沖、南集落の中心部からやや西の地域）
　4．ワカミヤオ̄キ（若宮沖、最も下〈西〉の地域、昔ここに小さな寺があって、その沖にあったからワカミヤオ̄キと言う）
　中組の田は、このうち、カヒョーオ̄キ（華表沖）とテラ̄オキ（寺沖）とにある。したがって、小川萬六、中島正三の両氏は、カヒョーオ̄キとテラ̄オキにある田の呼称についてはきわめて詳しく、両氏の間に、さほど大きな相違を見出すことができない。まず最初に、両氏に共通する田の呼称を示すことにする。

(1) 共有語彙
　両氏の田の呼称は、後部要素に注目すると、次の四つの型に分類することができる[9]。
　(1)　〜タ・ダ（田）型
　(2)　〜クボ（窪）型
　(3)　〜ナエシロ（苗代）型
　(4)　〜ゼロ型
　このうち、所属語数の多いものは、(1)の〜タ・ダ型と(4)の〜ゼロ型である。また、後部要素を修飾限定する前部要素は、一々の田の特徴をいかなる

点から限定していくかという命名基準（特徴認知の焦点化）によって、いくつかのパターンに見分けることができる。それを列挙すると、
- a　形状に注目するもの
  - a_1　形
  - a_2　広さ
- b　性質に注目するもの
- c　位置（場所）に注目するもの
- d　目標物に注目するもの
- e　持ち主に注目するもの
- f　故事に注目するもの
- g　信仰に注目するもの
- h　使用目的に注目するもの
- i　語源不明のもの

の九つのパターンを見分けることができる。

　当該方言の田の呼称体系は、この前部要素の型と後部要素の型との、実際に認められる組合わせのシステムであると言うことができよう。小川萬六、中島正三の両氏に共通して認められる語彙の実態は、次に示すとおりである。

(1)　～タ・ダ（田）型——11語
- a　形状に注目するもの
  - a_1　形——マキダ（巻田、ドテオ　マイトルケー　ソレデ　マキダ　ユーンデショー。タカイ　ゲシデ　ケタノ　タカサガ　サーキューシャクカラ　アル　ノー。〈土手を巻いているからそれで巻田と言うのでしょう。高い土手の桁の高さがさあ9尺以上あるねえ。〉）
  - a_2　広さ——ニタンダ（2反田、中組の田の中ではかなり面積の広い田で、昔は2反だったが、今は3反3畝ある）
- b　性質に注目するもの——レンゲダ（れんげ田、ヒトクボデ　チョット　ヨンタンホド　アル。レンゲガ　ヨー　ハエル　タダ　ノー。

〈1窪でちょっと4反ほどある。れんげがよく生える田だねえ。〉）

　　c　位置（場所）に注目するもの――シモ̄ダ（下田、一番シモ〈下〉にある）・オ̄チダ（落ち田、チョ̄ット　オチコンダ　トコロニ　アル。〈ちょっと低くなった所にある。〉）・カ̄ミダ（上田、一番カシラ̄〈頭〉にある）・ド̄ーメンノカ̄ミノタ（道面の上の田）・ド̄ーメンノナカノタ（道面の中の田）

　　d　目標物に注目するもの――インキョダ̄（隠居田、田の横に大きなインキョベ̄ヤ〈隠居部屋〉があった）・イモノヤ̄ダ（鋳物屋田、田の傍に鋳物屋があった）

　　e　持ち主に注目するもの――カジヤダ̄（カジヤ〈和田さんの屋号〉の持ち田）

(2)　〜クボ（窪、地盤ごとに区切ってある一枚一枚の田をクボと言う、したがって、田の数を数える場合には、ヒ̄トクボ・フタ̄クボ・ミ̄クボのように言う）型――2語

　　a　形状に注目するもの

　　　a₁　形――ヒョー̄タンクボ（瓢箪窪、単にヒョー̄タンとも言う、ヒョー̄タンノヨーナ　カッコーシタ　タ̄ダ。〈瓢箪のような恰好した田だ。〉）

　　c　位置（場所）に注目するもの――ド̄ーメンノシリクボ（道面の一番シリにある）

(4)　〜ゼロ型――8語

　　a　形状に注目するもの

　　　a₁　形――ナガド̄ーリ（長通り、長細い田）・オーゾ̄ーキ（形がざるに似ている大きい方の田）・コゾ̄ーキ（形がざるに似ている小さい方の田）

　　c　位置（場所）に注目するもの――オ̄リクチ（降り口、家のすぐオリカ̄ケノ　トコロニ　アル　タ̄）・ド̄ーメン（道面、道に面した広い田で三つのクボに分かれている）

　　e　持ち主に注目するもの――ホーシャク̄（宝積〈昔住んでいた人の

姓〉さんの持ち田）
- g　信仰に注目するもの――ジノシ（地主、ジノシサンとも言う、田の真ん中に墓があり、その墓をジノシサンと言って祭っている、タノシと言わないのは、田にしを当地でタノシと呼称するので、同音衝突を避けたものか）
- i　語源不明のもの――コシマエ（中島氏は、コシマイ・コシマヤという語形も実現した、小川氏は、越米の漢字を当てたらよいのではないかと説明してくれた、語源が不明確になると語形にゆれが生ずる一例）

以上の21語が、小川、中島の両氏に共通して認められる田の呼称である。

ここで、前部要素と後部要素との組み合わせのパターンを一覧表の形にして示すと、次のようになる。これが、共有語彙における体系のシステムである。（前部要素と後部要素との結合が認められる場合、当該欄に○印を付す。）

後部要素＼前部要素	a a_1	a a_2	b	c	d	e	g	i
(1)	○	○	○	○	○	○		
(2)	○			○				
(4)	○			○		○	○	○

次に、小川氏、中島氏のそれぞれに特徴的な語彙を挙げる。

(2) 小川氏に特徴的な語彙

(1) 〜ダ（田）型――4語
- e　持ち主に注目するもの――トーゾーダ（藤造さんの持ち田だった田）
- h　使用目的に注目するもの――ナエシロダ（苗代田、ナエシロオジョージュー　スル　タ〈苗代をいつも作る田〉）・ヒガンダ（彼岸田、ワセイネオ　ウエル　タ〈早稲を植える田〉）

350　Ⅲ．文化言語学の実践

　　　ⅰ　語源不明のもの——ジェンナミ ダ
(2)　〜クボ（窪）型——3語
　　　a　形状に注目するもの——タ テクボ（縦窪、縦に細長い田）
　　　h　使用目的に注目するもの——モチ クボ（餅窪、モチゴメオ　ツクル
　　　　タ ）・ワ サクボ（早稲窪、ワセクボとも言う、ワセイネオ　ウエル
　　　　タ ）
(3)　〜ナエシロ（苗代）型——1語
　　　h　使用目的に注目するもの——フルナエシ ロ（古苗代、ムカ シカラ
　　　　ズーット　ナエシロ ダニ　ショーッタ　タ〈昔からずっと苗代田にし
　　　　ていた田〉）
(4)　〜ゼロ型——1語
　　　f　故事に注目するもの——ヤキミドー（焼御堂、昔お宮があって、そ
　　　　れが火事で焼けた跡に出来た田）
小川氏に特徴的な語彙は、全部で9語認められる。

(3)　中島氏に特徴的な語彙
(1)　〜ダ（田）型——4語
　　　a　形状に注目するもの——コアサ ダ（小浅田、小さくて全体に浅い
　　　　田、浅いということがこの田の特徴になるのは、前述したようにこの
　　　　土地の田がすべて深いからである）
　　　c　位置（場所）に注目するもの——マエ ダ（前田、イ エノ　 スグ　マ
　　　　ン マエニ　アル　 タ ）
　　　d　目標物に注目するもの——ショーブ ダ（菖蒲田、タノ　 グルリニ
　　　　ショーブガ　 ヨーケ　 ハエトッタ。〈田の周囲に菖蒲がたくさん生え
　　　　ていた。〉）
　　　e　持ち主に注目するもの——モヘー ダ（茂兵衛田、昔茂兵衛という人
　　　　が持っていた田）
中島氏に特徴的な語彙は、上に示した4語だけである。
小川、中島両氏の特有語彙の結合システムを、先に示した共有語彙の一覧

表に加えて、それぞれ表示すると、次のようになる。
(a)　小川氏の田の呼称体系

前部要素＼後部要素	a		b	c	d	e	f	g	h	i
	a_1	a_2								
(1)	○	○	○	○	○	○			○	○
(2)	○			○				○		
(3)									○	
(4)	○			○		○				○

(b)　中島氏の田の呼称体系

前部要素＼後部要素	a		b	c	d	e	g	i
	a_1	a_2						
(1)	○	○	○	○	○			
(2)	○			○				
(4)	○			○		○	○	○

　両氏の体系について最も注目される異同は、小川氏が(3)hの結合パターンを所有し、かつhの命名基準を発達させている点である。

　また、両氏の特有語彙の実態を、後部要素に注目して比較すると、中島氏には、「〜ダ（田）型」しか認められないのに対して、小川氏には、「〜ダ（田）型」をはじめとして、「〜クボ（窪）型」「〜ナエシロ（苗代）型」「ゼロ型」と、多様であることが注目される。とくに、小川氏の特有語彙に、「〜クボ（窪）型」のものが3語認められ、2語までが使用目的に注目するものであることは、より古い田地の状況を反映する呼称の記憶を意味するように思われるが、今のところ明確に断定することができない。

　いずれにしても、小川氏の田の呼称体系の方が、中島氏のそれよりも一段と複雑であって、そこに、より複雑な田の呼称体系とより単純な田の呼称体系との二つの体系の併存を認めることができる。これを、変容という通時論的視点から捉え直すと、ここには、古い体系から新しい体系への変容という

事実を指摘することができ、その変容の状況をひとことで表現するならば、単純化ということになるであろう。ついで、小川、中島両氏の田の呼称に認められる共有語彙率と特有語彙率を示すと、次のとおりである。

(a) 小川氏の場合
　　共有語彙率——70.0％
　　特有語彙率——30.0％
(b) 中島氏の場合
　　共有語彙率——81.8％
　　特有語彙率——18.2％

　2人の共有語彙率の平均値は、75.9％となり、きわめて高率であると言わなければならない。自分達が住んでいる中組のほとんどすべての田の呼称を知っており、しかも、その8割近くが、共通するわけである。これは、かつて、当集落で共同田植が行われていたという事実を抜きにしては考えられないことではあるが、しかし、共同田植を行わなくなってから、すでに、35年が経過しているのである。にもかかわらず、過去の生活経験の反映が、このような高い一致率をもって語彙体系の上に今日も認められるということには、おのずから、別の理由が考えられなければならないであろう。おそらく、田が、当集落に生きる人びとにとって、生活を営んでいくための第一義的な価値を有するものであり、そのことによって、これだけ多くの田の呼称を記憶しているものと考えられる（一般に、言語の変化は生活様式の変化に比して跛行的であるとされるにしても）。このように、当地の生活にとって、第一義的な価値を有する生活範疇に対応する意味分野を生活基本意味分野と呼ぶならば、漁師にとっての海岸地名と同様に、田の呼称は、固有名詞であるという理由だけで、マージナルな意味分野としてこれを軽視し去ることは、決してできないはずである[10]。過去において、ほぼ共通の生活経験を有し、しかも、それが生活基本意味分野である場合には、世代を異にしても、さほど大きな差異（体系においても語彙量においても）は、認めにくいと言ってよいのではなかろうか。すなわち、語彙の社会性が著しいということである。言いかえれば、生活そのものの変化を全面的に、あるいは大きくは

第4章 農業語彙の体系の変容と生活史   353

反映しない非連動的な意味分野の語彙体系は、語彙の世代差や個人差を超えて、社会語彙としての性格を強く保有する傾向があると言ってよかろう。

3. 谷 の 呼 称

　南集落は、各戸が共同で出資して近くのヒトミヤマ（蔀山）、ホガヤマ（語源未詳）、ホーグリヤマ（単にホーグリとも言う）、シェートバタケ（語源未詳）、マツオダン（松尾谷、マツオダニとも言う）、ロクローダン（六郎谷、ロクローダニとも言う）、タカキダン（高木谷、タカキダニとも言う）などの山を購入し、放牧場を作って、共同で牛の放牧にあたっていたという。小川萬六氏は、次のように説明する。
　○ココラー　ヤマエ　ホーボクジョーガ　アッテ　ノー。ウシュー　ハナェーテ　タニダニオ　アリーテ　ノー。ムカシカラ　ワカイ　モンガ　フリー　ヒトニ　チーテ　アリータモンダガ　ソガナ　ヒター　モーオラン。イェー［je:］テッサクマデ　ツクッタンデスガ　ノー。イマワナンニモ　ノコットラン。　ここらは山に放牧場があってねえ。牛を放牧して谷々を歩いてねえ。昔から若い者が古い人（年寄り、経験の豊かな人）について歩いたものだが（今は）そんな人はもういない。良い鉄柵まで作ったのですがね。今はなにも残っていない。
　牛を、朝早く、山と山との谷合いの自然の放牧地につれて行き、そこで1日放牧し、夕方、家につれて帰るというのが、土地の成人男子の日課であった。いつも、同じ谷につれて行くわけでなく、多くの谷々を定期的に移動していたわけである。したがって、かつて、牛の放牧に従事した経験を有する土地の古老は、谷についてきわめて詳しい知識を持っている。牛の放牧は、戦後間もなく完全に廃止され、今日は、どの谷も雑草が一面に生い茂り、足を踏み入れることもできないという。小川萬六氏は、牛が好きで、牛の放牧に熱心に従事しただけでなく、
　　○イマコソ　ドガーモ　ナランガ　マット　ワカイ　トキニャー　テッポー　カツイデ　ウサギトリシテ　ノー。マタ　タケトリモ　スキデヨー　ヤマンナカー　アルイタ　モンダ。タケニャー　コータケ　シメ

ジ　ザツタケ　タニワタシナンゾガ　アリマス　ノー。今でこそどうにもならないが、もっと若い時分には鉄砲をかついで兎とりしてねえ。また、茸とりも好きでよく山の中を歩いたものだ。茸には、こう茸、しめじ、雑茸、谷渡し（谷を渡るほど広い範囲にたくさん生えるからこう呼ぶ）などがありますねえ。

と言うように、しょっちゅう山へ出かけていたという。そのため、多くの谷の呼称について、実に詳しい知識を有している。

　これに対して、中島正三氏は20歳から27歳まで兵役で満州へ行っており、牛の放牧は、いつも同氏の父が行っていたという。そのため、牛の放牧に従事した経験がほとんどない（中島氏とほぼ同年齢の人々は、氏と同じような経験を共有している）。

　このように、牛の放牧ということについて、全く異なる生活経験を有する2人が、谷の呼称体系においてどのような異同を示すかを、以下、分析してみることにする。

(1)　小川萬六氏の谷の呼称体系

　小川氏が知っている谷そのものの体系の枠組みは、大きく、ホンタニ（本谷、これをオーダニ〈大谷〉とも言う）とエダタニ（枝谷、これをコダニ〈小谷〉とも言う）の二つに分けられる。

　本谷は、次の六つである。
(1)　ホンタニ（本谷）――6語
　　a　オーミヤオク（大宮奥）
　　b　ヒノキダニ（檜木谷、ヒノキダンとも言う）
　　c　マツノキダニ（松の木谷、マツノキダンとも言う）
　　d　ワカミヤダニ（若宮谷、ワカミヤダンとも言う）
　　e　オーサコ（大迫）
　　f　スキノオク（鋤の奥）

　この本谷のうち、「ワカミヤダニ」と「オーサコ」の二つを除く他の本谷には、かなり多くの枝谷が認められ、その一々にも呼称が付されている。a

第4章　農業語彙の体系の変容と生活史　355

から順に、本谷の入口から奥へ、枝谷の呼称を記すことにする。
　(2)　エダタニ(枝谷)——23語
　　a　オーミヤオク(大宮奥)——11語
　　　a₁(ヒガシノ　ホーエ　キレタ　タニ〈東の方へ入った谷〉)
　　　　①マツオダニ(松尾谷、マツオダンとも言う)——→②ロクローダニ(六郎谷、ロクローダンとも言う)——→③タカギダニ(高木谷、タカキダンとも言う、高木さんが所有していた谷)——→④ヒガシガタニ(東が谷)——→⑤ゴジェガタキ(御前が滝)——→⑥コゴロゴシ(古頃越し)
　　　a₂(ニシノ　ホーエ　キレタ　タニ)
　　　　①センニュージ(船入寺、アッコマデ　ウミガ　キトル　コトワ　アラダッタダロー　オモーンデスガ　ノー。〈あそこまで海が入って来てることは無かっただろうと思うのですがねえ。〉)——→②ヤケヤマダニ(焼山谷、ヤケヤマダンとも言う)——→③コブシダニ(辛夷谷、コブシダン・コボシダニとも言う、コボシノキガ　ヨーケアル　ノー。〈辛夷の木がたくさんあるねえ。〉)——→④ケズラダニ(毛面谷?、ケズラダンとも言う)——→⑤ウチミチ(うち満ち?、イチバン　オクデ　ニシー　キレタ　タニ)
　　b　ヒノキダニ(檜谷)——2語
　　　b₁(ヒガシノ　ホーニ　キレタ　タニ)
　　　　①ホーノキダニ(ほうの木谷、ホーノキダンとも言う)——→②オニガジョー(鬼が城、イシガキオ　ツンドリマスケー　ノー。ノイシオ　ツコーテ。〈石垣を積んでいますからねえ。野石を使って。〉)
　　c　マツノキダニ(松の木谷)——6語
　　　c₁(ヒガシノ　ホーニ　キレタ　タニ)
　　　　①ナデシバダニ(なで柴谷、木の高さが全体に低く平らである。ナデジバダンとも言う)——→②ツカンタニ(塚の谷)——→③トノマール(殿丸、トノマルとも言う)——→④ネズミガタオ(鼠が峠、鼠でなければ登れないような急坂、ズット　タニガシラニ　ナル　トコ

　　　　　　　ロガ　ソ‾レ。〈ずっと谷頭になるところがそれ。〉〉
　　　c₂（ニシノ　ホ‾ーエ　キ‾レタ　タ‾ニ）
　　　　①カナクソダ‾ニ（金糞谷、昔ここで砂鉄を‾フイタ）──→②サイ‾ノタ
　　　　ワ（賽の峠、サイノ‾カミサンを祭ったタ‾ワ）
　　d　ワカミヤ‾ダニ（若宮谷）──1語
　　　　①ワカミヤ‾ダニ（若宮谷、イッ‾ポンダニデ　エダタニワ　ナイ
　　　　‾ノー。〈一本谷で枝谷は無いねえ。〉〉
　　e　オ‾ーサコ（大迫）──1語
　　　　①オ‾ーサコ（大迫、コレモ　イッ‾ポンダニダ　‾ノー。）
　　f　スキノオク（鋤の奥）──3語
　　　f₁（ヒガ‾シノ　ホ‾ーエ　‾キレタ　タ‾ニ）
　　　　①ヒガ‾シガタニ（東が谷）──→②スズメ‾ノキダニ（雀の木谷、スズ
　　　　メ‾ノキダンとも言う）
　　　f₂（ニシノ　ホ‾ーエ　キ‾レタ　タ‾ニ）
　　　　①ニシンタ‾ニ[11]（西の谷）

　前部要素と後部要素とのつなぎ要素である連体格助詞には、「ノ」「ン」「ガ」の三つの形態が認められる。それぞれについて呼称を示すと、次のとおりである。
　　①　ガ──ゴジェガタキ・オニガジョー・ネズミガタオ・ヒガシガタニ
　　②　ノ──サイノタワ
　　③　ン──ツカンタニ・ニシンタニ
　「ガ」と「ノ」との差異について、小川氏は、「ガ」の方が古い感じがし、「ノ」の方が新しい感じがすると説明してくれた。これは、「ガ」の認められる語形に、「ゴジェガタキ」「オニガジョー」「ネズミガタオ」などの故事に基づいて命名されたものが多い事実とよく符号すると言ってよい。また、つなぎ要素の「ノ」が/O/を脱落させて/N/に転じているのは、これら枝谷の呼称が多用され、一語意識が強いためであると考えられる。
　さて、上に示したように、小川氏は、六つの本谷について、合計23の枝谷を弁別し、その呼称を明確に記憶しているわけである。同氏の谷の呼称体系

は後に示すとして、語源意識も鮮明であり、その場所についてもきわめて正確な知識を有している。これは、小川氏が、牛の放牧に熱心に従事していたことをはじめとして、山が好きで、しょっちゅう山歩きをしていたためである。ただし、一々の枝谷は、さほど大きくないために、枝谷の枝谷については、その呼称を認めることができなかった。

　上に示した語彙の実態に基づいて、小川氏の谷の呼称体系を帰納することにしよう。ホンタニ（本谷）、エダタニ（枝谷）のいずれの呼称も、田の呼称の場合と同様に、前部要素と後部要素（後部要素が谷の特定の地形的特徴を表わす形態素をとらないで、ゼロの場合もある）とに分けることができる。後部要素は地形名を表わし、前部要素は、一々の地形を何らかの特徴に注目して限定する修飾要素となっている。そして、前部要素、後部要素ともに、それぞれ、いくつかのパターンに分類することができる。

　ホンタニ（本谷）の後部要素は、
　a　〜ダニ・ダン[12]（谷）型——3語
　b　〜オク（奥）型——2語
　c　〜サコ（迫）型——1語
の三つの型に分類される。また、前部要素は、
　(a)　目標物に注目するもの——2語
　(b)　生えている木の種類に注目するもの——2語
　(c)　形状に注目するもの——2語
の三つに分類される。この実際に認められる前部要素のパターンと後部要素のパターンとの結合システムが、本谷の呼称体系である。それを示すと、次のようになる。

前部要素 後部要素	(a)	(b)	(c)
a		○	○
b	○	○	
c	○		

ついで、エダタニ(枝谷)の後部要素は次の七つの型に分類される。
- a 〜タニ・ダニ・ダン(谷)型——15語
- b 〜サコ(迫)型——1語
- c 〜タオ(峠)型——2語
- d 〜ゴシ(越し)型——1語
- e 〜タキ(滝)型——1語
- f 〜ゼロ型——3語
- g 語源未詳のもの——1語

このうち、「タオ」「ゴシ」は、一番奥にある枝谷で、山越えの道がついている場合を言う。「タオ」は、峠そのものに注目し、「ゴシ」は、その峠を越えてどこの集落へ道が続いているかに注目するものである。また、前部要素は、

- (a) 形状に注目するもの——4語
- (b) 目標物に注目するもの——4語
- (c) 生えている木の種類に注目するもの——4語
- (d) 持ち主に注目するもの——3語
- (e) 方位に注目するもの——3語
- (f) 故事に注目するもの——3語
- (g) 集落名に注目するもの——1語

の七つのパターンに分類される。本谷の呼称体系と比べて、後部要素のパターンが三つ、前部要素のパターンが四つ増加しているのが注目される。

後部要素について、本谷と枝谷を比較すると、本谷に「オク」が認められ、枝谷に「ゴシ」「タオ」が認められることが注目される。枝谷に、「オク」が認められないのは、これが、集落あるいは集落の近くにある特定の目標物を基準にして、それからかなり長い距離に及ぶ奥の全体を指示する語だからである。枝谷は、いずれも距離が短かく、しかも本谷の部分呼称である。逆に、本谷に、「ゴシ」「タオ」が認められないのは、これらが、まさしく狭い限られた場所を指示する部分呼称だからである。

さて、枝谷の呼称において、実際に認められる前部要素のパターン後部要

素のパターンの結合システムは、次のようである。これが、小川氏の保有するヱダタニの呼称体系である。

後部要素＼前部要素	(a)	(b)	(c)	(d)	(e)	(f)	(g)
a	○	○	○	○	○		
b	○						
c	○					○	
d							○
e						○	
f		○				○	
g	○						

　小川氏の谷の呼称体系を、田の呼称体系と比較すると、次のような異同が認められる。まず、後部要素について見ると、谷の呼称体系の方が、地形上の複雑さを反映して、2．3倍強の多さを示していることが注目される。前部要素について言えば、(c)の生えている木の種類に注目するもの、(e)の方位に注目するもの、(g)の集落名に注目するものの三つが新しく認められるのに対して、「性質に注目するもの」「位置に注目するもの」「信仰に注目するもの」「使用目的に注目するもの」の四つを欠いている。前部要素のパターンの数そのものには、さほど大きい相違は認められないが、後部要素のパターンの数に大きい差異の認められることが、最も注目されると言えよう。

　これに対して、中島正三氏の谷の呼称は、次に示すようにきわめて単純である。

① ワカミヤダニ（若宮谷）
② ミヤガタニ（宮が谷、ロクロダニオ　ハェーッテ　チョット　シテ　ヒダリー　ハェール。ムカシ　ミヤガ　アッタ　ユーデスガ　ノー。〈轆轤谷を入って少し行って左へ入る。昔お宮があったと言うのですがねえ。〉）
③ ロクロダニ（轆轤谷、ズーット　オーケー　タニデス　ノー。〈ずっ

と大きい谷ですねえ。〉）
④　センニョージ（?、メンダキノ　ウエカラ　ヒダリー　ハェール　タニダ。〈女滝の上から北へ入る谷だ。〉）
⑤　ケズラダニ（毛面谷？）
⑥　ホーブツオク（?、ホーブツオクオ　コスト　ヒワエ　デル。〈ホーブツオクを越ス卜比和へ出る。〉）

　ホンタニ（本谷）、エダタニ（枝谷）を合わせて、わずか6語しか認められない。ホンタニ←→エダタニという対立は認められるが、どれが本谷で、どれが枝谷であるかは不明確である。小川氏の5分の1強の語数しか存さず、そこには、語彙体系と言いうるものは認められない。言いかえれば、谷が、意味的にも概念的にも、明確に範疇化されていないわけである。また、語源意識が不明確になったために、「ロクロダニ」「センニョージ」のような語形変化をきたしている[13]。しかも、「ロクロダニ」については、新しく轆轤谷の語源を当てているのである。小川氏のロクローダニ（六郎谷）からロクロダニ（六郎谷）という語形変化を経て、ロクロダニ（轆轤谷）という別の意味を持つ語に転じたものと考えられる。このように、語源が分からなくなると語形変化が生じ、変化した語形に即して語源解釈が行われることによって、別義に転じるという現象は、方言語彙の広いカテゴリーにわたってかなり多く認められる事実である。

　田の呼称体系については、両氏の間にさほど大きな異同が認められないにもかかわらず、谷の呼称体系について、このように大きな異同が認められるのはなぜであろうか、その最も大きな理由は、先述したように、中島氏が牛の放牧に、今まで全く従事したことがないのに対して、小川氏がきわめて熱心に従事したという、両氏の間に認められるきわめて著しい生活経験の差であろう。しかしながら、もし、牛の放牧が完全に廃止された戦後も、この集落が山を利用し、多く山に依存した生活を営んでいたならば、このような大きな異同は認められないはずである。植林、炭焼き、茸や山菜採りなどがあまり盛んでなかったために、山での仕事の収益が、土地の生活にとって、第二義的な価値しか有していないという事実が、両氏の間に、このような大き

い異同を結果することになったものと判断される。

　以上述べてきた事実を踏まえて、次のように要約することができようか。その土地の生活にとって、第一義的な価値を有する生活分野に対応する意味分野にあっては、世代差は、体系、語彙量のいずれにおいてもあまり大きくはなく、生活様式の変化に語彙体系が連動して大きく変容することはない。それに対して、第二義的な価値しか有さない場合には、生活様式の変化に対応して語彙体系が大きく変容する場合が少なくない。

4．屋　号　語　彙

　当該方言社会においても、古くから、1軒1軒の家に屋号がつけられており、姓の無かった明治以前の頃はもとより、今日においても、老年層の男女は、屋号で呼び合うことの方が多いという。とくに、南集落は、同姓の家が多いために、一々の家を明確に指示するためには、一々の要素が弁別的な機能をはたす屋号の方が姓よりも便利が良いわけである。

　次下に、小川、中島両氏の屋号語彙を列挙することにする。

(1)　小川萬六氏の屋号語彙——21語

① 　コガイチ（小垣内、小川さん、コノアタリニ　ブケヤシキガ　アッテ　ソリョー　コガイチジョー　イヨータ。〈この辺に武家屋敷があって、それを小垣内城と呼んでいた。〉、古い家だという）

② 　カミソーガイチ（上惣垣内、名越さん）

③ 　シモガイチ（下垣内、長瀬さん）

④ 　イマイケ（今池、木金さん、イエノ　ウシロニ　ワリト　オーケナ　タメイケガ　アッタ　ノー。〈家の後方にわりと大きな溜め池があったねえ。〉）

⑤ 　フリヤシキ（古屋敷、フルヤシキとも言う、古屋さん）

⑥ 　テラヤシキ（寺屋敷、長谷川さん、昔そこに寺があったという）

⑦ 　ナカヤシキ（中屋敷、長瀬さん）

⑧ 　ウエザコ（上迫、久村さん、迫の上の方にある）

Ⅲ. 文化言語学の実践

⑨　マツノキ（松の木、松木さん、イエノ　ソバニ　オーケナ　マツノキガ　イッポン　タットッタガ。〈家の傍に大きな松の木が一本立っていたが。〉）
⑩　マエダケモリ（前竹森、竹森さん、後方に竹がたくさん生えていた）
⑪　ウエダケモリ（上竹森、藤井さん）
⑫　カミダナカ（上田中、中島さん、タンボナカダケー　タナカ　ユータンダロー。〈田の中だから田中と言ったのだろう。〉）
⑬　シモダナカ（下田中、中島さん）
⑭　カミウシナガセ（上牛長瀬、長瀬さん、長瀬さんの中では一番古い家、マエニ　ナガェー　ユーテモ　シレトルガ　シェガ　アッテノー。ソコデ　ウシノ　カラダオ　アラットッタ。〈前に長いといっても大したことはないが、瀬があってねえ。そこで牛の体を洗っていた。〉）
⑮　ナカウシナガセ（中牛長瀬、長瀬さん）
⑯　シモウシナガセ（下牛長瀬、長瀬さん）
⑰　マイーデ（前井手〈堰〉、井上さん、ウシロイデの分家）
⑱　ウシロイデ（後ろ井手〈堰〉、井上さん、イエノ　ウシロエ　イデガ　イマデモ　アル　ノー。〈家の後に堰が今でもあるねえ。〉）
⑲　カミヤンザコ（上柳迫、柳迫さん、ナカヤンザコの分家）
⑳　ナカヤンザコ（中柳迫、柳迫さん、迫の入口にあり、家の傍に柳の木が生えていた）
㉑　シモヤンザコ（下柳迫、柳迫さん、ナカヤンザコの分家）

(2)　**中島正三氏の屋号語彙――25語**
①　コガェーチ（小垣内、小川さん）
②　カミソーガェーチ（上惣垣内、名越さん）
③　シモガェーチ（下垣内、長瀬さん）
④　ドヨガェーチ（土用垣内？、ドヨーガェーチとも言う、名越さん）
⑤　フルヤシキ（古屋敷、古屋さん、フリヤシキとも言う）

第4章　農業語彙の体系の変容と生活史

⑥　テラ̄ヤシ̄キ（寺屋敷、長谷川さん）
⑦　カミ̄ヤシ̄キ（上屋敷、長瀬さん、コ̄ヤガ、ノ̄コットルガ　イマ̄ワ　イ̄エガ　ナ̄ェー。ワシガ　コドモン　トキ̄ニャー　イ̄エガ　ノ̄コットッタ。〈小屋が残っているが今は家が無い。私が子供のときには家が残っていた。〉）
⑧　ナカヤシ̄キ（中屋敷、長瀬さん）
⑨　ウエザ̄コ（上迫、久村さん）
⑩　カミ̄ウシナガセ（上牛長瀬、長瀬さん）
⑪　ナカウ̄シナガセ（中牛長瀬、長瀬さん）
⑫　シモウ̄シナガセ（下牛長瀬、長瀬さん、ナカウ̄シナガセ、シモウ̄シナガセは、カミ̄ウシナガセの分家）
⑬　マ̄イーデ（前井手〈堰〉、井上さん）
⑭　ウシ̄ロェーデ（後ろ井手〈堰〉、井上さん）
⑮　ホンケ̄ダナカ（本家田中、中島さん）
⑯　カミ̄ダナ̄カ（上田中、中島さん、ホンケ̄ダナカの分家）
⑰　シモ̄ダナ̄カ（下田中、中島さん、ホンケ̄ダナカの分家）
⑱　カミ̄ヤンザコ（上柳迫、柳迫さん）
⑲　ナカヤ̄ンザコ（中柳迫、柳迫さん）
⑳　シモ̄ヤンザコ（下柳迫、柳迫さん）
㉑　ヒ̄ヌキ（檜、ヒノキとも言う、井上さん、家の傍に大きな檜がある）
㉒　ヤ̄リワキ（遣り脇、阿部さん、家がちょっと脇に寄っている）
㉓　ヨコ̄ヤ（横屋、井上さん、家が横向きに建っていた）
㉔　シタンバ（下の場、小倉さん、ホカノ　イ̄エヨリャー　チ̄ート　ヒク̄イ　トコロン　タ̄ットル　ノ̄ー。〈他の家よりは少り低い所に建っているねえ。〉）
㉕　ミナクチ̄（水口、小倉さん、イ̄エノ　マ̄エノ　ホ̄ーエ　ワリト　オ̄ーケナ　ミナクチガ　ア̄ル　ノ̄ー。〈家の前の方へわりと大きな水口があるねえ。〉）

さて、当該方言の屋号語彙を構成する一々の語彙素は、単一の要素から成

るものと、前部要素と後部要素の二つの要素から或るものとの二種が認められる。とくに、その後部要素は、田の呼称や谷の呼称とは異なって、後部要素そのものが、その家がどこにあり、その近くにどのような目標物があり、家そのものがどうであったかといったさまざまの特徴に注目する命名基準としての機能をはたしている点が特徴的である。そして、同じ屋号が複数認められる場合、それを弁別するために、前部要素を付しているのである。したがって、二つの要素から成る場合は、二つの命名基準の結合が認められることになる。具体例に即して説明するならば、マツノキ、ヒヌキ、イデ、タナカ、ヤンザコなどの単一要素が、それぞれ、目標物とか場所といった特徴に注目して命名したものであり、イデ、タナカ、ヤンザコが2軒あるいは3軒にふえて、それを弁別しなければならなくなってはじめて前部要素を付し、イデについては位置の前後関係に注目して、マイーデ⟷ウシロイデと言い、タナカについては、本家⟷分家の対立にまず注目し、さらに分家については、本家を中心にした位置関係に注目して、ホンケダナカ⟷（カミダナカ⟷シモダナカ）と命名したわけである。したがって、屋号語彙の一々の要素は、時間的にレベルを異にする2種の命名基準の結合によって形成されていると言ってよい。

　ところで、二次的派生語の認められる屋号語彙は、その対立形式によって、四つのパターンに整理することができる。

　ⓐ　〔カミ⟷ナカ⟷シモ〕の対立形式
　　　1　カミウシナガセ⟷ナカウシナガセ⟷シモウシナガセ
　　　2　カミヤンザコ⟷ナカヤンザコ⟷シモヤンザコ
　ⓑ　〔本家⟷（カミ⟷シモ）〕の対立形式
　　　1　ホンケダナカ⟷（カミダナカ⟷シモダナカ）
　　　2　コガイチ⟷（カミソーガイチ⟷シモガイチ）
　ⓒ　〔マエ⟷ウシロ〕の対立形式
　　　1　マイーデ⟷ウシロイデ
　ⓓ　〔マエ⟷ウエ〕の対立形式
　　　1　マエダケモリ⟷ウエダケモリ

ⓔ 〔フル⇔テラ⇔ナカ〕の非対立形式
　　1　フリヤシキ⟷テラヤシキ⟷ナカヤシキ

　〔カミ⇔ナカ⇔シモ〕の対立形式および〔マエ⇔ウシロ〕の対立形式が認められる場合は姓が同一であり、他の対立形式の場合は、姓が異なっている事実が注目される。

　上に述べた基準に基づいて、以下、小川、中島両氏の屋号語彙の体系を帰納することにする。まず、小川氏の屋号語彙の命名基準は、次のように整理される。

(1)　後部要素の命名基準
　　a　形状
　　　a_1　屋敷
　　b　場所
　　　b_1　垣内
　　　b_2　田中
　　　b_3　迫・柳迫
　　c　目標物
　　　c_1　池
　　　c_2　松の木
　　　c_3　竹森
　　　c_4　牛長瀬
　　　c_5　井手（堰）
(2)　前部要素の命名基準
　　(a)　形状
　　　$(a)_1$　小垣内、惣垣内
　　　$(a)_2$　古屋敷
　　(b)　位置（場所）
　　　$(b)_1$　上迫、上惣垣内、上竹森、上牛長瀬、上田中、上柳迫
　　　$(b)_2$　前竹森　前井手
　　　$(b)_3$　中牛長瀬、中屋敷、中柳迫

(b)$_4$　下牛長瀬、下田中、下垣内、下柳迫
　　(b)$_5$　後ろ井手
(c)　故事
　　(c)$_1$　寺屋敷
(d)　時間
　　(d)$_1$　今池
(e)　ゼロ
　　(e)$_1$　松の木

したがって、「ナカウシナガセ」「ウエダケモリ」「カミダナカ」「ウシロイデ」「テラヤシキ」は、それぞれ、(b)$_4$ c$_4$、(b)$_1$ c$_3$、(b)$_1$ b$_2$、(b)$_5$ c$_5$、(c)$_1$ a$_1$のように表示することができる。小川萬六氏の屋号語彙を、前部要素と後部要素との結合のパターンのシステム（屋号語彙の体系）として示すと、次のように整理される。

後部要素 \ 前部要素		(a)		(b)					(c)	(d)	(e)
		(a)$_1$	(a)$_2$	(b)$_1$	(b)$_2$	(b)$_3$	(b)$_4$	(b)$_5$	(c)$_1$	(d)$_1$	(e)$_1$
a	a$_1$		○		○				○		
b	b$_1$	○		○			○				
	b$_2$			○			○				
	b$_3$			○		○	○				
c	c$_1$									○	
	c$_2$										○
	c$_3$			○	○						
	c$_4$			○		○	○				
	c$_5$					○		○			

　この一覧表によって、後部要素は、ｂ場所、ｃ目標物の系列が栄え、前部要素は、圧倒的に(b)位置（場所）の系列が栄えていることが理解される。
　ついで、中島正三氏の屋号語彙の命名基準を示す。
(1)　後部要素の命名基準

a　形状
　　a_1　屋敷
　　a_2　横屋
　b　場所
　　b_1　垣内
　　b_2　田中
　　b_3　迫・柳迫
　　b_4　下の場
　　b_5　遣り脇
　　b_6　水口
　c　目標物
　　c_4　牛長瀬
　　c_5　堰
　　c_6　檜
② 前部要素の命名基準
　(a)　形状
　　$(a)_1$　小垣内
　　$(a)_2$　古屋敷
　(b)　位置（場所）
　　$(b)_1$　上迫、上惣垣内、上田中、上屋敷、上牛長瀬、上柳迫
　　$(b)_2$　前堰
　　$(b)_3$　中屋敷、中牛長瀬、中柳迫
　　$(b)_4$　下田中、下垣内、下牛長瀬、下柳迫
　　$(b)_5$　後ろ堰
　(c)　故事
　　$(c)_1$　寺屋敷
　(d)　時季
　　$(d)_1$　土用垣内
　(e)　ゼロ

    (e)₁　桧

    (e)₂　横屋

    (e)₃　水口

    (e)₄　遣り脇

    (e)₅　下の場

  (f)　本家

    (f)₁　本家田中

中島正三氏の屋号語彙を、前部要素と後部要素との結合のパターンのシステムとして示すと、次の表のように整理される。

後部要素		前部要素 (a)		(b)					(c)	(d)	(e)					(f)
		(a)₁	(a)₂	(b)₁	(b)₂	(b)₃	(b)₄	(b)₅	(c)₁	(d)₁	(e)₁	(e)₂	(e)₃	(e)₄	(e)₅	(f)₁
a	a₁		○	○	○				○			○				
	a₂															
b	b₁	○		○						○						
	b₂			○			○									○
	b₃			○		○	○									
	b₄														○	
	b₅													○		
	b₆												○			
c	c₄			○		○	○									
	c₅				○			○								
	c₅										○					

小川氏の屋号語彙の体系と中島氏の屋号語彙の体系を比較すると、中島氏の方が、前部要素が5項目、後部要素が3項目多くなっている。また、前部要素と後部要素の結合のパターンは、三種増加している。前部要素の増加率は50.0％、後部要素の増加率は33.3％である。結合パターンの増加率は、15.0％である。したがって、中島氏の語彙体系の方が、小川氏の語彙体系よりも一段と複雑になっていると言ってよい。

第4章　農業語彙の体系の変容と生活史　369

　ところで、小川氏の屋号語彙と中島氏の屋号語彙との間には、量的に見て、どの程度の共通性と差異性とが見てとられるであろうか。小川氏の語数が21語、中島氏の語数が25語で、中島氏の語彙量が4語多いことは、すでに示したとおりである。小川、中島両氏の共有語彙率と特有語彙は、次に示すとおりである。
　⑴　小川氏の屋号語彙の場合
　　　共有語彙率——17語（80.9％）
　　　特有語彙率—— 4語（19.1％）
　⑵　中島氏の屋号語彙の場合
　　　共有語彙率——17語（68.0％）
　　　特有語彙率—— 8語（32.0％）
　中島氏の特有語彙率が12.9％も高くなっている事実が注目される。先に示した屋号語彙の体系も、中島氏の方がより複雑であった。この、体系と語彙量の上に認められる事実を、どのように理解したらよいものであろうか。それについて、小川、中島両氏の次の発言は、きわめて重要な意味を有するものと考えられる。「昔、南集落は、戸数がわずか7戸しかなかった。それが、次々に分家がふえて、戸数が多くなった。しかし、この集落の田の広さと、その後開きうる田の数からして、戸数が30戸以上になることを、できるだけ防ごうとした。」この発言を参考にすると、小川氏の屋号語彙は、戸数が比較的少なかった時代のものが中心となっており、中島氏の屋号語彙は、さらに家数がふえた、小川氏よりは後の時期のものが加わっていると判断することはできないであろうか。事実、中島氏に特徴的な語彙のうち、「ヒヌキ」「ヤリワキ」「ヨコヤ」「シタンバ」「ミナクチ」は、すべて、前部要素はゼロ形式で、これは、分家ないしはそれと関係のある家は1戸も認められないことを意味する。そして、このうち、「ヤリワキ」「ヨコヤ」「ミナクチ」の屋号を持つ家は、新しい家であるという説明を中島氏から得ている。もし、上の理解が正しいとするならば、田の呼称の場合とは異なって、屋号語彙の場合は、その集落の戸数が漸増している場合、語彙量が多く、語彙体系が複雑であるほど、新しい体系であると言うことができるのではないか。その点、

田の呼称体系とは対照的である。確かに、当集落においては、田の数は、農地改良によってどんどん少なくなってきたのに対して、戸数は少しずつふえてきたのである。

　こうして、田の呼称の場合と屋号語彙の場合とでは、古い体系と新しい体系のありようが、明確に異なることになるのである。そうして、この事実は、生活現実に即して考えるならば、きわめて当然のこととして、よく理解されるのである。

5．田・谷の呼称体系と屋号語彙の体系に認められる世代差

　田の呼称体系は、すでに見たように、11歳年長の小川萬六氏の方が、一段と複雑な様態を見せており、語彙量も5語多くなっている。とくに、小川氏に特徴的な語彙の後部要素が、「〜ダ」(田)型、「〜クボ」(窪)型、「〜ナエシロ」(苗代)型、「〜ゼロ」型と4種の型を見せるのに対して、中島氏の後部要素には、「〜ダ」(田)型しか認められない事実が注目された。これは、小川氏の方が田のより古い呼称を記憶しており、中島氏の田の呼称体系よりも一世代古い体系であることを意味するものと考えられる。当地の田は、他の農業集落と同じように、次第に整備改良されてきており、一つ一つの田が広くなっている。また、ある特定の目的に使用された田（たとえば、モチクボ〈餅窪〉、ワサクボ〈早稲窪〉など）は、戸数がふえるにつれて姿を消し、「〜クボ」という後部要素をとる田も、高さがならされ、窪としての外的特徴の一つを失うことになる。このような当地の生活現実の変化が、両氏の田の呼称体系の上にかなり具体的に反映しているわけである。田の呼称体系は、戸数がふえることによって、逆に単純化しており、その点で屋号語彙の場合とは対照的である。屋号語彙の場合は、家数がふえるにつれて語数が多くなり、体系も複雑になることが、小川氏と中島氏の語彙体系と語彙量を比較した結果に明確であった。その意味で、田の呼称体系と屋号語彙の体系とは、互いに、きわめて緊密な相関関係を示すものであると言うことができる。

しかしながら、一方で、小川氏と中島氏の田の呼称の共有語彙率のかなり高い事実は、大いに注目されるところである。これは、両氏が、同じ中組に居住しており、しかも、かつて、中組の全戸が共同で、所有するすべての田の田植を行っていたという生活史的現実によってもたらされた事実である。共同田植を行うためには、自分の家が所有する田の呼称だけでなく、中組の全戸が所有するすべての田の呼称を、正確に記憶しておく必要があったからである。したがって、これが、同じく共同田植を行うにしても、たとえば、4戸が1組になって4戸分の田を植えるという場合には、ひとりひとりが記憶しておかなければならない田の呼称も少なく、その体系も単純になるはずである（──ただし、体系の枠組は、ときに複雑になる場合もある）。ひとりひとりが記憶している田の呼称の数は、かつて、何戸が1組になって共同田植を行っていたか、また、田の数がいくつあったかという事実に、ほぼ比例することになるであろう。

たとえば、広島県双三郡布野村横谷は、南集落と同様、純然たる農業集落であるが、家と家との距離がかなり離れており、しかも、耕作面積が狭いために、田の数はかなり少ない。田からの収益よりも、昔から盛んに行われてきた造林業に、生計の6割近くを依存する家が少なくないという。したがって、共同田植は、以前から、4戸が1組になって行っていたとのことである。これは、南集落の3分の1の規模である。

さて、横谷集落の金本健二氏（76歳、農業）と通路清氏（81歳、前農業協同組合長）の田の呼称を示すと、次のとおりである。

(1) 金本健二氏の田の呼称

金本健二氏の呼称に認められる後部要素は、「〜ダ」（田）型、「〜マチ」（町）型、「〜クボ」（窪）型、「〜ゼロ」型の四つの型に整理される。これ以外に、「〜デン」（田）型があるが、これは、「ジョーデン」（上田）「ゲデン」（下田）の語形に認められるもので、稲がよく出来るか出来ないかという田全体（特定のある田ではなく）の性質に関わる名称であって、一つ一つの田に付された個別呼称とは、明らかに性格を異にするものである。

上述の四つの型のうち、「〜ダ」(田)は最も意味内容の広いものであって、「〜マチ」(町)、「〜クボ」(窪)の地形的特徴を有する田を、すべて包括しうるいわゆる後部要素の総称的な意味作用を有するものである。これに対して、「〜マチ」は、「〜ダ」の中でもよく開けた平坦で、より集落に近いところに何枚も集まった田の一々を指示する場合に用いるものであり、「〜クボ」は、集落からかなり離れた奥の方のやや窪んだ土地に、1、2枚かたまってある田の一々を意味する後部要素である。また、「〜マチ」型で呼ばれる田は、「〜クボ」型で呼ばれる田よりも、1枚1枚の面積がやや狭いという。「〜マチ」という後部要素をとる語形は、布野村の東に隣接する高野町南集落には認められなかった[14]。南集落に、「〜マチ」という後部要素が認められないのは、すべての田が平坦な地にあり、しかも、集落のすぐ回りにまとまって存するために、とくに、「〜マチ」という後部要素を用いることによって、「〜クボ」と弁別する必要がなかったためであろうと考えられる。

(1) 「〜ダ」(田)型のもの
　① カキノキダ（柿の木田、傍に柿の木がある）
　② モモノキダ（桃の木田、タノ　ミギノ　ホーエ　オーキナ　モモノキガ　アリマス　ワイ。〈田の右の方に大きな桃の木がありますよ。〉）
　③ フケダ[15]（湿田、他の田よりも深くて水はけが悪い、フケダワ　シタニ　ミズガ　オリンケー　コメノ　デキワ　ヨーナイ。〈湿田は下に水が下がらないから米の出来はよくない。〉）
　④ サコダ（迫田、タニノ　ハイリグチニ　アル　タデ　セバイ　タダナー。〈谷の入口にある田で狭い田だねえ。〉）

(2) 「〜マチ」(町)型のもの
　① コマチ（小町、コーマイ　タガ　サンマイ　カタマットル　ナー。〈小さい田が3枚かたまっているねえ。〉）
　② オーマチ（大町、やや大きい田が3枚かたまっている）
　③ カギマチ（鍵町、タノ　スミガ　カギノヨーニ　チョッカクニ　キチット　ナットル　タダ　ナー。〈田の角が鍵のように直角にきちっ

となっている田だねえ。〉)
(3) 「～クボ」(窪) 型のもの
　① ヒョータンクボ (瓢簞窪、ヒョータンノヨーニ　ナットル。リョーホーガ　チョット　オーキュー　ナットル　ノー。〈瓢簞のようになっている。(真ん中が狭くて) 両方がちょっと大きくなっているねえ。〉)
　② イッタンクボ (1反窪、1枚で1反ある。コノ　ジゲジャー　イチバン　オーケナ　タダ　ナー。〈この集落ではいちばん大きな田だねえ。〉)
(4) 「～ゼロ」型のもの
　① アカサビ (赤錆、タノ　シツガ　テツブンオ　フクンドッテ　チート　アカミオ　オビトリマスケー　ノー。〈田の質が鉄分を含んでいて少し赤味を帯びていますからねえ。〉)

前部要素の命名基準は、次のように整理される。
(1) 形状に注目するもの
　a　形——カギマチ・ヒョータンクボ
　b　広さ——オーマチ・コマチ・イッタンクボ
(2) 場所に注目するもの——サコダ
(3) 目標物に注目するもの——カキノキダ・モモノキダ
(4) 性質に注目するもの——フケダ・アカサビ

　南集落の田の呼称体系と比較すると、当地の地形の複雑さを反映して、「～マチ」という後部要素が認められることと、田の性質に注目する前部要素をとる語の多いことが、注意される。とくに、「アカサビ」は、この集落のずっと上で砂鉄を採っていたために、それが川へ流れこみ、川のいちばん近くにある田に流入したのだという。しかしながら、前部要素のパターンは、5項目も少なくなっており、田の呼称体系としては、南集落のものよりも著しく単純なものとなっている。
　さて、通路清氏の田の呼称も、右に示した金本氏のものと完全に一致する。二人の年齢が近く、しかも、田が全部で14枚しか存しないためである。

高野町南集落の中組は、12戸が一緒になって共同田植を行っており、小川、中島両氏の田の呼称は、全部で34語認められた。それに対して、布野村横谷集落は、4戸が1組になって共同田植を行っており、金本、通路両氏の田の呼称は、全部で10語認められるわけである。田の呼称の語彙量が、共同田植を行う戸数にほぼ正確に比例することが、これによって明らかである。

いずれにしても、田の呼称は、共同田植を行う習慣のあった農業集落においては、世代差、個人差の認められにくい意味分野と言えるのではなかろうか。言いかえれば、田の呼称体系は、生活現実の変化に比較的連動しにくい意味分野ではないかと考えられる。これは、どの農業社会においても、田が、生活上、第一義的な価値を有するものとして存しており、そのため、関心の度合の違いによる世代差、個人差が、語彙の実態に大きく反映しにくいものと考えられる。そして、関心の度合に基づく著しい世代差、個人差が認められにくいという点では、屋号語彙もまた、田の呼称とほぼ同様の性格を有するものであると考えられる。閉鎖性が強く、それだけに一体性、求心性の強固な農業集落においては、他の家々に対して強い関心を寄せることが自然に要求され、1戸1戸の屋号を正確に記憶し使用することが、その地で生活を営んでいくために基本的に重要なこととして要求されることになるであろう。正確に記憶し、かつ使用することが、過去の生活において強く要請されたという点では、田の呼称も屋号語彙も、ともに、第一義的な価値を有する意味分野であったと見なされる。この社会現実の要請が、語彙の体系と世代差の上に、かなり具体的に投影していると解されるのである。その意味で、この二つの意味分野は、農業集落における生活基本意味分野であると言うことができよう。

田の呼称体系は、古い世代からより新しい世代へと、次第に複雑なものから単純なものへと変化しており、屋号語彙は、戸数がふえた場合には、逆に、単純なものから複雑なものへと変化している。しかし、基本的な意味項目や要素は、世代の違いを超えてほとんどが一致し、共有語彙率も、田の呼称は平均で75.9％、屋号語彙は74.5％であって、両者ともほとんど一致するのである。

第4章 農業語彙の体系の変容と生活史　375

　これに対して、谷の呼称は、小川氏の体系がかなり複雑で語彙量も多かったのに比べて、中島氏のものはきわめて単純であって、比較の対象とすべくもなかった。その理由として、谷々を利用した牛の放牧に熱心に従事した経験の有無と、山を利用しての造林業が昔からほとんど行われてこなかったことの二つを挙げた。谷の呼称体系において、このような著しい世代差が認められるのは、要するに、山を利用する生活が、当地の経済生活において、昔から第二義的な価値しか有しておらず、現に有していないためであると判断される。ここに、生活価値に関わる語彙体系の著しい連動が見てとられるのである。

　広島県双三郡布野村横谷集落では、谷々を利用しての牛の放牧をはじめとして、昔から造林業がきわめて盛んに行われてきた。そのために、老年層はもとより、中年層の人びとも、山や谷に対する関心は、現在もきわめて強いものがある。したがって、ホンタニ（本谷）、ハエダニ（枝谷）に対する詳しい識別と呼称の認識だけでなく、本谷の各所に認められる淵についても、細かく範疇化し、その一々に名前を付しているのである。

　以下に、金本健二氏の谷の呼称を記すことにする。通路清氏との間には、ほとんど見るべき異同は認められない。横谷集落は、集落名からも分かるように、布野村で最も大きい本谷の中流に位置する。この本谷は、古谷から横谷を経て奥の迫までの約10キロメートルの長さに及ぶものである。当地では、ホンタニ（本谷）に対する枝谷を、ハエダニ（延谷）あるいはセトダニ（瀬戸谷、シェトダニとも）と呼んでおり、エダタニという語は認められない。

(2)　**金本健二氏の谷の呼称**（下─→上の順に挙げる）
(1)　ミギエ　キレル　タニ（右へ入る谷）
　① アキダニ（秋谷）
　② ハナエオク（はなえ奥）
　③ オンジ（恩地）
　④ ビワカガラ[16]（枇杷かがら、ビワノキガ　ナンボンモ　ハエトッテ

ナー。ソノ アイダカラ ガケガ ミエル。〈枇杷の木が何本も生えていてねえ。その間から石崖が見える。〉）

⑤ ナシロガタニ（なしろが谷）

⑥ キヤケガタニ（木焼けが谷、ムカシ ヤマカジガ アッテ キガ ヨーケ ヤケタ ユー コトー キートリマス。〈昔山火事があって、木がたくさん焼けたということを聞いています。〉）

⑦ コキョーオク（こきょう奥）

⑧ アキガリ（秋狩り、昔秋になるとこの谷で狩をしたという）

⑨ ソーズガタニ（そうずが谷）

⑩ フジンマ（藤馬、タニノ イリグチニ オーケナ フジノキガ ハエトッテ ソノ チカクデ ウマガ カワイ オチテ シンデユー コトデス ワイ。〈谷の入口に大きな藤の木が生えていてその近くで馬が川に落ちて死んだということですよ。〉）

⑪ ナシロガタオ（なしろが峠）

⑫ ヨコタニ（横谷）

⑬ ヤゲンザオ（やげん〈八間？〉竿、ヤマト ヤマガ クッツイテ サオガ トドクホド セバン ナットル ナー。〈山と山がくっついて竿がとどくほど狭く（急に）なっているねえ。〉）

⑭ ハエダニオク（灰谷奥）

⑮ ハエダニゴシ（灰谷谷越し）

⑯ ヒーナムコー（ひいな向う）

⑰ オーグレ（大暮）

⑱ モモノキダオ（桃の木峠）

⑲ アカマツ（赤松、アソコワ タニノ ハイリグチカラ オクニカケテ ヨーケ アカマツガ ハエトル。〈あそこは谷の入口から奥にかけてたくさん赤松が生えている。〉）

⑳ スイダニ（吸谷）

㉑ スイダニゴシ（吸谷越し）

(2) ヒダリー キレル タニ（左へ入る谷）

① ネコノタニ（猫の谷、昔三毛猫がお婆さんの喉笛をかみ切って、この谷の奥へ逃げこんだという）
② ムネサカオク（胸坂奥、ムネガ　ツカエルヨーナ　キューナ　サカガ　ツズイトルケーナー。〈胸がつかえるような急な坂が続いているからねえ。〉）
③ スズメノキダニ（雀の木谷、雀がたくさん集まっていた）
④ ホーズキ（ほおずき、イマデモ　ホーズキガ　カタマッテ　ハエトリマス　デ。〈今でもほおずきがびっしりとかたまって生えていますよ。〉）
⑤ ツチハシ（土橋）
⑥ オーカミダニ（狼谷、ムカシ　オーカミガ　ヨー　デタ　ユー　コトー　イヨーリマシタ　ナー。〈昔狼がよく出たということを言ってましたねえ。〉）
⑦ ノダニ（野谷、広い平地がある）
⑧ オージロ（大白）
⑨ センニチダニ（千日谷、グネグネグネグネ　イリコンダ　タニデ　イッタン　マヨッタラ　センニチワ　デラレン　ユー　コッテショーカイナー。〈ぐねぐねぐねぐね入りくんだ谷で、ひとたび迷ったら千日は出られないということでしょうかねえ。〉）
⑩ テラオク（寺奥）
⑪ モログレ（諸暮、メンガメダレとも言う、ココニワ　ムカシカラ　テンキノ　カミサンガ　オラレル。〈ここには昔から天気の神様がおられる。〉）
⑫ ワラビノ（蕨野、蕨がたくさん生える平地があった）
⑬ ノマズミズ（飲まず水、ムカシカラ　キレーナ　シミズガ　ナガレトルガ　カナケガ　ツョーテ　トテモ　ノマレン。〈昔からよく澄んだ清水が流れているが金気が強くてとても飲まれない。〉）
⑭ ヨシダニ（吉谷）
⑮ ヨシダニダオ（吉谷峠）

⑯　ホトケガタニ（仏が谷）
⑰　ホトケガタオ（仏が峠、ムカシ　ココニャー　イシジゾーサンガ　マツッテ　アッテ　ナー。ワシモ　ミタ　コトガ　アル。〈昔ここには石蔵さんが祭ってあってねえ。私も見たことがある。〉）

　また、谷のあちこちに淵があるが、その一つ一つにも名前が付されている。川上から順に挙げることにする。
①　イオキリ（魚切り、ミズノ　イキオイガ　ツヨーテ　サカナオ　キリサクホドダケ　ナー。オーケナ　ドンドガ　アッテ　ソノ　タキツボオ　イオキリ　イオキリ　ユー　ナー。フチノ　ナカジャー　コレガ　イチバン　フカイ。〈水の勢いが強くて魚を切り裂くほどだからねえ。大きな滝があってその滝壺を魚切り、魚切りと呼ぶねえ。淵の中ではこれがいちばん深い。〉）
②　フタゴブチ（双子淵、上と下に同じような大きさの淵があるので、このように呼ぶ）
③　ジャブチ（蛇淵、昔大蛇がいて男をひきずりこんだという）
④　エンコーブチ（猿猴淵、ムカシ　エンコーガ　オッテ　キモー　トリョータ。〈昔猿猴がいて人間の肝を取っていた。〉）
⑤　オチアイブチ（落合淵、二つの川が落合うところにある淵）
⑥　オサンブチ（おさん淵、ムカシ　オサン　ユー　オンナノコガ　シズンデ　シンダ　ユー　ハナシデス。〈昔おさんという女の子が沈んで死んだという話です。〉）
⑦　マキガメ（巻き亀、亀を巻きこむほどの渦が巻いている淵）
⑧　シンサクブチ（新作淵、ムカシ　シンサク　ユー　ヒトノ　イエガ　タットッタゲナガ　ヨー　ワカラン　ナー。〈昔新作という人の家が建っていたそうだがよく分からないねえ。〉）
⑨　トトコロブチ（語源未詳、十所（とところ）淵か、ここからイオキリ〈魚切り〉まで、約10キロメートルある）

　一つのホンタニ（本谷）に、38のハエダニ（延谷）が認められ、その一々に呼称を付すことによって、共同の認識体系を正確に形成しているのであ

第 4 章　農業語彙の体系の変容と生活史　379

る。横谷集落を貫流する本谷は、南集落の本谷と比べると、かなり大きなものではあるが、それにしても、38のハエダニの一々に呼称を付して、厳密に区別していることは、大いに注目されるところである。後部要素の型も、次の14種になる。

　(1)　〜タニ・ダニ（谷）型……13語
　(2)　〜オク（奥）型……………5語
　(3)　〜タオ・ダオ（峠）型……4語
　(4)　〜ゴシ（越し）型…………2語
　(5)　〜ザオ（竿）型………………1語
　(6)　〜ムコー（向）型……………1語
　(7)　〜グレ（暮）型………………1語
　(8)　〜ノ（野）型…………………1語
　(9)　〜ミズ（水）型………………1語
　(10)　〜ダレ（垂れ）型……………1語
　(11)　〜カガラ（石崖）型…………1語
　(12)　〜マツ（松）型………………1語
　(13)　〜ハシ（橋）型………………1語
　(14)　〜ゼロ型………………………1語

　南集落の谷の呼称の後部要素と比較して、「〜タニ」「〜オク」「タオ」「〜ゴシ」の四つの項目は一致するが、他の10項目は認められない。逆に、南集落に認められて、当集落に認められないものは、「〜タキ」「〜ミチ」の2項目にすぎない。項目数も6項目多くなっており、増加率は、実に75.0％の高率となる。また、つなぎ要素に、/N/の形態が認められず、ほとんど、「ガ」である事実も注目される。これは、南集落に比べて、一々の枝谷に呼称が付されたのがより古かったことを意味するものと考えられる。

　当地の経済生活にとって、山がいかに重要な価値を有するかが、これらの事実によっても明らかであろう。山がもたらす収益が、当地の日々のくらしにとって、田と拮抗するほどの第一義的な価値を有するために、金本、通路の両氏の間に、ほとんど注目すべき差異が認められないものと判断される。

自分達の生活にとって、きわめて重要な価値を有する生活分野に対応する意味範疇の語彙体系においては、世代差、個人差はさほど大きくないが、第二義的な価値しか有さない生活分野に対応する意味範疇においては、生活現実が変化する場合には、きわめて大きな世代差が認められると言ってよかろう。つまり、生活の変容と生活語彙の体系の変容とが正の関係で連動するかしないかは、その意味分野が指示する生活分野の社会的価値が決定するということである。田の呼称や谷の呼称に認められるこれらの事実や注目すべき傾向は、海岸地名においても、同様に指摘することができるのではなかろうか。

大分県姫島の西端に位置する西浦集落の漁師と中央部と東端のほぼ中間に位置する大海集落の漁師の海岸地名は、それぞれ、西半分、東半分にかなり片寄った自己の集落中心の分布を見せている[17]。

西浦集落の漁師の場合は、島の西半分に分布している地名が全体の68.1%を占めており、大海集落の漁師の場合は、島の東半分に分布している地名が、全体の71.4%を占めている。とくに、それぞれの集落の漁師に特徴的な語彙については、西浦集落の漁師の場合94.1%、大海集落の漁師の場合82.7%のものが、それぞれ、西半分、東半分に分布する。

ところが、自分達にとって重要なアジロ（漁場）がある海上部に対応する海岸部については、西浦の漁師にとって東端、大海の漁師にとって西端の海岸部でも、きわめて細かく範疇化し、その部分部分に呼称を付している（呼称を記憶している）事実が認められるのである。漁師にとって、海岸地名は、自分達のアジロを細かく確定するために利用する、そのための利用地名としての性格を有するものであって、アジロの分布と数に、見事に対応する傾向を見せるのである。おそらく、上に指摘したような事実は、他の生活範疇とそれに対応する意味分野についても、同様に指摘することができるであろう。

6．古い語彙体系と新しい語彙体系

田の呼称体系は、小川氏の方が古い体系を保有し、中島氏の方がより新し

い体系を保有していることが解明された。それは、単に、体系の上にだけ認められることではなく、語彙の量的構造と特有語彙の後部要素の多様性においても明らかであった。そして、このような複雑な語彙体系からより単純な語彙体系への変化は、南集落における田そのものの変化ということと、緊密に対応することでもあった。戸数がふえるにつれ、特定の目的のために使用された田（フルナエシロとかワサクボなど）が普通の田に変わり、また、農地改良によって、次々と田がならされ、小さい田はまとめられてより大きな田に変わった。このことは、たとえば、かつて、ヒトクボ（1窪）で2反の広さがあった田（これを、ニタンダと呼んでいる、当時としてはかなり広い田だったので、広さに注目してこう命名したのだろう）が、現在は、3反3畝になっている事実によっても明らかであろう。

　屋号語彙の体系も、小川氏の方がより古い体系であり、中島氏の方がより新しい体系であると解される。ところが、屋号語彙においては、中島氏の語彙体系の方が、田の呼称体系の場合とは異なって、より複雑な体系となっており、語彙量も多くなっている。

　とくに、後部要素に、「垣内」「屋敷」「田中」をとる屋号においては、それぞれ、中島氏の方が、一語ずつ語数が増加していること、また、前部要素において、「ホンケダナカ⟷（カミダナカ⟷シモダナカ）」という命名基準の張り合い関係に、時間差の認められるものの存することが、注目されるのである。田の呼称体系が、「複雑→単純化」の変容を見せているのに対して、屋号語彙の体系は、逆に、「単純→複雑化」の変化を示しているのである。そして、この変容は、もともと、戸数が7戸しかなかった南集落に、次々と戸数がふえていったという社会的現実の変化と見事に対応していると言ってよい。そして、南集落における古い家は、屋号語彙において、二次的派生語の多く認められる家であることも、語彙体系と社会的現実との興味深い一つの対応例として指摘することができるであろう。二次的派生語の多く認められる基本屋号は、

　「垣内」「屋敷」「竹森」「田中」「牛長瀬」「井手（堰）」「柳迫」
の七つであり、これが、南集落に古くから存した家に対応するのである。

一方、谷の呼称体系においては、小川氏と中島との間に、比較すべくもない大きい相違が認められた。今、それを量的構造において示すと、次のようである。

(1) 田の呼称体系

	小川氏	中島氏	平均
共有語彙率	70.0%	81.8%	75.9%
特有語彙率	30.0%	18.2%	24.1%

(2) 屋号語彙

	小川氏	中島氏	平均
共有語彙率	80.9%	68.0%	74.5%
特有語彙率	19.1%	32.0%	25.5%

(3) 谷の呼称体系

	小川氏	中島氏	平均
共有語彙率	13.8%	66.7%	40.3%
特有語彙率	86.2%	33.3%	59.7%

小川、中島両氏の谷の呼称体系においては、田の呼称体系および屋号語彙の体系と比較して、あまりにも大きな相違が認められるとしなければならない。このように相違が見出される理由については、すでに前述したところによって明らかであろう。

世代が異なれば、語彙体系も異なる。これは、動かしがたい事実であろう。しかしながら、どの意味分野においても、同様の差異や変容が見出されるわけではなく、わずかな差異しか認められない場合もあれば、きわめて大きな差異の認められる場合もある。また、その差異も、大きくは、単純化と複雑化の二つのパターンが見分けられるのである。田と谷の呼称体系ならびに屋号語彙の三つの意味分野に限って言うならば、その土地の生業において第一義的な価値を有する生活範疇に対応する意味分野（──→生活基本意味分

野）ほど語彙体系と語彙量の世代差は小であり、第二義的価値しか有さない生活範疇に対応する意味分野（⟶生活周縁意味分野）の場合ほど、語彙体系の世代差は大であると言うことができる。

さて、異なる世代に認められるこのような語彙体系の対立を、異なる共時態の対立と考えるか、それとも、方言共時態の時間的な幅を少し広く認めて、同一共時態における異なる語彙体系の併存と見るかという問題である。言いかえれば、世代によって異なる語彙体系の併存を、併存という共時論的事態と解するか、それとも、変容という通時論的事実と解して、別々の共時態と認めるかという問題である。これは、きわめてむつかしい問題であるが、筆者は、方言共時態を時間的な幅をもつものと考え、語彙的変容（⟶語彙体系の変容）を含む共時態を認めたいと思う。すなわち、単純共時態（一集落に認められる方言共時態）も、史的構造という内的変容を内包するものであるということである。このように考えることが、当面の生活語彙の研究にとっては、有効であろうと思量する。

7．方言語彙の社会性と個人性

以上の記述に基づいて、語彙の社会性と個人性の問題について、簡単に私見を述べることにする。

従来、語彙の個人差が強調され、「個人語彙」の体系が重視されてきた[18]。すなわち、要素の量の多さと個人差の著しさの故をもって、音韻・文法ほどに、その体系性が強く主張されることはなかったのである。確かに、語彙は、個人が過去において経験したさまざまの事実を、その関心の度合いに応じて反映するものであり、同一の世代においても、その経験が完全に一致するということはありえないであろう。

しかしながら、地域社会においては、小字単位に考えると、今日も、かなり閉鎖的であり求心的であって、同一世代においては、共通経験に支えられて、かなり均質的である。そのことは、先に見た南集落の田や谷の呼称体系と屋号語彙の体系においても、確認することができた。小川氏とほぼ同年齢の老年男子2氏について、田と谷の呼称体系について比較を行ったが、そこ

には、ほとんど見るべき差異が認められなかった。これと同様のことが、中島氏とほぼ同年齢の他の一氏との間においても指摘することができる。しかし、それは、あくまでも同一世代について言いうることであって、谷の呼称体系に明らかなごとく、戦前に、すでに社会人としてその集落で働いていたかどうかという違いが、生活現実の実質的差異をもろに反映して、異なる世代において、きわめて著しい語彙体系の差異が認められるわけである。この種の世代差は、単なる個人差とは異なって、社会的事実と考えられるものである。

　筆者は、生活語彙の研究においては、世代差と個人差を、ラング的性格のものとパロール的性格のものとして区別することが有効であると考える。そして、語彙の変容は、まず、世代差として捉えるべきであると思う。このような考えに基づいて、従来、提唱されてきた個人語彙の概念に対して、「世代語彙」の概念を新たに提示したいと思う。

　「世代語彙」は、同一世代に共通して認められる語彙体系であって、語彙の変容は、各世代の語彙体系という社会的事実の比較によって、ラング的事実として明らかにされることになる。これに対して、「個人語彙」は、同一世代における各個人の語彙体系と規定し、個人差は、あくまでも、同一世代における個人差だけを考えたい。世代を異にする個人差は、すべて、世代差に包括されるものであり、語彙体系の変容というラング的事実の中に位置づけられるパロール的事実ということになる。

　こうして、従来、すべて個人差として処理されていたものが、同一世代においては、各個人の生活経験の差に対応する個人差ということになり、異なる世代における個人差は、すべて世代差ということになり、それが、生活現実の変化にどう連動しているかという視点から分析されることになって、個人差の概念がより明確なものになると考えられる。

　一方、各世代の語彙体系を通じて共通する体系的事実を「社会語彙」と規定し、語彙の世代差と対立する概念として設定したい。

　以上のように考えることによって、「個人語彙」と語彙の個人差の考えかたが、より発展的に定位され、同一方言社会における語彙の変容が、社会的

事実として明確に規定されることになると思う。一地方言の生活語彙統体は、各世代語彙に共通して認められる体系的事態としての「社会語彙」と各世代間の語彙的差異（これを、「世代差語彙」と呼ぶ）との統合体であると考えることができる。

以上述べてきたことを、分かりやすく図示すると、次のようになる。

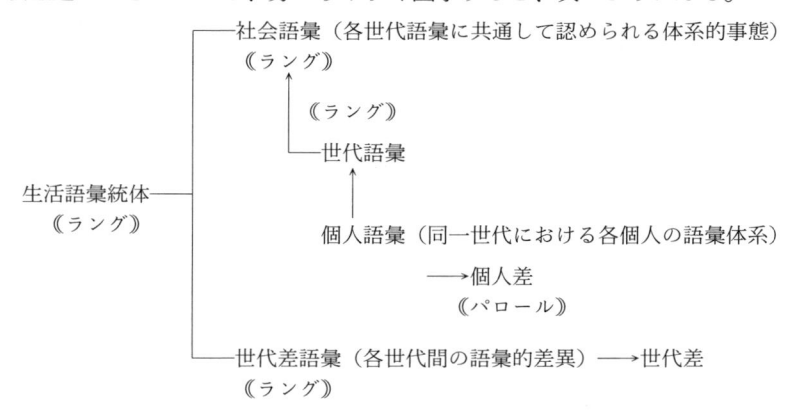

```
                    ┌─社会語彙（各世代語彙に共通して認められる体系的事態）
                    │  《ラング》
                    │             《ラング》
                    │              ↑
                    │             世代語彙
                    │              ↑
生活語彙統体────────┤             個人語彙（同一世代における各個人の語彙体系）
《ラング》          │                  ─→個人差
                    │                      《パロール》
                    │
                    └─世代差語彙（各世代間の語彙的差異）─→世代差
                       《ラング》
```

お わ り に

　生活語彙の体系の変容と生活現実の変化との対応の問題について、広島県比婆郡高野町南集落の田・谷の呼称体系と屋号語彙の体系とを直接の対象として、分析を進めてきた。そして、南方言について明らかにしえたさまざまの事実を、広島県双三郡布野村横谷集落の田と谷の呼称体系と比較し、また、大分県姫島の海岸地名とも比較することによって、その客観化、相対化をも試みた。その結果、とくに重視すべき事実、傾向を指摘し、また、本章をふまえての今後の発展的課題に触れることによって、本章を終えることにしたい。本章において明らかにすることのできた注目すべき事実ならびに傾向は、次のとおりである。

　1．生活語彙は、どの意味分野においても、変化の相を見せており、一方言共時態に、異なる語彙体系が併存するという事態を呈している。しかしながら、どの意味分野も、一様に、同じ程度に変化しているのではな

く、世代差の認められにくい意味分野ときわめて著しい意味分野とがある。これは、その土地の生活における実質的価値ということと深い関わりがある。生活において第一義的価値を有する生活範疇に対応する意味分野は、世代差が小であり、そうでない場合は世代差が大である。第一義的価値を有する場合は、土地の人びとの関心の度合いが強くなり、その生活範疇についての共通認識が強く要請されるからだと解される。
　　──→生活語彙の変容と生活価値との相関
2．世代差の認めにくい意味分野は、語彙の社会性が著しく、世代差の大きい意味分野は、社会性が微弱であると言ってよい。語彙の社会性は、その意味分野が対応する生活範疇の実質的価値と緊密に相関すると言ってよい。──→語彙の社会性と生活範疇の実質的価値との相関
3．「世代語彙」という概念を導入することによって、生活の実質的変化との連動関係を、より明確な社会的事実として構造化しうることが明らかになった。──→生活現実との連動的・非連動的意味分野の弁別と世代語彙
4．世代差の著しい意味分野とそうでない意味分野は、土地土地の生活現実の価値的体系によって決定され、決して一様ではない。しかしながら、すべての農業集落、すべての漁業集落において共通して世代差の小さい──どの世代においても関心が高く、共通認識の強く要請される──意味分野がある。それを、「生活基本意味分野」と呼んで、他のものと区別することは重要であろう。
5．田と谷の呼称体系および屋号語彙の体系は、前部要素の命名基準のパターンと後部要素の地形名称、基本屋号のパターンとの結合型の全体的なシステムと考えることができる。
6．広島県備北地方の田の呼称の後部要素の基本型は、「〜タ・ダ（田）」「〜マチ（町）」「〜クボ（窪）」の三つであり、谷の呼称の後部要素の基本型は、「〜タニ・ダニ（谷）」「〜オク（奥）」「〜サコ（迫）」「〜ゴシ（越し）」「〜サカ（坂）」の五つである。南集落に「〜マチ」が認められないのは、この集落の田が、家々の四周にかたまって存しており、しか

も全体が比較的平坦であって、上下差・垂直差が少ないからである。
7．南集落においては、田の呼称体系は単純化、谷の呼称体系は著しい単純化を示しており、屋号語彙の体系は、逆に、複雑化の変化を示している。
8．共同田植を行っていた集落においては、それを経験した世代が所有する語彙量は、何軒が一組になって共同田植を行っていたかという生活史的事実に比例する。
9．屋号語彙においては、二次的派生語の多く認められる屋号ほど古い家であることを示し、二次的派生語の認められない屋号は新しい家であることを示す。また、屋号語彙の前部要素において、「カミ（上）⟷ナカ（中）⟷シモ（下）」のように、意味的対立関係が認められる場合は、姓がすべて同じであり、「テラ（寺）――フル（古）――ナカ（中）」のように、意味的対立関係が認められない場合は、姓が異なるという事実がある。
10．田と谷の前部要素である命名基準を比較すると、田については、「性質に注目するもの」「位置に注目するもの」「信仰に注目するもの」「使用目的に注目するもの」の四つが特徴的であり、谷については、「生えている木に注目するもの」「集落名に注目するもの」「方位に注目するもの」の三つが特徴的である。
11．農業集落の田の呼称体系について言いうることは、漁業集落の海岸地名についても、同様に指摘しうることが多い。

　今後、他の地域の多くの農業集落について、本章において試みたと同様の分析を行うことによって、ここで提示したいくつかの仮説の客観化を試みる必要があるであろう。それをふまえて、農業に従事する人びとが、どのような生活範疇に強い関心を寄せており、それがいかなる社会的現実の要請に基づくものであるかを、生活語彙の体系分析と生活語彙の変容の実態を微視的に分析することによって、具体的に解明していかなくてはならない[19]。
　なお、最後に、田地呼称のシステムや山地呼称のシステムは、農業社会の

成員に独自の伝統的な空間認識のあり方を示すものであり、その意味で農業文化の独自性の一端を担うものであることを付言しておきたい。

注

1)　柳田国男の民俗語彙に関する研究成果を別にすれば、次のようなものがある。青柳精三「八丈島の潮流語彙」(『東京教育大学文学部紀要』93、1974)、拙著『地方人の発想法』(文化評論出版、1980)、拙著『生活語彙の基礎的研究』(1987、和泉書院)、町博光『農業社会の食生活語彙』(1982、渓水社)、柴田武『語彙論の方法』(1988、三省堂)、篠木れい子『群馬の方言』(1994、上毛新聞社)、拙著『生活語彙の構造と地域文化』(1998、和泉書院)、上野智子『地名語彙の開く世界』(2004、和泉書院)

2)　拙論「広島県豊田郡木江町沖浦方言の魚名関係の語彙」(『内海文化研究紀要』第9号、1981)、拙著『生活語彙の構造と地域文化』(1998、和泉書院)

3)　藤原与一『方言学』(1962、三省堂)、拙論「但馬温泉町方言の『牛』の語彙—『牛体』に関する語彙を中心にして—」(『フィールドの歩み』第8号、1975)

4)　拙論「生活語彙論への思念」(『藤原与一先生古稀記念論集『方言学論叢』』Ⅰ、1981、三省堂)。広島市安佐北区白木町三田には、これ以外に「〜マチ」という後部要素が認められる。詳しくは、拙著『生活語彙の基礎的研究』(1987、和泉書院)を参照のこと。

5)　拙論「海岸地名の地域性と世代差」(『国語語彙史の研究』三)。ただし、「風位語彙」に関しては、ドラスティックな変容が認められる。詳しくは、拙著『生活語彙の構造と地域文化』(1998、和泉書院)を参照のこと。

6)　青柳精三・青柳絢子「八丈島中之郷の養蚕語彙」(『藤原与一先生古稀記念論集『方言学論叢』』Ⅰ、1981、三省堂)

7)　拙論「言語内的うつわと言語外的事実—漁業生活と潮の語彙—」(『季刊人類学』第9巻第3号、1978)

8)　生活差という概念は、同一世代における個人の生活経験の差と、異なる世代における現実生活の変容を反映する世代差の両者を含む概念として定立したい。なお、この術語は、藤原与一先生から、口頭で直接御教示を賜った。

9)　高知県には、①〜タ・ダ(田)型、②〜マチ(町)型、③〜クボ(窪)型、④〜ヂ(地)型、⑤〜ヤヂ(家地)型、⑥〜ヅクリ(作り)型の六つが認められる。また、広島県賀茂郡には、①〜タ・ダ(田)型、②〜マチ(町)型、③〜クボ(窪)型、④〜ナエシロ(苗代)型の四つが認められる。

10)　青柳精三「御蔵島の海岸地名」(『フィールドの歩み』第8号、1976)、室山敏

昭・上野智子「大分県姫島の海岸・海上地名」(『内海文化研究紀要』第8号、1980)
11) 連体格助詞「ノ」の/o/が脱落して/N/となったもの。「〜ダニ」(谷) の/i/が脱落して「ダン」となったものも含めて、当該方言における注目すべき音韻変化である。連体格助詞/no/＞/N/の変化は、岡野信子氏の御教示によると、中国地方にあっては、北州に近い山口県下の日本海側に著しいという。
12) 注11を参照。
13) 柳田国男『蝸牛考』を参照のこと。
14) 南集落に「〜マチ」の後部要素が認められないのは、すべての田が家々を中心にして、その四周の平坦な地にひとかたまりに存するからであり、横谷集落に「マチ」が認められるのは、この地の田が、とびとびに離れて存しており、しかも、上下差・垂直差が認められるからだと解される。
15) 当地の田は、ほとんどすべてが浅い田なので、深い田であることが他の田に対して特徴的となる。したがって、「フケダ」という呼称が成立したものと思われる。これは大体どの田も深い南集落に、「アサダ」(浅田) という田の呼称が認められ、「フケダ」という呼称が認められない事実に対応するものである。
16) 『綜合日本民俗語彙』に、次の説明が見える。「カガラ　広島県双三郡で、山の緑樹の間に天然に露出した石崖をいう。──→ガラン」
17) 注5に同じ。
18) 柴田武「語彙の体系的記述は個人語から始めざるをえないように思われる。一個人の語彙ならば、体系があると仮定しての研究も意味がある。ある個人の持っていない語彙は記述しないという方針である。」(「語彙研究の方法と琉球宮古語彙」『国語学』87、1971) なお、個人語彙の研究に対するかなり詳しい批判が、藤原与一の『方言学原論』(1983、三省堂) に見られる。一口に個人語彙の体系的記述と言っても、それが集落というミクロな地域社会における個人語彙を対象とするのか、それとも東京都といった大都市における個人語彙を対象とするのかによって、個人語彙の体系的記述が担う意味と価値が大きく異なることに注意する必要がある。
19) 野林正路「したがって、『語形』が表現する『意味』とは、『話し手たち』によって獲得された『対象』の概念 (観念) のことである。『語形』群が表現する『意味体系』とは、『話し手たち』によって分節と統合の枠組みの中に引きこまれ、再構成された『対象』群の概念 (観念) 的構成体をさしている。」(「言語研究における非合理主義を克えるもの」『言語生活』346号、1980)、拙著『生活語彙の基礎的研究』(1987、和泉書院) の第Ⅲ部を参照。

Ⅲ．文化言語学の実践

〔補記〕
　前回実施した調査から15年を経て行った再度のフィールドワーク（1998）によって、谷の呼称（山地呼称）は古老層においてもほとんど消滅してしまったことを確認することができた。なお、広島大学方言研究会が1982年に島根県飯石郡三刀屋町給下で実施した「生活場所名語彙」に関するフィールドワークによると、「田の呼称」の後部要素として、以下の13のパタン（形態素は17）が認められた。1．「〜タ・ダ」、2．「〜タンボ」、3．「〜デン」、4．「〜ダニ・ダン」、5．「〜タニダ・タンダ」、6．「〜クボ」、7．「〜ハラ・バラ」、8．「〜マチ」、9．「〜イデ」、10．「〜ザコ」、11．「〜ジリ」、12．「〜キリ」、13．「〜ババ」。広島県比婆郡高野町南、および同双三郡布野村横谷に比べて、田の呼称を形成する基幹となる後部要素の種類が極めて多いことが注目される。なかでも、「〜タ・ダ」「〜クボ」「〜マチ」以外に、「〜タンボ」「〜ハラ・バラ」「〜ダニ・ダン」などの後部要素が多く行われていることが注目されるのである（『広島大学方言研究会会報』第28号、1984）。

◇拙著『生活語彙の基礎的研究』に収録した論文に、一部加筆修正を施したもの。

第5章　瀬戸内海の一方言社会の
　　　　　生活語彙と環境

　　　　　　　　は　じ　め　に

　瀬戸内海というフィールドを俯瞰して、「環境（自然環境・生業環境・社会環境）」と「言語」との相関関係について考察しようとする場合、島嶼部を対象にとることが有効ではないかと考えられる。なぜなら、藤原与一が「海は、屈折作用を蔵した言語伝播線である」（『瀬戸内海域方言の方言地理学的研究』286ページ）と述べているように、島は島ごとに海にへだてられ、独自の境域をなしているからである。言い換えれば、それぞれの島が、それぞれの生活圏を有しており、島ごとに分立的な傾向が見られるからである。
　たとえば、藤原の『瀬戸内海方言辞典』（1988、東京堂出版）の中の「馬の語彙カテゴリー」と「風の語彙カテゴリー」を比較するだけで、愛媛県越智郡大三島町肥海が、島の一集落でありながら、古くから農業集落として存立してきたことがすぐにも理解されるのである。
　そのような島嶼部にあって、「環境」と「言語」との相関関係を最も典型的な形で保有しているのは、一つの島に一つの集落だけが存し、しかも成員の生業がきわめて均質的な離島であろう。ここには独自の「自然環境（生業環境を含む）」と「社会環境」とが併存している。すなわち、本土部や他の島々から隔絶されることによって、成員の自然環境は自分たちが住む島と島の周辺部の海という狭域に限定され、また狭域に生きる成員の生業が均質的であることによって、必然的に成員間相互の関係はきわめて濃密なものとなる。
　このような言語社会がかなり多く存在することが、瀬戸内海域の特性の一つであってみれば、離島を対象にとって実践する「環境」と「言語」との相関関係の解析は、「瀬戸内海環境言語学」の構築にとって、重要な一視座に

なるものと推測される。

　このような理由から、対象方言を山口県防府市野島方言に定めることにする。野島は、防府市から東南の方向へ約15キロメートル離れた海上に位置する一島一集落からなる離島である。野島の主な産業は漁業で、現在は小型底引網漁を中心とする瀬戸内海漁業の典型的なものであり、経営規模は小さく、家族労働を主体とする零細漁業である。しかし、以前は15歳以上の男性が集団をなして、島の前方に広く広がる海や時には帆船を用いて愛媛県佐田岬の沖合まで出かけ、かなり大規模な網漁を行っていたという。農業は自家用の野菜を栽培している程度であって、米作はほとんど行っていない。人口は昭和30年の1050人をピークに年々減少の一途をたどり、現在では267人（男性116人、女性151人）、136戸となっている。島民は野島の北側の入り江にある野島漁港の周囲の狭く限られた平地に、高密度に居住している。

　さて、以下の考察においては、野島方言の性向語彙を対象として取り上げることにする。自然環境や社会環境の特色が、言語の中でもとりわけ語彙の領域に最も濃厚に反映することは、すでに早く、E. サピアが「言語と環境」(1912)と題する論文の中で、「ある民族が所有する語彙には、その民族が生きてきた環境が明確に反映する」（池上嘉彦訳『文化人類学と言語学』1970、弘文堂）と述べて以来、今日ではすでに動かしがたいテーゼとなっているからである。

　この論文の前半では、野島方言の性向語彙に認められる比喩語彙（主にメタファー）を分析することによって、野島に生きてきた人々の想像力、類推機構が根源的に環境に規制されていることを明らかにする。後半では、さまざまな性向の程度性を複雑に細分化させている事実に注目し、そこに野島社会における人間関係の極度な濃密さが反映していることを指摘する。しかも、仕事に対する態度に関する性向の場合は、かなり規模の大きい網漁を効率よく行い、できるだけ多くの魚を漁獲することによって、当該社会の安寧な存続をはかるという生活の必要性によって、人々の仕事に対する態度や能力の違いを細かく弁別することが強く要請されたのではなかろうか、という仮説を提示する。

1. 調査の概要

　調査者は、浜田実佐子と筆者の2名である。浜田は昭和58年8月から59年8月までの実質11日間、老・中・青・少の各年層の男女15名について調査を行い、筆者は昭和61年8月に3日間かけて中年層の男女各2名について調査し、浜田の調査結果の確認・補充を行った。調査方法は、浜田は『島根県那賀郡金城町今田方言の性向語彙』(『広島大学方言研究会会報』第26号、1981)の分類体系を参照して独自に調査簿を作成し、それを用いて主に質問調査を実施し、634語(語・連語・慣用句の三者を含む)の性向語彙を採録することに成功した。筆者は、それらの語彙について、使用頻度・語源意識・意味説明・品位などを確認し、併せて、「広島県方言の性向語彙資料」(『内海文化研究紀要』第15号、1987)の基礎資料を用いて質問調査を行い、新たに22語の語彙を補充した。なお、以下の考察に用いる資料は、中年層以上の男女12名から得られた語彙に限定する。伝統的な性向語彙を対象とすることによって、伝統的な自然環境(文化の中にその姿を映し出すものとしての自然環境)・生業環境・社会環境の反映を明らかにすることができると考えるからである。なお、個人差が僅少ながら認められるが、以下の論述には影響を及ぼすものではない。

2. 野島方言における性向語彙の比喩の生成

　野島方言の性向語彙における比喩語彙を観察して、最も注目されることは、たとえるもの(喩材)の取りたて方に認められる特異性である。これを仮に、「見立ての特異性」(あるいは「類推的認知の特異性」)と呼ぶことにすると、この「見立ての特異性」は、筆者の現在までの調査による限り、当該方言にしか認められない「方処性の特異性」にそのまま重なる。

　以下には、そのすべての例を意味的観点から分類して示すことにする。

(1) 海の動物にたとえたもの
　a. 魚……①ノットクノトーゴロイワシ (②トーゴロイワシ、③トーゴ

ローとも言う。トーゴロイワシは鱗が多くて煮ても焼いても食えない、副食物としては全く役に立たない魚である。そこから、全く役に立たない怠け者に見立てた）、④ダイチョーノキモ（ダイチョーは磯辺にいる小さな魚で、肝も小さい。そこから、小心者に見立てた）、⑤アオチャンギリ（アオチャンギリは釣りをしていても餌だけとってなかなか針にかからない。そこから、意地汚くがつがつと食べる人に見立てた）

b. 貝……⑥センジマサザエ（センジマサザエは口が大きいわりに中身が小さい。そこから、口は達者だが中身の伴わない人に見立てた）

c. 空想上の動物……⑦エンコーハダ（河童の肌はぬるぬるしていて、何でもするっと落ちてしまう。そこから、お金が身につかない人に見立てた）

(2) 海の現象にたとえたもの

a. 潮……⑧カタシオナキ（片潮泣き、片潮は6時間。長く泣き続ける子供をカタシオに見立てた強意的比喩）、⑨ジューゴンチ（十五日、この日に小潮から大潮に変わるので、潮の流れが早くなり干満の差も大きくなるところから、気分が急に変わる人に見立てた）

(3) 人名・屋号にたとえたもの

a. 人名……⑩チューゾー（チュードーとも言う、忠蔵か。昔、この島にいたひどい怠け者の名を、怠け者を意味する普通名詞に転用した）、⑪ロクオジー（昔、六之丈という大変きれいずきな人がいた。その人の名を必要以上にきれいずきな人を意味する普通名詞に転用した）、⑫モンコージー（昔、モンコーという自分のことはしないで他人の世話をしていた人の名を、世話ずきな人を意味する普通名詞に転用した）、⑬キンペーサー（昔、キンペーといういつも汚くしていた人がいた。その人の名を、汚くしている人を意味する普通名詞に転用した）、⑭サヘー（昔、佐兵衛というよく冗談を言う人がいた。その人の名を、冗談言いを意味する普通名詞に転用した）、⑮ヨモー（昔、与茂作といういつもぶつぶ

つ不平ばかり言っていた人がいた。その人の名を、不平言いを意味する普通名詞に転用した）
b. 特定の屋号……⑯ウスヤ（昔、いつも汚くしている臼屋という屋号の家があった。その屋号を、汚くしている人を意味する普通名詞に転用した）

(4) 事物にたとえたもの
a. 食器具にたとえたもの……⑰オーバチ（大鉢、⑱オーバチオ　ユーとも。物事を大仰に言う人を、大きな皿に見立てた。昔、漁から帰ると、獲ってきた魚を浜で料理し、皆が一緒になって食べる習慣があった。その時に使用した直径約60センチの大皿を、オーバチと言う）
b. 漁の道具……⑲ヨリガ　アマイ（綟りが甘い、網に取りつけた綱の綟りが甘いと漁をするときに全く役に立たないところから、何の役にも立たない馬鹿者に見立てた。単に、⑳ヨリとも言う）

(5) 職業にたとえたもの
a. 下級の娼婦……㉑ニフンフダ（2分札、2分で買える下級の娼婦。稼ぎの悪いところから、全く役に立たない怠け者に見立てた。単に、㉒ニフンとも言う）、㉓サンプンフダ（3分札、3分で買える下級の娼婦。稼ぎの悪いところから、全く役に立たない怠け者に見立てた）

(6) 社会生活にたとえたもの
a. 本土の人間のもの言いにたとえたもの……㉔ロクグチイー（陸口言い、本土の人間はよく陰口や悪口を言うとして、陰口・悪口を言う人にたとえた）、㉕ロクグチオ　ユー（陸口を言う、同上）

　これらの比喩は、いずれもその成立時期を確定することはできないが、今日までの調査による限り、野島集落の人々が独自に製作したと考えられるものである。野島の中年層以上の男女12名から得られた性向語彙には、116語の比喩語彙が見出されるが、そのうちの25語が野島方言に特有のものであっ

て、まず量の多さが注目されるのである(ただし、⑮ヨモーは、大分県姫島でも聞かれる)。

上に示した1から6までの比喩語彙とはやや性格を異にするものに、次のような語彙がある。

　①サムライ(侍、侍を頑固者に見立てた)、②ブシ(武士、武士を頑固者に見立てた)、③キョーキャク(狭客)、④キョーキャクモノ(狭客者)、⑤キョーキャクハダ(狭客肌、以上、人の面倒見のよい親分肌の人に見立てた)、⑥トキワ(常磐御前、気分の変りやすい女性に見立てた)、⑦トモエゴゼン(巴御前、勝ち気な女性に見立てた)、⑧サラシナ(更科、勝ち気な女性に見立てた)

これらは、土地の古老の説明によると、野島から東南東の方向へ約25キロメートル離れた山口県長島の上関に年に一度旅役者がやって来て芝居を演じるのを、集落の人々がこぞって舟を出して見に行ったことから、芝居に登場する主要な人物の性格が話題にのぼり、自然に土地の人々の性向を評価するのにも用いられるようになった、ということである[1]。これらの語彙のうち、⑦の「トモエゴゼン」は瀬戸内海のかなり広い地域で聞くことのできるものであるが、他は野島方言以外にはほとんど耳にすることのないものである。ここには、離島に暮らす人々の日々の営みがいかに刺激と楽しみに欠けるものであったかが、裏返しの形で如実に投影されていると言ってよかろう。野島集落の人々は、芝居に登場する主要人物を見立てに用いることによって、日々の生活を活性化していたとも見なしうる。

3. 比喩語彙に反映する自然環境・社会環境の特性

さて、一に示した比喩語彙に関して、「見立ての特異性」を指摘したが、それは語数の多い1と3に特に顕著である。1はいずれもあまり名の知られていない海の動物であり、3はいずれもかつてこの島に実在した人の名や屋号である。このような特異な比喩が、当該方言社会において独自に生成された理由は、比較的容易に推定することができる。すなわち、1に関しては、野島集落が離島であって、しかも以前から継続して典型的な漁業社会として

存立してきたという点に、その理由を求めることができるであろう。仮に、野島集落が農業社会であったならば、「トーゴロイワシ」「アオチャンギリ」「ダイチョーノキモ」「センジマサザエ」などの魚や貝の名前を知っていたとしても（このこと自体すでに疑わしいが）、その形状や習性を精確に認知することはきわめて困難だったと考えられる。ましてや、これらの魚や貝の形状や習性の特徴を、相互の類似性にもとづいて人間に転写し、新たな視点から表現することなど、ほとんど不可能だったろう。成員の大半が魚や貝に精通している漁業社会であったからこそ、このような創造的な象徴能力を獲得することができ、それがいちはやく社会の共有認識となって、今日まで継承されてきたと考えられるのである。その点では、2の「カタシオナキ」や「ジューゴンチ」も同様であろう。ここに、造語に働く比喩心理の漁業社会独自の均質性を認めることができる。生業という「社会環境」を形成し、自然環境ともクロスする一要素の特性が、1と2の比喩語彙には、明確に反映しているのである。

　一方、3に属する比喩は、離島でしかも一島一集落という閉鎖性、求心性のきわめて強い社会において形成される、濃密な人間関係のネットワークがその生成要因であることは、ほとんど説明を要しないであろう。そして、野島集落の閉鎖性を、本土社会への対立意識として顕在化させたものが、6の見立てにほかならない。もっとも、6の見立てには、多少複雑な社会的理由が想定される。それは、このような性向語彙を造語し、使用することによって、若者達の本土へのあこがれや流出を未然に予防し、できるだけ多くの若者を野島に引きとめておこうという大人達の配慮が働いているのではないかということである。若者が野島を出ていけば、共同労働としての網漁は急速に衰微し、野島に暮らす人々の生活が成りたたなくなるからである。

　4の「事物にたとえたもの」も、漁業社会における食習慣や日々の操業を背景として成立した見立てであって、1や2と性質の重なるものである。

　それに対し、5は全く性質を異にするものであって、野島の若い漁師が漁を休んで長島の上関にある遊郭へ遊びに出かけた、過去の交流を物語るものである。もともと、稼ぎの悪い下級娼婦を意味する語が、「役に立たない怠

け者」の意に用いられるようになった背景には、若い漁師の遊びぐせを厳しく糾弾する社会の意志が働いたことが想定される。が、それと同時に、過去のかなり長期にわたる、野島の男性の長島への一方向的な接触のあったことが注目されるのである。それを野島の古老は、「カミノセキガヨイ」ということばで表現する。

　以上の検討を踏まえて、野島方言の性向語彙に見られる比喩語彙と環境との相関性を整理して示すと、次のようになるであろう。

　A. 漁業社会という生業の特色が比喩生成の要因となっているもの……
　　　1・2・4（13語）
　B. 一島一集落という社会構造によって形成される人間関係の濃密さが比喩生成の要因となっているもの……3（7語）
　C. 若者が本土へ流出することを予防しようとする大人達の意志が比喩生成の要因となっているもの……6（2語）
　D. 長島への一方向的な接触が比喩生成の要因となっているもの5（3語）

　環境は、一般的に「自然環境」と「社会環境」の二つに分けられるが、上に帰納した結果を見る限り、当該方言の性向語彙における比喩語彙には、生業環境を中心とする「社会環境」の特色が強く反映していると考えられる。ここに、「自然環境」に対する「社会環境」の優位性を指摘することができる。この、「自然環境」に対する「社会環境」の優位性は、性向語彙を取り上げて分析を試みることに決めたことによって、いわば当初からある程度予測された事柄である。しかし、だからといって、上に試みた分析が意味のない作業であったとは考えない。なぜなら、性向語彙に反映する「社会環境」の内実が明らかになり、社会意志[2]の方向性が明確となったからである。そして、それを通して、野島集落における性向語彙の社会的機能が、より具体的な形で見えてきたからである。すなわち、野島という社会を維持していくために、古いモラルによって若者を規制する機能、しかもかつて野島に実在した人物の名を用いることによって、行動モラルをきわめて具体的に認知させるメカニズム、さらには厳しい労働に耐え、刺激の乏しい日々をおくる

人々を活性化するための仕かけ、このような野島集落における性向語彙の伝統的な社会的機能が、明確に見えてきたのである。

さらに言えば、野島集落に独自の比喩による新しい意味の生成に基づく「文化環境」の再編成が認められるのである。

これに対し、例えば典型的な農業社会である島根県那珂郡金城町今田方言の性向語彙には、次に示すようなメタファーによる意味の拡張が見出される。

①「タノモトガエル」（田のもと蛙、いつも集落の中にいて外へ出たがらない人を、いつも同じ田の傍にいる蛙に見立てた）、②「イモヒキ」（甘藷引き、甘藷を引くときには後ずさりすることから、小心者の振る舞いに見立てた）、③「コエカタギ」（肥担ぎ、下肥を担いで通る時には皆がよけるところから、頑固で誰も相手にしないような人に喩えた）、④「エブリサシ」（柄振差し、人の先に立ちたがる人を、田植えのとき早乙女の先にたって田を均す農具に見立てた）、⑤「ヒトクワオコシ」（一鍬起こし、一発何かにかける冒険家を、田に力強く一鍬入れて土を起こす動作に見立てた）

漁業社会である野島方言とは異質なメタファーが栄えていることが、一見して明らかであろう。このように、メタファーによる意味の拡張現象にも、生業環境の特徴が明確に反映しているのである。言い換えれば、地域言語におけるメタファーによる意味の拡張現象には、生業環境という環境軸の制約が見出されるということである。

4．当該方言の性向語彙における程度性の細分化

野島方言の性向語彙について、いまひとつ注目されることは、かなり多くの意味項目において、意味の外延性が最も大きく、しかも使用頻度が最も高い、いわゆる総称的な語彙項目が語基となって、実に多くの派生形を生成しているという事実の認められることである。たとえば、当該方言の「嘘つき」を表す意味項目には、19語の語彙が存するが、総称的語彙項目の「チョレン」（嘘つき、最もよく使う）を語基として、次のような語彙が派生している。

①アカチョレン（チョレンよりも程度のひどい嘘つき）、②イキチョレン（アカチョレンよりもさらに程度のひどい嘘つき）、③オーチョレン（最も程度のひどい嘘つき）、④チョレンボーシ（嘘つき、揶揄する気持ちを込めて使う）、⑤チョレンケツ（嘘つき、卑しめる気持ちを込めて使う）

　①から③までは、「程度性」を拡張方向に細分化しているものであり、④、⑤は使用する際の「情緒性」の相違を表するものである。「チョレン」をもとに、これらの語彙を構造化して示すと、次のようになる。

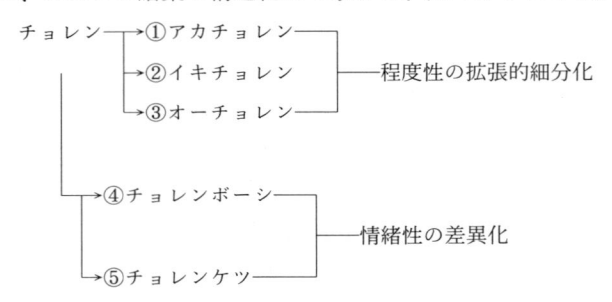

```
チョレン ┬→①アカチョレン ┐
         ├→②イキチョレン ├── 程度性の拡張的細分化
         ├→③オーチョレン ┘
         │
         ├→④チョレンボーシ ┐
         └→⑤チョレンケツ   ┴── 情緒性の差異化
```

　この階層構造は、時間・空間的な一つの典型である。なぜなら、①から⑤までの語彙は「チョレン」の存在をもとにしてはじめて成立しうるものであり、しかも「チョレン」をはじめとする6語は、「嘘つき」という意味項目における意味の対立的な網の目の中で一定の位置と広がりを占めるからである。

　この階層構造において特に注目されることは、「程度性の拡張的細分化」が3段階に及んでいるという事実である。本土方言においては、「ウソツキ」→「オーウソツキ」、「ウソコキ」→「オーウソコキ」（中国地方方言）のような2段階分化は認められるが、野島方言のような3段階分化は、認めがたいのである。

　野島方言において、このような細分化が成立し得たのは、この社会が離島で、しかも一島一集落からなるきわめて高密度の閉鎖的社会であったからだと考えられる。そのような社会において、はじめて形成され得る濃密な人間関係のネットワークを前提としない限り、3段階以上の細分化は不可能であり、またその必要性もなかったのではなかろうか。土地の一古老が、「狭く

限られた集落なので、皆がひとりひとりの性格の違いやふるまいの癖を、まるで自分の家族のようによく知っている。また、それをよく知っていなければ、この集落の中で他人とうまくやっていくことはできない。」と説明してくれたのは、そのことを如実に物語っていると解される。
　ところで、「チョレン」という語は、『瀬戸内海言語図巻』（1974、東京大学出版会）、『日本方言大辞典』（1989、小学館）のいずれにも見えない語である。したがって、この語は、野島で独自に造語された可能性がきわめて高い。このような狭域分布の語をもとに、多くの派生形を生成している点に、野島が離島であるという「自然環境」の特色がよく反映していると言ってよかろう。すなわち、離島であったがために、いきおい本土部や他の島との接触が希薄となり、外部からのことばの流入、伝播が少なかった欠を、独自に新たな語を造語し、それをもとに多くの派生形を生成することによって補わざるを得なかったという事態の存したことも想定される。
　「チョレン」をもとに多くの派生形が生成されている背景には、野島が離島であるという「自然環境」の特性と、先に述べた「社会環境」の特性の双方が有機的に関連しあって存在していると考えられる。
　ところで、「嘘」は笑いや滑稽と背中合わせである。誰もが嘘とは分からないことを言って人をだますのは悪徳であるが、明らかに嘘と分かることを言ってまわりの人々を笑わせるのは悪徳とは言えないであろう。たとえば、「センミツ」（千に三つしか本当のことを言わない人）という強意的比喩は、人を誹謗すると同時に、その極端な誇張ゆえに笑いをもたらすであろう。「嘘つき」がそんなに多くいたとも思えない当該社会にあって、「嘘つき」の程度性を細分化し、多くの語彙を使用している背景には、儒教思想の浸透があったことが想定される。しかし、その一方で、固く閉ざされた「こわばりの社会」の中で、カタルシスを求める人々の意識が深層において複雑に働いていたとも考えられるのである。
　それとともに、「嘘」と「まこと」を正確に弁別するための情報が決定的に欠落していた時代にあって、まことしやかな「嘘」がこの島に飛び交えば、野島集落の社会的秩序を維持することなど、とうてい不可能である。そ

のような状況を未然に予防するために、「嘘つき」の程度性を強化し、多くの語彙を状況に応じて使い分けていたということが考えられる（詳しくは、拙著『「ヨコ」社会の構造と意味―方言性向語彙に見る』を参照のこと）。

5. 当該方言における性向語彙の派生構造と社会的特性

(1) 「怠け者」の意味項目について

「怠け者」の意味項目には、26の要素（語以外に、連語、慣用句を含む）が認められる。このうち、最も使用頻度が高く、多くの派生形を生成している語は、「チョレン」と同様、『瀬戸内海言語図巻』『日本方言大辞典』のいずれにも見えない「ノットク」という語である。この語をもとに、「アカノットク」（ノットクよりも程度のひどい怠け者）「ウトーノットク」（アカノットクよりもさらに程度のひどい怠け者）「オーノットク」（ウトーノットクよりもさらに程度のひどい怠け者）「トーゴロイワシ」（何の役にも立たない怠け者）の4語と、「オーノットクノ　タイショー」（最も程度のひどい怠け者）「ノットクノ　トーゴロイワシ」「ノットクノ　トーゴロー」（何の役にも立たない怠け者）「ノットクノ　セックバタラキ」（怠け者の節句働き）という四つの連語が生成されている。

「ノットク」をもとに、これらの全要素の関係構造を示すと、次のようになる。

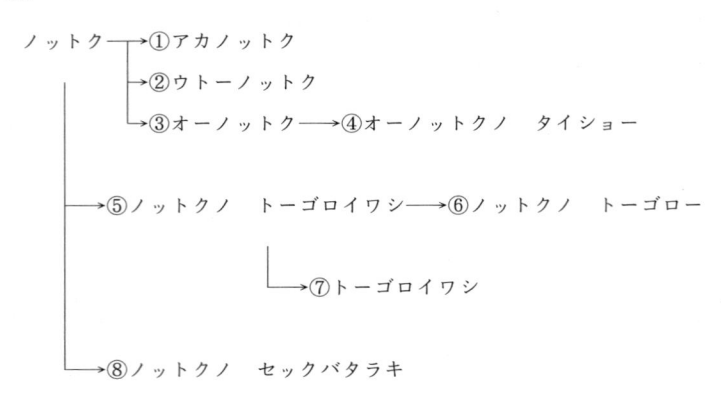

```
ノットク ─┬→ ①アカノットク
          ├→ ②ウトーノットク
          ├→ ③オーノットク ──→ ④オーノットクノ　タイショー
          │
          ├→ ⑤ノットクノ　トーゴロイワシ ──→ ⑥ノットクノ　トーゴロー
          │                     └→ ⑦トーゴロイワシ
          │
          └→ ⑧ノットクノ　セックバタラキ
```

「チョレン」(嘘つき)の場合に比べて、程度性の拡張的細分化がさらに1段階多くなっていることが注目される。しかも、「ノットクノ　トーゴロイワシ」は、働く意欲も能力もないため、かなり規模の大きい網漁という共同労働にとって、何の役にも立たない人を指して用いられる語であるという。したがって、仕事をしない「程度性」ということで言えば、「オーノットクノ　タイショー」よりも、さらにその程度がひどいことになる。

　このように、「怠け者」の意味項目においては、「ノットク」という総称的語彙項目をもとに、「程度性」に関して七つの派生形を生成し、およそ本土方言においては考えられない細分化を行っているのである。

　このような細分化が可能であったのは、先に見た「嘘つき」の意味項目の場合と同様、まず野島集落の人々が互いにきわめて濃密な人間関係の中で生きてきたことがあげられるであろう。それでなければ、そもそもこのような細かな弁別などできるわけがない。ここには、濃密な人間関係に支えられることによって、徹底して内面へ向かう性向語彙の世界の一つの典型がある。しかも、このように著しい程度性の細分化は、おそらく生活の必要性がベースに存しなければ、長く継承され続けることは困難だったであろう。

　野島社会は、先述した通り、長く共同で行うかなり規模の大きい網漁によって生活を維持してきた。魚群を相手に行う網漁では、船頭の判断に従って全員が俊敏に行動し、同じテンポで網を操作しなければならない。どれか一つの舟、あるいは同じ舟に乗っている漁師の誰かが網の操作を誤ることによって、せっかく網に入った大量の魚を獲り逃がしてしまうことになる。このような共同労働を連日のごとく行っておれば、ひとりひとりの仕事に対する意欲や能力の違いを細かく区別することができたであろう[3]。というよりも、少しでも多くの魚を漁獲し、少しでも豊かな生活を維持していくためには、ひとりひとりの仕事に対する意欲や能力を、誰もが正確に弁えておくことが必要とされたはずである。

　「ノットク」における「程度性」の細分化には、狭い平地に高密度に居住することからくる人間関係の濃密さ以外に、当該社会の漁法という生業の特徴が大きく関わっていると考えられるのである。このことを、「馬鹿者」の

意味項目について分析することにより、さらに明確化することにしたい。

(2) 「馬鹿者」の意味項目について

「馬鹿者」の意味項目には、33の要素が認められる。その中にあって、最も使用頻度が高く、多くの派生形が見られるのは、「ヨリガ　アマイ」という比喩的慣用句をもとに成立した「ヨリ」である。「ヨリガ　アマイ」という比喩的慣用句は、すでに指摘したとおり、「網にとりつけた網の縒りが甘いと漁をするとき全く役に立たないところから、仕事の役に立たない馬鹿者にたとえた」ものである。ここにすでに、「馬鹿者」の見立てとして、「操業」の場が働いており、しかも「馬鹿者」と「仕事の役に立たない人」とが、意味的にリンクしている事実が認められるのである（この事実は、中国四国地方に広く認められる普遍性の高い事実である[4]）。「ヨリ」の背景には、このような漁業（特に網漁）を生業とする「社会環境」の存在が見出される。

「馬鹿者」の意味項目における総称的語彙項目である「ヨリ」の成立に、網による操業という場面での想像的認知が働いているということは、当該社会を社会として存続させるために、「共同労働としての網漁」が、いかに重要な意味を有していたかがよくうかがい知られるのである。それでは、「ヨリ」をもとにして、どのような語彙を生成し、いくつの段階にその程度性を弁別しているのであろうか。それを、以下に示す。

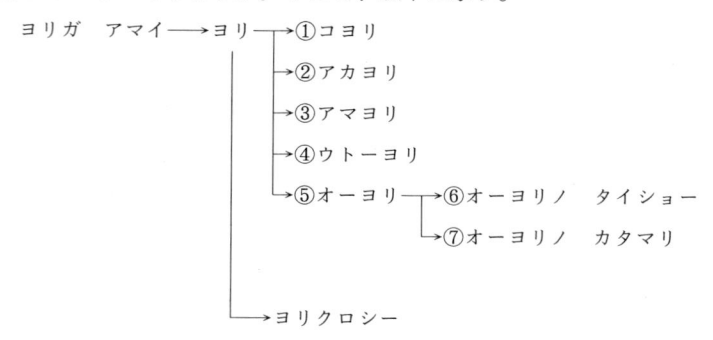

```
ヨリガ　アマイ ──→ ヨリ ──→ ①コヨリ
                      ├─→ ②アカヨリ
                      ├─→ ③アマヨリ
                      ├─→ ④ウトーヨリ
                      ├─→ ⑤オーヨリ ──→ ⑥オーヨリノ　タイショー
                      │              └─→ ⑦オーヨリノ　カタマリ
                      └─→ ヨリクロシー
```

この階層構造から、「ヨリ」の程度性が7段階に拡張的に細分化されてい

ることが理解されるが、それでは「知恵や知識の足りない程度」を7段階にも細分化していることから、我々は何を読み取るべきであろうか。もし仮に、「ヨリ」を「仕事の役に立たない人」として、操業からすべて排除するのであれば、なにもこのような細分化を行う必要はなかったであろう。その点について、土地の古老の次のような説明に耳を傾けてみたい。「知恵や知識の足りない人間も舟に乗って、それぞれ自分に合った仕事をした。昔は、知識の足りない人や物覚えの悪い人はたくさんいたので、それらの人にも仕事を割り当てなければ、規模の大きな網漁はできなかった。ただ、仕事の役に全く立たない人は舟に乗せなかった。」

それでは、どの段階の人を舟に乗せなかったかというと、⑤から⑦までの段階の人だったという。こうなると、当該社会のような人口が少なく固く閉ざされた社会においては、性向語彙は抽象名詞ではなく具体名詞として、さらに言えば普通名詞ではなく固有名詞としての機能にも似た独自の機能を果たすことにもなる。

だからこそ、かつてこの島に実在した人の名や屋号が、性向語彙の中に取り込まれることも可能になったのであろう。ここには、すべての人の上に、きわめて均質的で一元的なモラルの強く課せられていたことが知られるのである。そして、このような過酷とも言うべき社会的規範が継承されてきたのは、野島集落の存続を支える生業（共同で行う網漁）の厳しさという「社会環境」の特徴が、背景にあったからにほかならないであろう。

また、「怠け者」や「馬鹿者」の意味項目においても、「嘘つき」の意味項目と同様に、使用頻度が高く、多くの派生形が生成されている「ノットク」と「ヨリ」が、ともに狭域分布の語であることが注目される。「ノットク」は『瀬戸内海言語図巻』『日本方言大辞典』のいずれにも見えない語であり、「ヨリ」は『島根県方言辞典』(1963)に「よりくそ　よりかす。下等の人または品。相手にならぬ者。（中略）石、美・益。」という説明が見えるので、おそらく同源と考えられるが、筆者の今日までの調査によると、「ヨリ」を馬鹿者の意で使用するのは、野島に限られている。ここには、野島が海によって隔てられた離島であるという「自然環境」の特性が反映しているもの

と考えられる。

おわりに

　以上、野島方言の性向語彙を対象として、方言語彙に反映する環境の特色、方言語彙と環境との相関性について、分析、考察を試みた。その結果、方言語彙には環境の特色がきわめて具体的な形で反映することを明らかにすることができたかと思う。また、環境は一般的に「自然環境」と「社会環境」の二つに大別されるが、当該方言の性向語彙という意味分野においては、離島であるという「自然環境」が前提になるものの、性向語彙の内実や構造を具体的に規定するのは、一島一集落という社会構造によって形成されるきわめて濃密で求心的な人間関係や、15歳以上の男性がそろってかなり規模の大きい網漁に従事してきた生業の均質性という、「社会環境」であることを実証することができた。ここに、「自然環境」に対する「社会環境」の優位性を認めることができる。

　離島というきわめて厳しい「生活環境」の中で生きてきた野島集落の人々にとって、最も深刻な問題は、いかにしてこの集落を維持、存続させるかということであったろう（これは何も野島集落に限られることではない）。当該方言における性向語彙は、そのような野島の人々の思い（願望）を達成するための社会的規範として、きわめて具象的な機能を担い続けてきたことも、上の分析を通してほぼ明らかにすることができたと考える。

　　注
1)　沖浦和光『瀬戸内の民俗誌―海民史の深層をたずねて―』（1998、岩波新書）には、次のような記述が見える。「近世の代表的な民俗誌である『淡路草』によれば、近世後期には40数座あって、人形遣いの総数は900人をこえた。その全盛期は、竹豊両座が栄えた18世紀ごろで、これらの一行が瀬戸内の賑わった港に立ち寄って興業したのである。」（229ページ）「この一座（長州藩の御前座であった長門国の若嶋座、以上筆者注）は瀬戸内の各地の港でしばしば興業している」（233ページ）
2)　藤原与一『方言学の原理』（1989、三省堂）を参照のこと。社会学における

「共通社会意識」の概念にほぼ相当する。
3) 木村礎『近世の村』(1992、教育社) には、次のような記述が見える。「漁村の社会的特色として、共同労働の緊密性がことに高いことがあげられる。漁業労働の持つ特質は村内の社会関係にも強く反映した。」(237ページ)
4) 拙著『「ヨコ」社会の構造と意味』(2001、和泉書院) を参照のこと。

参考文献
1959：藤原与一「命名と造語」(『日本民俗学大系10　口承文芸』平凡社)
1961：　同　　　『日本人の造語法―地方語・民間語―』明治書院
1963：広戸惇・矢富熊一郎『島根県方言辞典』東京堂出版
1972：愛宕八郎康隆「国語方言の発想法㈠」(『長崎大学教育学部人文科学研究報告』第21号)
1973：　同　　　　「国語方言の発想法㈡」(『長崎大学教育学部人文科学研究報告』第22号)
1974：藤原与一『瀬戸内海言語図巻』(下巻、東京大学出版会)
1980：国広哲弥「意味の構造と概念の世界」(『講座言語第一巻　言語の構造』大修館書店)
1980：室山敏昭『地方人の発想法―くらしと方言―』文化評論出版
1981：広島大学方言研究会『島根県那賀郡金城町今田方言の性向語彙』(『広島大学方言研究会会報』第26号)
1985：愛宕八郎康隆「方言研究の心理学的見地―造語・造文の比喩発想から―」(『方言研究年報』第28巻、和泉書院)
1987：室山敏昭『生活語彙の基礎的研究』和泉書院
1988：柴田　武『語彙論の方法』三省堂
1988：山梨正明『比喩と理解』(『認知科学選書』17、東京大学出版会)
1988：A. J. グレマス『構造意味論』1966 (田島宏・鳥居正文訳、紀伊国屋書店)
1989：徳川宗賢・佐藤亮一『日本方言大辞典』小学館
1992：室山敏昭「方言性向語彙の派生構造とその規程要因―山口県防府市野島方言について―」(『小林芳規博士退官記念　国語学論集』汲古書院)
1993：　同　　　「方言性向語彙における比喩の生成と構造―山口県野島方言の場合―」(『国文学攷』第132・133合併号)
1995：富永健一『社会学講義』中公新書
1998：室山敏昭『生活語彙の構造と地域文化―文化言語学序説』和泉書院
2001：　同　　　『「ヨコ」社会の構造と意味―方言性向語彙に見る』和泉書院
2003：松本　曜編『認知意味論』大修館書店

〔補記1〕

「生活の必要性」という概念は、文化人類学における環境をキー・テーマとする研究領域においても、ごく最近使用されるようになった。たとえば、『岩波講座文化人類学第2巻　環境の民族誌』(1997)に収録されている。嘉田由紀子の「都市化にともなう環境認識の変遷—『映像による小さな物語』—」を見ると、「生活知」の概念内容を形成する重要なファクターとして、「生活の必要性」というタームが使用されている。「科学的知識は、物事を個別要素に分析し、それを、科学的因果律という共通言語で組み直しをする知識体系であるが、生活知は、生活実感に即して、生活の必要性や生活の場の論理で組み立てられる総合的な知識体系である。」(47ページ)「生活の必要性」という概念は、生活語彙の構成や構造的特質を説明し、解釈するための最重要概念であるが、同時に、地域生活者の環境認識を規定する重要な概念でもあることになる。

〔補記2〕

語彙システム・意味システムに反映する「生活環境の認識」の文化的解析とは別に、地域社会に行われる「現象に関する特定の言いまわし」（慣用表現）を対象化して、地域住民の生活史を背景とする「環境認識」を究明することも、環境言語学における重要な課題とされよう。

たとえば、瀬戸内海の西部域にあって、今日もなお漁業の盛んな大分県姫島の老年層漁民は、「天気の変化」に関する多くの言いまわし（慣用表現）を所有している。この「天気の変化」に関する言いまわしは、基本的には漁撈を背景として成立したものと考えられるが、そこには、姫島に生きてきた漁民の濃密な生活環境の認識が反映しているのである。言い換えれば、生活知の充填された「ミクロな環境認識」（空間認知）がきわめて具体的な語りの形を取って、定着しているのである。

このような内実に彩られた「天気の変化」に関する言いまわしは、環境言語学における恰好の研究対象とされる。「ミクロな環境認識」であるだけに、見られる環境は狭いものとなるが、しかし環境を充填する現象の細部にまで関心が向けられていることによって、生活の必要性や生活の場の論理を客観的に再構築することが可能となる。

〔補記3〕　漁撈と潮の動き

筆者は、広島県豊田郡豊町大崎下島の老年層漁民が使用している潮の語彙について、詳しい調査を実施する前に、まずこの地にあって、長年漁撈に従事してきた3人の方に集まっていただき、「漁撈と潮」との関係について、自由に話し合ってもらった。その際、得られた実に豊かな談話の内容を筆者の手で整理し、その概要を

以下に記すことにする。下記の内容に目を通した上で、再度、この島の漁民が使用している「潮の語彙」の体系的記述の内実（このセクションの第7章）を丁寧に読み返してもらうならば、彼らが潮の動きを実に細かく分節し、多くの語彙を使用しているという事実が、日々の漁撈において潮という「自然現象」（自然環境・生業環境）にいかに適切に対応するかが、彼らの生活にとって極めて重要な意味を持つことを明確に反映するものにほかならないことを、より深く理解してもらえるものと思う。言い換えれば、漁業文化にとりこまれた、「潮」に関する擬似科学的とも言うべき精細な知識を、より深く理解してもらうことが可能となろう。

　漁民は、潮の動きを詳しく知っておかねば、生活は成り立たない。それを知るのは毎日の月の位置である。月の位置を見て潮の干満を知り、潮流（シオイキ）を計り、漁撈の手立てとする。科学が進歩した社会においても、瀬戸内海を航行する船舶は潮流を無視しては運行することができない。そのためには、毎日の旧暦が必要となる。漁に携わる者は、日々の旧暦は欠くことのできない重要なことで、また、潮流を知る目安として、月の位置を確かめることが重要である。

　月の出入りの時刻は1日平均50分あまりずれる。ただし、この遅れは土地の緯度や月の位置によって異なる。瀬戸内海は中心が北緯34度と東は北に、西は南にとずれている。土地の緯度が北に進むにしたがって大きくなり、また秋分の望月の頃が最も小さく、春分に近い望月の頃が最も大きくなる。月の相は著しく、朔日には全く欠け、望月には満ち、上下弦には月面の半分が欠ける。

　月の出は朔日には、日の出の頃、望月には日の入りの頃、下弦には夜中の頃となる。月の入りは朔日には日の入りの頃で、望月には日の出の頃となる。

　潮は、主として月の運行によって起こる。1日に普通、2回の満潮と2回の干潮がある。満潮から次の満潮まで、干潮から次の干潮までの平均時間は12時間30分足らずであり、月が南中してから満潮または干潮になるまでの平均時間はほぼ定まっており、定まった潮流と潮位になる。また、満潮と干潮の潮位の差は、普通、朔日および望月の1、2日後に最も大きく、大潮という。上弦および下弦の1、2日後に最も小さく小潮という。中潮と長潮というのは、朔日と上弦の中ほど、望月と下弦の中ほどから小潮に至る間の潮の名は、中潮、長潮、小潮となる。大長では、大潮を稀に荒潮ということがあり、中潮を落ち潮、小潮を枯れ潮、長潮、若潮と区別し、小潮から中潮になる始めを起き潮といっている。

　潮の干満と潮流は旧暦で大の月は30日、小の月は29日としている。わずか1日の差でも、潮流の緩急の差が著しく違う。「春の宵干」「秋の朝満」は、年中での最も潮位の差の大きいときであり、6メートルにもなる。

　大長の漁場は、満潮は西より東へ、干潮は東より西に流れる。満潮も干潮も潮

流に緩急の差のあることは、誰もが知っている。また、片潮は6時間とほぼ似通っているが、満潮でも干潮でも中央の本筋の流れと南筋と北筋の脇流では潮返しに30分ないし50分と大きく開きがある。大崎下島の海岸部の潮返しと沖合いの本流の潮返しでは、潮流に1時間あまりの遅れがある。漁師はそれを測って出漁する。潮流は片潮6時間の中でも、著しく差があるので、約1時間30分程度に四区分して潮流の早さを測るのである。

満潮の流れは、上潮より底潮の流れが30分以上も早く返し、特に北側ほど速く流れている。干潮は上潮が早く返し、底潮の潮返しまでには30分以上も早く、潮流も極端に速く激しい流れになる。

航海船は上潮の潮流だけで事足りるが、漁船はそれではいけない。大崎下島の西端の八木灘の潮は、「八木の七潮」と呼ばれており、この漁場では同じ時刻に潮の流れがいろいろと変化して、漁民を難渋させる。

潮流の変化と応用の案配が最も必要とされるのは、底曳網である。上潮と漁船の速度は、目で見て分かるが、底潮の流れは見えない。これを、曳網の手網の手ごたえで、船の速さを加減する。これを、漁民は、長年の経験で覚えたものである。鰶流し網などは、潮流にまかせての流し網で、割合に容易なのである。それに対して鯛網は、潮流と戦っての漁撈になるので、難しい。

◇『瀬戸内海圏　環境言語学』（1999、武蔵野書院）に収録された論文に、一部加筆修正を施したもの。

第6章　漁業社会の「波」の語彙

はじめに

　『分類語彙表』（国立国語研究所編、1964、秀英出版）の「波」の項を見ると、次のような語彙が挙がっている。「波・波浪・波濤・うねり・横波・白波・さざ波・大波・逆波・荒波・怒濤・激浪・仇浪・土用波・余波・波頭・津波」の17語である。「波」に関する共通語の語彙は、これですべてではなく、例えば『広辞苑』によっても、「波の花・波間」などをすぐに補うことができる。

　さて、『分類語彙表』の「波」の語彙は、おおよそ、次のような最小意味枠に分類されよう。

　1．波そのもの——波・波浪
　2．大小
　　(1)　大——大波・波濤・激浪・怒濤・荒波・うねり・白浪・余波・津波・仇浪
　　(2)　小——さざ波
　3．船に対する方向——横波・逆波
　4．部分——波頭
　5．季節——土用波

『分類語彙表』に挙がっている語数は、さらに多くなることが予想されるが、しかし、全体の意味枠の数は、上に帰納した五つにほぼ限られるであろう。

　ところで、実際に漁業に従事している方言社会の「波」の語彙は、『分類語彙表』のそれと比較して、語彙の実態と体系との上に、いかなる特色が見出されるであろうか。また、その特色は、何によって結果されたものと考え

412　Ⅲ. 文化言語学の実践

るべきであろうか。
　本章においては、上のような問題意識に基き、鳥取県気高郡気高町姫路という小規模沿岸漁業に従事している地域社会の「波」の語彙を中心とし、鳥取県東伯郡羽合町宇野方言、京都府与謝郡伊根町亀島方言の資料を従として、漁業社会の「波」の語彙の実態とその特質を解明してみたいと思う。なお、島根県出雲・隠岐地方、静岡県浜名郡新居町、新潟県佐渡島などの資料も、適宜参照することにする[1]。

1. 姫路方言の「波」の語彙

　昭和49年の秋と昭和64年の春に、筆者が現地で行った計8日間の調査によって得ることのできた当該方言の「波」の語彙は、以下の諸語である（50音順に列挙する）。

　　アレコグチ（海が荒れかれている時）・アワ（波の泡）・イチノオレ（凪は数日続くがその最初の日）・ウネリ（うねり）・ウマノリ（うねりのこと）・オーナミ（大波）・ガイナナミ（大波）・カエリナミ（引き波）・コナミ（小波）・コマイナミ（小波）・サカナミ（逆波）・サンカクナミ（三角波）・シブキ（飛沫）・シラコ（大波）・シラナミ（白波）・ゼッチョー（大波の波頭）・タテナミ（縦波）・タニマ（大波の波間）・ツユナミ（梅雨時分の大波）・ドヨーナミ（土用波）・ナギ（凪）・〈アブラナギ（油凪）・オトナギ（凪の最後の日）ブタナギ（ベタナギのこと）・ベタナギ（油を流したような凪）〉・ナギコグチ（凪の始まり）・ナダナミ（灘の波）・ナミガシラ（波頭）・ナミマ（波間）・ナラク（大波の波間）・ニシナミ（西波）・ノタ（大波）・ハラ（波の腹、波頭と波間の中間、ナミノハラとも）・ヒキナミ（引き波）・ヨコナミ（横波）

　また、これらの名詞語彙と密接に連関する動詞語彙には、次の諸語がある。

　　アガル（波が浜や磯に打ち上げる）・ウテル（波が打つ）・オレル（波が折れて白波が立つ）・カエス・カブル・カベサル・クル・シブク・タッ・デキル・（波が出る）・デル・トール（波が通る、大波について言

う)・ナグ（凪ぐ）・ヒク・ヨセル・ヨル

これらの語彙は、おおよそ、次のように分類される。

1．波そのもの——ナミ
2．大小
　(1) 大——ガイナナミ・オーナミ・ノタ・ウマノリ・ウネリ・シラナミ・アレコグチ
　(2) 小——コマイナミ・コナミ・ナギ（アブラナギ・オトナギ・ベタナギ・ブタナギ）・ナギコグチ・イチノオレ
3．方位——ニシナミ
4．船に対する角度——ヨコナミ・タテナミ・サカナミ・ヒキナミ・カエリナミ
5．形状——サンカクナミ
6．部分——ナミガシラ・ゼッチョー・タニマ・ナラク・ハラ・ナミマ・シブキ・アワ
7．場所——ナダナミ
8．季節——ドヨーナミ・ツユナミ

この結果を、先に示した『分類語彙表』のそれと比較すると、次のような特色を指摘することができる。

①　語彙の意味枠——『分類語彙表』の場合が、「波そのもの」「大小」「船に対する方向」「部分」「季節」の五つであるのに対して、姫路方言は、「方位」「形状」「場所」の意味枠が加わって、八つであること。

②　語彙の実態
　a　「オーナミ」⇔「コナミ」、「ヨコナミ」⇔「タテナミ」の２項対立が認められること。
　b　「ゼッチョー・ナミガシラ」⇔「ハラ」⇔「タニマ・ナラク」の３項対立が認められること。
　c　「アレコグチ」⇔「ナギコグチ」の２項対立が認められること。
　d　方位に関する「ニシナミ」が認められること。
　e　『分類語彙表』では、「波の大小」のうち、小のものの語数がきわめ

て少ないが、姫路方言では「コナミ」をはじめとして、多くの語数が認められること。

　上記の、姫路方言に特徴的な事実が、どのような意味を持っており、また、何によって結果されたものであるかについて考察してみたい。まず、「場所」であるが、当該方言社会は、先にも述べたごとく小規模の沿岸漁業社会である。そのため、漁船も小さく漁場も狭い。沖合いに出掛けて行って漁をすることはほとんどないと言ってよい。したがって、「波」についても、浜に近い漁場（これをナダと言う）のナミに特に注目することとなり、「ナダナミ」（オキナミという語は認められない）という語を生成したものと考えられる。このことは、当該方言における「風」や「潮」の「ナダノカジェ」「ナダノショ」と緊密に連繋するものとして注目される[2]。

　ついで、語彙の実態であるが、共通語は、「大波⇔小波」「横波⇔縦波」の対立が認められないが、当該方言にはその対立が明確に認められる。これは、波に対する漁撈経験を基盤とする観察の目のこまかさを示すものであるが、それは、「ゼッチョー」⇔「ハラ」⇔「タニマ」の3項対立に最も顕著である。特に、波について「ハラ」と言い「タニマ」と言うのは、小舟で漁を行ってきた当該方言社会の漁業の実態を、きわめて端的に反映する事実であろう。また「アレコグチ」⇔「ナギコグチ」の対立は、波の「大⇔小」の変化についての関心の強さに基いて生成されたものであるが、漁そのものと緊密に関わっていることは言うまでもない。「アレコグチ」に注意して漁をやめ、「ナギコグチ」を見定めて出漁するという日々の漁業生活から生み出された文字どおりの生活用語である（長年の漁撈経験に基づいて漁民が独自に生成した生活語彙）。「ニシナミ」は西風が強い日に起こる波であって、激しく大きい波（4～5メートル）であるために、漁にとっては最も危険な波である。そのため、波は、実際には、すべての風位と結びついているはずであるが、特に「ニシナミ」にだけ注目することになったと考えられる。「波の小さいもの」に関する異語数が多くなっていることについては、「ナギ」の類義語の多い事実が特に注目される。海が凪げば、漁に好都合のように考えられるが、「ベタナギ・ブタナギ」の命名意からも理解さ

れるように、土地の人々は、これらを決して好ましいものとは思っていない。波が全く立たないという状態は、風が無く潮の動きが遅いことを意味し、そのため魚がほとんど移動せず、大体、不漁に終るからである。

ここで、漁にとって好ましい波を表わす語彙と好ましくない波を表わす語彙の比率を示すと、次のとおりである。

① 好ましい波の語彙―――― 5語（20％）
② 好ましくない波の語彙――20語（80％）

これを見ると、「波」の語彙は、潮や風の語彙と同様に、漁に不向きなもの好ましくないものの方向へ栄えていることが理解される。土地の人々は、好ましい事態や現象を、むしろ当然のことと受けとめ、このような事態に対してはさほど細かな関心を寄せず、また、ことばづくりも行っていない。これに反して好ましくない事態に対しては、実に細かな心くばり（認知の焦点化）を見せるのである。マイナス方向の事態に土地の人々が強い関心を寄せるのは、そのような事態が、彼等の生活にただちに深刻な影響を及ぼすためであろう。漁に不向きな大波に関する名詞語彙が栄えていることは、また、動詞語彙にも同様に認められ、「アガル・ウテル・カブル・カブサル・シブク・タツ・デル・クル」など、全体の半数強が「大波」に関するものであって、「小波」に関するものは、「ナグ」の一語だけである。

当該方言の「波」の語彙の中心的な意味枠は、「大小」に関するものであることが、異語数の多さと類義語の多いことによって確認される。これは、『分類語彙表』においても、ほぼ同様である。

2．姫路方言の「波」の語彙の記述

姫路方言の「波」の語彙のうち、『分類語彙表』に認められない語詞の一々について、以下に意味記述を行う（ただし、動詞語彙は除く）。

2．大小
　(1) 大
1．ガイナ　ナミ（大波）　最も普通の言いかた。全年層の男女によく用いられる。

2．オーナミ（大波）　やや改まった言いかたで、あまり用いられない。
3．ノタ（大波）　波頭が折れて白波が立っている場合をノタと言うので、ウネリとは明確に区別される。ウネリは、白波の立たない大きい波をいう。○シラコノ　トール　トキニ　「キョーワ　ノタガ　アルゾー」ッチュー　ナー。（白波の通る時に「今日はノタがあるぞ」と言うねえ）〈老男〉　ノタは、中年層以上の男女の生活語となっている。
4．ウマノリ（馬乗り、ウネリのこと）ウネリが沖合いで上下する様を見て、馬に乗った人が上下するのに似ているところからこのように命名した。ウマノリは、沖のウネリについてだけ言う。○ウマノリガ　トースケ　シケテ　クッ　ゾー。（ウマノリが通るから時化て来るよ）〈中男〉
5．シラコ（白波）　ウネリの波頭が折れて白波が立っているのを言う。○サムン　ナルト　ホトンド　マイニチ　シラコガ　タッケー　ナー。（寒くなるとほとんど毎日シラコが立つからねえ）〈老女〉
6．アレコグチ（荒れかけている時）アレコグチになると漁をやめる。

(2)小

1．コマイ　ナミ（小波）　コーマイ　ナミとも言う。小波の日が少ないため、小波であることを強調するときに使う。ガイナ　ナミの対義語。
2．コナミ（小波）　オーナミの対義語。普通、コマイ　ナミを用いる。
3．アブラナギ（油凪）海上が油を流したように一面平らになり、全く波が立たない状態を言う。○ハルサキニ　ウミガ　シローニ　ヒカッテ　ノタリノタリ　シトルヤーナノオ　ユー　ナー。（春先に海が白く光ってノタリノタリしているようなのを言うねえ）〈老男〉
4．ベタナギ（ベタ凪）　アブラナギのこと。ほとんど魚が獲れない。
5．ブタナギ（豚凪）　ベタナギのこと。ベタナギを嫌う気持がこの卑稱を生んだ。○ベタナギニ　ナッタラ　サカナガ　チョットモ　トレリャ　シェンダケー　ハラー　タッテ　ブタナギッチュー。（ベタナギになったら魚が少しも獲れやしないから腹を立ててブタナギと言う）〈老男〉
6．オトナギ（凪の一番最後の日、「オト」の語源は「弟」か）　ナギが終る

第6章　漁業社会の「波」の語彙　417

と、魚が獲れるようになる。
7. イチノオレ（凪の最初の日）　凪になると、その状態が大体数日続く。その間、ほとんど漁はない。イチノオレは、大波のあった翌々日だから、まだ海はかなり濁っている。したがって漁師は、○イチノ　オレダケー　アミー　ウッテ　ミル　カー。チッター　サカナガ　ハイルカモシレンケー　ナー。（イチノオレだから網を打ってみるか。少しは魚が入るかも知れないからねえ）〈老男〉のように言う。ナギコグチの翌日が、イチノオレである。
8. ナギコグチ（凪の始まり）　ナギコグチを待って舟を出す。

　3．方位
1. ニシナミ（西波）　西風が強く吹くと、波が高くなる。しかも高い波がたてつづけにやって来るので、小舟で漁をしている時は、きわめて危険である。

　4．船に対する方向
1. タテナミ（縦波）　船の真正面からやって来る波を言う。

　5．形状
1. サンカクナミ（三角波）　縦波と横波がぶつかり合った所にできる三角状の波を言う。○サンカクナミワ　フネガ　グッチングッチン　ヨーイサブレテ　ロガ　コゲン　ナー。ジョーズニ　フネ　アヤツッテ　ニゲナ　イケン　デ。（三角波は舟がグッチングッチンよくゆれて櫓が漕げないねえ。上手に舟を操って逃げなければいけないよ）〈老男〉

　6．部分
1. ゼッチョー（絶頂）　波頭のことを普通ゼッチョーと呼ぶ。
2. ハラ（腹）ウネリの側面（ゼッチョーとタニマの中間部分）をハラと言う。○ガイナ　ナミノ　トキワ　ナミノ　ハラオ　ツタウト　フネガ　ハセヤスイ　ナー。（大波の時は波の腹を伝うと舟を進めやすいねえ）〈中男〉『全国方言辞典』によると、南島喜界島で波間のことを「なみばら」と言うとある。
3. タニマ（谷間）　波間の最も低い部分。

4．ナラク(奈落)　大波のタニマをこう呼ぶ。○フネガ　ナラクニ　ズサーット　ツッコム。(舟が奈落にズサーッと突っ込む)〈老男〉　大波の谷間をナラクと表現するところに、小舟で漁を行う漁師の苦しい生活実感が切実に込められている。それは、「ゼッチョー」「タニマ」「ナラク」の3語が、いずれも強意比喩であることから、容易に理解される。

7．場所
1．ナダナミ(灘波)　灘の大波を特にこう呼ぶ。○キョーワ　ナダナミガ　デトル　ナー。(今日はナダナミが出ているねえ)〈老男〉

8．季節
1．ツユナミ(梅雨波)　梅雨時の大波。飛沫がよく飛ぶという。

これ以外に、「ヒキナミ」(引き波。沖の方へ引き返す大波のこと。舟や網がよく流されて難渋するという)「カエリナミ」(帰り波。キヒナミと同義。普通、ヒキナミを用いる)の2語がある。

上に記述した波の語彙のうち、命名心理、造語法の観点から特に注目される語形としては、「ウマノリ」「イチノオレ」「ハラ」「ナラク」「タニマ」「ゼッチョー」などがある。「ウマノリ」「ナラク」「タニマ」「ゼッチョー」は比喩法に立つ語形であり、「ハラ」は擬人的な表現である。このうち、「ゼッチョー」「タニマ」「ナラク」は、すでに指摘したように強意比喩であって、漁民の大波に対する恐怖心を端的に表象化したものである。また、「イチノオレ」は「一の折れ」であって、「一の舞」「一の富」などと同様の造語法による注目すべき語形である。

3．他の漁業社会の「波」の語彙

(1)　鳥取県東伯郡羽合町宇野方言の「波」の語彙

姫路方言の「波」の語彙と、意味枠・実態ともにほとんど一致する。姫路方言に認められないものとしては、次の諸語がある。

2．大小
(1)　大——ノッタ・ヌタ・ナギマチ
(2)　小——オーナギ

6．部分──ナミノハナ(飛沫)・シロウサギ[3]（白兎。姫路方言のシラコに近い）

(2) 京都府与謝郡伊根町亀島方言の「波」の語彙

　亀島方言の「波」の語彙も、姫路方言・宇野方言の「波」の語彙の意味枠・実態とかなりよく一致する。しかし、「方位」に関する語彙がきわめて多く、その構造がかなり複雑になっている事実が注目される。亀島方言の「波の方位」に関する語彙は、次のようである。

　　キタナミ（北波）、ヒガシナミ・イセチナミ（東波）、アラシナミ（南波）、ウラニシ（南西波）、ニシナミ（西波）、オキヌタ（北から来る大波）、アイヌタ（北東から来る大波）、イセチヌタ（東から来る大波）、アラシヌタ（南から来る大波）、ニシヌタ（西から来る大波）

　姫路方言・宇野方言には、西から来る「ニシナミ」だけが認められるが、亀島方言では「北・北東・東・南・南西・西」の6方位を区別しているのである。これらが、特に大きい波と結びつくことは、「ヌタ」（大波）についても、「北・東・南・西」の四つの方位が区別される事実によって明確である。また、「波」の方位弁別が、すべて「風位語彙」の方位呼称を基準としていることが注目される。この点に、漁民の「風」と「波」との関係認知における独自性が端的に認められると言ってよかろう。この方言社会が、「波の方位」に関する語彙を栄えさせているのは、ここが、張り網、刺し網などの定置網漁が盛んであることと、きわめて密接な関係があるであろう。波が高く激しくなると、網が流されたり、岩に引っかかって破れてしまう危険性が、つねに存するからである。

　また、「波の大小」についても、亀島方言では、「オーナミ・ヌタ・オーヌタ」⟷「チューナミ・チュー」⟷「コナミ」の3項対立が認められる。姫路、宇野両方言では、「オーナミ・ノタ」⟷「コナミ」（姫路）、「オーナミ・ノッタ・ヌタ」⟷「コナミ」（宇野）の2項対立の構造が認められるが、亀島方言では3項対立の構造になっているのである。なぜ、「チューナミ・チュー」を造語し、3項対立の構造を形成したかについては、いまだ明

確にし得ないが、当該方言には「アレコグチ」「ナギコグチ」「ナギマチ」のような語詞が認められないので、あるいは、「チューナミ・チュー」が、その欠を補う機能を果しているのかも知れない。

(3) 静岡県浜名郡新居町方言の「波」の語彙

当該方言の「波」の語彙については、資料の制約から、いくつの意味領域が認められるかは判然としないが、「アイ」(打ち寄せる波の合間、その瞬間をねらって船を出す)「ボンナミ」(8月の盆の頃くる大波)「スマキ」(冬の海上で疾風とともに急に押し寄せる強い白波で、その時は海がその部分だけまっ白になって騒ぐ)「チリメンジワ[4]」(さざ波)「カザコ」(凪の海で、風が出かかった時に立つ小波)「トンバシリ」(波しぶき)「アトミズ」(船が通る時生ずる波)などの注目すべき諸語が認められる。「スマキ」は姫路方言の「ニシナミ」に対応するものであり、「カザコ」は「アレコグチ」に該当する。「アイ」はこの語形が亀島方言にも認められ、ほぼ同義である。「アトミズ」は、亀島方言の「フナアシ」に対応するものである。「アイ」が存するところにも、漁業生活と「波」との緊密な関わりが、色濃く認められると言えよう。

(4) 出雲・隠岐地方の方言の「波」の語彙

『島根県方言辞典』に収録されている「波」の語彙のうち、「にしなみ・のた・のたりなみ・ほらせ・おれる」などが注目される。「にしなみ」を特立するところは、宇野・姫路などと同様であり、「おれる」も姫路や宇野の「オレル」と同義である。

ところで、姫路方言の「ノタ」であるが、この語形は、「兵庫県飾磨郡家島・山口県見島」(『綜合日本民俗語彙』)、「山形県飽海郡・北陸」(『全国方言辞典』)、「島根県出雲、隠岐地方」(『島根県方言辞典』)以外に、「鳥取県西伯郡淀江町、同県東伯郡北条町・羽合町、同県気高郡青谷町・気高町、鳥取市賀露、兵庫県美方郡香住町、舞鶴市野原」(筆者調査)、「京都府与謝郡伊根町」(茂田恵氏調査)、「新潟県佐渡島」(大橋勝男氏調査)などにも認められる。日

本海側の島根県出雲地方から山形県まで、大体、この語形が分布しているとされよう。したがって、「ノタ」は日本海沿岸部漁業文化圏を特色づける一言語事象と言うことができる。なお、「ノタ」の語源であるが、出雲、隠岐地方に「のたりなみ」という語形が認められ、また、姫路や宇野方言でも「ノタ」を指して、「ノタリノタリ」打つ波という説明を得ているので、「ノタリノタリ」という擬態語から派生したものと考えて、まず間違いないであろう。亀島、宇野などの「ヌタ」は、/o/＞/u/の変化によって成立した語形である。

4．姫路方言の「波」と「風」

姫路方言においては、「風」との関係から特に生成されている語は、「ニシナミ」（西波）だけであるが[5]、「波」は「風」と「潮」が起こすものだけに、土地の漁民は、両者の関係に強い関心を寄せる。この点について、以下略述する。

1．北東・東風　○ナミワ　コマイケド　ヨーケ　クッ デ。ダイタイガ　ジャポジャポシタ　ナミダ　ナー。（波は小さいけれどたくさん来るよ。大体がジャポジャポした波だねえ）したがって、漁にはほとんど支障がないという。

2．南風　○ナミオ　ミンナ　オシナベチャッテ　ノタニワ　ナランナー。（波をみな平らにして大波にはならないねえ）

3．西風　「ニシナミ」については、「キスーグースー」（奇数偶数）という言いかたがあって、○ニシカジェノ　ガイナ　ナミノ　トキワ　オーキナノガ　シマイ　アトノ　サンマイワ　ダイタイ　コマイケー　キスーグースーチッテ　イーマス　ワイナー。（西風の大波の時は大きな波が4枚、後から来る3枚は小波だから奇数偶数と言いますよねえ）のように、後の小さい波が来た時に、急いで舟を走らせるという。

4．北・北西風　寒い時分に吹く風で、風に力がある。そのためノタとなる。また、波は北風の時いちばん早くやって来るという。しかし、冬はほとんど漁をしないので、特にことばに表現することはしないという。

〇オキ̄カ̄ジェガ　ガ̄イニ　フク　ト̄キ̄ワ　カジェ̄ヨリ　サ̄キ̄ニ　ナ̣ミ̄ノ　ホーガ　キマス　ジェ。(北風が大層強く吹く時は風より先に波の方が来ますよ)

「南東」「南西」の風については、ほとんど関心を示さない。

5. 漁業生活と「波」の語彙

　『分類語彙表』に挙がっている「波」の語彙と、実際に漁業に従事している地域社会の「波」の語彙との間には、かなり大きな相違の認められることが明らかとなった。両者の間に認められる差異が、はたして何に基いて結果されたものであるかに、強い興味を覚える。そこで、姫路方言をはじめとして、他の諸方言の「波」の語彙の実態と体系について、以下に統合的な検討を加えることにする。

　まず、体系については、姫路方言に新たに「方位」「形状」「場所」の三つの意味枠が確認され、『分類語彙表』よりも三つ多くなっている。また、「波の大小」については、亀島に「チュ̄ーナ̄ミ̄」が認められ、「大⟷中⟷小」という3項対立のパターンが存し、「方位」についても、山陰の「ニシナミ̄」をはじめとして、特に亀島では、「北・東・南・南西・西」の5方位を区別しているのである。また、「部分」の意味枠においても、「ゼッチョ̄ー⟷ハ̄ラ̄⟷タニマ̄」など、かなり多くの異語数が認められ、細密な体系をなしているのである。

　体系上の差異について特に注目されるのは、以上の諸事実であるが、これらが、いずれも漁業生活と緊密に関わるものであることは、一見して明らかであろう。「場所」「船に対する方向」の意味領域は、漁業生活に従事している者にしてはじめて必要とされる領域であり、生活の必要性に基いて生み出されたものである。また、「部分」「方位」の細分化も、生業の必然性の然らしめるものであって、生活の必要性に即して生み出された細分化と呼んでよいものであろう。

　語彙の実態について言えば、例えば、「ノタ・ノッタ・ノタリナミ・ヌタ」が、太平洋沿岸の漁業社会にはさほど栄えず、主に日本海沿岸の漁業社会に

広く認められるのは、日本海側が風が強いために、波の高い日が多い事実によっていると考えられる。自然環境の違いが語彙に反映した一例と解してよかろう。

ところで、「波の方位」は、山陰では一般に「ニシナミ」だけで、最も詳しく区分する亀島でも5方位であるが、これは「風」や「潮」の場合と比べると、かなり単純である。「風」の場合は、最も詳しく区分するのは16方位（単純な場合でも8方位）であり、「潮」の場合は16方位である[6]。これは、おそらく「波」が「風」によってもたらされるものであって、「波」の原因である「風」の方により強い関心を寄せることと、「波」が漁獲そのものとさほど強い関わりを持たないことに主たる理由が存するであろう。小舟での漁にとって、時には生命の危険をも招く「ニシナミ」にだけ特に強い注意を向けているのは、右の事情によるものと考えられる。また、「波」の語彙量が、「潮」や「風」のそれよりもかなり少なくなっており、体系を支える弁別的特徴や意味枠の数も少なくなっているのは、すでに述べたように「波」が漁法や漁獲をさほど強く規制しないからだと判断される。したがって、漁業生活にとって最も重要な自然現象は、「潮」と「風」であって、「波」はそれらに比べると、重要性（漁撈に及ぼす影響）がさほど大きくはないと言ってよさそうである。「波」が漁撈に及ぼす影響が最も小さいという事実は、瀬戸内海のような内海において最も顕著である。このことについては、すでに指摘したとおりである。

お わ り に

筆者は、今日まで、生活語彙のうち、特に生業語彙と性向語彙に視点を据えて、言語と言語外現実との相関関係の解明を試みてきたが、漁業語彙について「風」、「潮」[7]、「波」の語彙と検討を進めてきて、ことばとくらしとの相互関係の、きわめて緊密であることを痛感するに至っている。地域社会の生活語彙の体系は、共通語を基盤とする一般的な概念体系とは多くの点で趣を異にしており、生活現実の必要性、必然性に基づいて語彙を細分化せしめている。また、「潮」の語彙をはじめとして、「風」の語彙、「波」の語彙は、

現実の漁業生活の実態（とりわけ、漁撈経験）に認められる特色や自然条件（自然・生業環境）の違いを、実に明確に反映してもいるのである。

　ヴァイスゲルバー[8]やウォーフ[9]に従うと、世界を見るのは人間ではなくて、ことばであり、人間は、ことばが作る「情神の中間世界」（意味の網目）を受け入れるにとどまって、人間がことばを支配するのではなく、ことばが人間を支配するということになる。確かに外界は、「情神の中間世界」たる言語を通して、はじめて秩序づけられた世界として人間に把握されるであろう。しかし、人間は、言語に対して常に受身的存在として存在しているのではない。「情神の中間世界」たる言語のもうひとつ先に、現実の社会生活における人間の主体的な営みがあり、これによって、共有の経験的基盤としての社会化を経て、新しい語詞・語彙の定着が実現し、語彙の体系を個性的に改変していくという面を無視することはできないように思う[10]。生業の違い（同一の生業においても、規模・方法・組織・自然環境などの違い）が、語彙に顕著に反映するという事実は、そこに個々の地域社会に生きる方言生活者達の主体的な存在を想定しないかぎり、考えることはできないように思われる。人間と言語と外界との関係は、まず、人間の前に生活現実（生活環境）を置くことによって、はじめて正しく把握することができるのではないかと考える。「波」の語彙についての分析的考究も、このことの一つの客観的な傍証となろう。

　人間は、単に、言語によって規定されるだけの存在ではなく、逆に、みずからの生活経験を通して、言語を生成し規定していく存在（世界を再編成する主体）として生きているのである。今後、この観点からの考察を、「人間関係の語彙」について試みるならば、「人間・言語・言語外現実（生活環境）」の三者の関係を、さらに精確に把握することが可能となるであろう[11]。

　　注
　1）　姫路・宇野の資料は、筆者の調査結果による。亀島は、広島大学大学院学生茂田恵（久木田恵）の調査結果による。島根県出雲・隠岐地方は広戸惇（『島根県方言辞典』）、新居町は山口幸洋（「新居の浜のことば」『文芸あらい』創刊号）、新潟県佐渡島は大橋勝男（『方言の研究』第5号所収）のものを、それぞ

れ参照させていただいた。
2) 拙論「鳥取県気高郡気高町姫路方言のカゼの語彙」(『フィールドの歩み』第6号)、同「漁業社会の『潮』の語彙」(『フィールドの歩み』第7号)、同「漁業生活と潮の語彙」(『季刊人類学』第8巻第2号)、同『生活語彙の基礎的研究』1987、和泉書院
3) 『全国方言辞典』によると、新潟県頸城地方で、海上に白波の立つことを「うさぎ」と言う。また、『方言研究年報』第16巻には、愛媛県越智郡弓削町にも、「シロウサギ」の語形が認められる。
4) 『全国方言辞典』によると、愛媛県大三島で、小刻みにさわいでいる小さい波のことを「ちりめんなみ」という。
5) 梅光女学院大学日本文学会方言ゼミナールの『下関市蓋井島の生活語彙』を見ると、下関市蓋井島でも、「コチナミ(東から来る波)・ニシナミ(西から来る波、ニシネチとも言う)・キタナミ(北から来る波)・ハエナミ(南から来る波)」の4方位を区別するという。
6) 青柳精三「八丈島の潮流語彙」(『東京教育大学文学部紀要(西洋文学)』1973年3月)
7) 拙論「山口県光市牛島の潮の語彙」(『内海文化研究紀要』第6号、後に拙著『生活語彙の基礎的研究』に収録)
8) Weisgerber. L., 1956, Vom Weltbild der deutschen Sprache, Düsseldorf. ヘルビヒ『近代言語学史』(岩崎英二郎他訳、1972、白水社)
9) Whorf. B. L., 1956, Language, Thought and Reality, New York.
10) 拙論「方言性向語彙の研究」(『季刊人類学』第8巻第4号)
11) 拙著『「ヨコ」社会の構造と意味』(2001、和泉書院)

◇『国文学攷』第78号に掲載された論文に、かなり大幅な加筆修正を施したもの。

第7章　漁業社会の「潮」の語彙と環境

　広島県豊田郡豊町の大崎下島において日々営まれている言語生活に用いられる語彙のすべてを網羅しようとすれば、それは膨大なものとなるが、ここでは、その一小部分をなす「潮の語彙」という意味分野語彙をとりあげる。語彙体系の中の一小部分ではあるが、「潮の語彙」は、海に囲まれた自然環境を有する豊町の生活と深い結びつきを持ち、生業の場面でも重要な役割を果たしてきたと考えられるからである。

　個人が有する語彙の体系は、一方では社会性を持ちながら、厳密にはひとりひとり異なっている。また、豊町の生活語においては、集落や世代による生活語の差異も大きい。理想をいえば、各集落の各年層の語彙をそれぞれに示し、その特性を明らかにすることが必要であるが、ここでは、大長（御手洗）と沖友の老・中年層の方々からご教示いただいた「潮の語彙」を対象とする。同じ大崎下島の久比の生活語の「潮の語彙」については、室山敏昭「言語内的うつわと言語外的事実─漁業生活と潮の語彙─」（『季刊人類学』第9巻第3号、1978、後に拙著『生活語彙の基礎的研究』1987、和泉書院に収録）にかなり詳細な報告が見られる。

　大崎下島の老年層漁民が現在も使用している「潮の語彙」の異なり語数は、160語にも及ぶ。また、潮の動きに対する極めて細かな意味分節と、個々の潮の現象に対する豊かな認識とは、擬似科学的とでも言ってよい精密さで彩られている。それは長い歴史を背景とし、漁撈経験を基盤として、彼らが「生活の必要性」のために獲得した「生活知」なのである。したがって、当該社会の漁民が使用している「潮」の語彙は、漁民の側から意味づけされ、価値づけされた「潮」という環境に対する独自の解釈であるということができる。意味とは、生活者が「環境」に付与する解釈にほかならないものである。

以下、次のような記述体系に基づき、「潮の語彙」を記述する。
1. 潮
2. 潮を捉える視点
3. 潮の満ち干
　　朝の潮・夕刻の潮
　　満ち干
　　満ちる・干る
　　潮満ち・潮干
　　〈時間帯と潮満ち・潮干〉
　　満ち干に伴う潮流
　　潮位
　　〈時間帯と潮位〉
　　満ち干に伴う潮の動きの変化
　　満ち干に伴う潮の動きの変わり目
　　　〈時間帯と潮の動きの変わり目〉
　　満ち干に伴う潮速の変化
　　満ち干に伴う潮速の変化の段階
　　満ち干の変化に遅れる潮流
4. 網を入れる時間との関係で捉えられる潮
5. 潮の大きさの変化
　　潮の大きさ
　　潮の大きさの変化
　　潮の大きさの変化の段階
　　　〈月初めの大潮・月中の大潮〉
　　　〈特定の時季の大潮〉
6. 潮の速さ
7. 地形・海水の層との関係で捉えられる潮流
　　沖の潮流・陸近くの潮流
　　特定の場所で生じる潮流

上潮・底潮
8．潮流の部分
9．航行との関係で捉えられる潮流
10．季節の潮

　なお、沖友のみで教示を得た語形には〈沖〉と注を付す。記号については、▼慣用句になっているもの、○見出し語の説明文、◎見出し語を使用した文、をそれぞれ示している。

1．潮（1語）

シオ（潮）

2．潮を捉える視点（8語）

シオジュン（潮順）　周期をもって繰り返す潮の状態の変化の順序。潮は、日に2回、日ごとに少しずつ時間のずれを伴いながら満ち干を繰り返す。また、月に2回、干満の差が大きくなり、再び小さくなるという変化を繰り返す。これらの周期的な変化に伴って、潮流の向きや潮速も変化する。航行する場合や、漁に出る場合には、時間と場所を考え合わせて、都合の良い潮の状態（潮流の向き、潮速など）を選ぶことが重要となる。
　○モー　ソノ　テンワ…チーサイ　トキカラ　リョーシ　ヤリツケトッタラ　タトエバ　コンバンノ　シオダッタラナンジゴロ　ナッタラ　ソーユー　シオガ　イク　ユーヨーナ　ケーサンガ　アタマノ　ナカイ　ミナ　ハイットルデショ。もうその点は…小さい時から漁師をやり慣れていると、たとえば「今晩の潮であれば何時頃になればそういう潮が流れる」というような計算が頭の中に皆入っているでしょう？（中男）〈大〉
シオー　クル（潮を繰る）　シオジュンについての知識に基づき、時間と場所を考え合わせて、都合の良い潮の状態を選ぶ。
シオー　ノル（潮を乗る）　シオジュンについての知識に基づき、潮の状態を選ぶことによって、航行に都合の良い潮に船を乗せる。船の進行方向と同じ向きの潮流に乗るか、逆の向きの潮流に乗るかによって、航行の苦労

は大きく違った。
　▼フネオ　ノルヨリ　シオー　ノレ。船を乗るより潮を乗れ。〈船に乗る
　　ときは潮に乗ることが最も重要〉（老男）〈御（大）〉
シオニ　ノル（潮に乗る）　＝シオー　ノル。
　◎シオニ　ノッタキン　イキアシガ　エー　ドー。潮に乗ったから行き足
　　が良い〈船がよく進む〉ぞ！（老男）〈沖〉
シオイキ（潮行き）　潮の流れ。潮流の速さの具合。網漁においては潮流の
　速さが重要な条件となる。
　◎シオイキガ　エー。潮行きが良い。（中男）〈大〉
　◎シオイキガ　ハヤー　ドー。潮行きが速いぞ！（中男）〈大〉
シオマン（潮運）　漁や航行をおこなう上で捉えられる潮の状態のめぐりあ
　わせの良し悪し。シオマンが良かったから漁がよくできた、あるいは、
　思ったよりも早く船で目的地に着くことができた、という捉え方がなされ
　る。
　◎キョーワ　シオマンガ　エカッタケ　サカナガ　ヨケ　トレタ。今日は
　　潮運が良かったから魚がたくさん獲れた。（中男）〈大〉
シオガ　エー（潮が良い）　漁や航行をおこなう上で潮が良い状態にある。
　◎アー。イマ　ミチシオジャー。シオガエー　ドー。ああ、今満ち潮だ。
　　（船を出すのに）潮が良いぞ！（老女）〈大〉
シオガ　ワルイ（潮が悪い）　漁や航行をおこなう上で潮が良くない状態に
　ある。
　◎シオガ　ワルイケン…ナンジゴロ　フネ　ダス　カノー。（今）潮が悪
　　いから、何時頃に船を出すかなあ？（老男）〈沖〉

3．潮の満ち干（103語）

朝の潮・夕刻の潮

アサシオ（朝潮）　朝の潮。午前に満ち干する潮。
アサジオ（朝潮）〈沖〉＝アサシオ。
バンジオ（晩潮）　夕刻の潮。午後に満ち干する潮。

○ナツワ　バンノ　ホーガ　ヨー　ミツ　ノー。夏は晩（潮）の方がよく満ちるなあ。（老男）〈沖〉

満ち干

ミチヒ（満ち干）

満ちる・干る

ミチル（満ちる）
　◎イマ　サンゴー　ミッチョル。今、3割方満ちている。（老男）〈沖〉
　▼ミッカノ　ミチグレ。3日の満ち暮れ。〈旧暦の3日はシオガ　ミチダータラ　クレル（潮が満ち始めると日が暮れる）〉（老男）〈大〉
ミッ（満つ）　満ちる。
ミチアガル（満ち上がる）　満ちる。満ち始める。
ミチアゲル（満ち上げる）　満ちる。満ち始める。
サゲル（下げる）　干る。
　◎サギョール。（今、潮が）干ている。（中男）〈大〉
ヒヨル（干よる）　干る。農家の人が用いる語だという教示もある。
　◎ヒヨリョールケン　カイ　ホンニ　イコー。（潮が）干ているから貝を掘りに行こう。（老男）〈御（大）〉
モドス（戻す）　干る。
ヒク（引く）　干る。
カワク（乾く）　干る。

潮満ち・潮干

ミチアガリ（満ち上がり）　潮満ち。潮が満ちる過程。潮がわずかに満ち始めた状態のことをこの語で言う場合もある。
ミチアゲ（満ち上げ）　潮が満ち始めた状態。
　◎イマー　ミチアゲ　ド。今は満ち上げだぞ！（老男）〈大〉
ミチカケ（満ちかけ）〈沖〉潮が満ち始めた状態。

第7章　漁業社会の「潮」の語彙と環境　431

〈時間帯と潮満ち・潮干〉
アサミチ（朝満ち）　朝の潮満ち。
ヨーミチ（宵満ち）　夕刻の潮満ち。
ユーミチ（夕満ち）　夕刻の潮満ち。
ヨミチ（夜満ち）〈沖〉夕刻（夜）の潮満ち。
アサビ（朝干）　朝の潮干。
ヨービ（宵干）　夕刻の潮干。春のヨービは特に大きい。
　○ハル　サンガツゴロ…ヨービワ…イチネンガジュー　ヒヨラン　トコマデ　ヒヨル　コトガ　アリマス　ネー。春３月頃…宵干は…１年の中で（他の時季には）引かない所まで潮が引くことがありますねえ。（中男）〈大〉
　▼アキノ　アサビ　ハルノ　ヨービ。秋の朝干、春の宵干。〈秋は朝の潮がよく引き、春は夕刻の潮がよく引く〉（老男）〈御（大）〉
ユービ（夕干）　夕刻の潮干

満ち干に伴う潮流

ミチシオ（満ち潮）　潮が満ちる時に生じる潮流。大崎下島付近では、ミチシオは西から東（カミ）へ流れる。山口県の上関以西では逆に東から西へ流れ、また、岡山県の白石島（笹岡市）以東でも東から西へ流れる。大崎下島と岡村島の間の瀬戸では、南から北へ流れる。
　○コレワ…トコロニ　ヨッテ　チガウ　ンヨ。…カミノセキカラ　ムコーワ　チガウシ　ノ。ホテ　カミノ　ホー　シライシカラ　ムコーワ　チガウシ　ネー。これ〈満ち潮の流れ〉は所によって違うんだよ。上関から向こうは違うしね。それから、上（かみ）の方、白石から向こうは違うしねえ。（中男）〈大〉
　○ユーガタワ　モー　ドーシテモ　ハー　ハイランニャ　イカンキン　ミチシオ　ミテカラ…カエッテ　クルキン　ネ。夕方はもう、必ずもう（沖友に）入らなければならないから、満ち潮を見て帰ってくるのだからね。〈畑への行き帰りに農船を用いた頃に〉（老男）〈沖〉

ミッシオ（満ち潮）　＝ミチシオ。

ミチ（満ち）　ミチシオ。

アゲシオ（上げ潮）〈沖〉満ち潮。

サゲシオ（下げ潮）　引き潮。潮が干る時に生じる潮流。大崎下島付近では、サゲシオは東から西（シモ）へ流れる。このため西風が強い時にはサゲシオが流れると波が立つことがある。山口県の上関以西ではサゲシオは逆に西から東へ流れ、岡山県の白石島以東でも西から東へ流れる。大崎下島と岡村島の間の瀬戸では、北から南へ流れる。

　○サゲシオ　ノルヨーナ　ジカンオ　ココデ　クル　ワケ　ヨネ。（大阪方面に行く時は、白石付近で）下げ潮に乗るような時間をここで選ぶわけだよね。（老男）〈御（大）〉

サゲ（下げ）　＝サゲシオ。

ヒシオ（干潮）　引き潮。

ヒジオ（干潮）　＝ヒシオ。

ヒキシオ（引き潮）〈沖〉

潮位

イチゴーミチ（一合満ち）　満潮の状態を一とするとその10分の1だけ潮の満ちた状態。あまり用いられない語である。

ニゴーミチ（二合満ち）　満潮の状態を一とするとその10分の2だけ潮の満ちた状態。ニゴーミチくらいになると、満ち潮が流れ始める。

　○チョット　シオガ　ミッタラ　マタ　コンダー　ヒロシマノ　ホーカラ　コー　ヒガシー　ムイテカラ　シオガ　イクヨー　ナル　ワイ。…ニゴーミチグライ　ミッタ　トキニ。ちょっと潮が満ちるとまた今度は広島の方からこう、東に向かって潮が流れるようになるよ。二合満ちくらい、満ちた時に。（老男）〈大〉

サンゴミチ（三合満ち）　満潮の状態を一とするとその10分の3だけ潮の満ちた状態。満ち潮に乗って船を動かそうとする時には船を出す頃合でもある。蛸を獲る時にも、潮の速さの加減から、サンゴミチの頃が最も良い頃

第7章　漁業社会の「潮」の語彙と環境　433

　合とされる。また、御手洗では月の出・月の入りの頃がサンゴミチであると言われる。
　◎ナンボ　シオガ　ミットル　カー。→サンゴミチグライジャ　ノー。どれだけ潮が満ちているか？→三合満ちくらいだなあ。〈→船を出す〉（老男）〈沖〉
　▼ツキノ　デイリガ　サンゴミチ。月の出入りが三合満ち。（老男）〈御（大）〉
サンゴーミチ（三合満ち）＝サンゴミチ。
サンゴー（三合）＝サンゴミチ。
　▼ミタライ　サンゴー　ゴゴシマ　ゴゴー。御手洗三合、興居島五合。〈月の出・月の入りの時、御手洗は三合満ちで興居島（愛媛県松山沖）は五合満ちである〉〈老男〉〈御（大）〉
ゴゴーミチ（五合満ち）　満潮の状態を一とするとその10分の5だけ潮の満ちた状態。
　◎イマ　イッテモ　ツマル　カイ。ハー　ゴゴーミチジャーノニ。今行っても駄目だよ。もう五合満ちだのに。〈蛸獲りに行く時に、ゴゴーミチ→すでに頃合のサンゴミチを過ぎている〉（老男）〈沖〉
ゴゴミチ（五合満ち）　　＝ゴゴーミチ。
ゴゴー（五合）　　＝ゴゴーミチ。
ナカミチ（中満ち）　満潮の状態を一とするとその半分だけ潮の満ちた状態。＝ゴゴーミチ。
ナナゴーミチ。（七合満ち）〈沖〉満潮の状態を一とするとその10分の7だけ潮の満ちた状態。あまり用いられない語である。
シチゴーミチ（七合満ち）〈沖〉＝ナナゴーミチ。
ハチゴミチ（八合満ち）　満潮の状態を一とするとその10分の8だけ潮の満ちた状態。
ハチゴーミチ（八合満ち）　　＝ハチゴミチ。
ハチゴー（八合）　　＝ハチゴミチ。
クゴーミチ（九合満ち）　満潮の状態を一とするとその10分の9だけ潮の満

ちた状態。あまり用いられない語である。

タタエ（湛え）　満潮。潮位の最も高い状態。旧暦の日子とタタエになる時間との関係は、さまざまな言いまわしによって記憶されている。また、雨の降り始めの時間も、タタエになる時間との関係で捉えられることがある。

　▼ココノカ　トーカノ　アケクレダタエ。9日10日の明け暮れ湛え。〈旧暦の9日、10日には夜明け・日没の頃に満潮になる〉（老男）〈沖〉

タタイ（湛え）　＝タタエ。

タトエ（湛え）　＝タタエ。

　▼ココノカ　トーカノ　アケクレダトエ。9日10日の明け暮れ湛え。（老男）〈大〉

　▼ジューゴンチノ　ヒルダトエ。15日の昼湛え。〈旧暦の15日には昼に満潮になる〉（老男）〈大〉

　▼アキダトエ　ハルビヨリ　秋湛え、春干より。〈ヒヨリ（干より）＝ヒドコ（干底、干潮）。秋は満潮から雨が降ると本降りになり、春は干潮から雨が降ると本降りになる〉（老男）〈大〉

タトイ（湛え）　＝タタエ。

タトウ（湛う）　満潮になる。潮位が最も高い状態になる。

　◎モー　タトートル　ドー。もう満潮になっているぞ！（老男）〈御（大）〉

マンシオ（満潮）　満潮。

マンチョー（満潮）

イチゴービ（一合干）　満潮の状態を一とするとその10分の1だけ潮の干た状態。あまり用いられない語である。

ニゴービ（二合干）　満潮の状態を一とするとその10分の2だけ潮の干た状態。満潮を経てニゴービくらいになると、満ち潮の流れが止まる。

　〇サゲシオノ　コトワ　アンマリ　ヨケー　ユワンダッタケド　マー　イマ　ニゴービグライ　シトル　カナー　ユー。引き潮については（潮位のことを）あまり言わなかったけど、まあ、「今、二合干くらいしてい

第7章　漁業社会の「潮」の語彙と環境　435

るかなあ」と言う。(老男)〈大〉
ナカビ（中干）　満潮の状態を一とするとその半分だけ潮の干た状態。
ゴゴービ（五合干）　満潮の状態を一とするとその10分の5だけ潮の干た状態。＝ナカビ。
シチゴービ（七合干）　満潮の状態を一とするとその10分の7だけ潮の干た状態。あまり用いられない語である。
ハチゴービ（八合干）　満潮の状態を一とするとその10分の8だけ潮の干た状態。
ヒゾコ（干底）　干潮。潮位の最も低い状態。
　○シオガ　イチバン　ヒヨッタ　トキ　ヨノ。潮が一番干た時だよな。(老男)〈大〉
ヒドコ（干底）　＝ヒゾコ。
ヒゾコリ（干底り）　＝ヒゾコ。
ヒドコリ（干底り）　＝ヒゾコ。
ヒズマリ（干詰り）　干潮。＝ヒゾコ。
　◎イマ　ヒズマリジャ　ノー。今、干潮だなあ。(老男)〈大〉
ヒヨリ（干より）　干潮。＝ヒゾコ。「アキダトエ　ハルビヨリ（→タトエ）」の言いまわしにおいて用いられている。
カンチョー（干潮）

〈時間帯と潮位〉

アサダトイ（朝湛え）　朝の満潮。
アサダタエ（朝湛え）〈沖〉＝アサダトイ。
バンダトイ（晩湛え）　夕刻の満潮。
ヨイダトエ（宵湛え）　夕刻の満潮。
ユーダトエ（夕湛え）〈沖〉夕刻の満潮。
アサヒゾコ（朝干底）〈沖〉朝の干潮。農船を用いた頃。アサヒゾコになる時は、朝、船を出そうとする時に潮が大きく干て、浜近くにつないでおいた船が浜に据えられてしまうことがあるため注意を要した。
　◎アサヒゾコジャキン　フネー…ウケトカンニャー　イカン　ゾー。(明

日は）朝干底だから（今夜中に）船を沖に浮かべておかないといけないぞ。（老男）〈沖〉
　▼ナヌカノ　アサガタ。7日の朝方。〈旧暦の7日は朝干潮になる〉

バンヒゾコ（晩干底）　　夕刻の干潮。
バンヒドコ（晩干底）　　＝バンヒゾコ。
ユーヒゾコ（夕干底）　　夕刻の干潮。

満ち干に伴う潮の動きの変化
カエス（返す）　満潮または干潮を経て、潮が逆の向きに動き始める。

満ち干に伴う潮の動きの変わり目
カエシ（返し）　転流。満潮または干潮を経て、潮が逆の向きに動き始めること。網漁では、満潮や干潮が近くなって潮速が緩くなった頃、網を入れ、カエシの時にそれを繰る。
　〇トロミマエニ　オトス　ワケ　ヨ。ホイテー　コンダー　カエシニャ　クル。（網は）潮が止まる前に落とすわけだよ。そして今度は、返しの時には（その網を）繰る。（中男）〈大〉
シオガエシ（潮返し）　　＝カエシ。
シオガーリ（潮変わり）〈沖〉満潮または干潮を経て、潮が逆の向きに動き始めること。＝カエシ。
ヒゾコガエシ（干底返し）　干潮から満ち潮に変わること。
　〇ヒゾコン　ナル　マエガ　ココラダッタラ　ニシー　イキマス　ネー。…ソレガ…コンダ　カエシテ　カミー　ヒキカエシテ　クル　コト　ネー。干潮になる前が、この辺りでは（潮が）西へ流れますねえ。それが、今度は、転流して上(かみ)〈東〉へ引き返してくることね。（それをヒゾコガエシと言う）（中男）〈大〉
ヒドコガエシ（干底返し）　　＝ヒゾコガエシ。
ミチガエシ（満ち返し）　干潮から満ち潮に変わること。＝ヒゾコガエシ。
タタエガエシ（湛え返し）　満潮から引き潮に変わること。

第7章　漁業社会の「潮」の語彙と環境　437

○タタエガエシ　ユーノワ　ネ。シオガ　マンチョーカラ　コンド　ヒシオニ　カワル　コトー　ユー　ヨネ。湛え返しというのはね、潮が満潮から今度は引き潮に変わることを言うよね。（中男）〈大〉
◎タタエガエシガ…クルケン　ハヨ　カエランニャー　イカン　ドー。（もうすぐ）湛え返しが来るから早く帰らないといけないぞ。〈タタエガエシ→引き潮が流れ始める→西風の強い時だと、波が立つ〉（老男）〈沖〉
タトエガエシ（湛え返し）　＝タタエガエシ。
　　　〈時間帯と潮の動きの変わり目〉
ヒルガエシ（昼返し）　昼に起こる転流。

満ち干に伴う潮速の変化

イキアシガ　ツク（行き足がつく）　勢いがついて速度が速くなる。この語は、潮速についてばかりでなく、船の速度などについても用いられる。
◎イキアシガ　ツイテ　ハヤー　ドー。（潮の）勢いがついて、速いぞ！（老男）〈御〉〈大〉
イキサカル（行き盛る）　流れが最も速くなる。半ば以上満ちた頃、または干た頃、この状態になる。
ヤオル（柔る）　流れが緩くなる。
◎シオガ　ダイブ　ヤオッタ　ヨー。潮が大分弱くなったよ！（老男）〈御〉〈大〉
トロム（緩む）　流れが止まる状態に近づく。満潮・干潮を経て潮が動き始める（カエス）前の状態である。網漁では、網を入れる頃合である。
○ヤッパリ　シオガ　トロンデ　キタラ　コンド　エサオ　タベニ　イゴクラシー　ネ。サカナ　ユーノワ　ネ。やっぱり、潮が緩んできたら、餌を食べるために動くらしいね。魚というのはね。（老男）〈大〉
◎トロンデ　キヨル　ドー。（潮が）緩んできているぞ！（中男）〈大〉

満ち干に伴う潮速の変化の段階

イキザカリ（行き盛り）　潮の流れが最も速い状態。大崎下島から今治に行く途中の来島海峡のイキザカリの潮の速さはよく話題にのぼる。

- ○クルシマカイキョーヤナンガデ　イチバン　ハヤイ　コトー　イキザカリ　ユー　ノヨネ。来島海峡などで、（潮が）一番速いことを行き盛りと言うのだよね。（中男）〈大〉
- ◎モー　コレカラ　イキザカリ　ナル　ゾー。もう、これから行き盛りになるぞ！（老男）〈大〉

サカリ（盛り）〈沖〉＝イキザカリ。

ヒキザカリ（引き盛り）〈沖〉引き潮の流れが最も速い状態。

トロミ（緩み）　潮の流れが止まろうとする状態。網を入れる頃合である。

- ○シオノ　トロミユー　ハカッテ　オトス。（網は）潮の流れが止まろうとする時を測って落とす。（老男）〈大〉

タタエドロミ（湛え緩み）　満ち潮の流れが止まろうとする状態。満潮を過ぎてしばらくはなお潮が流れる。タタエドロミからタタエガエシに移る。

- ○ヒガシー　イク　シオガ　トマッタ　トキ…。東へ流れる潮が止まった時（をタタエドロミと言う）。（中男）〈大〉

タタエトロミ（湛え緩み）　＝タタエドロミ。

タトエドロミ（湛え緩み）　＝タタエドロミ。

ヒドロミ（干緩み）　引き潮の流れが止まろうとする状態。ヒドロミからヒゾコガエシに移る。

- ◎シオワ　ヒドロミジャキニ…イッタンジャ　ワイ。（今）潮は干緩みだから（皆、沖に）行ったんだよ。（老女）〈大〉

ヒゾコドロミ（干底緩み）　＝ヒドロミ。

ヒドコドロミ（干底緩み）　＝ヒドロミ。

満ち干の変化に遅れる潮流

ダレシオ（弛れ潮）　満潮または干潮に達してなお動いている潮流。小潮の時にこうした潮流が生じやすい。また、風の影響でダレシオが生じること

第7章　漁業社会の「潮」の語彙と環境　439

もある。
○タトエバ　マジガ　フイトル　バーイニワ　シモカラ　コー　ノ。ツイ　トル　ワケデス　ネ。ナミジタイガ。ソノトキニ…トロモー　オモーテ　モ…マー　イチジハンニ　トロモー　オモータ　ヤツガ　ネー。ニジニ　トロム　コトガ　アルデショー。ソーユー　コトー　ダレシオ　ユーンデスガ　ネー。たとえば、南風が吹いている場合には、下〈南〉から、こうね、突いているわけですね。波自体が。その時には（潮が）緩むだろうと思っても…まあ、1時半に緩むだろうと思ったものがね、2時に緩むことがあるでしょう。そういうことを弛れ潮と言うんですがねえ。（中男）〈大〉
○オーシオノ　バーイワ…パット　トロムンデス　ヨ。カレシオノ　バーイワ　トロミソーデ　トロマンノデス　ネ。ソーユー　トキノ　コトバ　デ　ダレシオ　ダレシオ　ユーテ　ユー。…オーシオダッタラ　ネー。…イッテ　マダ　ハヤカロー　カノー　オモーテモ　ハー　アミガ　ツケラレルンデス　ネ。ホイタラ　カレシオノ　バーイワ　ネ。ジワット　イッテ　ホイデ　ナカナカ　トロマン　トキガ　アルンデス　ヨ。大潮の場合はパッと（潮が）止まるのですよ。枯れ潮〈小潮〉の場合は止まりそうで止まらないのですね。そういう時のことばで「弛れ潮」「弛れ潮」と言う。大潮であればね、（漁場へ）行ってもまだ早いだろうかなと思っても、もう（潮が緩んでいるから）網が浸けられるのですね。それに対して枯れ潮の場合はね、ジワーッと（潮が）流れて、そして、なかなか緩まない時があるんですよ。（中男）〈大〉

ダレ（弛れ）　＝ダレシオ。
オクレジオ（遅れ潮）　満潮または干潮に達してなお動いている潮流。＝ダレシオ。

4．網を入れる時間との関係で捉えられる潮（1語）

ノコリジオ（残り潮）　網漁では潮の変化の頃合を測って網を入れるが、網を一度曳き終わってもまだ網を入れることのできる潮加減である場合、その

残った時間の潮を言う。
○ノコリジオ　ユーナー　ネー。タトエバ　ショーバイ　ショッテネー。…イチジカンデ　コグ　トコガ　アリマス　ネー。ホイジャッタラ　サンジップングライ　ノコッタ　コトー　ワレワレ　ユーケドノー。…タトエバ　ネー。…イッパイ　イチジカンデ　コギマスネー。ジカン　カケテ　コー　ボチボチボチボチ。…ソレガ…イッタン　アゲテ　シモーテ…マー　ハンブングライノ　トコエ　コー　アミュー　オトス　コトー　ノコリジオ　ユーンジャケド　ノー。残り潮というのはね、たとえば、漁をしていてね、1時間で網を曳く所がありますね。その時に（網を曳ける潮加減の時間が）30分くらい残ったことを我々は言うけどなあ。たとえばね、1船、1時間で網を曳きますね。時間をかけて、こうボチボチボチボチと。それが、（網を）一旦ひき上げてしまって、まあ、（1時間で曳いた所の）半分くらいの所へ、こう、網を落とす場合のことを残り潮と言うんだけどね。（中男）〈大〉

5．潮の大きさの変化（25語）

潮の大きさ

（シオガ）オーキー（大きい）　潮の干満の差が大きい。月に2回、潮は、干満の差が大きくなり、再び小さくなるという変化を繰り返す。この変化の1回の周期である15日間をヒトシオ（一潮）と数える。
　潮が大きい時は、潮の流れも速くなる。
　◎キョーラー…ニサンチマエノ　シオガ　イチバン　オーキーンジャネ。今日などは、2、3日前の潮が一番大きいんだね。（中男）〈大〉
（シオガ）フトイ　潮の干満の差が大きい。＝オーキー。
（シオガ）コマー　潮の干満の差が小さい。潮が小さい時は、潮の流れは緩い。
　◎マー　ナノカ　ヨーカガ　ノー。イチバン　コマーヨーナ　ノー。まあ（潮は、旧暦の）7日、8日がね、一番小さいようだね。（老男）〈大〉

潮の大きさの変化

(シオガ) オーキン ナル（大きになる）　潮の干満の差が大きくなる。
　◎トーカラ シオガ オーキン ナロー。10日から潮が大きくなるだろう？（中男）〈大〉
オキル（起きる）　潮の干満の差が大きくなり始める。
　◎ハー トーカン ナルト チョット マー。ジューイチンチニャ ハー オキョー カ ユーグライジャケン ノー。もう10日になると少しまあ（干満の差は小さくなくなる）。11日には、もう、起きようか、というくらいだからなあ。（老男）〈大〉
アタマ アゲル（頭を上げる）　潮の干満の差が大きくなり始める。
　◎ナヌカ ヨーカノ トキガ イチバン コー サガッテ キテ ホイテ コンダ マタ ジューイチンチゴロカラ ズーット アタマ アゲタラ マタ ジューゴンチマデ…。（旧暦の）7日、8日の時が一番、こう、（干満の差が）小さくなってきて、そして、今度はまた11日頃からずっと大きくなり始めると、また15日まで（干満の差が大きくなる時期がつづく）。（中男）〈大〉
(シオガ) コーモン ナル（こもうになる）　潮の干満の差が小さくなる。
オチル（落ちる）　潮の干満の差が次第に小さくなる。
　◎ダイブ オチタ ヨ。シオワ。大分小さくなったよ。潮は。（老男）〈御（大）〉
カレル（枯れる）　潮の干満の差が小さくなる。

潮の大きさの変化の段階

オキシオ（起き潮）　干満の差が次第に大きくなる時期の潮。
オーシオ（大潮）　干満の差が大きい時期の潮。オーシオは月に2回、旧暦の朔日（さくじつ）と15日を頂点として繰り返すが、その様相は季節ごとに異なっている。オーシオの時は潮の流れが速くなるが、その程度も、季節ごとの干満の差の大きさによって変化する。また、季節によって、潮干の大きい時と潮満ちの大きい時とがある。潮干の大きい時は、磯遊びの好機である。稀

に、「アレシオ」(荒れ潮) とも言う。

○オーシオ ユーノガ イチバーン ヨク…シオガ ヒク トキオ オーシオ。大潮というのが、一番よく潮が引く時を大潮(と言う)。(老男)〈沖〉

○ソノ シオ ソノ シオデ ミナ ナガレガ チガウ。(同じ大潮でも)その潮、その潮で皆流れが違う。(老男)〈御(大)〉

○イチバン ヤオイノガ ニガツ、キュー ニガツ ソレカラ サンガツジャ。…マー エータイ イチバーン シオノ コマー シオワ ニガッツガ イチバーン コマー。(大潮でも) 一番 (潮の流れが) 緩いのが2月、旧暦の2月、それから3月だ。…まあ、どれかといえば、一番干満の差が小さい潮といえば、2月が一番小さい。(老男)〈大〉

○ソレガ コンダ シオノ カワクノモ ヨー カワク。シガツ ゴガツ ワ ネ。ホイタラ ハヤイデショ。それが今度は潮の干ることもよく干る。4月、5月 (の大潮) はね。そうすると (潮の流れも) 速いでしょう?(老男)〈大〉

○ゴガツ ロッカツワ サゲシオガ ドシテモ ナガイ ノー。5月、6月は引き潮がどうしても長いなあ。(老男)〈大〉

○イチバン オーキー シオ ユー コト ユーノア ミヤジマノ ノー。ジューシチヤノ コトー ユー ノヨ。(1年でも) 一番大きい潮というのは、宮島のね、一七夜(の頃の潮)のことを言うんだよ。〈→ミヤジマジオ〉(老男)〈大〉

○ミチル ヤツワ、イチバン ヨー ミチル ヤツワ アリャー クガツカー。(大潮の中で) 満ちるのは、一番よく満ちるのは、あれは9月か。(老男)〈大〉

オチシオ (落ち潮) 干満の差が次第に小さくなる時期の潮。
カレシオ (枯れ潮) 干満の差が次第に小さくなる時期の潮。あるいは、干満の差が小さい時期の潮。

○オーシオガ…マー イッシューカンナラ イッシューカン、カレシオガ イッシューカンナラ イッシューカン。大潮がまあ、1週間なら1週

第7章　漁業社会の「潮」の語彙と環境　　443

間、枯れ潮が1週間なら1週間（つづく）。(老男)〈大〉
カレ（枯れ）　＝カレシオ。
コシオ（小潮）　干満の差が小さい時期の潮。旧暦の10日頃と20日頃がコシオとなる。コシオの時は、潮の流れは緩い。「小潮」を、「カレシオ」(枯れ潮)、「ナガシオ」(長潮)、「ワカシオ」(若潮)と細かく区分する。
　○コシオワ　ネー。マー　ヨーカ　ココノカガ　イチバン　カー　コマインダロ。小潮はね、まあ（旧暦の）8日、9日が一番、これは、（干満の差が）小さいんだろう。(中男)〈大〉
　◎コシオジャキン　イッテモ　ダメジャ　ワイ。（今日は）小潮だから（浜に）行っても駄目だよ。〈磯遊びに行こうとする時に。コシオ→潮干の程度が小さい〉(老男)〈沖〉

　　　　〈月初めの大潮・月中の大潮〉
ツイタチシオ（朔潮）　旧暦の朔日（さくじつ）を頂点とする月初めの大潮。月が小さいため闇夜の大潮となる。
ツイタチジオ（朔潮）〈沖〉＝ツイタチシオ。
　◎キョー　ツイタチジオジャケー…シオー　ヒヨットル。今日は朔潮だから潮がよく干ている。(老男)〈沖〉
ジューゴンチシオ（15日潮）　旧暦の15日を頂点とする月中の大潮。ジューゴンチシオの頃は月夜となるため、灯火を用いておこなうイワシ・サバの漁は、この頃はやりにくくなる。
ジューゴンチジオ（15日潮）〈沖〉＝ジューゴンチシオ。
ナカシオ（中潮）〈沖〉月中の大潮。＝ジューゴンチシオ。

　　　　〈特定の時季の大潮〉
ミヤジマジオ（宮島潮）　旧暦6月17日の宮島様（ミヤジマサン）〈管弦祭（かんげんさい）〉の頃の大潮。一年中で最も干満の差が大きく、流れの速い潮とされる。
　○エビコギナンカデ　イヤー　ネ。コノ　ミヤジマノ　シオワ　ハヤイキン　ユー　コトー　ヨー　ユ　ワー。エビ漕ぎ〈漁法〉など（をする時の言い方）で言えばね、この、宮島の潮は速いから、ということをよく言うよ。(中男)〈大〉

○ハ̄ヨ̄ーテ マ̄ー ヨ̄ー ミ̄チル ワ̄ネ̄ー。(宮島潮は潮速が)速くて、(その上)まあ、よく満ちるよね。(老男)〈大〉

○ホ̄ントーワ ワ̄レワレガ オ̄ソレル、リ̄ョ̄ーシガ オ̄ソレルノ̄ワ ミ̄ヤジマジオ オ̄ソレル ワケ ネ̄。ミ̄ヤジマサンガ ア̄ル シ̄オガ イ̄チ̄バン…フ̄トイト ミ̄トルンジャガ ネ̄。本当は、我々がおそれる、漁師がおそれるのは、宮島潮をおそれるわけだね。宮島様がある頃の潮が一番大きいと見ているんだがね。(中男)〈大〉

ミヤジマシオ(宮島潮) ＝ミ̄ヤジマジオ。

ミ̄ヤ̄ジ̄オ(宮潮) ＝ミ̄ヤジマジオ。

ボ̄ンジオ(盆潮) 旧7月中旬の盆の頃の大潮。満ちる潮が1年の中でも特に大きいとされる。流れも速い。

○マ̄ー イ̄チバン ハ̄ヤ̄ーナ̄ー ボ̄ンジオガ イ̄チバン ハ̄ヤイジャロ̄ー̄ネ。まあ、(潮が)一番速いのは、盆潮が一番速いだろうね。(老男)〈大〉

○ミ̄ヤジマオカ ボ̄ンジオカ ユ̄ーケ̄ー ネ̄ー。(潮が大きいのは)宮島潮か、盆潮か、と言うからねえ。(老男)〈大〉

○ボ̄ンジオガ チ̄ョ̄ード オ̄ーシオノ ト̄キデス ワ̄イ́。…ヨ̄ルガ ネ̄ー。キ̄ューノ ボ̄ンジオガ イ̄チバン オ̄ーキ̄ー。…ホ̄ンデ オ̄ツキ̄サンガ マ̄ン̄マルデ シ̄オガ オ̄ーキ̄ー。ホ̄イテ…ム̄カシワ イ̄マミタ̄イナ デ̄ンキモ ナ̄イケン…マ̄ン̄ゲ̄ツガ デ̄テ キ̄テ ボ̄ノ̄オ シ̄トッ̄タ ワ̄ケ。ソ̄ノ ト̄キガ イ̄チバン オ̄ーシオデ ネ̄。…ホ̄イデ イ̄マ̄ーコノ シ̄ョ̄ー̄ガッコー ア̄ゲタケド…エ̄ット ジ̄ューゴ̄ネン カ̄イ̄ノ̄ー。…ボ̄ンオドリ シ̄トッ̄タラ…シ̄ョーガッコーノ ウ̄ンドージョ̄ー ハ̄ンブングライ ハ̄イッタ。盆潮がちょうど大潮の時ですよ。夜(の潮)がね、旧の盆潮が一番大きい。それで、お月様がまん丸で潮が大きい。そして、昔は今のような電気もないから、満月が出て来るのを待って盆〈盆踊り〉をしていたわけ。その時が一番の大潮でね。…それで、今は、この、小学校を(高い場所に)上げたけれど、ええと、(昭和)15年かな?(その時には)盆踊りをしていたら、(海のそばにあった)

第 7 章　漁業社会の「潮」の語彙と環境　　445

小学校の運動場の半分くらいまで（潮が）入った。（老男）〈沖〉

6．潮の速さ（3 語）

ハヤイ（速い）　　（潮の流れが）速い。
ハヤー（速い）　　＝ハヤイ。
ヤオイ（柔い）　　（潮の流れが）緩い。
　　◎コノーシオワ　ヨイヨ　ヤオイ。この潮はまったく緩い。（老男）〈御（大）〉

7．地形・海水の層との関係で捉えられる潮流（33 語）

沖の潮流・陸近くの潮流

ホンシオ（本潮）　沖を流れる潮流。満ち干の変化に伴って、東西へ、また、大崎下島と岡村島の間の瀬戸では南北へ流れる。

ホンリュー（本流）　満ち干の変化に伴って、東西へ、また、大崎下島と岡村島の間の瀬戸では南北へ流れる沖の潮流。＝ホンシオ。

オキシオ（沖潮）〈沖〉沖を流れる潮流。＝ホンシオ。
　　○オキシオ　ユー　バーイワ　ネー。…ホンセン　ユーテ　オーキー　フネガ　ネー。トートル　トキオ…アレワ　オキシオー　ハシリヨル　ドユー　コトー　イヨッタ　ネ。沖潮と言う場合はね、本船といって、大きい船がね、（沖を）通っている時を、あれは沖潮を走っているぞ、と言っていたね。（老男）〈沖〉

オキノシオ（沖の潮）　沖を流れる潮流。＝ホンシオ。
　　◎オキノシオ　ワリンジャケ　オカー　ヨセー　ヤ。沖の潮は悪いんだから陸に（船を）寄せろよ！（中男）〈大〉

ワイシオ（わい潮）　陸近くを、陸の地形に応じて、本潮とは異なる向きに流れる潮流。魚の多い潮とされる。
　　○ヤッパリ　ワイシオダッタラ…ウイテ　オヨイデ　キテカラ　ネ。ヤスマレルケド　ネ。…ダイタイ　コー　マッスグナ　シオダッタラ　ヤッパリ　サカナガ　イゴカンラシー　ネー。やはりわるい潮だと（魚が）

浮いて泳いできてね、（その潮流の中で）休まれるけれどね。大体、こう、まっすぐな潮流だと、やはり魚が動かないらしいね。（老男）〈大〉
ワイジオ（わい潮）　＝ワイシオ。
ワエシオ（わい潮）　＝ワイシオ。
ワイ　＝ワイシオ。
　　○サカサマニ　ナガレル　トコワ、カンゼンニ　サカサマニ　ナガレル　タラ　トヨシマノ　ナニ　ネ。シオガ　ヒガシ　イキョールノニ　シモイ　ムケテ　グッグッグッグッ。ソレガ　マー　ワイ　ヨナ。カンゼンニ。…マ　ソーユー　オーキナ　ワイワ　ココラキンペンニワ　ソーナイ。（本潮と）逆様に（潮が）流れる所は、完全に逆様に流れる所というと、豊島のあそこだね。（沖の）潮が東へ流れているのに、（陸に近い側では）下〈西〉に向かってグッグッグッグッ（潮が流れている）。それがまあ、わい潮だよな。完全に。まあ、そういう大きなわい潮は、この近辺にはあまり無い。（中男）〈大〉
ワエ＝ワイシオ。
　　◎アソコノ　ワエワ　コマイ　ンデ。あそこのわい潮は小さいんだよ。（老男）〈大〉
タカワイシオ（高わい潮）　長いわい潮。
タカワイ（高わい）　＝タカワイシオ。
　　◎タカワイジャー。（ここは）高わい潮だ！（老男）〈大〉
タカワエ（高わい）　＝タカワイシオ。
ジノシオ（地の潮）　陸近くを流れる潮流。
オカノシオ（陸の潮）　陸近くを流れる潮流。

特定の場所で生じる潮流

マーシジオ（回し潮）　渦状の潮流。大崎下島の周囲では、三角島の近くでこの潮流が生じる。櫓船の時代には、マーシジオに巻き込まれて、船が回されることもあったという。
ハリダシ（張り出し）　島と島との間を流れる満ち潮の流れが緩むにした

第7章 漁業社会の「潮」の語彙と環境 447

がって、次第に両方の陸側から沖に向かって流れ出す潮流。瀬戸で生じる潮流である。

ハリダシジオ（張り出し潮） ＝ハリダシ。

ハリジオ（張り潮） ＝ハリダシ。

 ハリダス（張り出す） 潮が陸側から沖に向かって流れ出す。

 ◎シオガ マダ ハリダシトル ドー。潮がまだ張り出しているぞ！（老男）〈御（大）〉

ハネジオ（跳ね潮） 満潮になる少し前に、陸側から沖に向かって出て行く潮流。網を跳ね出すことからハネジオと言う。

大崎上島と岡村島の間でこの潮流が生じるという。

 ○アミガ ダサレルキー ハネジオ ハネジオト コー ユー。…アミ ヤル トキニ ハー アミ ハネルカラ チューイシテ ヤラニャ ネー。ジブンガ オモータ トコエ オトスト トッデモナー オキー ナガレテ イク。網が跳ね出されるから跳ね潮、跳ね潮とこう言う。網を入れる時に、もう、網が跳ね出されるから注意して入れないとね、自分が（ここに入れようと）思った所に入れると、とんでもない沖の方に流れて行く。（中男）〈大〉

ヨセジオ（寄せ潮） 引き潮の流れが止まる少し前に、沖から陸に向かって寄せて来、つづいて逆の向きに転じる潮流。

矢木灘の潮流について用いる語であるという教示がある。

 ○マー コノ オキダッタラ ネ。シモ イクヨー ナットンデス ワ。ヒシオノ バーイワ。ソレガ トロム イチジカン マエニ コンド… マール ワケデス ネ。コーイニ ワーット。ナナメニ ナナメニ オカエ。ソレガ マーッテ シモーテ トロンダ オモータラ コンダ ズアーット カミー コーヨニ…。ソレオ ワレワレ ヨセジオ ヨセジオ ユンジャケド ノー。まあ、この沖だったらね、下〈西〉へ流れるようになっているんですよ。引き潮の場合は。その流れが止まると1時間前に、今度は、回るわけですね。こんな風にワーッと。斜めに斜めに陸に向かって。それが回りきってしまって、動きが止まったと思っ

たら、今度はズアーッと上〈東〉に向かってこんな風に（潮が流れる）。それを我々は寄せ潮、寄せ潮と言うんだけどなあ。（中男）〈大〉
○ワレワレガ　アミー　ハッタ　トキニャ　アミガ　コー　シズムグライニ　ナットッテモ　ネ。コレガ　イッタン　イゴキダータラ　ジワーット　カミー　ヨッテ　クル。ヨセジオノ　バーイワ　ネ。我々が網を張った時には網が、こう、沈むくらいになっていてもね、これ〈潮〉が一旦動き出したら（網が）ジワーッと上〈東〉の方へ寄って来る。寄せ潮の場合はね。（中男）〈大〉

ヨコジオ（横潮）　矢木灘で認められる潮流の一つ。
キタジオ（北潮か）　矢木灘で認められる潮流の一つ。
ヤギノシオ（矢木の潮）　矢木灘の潮流。主な漁場でもある矢木灘の潮流は、複雑に変化すると言われる。ヨコジオ、キタジオなどを含めての総称。
　▼（ヤギノシオは）ナナイロ　カワル。矢木の潮は7通り変わる。（老男）〈御（大）〉
　▼ヤギワ　ナナシオカラ　ヤシオ。矢木は七潮から八潮。〈矢木の潮は7通りも8通りも変化する〉（中男）〈大〉
オンドノセトノネラミジオ（音戸の瀬戸の睨み潮）　音戸の瀬戸で生じる特殊な潮流。
満ち干に伴って一旦転流した潮が、再びもとの向きに戻って流れる。清盛様（キヨモリサン）が音戸の瀬戸を切り拓いた時、転流が間近になり、「モー　チョット　シオガ　サゲトッタラ　アケラレル　モノオ（もう少し潮が干つづけていたら切り開けるものを）」と思って、潮を睨みつけたら、潮が再び引き潮に戻ったという言い伝えがある。この現象は、満ち潮についても引き潮についても認められるという。
　○（満潮になって、潮が）ブツット　トマッテ　ギャクニ　ナガレテ…ミチシオニ　モドル。ブツッと止まって逆に流れて（また）満ち潮に戻る。（老男）〈御（大）〉
ネラミジオ（睨み潮）　＝オンドノセトノネラミジオ。

第7章　漁業社会の「潮」の語彙と環境　449

ニ̄ラ̄ミジオ（睨み潮）　＝オンドノセトノニ̄ラ̄ミジオ。

上潮・底潮

ウ̄ワ̄シオ（上潮）　上下2層の潮流が異なる場合の上層の潮流。梅雨時には雨水が海に流入するため、上層の潮の塩分が薄くなって、下層とは異なる潮流が生じる場合がある。

ウ̄ワ̄ミズ（上水）　上下2層の潮流が異なる場合の上層の潮流。＝ウ̄ワ̄シ̄オ̄。

ソ̄コ̄シオ（底潮）　上下2層の潮流が異なる場合の下層の潮流。

　○ウ̄ワ̄シオガ　イゴイテモ　ソ̄コ̄シオワ　イゴカン。上潮が動いても底潮は動かない。（老男）〈大〉

ソ̄コ̄ジオ（底潮）〈沖〉　＝ソ̄コ̄シオ。

シ̄タ̄シオ（下潮）　上下2層の潮流が異なる場合の下層の潮流。＝ソ̄コ̄シ̄オ̄。

フ̄タ̄エジオ（二重潮）　ウ̄ワ̄シオとソ̄コ̄シオの両方を合わせて、フ̄タ̄エ̄ジ̄オ̄と言う。

8. 潮流の部分（2語）

シ̄オ̄メ（潮目）　異なる潮流の接する線。沖を流れる本潮と、その内側を流れるわい潮との境を言う。

　○ワ̄エ̄シオト…ホ̄ン̄シオノ　コ̄ノ̄ー、タ̄ト̄エバ　ヒ̄ガ̄シノ　シ̄オ̄ダ̄ッ̄タラ…コー　ナ̄ガ̄レトルデショ。ウチガワー　コ̄ン̄ダ…ニ̄シ̄ー　ムイテ　ナ̄ガ̄レトルデショ。ソコニ　メ̄ガ̄、ジョーニ　シオニ　メ̄ガ̄　ツイトンデス。わい潮と本潮のこの、たとえば（本潮が）東の潮だったら、こう流れているでしょう？（それに対して）内側（のわい潮）は、今度は、西に向かって流れているでしょう？そこに境目が、しっかりと潮に境目が付いているんです。（中男）〈大〉

ワ̄エ̄メ（わい目）　沖を流れる本潮と、その内側を流れるわい潮の接する線。＝シ̄オ̄メ。

9．航行との関係で捉えられる潮流（7語）

ツレシオ（連れ潮）　船に乗って進む時に、船の進行方向と同じ向きに流れる潮流。ツレシオに乗って進むと、楽に航行することができる。船を出す時には、各地点で、ツレシオとなる潮流に乗る時間を選ぶようにする。→シオーノル、ミチシオ、サゲシオ。

○ツレシオニ　ノッタ　ユー　ノヨネー。「連れ潮に乗った」と言うのだよね。（老男）〈沖〉

○ホイジャキン　ツレシオ　ユーナー　コー　ヒガシカラ　ズーット…イッタラ、サゲシオン　ナッタラ　ツレシオ　ユー。だから、連れ潮というのは、こう、東からずっと（船で）行くとしたら、引き潮〈→西へ流れる〉になると、連れ潮だと言う。（老男）〈大〉

また、風向きとの関係から、風と同じ向きに流れる潮をツレシオと言う場合もある。ツレシオの時は、風力があっても波が低い。

ジュンシオ（順潮）　船に乗って進む時に、船の進行方向と同じ向きに流れる潮流。＝ツレシオ。

ギャクシオ（逆潮）　船に乗って進む時に、船の進行方向とは逆の向きに流れる潮流。＝ギャクシオに向かって航行することは非常な苦労を伴う。

○ホイジャキン　ココカラ　ヒロシマニ　イキョール　トキャ　コンダ　ミッシオガ　コー　キタ　トキニャ　ギャクシオン　ナルンデス　ワイネー。だから、ここから広島に向かう時は、今度は、満ち潮〈→東へ流れる〉がこう来た時には逆潮になるのですよね。（老男）〈大〉

○（逆潮の時は）アノ　アンタモ　シットロー　ガ。オンドノ　シェトヤナンカ　オシタッテ　ノボリャー　シェンデ。…ソリャー　ソー　ヨ。アンター。ノボリャーシェン　ワイ。アンタ。アシェ　カカイ。あのあなたも知っているだろう？　音戸の瀬戸など、（いくら櫓を）押したって上りはしないぞ。そりゃそうだよ、あなた。上りはしないよ、あなた。汗をかくよ。（老男）〈大〉

ギャクシオも、風向との関係から、風と逆の向きに流れる潮をギャクシ

第7章　漁業社会の「潮」の語彙と環境　　451

　　オと言う場合がある。ギャクシオの時は波が高くなり、サイナミ（サ
　　イ）と呼ばれる三角波が立つことがある。
サカシオ（逆潮）　船に乗って進む時に、船の進行方向とは逆の向きに流れ
　　る潮流。＝ギャクシオ。
ムキシオ（向き潮）　船に乗って進む時に、船の進行方向とは逆の向きに流
　　れる潮流。＝ギャクシオ。
シオザカリ（潮逆り）　潮の向きとは逆の向きに航行すること。
ヨコジオ（横潮）〈沖〉船に乗って進む時に、船の進行方向と交差して流れる
　　潮流。
　　○ヨコジオ　ユーナー　ココラジャ　イヨジオ　ワタル　トキ…アリャー
　　　ヨコギル　コトジャキン　ネー。ホンジャキ　ヒキシオノ　トキオ
　　　モット　カジオ　カミ　キリヨランニャ　ナガサレル　ゾー　ユー
　　　ネー。横潮というのは、この辺りでは伊予路を渡る時（に言う。）つ
　　　まり横切ることだからね。だから、引き潮〈→西へ流れる〉の時、もっと
　　　舵を上〈東〉に切っていないと流されるぞ、と言うねえ。（老男）〈沖〉

10.　季節の潮（3語）

ハルシオ（春潮）　春の潮。
アキシオ（秋潮）　秋の潮。
カンジオ（寒潮）　寒中の潮。カンジオは澄んでいるとされる。

　〔補記〕
　　瀬戸内海域の漁民が獲得している「潮の語彙」と日本海側沿岸部の漁民が獲得し
　ている「潮の語彙」を比較して、その差異が最も端的に認められるのは、「潮の満
　ち干」に関するカテゴリーである。大崎下島の漁民の場合は、11の意味枠に分節さ
　れ、実に103語もの語彙が認められるのに対し、鳥取県東伯郡羽合町宇野の漁民の
　場合は、意味枠は2で、使用語彙は次に記すわずか7語に過ぎない。①「シオノ
　ミチヒ」（潮の満ち干、②シオノ　ミチヒキとも）、③「マンチョー」（満潮）、④「カ
　ンチョー」（干潮）、⑤「ミチル」（潮が満ちる）、⑥「ヒク」（潮が引く、⑦サスとも）。

◇今回新たに体系的記述を試みたもの。

第8章　山陰地方の漁業社会の生活語彙
　　　——「潮」の語彙を中心として——

はじめに

　「海の魚は潮でころせ」（海の魚は潮に関する知識を十分に身につけて、たくさん獲れ）という慣用表現が、多くの漁業社会で聞かれる。普通、潮が動かないと魚も移動しないが、魚種によって、速い潮流を好むものと、遅い潮流を好むものとがある。また、魚は、だいたい、海面から約4メートル下を流れる底潮に乗って移動するものであるが、底潮は干潮のときと満潮のときとで、潮の流れの速さがかなり違う。干潮のときは、上潮が極端に速く、満潮のときは、底潮が速くなる。したがって、漁場における潮流の方位や遅速、あるいは潮の干満の状態などが、漁の好不調を、直接左右することになる。「海の魚は潮でころせ」というのは、そのような潮の状態をすべて頭に入れておかねば漁はできず、とうてい一人前の漁師とはいえないことを意味する慣用表現である。
　今日、漁業は、急速に動力化が進み、規模も大きくなったので、風が漁に強い影響を及ぼすということはない。現在の漁業は、風の力（風の強さと質）をほぼ完全に克服した状態にある。しかし、どんなに機械化が進み、規模が大きくなっても、潮の流れの方向や遅速、あるいは干満を克服することはできない。そのため、漁師の潮に対する関心は、世代の違いをこえて、極めて大きいものがある。そのため、「潮の語彙」については、老年層と壮年層の間に語彙システムや語彙量に関してさほど大きな差異は認められず、「風の語彙」の場合とは対照的である。
　ところで、潮は、一方で自然現象であるから、地理的環境の相違によって、異なった状況を呈する。たとえば、日本海側では潮の干満差が、大潮の

第 8 章　山陰地方の漁業社会の生活語彙　　453

盛りでもせいぜい50〜70センチであるのに対して、瀬戸内海側では5〜6メートルにも及ぶ。当然、これの漁に及ぼす影響にも、大きな相違が認められることになる。

　以下、山陰地方の漁業社会の「潮の語彙」の記述、分析をとおして、当該地方の漁師が、潮をどのように認識しており、その動機や条件となったものが、現実の漁業におけるいかなる経験的要請に基づくものであるかを描述してみたいと思う。ただし、筆者のフィールド・ワークは限られたものなので、山陰方言の潮の語彙体系の地域性については、ほとんど言及できないことを、あらかじめお断りしておく。

1．潮流の方位に関する語彙

　鳥取県東伯郡羽合町にある宇野という集落は、かつて地引き網漁で栄えた漁業集落で、そのため、今日も水田が一つもない。しかし、戦後、徐々に魚が獲れなくなり、しかも、年々浜が狭くなってきたために、現在、この地の専業漁師はわずか3名になってしまった。この集落は、東の端にやや大きな岬、西の端に小さな岬があって、岬と岬を結ぶ前方の海で地先漁を行ってきた、規模としては小規模な漁業社会である。

　この集落の漁師は、潮流の方位を、大きくは、ホンショ（本潮、ノボリ〈上り〉とも、ノボリの語源は京都）とサカショ（逆潮、クダリ〈下り〉とも、クダリの語源は九州）の二方位と捉えており、細かく見分けると、ホンショの中でずっと浜近くに寄ってきた潮をヨリシオ（寄り潮、イリシオ〈入り潮〉、ヨセジオ〈寄せ潮〉とも）、サカショの中でずっと浜近くを流れる潮をデシオ（出潮）と呼んで、ホンショ、サカショと区別している。しかし、これらは、要するに、浜からの距離の違いによって区別されているにすぎず、方位として見た場合は、西から東へ向かって流れるホンショと、逆に東から西へ向かって流れるサカショに統合されることになる。

　ホンショとサカショについて、土地の漁師は、単に自然現象の違いとしてだけでなく、漁との関係から、次頁の表に示したように区別している。これが、当地の漁師がこの2語に認知している知的意味を含む生活的意味のひろ

意義特徴＼語詞	ノボリ	ホンショ	クダリ	サカショ
流れる方向	西──→東		東──→西	
流れる割合	8　割		2　割	
漁にとって	好都合		不都合	
漁師にとって	喜ばれる		嫌われる	
網	引きやすい		引きにくい	
魚	ナダに入る		オキへ出る	
語源意識	京へのぼる	本　流	九州へくだる	逆　流
語の新古	古い	新しい	古い	新しい
使用年層	老年層	中年層以下	老年層	中年層以下
使用頻度	わりと盛ん	あまり用いない	わりと盛ん	あまり用いない
使用範囲	漁師	漁師以外も	漁師	漁師以外も
品詞	名詞		名詞	
単純語・複合語	単純語	複合語	単純語	複合語

がりであり、その対立の関係である（一語一語の意味を、「知的意味」＋「生活的意味」の広がりにおいて、最小限、この表に示した程度の特徴を明らかにすることを基本としなければ、漁業語彙の構造分析を通して漁業社会の言語文化の特性について語ることは不可能である）。

　ホンショは西から東へ向かって流れ、サカショは、多くの場合、そのすぐ内側を東から西へ向かって流れる。そのため、ホンショとサカショの境目に小波が立って、潮がどこを流れているかがよく分かる。その境目を、当地で

はシオミチ（潮道、シオザカイ〈潮境〉、ギラ・ギラギラとも）と呼ぶ。当地から車で約20分東へ行った鳥取県気高郡気高町姫路ではショーミチと言い、さらに東へ寄った鳥取市賀露ではショザカイとかショゼ（潮瀬、ショジェとも）、あるいはミオ（水尾）とも呼ぶ。兵庫県但馬地方では、三尾・御崎・香住でシオノミチ、シオミチ、ショーミチなどと言い、竹野でシオデ、ギラ、津居山でショーザカイ、ショーメと呼んでおり、他の地点では、大体、シオゼ、ショーゼ、ショゼが聞かれる。京都府奥丹後地方では、ショーゼ、シオダマリの言いかたの用いられることが多い。

さて、宇野の潮流の方位語彙は、次のように図示することができる。

```
            ホンショ（ノボリ）……ヨリシオ
     西  ─────────────→  東
         ←─────────────
            サカショ（クダリ）……デシオ
```

当地の潮流方位の語彙体系が単純なのは、当地の漁場の狭さと漁業規模が小であることに、その要因を認めることができるであろう。海岸の近くで小規模漁業に従事する地先漁であるために、ホンショとサカショの二つの潮流に注目するだけで、ことが足りるからである。漁師は、潮の流れに合わせて船を動かし、網を入れ、釣り糸をたれるのである。したがって、漁場が狭く漁業規模が小であればあるほど、それだけ少ない潮の流れを利用するだけでことが足りるわけである。先に挙げた鳥取県気高郡気高町姫路も、宇野と同様の小規模漁業に従事してきたので、やはり、潮流については、2方位にしか関心を寄せておらず、次のように示すことができる。

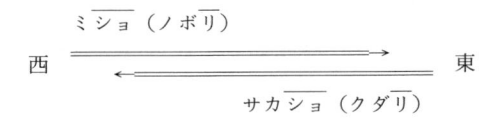

```
              ミショ（ノボリ）
     西  ─────────────→  東
         ←─────────────
              サカショ（クダリ）
```

このミショ（ノボリ）⟷サカショ（クダリ）という対立関係は、基本的には、兵庫県但馬地方を経て京都府奥丹後地方まで同様に認められる。

ところが、鳥取市の賀露は、昔から松葉蟹漁が盛んで、以前から朝鮮半島

の近くまで出漁していた大規模漁業を営んでいる集落である。そのため、土地の漁師は、潮流を図1のように8方位に弁別して捉える。

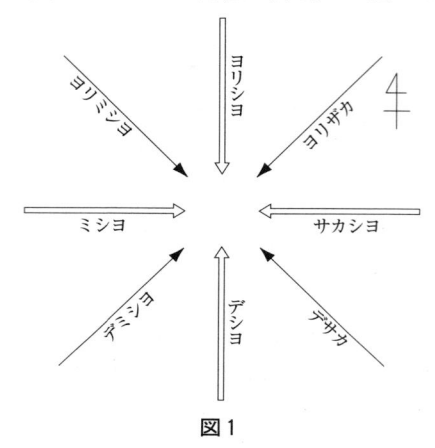

```
         ヨリショ
ヨリミショ  ↓  ヨリザカ
   ↘    ↙   北
ミショ →   ← サカショ
   ↗    ↖
アミショ  ↑  アサカ
         デショ
```

図1

　これは、一見、「ミショ」⟷「サカショ」、「ヨリショ」⟷「デショ」、「ヨリミショ」⟷「デサカ」、「デミショ」⟷「ヨリザカ」の4組の2項対立から成る円環構造のように思われるが、基本的な対立関係は、「ミショ」⟷「サカショ」と「ヨリショ」⟷「デショ」の二つであることが分かる。なぜならば、「ヨリザカ」「デサカ」「デミショ」「ヨリミショ」は、すべて、「ヨリ」「デ」「サカ」「ミ」を基本的要素とする複合形だからである。こうして見ると、潮流の方位に、一つの対立関係しか認められないか、それとも、四つの対立関係（基本的には二つ）が認められるかによって、その土地の漁業が小規模の地先漁か大規模の沖漁かを、ほぼ客観的に判別することができることになる。

　久木田恵の調査によると、京都府与謝郡伊根町亀島集落では、潮流の方位を、鳥取市賀露と同様に、8方位に区分しているという（図2、ただし、このうち、ノボリをミショ・ミショーとも言い、クダリをサカショとも言っている事実は、筆者の確認調査による）。

　このことから、この集落も、小規模な地先漁に従事してきただけではないことが理解される。

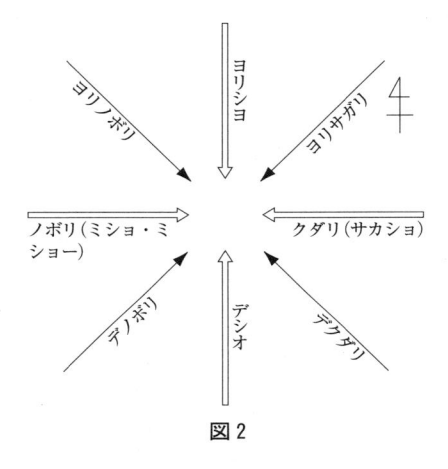

第 8 章　山陰地方の漁業社会の生活語彙　457

```
         ヨリシ ョ
ヨリノボリ  ↓   ヨリサガリ
   ↘         ↙       ↗北

ノボリ(ミショ・ミ  ←  クダリ(サカショ)
ショー)    →

   ↗         ↖
 デノボリ  ↑   アクダリ
         デシオ
```

図 2

　ところで、亀島にも認められる「ノボリ」「クダリ」の語源意識であるが、島根県下から京都府の奥丹後地方までは、それぞれ、京都へ上る、九州へ下ると意識している。ところが、新潟県両津市水津では、真北から真南へ向かって流れる潮を「ノボリシオ」と呼んでおり、山陰の場合とは潮流の方位を異にする。新潟県の「ノボリシオ」は、伊豆神津島や御蔵島の東北から西南へ向かって流れる「ノボリ」（ノボリショとも）と対立する。御蔵島に「アズマノボリ」という言いかたがあるところを見ると、これらの地域では、「ノボリ」の語源意識が京都ではなく、江戸（東京）なのかも知れない。同じ日本海側であっても、山陰地方の「ノボリ」と新潟県の「ノボリシオ」の語源意識が異なる（端的に言えば、東・西対立を意味する）ところには、興味深い歴史的背景が存するものと思われる。

2．潮流の遅速に関する語彙

　漁にとっては、潮流の方位そのものも重要であるが、さらに重要なのは、潮流の遅速である。潮の流れが速すぎても遅すぎても、漁がしにくくまた魚も獲れない。したがって、漁師は、潮流の遅速に極めて強い関心を寄せることになる。瀬戸内海域で、潮の干潮を細かく区別して捉え、その一々に呼称を付して漁師の共有認識の世界を形成しているのも、結局、潮の干満が、単

に海水の量の多さ（潮位の違い）ということにとどまらず、潮流の方位や遅速にかなり大きな影響を及ぼすためである。満潮のタタエと干潮のヒヨリを二極として、広島県豊田郡豊町久比では、図3のような潮の干満に関する語彙の円環構造が認められる。釣り漁と網漁とでは、釣り漁に従事する漁師の語彙体系の方が複雑である（釣り漁専門の漁師や鉾突き漁に従事する漁師は、満潮から干潮、干潮から満潮までの潮位を、それぞれ10段階に区別する）が、広島県下の漁業集落の潮の干満に関する語彙は、基本的には、久比方言のものと大体一致する。

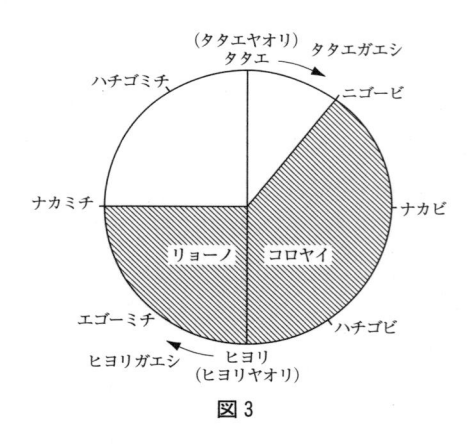

```
              (タタエヤオリ)
                 タタエ  → タタエガエシ
      ハチゴミチ              ニゴービ

      ナカミチ                ナカビ
           リョーノ   コロヤイ
      エゴーミチ              ハチゴビ
            ヒヨリガエシ ← ヒヨリ
                      (ヒヨリヤオリ)
                     図3
```

また、オーシオ（大潮）、コシオ（小潮）の区別にも、非常に大きな関心を寄せており、広島県豊田郡安芸津町では、オーシオ（大潮）⟷ナカシオ（中潮）⟷コシオ（小潮）の3項対立が認められるほどである。オーシオをアレシオ（荒れ潮）とも言い、オーシオからコシオへ変化する中間のナカシオをオチシオ（落ち潮）、コシオからオーシオへ変化する中間のナカシオをオキシオ（起き潮）と呼び、コシオをカレシオ（枯れ潮）とも呼んでいる。そして、オーシオをシオガ　ワリー（潮が悪い）と言い、コシオをシオガ　エー（潮が良い）と言って、コシオの時期に限って、漁を行う漁業集落も少なくない。

このため、潮の遅速についても、久比では、次の6段階に区別する（速い

第8章　山陰地方の漁業社会の生活語彙　459

流れから遅い流れの順に示す)。

①ハヤスギル──→②ハヤイ・トース──→③トール・ウゴク・ユキアシガツク──→④イク──→⑤ヤオイ・ネバイ・ユルイ・ヤオル・ユルム──→⑥トロム・ヨドム

①、②の段階の潮の流れの速さを表す名詞形としてアレシオ（荒れ潮）があり、⑤、⑥の段階を表す名詞形としてカレシオ（枯れ潮）がある。

広島県豊田郡豊町久比方言の潮流の遅速に関する語彙の体系を示すと、図4のようになる。

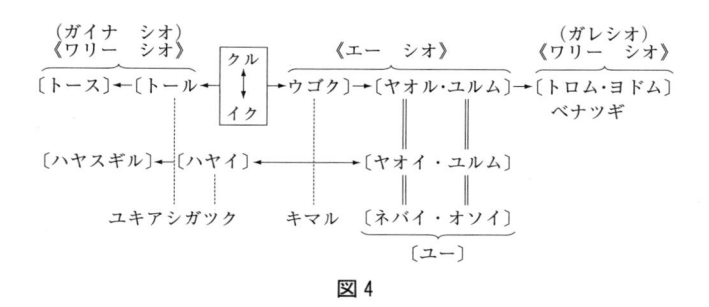

```
      （ガイナ　シオ）                                （ガレシオ）
      《ワリー　シオ》         《エー　シオ》         《ワリー　シオ》
   ┌──────┐   ┌クル┐   ┌──────┐   ┌──────────────┐   ┌──────────┐
   〔トース〕←〔トール〕←│イク│→〔ウゴク〕→〔ヤオル・ユルム〕→〔トロム・ヨドム〕
                        └──┘                                     ベナツギ

   〔ハヤスギル〕←〔ハヤイ〕←             〔ヤオイ・ユルム〕
                                         
     ユキアシガツク       キマル         〔ネバイ・オソイ〕
                                         〔ユー〕
```

図4

これに対して、鳥取県東伯郡羽合町宇野や同じ鳥取県下のいくつかの漁業集落では、自然現象としての潮の干満差や大潮と小潮のちがいが、それほど大きくないために、瀬戸内海域ほどに、潮流の遅速に関する語彙が豊かでなく、体系も単純である。潮の流れが速すぎても遅すぎても、漁は不漁に終る。したがって、適当な速さの流れがシオガ　エーと表現される。また、流れの極端に速い潮（これをガイナ　シオ〈大きな潮〉〈オーキナシオとも言う〉や遅い潮（これをシオイカズ〈潮行かず〉、ダラシオ〈馬鹿潮〉と言う）は、シオガ　ワリーといって嫌われる。当地では、また、シオガ　エーはホンショ・ヨリシオとも結びつき、シオガ　ワリーはサカショ・デシオとも結びつく。潮流の動きを表す総称は、シオナガレ（潮流れ）である。したがって、当地の潮流の動きに関する語彙を、現象の概念化に即して整理して示すと、図5のようになる。

潮の遅速は、次の5段階に区別される（速い流れから遅い流れの順に示

Ⅲ. 文化言語学の実践

```
                          ┌─ イク      ┌─────────┐
             ┌─ シオガ エー ─┼─ トール    │適 潮    │
             │            └─ オマサル   │当 の    │
             │                         │な 流    │
             │                         │速 れ    │
             │                         │さ の    │
             │                         └─────────┘
シオナガレ ──┤  ↑                      ┌─ ハヤイ  ┌─────────┐
┌────────┐  │ ホンショ・ヨリシオ        ├─ キビシー │潮 の 流 れ│
│潮流の動き│  │ ┌────────┐   ガイナ シオ ┤         │の 速 さ   │
└────────┘  │ │潮流の方位│  (オーキシナ シオ)└─ キツイ  └─────────┘
             │ └────────┘                       ┌─────────┐
             │                                  │潮 の 遅 速│
             │                         ┌─ キツイ └─────────┘
             └─ シオガ ワリー           │   ユルム
                 ↑           ┌────────┐│          ┌─────────┐
               サカショ・デシオ│潮流の遅速│          │潮 の 流 れ│
                 ┌────────┐  └────────┘│          │の 遅 速   │
                 │潮流の方位│  シオイカズ ┤          └─────────┘
                 └────────┘ （ダラシオ）  │
                                          └─ カレル  ┌─────────┐
                                                    │潮の流れの静止│
                                                    └─────────┘
```

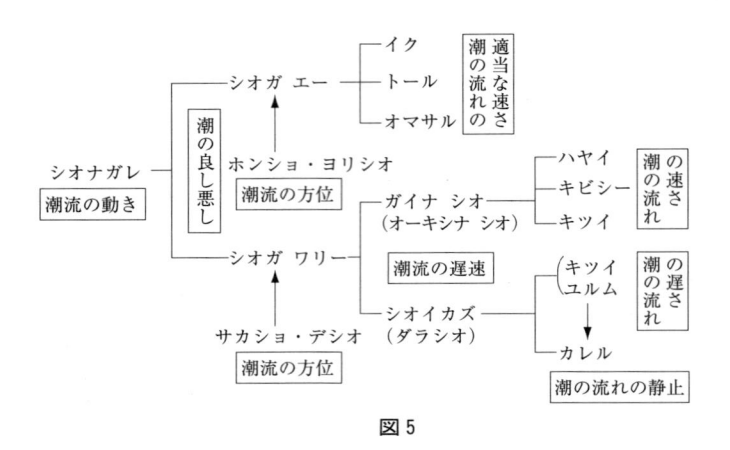

図5

す）。

①キビシー・キツイ・ハヤイ──→②トール──→③イク──→④オサマル・ユルム・オソイ──→⑤カレル

　このうち、「キビシー・キツイ」は、「ハヤイ」が客観的な潮の流れの速さを意味するのに対して、それが漁に及ぼす影響を含めた生活実感に裏うちされたものであるところに特色がある。また、「トール」は、オキ（沖）の潮が西から東へ向かってかなり速く流れ、その一部が岬近くに入ってくるものについて言う。「オサマル・ユルム」は、前者が速い流れがおさまって静かになり、漁がよくできるようになった状態を言い、後者は速い潮の流れが弱まり、遅くなった状態に注目するところに特色がある。「カレル」は、潮の流れが完全に静止することを言う。

　潮流の動きを表す意味分野の語彙は、漁にとってプラスに作用する現象を意味する要素が6語であるのに対して、マイナスに作用する現象を意味する要素が13語も認められ、負の方向に展開していることが注目される。これは、風の語彙についても、ほぼ同様に指摘することができる。「シオイカズ」の語形は、鳥取県下から京都府奥丹後地方までの広い範囲に見出だされ、「ダラシオ」は、鳥取県下の多くの漁業集落に認められるものである。「ダラシオ」の語原については、現在、多くの漁師が「ダラ」（馬鹿）を想定する

が、「ダラダラ」してちっとも動かない潮という意味なので、「ダラダラ」というオノマトペから転成した名詞とも考えられる。もっとも、「ダラ」の語源として「馬鹿」を想定する漁師たちは、単純に「シオイカズ」を「馬鹿な潮」と捉えているのではなく、漁をしている自分たちを「馬鹿にする潮」と捉えているのである。ここには、「潮」という自然現象を完全に自分たち人間の側にとりこみ、そのような潮に対して苛立ちさえも感じていることが認められるのである。さらに言えば、「ダラ」と擬人化されることによって、漁業文化のまっただ中に取りこまれていると見なすこともできる。

　ところで、宇野集落において、潮の流れの遅速を具体的なある方位と結びつけて捉える事実の存することは、すでに、先に示したとおりであるが、それが、潮流の方位を表す語形とは異なる特定の複合形態で言い表されることはない。ところが、久木田恵の報告によると、京都府与謝郡伊根町亀島では、潮の流れの遅い場合に限って、「〜ケ」という接尾辞を付し、「ノボリケ」「クダリケ」「ヨリシオケ（ヨリケとも）」「デシオケ」「デクダリケ」の五つの潮流の方位との複合形態が認められるのである。これは、潮の流れの極端に遅いことが、漁にとってマイナスに作用するために、当地の漁において普段特によく利用する「ノボリ」「クダリ」「ヨリシオ」「デシオ」「デクダリ」の五つの潮流の方位を表す語を、適当な速さの流れを意味するものとしても用い、それと明確に区別するために、上のような複合語を造語したものと考えられる。「〜ケ」という接尾辞は、風について用いることの方が多いが、ともに、「現象の力が弱い」ことを意味し、「気」を語源とするものである。

　漁業のことをよく知らない我々は、潮の流れの遅い方が漁にとって好都合ではないかと考えがちであるが、決してそうではないことが、これらの事実によってもよく理解できる。とくに、鯛の一本釣りや延縄漁では、むしろ、潮の流れの速い方が、漁獲量が多いのである。

3．潮の干満に関する語彙

　鳥取県下では、満潮と干潮の差は、大潮の盛りにおいてもわずか50〜70セ

ンチしか認められない。京都府の奥丹後地方では70センチになることが多いという。それに対して、瀬戸内海域では、5～6メートルになる。山陰の潮の干満の差は、比較にならないくらい少ない。そのため、山陰での漁業においては、潮の干満が潮流の方位の変化や潮流の遅速に大きな影響を及ぼして、その結果、漁獲量が大きく異なってくるということがほとんどない。そのことを反映してか、山陰では、潮の干満に関する語彙がきわめて乏しい。ここには、同じ漁業社会であっても、自然環境の違いによって、使用される生業語彙の部分体系に大差の認められることが、明確に反映しているのである。

鳥取県気高郡気高町姫路では、潮の干満をシオノ　ミチヒと言い、満潮をマンチョー、干潮をカンチョーと言う。また、潮が満ちることをサス（差す）あるいはミチルと言い、引くことをヒクと言う。潮位を表す語彙や、干潮から満潮、満潮から干潮への変化を表す語彙は全く認められない。瀬戸内海域方言の潮の語彙と比較した場合、最も大きな相違は、この潮の干満に関する語彙である（この点については、前章の〔補記〕を参照されたい）。姫路方言に認められるこれらの潮の干満に関する語彙は、鳥取県下をはじめとして兵庫県の但馬地方にも同様に認められるが、京都府の奥丹後地方では、潮の干満をシオノ　サシヒキとも言い、干潮をヒキシオとも呼んでいる。

なお、先に、「自然環境」の違いが語彙体系に反映していることを指摘した。だが、これはあるがままの「自然環境」の違いが反映しているわけではなく、山陰地方での漁撈に「潮の干満」が全く影響を及ぼさないという、漁民のフィルターを通して反映したもの（すなわち、漁業文化[1]にとりこまれたものとして自然）であることは、改めて指摘するまでもなかろう。

おわりに

潮の語彙については、他に、潮流の変化、部位、二重潮、潮と雨や風との関係などに関する語彙にも触れる必要がある。しかし、漁業との関係で潮の語彙を見た場合、山陰方言における潮の語彙は、上に記述した潮流の方位に関する語彙と潮流の遅速に関する語彙とが、最も主要な意味分野を形成する

ものと判断される。ただ、二重潮については、山陰ではフタエシオ・フタエジオと言うところが多く、新潟県下では、ニカイジオ・サンカイジオ（二階潮・三階潮）と呼んでおり、三宅島ではニマイシオ・サンマイシオ（二枚潮・三枚潮）と言っていることだけは記しておきたい。

注
1) ここで言う「漁業文化」とは、漁民によって、漁民のために意味と価値を与えられた「環境世界」のことである。したがって、同じ漁民であっても、山陰地方の漁民と瀬戸内海域の漁民とでは、意味と価値の異なる「環境世界」に住んでいることになる。

参考文献
1971：青柳精三「伊豆神津島ことばのシオ《潮》の意味」(『言語学論叢』11)
1975：　同　　「御蔵島の潮と風」(『フィールドの歩み』第7号)
1977：岡田荘之輔『但馬ことば』兵庫県立但馬文教府
1977：室山敏昭「漁業社会の潮の語彙」(『季刊人類学』第8巻第2号)
1978：大橋勝男『方言の研究』(第8号)
1978：室山敏昭「言語内的うつわと言語外的事実―漁業生活と潮の語彙―」(『季刊人類学』第9巻第3号)
1987：室山敏昭『生活語彙の基礎的研究』和泉書院
1998：　同　　『生活語彙の構造と地域文化―文化言語学序説』和泉書院

◇『言語生活』360号（1981、筑摩書房）に掲載された拙論に、かなり大幅に加筆修正を施したもの。

第9章　広島県方言における性向語彙の地域性

はじめに

　広島県方言が備後方言と安芸方言とに分画されることは、すでに確定ずみの事実である。しかし、両方言の対立関係を山陽方言という上位分派の中に位置づけた場合、それがいかなる意味を有するかという点に関しては、いまだ見るべき成果が乏しい。特にこの点に関して、語彙という体系的存在に即して分析、考察を施した研究は皆無に等しいと言ってよい。
　そこで、筆者は性向語彙の中の「仕事に対する態度に関する意味分野」について、広島県下の14地点（備後地方6地点、安芸地方8地点）でほぼ均質的な調査を実施することによって採録し得た339語（異なり語数）の語彙を対象とし、共有語彙と特有語彙の概念操作を基本方略として、次の三つの視点から分析を試みることにする。
　1．備後方言と安芸方言の地域差
　2．備後・安芸両方言の特有語彙と隣接諸方言との関係
　3．広島県方言に特徴的な語彙
　なお、調査地点は下記の14地点であり、どの地点においても60歳代の男性2名を対象として、私に用意した質問調査票による質問調査を行った。
　A．備後地方…①深安郡神辺町道上、②府中市本谷、③比婆郡比和町古頃、④比婆郡東城町川東、⑤三次市向江田町和田、⑥三原市西野
　B．安芸地方…①賀茂郡河内町上河内、②高田郡高宮町式敷、③山県郡加計町土居、④山県郡芸北町八幡原、⑤安芸郡江田島町向側、⑥安芸郡江田島町秋月、⑦廿日市市地御前、⑧佐伯郡佐伯町玖島

1．共有語彙と特有語彙の認定方法

　備後方言と安芸方言の地域差の検討に入る前に、今回適用した「共有語彙」と「特有語彙」の認定方法について、簡単に説明しておくことにする。厳密に規定するならば、「共有語彙」は備後・安芸の14地点に共通して認められる語彙を指し、「特有語彙」は備後ないしは安芸のいずれか一方の全地点に認められる語彙を指すことになろう。しかし、このような厳密な規定に則って「共有語彙」「特有語彙」を認定しようとすると、備後・安芸両方言の内部対立を反映して、「共有語彙」「特有語彙」のいずれにも属さない語彙が見出されることになる。広島県方言の内部分派を広域から狭域へと階層的に細分することに研究の目的を設定するならば、「共有語彙」「特有語彙」のそれぞれについて、全域・部分域という概念操作を厳密に適用することによって、すべての語彙がいずれかの分派の形成要素として位置づけられるべく、分析を進めていく必要があるであろう（「全域」「部分域」という概念操作については、本書Ⅱ、「文化言語学の理論」の第3章を参照のこと）。

　しかし、今回は、備後方言と安芸方言の「仕事に対する態度に関する性向語彙」という体系的存在に見られる地域差（歴史・空間的対立）を山陽方言という上位分派に位置づけた場合、それがどのような意味を持つかを解析する点に主眼を置くので、「共有語彙」「特有語彙」の概念をともにゆるやかに捉え、次のように規定することにする。

1．備後方言特有語彙——備後地方の4地点以上に認められ、安芸地方には全く認められない語彙
2．安芸方言特有語彙——安芸地方の5地点以上に認められ、備後地方には全く認められない語彙
3．備後方言・安芸方言共有語彙——備後地方に4地点以上、安芸地方に5地点以上共通して認められる語彙

2．備後方言と安芸方言の地域差

　まず最初に、備後方言と安芸方言との関係について見てみることにする。

なお、以下に記すA、B、Cは、「仕事に対する態度に関する性向語彙」を連合的（統合的）意義特徴と弁別的（示差的）意義特徴との諸関係から帰納した意味枠を表示するものであり、インフォーマントの説明を語彙分析を通して検証することのできた共同労働に対する価値観という点では、それぞれ「指向価値」「過小価値」「過剰価値」を意味するものである[1]。

A．「仕事に対する意欲・能力のある人」（＝指向価値）
 1．備後方言特有語彙（異なり語数43語、延べ語数45語）
　　カイショーモン・カイショーナ・カイショーナ　ヒト・カイショーナヤツ・ガンジョー・ガンジョーシ・ガンジョージン・ガンジョーニン・ガンジョーモン・ガンジョーナ・ガンジョーナ　ヒト・コッテーミトーナ　ヒト・シャンシャンシタ　ヒト・ショワー　ヤク・セワー　ヤク・シンボーシ・マジメガタ・テシ（以上、「働き者」）、オシャバン・シゴンボー（以上、「仕事の上手な人」）、キサンジ・コデョートル・マイガハヤイ・マイガ　ハヤェー・コマイガ　ハヤェー・コバイガ　ハヤェー・コーバイガ　ハヤェー・コバャー・コバャー　ヒト・コバェー・テバヤェー・フリマーシガ　エー・マエガ　アガル・マェーガ　アガル・マエガ　ハヤェー（以上、「仕事の早い人・要領の良い人」）、シゴンボー・ネンシャモン・ネチー（以上、「仕事を丁寧・丹念にする人」）、ガンジョーニン・ガンジョーナ・コリャージョーガ　エー・コンキズオイ・シンボーモン・シンボーナ　ヒト・シンボースル（以上、「辛抱強い人」）
 2．安芸方言特有語彙（異なり語数24語）
　　キバリテ・ギバリテ・キバル・ギバル・ハツメーナ・ハツメーナ　ヒト・バリガ　エー・バリガ　アル（以上、「働き者」）、ジョーズモン・テシャ（以上、「仕事の上手な人」）、シャンシャンモノ・ハシッカイー・ハシコイ（以上、「仕事の早い人・要領の良い人」）、キチョーメンサン・キチョーメンシャ・キチントスル　ヒト・ゴンロク・ネツイ・ネツイ　ヒト・ネッツイ・ネッツイ　ヒト・ネンイリモン（以上、「仕

事を丁寧・丹念にする人」)、コラエジョーガ　エー・コンキズヨイ（以上、「辛抱強い人」）

3．備後方言・安芸方言共有語彙（異なり語数55語、延べ語数56語）

カイショモノ・カイショモン・カイショーガ　アル・カイショーガ　アル　ヒト・コマメナ・コマメナ　ヒト・シンビョーナ・シンビョナ・シンビョーナ　ヒト・シンマクナ・シンマクナ　ヒト・シンボーニン・シンボーナ　ヒト・ハタラキテ・ハタラキモン・ハタラキド・マジメニンゲン・ヤリテ・ヨー　ウゴク・ヨー　ハタラク・ヨー　ウゴク　ヒト・ヨー　ハタラク　ヒト（以上、「働き者」）、キョージン・キヨーナ・キヨーナ　ヒト・コーシャ・コーシャナ・コーシャナ　ヒト・コギョーナ・コギョーナ　ヒト・テシ　ヤリテ（以上、「仕事の上手な人」）、コバイガ　ハヤイ・コーバイガ　ハヤイ・ハシカイー・メサキガ　キク（以上、「仕事の早い人・要領の良い人」）、アダガ　ナイ・キチョーメン・キチョーメンシ・キチョーメンナ・キチョーメンナ　ヒト・コージクナ・コージクナ　ヒト・コクメージン・コマメナ　コマメナ　ヒト・テーネーナ・テーネーナ　ヒト・テーネージン・ネツイ・ネンイリナ・ネンイリナ　ヒト・ネンシャ（以上、「仕事を丁寧・丹念にする人」）、シンボーガ　エー・シンボーニン（以上、「辛抱強い人」）

B．「仕事に対する意欲・能力に欠ける人」（＝過小価値）

1．備後方言特有語彙（異なり語数53語、延べ語数55語）

ダラズモン・ダラ・ダラコキ・ダラクソ・ダラヘー・オーダラズ・オーダラヘー・クソダラズ・オーチャクボー・オーチャクビョー・オーチャクノ　ヤマェー・グータラ・グーダラ・グーダラベー・ズーダラ・ズボラコキ・ズル・ダンナサン・ヒキタレ・ヒキタレモン・ヒキタレル（以上、「怠け者・仕事をしない人」）、カェーショーナシ・テボースケ（以上、「仕事の下手な人」）、グズタレ・グズッタレ・テガ　トロェー・トトロカン・ トトロカン　ヒト・トドロカン・トドロカン　ヒト・トロェー・トロクセー・ヌリー・マエガ　アガラン（以上、「仕事の遅い

人・要領の悪い人」)、ガサツモン・ザッパー・ザマクモノ・ザマクモン・ザマクッサー・ヒキタレ（以上、「仕事を雑にする人」)、オーシチブ・カェーショーナシ・カェーショナシ・クサリオナゴ・トンマ・ヘボクソ・ボンヤリ・ボンヤリサン（以上、「仕事の役に立たない人」)、エースキ・カネグイムシ・ドラコキ・ドラオナゴ・ドラボー・ホートー・ホートームスコ（以上、「放蕩者」)

2．安芸方言特有語彙（異なり語数66語、延べ語数73語）

アカオーチャクモン・ナエットー・ナエットーモン・ナエンボー・ナイトー・ナイトーモン・ナイトーボー・アカナイトー・クソナイト・ノークレ・ノークレモン・ノークレル・ノータレ・ノータクレ・アカノータレ・ノートー・アカノーツー・テレモノ・テレサク・オーテレ・テルサク・テレーグレー・テレンクレン・テレンパレン・テレンプラン・テレンポラン・トコバリ・ドンダレ・ノーズイ・ノーソー・ノッポー・キナシ・ノラクラ・ホートクナイ・ホートクナイ　ヒト・ボンクラ・オーチャク・サボリ・ズボラナ（以上、「怠け者・仕事をしない人」)、ホートクナイ・ホートクナイ　ヒト（以上、「仕事の下手な人」)、タイマクナ・テヌルイ・テマヌルイ・トロイ・トロクサー・ノロ・ヌルイ・ホータラトロヌルイ（以上、「仕事の遅い人・要領の悪い人」)、ガサ・ビッタレ・シビッタレ・ホートクナー（以上、「仕事を雑にする人」)、トロサク・ヒョーロクダマ・ホートクナイ　ヒト・ヤスケニハチスケ（以上、「仕事の役に立たない人」)、オーテンプラ・テレサク・テルサク・テレモン・テレンパレン・ノフーゾー・ノフードー・ノフード・ノフードーナ（以上、「投げやりにする人」)、アカボンクラ・オードー・カイヌケ・テレンモノ・ホーラホーラスル・ホーロホーロスル・ボンクラ（以上、「放蕩者」)

3．備後方言・安芸方言共有語彙（異なり語数94語、延べ語数97語）

アブラウリ・オーチャクモノ・オーチャクモン・オーチャクボーズ・オーチャクタレ・オーチャクナ・ズボラ・ダラズ・ナマケモノ・ナマケモン・ノラ・ノラナ（以上、「怠け者・仕事をしない人」)、テボーサ

ク・テボサク・ブキッチョー・ブキッチョ・ブキッチョーサク・ブキッチョーナ・ブキッチョーナ　ヒト・ブキヨー・ブキヨーナ・ブキヨーナ　ヒト・ブサイクナ・ブサイクナ　ヒト・ブチョーホー・ブチョーホーモン・ブチョーモン・ブチョーホーナ・ブチョーホーナ　ヒト（以上、「仕事の下手な人」）、トロサク・オートロサク・オートロスケ・グズ・グズグズ・グズグズスル・ラチガ　アカン・ダチガ　アカン・ダチクソガ　アカン・ダンドリガ　ワリー・ドンクハゼ・ノロイ・ノロマ・マドロカシー・マドロカシー　ヒト・マドロッカシー　ヒト・マドロコシー　ヒト・マドロシー・マドロシー　ヒト（以上、「仕事の遅い人・要領の悪い人」）、アラマシ・アラマシヤ・アラマシー・アラマシー　ヒト・アラマシナ・アラマシナ　ヒト・オーザッパ・ガサガサ・ガサツ・ガサツナ・ガサツナ　ヒト・ザツナ・ザツナ　ヒト・ザマクナ・ザマクナ　ヒト・ジダラクナ（以上、「仕事を雑にする人」）、トンマ・トンマナ・トンマナ　ヒト・ニエグソ・ノーナシ・ブチョーホーモン・ボケ・ボケサク・ボンクラ・ヤクタタズ・ヤッチャモニャー（以上、「仕事の役に立たない人」）、オーチャクモノ・オーチャクモン・エーカゲンモン（以上、「仕事を投げやりにする人」）、アソビニン・ゴクドー・ゴクドーモン・オーゴクドー・ゴクドームスコ・カネクイムシ・ゴクツブシ・コクレ・コクレル・グレル・ドーラクモン・ドーラクムスコ・ドラ・ドラムスコ・ドラツキ・ナグレモン・ホートーモノ・ホートーモン（以上、「放蕩者」）

C．「仕事に対して必要以上に意欲のある人」（＝過剰価値）
　1．備後方言特有語彙（異なり語数3語）
　　ガシンタマ・ガシンダマ・ガシンタレ（以上、「仕事に熱中する人」）
　2．安芸方言特有語彙（異なり語数4語）
　　コリカタマリ・コリカタマル・ハタラキバラ・ヒン　ナル（以上、「仕事に熱中する人」）
　3．備後方言・安芸方言共有語彙（異なり語数15語）

ガリ・ガリガリ・クソガリ・コリショー・ノボセ・ノボセショー・ノボセモノ・ノボセモン・ノボセル・バシャウマ（以上、「仕事に熱中する人」）、アンゴーテーネー・アホーテーネー・コージクナ・コージクナ　ヒト・テーネースギル　ヒト（以上、「丁寧すぎる人」）

以上の結果に基づいて、備後方言、安芸方言の各特有語彙と両方言の共有語彙の語数ならびにそれぞれの比率を示すと、表1、表2の通りである。

表1

	備後方言特有語彙	安芸方言特有語彙	備後・安芸両方言共有語彙
A	35.5%	19.0%	45.5%
B	25.0%	30.9%	44.1%
C	13.6%	18.2%	68.2%
平均	21.4%	22.7%	52.6%

表2

	備後方言特有語彙	安芸方言特有語彙	備後・安芸両方言共有語彙
A	43語	23語	55語
B	53語	66語	94語
C	3語	4語	15語
計	99語	93語	164語

筆者はかつて、「働き者」（「仕事の上手な人」「辛抱強い人」「仕事に熱中する人」を含む）と「怠け者」（「仕事の下手な人」「投げやりにする人」「仕事の役に立たない人」を含む）の意味項目を対象として、山陽方言と山陰方

言の地域差に関して分析、考察を試みたことがある(『生活語彙の基礎的研究』600～623ページ)。その結果によると、島根県簸川郡大社町鵜峠方言と同県那賀郡金城町今田方言との共有語彙率の平均値は21.3%という低い比率を示し、出雲方言と石見方言との間には、極めて顕著な離反性の認められることが明らかとなった。

これに対して、広島県の備後方言と安芸方言との共有語彙率の平均値は、出雲方言と石見方言の場合の2.4倍強の高さを示しており、両方言の近似性の大きさが明確にうかがい知られるのである。ちなみに、備後方言と安芸方言について、島根県下の場合を基準として、「働き者」と「怠け者」の意味項目の共有語彙率を求めてみると、それぞれ、45.8%、37.7%となり、平均値は41.8%である。表2における共有語彙率の平均値に比べると、9.3%低くなるが、出雲方言と石見方言の共有語彙率よりも、20.5%も高くなっているのである。

ところで、先に帰納した備後方言と安芸方言の特有語彙の中には、「コリャージョーガ　エー」「コンキズオイ」「ネチー」「トロェー」「トロクセー」「ヌリー」(以上、備後方言)対「コラエジョーガ　エー」「コンキズヨイ」「ネッツイ」「トロイ」「トロクサー」「ヌルイ」(以上、安芸方言)のように、もともと同一語源でありながら、両方言に特徴的な音変化によって形態上の差異が認められるものも含まれている。出雲方言と石見方言の共有語彙率は、このような語彙を「準共有語彙」と見なして、共有語彙の中に含めて求めた数値である。備後方言と安芸方言についても、これと同様の処理を施してA、B、Cの各意味枠の共有語彙率とその平均値を再度求めてみると、次のようになる。

　　　Aの意味枠…47.9%
　　　Bの意味枠…46.2%
　　　Cの意味枠…68.2%
　　　平均…………54.1%

すなわち、出雲方言と石見方言の2.5倍強の数値を示すことになる。今、出雲方言と石見方言との関係を、比喩表現を用いて「非連続的断層」と呼ぶ

ならば、備後方言と安芸方言との関係は「連続的傾斜」(連続的一体性)と呼ぶことができるであろう。

ところで、表2のA、B二つの意味枠において、備後方言と安芸方言の特有語彙率が対照的な様相を呈しているが、この理由については今のところ明確に説明することができない。

3. 備後方言と安芸方言の特色

先に帰納した備後方言、安芸方言のそれぞれに特徴的な語彙は、言うまでもなく両方言にしか認められないという性格のものではない。備後方言特有語彙のうちのかなり多くの要素が、その隣接方言である岡山県備中方言や島根県出雲方言と共通することが予測され、安芸方言については、山口県周防方言や島根県石見方言との共通性が予測されるのである。

そこで、備後方言と安芸方言の特有語彙について、隣接諸方言との関係を見てみることにする。その際、すべての特有語彙を対象とすることが理想的ではあろうが、語彙においては部分に認められる特色をもって全体の特色を語ることができる(部分の特色が全体の特色を規定する)ので、以下には、特有語彙の語数が最も多い「仕事に対する意欲・能力に欠ける人」の意味分野を対象にとり、延べ語数の観点から検討を試みることにする。

なお、比較のために用いる資料は、下記の通りである。

  備後方言………『島根県方言辞典』(広戸惇・矢富熊一郎編、1963、東京堂出版)、『岡山県浅口郡鴨方町方言の性向語彙』(『広島大学方言研究会会報』第31号、1992)、「岡山県小田郡矢掛町方言の性向語彙」(未発表)、『岡山県方言集』(桂又三郎、1976、国書刊行会)、『日本方言大辞典』(徳川宗賢・佐藤亮一編、1989、小学館)。

  安芸方言………『島根県方言辞典』、『島根県那賀郡金城町今田方言の性向語彙』(『広島大学方言研究会会報』第26号、1981)、「山口県岩国市方言の性向語彙」(未発表)、『柳井の方言』(図書館叢書第7集、1991)、「山口県防府市野島方言の性向語

彙」（未発表）、『日本方言大辞典』。
(一) 備後方言の特色
1. 岡山県備中方言との共有語彙…ダラズ・ダラクソ・グータラ・グーダラ・グーダラベー・ズーダラ・ズボラコキ・ヒキタレ・ヒキタレモン・ヒキタレル・テボースケ・トトロカン・トトロカン　ヒト・トドロカン・トドロカン　ヒト・トロェー・トロクセー・ヌリー・ガサツモン・ザッパー・ザマクモノ・ザマクモン・ザマクッサー・カェーショーナシ・カェーショナシ・クサリオナゴ・ドラコキ・ホートー・ホートームスコ・トンマ（30語）
2. 島根県出雲方言との共有語彙…グータラ・グーダラ・テボーサク（3語）
3. 広島県備後方言の特有語彙…オーダラズ・オーダラヘー・クソダラズ・ダラコキ・ダラヘー・オーチャクビョー・オーチャクノ　ヤマェー・オーチャクボー・ズル・ダンナサン・グズタレ・グズッタレ・テガ　トロェー・マエガ　アガラン・オーシチブ・ヘボクソ・ボンヤリ・ボンヤリ　サン・エースキ・ドラボー・カネグイムシ・ドラオナゴ（22語）

これによって、先に帰納した備後方言特有語彙のうち、実に30語（56.6％）までが、岡山県備中方言にも共通して認められる要素であることが知られる。これに対して、島根県出雲方言との共有語彙はわずか3語にすぎないので、広島県備後方言の性向語彙は岡山県備中方言との共通性を強く示すものである、と言うことができよう。もっともこの点に関しては、調査地点の選択によるかたよりということも考えられるので、広島県比婆郡西城町、同高野町、同双三郡君田村、同布野村などでも調査を行い、島根県出雲方言との関係性をさらに詳しく検討してみる必要があるであろう。

(二) 安芸方言の特色
1. 山口県周防方言との共有語彙…オーチャク・テレーグレー・テレンパレン・ナエットー・ナエットーモン・ナエンボー・ノークレ・ノークレモン・ノークレル・ノーソー・ノートー・ホートクナイ・ホートク

ナー・ホートクナイ　ヒト・ボンクラ・テヌルイ・テマヌルイ・トロイ・トロクサー・ノロ・ヌルイ・ホータラトロヌルイ・ビッタレ・シビッタレ・トロサク・ヒョーロクダマ・ヤスケニハチスケ・オーテンプラ・テレサク・ノフーゾー・ノフードー・ノフード・ノフードーナ・アカボンクラ・ホーラホーラスル・ボンクラ（35語）
2．島根県石見方言との共有語彙…オーチャク・オーテレ・テレーグレー・テレサク・ノークレモン・ノークレル・ノーソー・ノータレ・ノータクレ・ノラクラ・トロイ・ノロ・ビッタレ・トロサク・ノフーゾー（15語）
3．広島県安芸方言の特有語彙…アカオーチャクモン・アカナイトー・アカノータレ・アカノーツー・キナシ・ナイトー・ナイトーモン・ナイトーボー・クソナイトー・サボリ・ズボラナ・テレモノ・テルサク・テレンクレン・テレンプラン・テレンポラン・テレンパレン・トコバリ・ドンダレ・ノーズイ・ノッポー・タイマクナ・ガサ・オードー・カイヌケ・テレンモン・ホーロホーロスル（27語）

　これによって、安芸方言特有語彙のうち35語（53.0％）までが、山口県周防方言にも共通して行われる要素であることが知られる。また、島根県石見方言との共有語彙も15語（21.7％）認められ、そのうち石見方言だけとの共有語彙が4語存するので、広島県安芸方言と隣接二方言との共有語彙率は59.1％という高い比率を示すことになる。
　このように、広島県備後方言と安芸方言の性向語彙は、隣接諸方言との強い繋がりを見せつつも、一方で、それぞれ40.0％、37.7％の特有語彙を保持していることになる。したがって、広島県備後方言と安芸方言との性向語彙に見られる対立は、中国山陽道方言における東西対立を象徴する事実であるかに思われる。
　しかしながら、上に明らかにした備後、安芸両方言の特有語彙については、さらに細かな検討を行ってみる必要がある。なぜなら、両方言の特有語彙の内実を子細に検討してみると、かなり多くの要素が「オー」「アカ」「クソ」などの接頭辞や「ヘー」「ボー」「タレ」「コキ」などの接尾辞をとるこ

とによって、特有語彙になっているという事実が存するからである。これらの接辞をとっている語彙に関して、語基そのものを隣接諸方言と比較すると、次に示すようにかなり多くの一致が見出されることになり、出自・語源を完全に異にする要素は、さらに限られた数になるのである。
　（1）備後方言の特有語彙（岡山県備中方言と語基が一致するもの）
　①ダラズ…オーダラズ・オーダラヘー・クソダラズ・ダニコキ・ダラヘー
　②オーチャク…オーチャクボー・オーチャクビョー
　③ドラ…ドラボー・ドラオナゴ
　④グズ…グズタレ・グズッタレ
　語基の一致が見られるものも準共有語彙として扱い、さらに音訛形や共通語と一致する語形を除くと、真に広島県備後方言の特有語彙と見なし得るものは、下記の6語にすぎないことになる。
　　〔オーチャクノ　ヤマェー・ダンナサン・マエガ　アガラン・ヘボクソ・ボンヤリサン・エースキ〕
　（2）安芸方言の特有語彙（山口県周防方言・島根県石見方言と語基が一致するもの）
　①オーチャク…アカオーチャクモン
　②ノータレ…アカノータレ・ノータクレ
　③テレ…テレモノ・テレンモン・オーテレ・テルサク
　④ノラ…ノラクラ
　⑤ガサ…ガサガサ
　これらの語彙を準共有語彙として扱い、さらに共通語と語基が一致するもの、外来語出自のものなどを除くと、次に記す19語が安芸方言特有語彙として残ることになる。
　　〔ナイトー・ナイトーモン・ナイトーボー・アカナイトー・クソナイトー・アカノーツー・キナシ・テレンクレン・テレンプラン・テレンポラン・テレンパレン・トコバリ・ドンダレ・ノーズイ・ノッポー・タイマクナ・オードー・カイヌケ・ホーロホーロスル〕
　しかしながら、安芸方言に特徴的と見なされる「ナイトー」は、山口県周

防方言に「ナエトー」「ナェットー」が盛んで、しかもこれらの語形は安芸方言にも共通して行われているものである。したがって、「萎え党」を語源とする「ナエトー」が「ナイトー」に変化したことはまず疑い得ないと考えられるので、「ナイトー」を語基とする語彙を除くと、真に安芸方言に特徴的な語彙は、次に示す14語ということになる。

〔アカノーツー・キナシ・テレンクレン・テレンプラン・テレンポラン・テレンパレン・トコバリ・ドンダレ・ノーズイ・ノッポー・タイマクナ・オードー・カイヌケ・ホーロホーロスル〕

このように見てくると、先には広島県備後方言と安芸方言との性向語彙に認められる対立関係を、山陽方言における東西対立を象徴するものとして捉えたが、語基の一致に注目するならば、備後方言と安芸方言の特有語彙は、その大半が岡山県備中方言と山口県周防方言・島根県石見方言とに連携することになる。したがって、事実はむしろ、山陽方言の連続的一体性を強く示すものである、と解されるべきであろう。

4．広島県方言の特有語彙

以下には、第3節において帰納した広島県備後・安芸両方言の特有語彙について、『日本方言大辞典』を参照して全国的な視点から分布状況を確認し、広島県方言だけに認められる文字通りの特有語彙を確定することにしたい。広島県方言特有語彙の認定は、次の方法によって行う。

（ア）『日本方言大辞典』に当該語が見出語として標示されており、その分布域が広島県だけであるもの。
（イ）『日本方言大辞典』に当該語が見出語として標示されているが、その分布域が他県にも及んでいるもの。
（ウ）『日本方言大辞典』に当該語が見出語として標示されていないもの。

まず、（ア）に属する語彙としては、次の3語があげられる。

〔エースキ・トコバリ・カイヌケ〕

次いで、（イ）に属する語彙としては、次の6語があげられる。

a．ヘボクソ　①おくびょうなこと。意気地がないこと。弱いこと。ま

た、そういう人。弱虫。臆病者。弱者。愛知県。②役に立たないさま。拙劣なさま。また、その人。栃木県。
b．キナシ　①うっかりすること。不注意。長野県。②気の利かない人。やぼなもの。福井県・三重県・滋賀県・岡山県・香川県。
c．テレンクレン　②ぐずぐずして仕事がはかどらないこと。島根県。
d．テレンプラン　①何をすることもなくぶらぶらして時を過ごすこと。また、そのさま。愛媛県。
e．ノッポー　③動作の遅いさま。また、その人。のろま。茨城県。④遅鈍なさま。まぬけなさま。また、その人。無能。馬鹿。茨城県・栃木県・埼玉県・愛知県・山口県。⑤のんき者。大分県。⑥不得要領な男。鳥取県。⑦根気のない人。だらしない人。怠け者。不まじめな人。静岡県・広島県。⑧道楽者。放蕩者。静岡県・愛知県。
f．オードー　①傍若無人なさま。大胆なさま。むてっぽうなさま。京都府・島根県・岡山県・広島県・愛媛県・大分県・佐賀県。②おうちゃく。島根県・岡山県・広島県・徳島県・愛媛県・大分県・宮城県。⑥生意気。おうへい。意地悪。広島県・徳島県。

さらに、(ウ)に属する語彙としては、次の11語があげられる。

〔オーチャクノ　ヤマェー・ダンナサン・マエガ　アガラン・ボンヤリサン・アカノーツー・テレンポラン・テレンパレン・ドンダレ・ノーズイ・タイマクナ・ホーロホーロスル〕

以上の検討によって、(ア)と(ウ)に属する「エースキ・オーチャクノ　ヤマェー・ダンナサン・マエガ　アガラン・ボンヤリサン（以上、備後方言)、アカノーツー・テレンポラン・テレンパレン・トコバリ・ドンダレ・ノーズイ・タイマクナ・カイヌケ・ホーロホーロスル」の14語が、広島県特有語彙ということになる。

しかし、これらの語彙のうち、「オーチャクノ　ヤマェー」の先項要素と「ボンヤリサン」の語基は共通語と一致し、「マエガ　アガラン」という慣用句は「マエガ　キレン」という類似慣用句が島根県石見地方（たとえば、今田方言）に見られる。また、「テレンポラン」「テレンパレン」の2語は、

「テレンポレン」「テレンパラン」という類似形が、それぞれ山口県と島根県・長崎県にも認められる。さらに、「ダンナサン」はメタファーである。これらの語彙を除くと、現時点において真に「広島県方言特有語彙」と見なし得るものは、次に示すわずか8語ということになる。

　『エースキ・アカノーツー・トコバリ・ドンダレ・ノーズイ・タイマクナ・カイヌケ・ホーロホーロスル』（広島県方言特有語彙）

　さらに、『日本方言大辞典』に収録されている6語のうち、「キナシ」「テレンクレン」「テレンプラン」「オードー」の4語が、いずれも中国地方南半・四国地方北半を中心として、近畿以西に分布する要素であることも注目される。

おわりに

　このように見てくると、広島県方言における「仕事に対する態度に関する性向語彙」は、中国山陽道方言の連続的一体性の中に位置づけられることが明確となり、さらには瀬戸内海西部域分派の中に収斂されることを予測せしめるものである。この予測は、たとえば、Aの意味枠に所属する広島県備後・安芸両方言の共有語彙において、非共通語と見なし得る26語のうち、次に示す19語（73.1％）が愛媛県方言にも共通して行われている事実によって、かなり蓋然性の高いことが理解される。

　〔カイショモン・シンビョーナ・シンビョナ・シンビョーナ　ヒト・ハタラキド・キョージン・コーシャ・コーシャナ・コーシャナ　ヒト・コギョーナ・コギョーナ　ヒト・ハシカイー・キチョーメンシ・コクメージン・テーネーナ　ヒト・テーネージン・ネツイ・シンボーガ　エー・ネンシャ〕

　なぜ、広島県方言における「仕事に対する態度に関する性向語彙」が、このように顕著な広域性を示すのかという問題を明らかにすることが次の課題とされる。この課題を解明するためには、伝統的な村落社会における生産を中心とする共同労働の単位体の行動範囲という言語外的要因と、「生産秩序」を維持、推進していくために、村落社会において「仕事に対する態度に関す

る性向語彙」が果してきた社会的機能の重要性という言語内的―言語外的要因について、深く考察してみることが必要とされるであろう（この点に関しては、拙著『「ヨコ」社会の構造と意味―方言性向語彙に見る』2001、和泉書院を参照のこと）。さらに一般化して言えば、方言性向語彙に見られる「広域分派性」というキー概念を村落社会の構造の史的展開との連関において解明することが、性向語彙を対象とする生活語彙論、さらには文化言語学の一重要課題となる。

注
1) 「指向価値」「過小価値」「過剰価値」の概念については、拙著『「ヨコ」社会の構造と意味―方言性向語彙に見る』（2001、和泉書院）を参照のこと。

参考文献
1976：藤原与一『瀬戸内海域方言の方言地理学的研究』東京大学出版会
1979：室山敏昭「中国地方方言の性向語彙研究序説」（『広島大学文学部紀要』第39巻、特輯号1）
1980：木村　礎『近世の村』教育社
1982：神鳥武彦「広島県の方言」（『講座方言学8　中国四国地方の方言』国書刊行会）
1987：町　博光『芸備接境域方言の方言地理学的研究』渓水社
1987：室山敏昭『生活語彙の基礎的研究』和泉書院
1987：　同　　「広島県方言の性向語彙資料」（『内海文化研究紀要』第15号、広島大学文学部内海文化研究施設）
1989：徳川宗賢・佐藤亮一編『日本方言大辞典』小学館
1990：富永健一『日本の近代化と社会変動』講談社学術文庫
1998：室山敏昭『生活語彙の構造と地域文化―文化言語学序説』和泉書院

〔補記〕
　方言性向語彙に見られる「広域分布性」という特性の形成要因について、筆者はかねてより農業社会や漁業社会において歴史的に強く要請されてきた「共同労働」という労働力の集中化ということを考えている。特に灌漑用水施設の建設およびその保全は、各戸が単独で行うことはとうてい不可能で、村単位で共同で行われなければならなかった。大きい河川から水を引く場合には、共同の用水を利用する範囲

を超えて、数個村が合体して一つの用水堰をつくりこれを共同で管理した。また、水田農業は田植時に集中的な労働力を必要とし、村落成員が共同して作業組織を編成し、各戸の田植を順次に行うという共同労働が毎年実施された。それでもなお労働力が不足する場合は、すでに田植を終えた周辺の村落に援助を依頼することが少なくなかったのである。

　方言性向語彙のなかでも、とりわけ「仕事に対する態度に関する」意味分野において、「広域分布性」という特色が顕著に認められるのは、農業社会や漁業社会における労働が、集落という社会組織を超えて、村落ないしは数個村が一体となって行ってきた「共同労働の広域性」という歴史的事情に由来するものと考える。すなわち、広い地域の人々が共通の労働形態や労働の価値観のもとに交流を重ねれば、その認識の共有化と秩序づけに機能する「性向語彙」が、短い時間に広い地域に向けて広がっていったことは、きわめて当然のことであったと解される。しかも、それらの語彙が村落社会の存続にとって、高い価値を担うものであってみれば、共通の性向語彙を継承し受容することの社会的要請は、個々の成員に対して一段と強く作用したものと考えられるのである。このように考えられるのは、中国山陽道が古くから「講組結合」の社会だったからである。「講」は、強力な協同組織・相互扶助組織を形成する日本の伝統的な社会システムだとされている。

　なお、この問題についての詳細は、福武直の『日本農村社会論』（1964、東京大学出版会）や鈴木栄太郎の『日本農村社会学原理』（1968、未来社）、さらには木村礎の『近世の村』（1980、教育社）、有賀喜左衛門の『村の生活組織』（1968、未来社）などが参考になろう。

◇拙著『生活語彙の構造と地域文化―文化言語学序説』に収録した論文に、一部加筆を行ったもの。

付記　【（意味システムを骨格とする）語彙システムによる日本の言語文化の多元性の確認】

　意味システムを骨格とする語彙システムによる、日本というマクロ社会における言語文化の地域性（言語文化領域）の認定と、それに基づく日本の言語文化の多元性の確認という大きな問題がある。この問題について、筆者

は、たとえ一つの語彙カテゴリーに限定したとしても、日本の言語文化領域を認定し、それに即して「中央──周辺」という構造図式に依拠しない形で日本の言語文化の多元性を確認するという仕事は、いまだなし得ていない。

　たとえば、日本というマクロ社会を対象化し、漁業社会の風位語彙と農業社会の風位語彙とを比較することによって、相互の差異と共通性を明らかにし、漁民と農民の風に対する世界観の違いを顕在化させ、日本の言語文化の多元性の一端を明らかにする。さらに、漁業社会における風の語彙を詳しく比較、検証することによって、自然環境・生業環境を背景として形成された漁民相互の風の世界観の差異を解明し、多元性の内部に認められる複層性にアプローチする。このような実践営為をいまだ果たすことができないでいる。そのため、日本というマクロ社会における言語文化の多元性を究明するための全体的な方法モデルを語ることもできないままである。

　なぜ、このような手ずまり状況を呈しているかというと、「文化的意味」のうち狭義の「文化的特徴」を徹底して採録、分析することが極めて困難だからである。たとえば、一地の漁業社会における風の語彙のうち、「コチ」（東風）の性質呼称に限ったとしても、その全体を文化的特徴を遺漏なく盛りこむ形で、意味システムを骨格とする語彙システムを客観的な手法で構築するためには、フィールドワークに相当の時間が必要とされるのである。その詳細は、拙著『生活語彙の構造と地域文化─文化言語学序説』（1998、和泉書院）に収めた「生活語彙研究における真の解釈」（159〜186ページ）に譲ることにする。

　そのため、本書のⅡ.「文化言語学の理論」において明示すべきであった、日本の言語文化の多元性（日本の言語文化領域の多元的構造）を究明するための研究方法、とりわけ方法モデルの整備がまだ十分に形式化できていない。したがって、その方法モデルに基づく実践営為も十分な形では示すことができていない。日本の言語文化の多元性を究明するための普遍性ある分析操作の方法、さらにはそれを抽象化した方法モデルを豊かな実践営為を基に構築することは、たとえ一人の手には余る大きな課題であるとしても、ぜひとも達成されなければならないことである。

これが達成されれば、今強く求められている異文化比較・異文化理解が言語という最も公準的な尺度により、極めて精緻なレベルにわたって可能になるに違いない。21世紀は「文化の世紀」であると言われる。その意味でも、「文化言語学」の構築は喫緊の課題であろう。

　文化というものは、当の本人が自覚していない無数の細かい習慣の形式から成立しているものであって、この「隠れた部分」に気づくことこそ異文化理解の鍵である。「隠れた部分」というものを明確に、しかも構造的に解明するためには、言葉というものが、世界をいかに違った角度、方法で分節するものなのか、またそれが異文化の中でも自文化の中でも決して単一ではなく複数体系（多元性）をなしていることを正しく理解することが、極めて重要な意味を持つことになるのである。

　なお、参考までに、岡山県児島半島の先端に位置する下津井田の浦の老年層漁民が内面化している「コチ」の性質呼称の語彙システム（意味システムを骨格とする）を次頁に示すことにする。これは、上に記した拙著から抽出したものである。

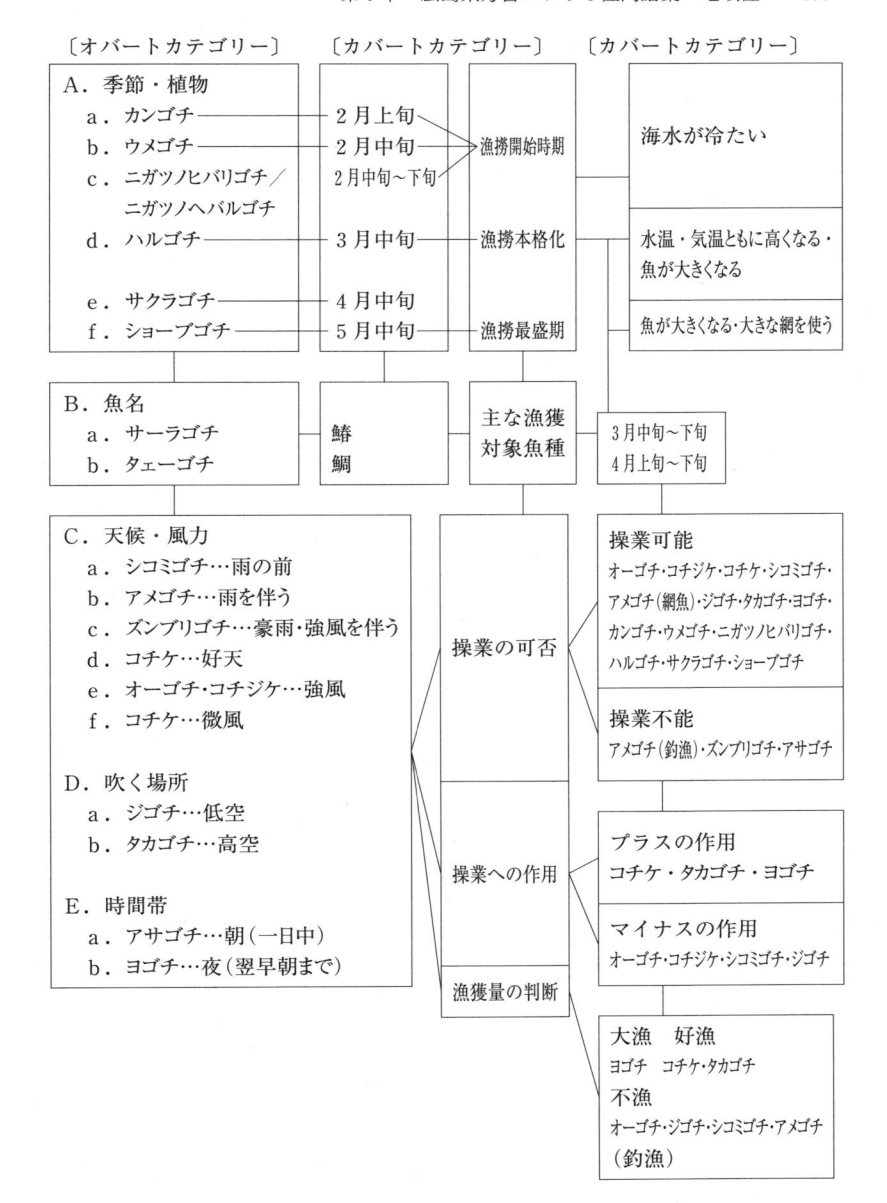

第9章 広島県方言における性向語彙の地域性　483

〔オバートカテゴリー〕　〔カバートカテゴリー〕　〔カバートカテゴリー〕

A．季節・植物
- a．カンゴチ ── 2月上旬 ┐
- b．ウメゴチ ── 2月中旬 ┼→ 漁撈開始時期 ── 海水が冷たい
- c．ニガツノヒバリゴチ／ニガツノヘバルゴチ ── 2月中旬～下旬 ┘
- d．ハルゴチ ── 3月中旬 → 漁撈本格化 ── 水温・気温ともに高くなる・魚が大きくなる
- e．サクラゴチ ── 4月中旬
- f．ショーブゴチ ── 5月中旬 → 漁撈最盛期 ── 魚が大きくなる・大きな網を使う

B．魚名
- a．サーラゴチ ── 鰆
- b．タェーゴチ ── 鯛

→ 主な漁獲対象魚種 ── 3月中旬～下旬／4月上旬～下旬

C．天候・風力
- a．シコミゴチ…雨の前
- b．アメゴチ…雨を伴う
- c．ズンブリゴチ…豪雨・強風を伴う
- d．コチケ…好天
- e．オーゴチ・コチジケ…強風
- f．コチケ…微風

D．吹く場所
- a．ジゴチ…低空
- b．タカゴチ…高空

E．時間帯
- a．アサゴチ…朝（一日中）
- b．ヨゴチ…夜（翌早朝まで）

→ 操業の可否
- 操業可能：オーゴチ・コチジケ・コチケ・シコミゴチ・アメゴチ（網魚）・ジゴチ・タカゴチ・ヨゴチ・カンゴチ・ウメゴチ・ニガツノヒバリゴチ・ハルゴチ・サクラゴチ・ショーブゴチ
- 操業不能：アメゴチ（釣漁）・ズンブリゴチ・アサゴチ

→ 操業への作用
- プラスの作用：コチケ・タカゴチ・ヨゴチ
- マイナスの作用：オーゴチ・コチジケ・シコミゴチ・ジゴチ

→ 漁獲量の判断
- 大漁　好漁：ヨゴチ　コチケ・タカゴチ
- 不漁：オーゴチ・ジゴチ・シコミゴチ・アメゴチ（釣漁）

Ⅳ．文化言語学の周辺

第1章 言葉の機能
——そのパースペクティブ——

1. 言葉のもつ機能

　言葉のもつ多様な働きのうち、われわれの認識に関わる意味で最も重要なものは次の二つである。
　1. 言語の超越論的機能（記号による世界の構造化機能）
　2. 言語の志向的機能（言語の指示機能）
　最初の超越論的機能とは、ことばによって対象を意味づけ、措定する働きを指す。むろん、これは言葉による「無からの創造」を主張しているわけではない。F．ド．ソシュールの言う「シニフィアン」（意味するもの）と「シニフィエ」（意味されるもの）とが結合した「シーニュ」（記号）のシステムによって、われわれが環境世界の中で出会う諸々の事物を「意味の網目」の中に掬い取り、分節化する機能のことである[1]。言語を使う主体の側から言えば、それは「シンボル化能力」と言い換えることもできる（この「シンボル化能力」に関して、市川浩は『精神としての身体』〈1992、講談社学術文庫〉の中で、次のように述べている。「われわれは（中略）シンボル化能力をなお拡張し得るのか、それともその限界に到達しつつあるのか、ということが現代文明の一つの大きな問題であろう」63ページ）。それゆえ、ここで言う「言語」は単に分節化した音声言語のみならず、身振りや図像の使用なども含めて、かなり広い外延をもつものと考えねばならない。この段階における言語の役割は、所与としての「環境世界」から距離を取り、それを人間にとって意味づけられたものとしての「世界」へと構造化することである。それゆえ、言語を習得することは、同時に分節化され構造化された「世界」との根源的な関わりを獲得することにほかならない。そこにおける言語

の主要な機能は、対象を「分類」し、「秩序」づけ、「カテゴリー」化する働きであり、それによってわれわれは、対象の「類型的把握」(つまり、意味づけ・価値づけ) が可能となるのである。

このように、一つの連続した世界に意味の区分を設けて、その言語あるいは言語共同体に固有の単位を創る作用が、一般に「分節」という用語で呼ばれるものである。この用語は、田中克彦によれば、すでにドイツ語の伝統の中に深く根を下ろしていたという(『言語学とは何か』1993、岩波新書)。もともと人間にとっては、その外にあるものでしかない世界(外界)は、言語によって意味づけられ、分節されたシステムとして獲得される。そのようにして外部世界は、はじめて人間の所有(精神)になるのである。そして、意味の世界がそのようになっているだけではなく、実はオトの世界そのものがそうなっているのであり、それをF．ド．ソシュールが言語全体を貫く原理として、印象ぶかい方法(「観念とオトの連結は徹底的に恣意的なのである」)で登場させたことは、よく知られている[2]。

したがって、例えば「植物」というカテゴリーについて、「松」という語に焦点を当てるならば、次のような時間軸と空間軸によって構成される、5段階からなる階層構造という一つの「類型的把握」が可能となるのである。

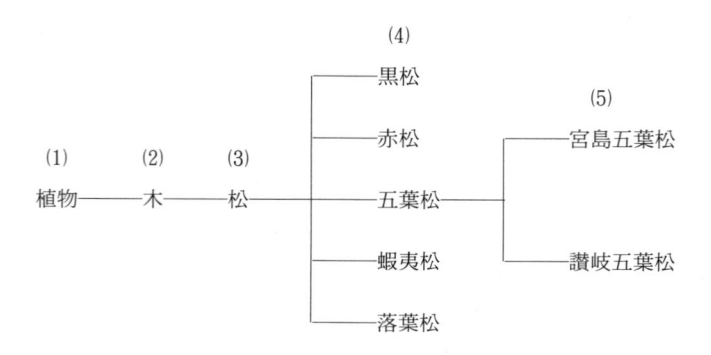

```
          (1)      (2)     (3)         (4)              (5)
                                     ─黒松
                                     │
                                     ─赤松         ─宮島五葉松
                                     │            │
         植物─────木─────松──────五葉松──────
                                     │            │
                                     ─蝦夷松        ─讃岐五葉松
                                     │
                                     ─落葉松
```

この「類型的把握」によってはじめて、〈松〉の位置が定まり、その空間的な拡がりが決定されることになる。なお、自然の事物や現象を表す語彙カ

テゴリーの階層構造が、言語の違いを越えて 4 ないしは 6 の階層（5 の階層が最も普遍的。なお、生物学的な分類にはより多数の階層が存在する。それを 5 ないしは 6 の階層に絞っているのは、人間の認知の制約によるものと考えられる）に収まることは、よく知られた事実である（国広哲弥「意味の構造と概念の世界」、柴田武編『言語の構造』1980、大修館書店）。この事実は、何も自然の事物や現象だけに限られることではない。それを示す事例を 1 例だけあげることにする。

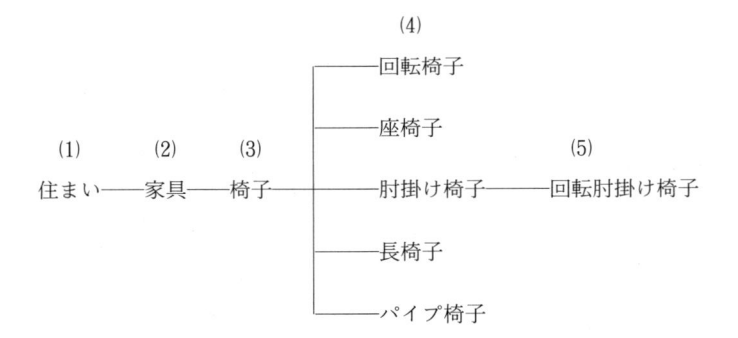

```
                            (4)
                          ┌── 回転椅子
                          ├── 座椅子
   (1)    (2)    (3)      │                    (5)
  住まい── 家具 ── 椅子 ──┼── 肘掛け椅子 ── 回転肘掛け椅子
                          ├── 長椅子
                          └── パイプ椅子
```

しかし、ここで注意しなければならないことがある。それは、どのカテゴリーを対象にとってみても、境界は常に曖昧だということである。たとえば、「乗り物」というカテゴリーを考えたとき、

> A. 汽車・電車・バス・車・スクーター・オートバイ・飛行機・旅客機・船・ボート・橇

などは典型性が高いが、

> B. 潜水艦・宇宙船・ロケット・消防自動車

などは典型性が低い。さらに、

C. 気球・たらい船・リヤカー

などになると、「乗り物」のカテゴリーへの帰属性自体が問題になるであろう。このように、どのカテゴリーも認識の標準点となるような典型性の高い要素（プロトタイプ）を中心として、周辺にいくにつれて典型性が低くなるような構造をもち、境界にいたってはさらにカテゴリーへの帰属自体がファジーになるということである（吉村公宏『認知意味論の方法―経験と動機の言語学』1995、人文書院）。

また、G. レイコフ（1987）は、先に示した〈植物〉のカテゴリーのうち、〈松〉のレベルが〈基本レベル〉であり、日常世界の対象の知覚・記憶・学習等の情報処理を行っていく際に、重要な役割を担うレベルであることを指摘している。彼は、次に示すように、カテゴリーのレベルを三つに分けている。

　　〈上位レベル〉：ANIMAL　　　　　　FURNITURE
　　〈基本レベル〉：DOG　　　　　　　　CHAIR
　　〈下位レベル〉：RETRIEVER　　　　　ROCKER

例えば、「犬」「椅子」のレベルは、日常生活の具体的な経験世界において、認知的に最も自然なカテゴリーを形成する〈基本レベル〉として機能する。これに対し、この〈基本レベル〉よりも上位のレベルないし下位のレベルは、日常生活の具体的な経験世界においては抽象的であり過ぎる（ないしは具体的であり過ぎる）存在であり、〈基本レベル〉の対象に比べて認知的な自然らしさが相対的に低くなる、と述べている。このG. レイコフの〈基本レベル〉に関する指摘は、心理学者のE. ロッシュなどの認知的な検証を踏まえたものである（池上嘉彦・河上誓作訳『認知意味論』1993、紀伊国屋書店）。松井健によると、レイコフの〈基本レベル〉に関する考えは、認識人類学者のB. バーリンの「生物についての民俗分類の体系においては、属レベルのカテゴリーが最も基本的である」という指摘に負うところが大きいという（松井健『認識人類学論攷』48ページ、1991、昭和堂）。

また、レイコフの〈基本レベル〉に関して、言語的に次のような特徴が現れることはよく知られている。
　①　発話における出現頻度が高い。
　②　比較的短い言語単位で表される。
　③　一般的な説明文で多用される。
　④　言語習得の早い段階で習得される。
　語彙のカテゴリーに関して留意しなければならないことの最後に、語彙体系と文法分析の関係性の問題について、触れておくことにする。
　○私は酒**は**飲みますが、ビール**は**飲みません。
　この文において、ゴチックで示した二つの「は」の機能は、普通〈対比〉を表すと言われる。この場合、同一文中に「酒」と「ビール」が対比的に示されているので、その影響によって「は」が〈対比〉を意味するのだと説明される。ところが、次に示す文のように言っても、やはり〈対比〉の意味を汲み取ることが可能である。
　○私はビール**は**飲みません。
　この文には、「ビールは飲まないけれども、ほかの酒類なら飲みます」という含意がある。このように言われたら、「それなら何を飲みますか」と尋ねるのが普通であろう。この「は」は、文脈の助けがないにもかかわらず、やはり〈対比〉を表している。これは、「ビール」が用いられた段階で、その語が属するアルコール飲料という意味分野（カテゴリー）が対話者の脳裏に喚起されているためだと考えられる。
　第二の志向的機能とは、言語が言語外の対象へ向かって超越する働きのことである。すなわち、言葉が常に何かについて語るという働きをもつことである。その中核をなすのは、言語の指示機能であろう。この場合の「言語」は、主に音声ないしは文字言語に限られ、身振りや図像は補助手段として使われるに過ぎない。その中でも重要な役割を演ずるのは、いわゆる指示詞、普通名詞（具体名詞）、判断表現（判定文）などである。ここでわれわれは、言語の志向的機能は常に先の超越論的機能を前提としていることに注意しておかねばならない。対象への指示が成功するためには、対象はあらかじめ類

型的に分節され、他から区別された表象的個体として認知的に同定可能でなければならないからである。この点に関して、E. コセリウが次のように述べていることは注目されてよい。「指示とは、意味を通じてはじめて開かれる可能性であり、逆に意味とは、指示の可能性もしくは潜在性である。」(宮坂豊夫他訳『コセリウ言語学選集1 構造的意味論』1982、三修社)。また、野林正路は、「指示機能」を〈認識系〉での語の用法と〈伝達系〉での語の用法の関係性に即して、次のように述べている。「〈認識〉系での語の用法は、〈伝達〉系での語の用法の基底のしくみをつくりだしていると見ることになるだろう。〈伝達系〉における〈単語〉の用法の不確定性は、〈認識系〉における〈語彙〉の用法の体系性ある、確定的なターミノロジーによって、制御的に補完されていると考えられるからである。」(『語彙の網目と世界像の構成—構成意味論の方法—』1997、岩田書院)。

しかも、同定を、可能とする意味は、いわゆる「知的意味」だけに閉じられないで、すでに本書の中で何度も言及してきたように、「文化的意味」や「生活的意味」をも含むことが望ましい[3]。

2. 言葉の志向性の世界

言葉の志向性の相関領域としての「世界」は、この類型的分節化の様態に即して、以下の三つの層に分けられる。

1. 身分け空間（動物種特有のカテゴリー化空間）
2. 言分け空間（分節言語・認識言語によるカテゴリー化空間）
3. コミュニケーション空間（伝達言語による「意味」の伝え合いの空間）

(1) 身分け空間

最初の「身分け空間」は、先の「環境世界」にほぼ対応する概念と考えてよい。すなわち、これはわれわれの感覚能力および身体的運動能力に即して、周囲の環境世界が一次的に分節化されるレベルを表している。そして、対象の分節化の度合は、生命の維持ないしは生活の必要という目的連関の中にその根拠をもっている。丸山圭三郎の言葉を借りれば、これは「自然の中

に即自的に存在する物理的構造ではなく、動物一般がもつ生の機能による、種特有のカテゴリー化であり、身体の出現と共に地と図の意味的分化を呈する世界」(「コトバの身体性と二つのゲシュタルト」『思想』岩波書店、1982年8月号)にほかならない[4]。すなわち、身分け空間の分節構造は、物理的世界の即自的構造をそのままなぞるものではなく、あくまでも生の目的連関の中で、有害／無害、有用／無用、関心／無関心といったゲシュタルト的に[5]意味づけられた分節化、言い換えれば身体的志向性の働きによって構成された構造なのである(関心に見られる幼児期の語の過剰な一般化においては、形状の特徴が重要な役割を演じるという)。さらに、身分け空間は、「身体」という絶対的中心をもっており、周囲の事物はそこを原点に「上――下」、「左――右」、「前――後」、「遠――近」といった運動能力に基づいた座標軸によって位置づけられ編成されている。それゆえ、指示行為の対象は、〈今、ここ〉に認知的に現前している対象に限定されざるを得ない。

(2) 言分け空間

それに対して、第2の「言分け空間」とは、シンボル化能力によって、あるいは言語システム(とりわけ、語彙システム・意味システム)によって新たにもたらされる世界の分節構造のことである。ここでも、言分け空間は身分け空間をそのままなぞることによって成立するものではない。言分け空間は身分け空間を土台にしつつも、それを分節言語の構造と機能に即して、根本的に再編成ないしは再分節化することによって成立する[6]。再び、丸山の言葉を借りれば、身分け空間が種独自の生の「必要」に支配されたそれぞれの生物に特有の分節化であるのに対し、言分け空間は「文化的欲望」に支配された各々の民族の生活世界に特有の分節化を遂げているのである。すなわち、砂漠の民はラクダに関する多くの語彙と複雑なシステムを獲得しており、極北のエスキモーは雪に関する独自の語彙のシステム化を行っている[7]。また、エチオピアのボディ族は、牛の毛色や模様に関する実に豊かな語彙と独自のシステムを所有している。さらに松井健によれば、フィリピンのハヌノオ族は、植物に関する実に多くの語彙を所有しており、植物につい

ての豊かな知識を彼らの生活文化の中で存分に活用しているとのことである（『認識人類学論攷』1991、昭和堂）。このことは、同一民族、同一文化の内部についても言えることで、例えば日本というミクロ社会においては、農業社会には農業社会独自の、漁業社会には漁業社会独自の語彙のシステムが認められる。

　今、漁業社会に関して、そのごく一端を示すと、例えば京都府与謝郡伊根町の中年層以上の漁民は、「波」という現象に対して次のような分節言語のシステムを獲得している。すなわち、われわれが一般に、「波」の大きさを「大波——さざ波（雅語）」と、文体的価値を異にする2項対立の関係で把握、認識するところを、伊根町の漁民は

　　　　（オーナミ［大波］←──→コナミ［小波］）／チューナミ（中波）
という、2項対立の重層関係において捉えているのである（「オーナミ」「チューナミ」「コナミ」の三語の関係が二項対立の重層関係を構成するものと解すべきであることは、柴田武の教示による）。しかも、「オーナミ」（普通、「ノタ」の音訛形である「ヌタ」という語を使用する）を、「船」の位置を基準としてどちらの方位から寄せて来るかに注目し、「キタヌタ」（北の方位から寄せて来る大波）、「アイヌタ」（北東の方位から寄せて来る大波）、「コチヌタ」（東の方位から寄せて来る大波）、「イセチヌタ」（南東の方位から寄せて来る大波）、「ニシヌタ」（西の方位から寄せて来る大波）のように呼び分けている。これを分かりやすく図示すると、次のようになる。なお、「南」と「南西」が欠落しているのは、「南風」や「南西風」が吹いても大波にならないからである。

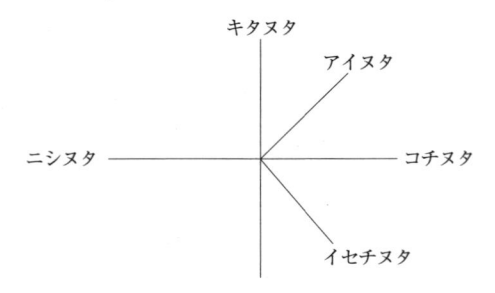

しかし、波がほとんど立たない瀬戸内海で漁撈に従事する漁民は、「オーナミ ←——→ コナミ」の分節を行うだけで、「チューナミ」という語を所有しない。ましてや、「大波」を船を基準として寄せて来る方位によって細かく分節することなど、全く行っていない。しかも、伊根町の漁民と広島県豊田郡豊町大長の漁民の「オーナミ」「コナミ」の意味は、決して同じではない。恒常的に波の高い海で漁撈に従事する伊根町の漁民は、おおよそ4メートル以上の波でなければ「オーナミ」とは呼ばない。「コナミ」は2メートル程度の波を指して使う。これに対し、大長の漁民は、2メートル程度の波が立てば「オーナミ」と言い、1メートル程度の波を「コナミ」と呼ぶ。今、両者の関係を分かりやすく示すと、次のようになる。

[伊根町]　　　　　　　　　　　　　　　　　　　　[大長]
オーナミ（4メートル以上/晩秋から初春にかけ恒常的）————オーナミ（一年を通じて希）
コナミ（2メートル程度/主に夏季）————————————オーナミ（主に冬季）
φ ————————————————————————コナミ（1メートル程度）
チューナミ（3メートル程度）——————————————φ（オーナミ）

このように、同じ漁民であっても、漁撈に従事する生業環境の違いによって、獲得している「波」の語彙システムやシステムを構成している個々の要素の意味が大きく異なるのである。このような差異をもたらす根本的な要因が「生活の必要性」（漁撈の安全性と有益性）という「文化的欲望」に存することは、ここで詳しく説明するまでもないことであろう[8]。そして、この「文化的欲望」は、すでに拙著『生活語彙の基礎的研究』（1987、和泉書院）、同『生活語彙の構造と地域文化—文化言語学序説』（1998、和泉書院）の中でもたびたび指摘したように、生業語彙・性向語彙のシステムに限るならば、マイナス価値に著しく傾斜した構造をなす。このような構造をなすのは、「文化的欲望」の達成にとって障害となる事物や現象を予知し、それを避けて行動すること、あるいはマイナス価値を自分たちが指向するプラス価値に転換するメカニズムという、〈負性の予防〉あるいは〈負性の転換〉という認識の仕方が、生活者のものの見方ないしは生活形式の深層に埋めこまれているためだと考

えられる。この〈負性の予防原理〉が、生業語彙・性向語彙という二つの語彙カテゴリーを貫く〈価値の原理〉である（なお、この点に関しては、拙著『「ヨコ」社会の構造と意味―方言性向語彙に見る』和泉書院、2001を参照のこと）。そして、〈負性の予防原理〉が最も典型的な形で現れる語彙のカテゴリーが「病気語彙」であることは、改めて指摘するまでもないであろう。この〈負性の予防原理〉は、「中央――周辺」という構造図式に関係なく、人間のシンボル化能力の深層にインプットされた普遍的な原理の一つだと考えられる。

　地域社会の〈指向価値〉に収斂されるシステムとして機能する〈性向語彙〉は、〈負性の原理〉を端的な形で明示するものであるが、とりわけ次に示す事例は、そのプロトタイプと考えられるケースである。

　山口県防府市から東南の方向へ約15キロメートルの沖合に、野島という一島一集落からなる離島がある。この集落は、江戸時代から漁業によって共同体を維持してきたミクロ社会である。昔から15歳以上の男性が共同で年間200日に及ぶ網漁に従事してきたため、人間関係はきわめて濃密であり、しかも人々は網漁を手際よく営むことによって、少しでも多くの魚を漁獲し、共同体の維持・存続に努めてきた。

　この人間関係の濃密さと共同体の維持・存続のために少しでも多くの魚を漁獲するという二つの事柄が緊密に関係して、野島集落では、いわゆる〈怠け者〉（欠如価値・過小価値）を、平準的な〈怠け者〉を基準として、その程度性をマイナス方向へ5段階にも細分化しているのである。

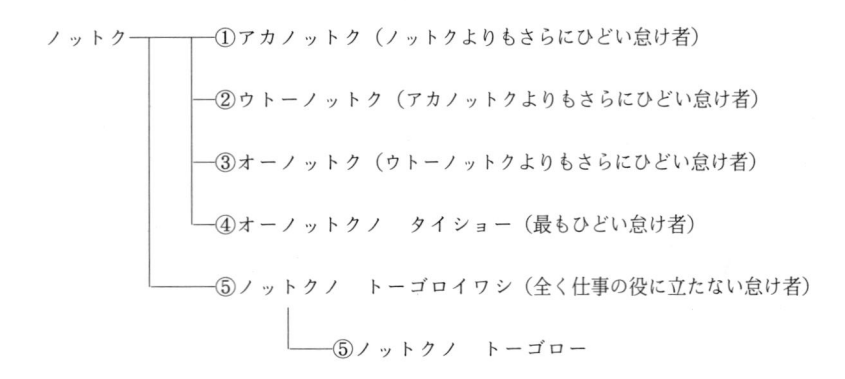

```
ノットク ─┬─ ①アカノットク（ノットクよりもさらにひどい怠け者）
          │
          ├─ ②ウトーノットク（アカノットクよりもさらにひどい怠け者）
          │
          ├─ ③オーノットク（ウトーノットクよりもさらにひどい怠け者）
          │
          ├─ ④オーノットクノ　タイショー（最もひどい怠け者）
          │
          └─ ⑤ノットクノ　トーゴロイワシ（全く仕事の役に立たない怠け者）
              │
              └─ ⑤ノットクノ　トーゴロー
```

これに対し、〈働き者〉(指向価値)に関しては、その程度性を細分化するという事実は全く認められない。また、〈怠け者〉を表す語彙量は、名詞に限定するならば、〈働き者〉の約7倍量にも及ぶのである。

　しかも興味深いことに、野島集落の老年層男性は、「ノットク」を含む6語を用いて、野島に暮らす成人男性を現実に指示し分けることができるのである。そこには、多少の個人差が認められはするが、それを大きく超えた社会性が存在している。当該集落の成員の人間関係が、いかに濃密な形で維持されてきたかがよくうかがわれるのである。

　これに対して、中国・四国地方の多くの農業社会では、「怠け者」の程度性を、次に示すように、語基を含めても2段階に区別しているにすぎない。

(1)鳥取県倉吉市生田
　　①グータレ―――②オーグータレ
(2)広島県比婆郡東城町川東
　　①ダラズ―――②オーダラズ
(3)愛媛県宇和島市川内
　　①ヨモダ―――②オーヨモダ

　野島集落における、語基を含めると「怠け者」を6段階にも区別するという事実は、中国・四国地方の多くの農業社会と比べると、異常なまでの細密さであるが、このような細密な弁別が可能であり、それが当該社会における社会的規範としての行動モラルのシステムの中に定着し得た独自の要因については、すでに先に指摘したとおりである。しかし、この前提に、木村礎が指摘しているように、漁業社会は農業社会に比べて、人間関係がより濃密であったという事実が存することに注目する必要があるであろう(『近世の村』1980、教育社)。漁業社会と農業社会における「怠け者」を表す語彙カテゴリーに認められる程度性の細分化の差異には、それぞれの社会における「人間関係のありよう」という〈文化的欲望〉の違いが、端的に反映していると解することができるのではなかろうか。

(3) コミュニケーション空間

さて、先の〈身分け空間〉において、身体的行為の可能範囲に制約されていた指示行為は、この〈言分け空間〉においては「指標詞（主に指示詞）」を用いた発話によって遂行され、そのことによって身体的条件による限定からは根本的に解放されることになる。さらに、身体の方向定位の仕方に基づいた〈身体軸〉によって張られていた身分け空間は、「ここ・そこ・あそこ」「これ・それ・あれ」「こちら・そちら・あちら」「今・さっき・まもなく」「私・君・彼」といった指標詞の系列によって形作られる〈指標軸〉によって張られた言分け空間へと再構造化されることになる。それによって、指示行為は〈今、ここ〉という時空的制約からも解き放たれるのである。

それにともなって重要なことは、言語的コミュニケーションが常に他者の理解（伝え合い）を目指して行われる行為であることから、〈今、ここ、私〉という身体的中心が、言語使用の場においては〈非中心化〉ないしは〈脱中心化〉されるという事実である。対話の場において、指標詞の使用が可能となるためには、〈私〉が対話の相手にとっては「君」であり、〈ここ〉が「そこ」であり、〈これ〉が「それ」であることを知っていなければならない。しかし、話し手と聞き手との役割は互換的であることから、〈今、ここ、私〉という中心は、対話の場では、次の瞬間には〈さっき、そこ、君〉という非中心に転化することを常に意識していなければならない。それゆえ、〈言分け空間〉とは、対話の進行に応じて絶えず中心が移動する非中心化された空間、あるいは複数の語る主体が共同して作り上げる「複中心的」ないしは「間主観的」[9]空間にほかならないのである。ただし、ここまで述べてきたことは、あくまでも対面コミュニケーションの場合であって、電話やケータイによる情報交換は、最初から視野の外にあることを断っておく。

上に述べてきたことを、具体的な談話データによって検証してみることにしたい。

A. じゃ、だめだね。ね、この前は、あなた（①）は、それで、前向きにやると言っていながら、こちらの提示（②）を前向きにとらえていな

い。
B．いえ、前向きにとらえていますよ。
A．前向きにとらえている？　具体的にどういうふうに？
B．前向きにとらえていますよ。ですから、御社（ⅰ）のその文書（ⅱ）
　　をもってですね。僕は関係者を説得しようと、いうようにも関係者に考
　　えていたんです。でも、こちら（ⅲ）のお願いしていることを全然聞い
　　てくれないじゃないですか。

　この談話において、AとBとの役割が互換的であることは、説明を要しないであろう。また、Aの①②とBのⅰⅱが対応しており、それぞれ「あなた——御社」「こちらの提示——その文書」という関係を形成していることが知られる。とりわけ、Aの②とBのⅱⅲの対応に、「こちら（A）——→その（B）——→こちら（B）」という〈非中心の転化〉が明確に認められる事実が注目される。
　もう1例、類例を挙げることにしよう。

A／Bはともに広大生
　※——は音の延ばし、？は疑問のイントネーション、／は短いポーズ
　　　係助詞「は」の音は〔wa〕、格助詞「を」の音は〔o〕。

1 A：それいつまで／先輩？
2 B：なに？
3 A：その絵／マンガ。
4 B：これ？これはいつでもえー。
5 A：うん。何十枚とかかいて／本にして？
6 B：28ページの本にして。
7 A：話も考えるんじゃろー。
8 B：まーね。
9 A：ちょっと見して。すごい／これを本にするんじゃねー。

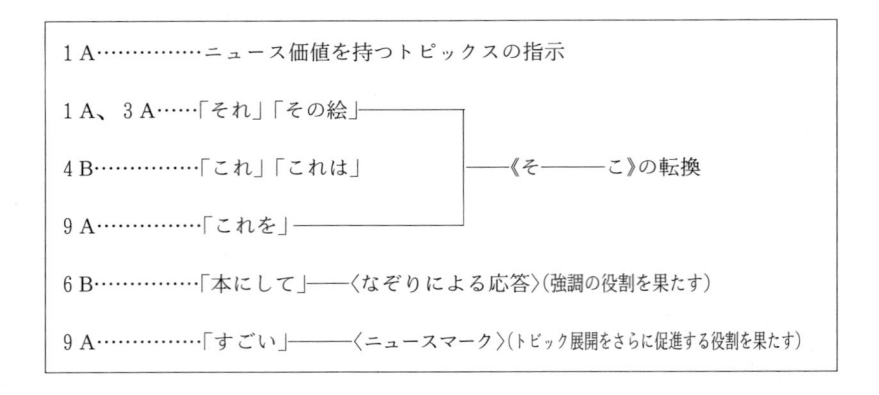

```
1 A ……………ニュース価値を持つトピックスの指示
1 A、3 A ……「それ」「その絵」┐
4 B ……………「これ」「これは」  ├──《そ───こ》の転換
9 A ……………「これを」       ┘
6 B ……………「本にして」──〈なぞりによる応答〉(強調の役割を果たす)
9 A ……………「すごい」───〈ニュースマーク〉(トピック展開をさらに促進する役割を果たす)
```

したがって、〈コミュニケーション空間〉における「話し手」と「聞き手」との役割関係は、次のように図示することができる。

```
                    【互  換  的】
        ┌─────────────────────┐
        │ S │◄──── 【発 話】 ────►│ H │
        │   │◄─────────────────│   │
        └───┘                   └───┘
        ▲                           │
        └───────────────────────────┘
   〈今、ここ、私〉  【非中心化された空間】  〈さっき、そこ、君〉
```

しかしながら、〈コミュニケーション空間〉には、「話し手」と「聞き手」だけが存在しているわけではない。そこには、一回一回異なる〈状況〉があり、〈コミュニケーション機能〉を担う一群の動作、すなわち〈身ぶり言語〉が存在する。したがって、上に示した概念図は、次頁のように改めなければならないことになる。

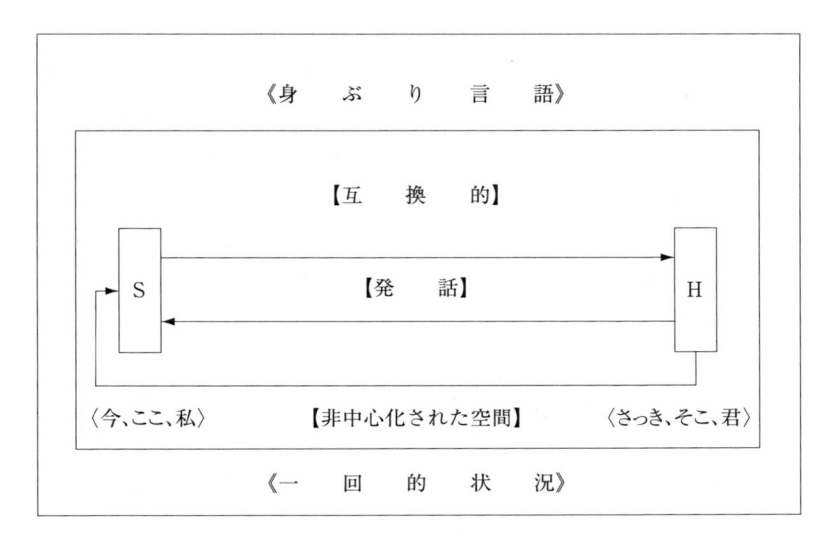

```
┌─────────────────────────────────────────────────┐
│            《身 ぶ り 言 語》                    │
│  ┌───────────────────────────────────────────┐  │
│  │           【互  換  的】                   │  │
│  │  ┌─┐ ──────────────────────────→ ┌─┐      │  │
│  │  │S│         【発  話】           │H│      │  │
│  │  └─┘ ←────────────────────────── └─┘      │  │
│  │                                            │  │
│  │ 〈今、ここ、私〉【非中心化された空間】〈さっき、そこ、君〉│  │
│  └───────────────────────────────────────────┘  │
│            《一 回 的 状 況》                    │
└─────────────────────────────────────────────────┘
```

　ところで、〈コミュニケーション空間〉において展開される発話行為は、一般的に個人と個人との間に見られる一回的な意味の「伝達――理解」行為であると言われるが、そこで「伝達――理解」されている〈意味〉は、ラング（共通経験の蓄積によって構成された間主観性）を背景とする意味であって、決して純粋なパロールとしての意味ではない。純粋なパロールとしての〈意味〉は、「発話内容」を取り巻くさまざまな人間関係や状況の違い、すなわち一回一回の時空間の違いや話者と相手との違いによるものである。したがって、「発話内容」の意味は、たとえ一義化されてはいても、ラングという社会的公共性を基盤とするものである。これが、「発話内容」の「伝達――理解」の可能性を保証する。このことを、藤原与一は「ラング即パロール、パロール即ラング」（『方言学の方法』1977、大修館書店）という、魅力的なことばで表現した。すなわち、個性化と一般化とが同時に成立していることを、このような言葉で語ったのである。

　ここで、「発話の意味」の「意味」について付言すれば、その「意味」は、実は一様ではなく、極めて多義的であるということである。その多義性を整理して示すならば、以下のようになろう。

① 「発話の意味」は、話し手を含む個別的・一回的な発話状況であり、話し手が外的世界の対象を直接的に指し示し、それを聞き手が理解するものである。
② 「発話の意味」は、個々の発話状況に依存した、話し手の発話意図と聞き手の意味づけである（「発話の意味」は、話し手の「発話意図」に重点を置く理解の仕方が一般的であるが、それと同程度に聞き手の「意味づけ」が重要な働きをなしていることに注意する必要があろう。なお、この点に関して詳しくは、深谷昌弘・田中茂範の『コトバの〈意味づけ論〉―日常言語の生の営み』1996、紀伊国屋書店を参照のこと）。
③ 「発話の意味」は、世界の認識者としての人間が、人間の身体と経験に基づいて世界を切り分けるものである。
④ 「発話の意味」は、個々の談話ごとに心的に構築される、言語と世界を結びつけるための中間世界である。

しかし、これらの多義性を貫いて共通に存在するのは、文の使用者と理解者、ならびに世界の認識者である人間が関わる領域の二つである。

しかも、純粋に個人にのみ属する一回的な意味は、伝達不能であり、理解不能である。なぜなら、「きのう私が見た夢の内容」を正確に相手に伝達することは、たとえ百万言を費やしたとしても不可能だからである。この点について、E. サピアは次のように述べている。「単一の経験は個人に宿るものであって、厳密に言えば、伝達が不可能なものである。」（泉井久之助訳『言語―ことばの研究―』1957、紀伊国屋書店）。これと同時に、その「夢の内容」は、相手によって解釈学的変形を受けることにもなる。これはまさしく、〈通約不能性〉という（伝達と理解）の世界にほかならない。〈コミュニケーション空間〉においては、このような〈通約不能性〉が行われているわけで、「会話のマキシム」を切り捨てることによって、「発話内容」の「伝達と理解」が必要とされるゆえんは、まさにこの点にある。したがって、伝達は言語に本質的ではあるが、ごく控えめに言っても、その伝達の機能は万全のものではないということは、認めておいた方がよいだろう。

「発話内容」における、このような「伝達――理解」の関係は、われわれ

が発話行為を「音声」によって営んでいても、相手に聞き取られているのは普通「音韻」である事実とパラレルな関係にあると言ってよかろう。

　ところで、〈コミュニケーション〉空間は、常に〈自己〉と〈他者〉との関係性によってのみ形成されるものではない。それは、H. ブルーマーも言うように、「自分自身との相互作用」、つまり内的コミュニケーションの展開によっても形成されるものである（後藤将之訳『シンボリック相互作用』1991、勁草書房）。そこでは、「意味のあるシンボル」を通じての内省化が生じ、問題を解決しようとする人間の能力が端的な形で発揮される。なぜなら、内省化、すなわち内省的思考は、「問題的状況」において多く出現するからである。したがって、内省的思考は他者との関わりによって生み出される社会的なプロセスである、と考えることもできる。

　今一つ、〈言分け空間〉に特徴的なことは、〈身分け空間〉における〈今、ここ〉という制限が取り払われることによって、指示行為の相関領域が時間的・空間的に飛躍的に拡大することである。確かに、指標詞の使用範囲は、ある程度身分け空間における指示の対象領域（身体的に認知可能な対象空間）と重なり合うであろうが、われわれはそれに加えて、普通名詞や判断表現等を習得することにより、認知的に現前していない対象、不在の対象に対しても指示行為を行うことが可能となる。すなわち、もはや存在しない過去の歴史的出来事やいまだ存在しない未来の想像上の出来事についても語ることが可能となるのである。その意味で、言分け空間は認知的現在のみならず、時間軸に即して想起的過去や想像的未来の領域へも伸び拡がっていると言わねばならない。

　さらに、この〈言分け空間〉は、決して固定的なものではあり得ない。顕在的な要素だけではなく、潜在的な要素、さらには虚構・非現実・不可能なものさえ自在に含みこみ、現実世界の変化に応じて、新たな要素を既存の枠の中に積極的にひきこんだり、隠喩的な拡張をも許容する大きな柔軟性と創造性をもったプロセスでもある。

(4) 対話の構造モデル

ここで、先に述べた、〈生活者〉の日常の〈コミュニケーション空間〉を構成する単位体である〈コミュニケーション単位〉の構造について、発話の具体的な文言を除き、骨組みだけの構造モデルを示すとすれば、以下のように図示することができる。

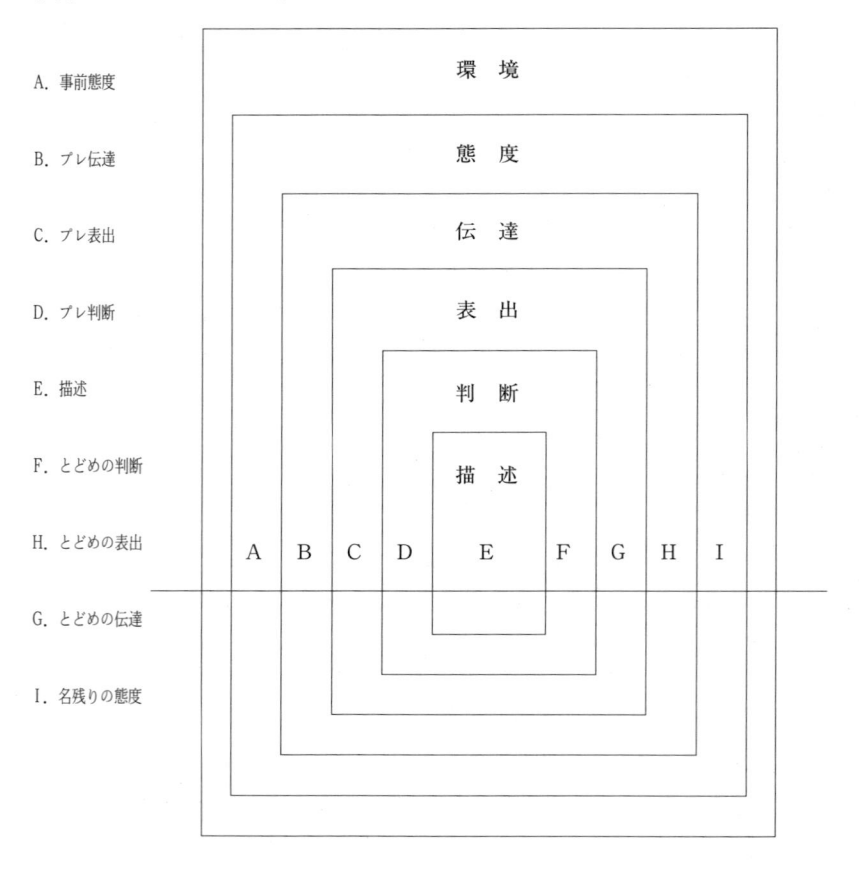

```
A. 事前態度        ┌─────────────────────────┐
                  │         環  境            │
B. プレ伝達        │  ┌───────────────────┐   │
                  │  │       態  度       │   │
C. プレ表出        │  │  ┌─────────────┐  │   │
                  │  │  │    伝  達    │  │   │
D. プレ判断        │  │  │  ┌───────┐  │  │   │
                  │  │  │  │ 表 出 │  │  │   │
E. 描述            │  │  │  │┌─────┐│  │  │   │
                  │  │  │  ││判 断││  │  │   │
F. とどめの判断    │  │  │  ││┌───┐││  │  │   │
                  │  │  │  │││描述│││  │  │   │
H. とどめの表出    A  B  C  D  E  F  G  H  I
                  │  │  │  ││└───┘││  │  │   │
G. とどめの伝達    │  │  │  │└─────┘│  │  │   │
                  │  │  │  └───────┘  │  │   │
I. 名残りの態度    │  │  └─────────────┘  │   │
                  │  └───────────────────┘   │
                  └─────────────────────────┘
```

　AとI ［態度］：服装と身仕度。話し手・聞き手の相対位置の設定・話すときの姿勢と身のこなし。顔つき目つきと視線。声の大小・調子の調節等。

BとH［伝達］：相手に接触するための発言。Bは「もしもし」「ねえ」のような呼びかけ言葉、固有名詞やその代用になる「お客さん」「君」などの指示詞が標準的な言葉である。Hは、依頼・要求・質問・命令……といったコミュニケーション意図を果たすための言葉や、別れのあいさつのように、最後に相手にとどける言葉が来るのが自然である。

CとG［表出］：喜び勇んだり、躊躇逡巡したりする心の先走りの言葉がCのプレ表出で、感動詞がそのプロトタイプ。Gのとどめの表出には、さまざまな文末詞が来る。

DとF［判断］：Dのための言葉としては陳述副詞が最も典型的なもの。Fのとどめの判断用語が文末陳述の主役で、断定・確認・推量・疑問・誘いかけ・可能の表現などのために、助動詞や助動詞的連語が多く存する。

E［描　述］：これが言語表現の中心部で、言葉で絵を描いたり、物事の関係を説明する部分。1文で言えば、文型の枠に、状況に合った言葉をはめていくことである。

　以上は、おおよそ1文の中でのことを想定して、標準的な例で説明したが、このような発話の流れが、〈ディスコース空間〉の単位にも発生して、一つの〈コミュニケーション単位〉を作ると考えることができる。この構造モデルは、単に意味を伝達するだけのものとしてではなく、新しい意味を創造する場合にも適用可能なモデルである（ただし、新しい意味を創造する場合は、「プレ判断」のレベルにおいて、類推機構・想像的な認知能力が重要な役割を担うことになる）。なお、いちばん外側に設定した〈環境枠〉は、〈ディスコース〉が展開される〈人間関係〉と〈状況〉からなる時空間である。

　実は、上に示した〈コミュニケーション単位〉の構造の中に、日本語の根幹をなす日本文化との関わりがさまざまに見えてくる。すなわち、井出祥子が「文化とコミュニケーション行動―日本語はいかに日本文化とかかわるか―」

(『日本語学』1998、明治書院)の中で指摘しているように、①［態度］において、なぜ話し手と聞き手との相対位置が設定されないと対話が始まらないのか。②［伝達］において、なぜ相手を指す言葉がいくつもあるのか。また、なぜ感謝するときにも謝るのか。③［判断］において、なぜ多くの敬語助動詞を使用するのか。④［描述］において、なぜ情報が話し手に属するかあるいは直接に入手できたかを区別して話すのか。とりわけ、⑤［表出］において、文末詞なしで対話をすることができないのはなぜか。⑥相手の違いによってなぜ自称詞を使い分けるのか、といった問題群である。

なお、ここで、〈文学テクスト〉の〈虚構の言述性〉についても、ひとこと言及しておくことにする。〈文学テクスト〉は、〈現実システム〉からの〈真偽の根拠性〉という圧力から責任を解除されることによって、理論的(科学的)テクストのもたない「言語的自由」、すなわち〈虚構の言述〉を獲得することになる。そして、この「言語的自由」は形式的には、行為主体〈作者〉と発話主体〈登場人物〉との自己分裂という形に支えられて自立するのである[10]。

このことは、いわゆる「語用論的パラドックス」によって、容易に検証することができる。すなわち、〈文学的テクスト〉に現れる〈対話の連鎖〉において、次のような文の意味はきわめて平明で、誰にも理解可能なものである。

○「今、私はここにいない。」

しかし、現実の発話においては、よほど特殊な文脈が与えられないかぎり(たとえば、作家が自分が過去に著した作品を指しながら、編集者にこう言うとか、研究者が過去に発表した論文について学生から批判されたときの逃げ口上として使うような場合)、「今、私はここにいない」という文を使用することはできない。なぜなら、現実の発話においては、発話主体(=行為主体、話し手)の〈現前性〉と、〈今、ここ〉の〈現実性〉が常に前提とされるからである。したがって、音声言語と文字言語(とりわけ文学テクスト)との根本的差異は、発話主体(話し手)の〈現前性〉と〈不在性〉、および〈今、ここ〉の〈現実性〉と〈非現実性〉に求められることになる。たとえ

ば川端康成の『雪国』というテクストにおいて、発話主体である駒子は現実には存在せず、このテクストの内部において展開される時空間は常に非現実的である。発話主体の〈不在性〉と〈今、ここ〉の〈非現実性〉によって成立する〈文学テクスト〉の〈言述〉は、まさしく「虚構の言述」にほかならないことになろう。

それゆえ、「虚構の言述」は、日常言語の単なる二次的あるいは派生的用法に留まるものではなく、それ自体として独自の意義と価値をもつ言語の創造的使用だと考えねばならない。それは、とりわけ、新しい意味や価値の生成・創造に関わる〈レトリック認識〉に顕在化する。

メルロ＝ポンティの言葉を借りれば、日常言語が既得の意味作用の組み合わせによって成り立つ「語られた言葉」であるのに対し、「虚構の言述」は「意味志向が発生状態で見出せるような言葉」、すなわち「語る言葉」だと言うことができる（竹内芳郎・小木貞孝訳『知覚の現象学　Ⅰ』1967、みすず書房）。

3．生活知への旅立ち

以上が、「認知（身分け空間）——記号による世界の構造化（言分け空間）——言語（身ぶり言語も含む）によるコミュニケーション（言分け空間）」を視野に収めた言葉の機能に関する一種の語り方である。一種の語り方と言ったのは、近代知をベースとする知識人の語り方に留まっているからであり、その限りで「身分け空間」と「言分け空間」や現実のシステムと虚構のシステムとの連続性は極めて希薄なものとなっている。また、日常化した言葉は、いったんそれが定着すると、言葉はわれわれの認識をそれが定めている枠内に留め[11]、そこから逸脱しようとする志向性を抑制する方向に働き始め、その意味で、日常化した言葉はわれわれを閉じこめる「牢獄」として、不当に貶められることになる。そして、そこからの逸脱こそが、とどまることを知らぬ人間の創造を支える行為として価値づけられることになるのである。だからといって、〈詩的言語〉が特権化されるわけではないことを、ここではっきりと断っておきたい。〈詩〉に見られるのは、ただ、言葉の〈意味の弾性〉を最大限に試そうとする詩人の精神があるだけなのだ（佐藤信夫

『レトリックの意味論―意味の弾性』1996、講談社学術文庫)。

　しかし、このような語り方に根本的に欠如しているものは、身分け空間と言分け空間との連接性（現実感覚・身体感覚がその媒体となる）であり、言分け空間に生きる生活者の生き方の把握であり、世代間コミュニケーションを通じて継承されてきた歴史的連続性を背景とする「生活環境」の存在である。そして、何よりも価値に彩られた語彙システムに支えられる生活者の世界像への視線である。生活者は言葉という記号を非実体化させないで、現実の対象や現象に還元して生きている。言い換えれば、彼らは単に言分け空間の意味の網目によって構成される世界だけを生きているのではなく、非実体の記号世界を身分け空間（生きられる現実空間）へと差し向けているのである。しかも、彼らの虚構の組織化（日常化された比喩のシステム）は、生活環境の制約を背景とすることによって、常に現実のコミュニケーション空間とも連続しているのである[12]。以上述べてきたことを、簡略に図示すると次のようになる。

```
┌─────────────────────────────────────────────────────────┐
│  身分け空間（認知空間）――言分け空間（認識空間）――コミュニケーション空間  │
│  ─────・─────・─────・─────・─────   │
│       生　活　史　の　厚　み・生　活　環　境　の　制　約       │
└─────────────────────────────────────────────────────────┘
```

　この三つの空間を連続的かつ互換的に生きているのが生活者の生の実体である。そして、これらの営みを支える根源的な力として、「生活実感」や「生活の必要性」をベースとする日常の〈生活知〉がある。生活知はそれぞれの場で生活していく上での、「物事の解釈の仕方」ないしは「知識のあり方」と深く関わっている。しかしこれは、現在、われわれの「生活語彙」の解析による〈生活知〉の解釈や、野林正路の『認識言語と意味の領野』(1996、名著出版)などの成果が存するものの、厳密に言えば、その全体的なシステムは、いまだ〈未知の段階〉にとどまる。

　未知の段階にはとどまるものの、〈生活知〉を語彙システム・意味システ

ムを核として解明するための基本モデルとしては、次に示すようなクラブ・サンドイッチ型の構造モデルを設定することが考えられる。

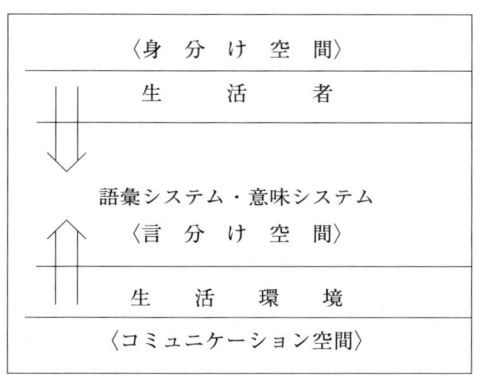

```
┌─────────────────────────────┐
│       〈身 分 け 空 間〉      │
├─────────────────────────────┤
│       生  活  者            │
├─────────────────────────────┤
│    語彙システム・意味システム   │
│       〈言 分 け 空 間〉      │
├─────────────────────────────┤
│       生  活  環  境         │
├─────────────────────────────┤
│   〈コミュニケーション空間〉    │
└─────────────────────────────┘
```

【生活語彙のシステムはどの語彙カテゴリーを取り上げても、価値のシステムに彩られているが、その中にあってプラス価値に彩られた典型例は漁民が獲得している〈海岸部の微細地名語彙〉であり、マイナス価値に彩られた典型例は〈病気語彙・性向語彙〉などである。】

　これは、〈身分け空間〉を包含する〈生活者〉と〈コミュニケーション空間〉を包含する〈生活環境〉[13]とをつなぐ広いフレームワークの中で、意味システムを骨格とする語彙システムを構築することによって、〈生活知〉という〈総合知〉、すなわち「世界像」の構造と機能を明らかにするための構造モデルである。

　問題は、彼らの〈生活知〉を語彙システム・意味システムによって語る際、語彙を構成する個々の要素の意味を、どのような広がりにおいて捉え、どこまで深く記述し、分析するかということである。生活者が獲得している個々の語彙素の意味については、筆者は早くから、いわゆる知的意味（「統語的意味＋認知的意味」）と文体的意味に加えて、〈生活的意味〉（生活の必要性をベースとする百科事典的意味）を包含する広い〈意味概念〉を設定する必要性を提唱してきた。〈生活的意味〉を正しく把握しなければ、生活者が獲得している意味の広がりを十全に捉えることは困難であり、〈生活的意

味〉にこそ生活者の日常経験に基づく価値をベースとする現実認識（環境認識）が色濃く反映しているからである。

　たとえば、広島県豊田郡大崎下島大長の中年層以上の漁民は、「アナジ」という語で指示する風について、次のような〈生活知〉（「知的意味＋生活的意味」）を共有している。

　①北西の方位から吹いて来る　　⑥雨の降ることが多い
　②主に冬季に吹く　　　　　　　⑦大波が立って海が荒れる
　③冷たい風　　　　　　　　　　⑧極めて漁がしにくい（とり
　　　　　　　　　　　　　　　　　わけ〈アミノ　ショーバイ〉）
　④急に吹き出す強風　　　　　　⑨不漁の風
　⑤７日間猛烈に吹き続ける　　　⑩操業にとって最もマイナスの風
　　（アナジノ　ナノカブキ）

また、「アナジ」という語の使用については、
(1)　主に中年層以上の漁民が使う（男女とも、このことから夫婦で漁をしてきたことが理解される）
(2)　古い言葉（語源は分からない）
(3)　今でもよく使う
という説明が得られている。

　当該社会の漁民が共有している〈生活知〉のうち、①から⑦までは、島という環境の特質を反映して、老年層の農民も所有している。したがって、大長の漁民と農民の間に認められる〈生活知〉の関係は、次のように表示することができる。

	生　活　知　〈知的意味　＋　生活的意味〉
漁　民	①　②　③　④　⑤　⑥　⑦　⑧　⑨　⑩
農　民	①　②　③　④　⑤　⑥　⑦

第1章　言葉の機能　　511

　しかし、〈生活知〉を構成する個々の要素を子細に検討するならば、漁民と農民との間には、次のような顕著な差異が認められるのである。たとえば、③の「冷たい風」について、農民は風の〈冷たさ〉を全身で認知するのに対し、漁民は以下に示す文例からも知られるように、〈操業中〉の海水の冷たさ〉〈手の冷たさ〉に認知の焦点を当てているのである。この漁民にしか見られない焦点化は、彼らの操業経験の独自性によって獲得されたものであることは言うまでもなかろう。
　○アナジガ　フク　コロワ　ウミガ　イチバン　ツメターンジャ。アナジが吹くころは海がいちばん冷たいのだ。（老男）
　○アナジガ　フク　コロワ　ショーバイ　シトッテモ　テガ　マッカニ　ナッテ　ノー。イッポンズリワ　マダ　エーガ　アミワ　イタシー。アナジが吹くころは漁をしていても、手が真っ赤になってねえ。一本釣はまだいいが、網漁は本当につらい。（老男）
　○コレガ　フクト　ヒヤイキン　テガ　チギレテ　イヌルヨーナ　オモイガ　スル　ノー。アナジが吹くと冷たいから、手がちぎれてどこかへ行ってしまうような思いがするねえ。（中男）
　○アナジガ　シコルト　リョー　シトッテモ　テガ　ジユーニ　ナラン。アナジが猛烈に吹くと、網漁をしていても手が自由に動かない。（老男）
「風が冷たい」という〈知的意味〉（生活的意味は⑧〜⑩）の内実に認められる、このような〈生活実感〉の差異を〈生活的意味〉との関連においてどこまで深く捉え、語ることができるかが、生活語彙の調査・記述・分析・解釈のすべてのプロセスを覆うことになる。このような〈生活実感〉を調査者がどこまで深く共有できるかどうかが、他者の理解、とりわけ他者の〈現実システム〉をベースとする〈言分け空間〉の深い内質との通交可能性の可否を決定するのである[14]。
　〈生活実感〉こそは日常知の基礎にあり、生存と行動のための便宜を図る生活実践の構えの中で、自文化内部の文化の垣根を越えて通交できるものなのである。それだけにとどまらない。マクロあるいはミクロ社会における人間の深い相互理解、通交可能性を実現する最も確かなよりどころとなるもの

である。生活語彙の研究が、つねに、「生活経験」を基盤として展開されなければならないのは、まさにそれ故である。したがって、たとえば漁民の〈生活知〉という〈総合知〉を真に理解するためには、彼らが獲得している〈世界像の意味の網目〉を、次のようなフレームワークによって捉えなければならないことになる。

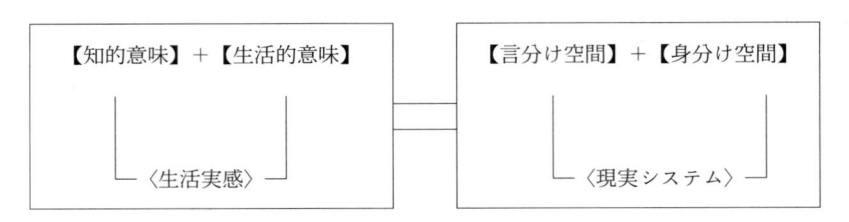

```
┌─────────────────────────┐      ┌─────────────────────────┐
│ 【知的意味】+【生活的意味】│      │【言分け空間】+【身分け空間】│
│   └───────┬───────┘     │──────│   └───────┬───────┘     │
│        〈生活実感〉        │      │       〈現実システム〉     │
└─────────────────────────┘      └─────────────────────────┘
```

〈生活的意味〉(⑧⑨⑩の所在と不在) の違いに加え、〈生活実感〉という微細で、しかも最も現実的な差異が、大長集落における漁民の言語文化と農民の言語文化の根源的な差異を規定する根拠となっているのである[15]。そして、この事実は、大長集落というミクロ社会に限定されることではなく、瀬戸内海のほぼ全域、さらには日本海沿岸部のほぼ全域にも共通して認められる普遍的事実である。ここに、〈生活者〉の〈生活知・生活実感〉に即して、日本文化の多元的複層性をマクロないしはミクロに語り得る確かなよりどころ(生きた意味の基盤)を確定することができる。

そのことを端的に示す1事例を、以下に示すことにする。話者は広島県豊田郡安芸津町三津に住み、長年漁業に従事してきた古老の男性である。

○サブヤ キタカゼ ツメタヤ アナジ イーマシテノ。キタノカゼワ サブインデス。キタト ニシトノ サカイカラ クル カゼワ ツベターンデス。サブイト ツベターントワ チガウンデス ワ。オキデノ。キルモノ キテ ショーバイ ショリマシタラ ソデグチカラ ハーッタリ エリカラ ハール カゼ ソノモノガ チガウンデスノデ。アナジノ トキワ ノー。ソトデモ テガ ツベター。ウミニ ツケタラ スグ テガカジカムンデス ワ。キタカゼワ カジカマンノ。ソリャー サンジカンモ ゴジカンモ ヒトトコロデ ショーバイ

ショーリャー テガ キカンヨーニ ナッテ キマスケンド ノー。フイテ クル カゼ ソノモノガ ノー。キタカラ クルト サブーナルンデス。キタト ニシノ アイダ アナジカラ ノー。ツベター カゼガ クルンデス ワイ。（中略）イチゲツナカバゴロカラ ウミノミズガ ツベトーナルンデス ワ。カンカツバル[16] ユーンワ キューノ ニゲツデス ワイノ。コントキワ ウミノ シオガ ヒヤインデス。（中略）キューノ ニゲツニ ナルト ノ。ユオ ワカイテ オケニ イレテ テオ ツッコマニャー イケンヨーニ ナリマス。

　実に見事な表象喚起力をもつ語りである。〈風の方位の違い〉〈袖口や襟から入る風に対する身体感覚の違い〉〈とりわけ手の感覚〉〈風と海水との感覚〉など、沖で漁撈に従事するときに感じる「寒い北風」と「冷たい北西風」との違いが、長年の漁撈経験を基盤として語り尽くされていると言ってよかろう。

　これによって、言葉が形成する〈社会文化複合空間〉を、生活者の〈現実システム〉に即して設定することが可能となる[17]（しかし、そのためには、方言研究者が庶民が内面化している〈暗黙知〉を、上に示した語りのように見事な表象喚起力をもつ語りとして引き出すだけの力を、身につけていなければならない）。しかも、この〈社会文化複合空間〉の概念は、日本というマクロ社会に閉じられるものではなく、世界に存在する多様な〈社会文化複合空間〉へ向けて、広く開かれてもいるのである。
　〈言分け空間〉を基底とする〈社会文化複合空間〉の設定根拠を今一つ例示するならば、次のような事実がある。山陰地方の〈農業社会文化空間〉では、たとえば「イロ」（色）という語について、基本的には共通語と同様に、「①目に感じられる赤・青・黄・緑などの感覚。②人間の肌の色。③はなやかな感じ。おもしろみ。④男女の間の情事。⑤気持ちが表れた、顔の表情。」などの意味が獲得されている。共通語と異なる点は、②の意味が「人間の肌の色」に限られず、農作物や栽培果実などにも広く用いられるという点である。〈色〉の対象物が〈生産物のカテゴリー〉にまで拡張されている点に、

〈農業社会文化空間〉の特徴が求められる。

　一方、〈漁業社会文化空間〉にあっては、鳥取県から兵庫県但馬地方にかけて（兵庫県但馬地方の状況については、岡田荘之輔の『但馬のことば』1972、兵庫県立但馬文教府による）、「イロ」（色）の意味として、まず「魚群」が挙げられる。すなわち、この地方の漁民が「イロ」という語を日常会話において用いる場合は、まず「魚群」の意味を表す。そして、この「イロ」という語を中核として、「イロミ」（色見、魚群がやって来るのを確かめ、白い旗などを用いて浜にいるシェンドー〈船頭〉に知らせ、アミ〈網漁〉で魚群を効率よく、しかも大量に漁獲できるように合図する役に当たる人）、「イロミバ」（色見場、イロミダイとも言う、イロミが合図を送る場所、山の中腹にある、沖からよく見える小さな原っぱ〈ヤマノナル〉）、「アカミ」（赤み、鯛などのように赤っぽく見える魚群）、「クロミ」（黒み、鰤などのように黒っぽく見える魚群）、「ハミ」（鰯などの小魚の群れを食うために、その後を追って

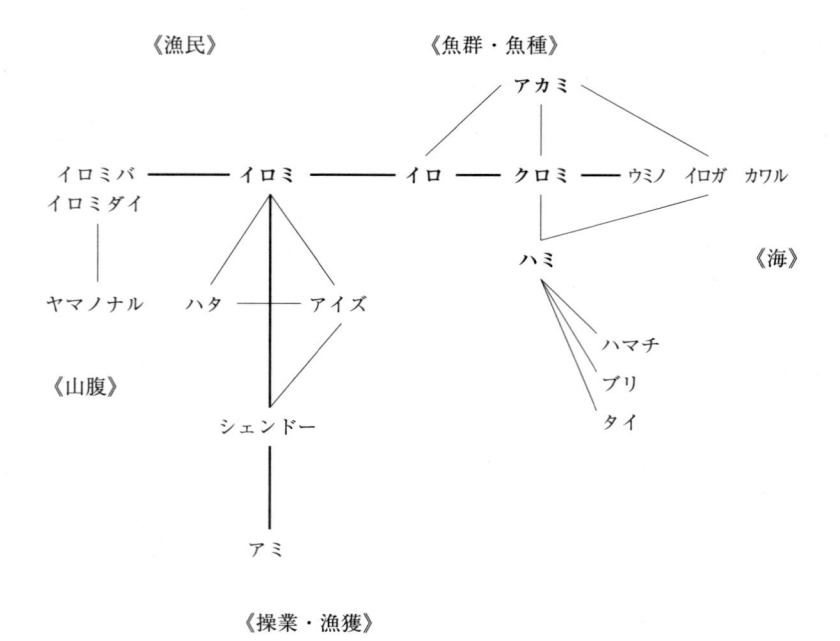

やって来る魚群、ハマチ、ブリ、タイなどの魚群が多い）などの語彙が生成、使用されているのである。今、「イロ」を核として生成、運用される語彙の関係性を一つの星座として描くと、前頁の図のようになる。なお、「アオミ」という語が認められないのは、全体が青みを帯びる魚群は海の青さに埋没してしまって、その大きさや動きがよく見えないためである。

　このように、わずか「イロ」（色）という１語の意味に限ってみても、山陰地方の〈農業社会文化空間〉と〈漁業社会文化空間〉との間には、極めて大きな差異が見出されるのである。前者では共通語の第②義が〈生産物の実態〉に即して拡張されており、後者では〈生業の実態〉に即して「魚群」という別義が生成され、しかもそれを核として多くの語彙が生み出されているのである。さらに、注目すべきことは、〈漁業社会文化空間〉では漁民が独自に獲得し、使用している「魚群」という意味が「イロ」（色）という語で最も重要な位置を占めているという事実である。

　すなわち、〈生活者〉が〈コミュニケーション空間〉において設定する〈視点〉なるものは、決して透明無垢のカメラ・アイのような代物ではない。それは、生活史によって育まれた利害関心の遠近法によって枠取られており、また感受性の歴史を宿した感性のフィルターによっても彩られているのである。そして、生活者の〈感性〉が「歴史を宿した感受性」に根ざすことをわれわれに教えてくれる例として、かつて日本の広い地域で、「おはぎ」という食べ物を「トナリシラズ」（隣知らず、青森県・新潟県・富山県・兵庫県・島根県・広島県・香川県）という、内部に向けて固く閉ざされた集落の成員に対する顧慮に基づく言葉に転換するという１事例の存したことを指摘しておく[18]。

　科学的知識は、一般に、物事を個別要素に分析し、それを科学的因果律という共通言語（理論言語）で一義的に組み直しをする知識体系であると言われる。それに対し、〈生活知〉は、生活実感に即して、歴史を背景とする生活の必要性や生活環境の論理で組み立てられる多義的で総合的な知識体系である。そこには、嘉田由紀子も言うように、言分け空間を基本空間として、「生活の場に即した『小さな物語』が無数に埋めこまれている」（「都市化にと

もなう環境認識の変遷―映像による『小さな物語』―」『岩波講座文化人類学第2巻 環境の人類誌』1997)。「生活環境」という術語は、より具体的には「生活の場」と言い換えることも可能である。「生活の場」とは、単独性としての文化的差異（＝顔）の見える場であり、場による「記憶」が生きている地平であり、無数の「生活の物語」が紡ぎ出される現場性にほかならない（この点に関しては、オギュスタン・ベルクの『風土の日本』1992、ちくま学芸文庫を参照のこと）。

　われわれは、言葉の機能を「身分け空間――言分け空間――コミュニケーション空間――社会・文化複合空間」（外部世界――日常言語の分節世界――日常言語の伝達・理解の世界――言語的環境世界・文化的環境世界）の存在四世界を通じて、生活者の〈生活知〉で充填する今ひとたびの旅立ちに向かわなければならないのではなかろうか。その一つの試みが、「環境言語学」（文化言語学）という視点からのアプローチである（藤原与一・室山敏昭編『瀬戸内海圏　環境言語学』(1999、武蔵野書院)。

4. 言葉の機能のパースペクティブ

　以上、「言葉の機能」について、〈認識言語〉と〈伝達言語〉の双方を視野に収め、また〈日常言語〉〈虚構の言述〉と〈現実システム〉〈虚構のシステム〉との関係性にも目くばりしながら、生活者の生活史を背景とする世界認識の立場から考えるところを述べてきた。あまりにも視野を拡げすぎたために、細部については検証を省かざるを得ず、全体が抽象度の高い論述になったことは否めない。　以上、長々と述べてきたことを踏まえ、改めて「言葉の機能」の守備範囲について確認しておきたい。それは、次の4項にまとめられる。

1. 〈認識言語〉と〈伝達言語〉の両者を対象化しなければならない。
2. 〈日常言語〉と〈現実システム〉との関係性を対象化しなければならない。
3. 〈身分け空間〉〈言分け空間〉〈コミュニケーション空間〉〈社会文化複合空間〉の四つを対象化しなければならない。

4．〈生活者〉の〈生活知・生活実感〉を対象化しなければならない。

その結果、下記の問題の解決に積極的に資するための、新しい統合的な知の地平（「人間科学」としての「環境言語学」）を切り拓かなければならない。

そのうえで、下記の6項の課題の解明に立ち向かわなければならない。

I．複雑化する日本（の言語）文化の深い理解と解釈を可能にするために、検証可能な操作的方法（分析装置・説明装置）の体系と解釈モデルを構築する（「文化言語学」の構築）。

II．言語環境を生きる人間が言語行動や言語環境の認識を通して、平和で幸せな社会・人間関係を形成し得る柔軟なフレームワークを構築する（「言語行動学」「環境言語学」の構築）。故徳川宗賢氏の私信から、多くの示唆を得ることができた。

III．国際化社会・情報化社会を円滑に進めていくための「文化言語学」「コミュニケーション科学」を構築する。

IV．言語および言語によって表象化された世界を、体系的に記述、分析、解釈するための洗練された「文化記号論」を再構築する（池上嘉彦他『文化記号論―ことばのコードと文化のコード』1994、講談社学術文庫）。

V．異文化間の相互理解を客観的・科学的な手法で促進するために、「認知科学（とりわけ、「認知言語学)」の基底をなす「ミーニング・シソーラス」を構築する。

VI．〈世界観〉としての言語の類型化を構築することによって、地球人類の言語文化の〈意味の網目〉の相対性と普遍性を検証する。

このように、言葉の機能というものは、守備範囲をいわば無限にかかえているということである。守備範囲が無限大であるという点に限ってみても、人間にとって、また文化にとって、言葉の機能の異常とも言いたくなるほどの重要性が知られるのである。

筆者は、今日まで、〈言語の学〉というものは、人間とは何かという一般的な問いの中でこそ、その役割の大きさが確認されるという認識を、研究の基底に据えてきた。本論も、その信条に発するささやかな試みである。

われわれはここまで、〈意味〉というメタ言語を、いわば裸のままで使用してきた。そこで、論を閉じるにあたって、〈言分け空間〉〈テクスト空間〉〈コミュニケーション空間〉〈社会文化複合空間〉の全体性を視野に入れた上で、〈意味〉概念に一つの定義を付与することにする。すなわち、〈意味〉とは、「人間主体が行為を動機と目標に、記号（認識のための記号と伝達のための記号の両者を含む）を用いて、ランガージュ（概念）、ラング（制度）、パロール（行為）の3水準にわたり、現実世界の環境的事物系についての自己の体験を、言表を通じて他者への記号作品系の知見に縮減する一方、記号作品系の他者からの知見を、解釈を通じて自己の環境的事物系についての体験へと拡張、還元する、互換的な経験（体験と知見）加工の様式である」（野林正路の『認識言語と意味の領野』1996、名著出版に依拠したもの）。この〈意味〉概念が妥当であると認められるならば、〈意味論〉の課題は次のように規定される。すなわち、主体形成のメカニズムを関心焦点に、人々が〈認識言語〉[19]で構成する知識・情緒の〈意味システム・語彙システム〉の考察を主題化しつつ、それをベースに彼らが営む経験（環境的事物の体験と記号作品の知見）加工様式の全容を明らかにするという高次問題に科学的な回答を与えるという点にしぼられることになる[20]、と。

　なお、最後に、われわれが分節した〈身分け空間〉〈言分け空間〉〈コミュニケーション空間〉〈社会文化複合空間〉という四つの〈空間〉相互の関係性を、縷々述べてきた内容に即して、極めてラフな概念図として示すならば、次のようになるであろう。

第1章 言葉の機能

【前・言語空間】

{人間の生の空間}

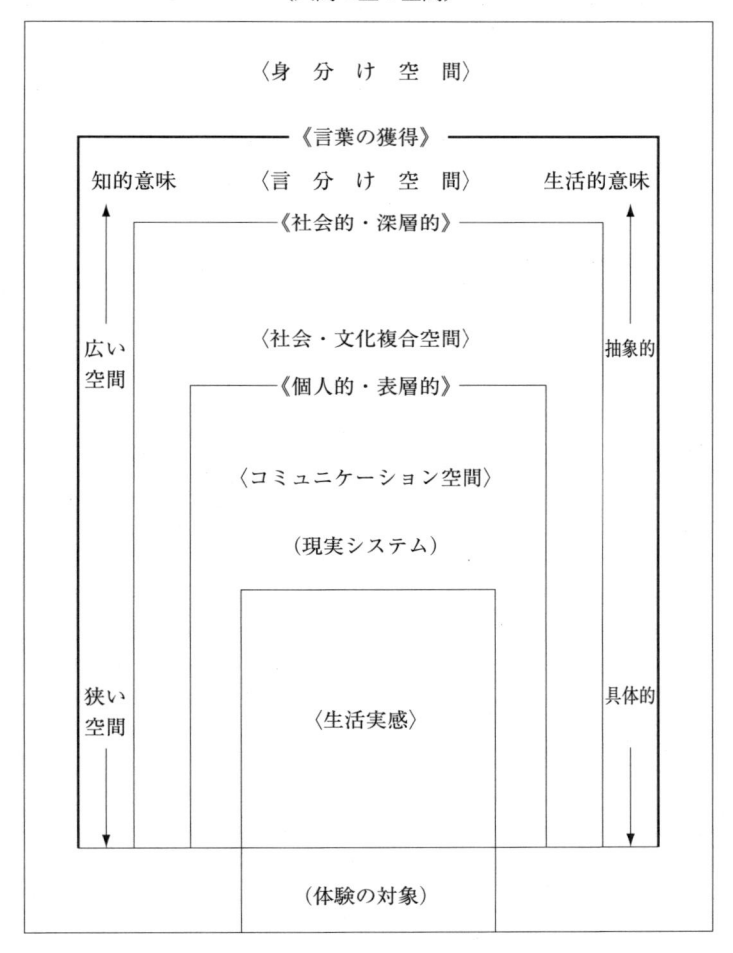

〈身分け空間〉

《言葉の獲得》

知的意味　〈言分け空間〉　生活的意味

《社会的・深層的》

〈社会・文化複合空間〉

《個人的・表層的》

〈コミュニケーション空間〉

(現実システム)

〈生活実感〉

(体験の対象)

広い空間 ↑ ↓ 狭い空間

抽象的 ↑ ↓ 具体的

520 Ⅳ. 文化言語学の周辺

注

1) この点に関して、E. サピアは「言語と環境」(1912) という論文の中で、次のように述べている。「ある民族が所有する語彙には、その民族が生きてきた環境（の分節化）が反映する。」（池上嘉彦編訳『文化人類学と言語学』弘文堂、1970）。その意味で、「人間」は「環境世界（外部世界）を人間の側から分類する動物である」とも、「世界を構造化しないではいられない動物である」とも規定することができる。また、次のようにまとめることも可能である。「社会習慣として成立した段階では、言語は人間の知覚の対象となったり、経験の内容となるおよそあらゆるものごとがどのようにまとめられ、どのように相互に区別されるかを提示する分類のシステムとして機能する。ある言語共同体の人たちは自らの言語を習得することによって、一つの分類（つまり、意味づけ・価値づけ）の枠組、カテゴリーを身につけるわけである。しかも言語が異なれば、そのような枠組も当然異なったものとなる。」（池上嘉彦他『文化記号論—ことばのコードと文化のコード—』講談社学術文庫、1994）

2) 田中克彦『言語学とは何か』（岩波新書303、1993）を参照。

3) 共通語の「塩」という語の意味には、「[塩に清める力があるということから] 不吉なものや不浄なものものを、[塩をまいて] 清める。」（見坊豪紀[主幹]『三省堂国語辞典』第四版、1992）という広義の「文化的意味」がある。また、瀬戸内海域の老年層漁民は、「鯛」の意味として、「動物というカテゴリーに属する／海にすむ中形のの平たい魚／多くは桜色で味がよい／めでたいときに使う」という知的意味・文化的意味のほかに、「魚の中で最も価値が高い／網漁で獲った鯛（アミダイ）よりも釣漁で獲った鯛（ツリダイ）の方が価値が高い／4月上旬ごろから網漁の最盛期に入る（サクラダイ）／麦の収穫が終わったころに獲れる鯛はすでに産卵を終えており、身が少なく味も落ちるので、あまり漁獲しない（ムギワラダイ）／鯛は瀬につく／鯛は潮に逆らってでも移動する」という「生活的意味」（狭義の文化的意味）を共有している。

4) 丸山は『文化記号のブラックホール』（1987、大修館書店）の中で、〈身分け構造〉について次のように説明している。「言葉を全然知らない赤ちゃんの場合、生まれた途端に泣くとかね乳房をまさぐるということは種としてすでにあるセンサーがなければしないはずだということです。そうしないと死んじゃうから。このセンサーが動物が共通にもっている〈身分け構造〉にあたります。」「〈身分け構造〉は実体ではないんです。ゲシュタルトと呼ぶべきものです。」丸山の、〈身分け構造〉と〈言分け構造〉とを分節するという考え方は、ドイツ意味論学派を代表するL. ヴァイスゲルバーの考え方に通ずる点がある。ヴァイスゲルバーは、言語が現実とは別の意味的世界を作っているということに関心

の中心があり、〈概念〉に対置される〈概念以前の具体の世界（外界）〉との関係を加え、「音（発音の形）——言語という中間世界（思考による分節と統合）——外界（あるがままの具体的事物）」という存在三世界を示すことによって、言語記号の〈創る〉特性をダイナミックに開示したのである。丸山の〈身分け構造〉に独自な点は、ヴァイスゲルバーが設定した〈外界〉を混沌とした連続体と捉えないで、「生」のセンサーによって分節された世界でもあることを、明確に指摘したところに求められるであろう。なお、丸山が十分には語っていない〈身分け構造〉から〈言分け構造〉への移行に関しては、熊野純彦の「ことばが生まれる場へ」（『岩波講座現代社会学5　知の社会学／言語の社会学』1996、岩波書店）が参考になろう。また、スタインバーグの『心理言語学』（国広哲弥他訳、1986、研究社出版）も参照されたい。

5) 要素に分割し得ない全体としてのまとまり。メロディは、オクターブが上がっても下がっても、総体としての感じが変わらない。すなわち、構成要素が変わっても、相互の関係が同一ならば、同じゲシュタルトをなす。

6) しかし丸山は、人間が〈身分け構造〉から〈言分け構造〉へどのような過程を経て移行するかについて、具体的なことは何一つ述べていないことを指摘しておく。察するに、幼児の言語発達に関する研究は、すでに内外に多くの蓄積があり、幼児が言語を獲得する能力は、F. ソシュールの〈ランガージュ〉の概念によって、早くから常識に属するとする、丸山の判断が働いたためであろう。

7) 宮岡伯人『エスキモーの言語と文化』（1978、弘文堂）、松井健『認識人類学論考』（1991、昭和堂）、福井勝義『認識と文化—色と模様の民族誌』（1991、東京大学出版会）等を参照のこと。

8) 拙著『生活語彙の基礎的研究』（1987、和泉書院）、同『生活語彙の構造と地域文化—文化言語学序説—』（1998、和泉書院）を参照のこと。

9) 「フッサールによると、複数の自我が構成されたならば、世界はもはや単なる固有領域ではなくなる。それは各人にとってさまざまに異なった現れ方をするが、しかも万人に共通な一つの客観的世界としての意味をもち、また各人のもつ根源的時間性も、客観的時間性の個別主義的現れ方としての意味をもつことになって、世界時間が構成される。各人はそれぞれ他者の地平を理解し合うモナドであり、限りなく開かれたモナドの共同体は超越論的相互主観性（間主観性）と呼ばれる。」（田島節夫『フッサール』講談社学術文庫、1996）

10) 野家啓一「物語の意味論のために」（『理想』第601、1983）

11) その端的な1例として、「初日の出」という言葉を挙げることができる。われわれは、地球が太陽のまわりを回っていることを科学的知識として知っている

にもかかわらず、普通「日がのぼる」「日がしずむ」と認識しており、そのため決して「初日の出」を「地球の初しずみ」という言葉に変えようとはしない（佐藤信夫『レトリックの記号論』1993、講談社学術文庫）。

12) 老年層カテゴリーに限定されはするものの、生活者が歴史の厚みを背景とする擬似科学的な経験の共有化によって、言語記号を現実システムへと差し向けて構成する〈コミュニケーション空間〉のごく限られた具体例を示すと、以下のような事例が挙げられる。

［鳥取県気高郡気高町浜村］

○ガ̄イニ　ヨ̄アイガ　フ̄キョールケー　ア̄シタリワ　イ̄オヤ　カ̄イガ　ヨ̄ーケ　ナ̄ダニ　ヨ̄ッテ　ク̄ッ　デ̄ー。大層ヨアイ〈夜になってから特に強く吹き始める東北風〉が吹いているから、明日〈の早朝〉は魚や貝がたくさん浜近くに寄って来るよ。（老男）

○ホ̄ンニ　ソ̄ガダガ　ヨ̄ー。ア̄サ　ハ̄ヤーニ　ナ̄ダニ　デ̄ニャー　イ̄ケンゾ̄。本当にそうだねえ。朝早く浜に出なければいけないよ。（老男）

［大分県東国東郡姫島村大海］

○サ̄キホドカラ　シ̄コミゴチガ　フ̄キョール　ナ̄ー。さきほどからシコミゴチ〈雨をしこむ〉湿った風が吹いているねえ。（老男）

○ア̄ト　サ̄ンジップンモ　ス̄ルト　ア̄メゴチニ　ナ̄ル　ヨ̄。後30分もすると、アメゴチ〈雨を伴う東風〉になるよ。（老男）

　これらの〈コミュニケーション〉は、空間的には狭く限定されたものになるが、現実システムの〈真実性〉との結合は、極めて強固なものであり、現前の〈現象認知〉から近い未来の〈予告〉までが、正確な意味として現実システムに組み込まれているのである。

13) 拙著『生活語彙の構造と地域文化―文化言語学序説』（1998、和泉書院）を参照されたい。

14) すでに、「環境」と「人間」（生活者）との関係に言及する研究分野は多分野にわたり、さらに増加する傾向にある。今、人文・社会科学のパラダイムに限定しても、言語学・歴史学・考古学・地理学・文化財学・社会学・経済学・政治学・文化人類学など、実に多くの研究分野が、「環境」をキー概念・キー・テーマとして研究を意欲的に推進している。しかし、これらの研究分野の中にあって、「環境」と「人間」との相依関係を最も総合的に、しかも科学的に究明することが可能なのは言語の学である、と考えられる。なぜなら、人間が生きられる「環境」はあるがままの自然環境（外部世界）ではなく、言語によって象徴化され、表象化された存在、すなわち日常の生活文化、生活意識の充塡された風土性を帯びた自然環境（和辻哲郎『風土』1979、岩波書店）であり、そ

第1章　言葉の機能　　523

れを包摂するのが社会環境だからである。しかも、風土性を帯びた「環境」は、人間の側から言語記号が差し向けられ、言語記号のシステム、とりわけ意味システムを骨格とする語彙システムの全像によって、分節的に構造化されて存在している。したがって、「人間と環境」との〈環境〉、すなわち人間の〈環境認識〉を総合的かつ科学的手法で語り得るのは、言語の学をおいてほかにない。そして、〈環境認識〉の科学的な究明に焦点を当てる言語研究を、ここでは「環境言語学」（あるいは「文化言語学」）と呼ぶことにする。

15) 生活実感という主観的なものを、いかにして科学的な操作方法によって掬い上げ、検証可能なものにしていくかという課題が残されている。この課題にすぐに答えることはできないが、調査者がその限りない営みを通して、生活者の視線を共有することが第1の条件とされることは間違いないであろう。視線のすべてを共有することは絶対に不可能だから、その一部を生活者の視線の動きも含めて共有しようとする志向性が重要となる。生活者が行う対象の認識内容を知的レベルに閉じないで、生活現実の中で経験した情緒的内容をも含む形で捉えるところまで、調査を深めねばならない。そこまでいけば、〈生活実感〉にかなりの程度アプローチすることが可能となる。ここで問題となることは、〈生活的意味〉と〈生活実感〉との関係性であるが、〈生活的意味〉が過去から現在に至る生活の〈有用性・有益性〉と直結する獲得された対象の意味であるのに対し、〈生活実感〉は日々の行動の中で獲得された生活者の〈情緒的実感〉である。したがって、〈生活的意味〉の記述に〈生活実感〉を取りこみ、一々の語の意味を生活との関連において活写することによって、〈生活的意味〉の内質を可能な限り深く豊かなものにしていくことが求められる。なお、「多元的複層性」の概念については、本書の中ですでに詳しく説明している。

16) 一年中でいちばん漁のないとき。「家も寒いが、外も寒い」と、この頃を「カンカッパル」（寒渇春）と言う。雨は降らず、冷気が強い。

17) 〈言分け空間〉が特定の〈地域社会〉に限定されない〈空間〉であるのに対し、〈社会文化複合空間〉は〈言分け空間〉を基盤とし、現実システムに根ざすものではあるが、生活主体が属する特定の〈地域社会〉を重視する生活環境概念である。同一の社会・文化条件の言語的表象によって、同一の世界像が保有される〈構造的空間〉と言い換えてもよい。ただし、〈同一〉の概念は、全く同じであることを主張しているわけではない。〈構造的空間〉はあくまでも〈均質的空間〉を意味するものである。詳しくは、拙著『生活語彙の構造と地域文化』（1998、和泉書院）を参照されたい。

18) これに関連して、歴史的な生業環境を背景として成立した独自の感受性とイメージ化の結晶を示すものとして、主に山陰地方の漁民が用いる「ツキノヨ」

（月の夜）という1事象を補足しておきたい。鯛の一種である「まとうだい」は、腹部に黄色の丸い紋があり、「モンダイ」（紋鯛）とも呼ぶが、その部分を除くと他の箇所は黒一色である。ほぼ黒一色の全身を地（後景）と認知し、腹部にある黄色の紋を図と認知して、「ツキノヨ」という大きな景色に見立てているのである。ここには、日本人の伝統的な美意識のフィルターによって彩られた発想が認められる。しかし、このような発想は、方言比喩にはむしろ稀である。

19）野林正路『認識言語と意味の領野』（1996、名著出版）、同『語彙の網目と世界像の構成』（1997、岩田書院）を参照のこと。
20）注19に同じ。

〔補記〕

「身分け空間」と「言分け空間」の区別は、丸山圭三郎の「コトバの身体性と二つのゲシュタルト」（『思想』8月号、1982、岩波書店）に負うところが大きい。ここに記して、感謝の意を表したい。また、「言葉の意味」については、野林正路の『認識言語と意味の領野』（前出）から多くの示唆を得、さらに、「虚構空間」の概念については、野家啓一の『物語の哲学』（1996、岩波書店）から多くの教示を得ることができた。併せて、感謝の意を表したい。

なお、〈生活者〉は所与の〈環境世界〉と〈言分け空間〉との間を、身体を媒体として自由に往還してきたのであり、今も往還し得る能力をすっかり失ってしまったわけではないことを、ここに付言しておく。それは彼らが、自ら生きる〈環境世界〉を背景として獲得し、展開してきた生活語彙のシステムと類推能力によるメタファー思考の豊かな結実に、最も典型的な形で顕現している。

◇平成11年度国語学会中国四国支部大会（於鳥取大学）での講演原稿に大幅な加筆修正を施したもの。

付記1 【語感、ニュアンスと広義の文化的意味】

語義におけ語感、ニュアンスについては、国広哲弥に代表される「構造的意味論」においては、「含蓄的意味特徴」を形成する一特徴として位置づけられ、個人差が大きいものとして周辺的な扱いを受けることが一般的であった。このような扱いは、言うまでもなく「構造的意味論」を超えて、意味に

対する一般的な理解において広く認められるものであろう。いわゆる語感、ニュアンスというものは個々人によって異なるだけでなく（ただし、語や語彙カテゴリーを対象化して、その程度異なるかを客観的に解明した成果はいまだ見られない）、集団によっても異なり、時代によっても、異なるものであろう。しかし、民俗や国家という「マクロな集団」において見られる語感やニュアンスについても、これを単に周辺的なものとして扱う、あるいは文化人類学においては重要なことだが、言語研究はこういうところまで研究を拡大しないという認識のあり方を素直に認める態度に対し、筆者は強い疑義を覚える。

　たとえば、渡辺実は、『国語意味論』（2002、塙書房）の中で、次のように述べている。

　　例えば「ウシ科の哺乳類」というのは民族差を超えた明示的意義だが、印度人を中核する民族では、「神聖」という明示的意味を喚起しようし、日本人ならむしろ、「鈍重」という暗示的意味を喚起するだろう。こういう事実は文化人類学などにとって重要なことであろうが、言語研究はこういうところまでは研究領域を拡大しないのが普通である。（10〜11ページ）

　しかしながら、語彙システムに確保された世界観によって、自文化内部の文化（＝言語）領域の実体性の認定とその複雑な関係性を統合的に究明することに、文化言語学の研究領域を限定するならばさほど問題はないにしても、もし文化言語学の研究手法と成果を異文化理解に積極的に生かそうとする志向性を取りこむことになれば、渡辺の言う「暗示的意味」は、単なる周辺的な扱いではすまない極めて重要な意味をもつことになるに違いない。なぜなら、そのような「明示的意味」は、それぞれの長い歴史を背景とする文化の中で生み出された「表象的意味」であると同時に、それぞれの文化に特徴的な「文化的意味」でもあるからである。

　すでにこのことを明確に意識して、意義記述を行っている国語辞典があることは、その意味で貴重である。それを以下に示す。

　　たい（名）【鯛】［動］海にすむ中形の、平たいさかな。多くはさくら色

で、味がよく、めでたいときに使う。(『三省堂国語辞典』第4版、1992)

ライス(名)[rice]①米。②(食堂で)(皿に盛った)ごはん。(同上)

上の意義記述における「めでたいときに使う」、(食堂で)(皿に盛った)が、筆者の言う広義の「文化的意味」に相当する。「鯛」を「めでたいときに使う」という慣習は、日本における伝統的な慣習であり、その意味で個人を超えた共通の認識となっている。しかも、この認識は、今、欧米の言語文化と比較対照するとき、はじめて日本人に特徴的なものであることが理解される。これを欧米の人々も正しく理解したとき、「鯛」の語義を通しての異文化理解が成立することになるだろう。同様に、「ライス」が日本では、「(食堂で)(皿に盛った)ごはん」についてしか使用されないという特徴を日本人と欧米の人々とが共通理解したとき、異文化理解が達成されることになるだろう。

また、『現代国語例解辞典』第2版(1993、小学館)の「ウシ」(牛)の意義記述に見られる下線を施した箇所は、伝統的な「文化的意味」について記したものである。

【うし 牛】ウシ科の哺乳類の総称。頭部に二本の角を持ち、皮膚に黒・白・褐色などの短毛が密生し、尾は細くて長い。胃は四つに分かれ、反芻する。力が強く、古くから有名な家畜として運搬、耕作などに使われ、……。

したがって、このような民族という大きな集団において見られる語感、ニュアンスの違いを、意味の中でも抹消的で取るに足らないものとして扱うことはできなくなるはずである。このような意味を、今後、言語研究においても重視し、「含蓄的特徴」(文体的価値)の中に包含させるのでなく、「文化的意味」(象徴的意味)として特立することが適切な扱いである、と考える。その際、自文化内部における言語文化の多元性認定の根拠となる「文化的意味」が「狭義の文化的意味」として位置づけられることは、すでにⅠ.「文化言語学の構想」の中で指摘したとおりである。

なお、最近の国語辞典は、見出し語と類義の関係にある語を標示するものが多く見られるようになったが、見出し語と類義の関係にある語との使用場

面の違いを記述しているものはほとんど見当たらない。今後は、このような点についても適切な知識が得られるように、改善する必要があると考えられる。なぜなら、たとえば英語の「secret」に対して、日本語には「機密、秘密、内緒ごと」という相互に類義関係にある3語が対応する。そして、この3語の間には、「機密」(公的)、「秘密」(普通)、「内緒ごと」(私的)という使用場面の違い（文体的価値）が認められる。そのため、このような違いを明確に記述しておかないと、「secret」の1語しか所有していない英語文化圏に属する人々は、「機密、秘密、内緒ごと」をどのような場面で選択、使用すればよいか、それが理解できないからである（なお、この点に関しては、柳父章の『秘の思想―日本文化のオモテとウラ』2002、法政大学出版局を参照されたい）。

付記2 【狭義の文化的意味（生活的意味）と語源】

　広島県福山市では、「仕事の速い様・仕事を手際よくこなす様」を「コーバェーガ　ハヤェー」という。土地の中年層以上の人々は、この句の意味はもともと「勾配が速い」だと理解している。もし、実地調査の経験の乏しい研究者ならば、土地の人々の説明を聞いて、「コーバェー」の語源を「勾配」と理解して、漢語出自の句だと記述するかも知れない。あるいは、なぜ「勾配」と「早い」が結合するのか疑問を抱き、たとえば『日本方言大辞典』をひもとき、そこに「コーバイ」の語源として「勾配」があがっていることを確かめた上で、それに依拠して説明を施すことになるかも知れない。おそらく、多くの研究者は、『日本方言大辞典』の記述に多くの誤りや遺漏が含まれているとは考えないであろうから。

　しかし、福山市の近辺で聞かれる（福山市の近辺に限らず、広島県備後地方沿岸部で広く聞かれる）「コーバェー」の語源は、「勾配」ではなく、「コマイ」（小舞い）である。なぜなら、備後地方の山地部である比婆郡では、古老が「仕事の速い様・仕事を手際よくこなす様」を「コマイガ　ハヤェー」と表現しているからである。そして、「コマイ」の意味は、「田植え

をするときに、早乙女たちがまるで舞いを舞うように手早く早苗を植える様」を表すものである、と説明してくれ、語源は「小舞い」であることを明確に教示してくれる。しかし、たとえば比婆郡東城町の中年層男性は、すでに「コマイ」を使用することはなく、「コバイ・コバェー」という音訛形を用いる。そして、古老が記憶しているもともとの意味も失い、語源意識が極めて曖昧になっている。

ところが、福山市にかなり近い府中市では、老年層男性は「コバェー・コーバェー」を使用し、中年層男性はもっぱら「コーバェー」を使用している。そして両者とも、語源意識は「勾配」である。「コーバェー」という形態が大勢を占めるようになると、土地の人々はこの語形をもとに語源解釈を施し、「勾配」という意味を独自に生み出すことになる。それが、福山市になると、最初に記したような状況を呈することになるのである。

生活語彙を構成する一々の要素の意味、とりわけ「生活的意味」を正しく把握し、記述するに際しては、その要素の語源を正しく究明することが一つの重要な手立てとなるが、それを厳密に実践するためには、上に述べたようにかなり広域にわたる実地調査が必要とされることになる。これは、語源に関して、信頼に値する辞典をもっていない方言研究者の宿命でもある。

付記3 【「認知の制約」と「環境世界の意味づけ」】

上野智子は、北は北海道から南は沖縄までの極めて広域にわたる漁業社会において、漁民が漁場を画定するための指標として独自に生成し、獲得している海岸部の微細地名(どの地図にも記載されていない不記載地名)について精緻な調査を実施し、その実態と多様な認知システム、ならびに命名システムを初めて明らかにし、『地名語彙の開く世界』(2004、和泉書院)と題して上梓した。これによって、我々は、漁民が自らの生活の必要性に基づいて、海岸部という空間をいかに微細に分節し、多様な意味づけ・価値づけを行っているか、また漁民が彼ら独自の空間認知のシステムを構築し、生きられる環境世界の独自の意味づけを行っているかを、彼らの生活史をも含めて

つぶさに知ることができる。

　上野の前掲書を見ると、「数量と地名」という一節があり、微細地名（岩礁に付与された名称、たとえば「セ」「ハエ」「クリ」「ネ」など）に現れる数詞がほぼ一から三の範囲に集中している事実が明らかにされている。上野は、このような事実がもたらされた要因について、次のように述べている。少し長くなるが、以下に引用する。

　　　　海岸部における不記載地名の命名者および使用者は、海岸部とその周辺を労働の場とする漁師さんたちである。彼らの視野に入る漁場の特徴を素早くとらえる方法の一つとして岩礁の数の認知のしかたがあるにちがいない。一〜三の数量把握（たとえば、「ヒトツバエ」「フタツネ」「ミツゼ」など、筆者注）は、少数ゆえに瞬時に行う際にもさほど困難な技とは思われない。さらに言えば、小刻みに上下動する船上から正確に把捉できる数は視覚的にも少数にとどまることが予想される。つまり、多くの数量を一度に認知することははなはだ困難で、たとえできたとしても、正確さに不安が残る。多の数量認識は漁場の画定に当たっての有効な方法とはみなしがたく、不記載地名の数の偏りは（中略）より実際的で有用な生業地名の堅牢性を示唆しているのかもしれない。（38ページ）

　上野は、岩礁の名称に現れる数詞がほぼ一〜三に集中する要因を、沖合で上下動する船に乗って漁撈に従事する漁民が瞬時に、しかも正確に認知できる岩礁の数の限界性に求めている。筆者の経験からしても、上野の推定はまず間違いないものと考えられる。ここには、漁撈という生活場面がもたらす「認知の制約」という作用が明確に認められると言ってよいだろう。また、上野は上掲書の中で、海岸部の地形に付与された色名について詳しく分析し、「赤」「黒」「白」（「アカハエ」「クロイワ」「シライシ」など、筆者注）が多く認められるのに対して、「青」が極めて劣勢であることを明らかにし、その要因を海岸部の地形の色が「青」の場合は、海の青と明確に分かつことが困難であって、漁場を画定するための指標として用をなさない点に求めている（153〜167ページ）。

このような「認知の制約」によってもたらされる「環境世界の意味づけ」といった問題性については、認知言語学は全く言及することがない。というよりも、そもそもそのような問題意識が現在の認知言語学には存在しない、と言った方がより正確かも知れない。しかしそれでは、自言語・自文化内部における多様な「世界の意味づけ」を環境に即して精細に語ることは不可能であって、ごく表層的・一元的な語り方しかできないことになってしまうだろう。

　認知言語学が多様な環境世界に埋めこまれている多様な意味づけを、環境に即して多元的・多層的に語るためには、まず「人間」を特定の環境に生きる「生活者」として捉え、「環境」を単なる外部世界ではなく独自の「生活環境」として捉える視線を取り入れることが必要とされるだろう。言い換えれば、認知言語学が「認知」と「社会文化的環境」との関係性をさらに深く検証しようとするのであれば、「経験」を一般的な経験に閉じるのでなく、多様な環境に生きる人々の生活経験を対象化して、さらに精緻な実証的研究を積み重ねていく必要があるだろう。

第2章 〔書評〕柴田武著『語彙論の方法』

　日本の言語学界、国語学界において、著者が果たしてきた役割の大きさと研究業績の射程の広さは、衆目の一致するところであろう。その広い業績の中にあって、重要な柱の一つとして定位されるものに、語彙論に関する研究がある。評者もつねづね、その恩恵に浴し、また、著者の巧みな挑発に乗せられもしたひとりである。

　さて、本書の「あとがき」を見ると、「先生の古稀を記念して、先生のご研究の大きな柱である語彙論に関する論考をまとめて一本としたものである。」とある。これによって、本書の成立事情は明らかであるが、「語彙論」の内容上の特色は、「あとがき」の全文を読んでも理解できない。しかし、その後に付された「柴田武先生の語彙論研究に関する文献目録」の最初に記されている、著者の文章を引用すると、「ここには、随想の類も含めて、語彙論に関する著作を集めた。ここで語彙論というのは、語彙体系論のことである。」と記されている。これによって、「語彙論」の内容上の特色が理解できる。本書『語彙論の方法』の「語彙論」には、そのような限定が最初から加えられていることを、我々はよく理解してかからねばならない。

　本書の構成は、次の通りである。

　　　　　1

言語における意味の体系と構造
ことばにおける構造とは何か
私の意味論——意味をどうとらえるか——
現代語の語彙体系
言語から見た「食」

2

語彙研究と方言語彙
語彙研究の方法と琉球宮古語彙
沖縄宮古語の語彙体系
沖縄宮古島方言の風と雨
沖縄宮古島方言の生活時間語彙
沖縄宮古島方言の人名語彙
与那国方言における兄弟姉妹の呼称

3

語彙体系としての親族名称——トルコ語・朝鮮語・日本語
世界の中の日本語

　第1部は、主に現代共通語を対象として、意味体系・語彙体系に関する著者の基本的な考え方や分析方法を述べ、それに基づいて、色彩語彙・コソアド体系・親族語彙・食語彙などについて具体的な構造分析を行ったもので、従来の方法論や実践例の不備を正し、明晰に自論を展開している。ただ、システムは見事に解明されているが、その背後に人が見えてこない立論となっている。また、最初に置かれた2篇の論考は、本書全体の導入の役割を果たすものであって、語彙体系論にとどまらず、言語における体系と構造の問題が広く論じられている。第2部は、語彙研究の方法とその基本的な問題点に関して、著者の考え方を詳細に述べたものをまず配し、次いで、沖縄方言の語彙を対象とする体系分析の実践例が並ぶ。第2部は第1部とは異なって、沖縄宮古島方言の語彙を中心に、詳しい記述と体系分析を行っているため、語彙体系とコミュニティの社会的構造や人々の生活形態との関連、あるいは事物に対する人々の認識などとの関わりが、かなり鮮明に浮かび上がっている。第3部は、親族語彙について外国語との比較対照研究を行い、さらに、日本語の語彙の特色の一端に触れたものを配して本書を締め括っている。全

体に、行論が論理的かつ明晰で、ためらいのない明確な断定が、特に印象に残る。以上が、本書の概要のきわめて粗い紹介である。

　以下、本書の全体にわたって、特徴を詳しく記し、評者が問題と感じたところを偏りなく述べるべきであろうが、紙数も限られていることゆえ、おのずからいくつかの問題に絞らざるを得ない。本書の内容上の特徴はいろいろ指摘し得るが、本書を通読して、評者が最も強く感じまた疑問に思ったことは、著者の「語彙体系論」におけるあまりの「音形（語形・形態素）」重視の思想である。冒頭論文「言語における意味の体系と構造」において、著者は、「意味の体系を貫く軸」として、「対立」と「並立」という二つの概念を提示しているが、この場合においてさえ、「意味の上でも対立し、（音韻）形の上でも対立（あるいは並立）する」というように、「形の上での対立（あるいは並立）」を重視する。この思想は、本書の全体に一貫して通底していると言ってよい。著者の「音形」重視の考え方を端的に示すのは、「語彙研究と方言語彙」の中の次の１文である。「語彙は、意味と音形とがかかわりあう言語記号を扱わなければならない。」（117ページ）また、その２ページ後には、「語彙体系を支えている諸関係は、次のいずれかを共有または非共有することによって成立していることになる。①意味　②音形　③意味と音形（形態素）」と述べられている。これと同様の趣旨のことは、68、141ページにも見られる。さらに、72ページにおいては音形だけにとどまらずアクセントまでもが問題とされている。このように、「音形の対立と並立」を重視する著者は、「沖縄宮古語の語彙体系」において、「病気語彙」の体系は認めるが、「薬語彙」には全体にわたって音形の対立が明確に見出せない（一部には明確に認められる、評者）という理由によって、体系を認めようとしない。語彙が語を要素として構成されるものであり、語が意義素と形態素との結合体であることは自明であるから、「語彙体系の具体的なつくり方」（120ページ）を考える場合、「音形」を全く無視することが出来ないのは至極当然のことである。「カタガラヤム（偏頭痛）、バタヤム（腹痛）、チュラガサ（天然痘）、スーガサ（はしか）……」のように、二つ（以上）の形態素からなる語の場合を「ヤム」「ガサ」などの音形の共有に注目して語彙を分類す

ることは有効な方法であり、また、意義素と形態素との結合は必然的である。しかしながら、単純語の場合はどうなるのであろうか。「言語から見た『食』の中の加熱調理操作語彙の最も基本的な「ヤク・ニル・アゲル・ムス」の四語がつくる体系には、何ら音形上の共通点は認められない。しかも、著者自身、「意味の共通点と音形の共通点との関係も、意味の相違点と音形の相違点との関係も、ともに必然的なものではない。」(73ページ)と明確に述べている。

　著者の「音形」重視に関して、さらに疑問視されることは、語彙体系を支えている諸関係の中に、意味とは独立した形で、「音形」の共有または非共有を挙げている点である。はたして、「音形」のみで「語彙体系をつくりあげる」ことが出来るのであろうか。評者は、「意味」の対立関係が認められることが前提となって、はじめて「音形」の対立関係が見えてくるのではないかと考える。先に挙げた「カタガラヤム、チュラガサ」などにおいても、「ヤム」「ガサ」は、語彙をグルーピングするための基本的な意義素と形態素との結合体であって、単なる音形ではない。また、日本語の色彩語彙について、81から86ページにかけて展開されている、音形、熟合、派生関係の分析は見事と言うほかないが、これらはすべて、「アカ・アオ・シロ・クロ」の４語が、日本語の基本的な色彩語彙であるという認識の上に立ってのいわば検証である。しかも、音形については単純に対立ということが言えるかどうか疑問であり、特に熟合は「意味」の一部を共有することによって成立し得るわけで、「音形」だけによってこの４語が、日本語の基本的な色彩語彙の体系を形成していることを証明するのは、ほとんど不可能に近いと言ってよいのではなかろうか。さらに、「音形」を共有する場合として、著者は、「同音語・類音語」(119ページ)をその例として挙げているが、この場合こそ「意味」の対立が最も重視されなければならないはずである。

　したがって、語彙体系を支えている諸関係は、「①意味　②意味と音形」の二つの共有または非共有を認めるだけでよい。そのことは、著者の次のような説明にも明らかなのではあるまいか。「語彙体系を支えている諸関係は、体系の要素すなわち語が何かを共有した上で、互いに差異の点で張り合う対

立関係である。ムスメとムスコは、『子』である点が共有される『何か』に当たり、『女性』と『男性』の差異が対立をつくっている。」(119ページ) ここでは、著者も説くごとく、共有点も差異点も「意味」である。ここにおいて、「ムスコ」と「ムスメ」は、ともに「ムス」という共通の音形を有するが、それが、語彙体系を支える客観的な根拠には何らなり得ないと考えるためか、著者はこの点にはひとことも触れようとしない。「音形」は、基本的には「意味」の記憶や伝達のために張り付けられたラベルであって、これが、語彙体系論においてはたしてどの程度の有効性を持つものか、疑わしい。

　この「音形」重視の思想が、一方で、意味体系の軽視となって現れている。まさに、紙の裏表の関係である。そのことは、概念と意味、概念体系と意味体系とは明確に異なるものであることを何度も繰り返して説く著者が、本書のどこを見ても、「意味」については定義らしい定義を行っていないことである（ちなみに、「概念」については明確な定義を示している）。「語の『音形』と結び付いているのは、ソシュールがいうのとは違って、概念（concept）ではなく、意味（語義）だと考えている。」(56ページ) という説明（ただし、120ページにおいては、「明らかにソシュールにおいては、概念と意味の区別がない。」とする、先の引用とはやや紛らわしい説明が見られる）などから、著者の意味に対する考え方を汲み取らなければならない。そのために、たとえば、東京語の身体名称のうち、人間の顔面とそこにあるものを表す語を挙げ、そこに観察される注目すべき特徴の最後に、「④意味の一部を共有する語がある。　メとハナ」という説明などが、ひどく分かりにくいものとなっている。おそらく、「メハナダチ」という複合語が容貌を意味するということや、「メガ　キク」「ハナガ　キク」といった同一の語との呼応が認められることを押さえて、「意味の一部を共有する」と言っているものと思われる。そのためには、著者が意味というものをどのように考えており、どういう方法で分析すればよいかを類義語、対義語の場合に限った一般的説明で終えるのではなく、もっと広く具体的に示す必要があると考える。また、著者は、語彙体系の特色を「言語外の社会や生活から総合的に説明す

る」(267ページ)ことや、「言語学は、(中略)その言語を使用する人々の思考——大げさにいえば、その世界観——を明らかにすることにつながる。」という問題の重要性には触れているものの、注意深くそこへは深入りしようとはしない。ここに、著者の学的な潔癖さを見る思いがする。しかし、語彙体系と人間の思考・認識の問題は、古くから論じられてきた問題であって、概念とも関係してくる問題であるだけに、まとまった形で論じて欲しかったという思いが強い。精神や認識の営みは、「語彙体系」の仕組みと働きに最も典型的に現れていると考えることも出来るからである。

　すでに触れたごとく、著者は「概念」と「意味」とをきわめて厳密に区別する立場をとる。「『概念』は、個々のものごと(現実体、あるいは指示物 referent)を一つにまとめた観念である。ここで、『概念』とことばの『意味』とを区別するということは、現実のものごとと言語記号との間に『概念』というものを置いて、両者の関係を説明しようとする立場をとることである。」(121ページ)したがって、「語彙体系は、語の体系であって、概念や現実の事柄の体系ではない。」(166ページ)ということになる。「概念は、……観念である」という定義は、類義語による言い換え以上に出ないと思われるが、「概念」と「意味」とを区別することには、評者も賛成である。「意味」の場合は、対象が表す概念そのものよりも、それをどのように捉えるかという共同主観的な様式が重要になってくると思うからである。「宵の明星」と「明けの明星」は、概念はおなじだが意味は明確に異なる。また、著者は、「ウケトッテ　クレル」「モラッテ　クレル」というように2語を用いて表現する場合についても概念の存在を認める。これにも、評者は同感である。たとえば、「ウソヲ　ツク　ヒト」というように、2語以上の連結体における概念の一体化(凝縮化)の要求が強まって、「ウソツキ」という言語記号が生産されるという場合が多いからである。それでは、「冷たさ」と「冷たい」のように品詞(音形)は異なるが意味を大きく共有するような場合も、著者は、当然、「概念」は同一であると考えるものと思われるが、この点については触れるところがない。また、128ページに挙がっている平良方言の「病気語彙体系」のうち、「そとからわかる病気か否か」は、先に著者が否定し

た現実の事柄であり、「症状」は明らかに「概念」だと考えられる。語彙体系そのものと、語彙体系の枠組みを規定する条件との違いについてもひとこと言及しておく必要がありはしなかったか。

　さて、概念体系と語彙体系との関係だが、著者が概念体系の典型として挙げる国立国語研究所『分類語彙表』(1969、秀英出版)と「言語使用者の生活から生まれた語彙体系とは当然くい違う」とする考え方には、評者も全く同感である。ただ、『分類語彙表』を比較対照研究のための素材としてのみ扱い、方言語彙の研究を「それとはもう一つの別の方向の研究」として位置づけていることには、評者はにわかに賛同しかねる。著者は、語彙は要素の数があまりにも多いから部分体系に分けて扱うほかないとして、たとえば、「親族名称・空間語彙・地名・風名・潮流語彙・時間語彙・生涯語彙(通過儀礼語彙)・食事語彙・色彩名・指示詞(コソアド)・授受動詞・身体名称・病名・農業語彙・漁業語彙・年中行事語彙・植物語彙・動物語彙など」(118ページ)を挙げているが、この一々の部分体系は、概念の枠組みから切り出されてくるものであって、ある特定の方言とだけ関係するようなものではない。評者は、方言語彙の調査研究を進める際、概念体系から出発し、調査を繰り返す中でそれに徹底的な修正を加え、その土地固有の語彙体系を帰納するという方法が有効であり、実際問題としてそうするよりほか方法がないと考えている。それは、結局、概念体系から出発し、種々の改変を行うことによって、最終的には、その土地固有の「民衆分類」を明らかにする、換言すれば、その方言に生きる人々の認知体系が反映するような語彙体系を帰納するという方法である。このように考えることが許されるならば、概念体系とその土地固有の語彙体系の帰納とを、全く別方向のものとして峻別する必要はないように思われる。このような方法は、認識人類学においても早くから試みられており、「エスノ・セマンティックス」の確立や認識心理学などとのからみにおいて、ますます深化の一途をたどっているようである。

　要素の量が膨大な語彙について、体系を見出す現実的な方法として、部分体系に分けて考えていくことが重要だとする著者の主張には、評者も賛成である。その際、「体系というものは、全体がわからなくては組み立てようが

ない。」(114ページ)というように「網羅・悉皆主義」に徹するか、それとも、著者が後の箇所で述べているように、「体系は、いわばことがらの枠組みである。枠組みは、もちろん全部尽くすのに越したことはないけれども、必ずしも全部尽くさなければならないというものではない。枠組みさえ得られれば、そして、それが妥当なものであれば、記述に残されたものがいくつか出て来ても、枠組みの中の要素をふやすだけのことである。」(142、143ページ)のように「枠組み主義」でいくかという問題が生じる。評者は、この後者の考え方に賛成である。なぜならば、著者も言うように、「いつまで記述を続ければいいのか」という客観的な保証がないことと、語彙の全分野にわたってすべての要素を尽くすためには、その土地の生活全般にわたって、きわめて詳細な知識が、調査者の側になければならないからである。しかも、調査を続けていくうちに、語彙が変容していくということもある。さらに、語彙の個人差の問題を考えるならば、「枠組みさえ得られれば、そして、それが妥当なものであれば」よいという考え方で、実践を進めていかざるを得ないであろう。

　著者は、また、本書の中で、語彙の個人差の問題を取り上げ、語彙体系論の立場から、いかなる方法でこの難問を克服すればよいか、深い考察を展開している。そうして、「人名・地名語彙のことを考えると、語彙の体系的記述は、個人語から始めざるをえないように思われる。一個人の語彙ならば、体系があると仮定しての研究も意味がある。」という実践の立場からの方法を示している。これに続けて、著者は、さらに次のようにも述べている。「個人語を記述するかぎり、個人の片寄りは避けられないが、片寄りがあるから個人語の研究が無意味だということにはならないと思う。片寄りは、いわば個人の個性である。その個性的な語彙のなかに体系が認められるはずである。」(148ページ)この説明を読んでいると、語彙の体系的研究が、ラングのレベルではなく、ラングとパロールの中間レベルにおいて問題にされているような錯覚におちいる。著者は、体系を抽象化、一般化という操作を経たレベルにおいてしか認めなかったのではないか。もし、個人の個性的な語彙の中に体系を認めるとするならば、それは、コミュニティの語彙体系とは言

えず、音韻や文法に関してはコミュニティが認められるが、語彙については最初からコミュニティを否定するという論議になりかねない。しかも、「人名・地名」語彙のような固有名詞を取り上げて、語彙の個人差を問題にすることが適切であるかどうかも疑われる。なぜなら、固有名詞がその指示機能を明確に果たし得るのは、最初から比較的戸数の少ない特定のコミュニティに限られていることが明白だからである。それにも関わらず、著者はある特定社会の人名語彙だけでなく、個人が有する「全国、全世界、はては小説のヒロインの名も含めて考え」(147ページ)ようとしている。これでは、最初からコミュニティの語彙体系を否定してかかっているという印象を読者に与えかねない（ただし、119ページにおいては、「地域社会の語彙体系をつかむのにも個人言語から出発すべきだというのである。」として、柔軟な考え方を示している）。「体系」が「ことがらの枠組み」であればよいと考える著者が、語彙の個人差を超えて、「地域社会の語彙体系を組み立てる理論も方法もいまのところ持ち合わせていない」(149ページ)ことによって、「ラングという仮構の有効性」さえも疑ってかかるということになると、これは明らかに論理の飛躍である。「ラングの仮構の有効性」を疑うということは、言語の体系性を疑うということにほかならない。

今日、どの地域社会でも、程度の差こそあれ、音韻・文法、さらにはアクセントにおいても、個人差の認められることは、著者自身、最もよく知っているところであろう。語彙の個人差が大きいのは、語彙を構成する要素の量が他を圧して多いことと、個々人の生活経験の差異に関わることが大きいからである。評者は、地域社会の語彙体系を組み立てる方法としては、個人差が少ないと予想される部分体系から始めて、その一々について個人Aの語彙、個人Bの語彙……個人Nの語彙とから、大半重なる部分を捉えてそれをラングとして認め、ほとんど重ならない部分を一々の個人特有語彙と考えて、別に処理するほかないと考えている。コミュニティとして認められる部分と認められない部分との併存は、音韻・文法においても指摘し得ることである。いずれにしても、語彙の個人差が、「体系の枠組み」という上位レベルにおいて認められるのか、それとも細部において認められるのか、また、

それはどの程度の量的差異を示すのか、また、部分体系によってどのようなゆれが認められるのか、それらの問題を明らかにすることの方が先決であろう。「ラングの仮構の有効性」を疑うのは、それからのことではなかろうか。

　以上、本書に通底して認められる「語彙論の方法」に関して、評者が特に重要だと判断した問題に限定して、著者の説くところに耳を傾けつつ、愚見を記してきた。とんでもない的はずれの問題を取り上げていなければ幸いである。

　以下には、評者が強い共感を覚えた部分、また、今後、語彙体系を考えていく場合、きわめて重要な示唆を含むものとして受け止めるべき点について記してみたい。著者は、151から152ページにかけて、「現実の事物に関する知識が乏しいと、聞き出せる語彙の量が不思議と少ないもののようである。また、組み立てた語彙体系は、それと対応する、または関連する、言語外のものの体系と比較する必要がある。（中略）語彙体系の説明には言語外の体系的情報が必要となるのである。」と述べている。最初に、いかにも他人ごとのようにさらりと記されている感想めいた発言は、著者がいままで実践してきた方言語彙の調査研究の深さを、逆に強く印象づけるものであり、評者も常に身につまされていることである。また、語彙体系について、それを、帰納する段階から説明する段階にまで引き上げ、語彙体系と言語外の体系的情報との関連性を強調している点は、評者も、全く同感である。ただ、言語外の体系的情報の中に、どのようなものが具体的に含まれ、それらがいかに価値づけられるかという点について、著者の考えを知りたいところである。

　沖縄宮古島方言の語彙体系については、全部で12の部分体系が取り上げられ、個人語彙を中心とした、生きのよい語彙体系論の実践となっている。概念体系から出発して意味と音形に基づいて語彙体系を帰納し、個人差を明らかにしつつその理由を解明し、ときに語の新古関係、古い語彙体系から新しい語彙体系への変容も分かりやすく述べられており、さらに民衆語源の重要性にも説き及ぶ。また、事物に対する土地人の認識の問題も、部分的にではあるが取り上げられている。これらの実践を通して、おのずから宮古島に生きる人々の生活世界の特色を理解させてくれる記述になっている。このよう

な実践が、現在まで皆無だったわけではないが、部分体系の多さ、視点の多様性、徹底した調査に基づく語彙体系の解明など、教えられるところが多い。語彙は、それが話されている社会にのみ共通な、固有の生活経験の認識指標とその構造化であり、それ故に、一つの世界像の具象でもある。著者の、このような試みを、本土方言のどこかで同じ精度をもって実践し、各部分体系についての比較研究が行われることが望ましい。それは、おそらく、我々の想像を超えた多くの興味ある事実や規則を明らかにしてくれるに相違ない。

　最後に、今後の語彙研究にとっても、重要な課題となると考えられる著者の言を以下に引用する。「現実の言語は、空間的な構造を持ちつつ、時間的に変化するようなものである。したがって、言語は、単に時間的なものでもなく、単に空間的なものでもなく、まさに時間・空間的（通時・共時的）なものである。発達心理学のピアジェは、構造を単に静的なものとは考えず、もっと動的（dynamic）なものと考えている。構造主義というよりは『構成主義』というべきものだといわれる。（中略）言語についても同様で、構造を動的なものと考えるべきだと思う。」(27ページ)このことは、語彙体系についても、当然考えられなければならない問題であろう。おそらく、著者には、「生成語彙論」（構成語彙論）とでも呼ぶべきものが、部分的には確立することが可能であるという見通しがあるのであろう。

　以上、本書の内容を紹介し、一二卑見を述べてきた。「語彙論の方法」に関して、深い思索を縦横に展開する14篇の論文が収録された記念すべき本書に対して、わずか20余枚の書評においては、意を尽くさぬ点があまりにも多く、評者の誤解や読みの浅さなどによる過ちも、また多いであろう。著者ならびに本書出版の世話人の方々の寛恕が得られれば幸いである。

　　　　　（昭和63年7月10日発行　三省堂刊　A5判　392ページ　5,800円）

〔補記〕
　書評というものは、それが公表された時点で、一応、その役割を終えるものである、と常々考えてきた筆者は、この拙い書評を拙著の中に収めることに、かなり躊

踏を覚えた。にもかかわらず、結局収めることにしたのは、二つの理由があってのことである。その一つは、書評の中にも記しているように、柴田武先生から今日にいたるまで身に過ぎた御教導を賜り、また先生の巧みな挑発に乗せられながら、生活語彙の研究を細々と進めることができた、という強い感謝の念があるからである。国語学会の編集委員会から、先生の『語彙論の方法』の書評の筆を執るよう依頼があったのは、筆者が病を得て倒れてからあまり時間が経っていないときであった。はたして筆者にその大役がつとまるかどうか、大変不安ではあったが、先生の新しい御著書と何度もコミュニケーションを交わすことによって、以前の気力と知力をもう一度取り戻したいという思いが強く湧き、書評の執筆をお引き受けした。それから一年間というもの、筆者の仕事はすべて先送りして、先生の『語彙論の方法』を最初のページから最後のページまで、メモをとりながら4度にわたって読み返したのである。そのメモをもとに書き上げたのが、この書評である。書き上げたとき、以前とは比較にならないまでも、筆者に気力と知力がもどってきたように実感した。これが二つ目の理由である。このような、筆者にとって、忘れがたい想い出と感謝の念が、この書評にはこめられているのである。それゆえ、あえて拙著に収めることにした次第である。

◇『国語学』第158集に掲載されたもの。

付章　広島県方言の性向語彙資料

は　じ　め　に

　藤原与一が、その著『方言学』(1962、三省堂)の577ページにおいて、性向語彙の研究の重要性を説いて以来、西日本の各地で、鋭意、その調査・研究が進められてきた。早い時期における注目すべき研究成果としては、『広島大学方言研究会会報』の第13号から第16号まで連載された、「各地の性向語彙」がある。これは、今石元久が中心となって、藤原与一の還暦を記念して企画されたものであり、藤原が『方言学』において示した性向語彙の分類体系に即して、新潟県・石川県・福井県・三重県・和歌山県・大阪府・兵庫県・岡山県・広島県・島根県・熊本県の各県の性向語彙を、各地の研究者が分担して、詳しい記述を試みたものである。

　その後、中国地方方言を中心とする、広島大学方言研究会の調査・研究が続けられ、筆者の「中国地方方言の性向語彙研究序説」(広島大学文学部紀要特輯号1、1979)、広島大学方言研究会の『島根県那賀郡金城町今田方言の性向語彙』(同会報第26号、1981)などが発表された。また、筆者は、その著『生活語彙の基礎的研究』(1987、和泉書院)の第二部において、おもに中国地方の各地方言を対象として、性向語彙の体系性と地域性に関して、分析考察を試みた。さらには、広島大学文学部内海文化研究施設による共同学術調査によって、四国地方や近畿地方の性向語彙に関する調査・研究が推進された(筆者と佐藤虎男が中心的役割を果たした)。一方、国立国語研究所の渡辺友左は、性向語彙について、主として、社会言語学的観点から、詳しい分析と考察を行い、『社会構造と言語の関係についての基礎的研究(1)、(2)、(3)』(1970、1973、1979)にまとめて、その成果を公刊し、性向語彙を対象とする社会言語学的研究の重要性を強調している。

性向語彙に関しては、このようにかなり多くの成果が発表されているが、その一方で、未公刊の資料も多く、また、性向語彙のシソーラスについても、充分な検討がなされているとは言えないように思われる。そこで、本論においては、性向語彙のシソーラス（意味に基づく分類体系）を示し、それに基づいて、現在までの調査によって得られている、広島県下の性向語彙を分類整理して示すことにする。性向語彙のシソーラスについては、先の今田方言の記述において試みた分類体系を、その統合的意義特徴によってボトムアップし、さらに立体化したものである。これについては、さらに多くの修正を行う必要があると考えられるので、ぜひ多くの方々の御教示をお願いしたいと思う。広島県下に行われている性向語彙を体系的に分類整理して示すことは、たとえ、資料価値は決して高いとは言えないものであっても、今後、各地で性向語彙を体系的に記述しようとする際にも、また、比較の対象を求める場合にも、役立つものと考えられる。なお、今後、性向語彙に関して対人評価という観点から考察を行おうとする場合、単に、語形態のものだけを対象にして分析を行ったのでは、充分な検討ができないことを注意しておきたい。性向語彙を通して、人々がまわりの人々を社会的規範に照してどのような観点からどのように評価し、認識しているかを明らかにするためには、連語や慣用句、さらには文表現にも注目する必要があるのではないかと考えられるのである。たとえば、先の島根県今田方言について見ると、性向語彙の中に、多くの比喩的な言い方（メタファーが中心）が認められるが、その構造を細かく見てみると、次の三つのパターンに分けられる。

1．単一メタファーによるもの
   イノシシ（向こう見ずな人）・コーモリ（態度の曖昧な人）・コンニャク（態度のはっきりしない人）
2．複合メタファーによるもの（単一メタファーの複合体）
   フグチョーチン（すぐふくれる人）・マタグラゴーヤク（どっちつかずの人）・ダマリウジ（無口な人）
3．状況比喩によるもの（ある特定の状況を背景とするもの）
   イモー　ヒク（芋を引く、芋を引くとき後ずさりすることから、遠慮す

る気弱な人を言う）

　　イヌガ　ヘオ　ヒッテデモ　デテイク（犬が屁をふっても出て行く、物見高い人）

　　ヌリオ　ヌベタヨーナ　コトー　ユー（糊をのばしたようなことを言う、柔らかくうまくものを言う人）

　　コロンダチャー　ウシノクソデモ　ニギッテ　オキル（転んでも牛の糞でも握って起きる、欲張り）

　これらの比喩が、それぞれ、どのようにして成立し、どのような効果が託されているかという問題とは別に、特に、慣用句や文形式の言い方が、なぜ語形態のものに凝縮されていないかを、考えてみる必要があると思われる。このような慣用句や文形式のものもすべて取り上げなければ、対人評価に関する集合意識・間主観的意識の構造、人が人の性向を社会的規範に即してどのように範疇化して認識しているかという問題は、正しく解明することができないように思われる。

　さて、以下に示す広島県方言の性向語彙資料の調査地点と調査者は、次の通りである。また、調査期間は1968年から1984年までの17年間である。

　1．広島県安芸郡江田島町中郷向側方言（清瀬良一、室山敏昭）
　2．広島県佐伯郡大野町下組方言（神鳥武彦、室山敏昭）
　3．広島県佐伯郡佐伯町字玖島方言（室山敏昭）
　4．広島県安芸郡江田島町秋月方言（室山敏昭、桑原久美子）
　5．広島県高田郡高宮町式敷方言（室山敏昭、片岡めぐみ）
　6．広島県山県郡加計町土居方言（室山敏昭）
　7．広島県賀茂郡河内町上河内方言（室山敏昭）
　8．広島県深安郡神辺町道上方言（室山敏昭、西村恵）
　9．広島県比婆郡比和町古頃方言（室山敏昭）
　10．広島県比婆郡東城町川東方言（室山敏昭）
　11．広島県山県郡旧八幡村方言（藤原与一、室山敏昭）
　12．『広島県方言辞典』（村岡浅夫、1981、南海堂）

　以下に示す性向語彙がどの地点で得られたものであるかは、上の地点番号

によって示すことにする。

　なお、各地点で採録し得た文例（意味について説明した説明文とその語を使用した使用文の両者を含む）は、ページ数が大幅に増えることを考慮して、すべて割愛した。また、その後、鳥取県（2地点）、広島県（13地点）、愛媛県（2地点）の各県で行った統一調査によって得られたデータを、この資料に加えることも、今回は見合わせた。ただ、調査地点10の川東方言については、やや詳しいデータを拙著『「ヨコ」社会の構造と意味―方言性向語彙に見る』に、「資料」として収録しているので、参看していただきたい。また、109の意味項目から成る、さらに完成度の高いシソーラスも示しているので、併せ参看していただきたい。

1．性向語彙の分類体系試案（シソーラス）

1　動作・行為の様態に重点を置くもの
　1 a　仕事に対する態度に関するもの
　　A．仕事に対する意欲・能力のある人
　　　（1）働き者
　　　（2）仕事の上手な人・要領のよい人
　　　（3）仕事を丁寧・丹念にする人
　　　（4）丁寧すぎる人
　　　（5）熱中する人
　　　（6）辛抱強い人
　　B．仕事に対する意欲・能力に欠ける人
　　　（7）仕事をしない人
　　　（8）放蕩者
　　　（9）仕事の下手な人
　　　（10）役に立たない人
　　　（11）仕事の遅い人
　　　（12）仕事を雑にする人
　1 b　具体的な動作の様態を踏まえた恒常的な性向を示すもの
　　A．自己完結しているもの

〈きれいずきな人〉
　（13）きれいずきな人
　（14）必要以上にきれいずきな人
〈汚くしている人〉
　（15）片付けの悪い人
　（16）不精者
〈物事に動じにくい人〉
　（17）沈着な人・落ち着いた人
　（18）呑気な人
　（19）豪胆な人・図太い人
　（20）横柄な人・生意気な人
〈物事に動じやすい人〉
　（21）落ち着きのない人・あわてもの
　（22）じっとしていられないであれこれする人
　（23）気分の変わりやすい人
　（24）小心な人・臆病な人
　（25）内弁慶の人
　（26）遠慮深い人
〈乱暴な人〉
　（27）いたずらもの

(28) 腕白小僧・始末に負ない子
  (29) お転婆
  (30) わがままな子
〈軽率な人〉
  (31) 調子のり
  (32) 滑稽な人
〈好奇心の強い人〉
  (33) 物見高い人
  (34) 冒険好きな人
〈感情表出に偏向のある人〉
  (35) 怒りっぽい人
  (36) 涙もろい人・よく泣く人
〈気温に対して偏向のある人〉
  (37) 寒がりな人
〈飲食に偏向のある人〉
  (38) 食欲の異常な人・いじきたない人
  (39) 大酒飲み・酔っぱらい
〈金品に執着する人〉
  (40) 欲の深い人
  (41) けちな人
 B. 対人関係に関するもの
  (42) 世話好きな人
  (43) 出しゃばりな人
  (44) 愛想の良い人
  (45) 無愛想な人
  (46) 外見を飾る人・見栄を張る人
  (47) 自慢をする人
  (48) 異性に対して関心の強い人

2 言語活動の様態に重点を置くもの
 2a 口数に関するもの
  (49) 口数の多い人・よくしゃべる人
  (50) 口の達者な人
  (51) 無口な人

 2b 言語活動の様態に関するもの
〈心にもないことを言う人〉
  (52) 嘘つき
  (53) 口から出任せを言う人
  (54) 誇大家
  (55) お世辞を言う人
  (56) 評判言い
〈性悪なことを言う人〉
  (57) 悪意のあることを言う人
  (58) 口やかましい人・他人のことに口出しする人
  (59) 理屈っぽく言う人
  (60) 不平を言う人

3 精神の在り方に重点を置くもの
 3a 固定的な性向に関するもの
  (61) 堅物
  (62) 強情な人・頑固者
  (63) 厳しい人
 3b 知能・知識の程度に関するもの
〈賢明な人〉
  (64) 賢い人
  (65) ずる賢い人
  (66) 見識の広い人
〈愚かな人〉
  (67) 馬鹿者
  (68) 世間知らず・非常識者
  (69) 人づき合いの悪い人
 3c 人柄の善悪に関するもの
〈人柄の良い人〉
  (70) 人柄の良い人・温厚な人
  (71) あっさりした人
  (72) 誠実な人
  (73) お人好し
〈人柄の悪い人〉
  (74) 不親切な人・ひねくれもの
  (75) 性悪な人・意地の悪い人
  (76) しつこい人

(77) 厚かましい人・図々しい人　　　　(79) 情け知らずな人
(78) 気難しい人

2．広島県方言の性向語彙資料

(1) 動作・行為の様態に重点を置くもの（944語）

1 a　仕事に対する態度に関するもの（262語）

　A．仕事に対する意欲・能力のある人（95語）

　　（1）働き者（31語）

　　　　ガンジョージン 8・9・12、ガンジョーニン 9、ガンジョーモン 9・10、ガンジョーシ 9、ガンジョーナ 8・9・10・12、キバリテ 1・2・3・4、ギバリテ 1・2・3・4、バリガ　アル 1・2、カイショーモン 10、カイショモノ 3・5・6・10・12、カイショーガ　アル 3・5・6・10・12、ハタラキモン 3・4・5・6・9・11、ハタラキテ 3・5・6・8、ハタラキバチ 3・5・6、ヤリテ 3・4・5・8・9・10、テシ 4、シンボーシ 9、ガマンナ　ヒト 4・11、ハツメーナ　ヒト 3、コマメナ　ヒト 1・2・3・4・5・6・10・11、シャンシャントシタ　ヒト 8、コマメナ 1・2・3・4・5・6・10、カイショーナ 10、カイショーナ　ヒト 9・10、ガマンナ 3、ハツメーナ 3、ガンジョースル 10、シンビョーナ 11、ショワーヤク 9・10、キバル 1・2・3・4、ギバル 1・2・3・4

　　（2）仕事の上手な人・要領のよい人（29語）

　　　　キリョージン 12、キョージン 9、ヤリテ 9・10・11、テシャ 4・8・9・12、ショーカラ 9・10、ヨーリョーシ 10、ヨーリョーシー 9・10、ジョーズモン 4、オシャバン 4、キサンジ 9・10、コーシャナ 8・9、キョーナ 3・4・5・6・8・9・10、キヨーナ　ヒト 3・4・5・6・8・9・10、コギョーナ 10、コギョーナ　ヒト 10、トトロク 9・10、ハシカイー 4・7・10・11、コバイガ　ハヤー 4・5、スバナ 11、チョロコイ 4・11、テバヤェー 10、テバ

ヤェー　ヒト9・10、ダンドリガ　エー3・4・5・8、マイガ
　　ハヤイ10、マェーガ　ハヤェー10、コマイガ　ハヤェー9・10、
　　マェーガ　アガル9・10、シオガカラェー10、コデョートル9・10
（3）仕事を丁寧・丹念にする人（15語）
　　　ネンシャ4・5・8・9・10・11・12、ゴンロク12、コクメージ
　　ン12、シゴンボー9、テーネーナ3・4・5・6・7・8・9・
　　10・11、ネンイリナ9・10、ネンイリナ　ヒト9・10、キチョーメ
　　ンナ2・3・4・5・6・10、キチョーメンナヒト2・3・4・
　　5・6・9・10、アダノナー9、コージクナ10、ネツイ10、ネチー
　　9・10、ネチー　ヒト9・10、コマメナ4・10・11
（4）丁寧すぎる人（1語）
　　　コージクナ1・10
（5）熱中する人（14語）
　　　ガリ4・8・9、ガリガリ8・9・10、クソガリ4・8・9、ガ
　　シ3、ガシコ2・3、ガシンタマ8、ガシンタレ8、ノボセ1・
　　2・3・4・5・6・9・10・11、ノボセモノ3・4・5・6・
　　9、ノボセショー10・11、バカキチガイ2、コリショ3・4・
　　9、ノボセル9・10、ノボセル　ヒト9・10
（6）辛抱強い人（5語）
　　　シンボーニン1・3・4・5・6・8・9・10・11、シンボーモ
　　ン3・4・5・6・8・9・10、シンボーガ　エー3・4・5・
　　6・8・9・10、コンキズオイ9、コリャージョーガ　エー9・10
B．仕事に対する意欲・能力に欠ける人（167語）
（7）仕事をしない人（65語）
　　　ナマケモン2・3・4・5・9・10・11、ナマクレモン8・12、
　　オーチャク12、オーチャクモノ7・8・9・10・11、オーチャクモ
　　ン3・7・9・10、アカオーチャクモン2・3・4・12、オーチャ
　　クタレ10・12、オーチャクボー10・12、オーチャクボーズ10、オー
　　チャクビョー10、ノラクラモノ1・4・5・8・12、ノラクラモン

1・4・8・11・12、ノラクラニンゲン9、ドンダレ4・5・11、ノークレ1・3・4・5・6・11、ノークレモン1・3・4・5・11、ノータレ1・4、アカノータレ1・4、ノーツー1・3・4、アカノーツー1、ノーソー1・12、ノーズイ7、ノッポー7、ノートー12、グータラ10、グーダラ9・10、ズーダラ9、ドラッキ9、ズイヌケ11、ズイタレ11、ホートクナイヒト4・5・11、ズボラ3・4・5・8・9・10・12、ズボラコキ9・10・12、ナエットー2・3・12、ナイトー2・3、ナイトーモン2・3、クソナイトー3、ナイトボー12、ナエット2・12、ナエンボー1・2・3、テレ2、オーテレ2、テレサク12、テルサク12、トコバリ12、アブラウリ3・4・5・6・8・9・10、ズル9、ホートクナイ　ヒト1・2・3、ダラズ10・12、ダラズモン10、ダラ9・10、オーダラズ10・12、クソダラズ10・12、ダラヘー10、ダラコキ9・10、ダラズー　オコス9・10、ダンナサン9、ノラ5・6、ヒキタレ10、ヒキタレモン10、ボンクラ4、ヒキタレル9・10、ダル9・10、ホーロホーロスル1・2・3・4、ノークレル1・2・3・4

（8）放蕩者（26語）

ホートーモン3・4・5・6・8・9・10・11、ホートーモノ3・4・5・6・8・9・10、ホートー3・4・5・6・8・9・10、ホートームスコ8・9・10、ゴクドーモン1・2・4・6・8・9・10、ゴクドームスコ1・5・7・8・9・10、ゴクドー1・2・4・6・8・9・10、オーゴクドー10、ゴクツブシ8・10、カネクイムシ6・8・10、ドラ1・10・12、ドラコキ10、ドラッキ1・12、ドラムスコ2・10・12、ドラオナゴ1・12、オナゴドラ9・12、ドーラクモン2・5・8・9・10、アソビニン4・9・10・12、ナグレモン1、エースキ12、カイヌケ12、ボンクラ1・3・4・5・11、アカボンクラ1・4、オードー3、コクレ9・10、コクレル10

（9）仕事の下手な人（8語）

イーソー12、イーソ11、カェーショーナシ6・9・10、ブチョーホーモン9・10、ブチョーホー10、ヨーリョーガ　ワリー3・4・5・6・7・8・9・10・11、ブチョーホーナ9・10、ホートクナイ　ヒト1・2・3・4、テボースケ9・10

(10) 役に立たない人 (17語)

　ボヤスケ2・10、ボケサク2・8・9・10・11、ボンヤリ8、ボンヤリサン8・9、ボンクラ10・12、ヘボクソ4、ブチョーホーモン10、ヤクタタズ2・3・4・5・9・10、ヤクニタタン　ヒト2・3・4・5・9・10、ホートクナイ　オトコ4・12、ホートクナイ　ヒト2・3・4、クサリオナゴ1・10、ニエグソ12、ヤスケニハチスケ12、ノーナシ3・5、ブチョーホーナ9・10、ダチガアカン9・10

(11) 仕事の遅い人 (30語)

　ノロマ1・8・11・12、ノロ1、トロサク2・10、オートロサク2・3、トロスケ12、トロンボー11、トロイ3・4・5、トロェー8・9・10、トロクサー3・4・5・6、トロクセー8・9・10、トロクサェー9・10、テガ　トロェー9、グズ1・2・4・6・8・9・10・11、グズグズ1・2・10、グズタレ10、グズッタレ10、タイマクナ5、ヌルイ1、ヌリー8、ホータラトロヌルイ12、ドンクハゼ12、ヤメシリ2・3・4、マエガ　アガラン9、ラチラノアカン　ヒト4、ダチノアカン　ヒト9・10、ダチクソガ　アカン4・9、マドロコシー4・5・8・9・10、マドロカシーヒト3・4・5・8・10、トトロカン10、トトロカン　ヒト10

(12) 仕事を雑にする人 (21語)

　ザマクモン8・9・10・12、ザマクモノ7・8・9・10、ザマクナ8・9・10、ザマクナヒト8・9・10、ガサ1・12、ガサツモン10、ガサツナ　ヒト3・4・5・8・10、オーザッパ8・10、ザッパー8、アラマシ3・4・5・9・10・11、アラマシヤ4・9・10、アラマシナ　ヒト3・4・5・9・10・11、オーチャクモン

9、ヒキタレ9・10、ビッタレ3、ホートクナー3、アラマシナ4・7・9・10、アラマシナ　モン4・7・9・10、ジダラクナ3・4・5・9・10、ヒキタレナ9・10、アラマシー9・10

1 b　具体的な動作の様態を踏まえた恒常的な性向を示すもの（682語）

　A　自己完結しているもの（562語）

〈きれいずきな人〉

（13）きれいずきな人（9語）

キレーズキ1・2・3・4・5・6・8・9・10・11、キレーズキシャ5・6・7・8・9・10、キレーゴノミ1、キチョーメンシャ3・5、ケガレ9、ケッペキショー3・4・5・9、キレーズク9、キレーズクシャ9、コマメナヒト10

（14）必要以上にきれいずきな人（8語）

ケガレ3・4・5・6・7・8・9・10・11、ケットーサク12、エンケンボー12、キレーズクシャ9、ネンシャ9・10、ケッペキ10、ケッペキショー9・10、ケガレビッタレ4・5・6・7・8・9

〈汚くしている人〉

（15）片付けの悪い人（3語）

ザマクナ　ヒト6・7・9・10・11・12、ラッシガ　ナー3・4・5・11、ザッシガナー8

（16）不精者（27語）

ブショー8・9・10・12、ブショーモン8・9・10、ブショータレ8・9・10・12、ショータレ12、ジダラク3・4・5・6・9・10・11・12、ジダラクモン3・4・5・7・10・12、ズイタレ5・11、ジータレ9・10、ヒキタレ9・10・12、ヒキタレモン9・10、ズボラ3・4・5・8・10、ケガレ5・11、ヨゴレ3・4・5・9、ダラズ5・10・11、シビッタレ2・10、ビッタレ2・3・4・5・7・11、キタナー3・4・5、キタムシャー12、ダラシガナー2・3・4・5・6、ヌギサゲ12、ザマクナ9・10、ザマクナ

ヒト10、ジジー10、ヤゲローシー10、ホートクナイ　ヒト4、オードーナ　ヒト4、ヤゲロシー10

〈物事に動じにくい人〉

(17) 沈着な人・落ち着いた人（19語）

　　　オットリガタ9、オチツイトル2・3・4・5・6・8・9・10・11、ドッシリシトル2・3・4・5・6・8・9、ドッシリシタ2・3・4・5・10、ドッシリシタヒト2・3・4・5・7・9・10、オットリシタ3・4・5・6・8・9、オットリヒタ8・9・12、オッチラヒタ10・12、オッチラシタ　ヒト10、オッチラ8・9・10・12、オッチリヒタ12、オンモリヒタ12、ユーナ9、オチツキガタ9、トトロカン　ヒト9、トトロカン　モン9、ユッタリシタヒト3・5・7・10・11、オシノットル9・10、オシノットル　ヒト9・10

(18) 呑気な人（18語）

　　　ノンキモン1・2・3・4・5・6・8・9・10・11、ノンキボー2・9、ノンビリヤ4・8・9・10・11、ノンキサク2、ノンキナ　ヒト2・3・4・5・6・7・8・9・10、アンキナ　ヒト4・5・8・9、アンキボー12、アンツク6・12、アンツクツー6・12、ノンビリガタ9、ノンビリシタ　ヒト4・7・8・9・10、ノロイ　ヒト9、ワートヌルイ　ヤツ9、ユーナ　ヒト9、キガ　ナガェー10、オリオーチョル4、オリアイイッパイ4、ノンビリシトル4・7・8・9・10

(19) 豪胆な人・図太い人（30語）

　　　キモガ　フトイ1・3・4・6・10・11、キモガ　フテー8・9・10、キモッタマガ　エー2・3・5・8・10、キモダマガ　エー9・10、キモッタマガ　スワットル2・5・6・8・10、キモガ　スワットル2・8・10、キモッタマガ　オーキ8・9、キモガ　オーキ8・9・10、キモダマガ　エー10、キモダマガ　スワットル3・4・5・6・7・8・9・10、ドーギモガ　エー9、

オーギモナ 9・10、オーギモナ　ヒト 10、ドームネガ　エー 9、ドージガ　エー 1・4・11、ドージガ　スワッチョル 1、ドーシツカワガ　エー 1、ハラガ　スワットル 8・9・10、フトッパラ 2・4・5・7・8・9・11、クソバラ 12、ハラガ　フトイ 9、ハラガ　フテー 9、ドーバラガ　エー 9、オーギモナ 1・5・10、オーバラナ 9、ダェータンナ 9・10、ズブトイ 1・2・3・4・5・6・11、ズブテー 8・9・10、オードーナ 1・2・3、ズーズーシー　ヒト 4・5・8・9

(20) 横柄な人・生意気な人（23語）

　　オーヘーナ 1・3・4・5・8・9・10・11、オーヘーナ　ヒト 1・3・4・5・7・8・9・10、オーヘーゲナ 1、コーヘーナ 9・10・12、コーヘーナ　ヒト 9・10、ズイナ 12、ノフーゾー 6・7・8・9・11、ノフーゾーモン 8・9・10・12、ノフードーモン 8・9・12、ノフードーナ 8・9・12、オードーモン 10・12、オードーナ 10・12、オードーナ　ヒト 9・10、オードクシャー 12、オーリョーケンタイ 6・12、セバリ 12、ノサナ 11、ノフーゾーナ 4・5・6・7・8・9・11、タンカ 9、オーズラシー 9・12、オーケナカワ 12、エラソーゲナ　ヒト 4・11、ノサバル 4

〈物事に動じやすい人〉

(21) 落ち着きのない人・あわてもの（23語）

　　アワテモノ 3・4・5・6・8・10・11、アワテモン 2・8・9・10・11、アワテンボー 2・5・7・8・9・10、オッチョコチョイ 8・10、オッチョコチェー 9、オッツカン　モン 9、ワガサ 10、ワガサモノ 9・10、ワガサモン 10・12、ソッキョー 6・12、ソソッカシー 2・5・9・11、イライラ 9、キオイ　モノ 12、ソソクロー 10、ソソクローモン 9・10、ソソクロシー 10、ソソクロシー　ヒト 10、チョチョクロシー　ヒト 9、チョチョクソナ　ヤツ 9、ヤツキゴ 10、ソソクローナ 10、チョコチョコ 5・7・8・9・10、ケソケソスル　ヒト 11

付章　広島県方言の性向語彙資料　555

(22) じっとしていられないであれこれする人 (28語)

　　　イラ3・4・5・6・7・9・10・11・12、イラサク11・12、イライラ7・9・10、イライラガタ9、イラッポー1・2、イラチ6、ガサ4・12、ガサガサ1、ガス12、ガタ9、ゴソ2、チョロ2・5・10、チョロマツ10、イジモジ2、イジリモジリ12、イゴイゴ3・4・5・6・7・8・9、チェカチェカ9、コシノスワランヒト3・9、ソソクロシー　ヒト9、チョチョクソナ9、ソワソワ3・4・5・6・7・9・10・11、ガタガタ9、コセコセ10、コソコソ10、コソコソスル　ヒト9・10、ガサツナ3、コセズク10、キロキロスル11

(23) 気分の変わりやすい人 (14語)

　　　ムラキ2・10、オテンキヤ1・3・4・5・6・8・9・10・11、オテンキモノ1・4・8・9・10、オテンキヤ9・10・11、テンキヤ9、テンキモノ9、テンキモン9、クリテンキ4、ムラキナヒト10、キムラ9・10、キムラナ　ヒト9・10、テノヒラー　カヤス9、ネコノメ7・8・9・10・11、ウツリギ4・5・7・9・10・11

(24) 小心な人・臆病な人 (30語)

　　　ショーシンモン2・3・4・5・7・9・10・11、ショートギモ1・4・7・9・10、ショートーギモ10、ショートギモン4、オソレギモ7・12、カイショナシ12、ヘソヌケ10・12、オソレ3・4・7・9・10・11・12、オソレンボー10・12、イビセガリ4・5・7・12、ヒョーザイ12、ヨリクソ6・12、ヨロクソ12、ヨロクソモン12、ヒョロ9・10、ヒョロクソ9・10、ヒヨヒヨ12、ヘボタレ3・4・11、イモ9、イモヒキ9、ウチクスベ9・10、ノミノキモ10、キガ　コマェー10、キガ　ヨワー2・3・4・5・10、キガヨヤー8・9、キモッタマガ　コマイ9、ショータンナ　ヒト3・4・5・9、キモガ　コマー4、ズンネー9、ヨロクソナ9

(25) 内弁慶の人 (29語)

ウチベンケー3・4・5・6・7・8・9・10・11・12、カゲベンケー3・4・8・9・10・11・12、ウチベンケーノ　ソトスバリ3・4・10・11・12、ウチベンケーノ　ソトスボリ8・9・12、ヨコザベンケー3・5・11、ソトスボリ9・12、イエベンケー3・4・11、イエスボリ9・12、ウチスボリ9・12、ウチスバリ9・12、ヤドスバリ12、ウチクスベ4・10・12、ウチクスネ9・12、ウチクスベノ　ソトエベス10・12、ウチクスベノ　ソトヨシ4・12、ウチツラワル4・5・12、イエズラワル9・12、ソトヨシノ　ウチワル12、ウチニガ12、ウチニガラカシ12、ソトヨシノ　ウチニガラカシ12、ウチウド9・12、ウチュード12、クドフンバリ4・12、ダヤワル4・12、キガネシ10、クスボル10、スボル9・10

(26) 遠慮深い人（4語）

キガネシ3・4・5・6・7・8・9・10・12、ヨーシャシ12、ジギュースル11、カギナ11

〈乱暴な人〉

(27) いたずらもの（21語）

ワルットー4・11・12、ワルッター9・12、ヤンチャ3・4・5・6・8・9・10・11・12、ヤンチャモン4、ヤンチャゴ9・12、ヤンチャボー9・10・12、テンゴー8・9・12、ニンゲ9・10、ニンギョ4・12、ニンギョー12、ニンギョー　オコス10、ヨーマー9・10・12、ヨーマツ10、ガリッポー9・12、ムチャシ9・10、ゴンゾー9、ワルサズキ5・6・7・8・9・10、ワルサツキ10、ワルサシ9・10、イタズラモノ3・4・5・6・7・9・10、ゴネル9・10

(28) 腕白小僧・始末に負えない子（37語）

ガキ3・4・5・6・7・8・9・10・11、ガキッタレ3・4・5・7・9・10、ガキットー9・12、クソガキ10、イケズ4・8・9・11・12、ジンバリ12、ドツワル12、ガンボー4・5・7・8・9・10・11・12、ガンボータレ4・8・9・10・11・12、ガンドー

付章　広島県方言の性向語彙資料　557

12、ガンドーデッチ12、ゴンボー9・12、ゴッポコキ6・12、ゴッポータレ6・12、コシット10・12、コシットー10・12、サクレ7・12、サクレモン7・12、シオカラ3・4・5・7・8・9・10・11・12、ショーカラ10、ショーカラゴ6・9・10・12、シオカラゴンボー10・12、シオー　カラス10、シオカラトンボ8・9、シゴンボー9・10・12、ジュンナラン9・10、ジュンナランボー10・12、シゴーナラン　モン3・4・5・6・8・9・12、ユーコトキカズ4、シゴンナラン3・4・5・8・9、テニ　アワン9、テニャワン9・12、テシゴニ　アワン4、ヤンチャ3・4・5・6・7・8・9・10、ヤンチャボー9・10、ヤンチャコキ3・4・5・6・7、クソガキ1・3・7・9・10

(29) お転婆 (19語)

オテンバ4・6・10・11、テンバ3・4・5・6・8・9・10・11・12、テンバクレ4・12、テンバヤキ9・12、テンバクロー10・12、コーバ12、コーバレサク12、コーバリ12、バッスイ6・12、バッスコダー12、ハマチン4・6・8・9・10・11・12、オハチ4・6・9・11・12、ハチマンサン9・12、ハチマンツー12、ハチマンタロー10、マンカー9・10・12、マンカチ12、コージンサン10・12、チョーシー7

(30) わがままな子 (15語)

イード12、ジレモノ4・6・10・12、ジラマイ12、シワー　コ3・4・5・7・9・11・12、シワェーコ9・10、スネクイコ12、ヤカラ12、ヤゲ12、ボッコー2、ボッコー　オコス2、モガリ12、アマンジャク3・4・5・6・7・9・11・12、ワガンマ9、ワガンマナ9、ジレル10

〈軽率な人〉

(31) 調子のり (15語)

チョーシー4・5・7・8・9・10・11・12、オチョーシー3・4・5・6・8・9・10・11・12、チョーシモン3・4・5・8・

558　Ⅳ．文化言語学の周辺

　　　9・10・12、オチョーシモン1・2・3・4・5・6・7・8・9、チョーハー10・12、ノリ12、ノリサク4・11・12、ノリシ12、ノリスケ5・12、ノリマツ9・10・12、チョーシノリ9・10、トッパー4・7・9・10、トッパーモン9・10、チャリ9、ノリマツーダス9

　(32) 滑稽な人（25語）

　　　オドケモン1・2・3・4・5・6・10・11、ウカレ4・11・12、ヒョーケー10、ヒョーケモン8・9・10・12、ヒョーケンジン9・10、ヒョーケンザー10、ヒョーケタ　ヒト10、ヒョーゲモン1・2・3・4・5・6・11、ヒョーゲタレ1・2・4・5、ヒョーゲダイ12、ヒョータクレ12、ヒョーゲンジー12、ヒョーロクダマ5・6・12、ホーケタヒト4・6・9・10・11、サクレ1、チャリ9・10・12、マネシ1・2・5・9、ヒョーキン4、ヒョーキンモノ9、ヒョーキンモン4・5・9、トンチ9、ヤクシャ9、ヒョーケル4・6・9・10、トンチガ　エー9、ヒョーケタ10

〈好奇心の強い人〉

　(33) 物見高い人（8語）

　　　モノミダケー1・6・10、モノミダキャー9・10、トビサク4、デタガリ3・4・5・6・11、デベソ4・9・10、ヘキ9、デシャバリ9・10、ヤジウマ10

　(34) 冒険好きな人（11語）

　　　トッパーモン9、トッパナシ9・10、イッパツヤ9、ヤマシ4・6・9・10・11、バクチウチ9、オーデッポー4、ムサンコー10、イノシシ11、トンプ2、トンプナ　コトー　スル2、ムサンコーナ10

〈感情表出に偏向のある人〉

　(35) 怒りっぽい人（38語）

　　　タンキモン3・4・5・6・7・8・9・10・11、キミジカ1・2・4・10・11、キミジカモン4、タンキボー1・2、タンキ9、

カンシャク 8・9、カンシャクモチ 7・8・9・10、ドガンシャク 10、カンシャクダマ 9・10・12、カンシャクドーオイ 4、ハラタテ 1・4、ハラタテブク 3・4、ハラタチブク 3・4、オーズラコキ 1、オーズラシ 4、ゴツコキ 12、ガリ 4、ドツ 12、ドツオタツ 12、コクレモノ 9、コクレル 9、ハブ 4・12、ハブテ 1・2・3・4・5・6・7・10・11、ハブテヤ 4、フクレ 9・12、フクレル 9、プリツリ 1・4、ブリオツル 1・4、ドージレモン 1・4、ドークレモン 1・4・7・9・10・11、ドークレ 1・4・9、ドークレル 9、シネハリ 10、ケンドイ 2、スドイ 2、ハブテル 3・4・5・6・9、フテル 9・10、シネオハル 10

(36) 涙もろい人・よく泣く人 (11語)

　　　ナキジョーゴ 3・4・5・6・7・10・11・12、ナキミソ 2・4・6・8・9・10・11、ナキメソ 9・12、ナキンボー 9・12、ナキビンター 12、ナキビリ 12、ナキビンツー 12、ナキムシ 5・6・7・9、ビータレ 2・10、ビーツク 8・9、ベソカキ 9

〈気温に対して偏向のある人〉

(37) 寒がりな人 (5語)

　　　カジケ 12、ホダレ 6・12、イヤタレボー 12、サムガリ 3・4・5・6・7・8・9・10・11、サブガル 11

〈飲食に偏向のある人〉

(38) 食欲の異常な人・いじきたない人 (24語)

　　　オーガチ 9・10、オーガチトリ 9・10、ズイタレ 9・12、ズイトー 12、ズイボー 12、ジータレ 10、ジーボー 10、ジーショー 10、オーメシクイ 3・4・5・6・7・8・9・10・11、オーメシグイ 10、バカノ　オーメシグイ 10、オーメシクライ 9、オーメシグライ 9、オーモノグライ 9、オーグライ 9・10、イヤシ 4・5・6・11、イヤシンボー 4、ヒロヒロスル 6、クイヨクナ 9、クイギタナイ 9、クイイヤシー 9、クイイジ 4・5・6・7・8・9・10、イジマシー　ヒト 4、イヤシー 4・5・6・7・9・10・11

(39) 大酒飲み・酔っぱらい（16語）

　　　ヨイタンボ9・10・12、ヨータンボ9・10、エータンボー7・9・10、エータンボ9・10・12、ヨイタクレ12、ノンダクレ3・4・5・6・7・8・9・10・11、ノータクレ7、スイジン12、スイキョシ12、ノミスケ9・10、フカノミ9、フカ9、スッテンドージ9、ザル5・6・7・9・11、オロチ10、オロチニ　ナル9・10

〈金品に執着する人〉

(40) 欲の深い人（19語）

　　　ヨクバリ3・4・5・6・7・8・9・10・11、ヨクボリ3・4・11・12、ヨクンボー4・6・9・12、ヨクンドー3・12、ヨクドハゲ3・4・5、ヨクンドーハゲ1・2・3・4、ヨクットー9・12、ヨクシットー9・12、ヨクシットーナ9・12、ドーヨクシットー9、ドーヨクシットーナ9、ヨクブカモン4・5・7・9・10、ヨクドー2・4・5・7・9・10、ヨクドーモン2・4・5、イヤシ2、ヨクナ3・4・5・6・8・9・11、ゴーヨクナ3・5、ゴーックバリ3、ヨクドーナ2・4・5・7・9・10

(41) けちな人（33語）

　　　ケチ1・2・3・4・5・6・7・8・9・10・11、ケチンボー1・2・3・4・5・6・7・8・9・10、ガヨクモノ12、ガシンタマ12、ガシンダマ12、ガシンタレ10、ガリッポー9・10、ギス12、ギスイヒト10、ニギリ1・3・4・7・9・10・11、ニギリコブシ1・3・4・7・9・10、ヨクシットー9、シビッタレ12、シブッタレ12、シブチン10・12、シミッタレ1・2・3・4・5・6・8・9・10・11、ベツナベ2・4・5・7・9・10、マナベタキ1、コス4・9、シマリヤ3・4・5・7・9・11、ガッシン9・10、シワイ1・2・10、シワー1・2、シウェー8・9・10、コマイ3・4・5・8・9・10、コマー3・4・5・6、コミー8・9、コミャー9・10、コマコイ　ヒト12、コマメ9、コマメナ9・10、オーゲナ8、ギシー10

B 対人関係に関するもの（120語）

(42) 世話好きな人（44語）

　　セワヤキ2・5・6・8・11、シェワヤキ9・10、シェワーヤクヒト10、セワジョー12、オセッカイヤキ2・3・4・5・6・8・9・10、オセッカイモン3・4・5・6・7・8・9・10・11・12、デシャバリ1・2・3・4・5・7・8・9・10、デシャバリヤ1・2・3・4・5・6・8、トワズヤ12、デボーサゲ11、デキマツ4・5・11、サイタラ9・10・12、サェータラ9・10、サイタラマツ9・10・12、サイタラボー9・10、サェータラヤキ9、サェータラシー9、サイタラー　スル9・10、サイトーヤキ10、サイトー　ヤク10、ヘンチブンブン9、デベソ9・10、サイコー2・12、サイバヤキ12、サイバ9、サイマ1・12、サイマヤキ1・12、サイマークリ1、トワズガタリ10、キモイリ10、センシュー12、センシューヤキ12、センショー8・12、センショーヤキ8、チョーシボー3・4、ヤッチモナェー　コトー　スル9、シャショーバル12、シャチコバル12、シャンシャンシトル2、シェワズエー10、シェワーヤク9・10、サイタラー　ヤク9・10、ソベオ　ヤク7・10、サキザラー　ヤク11

(43) 愛想の良い人（8語）

　　ヒトツナイ11、ナルナ　ヒト12、エガオヨシ4・5・6・8・9・11、アイソヨシ4・6・8・9、アイソガ　エー3・4・6・7・8・9・10・11、エベッサン10、アイキョーモン4、ジゾーサン4・5・8・9

(44) 無愛想な人（16語）

　　モゲ1・4・5、モゲサク1・4、モゲナイ1・3・5・7・10、モゲナイ　ヒト10、アイソノニャー　ヒト8・9・10、アイソノナー　ヒト3・4・5・6・11、アイソーガ　ナイ9、アイソナシ4・6・8、オーズラコキ4、オーガオ4、ジョーズノナイ　ヒト3・4・5・7・9・11、ウケマエノワリー　モン9、ズンネリ

9、ブアェーソーナ ヒト10、ヨーシャナ ヒト3、ヨーシャナ3
(45) 見栄を張る人・外見を取り繕う人（30語）

　　ミエッパリ1・2・3・4・5・6・7・8・9・10・11、ミエボー1・2・4・6・7・9、ミエーハル ヒト1・2・3・4・5・6・7・8・9・10、オシャレ2・3・4・5・6、シャレ2・3・4・5、ダテコキ1・2・4・6・7・9・10・11、ミエンボー9、ダテシャ4・12、オツーコキ1、オツコキ1・4、オツヤリ1、ハイカラ2・3・4・5・6・9・11、ハデシャ1・4・8・10、ハデシャー8・10、ハデッパチ1、オハデ4、ショシャツクリ10、ショシャーツクリ1・4・10・11、ショシャガ エー4、ヤクシャガ エー4・9、ヨースゲナ1、ガワハリ9・12、ガワーハル9、ジマンシ9、チョーチンヤ9、ヤツシ4、ハデナ3・4・5・6・8・9、シャチホコバル8、ショシャ ツクル9・10、ミエー ハル1・2・3・4・5・6・7・8・9・10

(46) 自慢をする人（12語）

　　ギロシ1、オーギロシ1、ジロシ12、ジマンシ4・11、タコノクソ9、ジマンスルヒト3・4・5・7・9・10・11、オタイコ10、オタェーコ9・10、キツー スル12、ノフーゾーナ7、タコノクソガ アタマェー アガットル9、オタェーコオ タタク9・10

(47) 異性に対して関心の強い人（10語）

　　クソスケ12、ズイキー12、ズイタレ12、ズイトー4・5・12、タインシャ12、ゲサクモン8・9・10・11・12、ドーラクモン3・4・5・6・7・9・10・11・12、クリスケ7、ミチバタノションベンツボ2、ゲレツナ ヒト7

(2) **言語活動の様態に重点を置くもの**（231語）

2 a 　口数に関するもの（38語）

　　(48) 口数の多い人・口の達者な人（24語）

　　　　オシャベリ3・4・5・6・7・8・9・10・11、シャベリ4・

7・9・11、シャベリー4、オシャベリモン7、シャベクリ11・12、チョボクリ10・12、タベンカ9、カバチタレ7、ビチャビチャイー9、チャビチャビイー9、チャーチャーイー11、オーモノタレ4、ツツヌケ9、ノーベンカ3・4・5・6・8・9・10・11、クチダッシャ9・10、クチジョーズ9、ハチマンタレ1・2・3、アブラナメタヨーナ　モン9、クチガ　カリー8・9、スバロシーヒト10、チョボクル10、ベンガ　タツ3・4・5・6・7・9・10・11、チャーチャー　ユー9・10・11、サキザラー　ヒク11

(49) 無口な人（14語）

　　ダマリ1・2・3・4・5・7・8・9・10・11、ダンマリ3・4・5・6・8・9、ダマリヤ1・2・4・11、ダマリジネ10、ムッツリ10・12、ムッツリヤ4・9・10・11、ウシ11、ダマリウジ11、ズイナー12、ズイネー12、ズンネリ9、ズンネリガタ9、ズンネー9、モノカズー　ユワン　ヒト10

2 b　言語活動の様態に関するもの（193語）

〈心にもないことを言う人〉

(50) 嘘つき（51語）

　　ウソツキ1・2・3・4・5・6・7・8・9・10・11、オーウソツキ1・2・3・4・6・7・8・9・10・11、ウソイー1・2・3・4・7・8・9・10・11、ウソイ2・3、オーウソイー1・2・3・4・5・8・9・10、ウソタレ1・3・4・5・11、ウソコキ1・7・10、オーウソコキ1・3・5・7・9・10、オソツキ1・12、オソイー1、ドーウソ12、ウソマン9、ウソイーノ　オンボー1・4・11、ウソイーノ　タイショー1、スッパク10、スッパクサー12、スッパクモン10・12、スッパクレ12、ヘッパク12、ウソヘッパク12、オソヘッパク12、トッパチ12、トッパー9・10・12、オートッパー10、オートッパーモン9、テッパー12、オーデッパー12、ヨーマーイー10、ヨーマーオ　ユー8・10・12、ドージナクソモン9、サンビャクダイゲン1・2・3、カワウソ9、シ

ネクソイー9・10、ジナクソー　ユー9、オージナクソー　ユー9、ドージナクソー　ユー9、シネクソ10、テンプラ4、センミツ4・9・10、センミッツ1・4・7・10、センミー1、センスラリ12、センツラリ1・2・3、マンミツ1、マンミッツ1・2・3、マンミー1、マンイチ12、ウソー　コク7・9・10、ウソー　ツク1・2・3・4・5・6・7、ウソー　ユー1・2・3・4・5、ドヒョーシナ9・10

(51) 口から出任せを言う人（7語）
　　テレサク4・5・12、テレスケ4・6・11・12、テレコク1・6・12、デボーラクイー12、デボーダイコキ1・4・6・8・9・10・11、ヒンジョー12、ヒンジョーイー12

(52) 誇大家（22語）
　　ホラフキ1・3・4・5・6・7・8・9・10・11、オーホラフキ1・3・4・5・6・7・8・9・10、オーボラフキ7・9・10、オーデッポー1・2・3・4、オーデッポーイー1・4、オーモノイー1・3・4・7・9・10・11、オーモノタレ1・9・10、オーモノタレー9、オーベンケー12、オーブロシキ2・4・5・7・8・9・10・11、トッパーモン9・10、トッパー8・10、オートッパー8・9・10、ドヒョーシモン10、オーゲナ　ヒト4、ドヒョーシナ10、ドヒョーシナー9・10、オージナクソー　ユー9、ドヒョーシモナェーコトー　ユー9・10、ネンゴーナ　コトー　ユー8、ギョーサンナ8・9・10、オーブロシキ　アケル11

(53) お世辞を言う人（30語）
　　オセジヤ1・4、オセジイー1・3・4・5・7・10・11、オセジ1・3・4・5・6・7・8・9・10、オツイコー7・12、オッツイコー7・12、ジョーズモン1・3・4・5・6・7・9・11、ジョーズイー1・4、ツイショイー1・6・9・10・11、オツイショー1・3・6・7・8・9・10、オツイショーイー9、オチーショーイー8・10、オヘツ7・9・10・12、オヘツイー9・10、オ

ツイショーモン9、オベンチャラコキ1・2・4・7・8・9・11、オベンチャラクリ1、ベンチャラ1・2・3・5・7・9・10、ベンチャライー8・9・10・12、オベンチャライー10、オベン6・12、オベンコキ6・12、オベンツー12、ホメガタ9、ネコナデ9、コシギンチャク8・9、フタマタゴーヤク10、オキンタマトリ7・11、アカヨーマー4、ジョーズー　ユー1・3・4・5・6・7・9・11、オベンオ　ユー4・5・11

(54) 評判言い（9語）

アトミズ9・10、マタグラゴーヤク10、ツゲンボー4、ヨーマクリ4、アカヨーマータレ4、センデンカー2・4・5・9・11、ホーソーキョク2・3・4・5・6・8・9・11、スピーカー9、エヌエッチケー9

〈性悪なことを言う人〉

(55) 悪意のあることを言う人（15語）

ツゲンボー4・11、ネオクレ1、ネセクリ1・12、ネセクリヤ1・12、ワイク9・12、ヨーマー3・4・11、ヨーマツ4、ヨーマクリ1、アカヨーマータレ1、ヒチトリ9、シネクソ10、ニクマレグチ3・4・5・6・7・8・9・10、クチュー　コヤス10、イヤミュー　ユー4・8・9・10、コズラガ　ニキー10

(56) 口やかましい人・他人のことに口出しする人（14語）

ヤカマシヤ2・4・5・7・10・11、クチヤカマシヤ7・9、ツベクソ12、サイトノ　デコ9・12、サイタラ10、サイタラグチ10、サイタラマツ10、ネンダー4・10・11、ネンダーコキ10、ネンダークリ1・4・12、ネンダクリ1・4、ネンダホリ1・11、ネンダーホル11、ネンダー　ホル　ヒト10・11

(57) 理屈っぽく言う人（19語）

リクツコキ7・10、リクツイー5・7・9・10・11、ジクツイー3・12、シャクタレ12、コージク8・9、コージクイー9・12、カバチタレ1・3・4・5・6・8・9・10・11・12、ジブグリ12、

モガリ1、ジナクソ10、ジナクソイー8・9・10・12、コーシャク　オ　ユー9、カバチュー　タレル6・8・9・10、コーシャク9・11、コーシャクイー9・10、コーシャク　タレル9・10、ネソー　タレル9・10、コーシャクナ11、イズゲナ11

(58) 不平を言う人（26語）

コゴトイー4・5・11、コゴトタレ4、グズリ12、ナキゴトイー1・2・3・4・5・6・7・8・9・10・11、コーシャクタレ4、モンクタレ4、ゴドゴドイー1、クジクリ1・2・4・5・11、ムチャイー4・5・10、ボッコー2・10、ボッコー　オコス2・10、サカクジクリ1、サカネジクリ10・12、コージクイー9・10、ブックサイー9、ジナクソ10、ジナクソイー9・10、コゴトー　タレル10、クジュー　クル4・6・8、ワヤクー　ユー9、グチュー　ユー9・10、カバチタレ4・11、クドイ2、クデー10、ヒチクドイ2・10、モガル9・10

(3) 精神の在り方に重点を置くもの（338語）

3 a　固定的な性向に関するもの（42語）

(59) 堅物（9語）

カチカチ3・4・9・10・12、カタブツ3・4・5・6・7・8・9・10、カタイキ9・12、カタイキモン12、カタギリモン12、カタガル12、イシベノキンキチ10、ユーズーノ　キカン　ヒト10、ユーズーガ　キカン4・5・6・7・8・9・10・11

(60) 強情な人・頑固物（33語）

イシアタマ3・4・5・6・9、イジッパリ2・3・4・5・6・7・8・9・10・11、イッテツモン1、イッコクモン1・9・10、イチガイモン1・2・4・5・6・8・9・10、イチガイヒキ12、イッコンリュー12、イッポーリュー9、コリカタマリ1、コクレ9・10、コクレモン10、コクレモノ9・10、ガンコ3・4・5・6・8・9、ガンコモン3・4・5・6・8・9、カタクワモン

11、ワカラズヤ3・4・5・9・10、ヤリテ4、イッコクナ　ヤツ9・10、イッコクナ　ヒト9、コージクナ　ヒト10、イチガイナ　ヒト4・6・8・9、ホガナ11、ドージワイ4・6・9、アトモドリガ　ナー　ヒト4、アマナモンジャー　ナー1、イチガイナ1・2・3・4・5・6・7・8・9・10、イコジナ1・2・3・4・5・6・7・8・9・10・11、エコジナ9・10、イッコクナ9・10、コージクナ10、カタギニ　ナル3、シブテー10、コフーナ9・10

3 b　知能・知識の程度に関するもの（131語）

〈賢明な人〉

(61) 賢い人（18語）

エラー　ヒト3・4・5・6・7、エレー　ヒト8・9・10、カシケー　ヒト8・9・10、エズイ4・6・9、イズイ11、イズイ　ヒト11、ハツメーナ5・6・11、ハツメーナ　ヒト4・5・6・11、サテー8・10、サテー　ヒト10、エラー3・4・5・6、エリャー8・9、エレー10、カシケー7・8・10、エラゲナ2、オドイ9、カンドリガ　エー9・10、イズーナル11

(62) ずる賢い人（24語）

キケモノ7、キケモン7、コス4・5・8・9、コスッタレ4・8・9・12、テーナシ12、スデー　モン9、コシー　ヒト8・10、ズリー　ヤツ9・10、サルガシコイ　ヤツ9、スッチョーナ　ヒト10、スッチョータレ9・10、ドスッチョータレ10、ハシカイー4・5・8・10、ハシコイ4、コスイ3・4・5、コシー8・9・10、ギブイ12、コブイ12、ワルガシコイ9、コザカシー8、ズリー10、スッチョーナ10、ドスッチョーナ10、ドスッチョーナ　ヒト10

(63) 見識の広い人（6語）

ショケンシ4・7・8・10・12、モノシリ3・4・5・6・8・9・10、チエシャ9、イキジビキ3・4・5・6・9、シェケンガ　ヒレー　ヒト9・10、ショケンガ　ヒレー　ヒト10

IV. 文化言語学の周辺

〈愚かな人〉

(64) 馬鹿者 (59語)

　　　バカタレ2・5・7・10、クソバカ2・4・6・8・9、アンゴー4・10、アンゴータレ4・10、アンヤン9・10、ネーヤン9・10、オジヤン9、オッツァン9・10、ドボー12、トボーサク3・5、フヌケ9・12、ホヌケ9、ズイヌケ11、ドンタク12、ウンテレガン12、モトーラズヤ9・10・12、モトーラン　ヒト10、ナッサー12、ナッサーモン12、ドンツー12、ドンツク12、ボンヤリサン4・5・7・8・9・12、ポンスー9・10・12、ポンスケ4、ブチョーモノ12、ボケナス3・4・5・6・7・8、ヌケ3、ヌケサク3・4・7・9・10・11・12、シャクタラズ9、トンマ4・6・9、ホーケモン9・10、ホーケマツ9・10、アホー1・2・3・4・5・6・7・8・9・10・11、アホータラ8、アホタラ8、アホタレ3・4・5・6・8・10、アホータレ10、ウスノロ8、ソマツナヤツ8、ゲドー2、ボンクラ5・6・8・9・10、ボヤスケ4・10、ボケナス8・10、バカ1・2・3・4・5・6・7・8・9・10・11、バカタレ3・4・5・7・9・10・11、タランヒト4・7・10、スドナシ9・10、オーボケ4、ヒョーロクダマ7・8・9・10、トージン4、テンポーセン4・6・12、ハチモン9、ハチモンセン9、ハチブ9、ブイナ11、ニブイ3、カンドリガ　ワリー9・10、ニブイ　ヒト3・4・5、ブイナ　ヒト11

(65) 世間知らず・非常識者 (14語)

　　　カマワズヤ4・6・7・9・12、ゲーナシ12、モサ9・12、ドヒョーシモン5・6・9・12、ブチョーホーモン5・6・9・10、ドヒョーシナ8・9・12、ドヒョーシュー　スル8、モノシラズ9・10、モノー　シラン　ヒト6・7・10、カワズ9、ブイナ　ヒト9、セケンガ　セマェー9・10、セケンガ　セバェー9・10、ネンネー4

(66) 人付き合いの悪い人 (10語)

デブショー 4・6・9・10・11、デブショーモン 7・9・10、セケンシラズ 3・4・5・7・9、セケンガ セマー 3・4・5・6、セケンガ セミャー 6・9・10、セケンガ セベェー ヒト 10、セジョーガ セマイ 5・6・8・9・10・12、デブショーナ 3・4・5・6・7・8・9・10・11、シミッタレ 3、イシガキボタル 3・4

3c 人柄の善悪に関するもの（165語）
〈人柄の良い人〉
（67）人柄の良い人・温厚な人（28語）

ジョーニン 7・8・9・10・11・12、エー ヒト 3・4・5・6・8・9・10・11、エー シト 3・6・10、オーエーシ 2・12、エーシ 3・4、キノ エー ヒト 3・4・5・6、デキタ ヒト 3・4・6、ヨーデキタ ヒト 3・4・5・6・8・10、ヨーデケタ ヒト 9・10、ジョーニンゲン 6・7・9、エリャー ヒト 8、キガエー ヒト 8・9、ニョニョサン 6、ノーノーサン 6・7、ニョーニョーサン 6、ホトケサン 4・6・7・9、ジョーアェーガ エー 9、ワカッタ ヒト 3、ヨーワカッタ ヒト 3・4、ウラヤカナ 9、ナルナヒト 9、トドシー ヒト 9、オンコーナ 3・4・5・6・7・8・9・10、オンコーナ ヒト 1・2・3・4・5・6・7・8・9・10・11、ヒトガ エー 3・4・8・9・10、ヒトヨシ 9・10、ショーガ エー 4、カイサナ 11

（68）あっさりした人（10語）

キフツ 12、アッサリモン 3・4・5・6・8・9・10、キフツ 9・10、キヨシ 8・9・10、ハラワタガ キレーナ 3・4・5・7・8、ハラガ キレーナ 9・10、ハラワタオ ワッタヨーナ 4・5・6・9、サッパリシタ ヒト 8・9・10、タンパク 4・5・6・7・9・10、タンパクナ ヒト 3・4・5・6・7・8・9・10・11

（69）誠実な人（11語）

IV. 文化言語学の周辺

　　　　オントーナ　ヒト2・5・7・8・9・10、マットーナ　ヒト4・5・8・9・12、カタギナ2・5・10、カタギナ　ヒト10、マジメナ2・3・4・5・6・7・8・9・10、マジメナ　ヒト2・3・4・5・6・7・8・9・10・11、キントーナ1・4・12、ジマタナ9・10、ジマタナ　ヒト10、スグイ8・9・10、スギー10
(70) お人好し（6語）
　　　　キヨシ1・10、ヒトヨシ4、イーレナ12、カギナ12、カイサナ11、オントーナ4・5・6・8・9

〈人柄の悪い人〉
(71) 不親切な人・ひねくれもの（14語）
　　　　ヒネクレ2・4・6・9・10、ヒネクレモノ4・6・7・9・10、ヘネクレモノ6・7・8・12、オネクレモノ12、ネジレ1・4・10、ネジレモノ10、ネジレモン4・10・12、アマンジャク3・4・5・6・8・10・12、スネモノ2、スネクイ12、テニアワン　ヒト6、ヒネクレル3・4・5・6・8・9、ヤネコイ1・4・6・8、ヤネケー8・10
(72) 性悪な人・意地の悪い人（59語）
　　　　ネセクリ1・4、ネセクリヤ1・4、ネセクレ12、ネジレ3・5・7・9・10・11、ネジレモン3・5・7・9・10・11、ネジクレモン2・3・4・5・7・9・10・11、ショーワル1・3・4・5・6、ショワル4、ショーネワル3・6・7、ドショーネワル12、コンジョーワル10、ドコンジョーワル2・6・7・9、コンジョータレ3・6・12、コンジョークサレ7、コンジョークサリ7、コンジョークレ9・12、イジワル1・2・3・4・5・6・7・8・9・10、アマンジャク5・7・8・9・10・11、ワリーヤツ2・4・6、ワル10・12、ワルター10・12、ワルッター10、ワルッタレ6、ワルットー6・12、ショネノ　ワリー　ヒト9、シネワル9・10、シネクソ6・10、シンネワル6、シンネガ　ワルイ　ヒト6、シネノ　ワリー　ヒト6・9・10、シネクソガ　ワリー

ヒト10、シネッタレガ　ワリー　ヒト9・10、コジネノ　ワリー　ヒト9、ヒネクレ3・4・5・6・7・8・9・10・11、ヒネクレモノ4・5・6・7・8・9・10・11、ハナマガリ9、ゲドー3、クソゲドー3、エベセーヤ6、モマシ4、ショーネガ　ワリー2・4・5・6・8・9、ショータイガ　ワリー11、コンジョーガ　ワリー3・4・7・8・9・10、コンジョークレガ　ワリー8、コンジョータレガ　ワリー3、イジガ　ワリー3・4・5・6・7、シネガ　ワリー9・10、シネクソガ　ワリー10、シネッタレガ　ワリー10、コジネガ　ワリー9、コンジョーガ　ヘネトル9、コンジョーガ　クサレトル9・10、エグイ5・6・9、エグイー1・4、スドイ7、ネセクレガ　ワリー4、シネオ　ハル10、ヒネクレル3・4・5・6・7・8・9・10・11、ヤネケー9・10

(73) しつこい人 (27語)

シツコイ1・2・3・4・5・6・7・8・9、シツッコイ9、ヒツコイ1・2・3・4・5・6・8・9・10、シツケー8・9・10、ヒツケー8・9・10、ネツイ1・5・10、ネッツイ1、ネチー8・10、ネツコイ1、ネツッコイ1、ヤネコイ4・6・7・9、ネバコイ9、ネバッコイ9、ネチコイ2・3、ネンゴーナ1、シワー1・5・6、シブトイ7、シブテー9・10、ドージワー8、ネダレ12、ネダレモノ10・12、ネダレモン9・10、ジレモノ4・6・12、ドークレモノ9・12、ネダレル10・12、ドージレル12、ドークレル1・3・12

(74) 厚かましい人・図々しい人 (10語)

ズーズーシー2・3・4・5・6・7・8・9・10・11、ズーズーシー　ヒト1・2・3・4・5・6・7・8・9・10・11、アツカマシー3・4・5・8・9・10、ハバシー1、エンリョセン9、オーチャクモン10、オードーモン9・10、アツカマシー　ヒト4・6・8・9・10、ノフーゾーモン9・10、ノフーゾーナ6・8・10

〔補記〕
　なお、最初に示した「性向語彙の分類体系試案」のうち、「広島県方言の性向語彙資料」に意味項目と所属語彙を提示していないものがあることをお断りしておく。また、「仕事に対する態度に関する性向語彙資料については、本書のⅢ．「文化言語学の実践」の第９章に、その後実施した統一調査によって得られたさらに詳しいデータを示しているので、併せ参看していただきたい。

◇『内海文化研究紀要』第15号（1987、広島大学文学部内海文化研究施設）に掲載された論文に、その後の調査によって採録し得たデータを加え、かなり大幅な修正を施したもの。

参考文献

1.「文化言語学の構想」

青木　保『異文化理解』2001、岩波新書
青木　保『多文化世界』2003、岩波新書
池上嘉彦『意味論』1975、大修館書店
池上嘉彦『〈する〉と〈なる〉の言語学』1981、大修館書店
池上嘉彦『記号論への招待』1984、岩波新書
池上嘉彦他『文化記号論―ことばのコードと文化のコード』1994、講談社学術文庫
石川実他編『生活文化を学ぶ人のために』1998、世界思想社
井筒俊彦『意識と本質　精神的東洋を索めて』1991、岩波文庫
井上逸平「文化の表象としての批判言語学」(『芸文研究』第68号、1995)
Ｂ．Ｌ．ウォーフ『言語・思考・現実』(池上嘉彦編訳、1978、弘文堂)
上野智子『地名語彙の開く世界』2004、和泉書院
氏家洋子『文化言語学の視点―「言わない」社会と言葉の力』1996、おうふう
宇波　彰『記号論の思想』講談社学術文庫
岡野信子『屋号語彙の総合的研究』2003、武蔵野書院
川崎　洋『日本方言詩集』1998、思潮社
川田順造「声と文字―やまとことばに漢字が取り入れられたとき」(『ユリイカ　特集号日本語』第35巻第7号、2003、青土社)
神部宏泰『隠岐方言の研究』1978、風間書房
九州方言学会編『九州方言の基礎的研究』1969、風間書房
久木田恵「東京方言の談話展開の方法」(『国語学』162、1990)
Ｎ．グッドマン『世界制作の方法』(菅野盾樹訳、1987、みすず書房)
国広哲弥『意味の諸相』1970、三省堂

国広哲弥『意味論の方法』1982、大修館書店
児玉徳美『言語理論と言語論―ことばに埋め込まれているもの』1998、くろしお出版
真田信治『地域言語の社会言語学的研究』1988、和泉書院
真田信治『方言は絶滅するのか―自分のことばを失った日本人』2001、ＰＨＰ研究所
柴田　武『社会言語学の課題』1978、三省堂
柴田　武『語彙論の方法』1988、三省堂
柴田　武『方言論』1988、平凡社
柴田　武「総記」(日本方言研究会編『日本方言研究の歩み論文編』1990、角川書店
清水昭俊「植民地状況と人類学」(『岩波講座文化人類学』第12巻、1996、岩波書店
下宮忠雄他訳『コセリウ言語学選集4　ことばと人間』1983、三修社
鈴木孝夫『日本語と外国語』1990、岩波新書
鈴木孝夫『言語文化学ノート』1998、大修館書店
関根正実『多文化主義社会の到来』2000、朝日選書
千田　稔『王権の海』1998、角川選書
高田珠樹「世界観としての言語」(『岩波講座現代思想 4 言語論的転回』1993、岩波書店
田島毓堂『比較語彙研究の試み　5 』(名古屋大学大学院国際開発研究科『開発・文化叢書35』2000)
田島毓堂編『語彙研究の課題』2004、和泉書院
千葉徳爾『民俗学のこころ』1978、弘文社
辻　幸夫『認知言語学への招待』2003、大修館書店
坪井洋文『民俗再考―多元的世界への視点』1986、日本エディタースクール出版部
富永健一『社会学講義―ひとと社会の学』1995、中公新書
ユージン・Ａ・ナイダ『意味の構造―成分分析』(升川潔他訳、1977、大修

館書店
中右　実『認知意味論の原理』1994、大修館書店
長尾　真『人工知能と人間』1992、岩波新書
日本方言研究会編『21世紀の方言学』2002、国書刊行会
日本民俗学会編『綜合日本民俗語彙』1955〜56、平凡社
野林正路『認識言語と意味の領野』1996、名著出版
野林正路『語彙の網目と世界像の構成―構成意味論の方法』1997、岩田書院
野林正路『意味をつむぐ人びと―構成意味論の理論と方法』1986、海鳴社
R．バーリング『言語と文化―言語人類学の視点から』(本名信行他訳、1974、ミネルヴァ書房
橋爪大三郎「〈言語〉派社会学」(『岩波講座現代社会学5　知の社会学／言語の社会学』1996、岩波書店
アブデルケビル・ハティビ『異邦人のフィギュール』(渡辺諒訳、1995、水声社)
服部四郎「意味」(『岩波講座哲学XI　言語』1968、岩波書店)
浜田　敦『国語史の諸問題』1986、和泉書院
広島大学文学部内海文化研究室『内海文化研究紀要』第4号、1975
M．A．K．ハリデー『機能文法のすすめ』(筧寿雄訳、1991、大修館書店)
J．L．ピーコック『人類学とは何か』(今福龍太訳、1993、岩波書店)
平山輝男『周辺地域方言基礎語彙の研究』1797、国学院大学言語文化研究所
平沢洋一『日本語語彙の研究』1996、武蔵野書院
オギュスタン・ベルク『風土の日本』1992、ちくま学芸文庫
福岡義隆「瀬戸内地方の気象地名と風位名に関する環境地理学的研究」(藤原与一他編『瀬戸内海圏　環境言語学』1999、武蔵野書院)
福田アジオ他編『日本歴史民俗論集4　村の生活文化』1993、吉川弘文館
藤田富士夫『古代の日本海文化―海人文化の伝統と交流』1990、中公新書
藤原与一『日本語をあるく』1979、冬樹社
藤原与一『方言学原論』1983、三省堂
藤原与一『瀬戸内海方言辞典』1988、東京堂出版

堀井令以知『地域社会の言語文化』(1988、『愛知大学総合郷土研究所研究叢書Ⅲ』)
馬瀬良雄『信越の秘境　秋山郷のことばと暮らし』1982、第一法規
町　博光「瀬戸内海域方言の動態―『瀬戸内海言語図巻』の追跡調査による」(福武学術文化振興財団『瀬戸内海に関する研究』2002)
松井　健『琉球のニュー・エスノグラフィー』1989、人文書院
松井　健『認識人類学論攷』1991、昭和堂
松井　健『自然の文化人類学』1997、東京大学出版会
松田正義「九州地方の方言研究」(日本方言研究会編『日本方言研究の歩み　論文編』1990、角川書店)
松本　曜『認知意味論』2003、大修館書店
丸山圭三郎『ソシュールの思想』1981、岩波書店
三浦信孝「一にして不可分なジャコバン共和国と多言語主義」(三浦信孝編『多言語主義とは何か』1997、藤原書店)
三浦典子他編『リーディングス日本の社会学5　生活構造』1986、東京大学出版会
南不二男『敬語』1987、岩波新書
宮岡伯人編『言語人類学を学ぶ人のために』1996、世界思想社
宮岡伯人『「語」とはなにか―エスキモー語から日本語をみる』2002、三省堂
宮島達夫『動詞の意味・用法の記述的研究』1972、秀英出版
G．ムーナン『意味論とは何か』(福井芳男他訳、1975、大修館書店)
村山七郎『日本語の語源』1974、弘文堂
室山敏昭『生活語彙の基礎的研究』1987、和泉書院
室山敏昭「方言語彙と地域文化」(『広島女子大国文』第13号、1996)
室山敏昭『生活語彙の構造と地域文化―文化言語学序説』1998、和泉書院
室山敏昭『「ヨコ」社会の構造と意味―方言性向語彙に見る』2001、和泉書院
室山敏昭『アユノカゼの文化史』2001、ワン・ライン

室山敏昭「風の方言から見た漁業社会―風位語彙による考察」(『水産振興』第422号、2003、東京水産振興会)
山口節郎「解釈学と社会学」(『思想』659、岩波書店)
山梨正明『発話行為』1986、大修館書店
吉村公宏『認知意味論の方法―経験と動機の言語学』1995、人文書院
G．レイコフ『認知意味論』(池上嘉彦・河上誓作他訳、1993、紀伊国屋書店)
レヴィ＝ストロース『構造人類学』(川田順造他訳、1972、みすず書房)
L．ヴァイスゲルバー『言語と精神形成』福本喜之助訳、1969、講談社

II．「文化言語学の理論」

青木　保他編『岩波講座文化人類学第1巻　新たな人間の発見』1997、岩波書店
天野義広『福井県勝山市の生活語彙』(1974、『福井県勝山市史』)
天野義広「福井県勝山市の『冬』の生活語彙―『雪』の語彙を中心として」(青柳精三編『生活語研究の記録』第9号、1976)
網野善彦・森　浩一『馬・船・常民』1991、講談社学術文庫
綾部恒彦編『文化人類学の15の理論』1984、中公新書
新井小枝子「群馬の養蚕語彙」(高崎経済大学附属産業研究所編『近代群馬の蚕糸業』1991、日本経済評論社)
池上嘉彦編訳『文化人類学と言語学』1970、弘文堂
池上嘉彦『記号論への招待』1984、岩波新書
池上嘉彦『詩学と文化記号論』1992、講談社
泉井久之助『言語研究とフンボルト』1976、弘文堂
市井外喜子「語彙・意味研究の動向」(『現代方言学の課題』第2巻、1984、明治書院)
井筒俊彦『意識と本質―精神的東洋を索めて』1991、岩波文庫
伊藤幹治他編『文化人類学へのアプローチ』1988、ミネルヴァ書房
井上京子『もし「右」や「左」がなかったら―言語人類学への招待』1998、

大修館書店
井上博文・上野智子・室山敏昭「瀬戸内海域方言における性向語彙の地域性と変容に関する調査研究（その1）」（『内海文化研究紀要』第17号、広島大学文学部内海文化研究施設、1988）
『岩波講座文化人類学第12巻　思想化される周辺世界』1996、岩波書店
上野智子『地名語彙の開く世界』2004、和泉書院
Ｂ．Ｌ．ウォーフ『言語・思考・現実』（池上嘉彦訳、1978、弘文堂）
岡野信子『山口県の家名・門名・屋号』1995、山口県史編さん室
岡野信子『屋号語彙の総合的研究』2003、武蔵野書院
オギュスタン・ベルク『風土の日本』（篠田勝英訳、1992、ちくま学芸文庫）
小田　亮『構造人類学のフィールド』1994、世界思想社
蒲生正男他編『社会人類学』1974、有斐閣
亀井　孝他編『言語学大辞典第6巻　述語編』1996、三省堂
川崎　洋『かがやく日本語の悪態』1997、草思社
川本栄一郎「下北半島における『いか』と『たこ』の語彙」（『現代方言学の課題』第2巻、1984、明治書院）
神部宏泰『隠岐方言の研究』1978、風間書房
国広哲弥『意味の諸相』1970、三省堂
国広哲弥「語彙の構造の比較」（『日英語比較講座第3巻　意味と語彙』1981、大修館書店）
国広哲弥『意味論の方法』1982、大修館書店
国広哲弥『理想の国語辞典』1997、大修館書店
久野マリ子「方言基礎語彙研究のために」（『国学院大学日本文化研究所紀要』第55輯、1985）
Ｃ．クラックホーン『文化の科学的理論』（姫岡　勤他訳、1958、岩波書店）
国立国語研究所『分類語彙表』1964、秀英出版
『コセリウ言語学選集4　ことばと人間』1983、三修社
児玉徳美『言語理論と言語論』1998、くろしお出版
小松和彦『神々の精神史』1997、講談社学術文庫

佐竹昭広「古代日本語における於ける色名の性格」(『国語国文』第24巻第6号、1955)
佐藤虎男「『すいのみ』方言事象の分析について」(『方言研究年報』第27巻、1984、和泉書院)
佐藤信夫『意味の弾性』1986、岩波書店
真田信治「方言語彙研究の展望」(『現代方言学の課題』第2巻、1983、明治書院)
真田信治『地域言語の社会言語学的研究』1987、和泉書院
サピア『言語』(安藤貞雄訳、1998、岩波文庫)
柴田　武『言語地理学の方法』1969、筑摩書房
柴田　武『方言の世界―ことばの生まれるところ』1978、平凡社
柴田　武編『日本方言の語彙』1978、三省堂
鈴木孝夫『日本語と外国語』1990、岩波新書
D．スタインバーグ『心理言語学―思考と言語教育』(国広哲弥・鈴木敏昭訳、1988、研究社出版)
J．H．スチュワード『文化変化の理論』(米山俊直他訳、1979、弘文堂)
E．タイラー『原始文化』(比屋根安定訳、1962、誠信書房)
高橋顕志「方言語彙の比較について―語彙による比較方言学の確立をめざして」(『現代方言学の課題』第2巻、1984、明治書院)
竹田青嗣『言語的思考へ―脱構築と現象学』2001、径書房
竹原　弘『意味の現象学』1994、ミネルヴァ書房
田島毓堂『比較語彙研究序説』1999、笠間書院
田中克彦『言語の思想』1975、NHKブックス
丹治信春『言語と認識のダイナミズム』1996、勁草書房
辻　幸夫編『認知言語学への招待』2003、大修館書店
坪井洋文『民俗再考―多元的世界への視点』1986、日本エディタースクール出版部
寺出浩司『生活文化論への招待』1994、弘文堂
寺川　央・福本喜之助訳『現代ドイツ意味理論の源流』1975、大修館書店

徳川宗賢他編『日本方言大辞典』1989、小学館
鳥越皓之編『環境問題の社会理論―生活環境主義の立場から』1989、御茶の水書房
中井精一「新たなる方言研究への期待とその潮流」(社会言語科学会編『社会言語科学』 第5巻第2号、2003)
中田実他編『リーディングス日本の社会学6　農村』1986、東京大学出版会
長野康彦「色彩分類」(合田濤編『現代の文化人類学①　認識人類学』1982、至文堂
中本正智『日本語の原景―日本列島の言語学』1981、金鶏社
野林正路『山野の思考』1986、海鳴社
野林正路『意味をつむぐ人びと―構成意味論・語彙論の理論と方法』1986、海鳴社
野林正路『認識言語と意味の領野』1996、名著出版
野林正路『語彙の網目と世界像の構成―構成意味論の方法』1997、岩田書院
灰谷謙二「島根県隠岐郡五箇村方言の性向語彙における造語法(1)」(『国語国文学誌』第29号、1999、広島女学院大学)
浜本　満「差異のとらえかた―相対主義と普遍主義」(『岩波講座文化人類学　第12巻　思想化される周辺世界』1996、岩波書店)
林四郎先生古希記念論文集『文化言語学―その提言と建設』1992、三省堂
平沢洋一『意味の世界と日本語』1985、桜楓社
平沢洋一『日本語語彙の研究』1996、武蔵野書院
平山輝男編『全国方言基礎語彙の研究序説』1979、明治書院
広島大学方言研究会『島根県那珂郡金城町今田方言の性向語彙』(『広島大学方言研究会　会報』第26号、1981)
福井勝義『認識と文化―色と模様の民族誌』(『認知科学選書』21、1991、東京大学出版会)
藤原与一『方言学』1962、三省堂
藤原与一『昭和日本語の方言』第1巻、1973、三弥井書店
藤原与一『方言学原論』1983、三省堂

藤原与一『小さな語彙学』1991、三弥井書店
R．ベネディクト『文化の型』(米山俊直訳、1973、社会思想社)
J．M．ペン『言語の相対性について』(有馬道子訳、1980、大修館書店)
前田富祺『国語語彙史研究』1986、明治書院
町　博光『農業社会の食生活語彙』1982、渓水社
町　博光「南島方言の身体部位称」(『国語語彙史の研究』五、1984、和泉書院)
町　博光「方言の語彙と比喩」(江端義夫編『朝倉日本語講座10　方言』2002、朝倉書店)
松井　健『琉球のニュー・エスノグラフィー』1989、人文書院
松井　健「ものと名前の人類学」(宮岡伯人編『言語人類学を学ぶ人のために』1996、世界思想社)
馬瀬良雄編『信越の秘境秋山郷のことばと暮らし』1982、第一法規
馬瀬良雄監修『方言地理学の課題』2002、明治書院
松田美香「方言性向語彙から見た大分人」(『地域社会研究』第9号、2004、別府大学地域社会研究センター)
丸山圭三郎『ソシュールの思想』1981、岩波書店
宮岡伯人『エスキモー語の言語と文化』1978、弘文堂
宮岡伯人「文化のしくみと言語のはたらき」(宮岡伯人編『言語人類学を学ぶ人のために』)
宮岡伯人『「語」とはなにか―エスキモー語から見る』2003、三省堂　1996、世界思想社)
宮島達夫『語彙論研究』1994、むぎ書房
G．ムーナン『意味論とは何か』(福井芳男他訳、1975、大修館書店)
室山敏昭『方言副詞語彙の基礎的研究』1976、たたら書房
室山敏昭「中国地方方言の性向語彙研究序説」(『広島大学文学部紀要』第39巻特輯号1、1979)
室山敏昭『地方人の発想法―くらしと方言』1980、文化評論出版
室山敏昭『全国各地漁業社会の風位語彙資料』(『広島大学文学部紀要』第43

巻　特輯号2、1983)
室山敏昭『生活語彙の構造と地域文化』1998、和泉書院
室山敏昭編『方言語彙論の方法』2000、和泉書院
室山敏昭『「ヨコ」社会の構造と意味』2001、和泉書院
室山敏昭『アユノカゼの文化史』2001、ワン・ライン
室山敏昭「風の方言から見た漁業社会」(東京水産振興会『水産振興』第422号、2003
柳父　章『秘の思想―日本文化のオモテとウラ』2002、法政大学出版局
山梨正明『認知言語学原理』2000、くろしお出版
吉田則夫「身体部位の語彙における体系性と地域性について―土佐方言を資料として」(『高知大学教育学部研究報告』第29号、1977)
ランゲ『社会言語学の方法』(原　聖他訳、2001、三元社)
E．リーチ『文化とコミュニケーション』(青木　保・宮坂敬造訳、1981、紀伊国屋書店)
P．リクール『解釈の革新』(久米博他訳、1982、みすず書房)
N．ルーマン『批判理論と社会システム論』(佐藤嘉一他訳、1987、木鐸社)
N．ルーマン『社会システム論』(佐藤勉他訳、1993、恒星社厚生閣)
G．レイコフ『認知意味論』(池上嘉彦・河上誓作他訳、1993、紀伊国屋書店)
レヴィ＝ストロース『野生の思考』(大橋保夫訳、1976、みすず書房)
渡辺友左『社会構造と言語の関係についての基礎的研究（1）』1970、秀英出版
渡辺友左「親族語彙と親族名称―福島北部方言のオジ・オバ名称の場合」(野元菊雄・野林正路監修『日本語と文化・社会』2、1974、三省堂
渡辺友左『日本方言親族語彙資料集成』1989、秀英出版

III．「文化言語学の実践」

青柳精三「伊豆神津島ことばのシオ《潮》の意味」(『言語学論叢』11、1971)

青柳精三「八丈島の潮流語彙」(『東京教育大学文学部紀要』93、1974)
青柳精三「御蔵島の海岸地名」(『フィールドの歩み』第8号、1976)
愛宕八郎康隆「方言研究の心理学的見地―造語・造文の比喩発想から」(『方言研究年報』第28巻、和泉書院)
出雲市教育委員会編『四隅突出型墳丘墓の謎に迫る』1995、ワン・ライン
今石元久『日本語音声の実験的研究』2000、和泉書院
上田正昭・島根県古代文化センター編『古代出雲の文化―銅剣・銅鐸と巨大建造物』1998、朝日新聞社
大橋勝男『方言の研究』第8号、1978
大橋勝男『関東地方域の方言についての方言地理学的研究』1992、桜楓社
岡田荘之輔『但馬のことば』1977、兵庫県立但馬文教府
岡野信子『屋号語彙の総合的研究』2003、武蔵野書院
沖浦和光『瀬戸内の民俗史―海民史の深層をたずねて』1998、岩波新書
小野米一『北海道方言の研究』1993、学芸図書
嘉田由紀子「都市化にともなう環境認識の変遷―『映像による小さな物語』」(岩波講座文化人類学第2巻 環境の民族誌』1997、岩波書店)
門脇禎二『出雲の古代史』1976、NHKブックス
神鳥武彦「広島県の方言」(『講座方言学8 中国四国地方の方言』1982、国書刊行会)
岸田裕之編『広島県の歴史』1999、山川出版社
木村礎『近世の村』1980、教育社
国広哲弥「意味の構造と概念の世界」(柴田武編『講座言語第1巻 言語の構造』1980、大修館書店)
A．J．グレマス『構造意味論』(田島宏他訳、1988、紀伊国屋書店)
国学院大学方言研究会編『増補風位考資料』1942、明世堂
小林隆・篠崎晃一編『ガイドブック方言研究』2003、ひつじ書房
小山修三『縄文学への道』1996、NHKブックス
真田信治『方言の日本地図』2002、講談社
篠木れい子『群馬の方言―方言と方言研究の魅力』1994、上毛新聞社

柴田　武「語彙研究の方法と琉球宮古語彙」(国語学会編『国語学』87、1971)
柴田　武『語彙論の方法』1988、三省堂
関　和彦『新・古代出雲史―『出雲国風土記』再考』2001、藤原書店
関口　武『風の事典』1987、原書房
千田　稔『王権の海』1998、角川選書
谷川健一『古代海人の世界』1995、小学館
谷川健一『日本の地名』1997、岩波新書
徳川宗賢・佐藤亮一編『日本方言大辞典』1989、小学館
富永健一『日本の近代化と社会変動』1990、講談社学術文庫
富永健一『社会学講義』1995、中公新書
新潟県粟島浦公民館『あわしま風土記　改定版』1971
野林正路『認識言語と意味の領野』1996、名著出版
野林正路「言語研究における非合理主義を克えるもの」(『言語生活』346号、1980)
R．バーリング『言語と文化』(本名信行他訳、ミネルヴァ書房)
広戸惇・矢富熊一郎『島根県方言辞典』1963、東京堂出版
広島方言研究所編『方言研究年報』第28巻、1985、和泉書院
藤田富士夫『古代の日本海文化と交流―海人文化の伝統と交流』1990、中公新書
藤原与一「命名と造語」(『日本民俗学大系10　口誦文芸』1959、平凡社)
藤原与一『日本人の造語法―地方語・民間語』1961、明治書院
藤原与一『方言学』1962、三省堂
藤原与一『瀬戸内海域方言の方言地理学的研究』1976、東京大学出版会
藤原与一先生古希記念論集『方言学論叢』Ⅰ、1981、三省堂
藤原与一『方言学原論』1983、三省堂
藤原与一『瀬戸内海方言辞典』1988、東京堂出版
藤原与一『小さな語彙学』1991、三弥井書店
藤原与一他編『瀬戸内海圏　環境言語学』1999、武蔵野書院

松井　健『認識人類学論攷』1991、昭和堂
町　博光『芸備接境域方言の方言地理学的研究』渓水社
宮岡伯人編『言語人類学を学ぶ人のために』1996、世界思想社
宮岡伯人『「語」とはなにか―エスキモー語から日本語をみる』2002、三省堂
村岡浅夫編『広島県方言辞典』1981、南海堂
室山敏昭『地方人の発想法』1980、文化評論出版
室山敏昭『全国各地漁業社会の風位語彙資料』(『広島大学文学部紀要』第47巻特輯号2、1983)
室山敏昭『生活語彙の基礎的研究』1987、和泉書院
室山敏昭『生活語彙の構造と地域文化―文化言語学序説』1998、和泉書院
室山敏昭編『方言語彙論の方法』2000、和泉書院
室山敏昭『「ヨコ」社会の構造と意味―方言性向語彙に見る』2001、和泉書院
室山敏昭『アユノカゼの文化史―出雲王権と海人文化』2001、ワン・ライン
柳井市教育委員会編『柳井の方言』1991
柳田国男「海女部史のエチュウド」(『文藝春秋』、1926)
柳田国男「風位考」(『柳田国男全集』20、1990、筑摩書房)
柳田国男監修『改訂綜合日本民俗語彙』第1巻～第5巻、1955、平凡社
山梨正明『比喩と理解』(『認知科学選書』17、東京大学出版会)

IV．「文化言語学の周辺」

池上嘉彦『文化人類学と言語学』1970、弘文堂
池上嘉彦他『文化記号論―ことばのコードと文化のコード』1994、講談社学術文庫
泉井久之助『言語―ことばの研究』1957、紀伊国屋書店
市川　浩『精神としての身体』1992、講談社学術文庫
井出祥子「文化とコミュニケーション行動―日本語はいかに日本文化とかかわるか」(『日本語学』1998、明治書院)

上野智子『地名語彙の開く世界』2004、和泉書院
嘉田由紀子「都市化にともなう環境認識の変遷―映像による『小さな物語』」
　（『岩波講座文化人類学2　環境の人類誌』1997、岩波書店）
国広哲弥「意味の構造と概念の世界」（柴田武編『言語の構造』1980、大修
　館書店）
熊野純彦「ことばが生まれる場へ」（『岩波講座現代社会学5　知の社会学／
　言語の社会学』1996、岩波書店）
佐藤信夫『レトリックの意味論―意味の弾性』1996、講談社学術文庫
柴田　武『語彙論の方法』1988、三省堂
スタインバーグ『心理言語学』（国広哲弥他訳、1986、研究社出版）
田島節夫『フッサール』1996、講談社学術文庫
田中克彦『言語学とは何か』1993、岩波新書
野家啓一「物語の意味論のために」（『思想』第601号、1983、岩波書店）
野家啓一『物語の哲学』1996、岩波書店
野林正路『認識言語と意味の領野』1996、名著出版
野林正路『語彙の網目と世界像の構成―構成意味論の方法』1997、岩田書院
深谷昌弘・田中茂範『ことばの〈意味づけ論〉―日常言語の生の営み』
　1996、紀伊国屋書店
藤原与一『方言学の方法』1977、大修館書店
藤原与一他編『瀬戸内海圏　環境言語学』1999、武蔵野書院
H．ブルーマー『シンボリック相互作用』（後藤将之訳、1991、勁草書房）
丸山圭三郎「コトバの身体性と二つのゲシュタルト」（『思想』、1982、岩波
　書店）
丸山圭三郎『文化記号のブラックホール』1987、大修館書店
宮岡伯人『エスキモーの言語と文化』1978、弘文堂
宮坂豊夫他訳『コセリウ言語学選集1　構造的意味論』1982、三修社
室山敏昭『生活語彙の基礎的研究』1987、和泉書院
室山敏昭『生活語彙の構造と地域文化―文化言語学序説』1998、和泉書院
室山敏昭『「ヨコ」社会の構造と意味―方言性向語彙に見る』2001、和泉書

院
メルロ＝ポンティ『知覚の現象学1』(竹内芳郎他訳、1967、みすず書房)
柳父　章『秘の思想―日本文化のオモテとウラ』2002、法政大学出版局
吉村公宏『認知意味論の方法―経験と動機の言語学』1995、人文書院
渡辺　実『国語意味論』2002、塙書房
和辻哲郎『風土』1979、岩波書店

あ と が き

　21世紀は「文化の世紀」だと言われる。それは、異文化間の調停が政治や経済のグローバル化によって達成されるものではなく、異文化相互の理解と認識に基づく協調的ネットワークの構築によってはじめて、達成可能だとする考え方にほかならないであろう。そして、異文化相互のコミュニケーション（伝え合い）を深いレベルにおいて達成するには、世界の民族が自らの言語、とりわけ語彙のシステムに確保された「世界観」を基盤として、自文化の多様な独自性を世界へ向けて発信することが欠かせない。異文化相互の深い理解と認識を達成するために、とりわけ言語が重視されるのは、すでに言い古されたことではあるが、「言語は文化の表象」であり、「言語に文化が宿る」からにほかならない。言語には「文化」が宿されている。宮岡伯人も言うように、その全像が、体系的かつ細部の襞にいたるまで。

　言語、とりわけ意味システムを骨格とする語彙システムは、コミュニケーションの道具である前に、われわれが具体的な環境の中に身を置き、環境との相互作用による身体性を基軸とする生活経験を基本的な動機づけとして獲得してきた「環境認識」あるいは「環境適応」の道具である。したがって、語彙システムには、環境に働きかけ、環境と共振しながら、外部世界を分節し、認識し、解釈していく人間存在の認識的要因や感性的な要因がさまざまな形で反映しているのである。言語、とりわけ語彙システムに認められるこのような事実は、人間の最も主体的で創造的な営みを意味するものであって、「人間存在」そのものを起点としなければ、およそ考えられないことである。したがって、「語彙システム」の深い理解と認識を通して達成される異文化間の調停は、文化の相互理解を超えて「人間存在」の相互理解へと進むことになるだろう。もとよりこれは、自文化内部についても言えることである。しかも、人間や言語共同体の成員の視線なるものは、決して透明無垢のカメラ・アイのような代物ではない。それは、生活史によって育まれた利

害関心の遠近法によって枠取られており、また感受性の歴史を宿した感性のフィルターによっても彩られているのである。

　今、問題を、日本の方言学に限定するならば、戦前から戦後にかけて長く続いたいわゆる「記述方言学」は、方言存在を精緻な方式で記述、分析したが、方言存在の「存在の意味」を問おうとはしなかった。たとえ、どの方言を対象化しようとも、そこには地域生活者が存在し、長い生活史を背景とする独自の「社会・文化環境」(「社会・文化複合空間」)が存在する。方言という存在は、地域生活者が独自の「社会・文化複合空間」の中で、日々の生活を営むことによって、学習され、継承され、相互了解されてきたはずのものである。そうであるにもかかわらず、「記述方言学」は、方言が一定の地域社会において担ってきた「社会的機能」や「文化的価値」を問おうとはしなかった。いわゆる「記述方言学」は、社会的存在として方言の「体系」や「意味」を精緻な手法で記述、分析することに努めてきたが、社会に生きる人間や人間存在の住みかである「生活環境」との関わりに目を向けることを怠ってきたのである。

　そこで、「人間存在(実在)」の言語科学として、「社会方言学」が登場し、実に多くの研究成果が生産されてきた。しかし、それらの研究成果によって明らかにされたことは、すでに本書の中でもたびたび触れたところであるが、地域言語の変容と地域社会の変動との緊密な相関性であり、人間の属性を基軸とする地域言語の多様な現象であった。そこでも、一定の環境世界に生き、特定の生業に従事する人々が長い歴史を背景とする生活経験をとおして獲得した環境認識の精緻な構造や環境適応の巧みな戦略などには、ほとんど目が向けられてこなかったと言ってよい。これでは、地域に生きる「人間」の実体性を総合的に解明することは不可能である。また、地域社会を生きる生活者の世界認識、すなわち「世界観」(語彙システムによって確保され、地域生活者に内面化している地域文化)の内実や複雑な構造を明かるみに出すことはできない。

　しかも、「社会方言学」においても、「中央――周辺」という地理的・歴史

的環境図式がしっかりと根ざしているのである。ここには、地域言語の変容現象や属性を基軸とする地域言語の多様性を、「中央――周辺」という構造図式によってステレオタイプ式に解釈しようとする一元的な考え方が適用されているのである。

　筆者は、年来、日本文化の多様な独自性を発見し、再度の見直しを図るために、長い歴史を背景とする地域社会の伝統方言、とりわけ方言生活語彙の分析と解釈を、「中央――周辺」という構造図式に一方的に依拠するのではなく、環境概念（自然・生業・社会・歴史）を基軸として展開することによって、地域生活者が内面化している多様な「世界観」の実質と構造、ならびにその地域類型（言語文化領域の認定とその関係性）を解明することに専念してきた。これは、方言生活語彙の精緻な分析に基づく、「日本社会の地域性」を含む「日本文化の地域性」を究明するという営みであったと言い換えることもできる。その分析装置と解釈の論理は、方言生活語彙を地域生活者と地域生活者が生きる「環境」の中間に位置づけること（「地域生活者――語彙システム――生活環境」という存在三世界を結ぶ広いパースペクティブを研究方法の基盤に設定すること）、研究者の論理ではなくあくまでも地域生活者の論理に即して深い解釈を加えること、すなわち徹底した「生活環境主義」（生活経験基盤主義）の立場に依拠して構築されなければならないことなどについては、すでに本書のあちこちで指摘したとおりである。また、地域生活者が内面化している「意味の網目」の「意味」概念をいわゆる「知的意味」に閉じないで、生活者の日常経験に基づく価値をベースとする環境認識が繊細に、しかも色濃く反映する「生活的意味」を重視すべきであることもまた、本書の中でたびたび強調しているところである。要するに、生活者が意味を生成し、世界観を構成する場への深い参入が極めて重要であることを、深い参入の方法も含めて明示したつもりである。

　筆者は、そのような方言生活語彙研究の実践のプロセスをとおして、日本の多様な地域文化の発見と再度の見直しを図るためには、地域言語の生活語彙のシステムに確保されている「世界観」（環境認識の全像とその意味づ

け・価値づけ）を地域生活者の論理（生活の必要性・文化的欲望）に即して分析、解釈し、彼らが獲得している「世界観」の形成要因を環境概念を基軸として究明することによって、日本の文化領域の認定とその多元的な関係性を解析、検証するための理論と方法の構築が必要であることを痛感するようになった（この点については、拙著『「ヨコ」社会の構造と意味』を上梓した後、何人かの親しい研究者から、さらに多くの語彙カテゴリー・意味カテゴリーを対象化して、文化言語学に関する理論と方法を構築しなければ、言語学におけるニュー・パラダイムとして学界に根づかないではないかという指摘をいただいた。それも大きく与っている）。同時に、それをベースとして「地域科学」あるいは「地域文化学」という総合科学を構築することが、柴田武はかつて遠い夢と語ったが、方言学者に課せられているまさに現代的課題であることを、明確に認識するようになったのである。

　なお、ここで、「世界観」の働きについて付言するならば、「世界観」とかコスモロジーとか呼ばれるものによって、ようやく、その土地の人々の生活世界（環境世界）は、一定の秩序を与えられるということである。生活世界のいろいろな局面について、その社会において行われる解釈や意味づけは、それぞれに意味があり、その成員にとっては行動や思考の重要な手がかりを提供する。さらに、それらに全体として、統一的に一定の方向性を与えたり、特定の説明のための構造図式を用意したりするものがあるとすれば、それが世界観でありコスモロジーである。また、「環境」と「人間」との関係に言及する研究分野は多分野にわたり、さらに増加する傾向にある。しかし、「環境」と「人間」との相依関係を最も総合的に、しかも科学的に究明することが可能なのは、言語の学であると考えられる。なぜなら、日常の生活文化や集合意識の充填された「環境」は、言語記号のシステム、とりわけ意味システムを骨格とする語彙システムによって、その全体が分節的に構造化され、意味と価値によって明確に秩序づけられて存在しているからである。したがって、「環境と人間」との「環境」、すなわち人間の「環境認識のシステム（世界観）」を総合的かつ科学的手法で語り得るのは、言語の学をおいてほかにない。

本書は、先に記したような思いに、はじめて一定の形を与えたものである。全体を「構想」「理論」「実践」「周辺」の四つのセクションに分かち、体系的な整序に努めてはみたが、「文化言語学」という新興パラダイムの構築にとって、これはいまだ基礎的段階にとどまるものであることを痛感している。ここまでしか深め得ないのか、この程度にしか形式化できないのか、と自己嫌悪に陥ることもあった。書名を「文化言語学序説」としたのは、それゆえである。しかも、対象化し得た語彙カテゴリーは生業語彙・性向語彙・気象語彙・地名語彙・屋号語彙などに限られており、フィールドも中国・四国地方および瀬戸内海域が中心となっている。

　たとえ、そのようなものであったとしても、いまだ「方言学」という研究領域の内部に閉じこもり、加えて文化概念が欠落しているために、「方言がまさに地域文化の表象である」ことを明確に検証し得ていない斯学に対し、いまだ試論の域にとどまりはするものの、生活語彙論を基礎論とする「文化言語学」の方法と理論を提示することによって、地域文化としての多元的世界観を解明するための方途や構造モデルを示し、かつその有効性の検証を試みていることは確かである。また、近い将来、その構築の必要性が強調されることが予感される「地域文化学」（地域科学）において、「文化言語学」が果たすべき役割と位置づけ、ならびに「文化言語学」を基盤として構成される「地域文化学」の構造モデルを提示し、さらには「文化言語学」のサブ・カテゴリーの構造化とその研究内容などについても、本書の中で明示したつもりである。

　そして、「文化言語学」が「生活経験主義」を基盤とするものであり、「生活環境主義」を基軸とするものであることについても論述し、さらには「認識言語」（「伝達言語」に対する）や「生活的意味」の重要性についても、決して十分とは言えないまでも検証に努めたつもりである。しかし、先に「試論の域を出ない」と述べたように、生活語彙論を基礎論とする「文化言語学」を〈インターディシプリナリー〉と〈メタディシプリナリー〉とに分かって、その学際的な構造図式を示したが、文化言語学と隣接諸学との多次元的なつながりは表示し得ていない。また、「文化言語学」の分析プロセスや

「生活的意味」に関しても、多くは「生業語彙」や「性向語彙」「気象語彙」などのカテゴリーに限られること（ただし、性向語彙の社会的機能と文化的価値に関する分析操作の方法については、拙著『「ヨコ」社会の構造と意味—方言性向語彙に見る』2001、和泉書院の中でかなり詳しく説いている）になっており、より一般的な形式化を行う必要がある。そのような重い課題を将来に残している。それゆえ、かつて『国語学』の展望号で、拙論の一つについて、「はじめに」の箇所だけに目を通して、「筆者の方言哲学」と評されたことがあるが、あるいは本書も、再度、「筆者の方言哲学」という一言で評されることになるかも知れない。しかし、それは旧来の「方言学」や「日本語学」に独自の言語論や哲学が欠落していたことを意味するものにほかならないだろう。したがって、そのような評は、ここではっきりとお断りしておきたい。なぜなら、筆者は、以下に記すような浜田敦の考え方に、かねてより強い共感を覚えてきたからである。浜田は次のように述べている。「むしろ『思弁的』であることこそ文化科学としての言語の学の特色であり、それを非自然科学的だとして排しようとする立場には、私は賛成しない。思弁的とは即ち『哲学的』だと言ってもよい。正に文化科学は或る意味で同時に哲学でなければならないと私は考える。むしろ、哲学を持たない文化科学は単なる資料あつめに過ぎないのである。言語の文化科学は同時に言語哲学でもなければならないのである。」（『国語史の諸問題』549ページ、1996、和泉書院）

　本書によって、旧来の「方言学」がいくらかでも拡張され、独自の言語論をもって一般言語学、とりわけ意味論・語彙論、社会言語学、人類言語学・認知言語学などにわずかでも寄与するところがあると認められるならば、それは筆者にとって望外の喜びである。ただ、「文化言語学」を構築したいという思いから、認知言語学・心理言語学・認識人類学・社会学・言語哲学・環境人類学・民俗学・文化地理学・日本史学・比較文化論・文化記号論など、およそ筆者が専門外とする文化・社会に関する諸学についても、本書の中で言及するところが少なくなかった。専門外ゆえに、多くの誤りを犯しているものと思われる。とりわけ、認知言語学（認知意味論）については、文

化言語学とその基本的な考え方や理論において、結果的に重なる点が認められるので、本書のあちこちで言及することになった。それらについては、ぜひ、厳しい御批正と御教導を賜りたいと思う。

　ところで、筆者が提唱する「文化言語学」とは別に、「言語文化学」という名称も行われている。「言語文化学」についてはまとまった学術書がないので、それとの対比で「文化言語学」の特質を語ることはできない。しかし、筆者は、両者の関係性について、次のように考えている。それをごく簡略に記す。「文化言語学」とは「言語で文化のすべてを語ることが可能だとする考え方」であり、「言語文化学」とは「文化の基盤を言語で語らなければならないとする考え方」である、と。

　なお、本書の完成度をさらに高めることができれば（それが筆者にとって可能かどうかは別として）、日本の「地域文化」の多元性・多様性の解明をとおして、日本文化の根源にある個別性・独自性を発見することができるだろう。と同時に、日本文化の根源的な多元性・多様性（異質性）をも発見することが可能になるはずである。なぜなら、方言には、日本語以前から日本語以後の極めて多様な内実が、多様な環境に生きてきた人々の〈環境分節＝環境認識の記号システムの総体〉という姿をとって、深く刻印されているからである。そして、そこから、世界へ向けて発信し得る普遍的な現象やシステムや構造モデルを見出すことも可能になるだろう。それが、筆者の遠い夢である。もし、それが実現すれば、『文化言語学原論』が、長い歴史を持つ言語学の中に一定の位置を占めることになるであろう。本書がその一里塚ともなれば幸いである。

　この書を成すに当たっては、3編の論文を新たに書き下ろし、3編の未発表論文（いまだ活字にしていないもの）を加えた。それ以外は、すべて再掲論文である。ただ、それらは、いずれも大幅に書き改めた。データや理論・方法に関わる骨子自体に大きな改変はないが、かなり大幅な補正や補完を行った。中には、ほとんど元の形をとどめないものも含まれている。

　今、ふりかえってみると、いちいちお名前を記すことはしないが、筆者

は、すぐれた師友・学生にめぐまれてきたと思う。また、フィールド・ワークに沈潜する中で、暮らしを生きる人びとから、その〈ことば〉と〈こころ〉をとおして、実に多くのことを教わることができた。フイールドで出会った多くの方々は、まさしく筆者にとって恩師にほかならない。これらの多くの方々の恩寵なしには、本書の完成はなかったと言ってもよい。心より厚くおん礼申し上げる。これら多くの人びとに支えられながら、『生活語彙の基礎的研究』（1987）、そして『生活語彙の構造と地域文化―文化言語学序説』（1998）を経て、ようやく本書を完成するまでに、30年余の歳月が経過することになった。自らの不敏を痛感せざるを得ない。

　最後に、この拙い書の上梓を快くお引受け下さった和泉書院社主の廣橋研三氏に、心より感謝の意を表したいと思う。廣橋氏の御厚意に甘えて、自由に、そして存分に、この念願の作業を仕上げることができた。筆者のわがままを、何も言わずにすべて許して下さった廣橋氏に対し、筆者はどのように感謝すればよいのか、そのことばを知らない。

2004年5月23日
68歳の誕生日に　　　室山　敏昭

■ 著者紹介

室山敏昭（むろやま　としあき）

昭和11年鳥取県倉吉市生まれ。
昭和39年広島大学大学院文学研究科博士課程を単位修得の上、退学。
広島大学名誉教授。
主著：『方言副詞語彙の基礎的研究』（たたら書房、昭和51年）、『地方人の発想法―くらしと方言』（文化評論出版、昭和55年）、『表現類語辞典』（東京堂出版、昭和60年）、『生活語彙の基礎的研究』（和泉書院、昭和62年）、『生活語彙の構造と地域文化―文化言語学序説』（和泉書院、平成10年）、『「ヨコ」社会の構造と意味―方言性向語彙に見る―』（和泉書院、平成13年、新村出賞）。
編著：『瀬戸内海圏　環境言語学』（武蔵野書院、平成11年）、『方言語彙論の方法』（和泉書院、平成12年）。
現住所　〒739-0144　東広島市八本松南2-5-29

研究叢書　316

文化言語学序説―世界観と環境―

2004年8月25日　初版第1刷発行(検印省略)

著　者　室　山　敏　昭
発行者　廣　橋　研　三
　　　　〒543-0002　大阪市天王寺区上汐5-3-8
発行所　有限会社　和　泉　書　院
　　　　　　　電話 06-6771-1467
　　　　　　　振替 00970-8-15043

印刷／亜細亜印刷　製本／渋谷文泉閣

ISBN 4-7576-0273-1　C3313

生活語彙の開く世界

全16巻

室山敏昭　編
野林正路　編

和泉書院

第1巻	意味の原野	野林正路	
第2巻	地名語彙の開く世界	上野智子	2940円
第3巻	身体語彙の開く世界	吉田則夫	
第4巻	育児語彙の開く世界	友定賢治	続刊
第5巻	親族語彙の動態と社会変動	町博光	
第6巻	食物語彙と民衆の食文化	篠木れい子	
第7巻	衣服語彙の開く世界	酒井恵美子	
第8巻	風位語彙の開く世界	久木田恵	
第9巻	養蚕語彙の開く世界	新井小枝子	
第10巻	屋号語彙の開く世界	岡野信子	近刊
第11巻	性向語彙の開く世界	井上博文	
第12巻	副詞語彙の個人性と社会性	岩城裕之	
第13巻	方言語彙の動態と社会変動	灰谷謙二	
第14巻	移動性動作語彙の意味体系	荒田玲子	
第15巻	日本人の想像力と具象力	室山敏昭	
第16巻	意味の沃野	野林正路	

（巻数の網は未刊・価格は5％税込）